BEIHEFTE
ZUM ARCHIV FÜR KULTURGESCHICHTE

IN VERBINDUNG MIT
KARL ACHAM, GÜNTER BINDING, WOLFGANG BRÜCKNER,
KURT DÜWELL, WOLFGANG HARMS, GÜNTER JOHANNES HENZ,
GUSTAV ADOLF LEHMANN

HERAUSGEGEBEN VON

EGON BOSHOF

HEFT 28

Religiöse Frauenbewegung und mystische Frömmigkeit im Mittelalter

Herausgegeben
von
PETER DINZELBACHER und DIETER R. BAUER

1988
BÖHLAU VERLAG KÖLN WIEN

Dokumentation der Wissenschaftlichen Studientagung „Religiöse Frauenbewegung und mystische Frömmigkeit im Mittelalter", 19.–22.3.1986 in Weingarten, veranstaltet von der Akademie der Diözese Rottenburg-Stuttgart.

BR
270
.F73
1989

CIP-Kurztitelaufnahme der Deutschen Bibliothek

Religiöse Frauenbewegung und mystische Frömmigkeit im Mittelalter/ hrsg. von Peter Dinzelbacher u. Dieter R. Bauer. – Köln; Wien: Böhlau, 1988
(Beihefte zum Archiv für Kulturgeschichte; H. 28)
ISBN 3-412-03386-3

NE: Dinzelbacher, Peter [Hrsg.]; Archiv für Kulturgeschichte / Beihefte

Satz: H.-D. Günther, Studio für Ästhetik-Fotosatz, Köln
Druck und buchbinderische Verarbeitung: Hans Richarz Publikations Service, St. Augustin

Printed in Germany
ISBN 3-412-03386-3

INHALT

VORWORT

„Vita apostolica et evangelica" – diese Idee entfaltete im europäischen
Mittelalter eine ungeheure Faszination und führte zu einem allgemeinen,
die sozialen Schichten durchdringenden religiösen Aufbruch: Reaktion
auf den Widerspruch zwischen dem Leben der reich gewordenen städtischen Gesellschaft – aber auch der Adelsgesellschaft – und den christlich-
evangelischen Idealen. Indem sie auf ihren wirtschaftlichen und gesellschaftlichen Lebensstandard verzichteten, bemühten sich viele Menschen
– Männer wie Frauen – um eine alternative Lebensform, wollten in frei-
williger Armut die christlichen Ideale verwirklichen. Vor allem in den
nördlichen Ländern standen dabei die Frauen im Vordergrund, wurden
sie am stärksten von den neuen religiösen Ideen ergriffen.

Der religiösen Frauenbewegung im 12. und 13. Jahrhundert widmete
vor Jahrzehnten Herbert Grundmann mehrere Kapitel seines bahnbre-
chenden Werkes über die religiösen Bewegungen im Mittelalter; in diesen
Kontext stellte er auch die geschichtlichen Grundlagen der deutschen Mystik[1]. Verschiedene Einzelforschungen knüpften an diese Arbeit an; eine
ähnliche vergleichende Studie ist seither nicht erschienen.

Nicht zuletzt angeregt durch allgemein feministische Fragestellungen
entwickelte sich in den letzten Jahren ein breites Interesse an „Frauengeschichte", bekam auch die wissenschaftliche Beschäftigung mit dem hier
angesprochenen Themenbereich neue Impulse.

Große Anerkennung fand in diesem Zusammenhang 1984 eine – von
den beiden Unterzeichneten verantwortete – Wissenschaftliche Studientagung der Akademie der Diözese Rottenburg-Stuttgart und dann der inzwischen vielzitierte Dokumentationsband: ‚Frauenmystik im Mittelalter'[2]. Diese Thematik wurde zwei Jahre später wiederaufgenommen, dabei aber in einen weiteren Rahmen gestellt; der Blick richtete sich jetzt

---

[1] Herbert G r u n d m a n n, Religiöse Bewegungen im Mittelalter. Untersuchungen
über die geschichtlichen Zusammenhänge zwischen der Ketzerei, den Bettelorden und
der religiösen Frauenbewegung im 12. und 13. Jahrhundert und über die geschichtlichen Grundlagen der deutschen Mystik, Berlin 1935 (Nachdruck der verbesserten und
ergänzten Ausgabe: Darmstadt [4]1977).
[2] Hrsg. von Peter D i n z e l b a c h e r und Dieter R. B a u e r, Ostfildern 1985.

vorrangig auf das umfassendere Phänomen der religiösen Frauenbewegung des Mittelalters. Es war uns dabei wichtig, ganz verschiedene Facetten des Themas aufscheinen, aber auch die Breitenwirkung und den gesamteuropäischen Charakter dieser Erscheinung deutlich werden zu lassen. Mit der Auswahl der Referentinnen und Referenten sollte der hohen Bedeutung von Interdisziplinarität und Internationalität Rechnung getragen werden, sollten aber auch sehr unterschiedliche Zugänge zum Thema und damit eine große Methodenvielfalt vorgeführt werden.

Der vorliegende Band dokumentiert nun diese Wissenschaftliche Studientagung 'Religiöse Frauenbewegung und mystische Frömmigkeit im Mittelalter', die vom 19. bis 22. März 1986 in Weingarten (Oberschwaben) stattfand – veranstaltet von der Akademie der Diözese Rottenburg-Stuttgart[3], geleitet von den Herausgebern dieser Tagungsdokumentation.

Der Sammelband – so die Charakterisierung in einem Gutachten – „reflektiert eine spezifische Form religiöser Welterfahrung und Weltbewältigung (mystische Frömmigkeit), wie auch einen epochalen historischen Prozeß (religiöse Bewegungen des europäischen Mittelalters): an beidem hatten Frauen als treibende Kraft wesentlichen Anteil. Insofern erschließt das Buch nicht nur traditionelle Epochengeschichte. Es nimmt auch teil an der in neuerer Zeit begonnenen Revision der europäischen Geschichte als einer Geschichte handelnder Männer u n d Frauen. So partizipiert es schließlich gleichfalls, wenn dies auch nicht sein expliziter Zweck ist, im Rahmen seiner Gattung als wissenschaftliches historisches Werk an der gegenwärtigen Neubestimmung des Geschlechterverhältnisses" (Bernd Thum).

Zum Abschluß des ganzen Projekts möchten wir allen Beteiligten danken, besonders den Referentinnen und Referenten für ihre engagierte Teilnahme an der Veranstaltung und für die Bereitschaft (leider mit einer Aus-

---

[3] An der Akademie stehen die beiden hier genannten Wissenschaftlichen Studientagungen im Kontext einer intensiven Beschäftigung mit der Geschichte von Religiosität und Frömmigkeit (unter besonderer Berücksichtigung der abendländischen Mystik) einerseits und mit historischer Frauenforschung andererseits; daraus seien noch drei weitere Tagungsdokumentationen genannt: „Eine Höhe, über die nichts geht". Spezielle Glaubenserfahrung in der Frauenmystik? (Mystik in Geschichte und Gegenwart, Abt. I, Bd. 4), hrsg. von Margot Schmidt und Dieter R. Bauer, Stuttgart 1986. – Grundfragen christlicher Mystik (Mystik in Geschichte und Gegenwart, Abt. I, Bd. 5), hrsg. von Margot Schmidt in Zusammenarbeit mit Dieter R. Bauer, Stuttgart 1987. – Eva – Verführerin oder Gottes Meisterwerk? Philosophie- und theologiegeschichtliche Frauenforschung (Hohenheimer Protokolle, Bd. 21), hrsg. von Dieter R. Bauer und Elisabeth Gössmann, Stuttgart 1987.

nahme), die Manuskripte zu überarbeiten und für die Publikation zur Verfügung zu stellen. Unser Dank gilt auch der Leitung der Akademie für die grundlegende Ermöglichung des ganzen Vorhabens, Herrn Professor Boshof für seine Zustimmung zur Aufnahme in die Reihe ‚Beihefte zum Archiv für Kulturgeschichte‘ und nicht zuletzt dem Böhlau Verlag für die Erstellung des Buches — hier ganz besonders der Lektorin, Frau Heinke Droste-Heinemann.

Hannover/Stuttgart, im Frühjahr 1988   Peter Dinzelbacher
                                                        Dieter R. Bauer

ROLLENVERWEIGERUNG, RELIGIÖSER AUFBRUCH UND MYSTISCHES ERLEBEN MITTELALTERLICHER FRAUEN

von

Peter Dinzelbacher

I. Frauenbewegung[1] und Charismatik[2]

Der nachfolgende Holzschnitt eines unbekannten Meisters, der die deutsche Petrarca-Ausgabe ‚Von der Artzney bayder Glück‘ von 1532 illustriert[3] und der zum Text wenig Bezug aufweist, wird gemeinhin als Karikatur der Nonne in der Gestalt der „Klosterkatze" gedeutet, die in verschiedenen Sprichworten der Reformationszeit als gefräßig und geil kritisiert wurde[4].

Mir scheint, daß diese Darstellung vielmehr als spöttischer Kommentar Sebastian Brandts, auf den die Bildaussagen zurückgehen, zu der so intensiven Frauenfrömmigkeit und -mystik zu verstehen ist, die das religiöse Leben im späten Mittelalter charakterisierte. Ganz unbeachtet von

---

[1] Dieser Terminus wird hier im Sinne von Grundmann, Bewegungen, S. 170 ff., gebraucht, der ihn in der Mediävistik etabliert hat; weder in Hinsicht auf die Zielsetzungen noch auf die Organisationsformen gibt es Kontinuitäten zu denen der heutigen Frauenbewegung(en). Die Historikerin Degler-Spengler schreibt zu Recht, „daß bei dem Begriff ‚Religiöse Frauenbewegung‘ die Betonung auf ‚religiös‘ zu legen ist und nicht auf ‚Frau‘ . . . Nicht zuletzt scheint mir dieser im Deutschen nicht ganz glücklich gewählte Terminus falsche Assoziationen zu wecken" (Frauenbewegung, S. 85). Vgl. unten S. 51. – Abgekürzt zitierte Titel sind S. 54 ff. aufgelöst.

[2] Unter Charismen verstehen wir außergewöhnliche religiöse Begabungen einzelner Gläubiger wie den Empfang von Privatoffenbarungen durch Visionen, Glossolalie, Prophetengabe, Telepathie, Herzensschau usf. Andere Definitionen dieses Terminus sind bei Boglioni, carismi, S. 383 ff., behandelt.

[3] Faksimile hg. v. Manfred Lemmer, Leipzig 1984, I, XIIIr.

[4] Walther Scheidig, Holzschnitte des Petrarca-Meisters, Berlin 1955, S. 57. – Lutz Röhrich, Lexikon der sprichwörtlichen Redensarten, Freiburg 1973, S. 518.

der Menge der Betbrüder und -schwestern geht im Hintergrund die Schlüsselübergabe an den Apostel Petrus vonstatten, auf die sich der Autoritätsanspruch des exklusiv männlichen Klerus als Verwalter der biblischen Offenbarung gründet. Hier steht vielmehr ganz im Mittelpunkt die *mulier sancta*, deren demonstrativ zur Schau gestellte Frömmigkeit – der riesige Rosenkranz – wesentlich anziehender erscheint, als die der männlichen Amtsträger in der Nachfolge des hl. Petrus. So haben wir wohl weniger ein weiteres Beispiel im Wust der frauenfeindlichen Äußerungen vor uns, die das gesamte Mittelalter durchziehen[5] – es gab übrigens auch genauso Satiren auf „Klosterkater"[6] –, denn eine bildliche Kritik an der *mulier religiosa* als Charismatikerin, die Kirche und Welt mit einer ihr exklusiv und unmittelbar von Gott eröffneten Botschaft konfrontiert: einer Botschaft, die neben den Worten der Propheten und Apostel sowie den Lehren der Kirchenväter und Theologen Glauben beanspruchte, also neben den – ausschließlich von Männern geschriebenen – Grundtexten der christlichen Religion; einer Botschaft, der – so die Meinung des Autors dieser Karikatur – im Vergleich mit jenen zu viel Beachtung geschenkt wurde. Sie erscheint so gleichsam als Vignette zur mittelalterlichen Diskussion über Frauenfrömmigkeit und -mystik, die die Frauenbewegung jener Epoche seit ihren Anfängen begleitete.

<hr />

[5] Diese sind gesammelt z.B. bei F. L. Utley, The crooked Rib, Columbus 1944; Idee sulla donna; Ketsch, Frauen II; Jean Delumeau, Angst im Abendland II, Reinbek 1985, S. 456–510.

[6] So wird z.B. der Satiriker Thomas Murner OFM auf einem Holzschnitt von 1521 dargestellt: Martin Luther und die Reformation in Deutschland (Ausstellungskatalog), Nürnberg 1983, S. 224 f., Nr. 283. Vgl. auch S. 237 f. usw.

Da so zahlreiche Frauen seit dem hohen Mittelalter Trägerinnen besonderer Begnadungen waren, und namentlich jene, über die uns die Quellen am meisten berichten, müßte eine Beschreibung der Frauenbewegung jener Zeit auch im Rahmen einer (noch zu erarbeitenden) allgemeinen Geschichte des Charismatikertums erfolgen. In ihren Anfängen kannten die christlichen Gemeinden noch den Charismatiker als eigenen Stand, der jedoch „durch das Vordringen . . . vor allem des Bischofs- und Presbyteramtes in der Kirche schon am Ende des ersten nachchristlichen Jahrhunderts mehr und mehr ausgeschaltet"[7] wurde. Der letzte „institutionalisierte" Prophet, von dem wir wissen, war in der Mitte des 2. Jahrhunderts Hermas. Erst seit dem 12. Jahrhundert, als die Kirche längst die beherrschende Macht der europäischen Geschichte geworden war, scheinen wiederum Propheten – richtiger: Prophetinnen (Hildegard von Bingen, Elisabeth von Schönau) aufzutreten[8]. Von dieser Zeit an mußten die in der Regel selbst nicht charismatisch begabten Funktionäre der geistlichen Hierarchie als Verwalter einer einmal geoffenbarten Glaubenslehre und die Charismatiker als Vermittler zusätzlicher Offenbarungen fast unvermeidlicherweise miteinander in Konflikt kommen. Zwei Lösungen waren dann möglich: entweder die Akzeptierung des Charismatikers und die Anerkennung seiner Botschaft, was in letzter Konsequenz zumeist zu einer Heiligsprechung führte, oder seine Ablehnung und Verwerfung, was je und je mit einem Ketzerprozeß endete. Man könnte diese beiden Möglichkeiten in aller Deutlichkeit am Schicksal jener berühmten Charismatikerin aufzeigen, deren Offenbarungen zunächst von einem viele Personen umfassenden geistlichen Gerichtshof mit Unterstützung des stellvertretenden Großinquisitors im Namen Roms als Teufelstrug und Irrtum verurteilt worden waren, die jedoch wenige Jahre nach ihrer daraufhin erfolgten Verbrennung als Ketzerin und Hexe wiederum von einem geistlichen Gerichtshof und mit Unterstützung des Großinquisitors im Namen Roms rehabilitiert wurde, um heute nicht nur als Heilige, sondern auch als Schutzpatronin einer ganzen Nation an eben dem Tag verehrt zu werden, an dem sie den Scheiterhaufen besteigen mußte: Johanna von Orleans.

Es mag dies ein extremer Fall sein, aber nicht nur – wie hier – aufgrund charismatischer Inspiration unternommenes politisches Handeln, son-

---

[7] Benz, Vision, S. 131.
[8] Boglioni, carismi, S. 410 ff.

dern allein die Verbreitung solcher Inspirationen konnte sowohl zur Richtstätte als auch zum Altar führen. Es ist nicht ersichtlich, daß etwa die wegen ihrer Visionen verurteilte Prous Boneta[9] subjektiv weniger aufrichtig von der Wahrheit des von ihr Geschauten und Gehörten überzeugt gewesen wäre als beispielsweise die schon zu Lebzeiten hochverehrte sel. Alpais von Cudot[10] – aktiv in die Geschicke ihrer Zeit eingegriffen wie Johanna hat keine von beiden.

Charismatische Begnadung, Erlebnismystik, ist ein Phänomen, das viel intensiver in der Geschichte der weiblichen Religiosität des hohen und späten Mittelalters hervortritt als in der der männlichen Spiritualität dieser Jahrhunderte[11], wiewohl es durchaus auch bedeutende Propheten, Visionäre und praktische Mystiker gab. Unter Tränen den Beichtigern von ihren nächtlichen Gesichten (*sompnia nocturna*) zu berichten und zur Christusvision im Jubilus entrafft zu werden (*quedam ducuntur extra se vel rapiuntur, ut videant Christum; vulgus iubilum vocat istum*)[12] gehörte zum Typicum der guten Begine. Es wäre allerdings falsch anzunehmen, daß den Propheten im Gegensatz zu den Frauen der Konflikt mit der Amtskirche erspart geblieben wäre[13] (man denke nur z.B. an den Kreuzzug gegen die Apostoliker unter Fra Dolcino [†1306], die sich ja auch auf ihre *revelationibus factis sibi de presentibus et futuris*[14] beriefen) oder daß nicht ebenfalls manche aus ihren Reihen als Selige oder Heilige anerkannt worden wären[15]; aber es ist doch ein ganz auffälliger Sachverhalt, daß nahezu alle weiblichen Heiligen und Seligen des 13., 14. und 15. Jahrhunderts auch Mystikerinnen waren, wogegen dies nur von einem kleinen Teil der männlichen Heiligen gesagt werden kann – und das, obschon sie zahlenmäßig diejenigen Frauen, die zur Ehre der Altäre gelang-

---

[9] The Confession of Prous Boneta heretic and heresiarch, hg. v. W. May, in: Essays in medieval Life and Thought, hg. v. J. Mundy u.a., New York 1955, S. 3–30.

[10] Vita, hg. v. P. Blanchon, Marly-le-Roy 1893. Neuedition von Paul G. Schmidt angekündigt.

[11] Dinzelbacher, Frauenmystik, pass.

[12] Nikolaus von Bibra, Carmen satiricum, zit. Grundmann, Bewegung, S. 343 Anm. 42.

[13] Vgl. z.B. J.-M. Pou y Marti OFM, Visionarios, beguinos y fraticelos catalanes (siglos XIII–XV), Vich 1930.

[14] Bernardus Gui, De secta, Rer. it. SS 9/5, 1907, S. 20. Vgl. Gordon Leff, Heresy in the Later Middle Ages I, Massachusets 1967, S. 192 ff.

[15] Z.B. Joachim von Fiore, Franz von Assisi, Heinrich Seuse, Vinzenz Ferrer, Nikolaus von Flüe u.a.

ten, mindestens um das Dreifache[16], eher um das Vierfache[17], übertrafen.

II. Angriffe und Verteidigungen

Daß es seit dem 12. Jahrhundert eine primär deutlich von Frauen getragene Strömung gab, die sich durch eine neue Lebensform, eine intensive Religiosität und eine Anhäufung charismatischer Erlebnisse charakterisierte, ist zahlreichen zeitgenössischen Beobachtern aufgefallen und von ihnen wohlwollend oder kritisch kommentiert worden.

Von den verschiedenen Gemeinschaften frommer Frauen konnten natürlich am leichtesten diejenigen angegriffen werden, die nicht einem etablierten Orden angeschlossen waren, also die Beginen. Ihre Lebens- und Erlebensweise verstieß einerseits gegen das Hergebrachte, war eine Neuerung, und eo ipso den so sehr Traditionen verpflichteten Wertvorstellungen der meisten mittelalterlichen Menschen[18] konträr, so daß manchen allein daraus ein Grund zum Widerstand erwuchs. Andererseits hatten ihre Frömmigkeitsübungen und Begnadungsbezeugungen entweder vielfach tatsächlich ausgesprochen ostentative, die allgemeine Mittelmäßigkeit verachtende Züge oder wurden, waren sie vielleicht auch wirklich eher von persönlicher Demut bestimmt, zumindest so aufgefaßt. Sie wollen, so schimpft Gautier de Metz in seinem Gedicht Mappemonde um 1247, die ganze Kunst (frommen Lebens) für sich beanspruchen, mit anderen Leuten verglichen, wüßten sie allein die beste: *avoir veulent tout le art / et le plus bel de l'autre gent*[19]. Genauso kritisiert der Pariser Theologieprofessor Wilhelm von S. Amour (†1272), wie diese Hypokriten (*beguinae hypocritae*[20]) ihr Leben führten und was sie äußerten, damit sie heiliger als andere erscheinen möchten, *ut sanctiores aliis videantur*[21]. Ge-

---

[16] G o o d i c h , Vita perfecta, S. 173, ausgehend von den im 13. Jahrhundert Verehrten.

[17] V a u c h e z , sainteté, S. 316, ausgehend von den im ganzen Zeitraum Kanonisierten.

[18] „Mit der Beschuldigung der ‚unerhörten Neuerungen' und ‚neuer Moden' wurden in erster Linie Ketzer (novi doctores) belangt", G u r j e w i t s c h , Weltbild, S. 161, vgl. 167, 215, 338.

[19] Zit. G r u n d m a n n , Religiöse Bewegungen, S. 387 Anm. 67.

[20] Zit ebd., S. 324 Anm. 10. Wilhelm nennt zwar zunächst auch die *Gebuini*, konzentriert sich dann jedoch auf die Frauen.

[21] Ebd.

rade auch ihr Glaube, private Offenbarungen zu empfangen, wurde dabei verspottet: Wenn eine Begine redet, ist es Prophetie, wenn sie schläft, ist sie entrafft, wenn sie träumt, hat sie eine Vision, höhnt Rutebeuf (†1280): *Sa parole est prophecie; / . . . / S'ele dort, ele est ravie; / S'ele songe, c'est vision*[22], wobei er nur ein verbreitetes Dictum aufgreift[23].

Am deutlichsten sind vielleicht die Worte des Franziskaners Lamprecht von Regensburg. Um sich die Konkurrenzsituation zu vergegenwärtigen, die der Religiose ex professione der „freien Mystikerin" gegenüber empfindet — die Theologen „verklaren hat goddelijke, de vrouwen laten het zien", sagt Paul Mommaers SJ so treffend[24] und „What . . . the . . . mulieres sanctae produced is not . . . bookish theology, but one from the heart" Roger de Ganck OCist[25] —, ist es wichtig, sich bewußt zu machen, daß Lamprecht zwar sehr am mystischen Leben interessiert war, wie sein über 4300 Zeilen langes Gedicht von der ,Tochter Syon' (um 1250) beweist, er selbst aber nicht zu irgendwelchen mystischen Gnaden gelangen konnte, was er ebenda mehrmals beklagt: *ine ruochte* (mich bekümmerte nicht,) *waz man von mir seite, / kund ich in der selben wîse toben*[26]. Die Ekstase der Gottesminne, *so daz herze wirt entzunt / in der wâren minne* (die *orewoet* der flämischen Mystikerinnen[27]), muß nach ihm gezähmt werden durch *Mâze*, die den Frauen freilich gebricht[28]: *swenn in ein genaedelín / tout ein kleine fröude schín, / só tuont sie recht alsam sie toben, / daz selb ich an in nicht wil loben.* Die Erhebung des „inneren Sinnes" durch Christus ist *bí unsern tagen / in Brábant und in Baierlanden / undern wiben úf gestanden. / herre got, waz kunst ist daz. / daz sich ein alt wip baz* (besser) */ verstét dan witzige man?*[29] Daß es überhaupt irgend etwas geben kann, und schon gar in dem nur von Männern verwalteten Bereich der Religion, das Frauen besser könnten, ist Lamprecht wie den meisten seiner Zeitgenossen vor dem Hintergrund der generellen

---

[22] Rustebuefs Gedichte, hg. v. A. Kressner, Wolfenbüttel 1885, S. 62; vgl. McDonnell, Beguines, S. 471 ff.

[23] Andere Versionen dieser Vorwürfe bei Hilka, Mystik, S. 159, 162.

[24] Hadewijch, S. 140.

[25] In seinem noch unpublizierten Werk über Beatrijs. Vgl. Anm. 216.

[26] Vers 450 f., vgl. 375 ff., 2687 ff.; hg. v. K. Weinhold, Paderborn 1880.

[27] Dazu zuletzt De Gank (wie Anm. 216).

[28] Spontaneität einerseits, kontrollierende Reflexion andererseits sind auch divergente Kennzeichen der weiblichen und männlichen Mystik des Mittelalters, insofern sie sich in literarischer Produktion manifestieren, vgl. Dinzelbacher, Frauenmystik, S. 13 ff., 391 ff.

[29] Vers 2956 f., 2979 ff., 2838 ff.

Einschätzung dieses Geschlechts einfach unverständlich und suspekt. Wie kann es sein, „dat zulk een vrouw, langs een niet gecontrolleerde weg, doordringt in de goddelijke geheimen"[30]?

Wenn es auch in der Frauenmystik die Ausnahme ist, daß eine Visionärin so sehr ihre auf ekstatischer Erfahrung basierende Überlegenheit auch über den wirklichen Gottesgelehrten betont, der nämlich nur weiß, ohne zu fühlen, wie Hadewijch es in ihrer XIII. Vision[31] tut, so haben doch zahlreiche der charismatisch begabten Frauen aufgrund ihrer Schauungen eine oft ausgesprochen eindeutige Kritik an Zuständen im Klerus geübt. Es genüge, als einziges Beispiel eine Vision der Wiener Begine Agnes Blannbekin (†1315) zu zitieren, die böse Priester als tiefschwarze, nackte Gestalten schildert, denen ein schwarzer „Nimbus" die Haare verklebt, deren Augen ausgerissen sind, die sich mit Menschenblut und -kot besudelt haben[32]. Gegen Kritik dieser Art, darf man vermuten, richten sich Verdikte wie das des Bischofs Bruno von Olmütz aus dem Jahre 1273, der diese Frauen allesamt mittels Verheiratung, also durch die Unterstellung unter die eheherrliche Gewalt (juristisch: „munt") eines Mannes, domestizieren möchte, denn es sind eben die Religiosen, die unter dem Anschein der Ehrbarkeit Aufruhr gegen den Klerus anzuzetteln pflegen, wie einstmals gegen Barnabas und Paulus: *Volo autem huiusmodi nubere; . . . Certe iste sunt ille religiose, que sub nomine honestatis sicut olim contra Barnabam et Paulum seditiones contra clericos sustenare sueverunt*[33].

Wie eng die religiöse Frauenbewegung mit übernatürlicher Begnadung zusammenging, zeigt aber auch die Tatsache, daß Betrügerinnen, die Lebensformen und Frömmigkeitspraktiken der Beginen nachahmten, um sich dadurch durchaus irdische Vorteile zu verschaffen, auch vorzugeben pflegten, sie würden himmlischer Offenbarungen teilhaftig. Es finden sich hier einige in der Sachlage fast identische Fälle aus dem 13. bis frühen 16. Jahrhundert, die jedoch der Überlieferung nach keineswegs voneinander abhängen können. Da gab es in der Mitte des 13. Jahrhunderts in Lothringen eine Begine namens Sibilla, die weniger durch ihre demonstrative Devotion als vor allem durch ihre Engelserscheinungen und Himmelsvisionen in Marsal zu Berühmtheit gelangte. Die Himmlischen

---

[30] Mommaers, Hadewijch, S. 140.

[31] Vgl. ebd., S. 134f.

[32] Leben und Offenbarungen der Wiener Begine Agnes Blannbekin, hg. v. P. Dinzelbacher, Göppingen, i.Dr., c. 123.

[33] Zit. Grundmann, Religiöse Bewegungen, S. 338 Anm. 33.

versorgten sie mit Wohlgerüchen und feinen Schleiern, und zu essen und
zu trinken bedurfte sie auch nicht. Bereits predigten die Bettelordensbrü-
der von ihr und plante der Bischof von Metz, für sie eine eigene Kirche
zu errichten (wie es ja auch für einige echte Visionärinnen geschah, z.B.
für Alpais von Cudot). Sibilla berichtete aber, wie praktisch ebenfalls alle
richtigen Mystikerinnen, auch von teuflischen Anfechtungen, und tatsächlich erschien der Böse des öfteren auch anderen Leuten in ihrer Umgebung. Dies ging so lange, bis ein Dominikaner zufällig die angeblich
in ihrem Zimmer mit Engeln und Teufeln konversierende Ekstatikerin
durch eine Ritze in der Wand beobachten konnte und feststellen mußte,
daß sie in Wirklichkeit ihr Bett machte und dabei die Stimmen der Außer-
irdischen selbst von sich gab. Man erbrach die Tür, zwang sie, ihren Betrug zuzugeben, und es fanden sich auch Nahrungsmittel sowie eine Teu-
felsmaske, deren sie sich bedient hatte, unter dem Bett. Da man sich nicht
einigen konnte, mit welcher der typischen Frauenstrafen – Verbrennen,
Ertränken oder lebendig Begraben – man sich für die Schande, einer solchen *muliercula* getraut zu haben, rächen sollte, ließ sie der Bischof sinni-
gerweise (*saniore tamen usus consilio*) lebendigen Leibes einmauern und
langsam verhungern (*ei modicum panis et aque porrigebant. Pauco enim
supervivens tempo, in ipso carcere mortua est*)[34].

Ein anderer[35] Fall spielte in Augsburg, wo eine Anna Laminit dadurch
Bekanntheit erlangte, daß sie sich nur von der Hostie zu ernähren schien.
Auch sie berichtete, sie werde nächtlich von Himmlischen besucht und
ihrer Offenbarungen teilhaftig. So sei ihr u.a. die hl. Anna erschienen
und habe eine Prozession verlangt, die man auch tatsächlich und unter
Beteiligung sogar der Königin abhielt. Diese Frau wurde vor allem in der
Oberschicht wie eine Heilige verehrt, und ihre „Revelationen" wurden
von Theologen aufgezeichnet. Der Grad ihrer Berühmtheit läßt sich
auch daran ermessen, daß sie sowohl Kaiser Maximilian als auch Martin
Luther besuchten und sich sowohl Hans Holbein der Ältere als auch
Hans Burgkmair bemühten, ihr Konterfei der Nachwelt zu überlie-

---

[34] Richerus, Gesta Senoniensis Ecclesiae, Monumenta Germaniae historica, Scriptores 25, S. 308 ff. (19). Offensichtlich sollte damit eine „spiegelnde Strafe" verhängt
werden.
[35] Eine ähnliche Betrügerin in Arras beschreibt Gerson, De distinctione verarum
visionum a falsis c.48., vgl. Vauchez, Brigitte, S. 242. – Beispiele aus dem 16. Jh.
bringt (jedoch ohne Quellenangaben) Jesus Imirizaldu, Monjas y Beatas Embauca-
doras, Madrid 1977. S. künftig P. Dinzelbacher, Hexen oder Heilige?, in Vorber.

fern[36]. Entlarvt wurde sie von einer Frau, nämlich der Herzogin Kunigunde von Bayern, die sie nach München eingeladen hatte, aber heimlich vermittels von Löchern in der Wand beobachtete, bis sie feststellen konnte, daß sich die Laminit im geheimen durchaus irdisch ernährte. Die darauf folgende Ausweisung hinderte sie nicht an weiteren Betrügereien, bis sie 1518 in Freiburg in der Schweiz hingerichtet wurde[37].

Es ist evident, daß sich solche Frauen nach einem Verhaltensmuster stilisierten, das im Spätmittelalter charakteristisch für jene ihrer Geschlechtsgenossinnen war, die von den Zeitgenossen als Heilige verehrt wurden und die auch die Billigung der Amtskirche durch Kanonisationsprozesse fanden – schließlich wurden zwei mystisch begabte Religiose, Franz von Assisi und Elisabeth von Thüringen, im Abstand von nur sieben Jahren heiliggesprochen (1228 bzw. 1235). Zum Typus des spätmittelalterlichen Heiligen[38], der partiell nach anderen Leitbildern geformt ist als der frühmittelalterliche[39], gehört aber neben dem (hier pervertierten) „Willen zur Heiligkeit"[40] die Erlebnismystik[41], und zwar besonders bei den weiblichen Laien, zu denen Beginen ja zählten[42].

Muß schließlich noch daran erinnert werden, daß auch im Syndrom der Hexenvorstellungen des späten Mittelalters – ebenfalls ein Primärbereich sowohl der Religions- als auch der Frauengeschichte – Visionen und Erscheinungen eine gewisse Rolle spielten, die diese Unglücklichen entweder tatsächlich gehabt hatten oder die zuzugeben ihnen unter Zwang aufoktroyiert worden war? Die gefallenen Engel haben ja nicht nur nach der Meinung der mittelalterlichen Theologen die Macht behalten, Gesichte zu bewirken – man liest bei Thomas von Aquin[43] genauso davon wie im Hexenhammer[44] –, sondern es ist dies auch die gegenwärti-

---

[36] Martin Luther . . . (wie Anm. 6), S. 65, Nr. 73.
[37] F. Roth, Die geistliche Betrügerin Anna Laminit von Augsburg (ca. 1480–1518), Zeitschrift f. Kirchengeschichte 43 (1924), S. 355–417.
[38] Vgl. auch Pasztor, donna, S. 29 f.
[39] Maria Stoeckle, Studien über Ideale in Frauenviten des VII.–X. Jahrhunderts, Diss. München 1957, bes. S. 104 ff.: Das Auftreten zahlreicher verheirateter Heiliger entspricht dem Zurücktreten der Bedeutung der *virginitas* seit dem 11. Jahrhundert.
[40] Pieller, Frauenmystik, S. 49.
[41] Vgl. A. Vauchez, L'ideal de sainteté dans le mouvement féminin franciscain aux XIIIe et XIVe siècles, in: movimento (1981), S. 315–337, bes. 325 ff.
[42] Vgl. Vauchez, sainteté, S. 435 ff., u.ö.
[43] Summa theologica I, q.111, a.3; De malo q.16,II., zit. Volken, Offenbarungen, S. 144.
[44] Jacob Sprenger/Heinrich Institoris, Der Hexenhammer (Malleus maleficarum), übers. v. J. W. R. Schmidt, München 1982, I, S. 116.

ge Lehre der katholischen Theologie[45]. Es wäre zu überlegen, inwieweit
die Berichte vom Teufelssabbat nicht wenigstens partiell durch den Gebrauch von Hexensalben drogeninduzierte Visionen waren, die gleichsam das negative Gegenstück zu den Schauungen der Mystikerinnen bildeten. Überhaupt gibt es religionsphänomenologisch zahlreiche Analogien zwischen Heiligen und Hexen (Heilungen, Kontakte mit dem Über-
natürlichen, Schauungen, Ausnahmestellung in der Gesellschaft ...)
und waren in der Biographie nicht ganz weniger Frauen beide Möglichkeiten – wie bei Johanna – angelegt.

Die religiöse Frauenbewegung des Mittelalters rief jedoch nicht nur
feindselige Reaktionen in der zeitgenössischen Männerwelt hervor. Es
gab genauso bis zum Enthusiasmus gehende Zustimmung und, wichtiger
noch als die literarischen Äußerungen, tatkräftige Unterstützung. Summa summarum müssen wir den Grad der Anerkennung sogar deutlich
höher einschätzen als den der Ablehnung, denn einerseits akzeptierten
nach einer Phase der Weigerung die Männerorden die weiblichen Zweige
(Zisterzienserinnen, Franziskanerinnen, Dominikanerinnen), andererseits konnte sich die problematischste Gruppe dieser Bewegung, die der
Beginen, in Form von Gemeinschaften ohne klassische Ordensregel trotz
der gegen sie erlassenen Verbote halten, da sie von den Mendikanten und
den städtischen Behörden, also rein patriarchalen Organisations- und
Herrschaftsformen, unterstützt oder wenigstens geduldet wurden. Die
(in Einzelfällen bis in die Gegenwart bestehenden) Beginenhöfe stellen
konkret vor Augen, daß im städtischen Organismus reine Frauengemeinschaften halb religiösen und halb weltlichen Charakters und ohne die
völlige Isolierung durch die Klausur wie bei den Nonnenklöstern sehr
wohl akzeptiert wurden.

Die für die frühe Frauenbewegung vielleicht wichtigste Persönlichkeit
der Männerwelt war wohl der Augustiner-Chorherr und nachmalige Bischof von Akkon, Jakob von Vitry (†1240)[46]. Seine verehrungsvolle
Freundschaft mit einer Begine und Mystikerin, der sel. Maria von Oigniès, brachte ihn in engen Kontakt mit den religiösen Frauenkreisen in
ihrem ersten Zentrum, dem heutigen Belgien. Ihm ist es zu danken, daß
Papst Honorius III. den frommen Frauen im Bistum Lüttich und in ganz
Frankreich und Deutschland erlaubte, ohne Annahme einer approbierten Regel in Gemeinschaftshaushalten zusammenzuleben und einander

---

[45] Volken, Offenbarungen, S. 140 ff.
[46] S. Grundmann, Bewegungen, S. 170 ff.; McDonell, Beguines, S. 629 (Reg.s.v.).

Erbauungspredigten zu halten. Als Jakob Franz von Assisi besuchte, hat er ihn mit seinem Bericht von der Eucharistiefrömmigkeit dieser Frauen fasziniert[47]. Seine Biographie der sel. Maria von Oigniès enthält die ausführlichen Laudes der *mulieres religiosae*: *De sanctitate praeclara plurium feminarum dioecesis Leodiensis . . .*[48]. Ausdrücklich hat er sie gegen zahlreiche und bedeutende Männer, die nach seinen Worten nicht aufhören wollten, gegen jene wie Hunde zu kläffen und unter Beschmutzung des Kreuzes ihr Wasser an den Wänden der Kirche zu lassen, in Schutz genommen[49].

Bischof Robert Grosseteste von Lincoln (†1253), einer der berühmtesten Philosophen des 13. Jahrhunderts, führte seinen franziskanischen Zuhörern das so beliebte Bild der Tugendleiter zum Himmel[50] vor Augen und scheute sich nicht zuzugeben, daß ihre oberste Sprosse bereits von den *Beginae . . . perfectissimae et sanctissimae religionis*, den Beginen von vollkommenster und heiligster Religiosität, besetzt sei[51].

Wenig später mahnte der Pariser Theologe Robert von Sorbonne, daß es beim Endgericht Theologen, Magistri und Magistrate geben werde, die dann verstummen müßten, während *aliqua papelarda, vel beguina, vel aliquis simplex conversus, vel monachus, optime respondebit*[52] („eine Bußschwester oder Begine oder ein einfacher Konverse oder Mönch vorzüglich antworten wird"). Die religiöse Frau kommt hier also an erster Stelle vor Laienbrüdern und Mönchen als Gegenbild zur gelehrten Elite.

Solche Ansichten waren natürlich auch in der volkssprachlichen Literatur zu finden. In einem um 1300 aufgezeichneten fiktiven Gespräch zwischen einem Pariser Theologen und einer schlichten Begine beschreibt letztere ihr Tagewerk: Gott Lieben, Beichten, auf der Hut Sein, Gott Kennen und die sieben Sakramente, die Nächsten Lieben usf. Da muß der Gelehrte zugeben: „Dann versteht ihr allerdings mehr von der Theologie als alle die Meister von Paris." − *Dont savés vous plus de divinité que tout li maistres de Paris*[53].

---

[47] Ein persönliches Treffen ist nicht direkt nachweisbar, doch den Umständen nach recht wahrscheinlich, vgl. Mens, L'Ombrie, S. 46f.
[48] AS, Juni V, 1867, S. 542–572, 547C.
[49] Hilka, Mystik, S. 163; Bolton, Women, S. 18f.
[50] Vgl. Peter Dinzelbacher, Die Jenseitsbrücke im Mittelalter, Diss. Wien 1973, S. 142ff.
[51] Zit. Bolton, Women, S. 8.
[52] Zit. McDonell, Beguines, S. 420 Anm. 60.
[53] Hg. v. Hilka, Mystik, S. 123.

Und auf die religiöse Erfahrung bezogen sagt um 1320 der Mönch von Halsbrunne (Heilsbronn) über die erlebte Gnade: *diu wárheit ist uns dábí schín* (erschienen) / *daz mangez armez swesterlín* / *und ander arme geister* / *über alle lesemeister* / *von dirre* (dieser) *gnáde kunnen sagen*, / *wan sie ez in dem herzen tragen*[54].

Aber nicht nur aus den Reihen des Klerus kam Zustimmung und Verehrung; die Frauenbewegung, insofern sie nicht in den weiblichen Zweigen der etablierten Orden mündete, wäre unmöglich gewesen ohne die faktische Unterstützung auch der weltlichen Machthaber: König Ludwig IX. von Frankreich (reg. 1236–1270) ließ vor 1254 in Paris einen Beginenhof errichten, in dem etwa 400 fromme Frauen unterkamen. Er dotierte diese Stiftung nicht nur großzügig, sondern pflegte sogar selbst dort zu predigen[55]. Auch in mehreren anderen Städten seines Reiches gründete er solche Häuser, wobei es ihm besonders um das keusche Leben der *dames* zu tun war: *Et en fist en pleusers liex de son royaume mesons de Beguines, et leur donna rentes pour elles vivre, et commanda l'en que en y receust celles qui vourroient fere contenance a vivre chastemenet*[56]. Dafür bezeichnete man ihn spöttisch als *miserum papellardum regem*[57], armseligen Beginenkönig. Seltener als die weltlichen Großen oder reiche Privatleute waren es die kommunalen Autoritäten, die als Stifter von Beginensammlungen auftraten, da es hier vielfach besitzrechtliche Streitigkeiten mit den Bettelorden gab, die die Frauen betreuten. Aber in Schiedam etwa gründete der Magistrat 1405 eine solche Gemeinschaft, um es Jungfrauen und Witwen zu ermöglichen, in reinem, demütigen Leben zusammenzuwohnen, *in een rein, ootmoedig leven zamen te wonen*[58].

Es versteht sich, daß nicht nur eindeutige Stellungnahmen pro oder contra bezogen wurden – von denen nur eine kleine Auswahl zitiert werden konnte –, sondern daß sich auch manche abwägende Stimme vernehmen ließ. Nur zwei Beispiele:

Der Generalminister des Dominikanerordens, Humbert de Romanis (†1277) z.B., ein Mann, der bereits zum Papst gewählt worden war und nur auf politischen Druck hin nicht zur Tiara kam, wandte sich einerseits entschieden gegen diejenigen armen frommen Frauen (*mulieres reli-*

---

[54] Zit. Weinhold (wie Anm. 26), S. 524.
[55] McDonnell, Beguines, S. 224 ff.
[56] Joinville, Vie de S.Louis, hg. v. N. L. Corbett, Québec 1977, S. 234.
[57] Zit. Mens, L'Ombrie, S. 49.
[58] Zit. McDonnell, Beguines, S. 551.

giosae pauperes), die umherzogen und bettelten, pries aber dagegen jene seligen Beginen, die allen Lobes höchlichst wert in einer feindlichen Umwelt ein hochheiliges Leben führten, *felices Beguinae et omni laude dignissimae ... in medio perversae nationis ducunt vitam sanctissimam*[59].

Der Erfurter Dichter Nikolaus von Bibera konfrontiert in seinem ‚Carmen satiricum' (um 1282) die Tag und Nacht arbeitenden, zuchtvollen, mildtätigen Frommen mit jenen, die überall umherschweifen und sogar *chorum perlustrant canonicorum et fortasse thorum*[60], den Chor der Kanoniker besuchen – und vielleicht sogar ihr Bett.

III. Aufbruch und Verweigerung

Wen meinten die zeitgenössischen Autoren, wenn sie von jenen *mulieres sanctae* sprachen, die so viel Aufsehen – im Positiven wie im Negativen – erregten? Mit dieser Bezeichnung wurden Frauengruppen zusammengefaßt, deren soziale Organisationsformen und religiöser Lebensstil ein neues Phänomen in der Zeit des endenden Hochmittelalters darstellten. Diese Periode, vielleicht die wichtigste Achsenzeit zwischen dem Ende des römischen Reiches und der französischen Revolution[61], ist im Bereich der sozial-religiösen Strukturen gekennzeichnet von der Verweigerung herkömmlicher Lebensweisen und dem Aufbruch zu neuen Lebensformen. Es ist nicht möglich, an dieser Stelle das historische Ambiente nachzuzeichnen, das notwendig war, um für eine solche Entwicklung überhaupt die Grundlagen zu bieten, es müssen einige Schlagworte genügen: im materiellen Bereich die große Bevölkerungsvermehrung, die Durchsetzung effizienterer Agrartechniken, der Aufschwung der städtischen Kultur; im sozialen Bereich der Aufstieg neuer Schichten wie der Kaufleute, Ministerialen und Verwaltungskleriker; im geistigen Bereich die Etablierung neuer Ideale wie das der Internalisierung der christlichen Ethik, des höfischen Verhaltens, der Ritterlichkeit, der vulgärsprachli-

[59] Zit. Grundmann, Bewegungen, S. 335 Anm. 32; McDonnel, Beguines, S. 421.
[60] Zit. ebd., S. 343 Anm. 42.
[61] Literatur dazu habe ich zusammengestellt in den Anmerkungen in: Vision, S. 238 ff. Zu ergänzen: K. Hampe, Der Kulturwandel um die Mitte des 12. Jahrhunderts, Archiv f. Kulturgeschichte 21 (1931), S. 129–150. – Raoul Bauer u.a., De twaalfde eeuw, Antwerpen 1984. – Les mutations socio-culturelles au tournant des XIe–XIIe siècles, hg. v. R. Foreville, Paris 1984.

14   Peter Dinzelbacher

chen Bildung und vor allem das sich im Verlauf der gregorianischen Reform und des Investiturstreits herauskristallisierende Auseinandergehen
von Heiligem und Profanem, Kirche und Staat.

In diesem Rahmen kommt es zur Befreiung und Aktivierung bislang
passiver Gruppen und Schichten und damit zur umwälzenden Neuord-
nung sozialer, politischer und spiritueller Strukturen[62]. Für letzteren Bereich hat Elm die Entwicklung zusammengefaßt: „Während zunächst die
individuellen Formen, das Eremitentum, das Inklusen- und Pilgerwesen
sowie die an Kloster, Stift und Orden gebundenen Institutionen, das
Konversentum und Konfraternitätswesen, überwogen, setzte seit dem 12.
Jahrhundert mit der Gründung von Hospitalgenossenschaften, Bruder-
schaften, Büßergemeinschaften sowie Beginen- und Begardensammlun-
gen eine Vermehrung der unabhängigen Gemeinschaftsbildungen ein,
die im 13. und 14. Jahrhundert ein solches Ausmaß erreichte, daß die regulierten von den nichtregulierten Gemeinschaften zahlenmäßig eingeholt, wenn nicht gar überholt wurden"[63]. Eine jener bisher passiven
Gruppen oder, mittelalterlich ausgedrückt, Stände waren die Frauen[64].
Wenn auch die weitaus überwiegende Anzahl von ihnen ihr Leben nach
wie vor gemäß dem herkömmlichen Modell als Ehefrau und Mutter
führte, so fanden sich doch seit dem 11. Jahrhundert mehr und mehr
Frauen, die sich dieser Tradition verweigerten, um ihr Leben ohne Gatten und Kinder zu leben. An deren Stelle trat die Beziehung einerseits
zu anderen Frauen, andererseits zu dem „wahren Bräutigam" im Himmel. Diese ja nicht auf Vorbildern basierende Alternative zum herkömmlichen Frauenleben überhaupt zu entwickeln war freilich zunächst nur Frauen möglich, die eine gewisse Zeit zur Reflexion besaßen,
d.h. Frauen aus den gesellschaftlichen Oberschichten. Sie wurden in besonderem Maß von den Idealen des evangelischen Lebens erfaßt, für das
die damals revolutionäre Armutsbewegung[65] im Zuge der spirituellen

---

[62] Thum, Aufbruch, S. xvi.

[63] Elm, Bruderschaft, S. 477f.

[64] Nicht nur in zeitgenössischen Darstellungen der Christenheit auf Erden, der *ecclesia militans*, sondern sogar in solchen der eschatologischen Christenheit, der *ecclesia triumphans*, können die Frauen als eigener Stand bzw. Stände (Jungfrauen und Ver-eheliche) auftreten, vgl. z.B. P. Dinzelbacher, Reflexionen irdischer Sozialstruk-turen in mittelalterlichen Jenseitsschilderungen, Archiv f. Kulturgeschichte 61 (1979), S. 16–34, 22f.

[65] Vgl. die Zusammenfassungen und Literaturangaben bei U. Lindgren/J. Schla-geter, Armut, LexMA I, 1979, Sp. 984–988; K. Bosl, Das Armutsideal des hl. Fran-ziskus als Ausdruck der hochmittelalterlichen Gesellschaftsbewegung, in: 800 Jahre Franz von Assisi, S. 1–12.

Reform warb. „Verweigert wurden (von ihnen) die traditionellen Werte und Güter des ‚saeculum', der Welt, besonders Reichtum (dies ist ein Begriff, der im Hochmittelalter wesentlich als ‚Macht, hohe Stellung' zu verstehen war). Verweigerung bezog sich auch auf das Verhalten, das diesen Gütern und Werten entsprach – das Befehlen, das Genießen, das Raffen, den räuberischen Erwerb . . . Verweigerung richtete sich schließlich auch auf das andere Geschlecht . . . Wenn man mittelalterliche Gewährsmänner hört, galt der Abscheu vor allem der institutionellen Vereinigung, nämlich der Ehe. Den Masseneintritt von verheirateten Frauen des Hochadels in den Zisterzienserorden begründet Jakob von Vitry damit, daß diese ‚carnale matrimonium in spirituale', ‚fleischliche Ehe in geistige'[66] umwandeln wollten; die zahlreichen adeligen Mädchen, die den Weg in den Orden gesucht hätten, seien aber ‚oblata matrimonia contemnentes' gewesen, sie hätten ‚die ihnen angebotene Ehe verachtet'. Viele habe man gesehen, die Reichtum und Macht ihrer Eltern mißachtet und die ihnen angebotenen Ehemänner aus mächtigem Adelshause verschmäht hätten. Aber sie hätten in großer und fröhlicher Armut gelebt und nichts gehabt als das, was sie mit ihrer Hände Arbeit erwarben, und sie seien zufrieden gewesen mit grober Kleidung und bescheidenem Essen"[67]. Dies gilt nicht nur für die flämischen Gebiete, über die wir am besten unterrichtet sind, und die angrenzenden deutschen Regionen, sondern auch für Frankreich[68], England[69] und Italien[70]. Die soziogeographische Herkunft dieser Frauen ist zumeist der städtische Bereich[71], die neue Lebensform des Hochmittelalters par excellence, die Sozialschicht die der mittelständischen Kaufleute, auch des Patriziats. Für Köln, wo das Quellenmaterial eine statistische Auswertung erlaubt, sieht es so aus, daß zwischen 1120 ud 1320 von den Patrizierinnen, die einen religiösen Lebensweg verfolgten, 65% Nonnen und 35% Beginen wurden, während aus der Mittelschicht 38% in Klöstern unterkamen und 62% in Beginengemeinden. Die Adeligen blieben dagegen praktisch alle bei der üblichen Form des Kanonissineninstituts[72].

---

[66] Oder: geistliche.
[67] Thum, Aufbruch, S. 353 f., unter Zitierung der bei Grundmann, Bewegungen, S. 188 f., angeführten Stellen aus Jakob von Vitry.
[68] Delmaire, beguines, pass.
[69] S. Bolton, Women, S. 25.
[70] Escritos de S. Clara y documentos complementarios, hg. v. I. Omaechevarria, Madrid ²1982, S. 52 f., 144 f.
[71] S. d'Haenens, Femmes, S. 228.
[72] Stein, Women, S. 281 ff.

IV. Motivationen und Schicksale

Es ist nicht leicht, die Beweggründe dieser Frauen kennenzulernen. Denn wirklich beschrieben werden sie nur in den Viten derjenigen von ihnen, die als Heilige verehrt werden sollten, und das ist selbstverständlich nur ein minimaler Bruchteil der Gesamtheit. Daß bei diesen Menschen (und in dieser Quellengattung) die Motivation für ein solches Handeln, das nicht selten zu schwersten Konflikten mit der Familie führte, primär (und in vielen Texten ausschließlich) eine religiöse sein konnte, ist evident. Um nur das berühmteste Beispiel zu erwähnen: Was haben die Geschwister Klara und Katharina[73] nicht alles verlassen, um sich dem Poverello von Assisi anzuschließen? Ein reiches, sicheres Leben der Annehmlichkeiten im Elternhaus und die Möglichkeit, eine Ehe im Rang ihres vornehmen Standes einzugehen. Was haben sie statt dessen auf sich genommen? Die Trennung und den bis zu einem Tötungsversuch[74] gehenden Haß ihrer Familie, soziale Verachtung und Armut, Buße und Schweigen in lebenslanger strenger Klausur. Aber Klara schreibt selbst, „daß sie keine Armut, Mühe, Anfechtung, Niedrigkeit und Verachtung der Welt fürchteten, sondern vielmehr für große Freude erachteten", *quod nullam paupertatem, laborem, tribulationem, vilitatem et contemptum saeculi timeremus, immo pro magnis deliciis haberemus*[75]. Denn sie waren sich sicher: das Himmelreich ist vom Herrn ausschließlich den Armen versprochen und geschenkt. Da ist es freilich ein großer und lobenswerter Tauschhandel, das Irdische für das Ewige zu verlassen, Himmlisches anstelle von Irdischem zu erwerben, hundert für eins zu bekommen und das ewige Leben selig zu besitzen, *quod regnum caelorum nonnisi pauperibus a Domino promittitur et donatur . . . Magnum quippe ac laudabile commercium, relinquere temporalia pro aeternis, promereri caelestia pro terrenis, centuplum pro uno recipere, ac beatam vitam perpetuam possidere*[76].

Auch nach dem, was wir anderen schriftlichen Quellen entnehmen, kann kein Zweifel bestehen, daß persönliches Heilsstreben ein, wenn nicht überhaupt der ausschlaggebende Beweggrund für die meisten jener Frauen war[77]. In der Reformphase der hochmittelalterlichen Kirche

---

[73] Vgl. C. Lainati OSC, Die hl. Klara v. Assisi, in: 800 Jahre, S. 99–121.
[74] Leganda S. Clarae 26, hg. v. Omaechevarria (wie Anm. 70), S. 161.
[75] Regula propria 6, 17, ebd., S. 278.
[76] Epistula 1ª,4, ebd., S. 378 f.
[77] Für weitere Beispiele vgl. z.B. de Ganck, Nuns, S. 176 ff.

„wurden die Laien, auch die sehr zahlreichen Frauen, bewußt in das religiöse Programm einbezogen, das von der Idee der Vita apostolica bestimmt war"[78]. Vermittelt wurde dieses Programm wohl vorrangig durch die Predigt in den Volkssprachen, wie sie seit den aufsehenerregenden Anfängen im Frankreich des 11. Jahrhunderts (Robert von Abrissel, Vitalis von Savigny) immer üblicher wurde (Lambert li Beges, Franz von Assisi, die Kreuzzugsprediger)[79]. Die sel. Margarete von Ypern (1216–1237) z.B. wurde durch eine Predigt eines Dominikaners „umgekehrt", obwohl sie ganz in der Welt lebte (Kleiderluxus, irdische Liebe)[80]. Dazu kommt eine katechetische und unterhaltsam-religiöse Literatur in den Volkssprachen, die u.a. zur *imitatio sanctorum*, zur Nachfolge der Heiligen, aufrief. Dabei scheinen Heilige, die sich aus einem weltlichen Leben zur Askese entschlossen, die ein Einsiedler- oder Anachoretenleben führten, besonders beliebt gewesen zu sein[81]. Ohne Zweifel hat auch das persönliche Beispiel mancher Führer der Armutsbewegung eine Rolle gespielt, wie etwa das des hl. Franziskus, der mit Vorliebe durch Handeln predigte[82].

Freilich hat man auch oft behauptet, daß in Wirklichkeit andere Gründe prävalent gewesen wären, die sich im „Zeitalter des Glaubens" eben nur in religiöser Form hätten äußern können. Besonders sei die Lebensweise der Beginen eine Notlösung für solche Frauen gewesen, die an und für sich durchaus hätten heiraten wollen, wegen des Frauenüberschusses der Zeit jedoch keine Partner fanden[83]. Dies trifft, wenn überhaupt, jedoch nicht für den Beginn der Bewegung, das endende 11. und das 12. Jahrhundert zu, sondern erst für die Situation im Spätmittelalter.

Es unterliegt heute keinen Zweifeln mehr, daß die Ursprünge der Armutsbewegung im freiwilligen Verzicht an und für sich wohlhabender

---

[78] Degler-Spengler, Frauenbewegung, S. 85.

[79] Pasztor, donna, S. 26f.

[80] Thomas v. Chantimpré, Vita c. 6, hg. v. Meersseman, Les frères précheurs, S. 109.

[81] Für den französischsprachigen Bereich s. Johnson/Cazelles, siècle, S. 27ff., 58ff., 84ff. u. pass.

[82] Dies hat bes. Raoul Manselli, Nos qui cum eo fuimus, Roma 1980, herausgearbeitet.

[83] Durchschnittlich scheinen in den großen Städten Deutschlands im späten Mittelalter ca. 1200 Frauen auf 1000 Männer gekommen zu sein; vgl. McDonnell, Beguines, S. 83f.; Heer, Mittelalter, S. 528; E. Ennen, Die Frau in der mittelalterlichen Stadtgesellschaft Mitteleuropas, Hansische Geschichtsblätter, S. 1–22, 13. S. auch Petroff, consolation, S. 19. Doch fehlen weitgehend wirklich gesicherte Statistiken.

Gläubiger liegen, die damit *nudi nudum sequi*[84], nackt dem nackten Heiland folgen wollten. Das hinderte aber nicht, daß bald diese Lebensform auch tatsächlich Arme aufnahm, die sich auf diesem Weg eine Existenzmöglichkeit sicherten, da die *pauperes Christi* privat und öffentlich unterstützt wurden. Für diese war es nicht eine freiwillige Wahl, sondern schlichtweg ökonomische Notwendigkeit[85]. So wird man McDonnells Formulierung gelten lassen: „The beguinage of Belgium and the convent of Germany presented a twofold aspect: they were charitable houses for the unmarried and widowed women, but they were also retreats for the contemplative"[86].

Die ausführlichsten Quellen zur religiösen Frauenbewegung selbst, die hagiographischen Texte, lassen aber auch nicht selten andere Motivationen neben der religiösen durchscheinen. Freilich werden auch diese als religiöse interpretiert, doch wird man die Möglichkeit kaum ausschließen dürfen, daß die Persönlichkeitsstruktur auch mittelalterlicher Heiliger noch andere Elemente enthielt. Eine in zahlreichen Viten wiederkehrende Situation ist die, daß die künftige Heilige alle möglichen Unbilden erleiden muß, um ihre Jungfräulichkeit zu bewahren. Als Christine von Markyate (ca. 1097–nach 1154)[87], ein Mädchen aus der angelsächsischen Nobilität, ungefähr dreizehn oder vierzehn Jahre alt war, gelobte sie ein keusches Leben zu führen. Seit damals war ihr Dasein ein einziger Kampf nicht nur gegen die Männer, die ihr nachstellten, sondern auch gegen ihre Familie, der diese Verweigerung, die die Verwerfung einer Ehe miteinschloß, zu Versuchen Anlaß gab, ihren Starrsinn auf alle möglichen Weisen zu zerbrechen. Ihre Mutter jagte sie fast nackt aus dem Hause, bemühte sich, sie mit Liebeszauber zu korrumpieren und prügelte sie derartig, daß sie die Narben davon ihr ganzes Leben behielt[88]. Christine blieb unbeugsam[89].

Eine andere wiederkehrende Situation ist die, daß die werdende Heilige zwar ihren Eltern gehorcht, aber den Vollzug der Ehe verhindert. Beson-

---

[84] Vgl. R. Grégoire, Nudité, DS 11 (1981), Sp. 508–513. M. Bernards, Nudus nudum Christum sequi, Wissenschaft u. Weisheit 14 (1951), S. 148–51.

[85] McDonnell, Beguines, S. 81 ff.

[86] Ebd., S. 88.

[87] Siehe P. Dinzelbacher, Christine v. Markyate, LexMA II, Sp. 1917.

[88] The Life of Christina of Markyate, hg. v. C. H. Talbot, Oxford 1959, S. 72, 74 ff.

[89] Gegen den Willen und Widerstand ihrer Verwandten haben sich einem religiösen Leben zugewandt u.a. Ida v. Louvain, Klara v. Assisi, Maria v. Oigniès, Mechthild v. Hackeborn.

ders umsichtig ging dabei die sel. Delphina von Sabran (1284–1360)[90] vor, eine adelige Provenzalin, die ihrem Gatten Eleazar, kaum daß sie das Schlafgemach betreten hatten, so lange von keuschen Ehen wie der des hl. Alexius und der der hl. Cäcilia oder schrecklichen Strafen an solchen, die heilige Jungfrauen wie Agnes nicht in Ruhe lassen konnten, zu erzählen pflegte, bis ihr Mann regelmäßig eingeschlafen war (*entro que s'adurmia*). Versuchte er es sonst, stellte sie sich krank oder machte ihn auf die kommende Fastenzeit aufmerksam, und in der Frühe hatte sie das gemeinsame Bett schon längst verlassen, ehe er aufwachte[91]. Allerdings sollte auch dieser ihr Gatte ein Heiliger werden[92] und war ein Jüngling von entsprechender Sanftmut. Nach seinem Tode zog sich Delphina von der Welt zurück oder ging als Begine betteln[93].

Andere waren weniger glücklich. Die zwölfjährige sel. Christina von Stommeln (1242–1312)[94] etwa wußte keinen anderen Ausweg vor der Hochzeit, als ihren Eltern nach Köln davonzulaufen und sich dort unter die Bettler zu mischen[95]. Zu solchen Verhaltensweisen ist noch zu bedenken, daß bei außerhalb des Klosters lebenden Frauen der „Entschluß, aus religiöser Überzeugung keusch zu leben, ... die Frauen häresieverdächtig (machte), und die Probe des glühenden Eisens oder das Untertauchen in kaltem Wasser gab dann den Ausschlag, ob die Verdächtigen als Ketzer verbrannt oder als Heilige verehrt wurden." Es sind Fälle bekannt, daß Mädchen tatsächlich als Ketzerinnen den Scheiterhaufen besteigen mußten, weil sie sich nicht von Klerikern verführen ließen[96].

Waren die Motive der Verweigerung in diesem Bereich wirklich immer nur religiöser Art? War das ungehinderte Frömmigkeitsstreben allein der Grund, warum z.B. viele Frauen ihre Männer verließen, die sie auch mit bischöflicher Hilfe nicht zurückzwingen konnten, wie es in Zusammenhang mit Robert von Abrissel berichtet wird[97]? Die mittelalterliche Ehe

[90] Vgl. P. Dinzelbacher, Delphina v. Signe, LexMA III, 1984, Sp. 685.
[91] Vies Occitanes de S.Auzias et de S.e Dauphine, hg. v. J. Cambell, Roma 1963, S. 147 ff., 155.
[92] Vgl. P. Dinzelbacher, Eleazar v. Sabran, LexMA III 3, Sp. 1789.
[93] Weiter Beispiele bei Goodich, Vita, S. 177 f.
[94] Vgl. P. Dinzelbacher, Christine v. Stommeln, LexMA II, 1983, Sp. 1919 f.
[95] Vita Anonyma 1, 4, AS Juni V, 1867, S. 369C.
[96] Grundmann, Bewegungen, S. 180. Vgl. auch C. Thouzellier, Catharisme et Valdéisme au Languedoc, Paris 1969, S. 77; A. Borst, Die Katharer, Stuttgart 1953, S. 181.
[97] Grundmann, Bewegungen, S. 43 Anm. 65.

war ja nach allen Rechtsquellen ein Unterwerfungsverhältnis, das einem
Mann, der nur den legitimen Spielraum seiner „patria potestas" ausnütz-
te, also völlig im Rahmen des rechtlich und sozial Akzeptierten blieb,
gestattete, seine Frau schlichtweg mit körperlicher Gewalt zu einer gehorsamen Kreatur ohne Eigenwillen zu machen. Zu der Bestimmung
etwa des Aaredenburger Stadtrechts aus dem 14. Jahrhundert, es sei
Recht, daß der Gatte seine Frau bis zum Blutvergießen züchtigen dürfe,
wenn sie nur am Leben bliebe[98], gibt es zahlreiche, wenn auch teilweise
mildere Vorschriften und Gerichtsurteile[99], und auch Johannes von Marienwerder hat in seinen Lebensbeschreibungen der hl. Dorothea von
Montau manches Erhellende hierüber zu sagen[100]. Wenn man sich einige
Aussagen von Mystikerinnen vor diesem Hintergrund bewußt macht,
werden vielleicht doch auch andere Motivationsmöglichkeiten als nur religiöse vorstellbar, eine „unbürgerliche Laufbahn" zu verfolgen. Die sel.
Aldobrandesca von Siena (1245–1309) etwa eilte, kaum daß ihr Gatte ver-
storben war, zum Kruzifix und dankte Christus, daß er sie aus der
Knechtschaft erlöst habe[101]. Die sel. Angela von Foligno (†1309)[102] reagierte ganz beglückt, als ihre gesamte Familie innerhalb kurzer Zeit aus-
gestorben war – sie hatte nämlich selbst Gott ausdrücklich darum gebeten: *rogaveram deum ut morerentur, magnam consolationem inde habui,
scilicet, de morte ipsorum*[103]. Die Kartäusermystikerin Margarete d'Oingt
(†1310)[104] schließlich schreibt in ihrer ‚Pagina Meditationum': *Domine
dulcis, si non fecisses mihi aliam gratiam nisi istam quod non permisisti
quod sim in servitute et subjectione hominis, satis mihi fecisti* („Süßer Herr,
wenn du mir keine andere Gnade erwiesen hättest als die, daß du nicht
erlaubt hast, daß ich in der Knechtshaft und Unterwerfung durch einen

---

[98] Shahar, Frau, S. 97.

[99] Ebd., S. 93 ff. In der Tat versuchten manche Stadtrechte und Gerichte, ein ganz
willkürliches Vorgehen des Ehemannes zu unterbinden, doch sollte man dabei nicht
übersehen, daß Bestimmungen, die Strafen nur dann gelten lassen wollen, „wenn sie
dies verschuldet hat" (Ketsch, Frauen II, S. 189), ausgesprochene Gummiparagra-
phen waren.

[100] S. u. den Beitrag von E. Schraut, S. 373–394.

[101] Petroff, Consolation, S. 42.

[102] Vgl. R. Manselli, Angela, LexMA I, Sp. 617 f.

[103] Le livre de la bhse. Angèle de Foligno, hg. v. P. Doncoeur, Toulouse 1925, S.
10.

[104] Vgl. B. Gaillard, Marguerite d'Oingt, Dict.Spir. X, 1977, Sp. 340 ff.; P. Dinzelbacher, Marguerite d'Oingt und ihre Pagina Meditationum, Analecta Cartusiana 116/1 (1988), S. 69–100.

Mann lebe, so hast du mir schon genug getan")[105]. Sind solche Worte nicht auch Ausdruck einer ganz irdischen Angst, die ursprünglich nichts mit religiösen Gründen zu tun hat?

Weiters ist zu bedenken, daß bestimmt jedes mittelalterliche Mädchen Frauen im eigenen Hause oder in nächster Umgebung kannte, die bei den unausbleiblichen und rasch aufeinander folgenden Geburten – die hl. Birgitta von Schweden z.B. hatte ihrem Gatten innerhalb von 20 Jahren acht Kinder geboren[106], die hl. Dorothea von Montau innerhalb von 18 Jahren neun Kinder[107] – verletzt oder getötet worden waren. Eine Schwangere heißt im Altnordischen u.a. *vanheilsa, eigi heil* (nicht heil), die Wehen werden als Krankheit empfunden, *kenna sér sóttar*[108]. Manche Mystikerinnen betonen, daß Maria ihren Sohn ohne jeden Schmerz zur Welt brachte: *Do die zit vmbe kam, als andere vrouwen trurig sint und beswert gant, do was Maria lihtevertig* (leicht) *und vró ... Der almehtige got mit siner wisheit ... ging dur dú ganzen want Marien lichamen* (die ganze Oberfläche von Marias Leib) *mit swebender wunne ane alle arbeit* (Mühe). So die Begine Mechthild von Magdeburg (2. Hälfte 13. Jh.)[109]. Ihre heilige Zeit- und Standesgenossin, die südfranzösische Begine Douceline (1214/15–1274)[110], sieht das Christkind einfach auf einem Sonnenstrahl aus dem Bauch der Jungfrau herauskommen: *e vi un rai de solelh ques ihssia del ventre de la Verge sagrada, e al som dell rai illi vi l'Enfant*[111]. Auch die hl. Birgitta erfährt in einer Offenbarung, daß die Jungfrau ohne Schmerzen geboren hat[112].

Sollte nicht auch dieses Wissen um die Gefahren und Schmerzen in einem ganz normalen Frauenleben ein Grund zur Ablehnung der Ehe gewesen sein können?

Schließlich muß man auch die Lebensschicksale bedenken. Die sel. Vanna von Orvieto (1264–1306) etwa war in der Tat ein frommes Kind

---

[105] Les Oeuvres de Marguerite d'Oingt, hg. v. A. Duraffour u.a., Paris 1965, S. 87.

[106] Johannes Jørgensen, S. Bridget of Sweden I, London 1954, S. 51.

[107] Vgl. P. Dinzelbacher, Dorothea v. Montau. LexMA III, Sp. 1319 f., und unter den Beitrag von E. Schraut, S. 373–394.

[108] G. Jacobsen, Pregnancy and Childbirth in the Medieval North, Scandinavian Journal of History 9 (1984), S. 91–111, 96.

[109] Offenbarungen, hg. v. G. Morel (wie Anm. 173), S. 148 (V, 23). Vgl. P. Dinzelbacher, Mechthild v. Magdeburg, Theol. Realenzyklopädie, s.v.

[110] Vgl. P. Dinzelbacher, Douceline, LexMA III, Sp. 1331.

[111] La vie de S. Douceline, hg. v. R. Gout, Paris 1927, S. 161.

[112] Revel. 5, 80.

und ist durchaus freiwillig eine Bußschwester vom Orden des hl. Dominikus geworden, obschon sie, die kleine Schneiderin, die Gelegenheit zu
einer Ehe gehabt hätte. Allerdings hatte sie unmittelbar vor ihrem Anschluß an die Frauenbewegung zwei Vergewaltigungsversuche erlebt;
dann erst hatte sie den Eindruck, „man könne nicht sicher bei den Skor-
pionen in der Welt leben", wie ihr Biograph sagt, und sie begann zu überlegen, wie sie sich aus ihr zurückziehen könne, und wurde Tertiarin: *Ve-*
dendo la sacra vergine, per li sopradecti casi (sc. li atti impudichi) e per altre
considerazioni, come non era sicura habitare co li mondani scorpioni, co-
minciò a pensare come dal mondo . . . fosse . . . dilongata di fuori[113].

   Auch ein Mädchen wie z.B. die sel. Margerita von Città Castello
(1287–1320) hat es sich nicht nur ausgesucht, ihr kurzes Leben in der
weiblichen Armutsbewegung als Dominikanertertiarin zu verbringen:
blind, klein und mißgestaltet kam sie zur Welt, von ihren Eltern verab-
scheut, die sich ihrer zuerst entledigten, indem sie das unschuldige Kind
(*puela inocens*) in eine Zelle neben der Burgkapelle (?) einsperrten, damit
diese Schande von keinem Besuch gesehen werden könne. Dort sollte sie
Bußleistungen vollbringen, ehe sie noch gesündigt hatte. Später versuchten sie, Margeritas Heilung am Grab des sel. Jakob von Città Castello
zu erlangen; als dieser jedoch kein Wunder wirkte, ließen sie das blinde
Kind einfach stehen. So blieb der Seligen schlichtweg nichts anderes
übrig, als sich ihr Leben bei mildtätigen Leuten zu erbetteln. Eine Zeitlang wird sie in ein Kloster aufgenommen, und wir hören nichts davon,
daß sie es je hätte verlassen wollen, im Gegenteil, sie erträgt alle Kränkun-
gen geduldigst, um schließlich von den Nonnen doch mit Schimpf und
Schande hinausgeworfen zu werden, da sie ihnen zu fromm war: *monia-*
les illius iam invidentes sanctitati . . . eam de dicto monasterio contumeliose
et turpiter eiecerunt. Schließlich richtet ihr ein mitleidiger Bürger eine
Kammer unter dem Dach seines Hauses ein, wo sie als Dominikanertertiarin den Rest ihrer Tage verbringen durfte[114]. Nicht aufgrund freier
Wahl ist dieses Kind also auf einen Weg gekommen, den es freilich dann
in Vollkommenheit zu Ende gehen sollte.

   Nun wissen wir von diesen Seligen und Heiligen, daß sie ihr Leben in
der religiösen Frauenbewegung, aus welchen Gründen sie es auch immer

---

[113] Leggenda della B. Giovanna (detta Vanna) d'Orvieto, hg. v. L. Fu mi, Roma
1879, S. 7 f.
[114] La plus ancienne legende da la B. Marguerite de Città di Castello, hg. v. M.-H.
Laurent, Archivum Fratrum Praedicatorum 10 (1940), S. 109–131, 120 ff.

begonnen hatten, in so intensiver und meist charismatischer Frömmigkeit lebten, daß sie oft schon vor ihrem Tode als Heilige angesehen und nach ihrem Tode als solche verehrt wurden. Daß es aber auch Frauen innerhalb dieser Bewegung gab, die sie nur als Deckmantel für andere Interessen benützten, erhellt genügend aus den oben zitierten Angriffen und den geschilderten Fällen von Betrug[115]. So würde also weder die Annahme einer rein religiösen noch die einer rein sozialen oder sonstigen Einzelmotivation der Vielfalt der Lebensrealität gerecht werden.

V. Der Verlauf

Die religiöse Frauenbewegung kannte deutlich geographische Schwerpunktregionen, währenddem es andererseits Gebiete gab, die sie nicht erreicht zu haben scheint. Es ist bekannt, daß das heutige Belgien und die angrenzenden Länder die Regionen waren, in der sich diese Strömung zuerst im endenden 12. Jahrhundert manifestierte, also Flandern, Brabant, Nordfrankreich, das Niederrhein- und Moselgebiet. Entlang des Rheins breitete sich die Welle der neuen Frauenfrömmigkeit bis nach Süddeutschland und in die Schweiz aus, und von den Niederlanden bis Schlesien, Polen und Böhmen[116]. In Südfrankreich, und zwar etwa im Gebiet zwischen Perpignan und Nizza, Toulouse und Avignon, scheinen sich ähnliche Gruppen vor allem im Zusammenhang mit den Franziskanern gebildet zu haben[117]. In Italien war es vor allem der Nordteil der Halbinsel, der analoge Bewegungen im Rahmen der Humiliaten[118] und Bußschwesterschaften der Mendikanten[119] erlebte, auf der Pyrenäenhalbinsel werden „ohne Regeln ein Ordensleben führende *beatae*" erwähnt[120]. Andere Teile des katholischen Europas scheinen weitestgehend oder gänzlich unberührt geblieben zu sein: Skandinavien[121], Süd-

---

[115] S. o. S. 7 ff.

[116] Vgl. Grundmann, Bewegungen, pass.; McDonnell, Beguines, pass.

[117] Vgl. Erbstösser, Ketzer, S. 165 ff.; Glente, Beginere, pass., bes. S. 54.

[118] Vgl. Grundmann, Bewegungen, S. 72 ff.

[119] Vgl. movimento (1984), pass.

[120] Elm, Stellung, S. 16.

[121] Die hl. Ingrid Elovsdotter (†1282) gründete eine vereinzelte Beginengemeinde in Skäninge, s. Vauchez, sainteté, S. 437.

italien, England[122]. Die Entwicklung ging so von einer Zone aus, die kulturell und sozio-ökonomisch wohl die fortschrittlichste Europas war, was, wie in Oberitalien, im Reichtum an Städten begründet lag. Dort sollte sie übrigens im Zusammenhang mit der Devotio moderna seit 1374 durch die „Schwestern vom gemeinsamen Leben" auch noch einen gewissen Neubeginn erleben[123].

Die Anfänge oder vielleicht besser Vorboten der Frauenbewegung kann man in der begeisterten Reaktion sehen, die die evangelischen Wanderprediger des 11. Jahrhunderts im Laienstand nicht nur bei den Männern, sondern auch bei den Frauen fanden. Am bekanntesten ist wohl der Enthusiasmus, den der heiligmäßige Reformpriester Robert von Abrissel (†1115) mit seinen Bußpredigten auslöste. Tausende hefteten sich als *pauperes Christi*, Arme um Christi willen, an ihn, unter ihnen besonders viele Frauen sowohl aus den geachtetsten Ständen (u.a. zwei Frauen des Herzogs Wilhelm IX. von Aquitanien, der nach der These Bezzolas zur Revanche die amouröse Trobadorlyrik erfunden haben soll[124]) wie aus dem verachtetsten, nämlich dem der Prostituierten, die er nach den „Wanderjahren" schließlich zusammen in seinem Doppelkloster Fontevraud unterbrachte (allerdings in verschiedenen Teilen desselben)[125]. Die Schwestern hatten dabei die Leitung inne, teils um den Mönchen die Möglichkeit zu geben, sich in Demut zu üben, teils da sie eher aus den sozial höherstehenden Klassen kamen[126].

Robert und seine Anhänger stellten nur eine der zahlreichen religiös bewegten Gruppen dar, die besonders den Frauen attraktiv erschienen. Norbert von Xanten (†1134), dessen Heiligkeit im Unterschied zu der umstrittenen Roberts 1582 von Rom bestätigt wurde, zog, ehe er den Erzbischofsstuhl von Magdeburg bestieg, „als Volksprediger und Apostolischer Missionar durch seine feurige Beredsamkeit, seine hohe Gestalt,

---

[122] Hier gab es immerhin ein gewisses Reklusinnenwesen, s. Francis D. S. Darwin, The English Medieval Recluse, London s.a. (1944); Warren, Anchorite, pass.; Rosof, Anchoresses, pass. Warum die Beginenbewegung von Belgien trotz der engen Kontakte nicht nach England übergriff, ist ungeklärt, vgl. Bolton, Women, S. 9, 12, 27.

[123] Rehm, Schwestern, pass.

[124] Reto R. Bezzola, Les origines et la formation de la littérature courtoise en Occident II, Paris 1960, S. 243 ff., 293 ff.

[125] Jacques Dalarun, L'impossible sainteté. La vie retrouvée de Robert d'Abrissel, Paris 1985, S. 125 f., 295 u.ö.

[126] Ebd., S. 191 f. Vgl. J. Smith, Robert of Abrissel's relations with women, in: women, S. 175–184.

männliche Schönheit und Kraft"[127] gleichermaßen eine große Zahl auch
von Frauen in den von ihm neugegründeten Orden, der sich mit Doppelklöstern und Tertiarinnen von den zeitgenössischen Benediktinerinnen
deutlich unterschied. Dieses Leben als Konversen[128] faszinierte nicht nur
Bäuerinnen und arme Frauen, sondern mehr noch die adeligsten und
reichsten, die sich geradezu überstürzten, in Norberts Gemeinschaft einzutreten und ihr „zartes Fleisch" abzutöten, *feminas non modo rusticas
vel pauperes, sed potius nobilissimas et ditissimas . . . ad illius institutionis
monasteria festinantes et quasi ad mortificandam teneram carnem curren-
tes*[129]. Daß die Prämonstratenser aber bald zu einer „prohibitiven ‚Frau-
enpolitik‘ " übergingen, d.h. die Konversenschwestern bei den Männerklöstern nicht mehr duldeten, dürfte die Entwicklung des frühen Beginenwesens beschleunigt haben[130]. Mystische Erscheinungen scheinen
bei den Norbertinerinnen, anders als bei den gleichzeitigen Zisterzienserinnen und Beginen, nicht häufig gewesen zu sein; aus dem endenden 13.
Jahrhundert ist aber wenigstens Christina von Retters[131] zu erwähnen.

So gab es im 12. und 13. Jahrhundert noch zahlreiche andere kleinere
und größere Gruppen, die sich oft zu Orden oder Kongregationen aus-
wuchsen, wie die englischen Gilbertiner mit ihren Doppelklöstern und
Laienschwestern, die verschiedenen Hospitalerinnen, die Humiliati-
nen, die den Ritterorden aggregierten Frauen, die Sacknonnen oder Buß-
töchter Jesu Christi, die sich aus reuigen Dirnen rekrutierenden Magda-
len(erinn)en usf.

Nicht wenige der Frauen schlossen sich auch Gruppen an, die sich bewußt oder unbewußt aus der Obödienz und von der Lehre der römischen Kirche entfernten. Manche der Ketzersekten waren für Frauen besonders attraktiv, da sie ihnen, orientiert an der urchristlichen Gemeinschaft[132], einen wesentlich weiteren Raum aktiver Heilsvermittlung einräumten als die katholische Kirche des Mittelalters oder auch der Gegenwart. „Frauen, die sich der Waldenser- oder Katharer-Gemeinde an-

---

[127] Alfons Zák OPräm, Der hl. Norbert, Wien 1930, S. 163.
[128] Degler-Spengler, Frauenbewegung, S. 79 ff.
[129] Hermann v. Laon, Miracula S. Mariae Laudunensis 2, 7, Monumenta Germaniae historica, Scriptores XII, S. 659.
[130] Degler-Spengler, Frauenbewegung, S. 82.
[131] K. Köster, Leben und Gesichte der Christina von Retters, Archiv f. mittelrhei-
nische Kirchengeschichte 8 (1956), S. 241–269.
[132] Diesen generellen Rückbezug auf das Evangelium hat bes. Raffaello Morghen,
Medioevo cristiano, Bari ²1970, S. 229 ff., herausgearbeitet.

schlossen, protestierten damit vor allem gegen ihre untergeordnete Stellung in Kirche, Gesellschaft und Familie"[133]. Denn anfänglich durften sie bei den Waldensern predigen, taufen, absolvieren und die Eucharistie zelebrieren, was einer religiösen Gleichstellung mit den Männern nahekam[134]. Der Inquisitor Stephan von Bourbon († um 1261) hat selbst eine Häretikerin bei der Konsekration beobachtet und stellt fest: *mulier, si bona, potest exercere officium sacerdotis*[135]. Im Zug der Institutionalisierung der Sekte wurde freilich auch hier dieser emanzipative Zug beschränkt[136]. Auch bei den Katharern konnten Frauen den Rang der „Vollkommenen" erreichen und das *consolamentum* wie die Taufe spenden[137], wurden aber aufgrund der extrem leibfeindlichen Lehre ob ihrer Verführungskraft als noch gefährlicher angesehen als im Katholizismus[138]. Bei den englischen Lollarden wurde erwogen, ob die Frauen zum Priestertum zugelassen werden sollten, doch ist nicht klar, ob dies auch in die Praxis umgesetzt wurde. Predigttätigkeit ist von einigen weiblichen Mitgliedern dieser Sekte immerhin überliefert[139]. Auch gab es bei den Häretikern auf dem Kontinent an die Beginenhäuser erinnernde *hospicie*, in denen Frauen für sich alleine zusammenwohnen konnten[140]. Gerade daß Beginen und Drittordensschwestern in die Kirche integriert wurden, kann auch als Reaktion auf die Abwanderung vieler Frauen in die außer- und gegenkatholischen Bewegungen interpretiert werden[141].

Um ihre Rechtgläubigkeit zu beweisen, haben sich viele der Frauen, die aus der religiösen Bewegung kamen und deren Biographien wir kennen, da sie als Heilige betrachtet wurden, dezidiert gegen die Sekten gewandt – die sel. Maria von Oigniès hatte Erscheinungen, die die Vernichtung der Albigenser betrafen, die hl. Klara von Montefalco brachte einen Ketzerführer vor die Inquisition, die hl. Adelheid von Schaerbeck opferte ihr Augenlicht der päpstlichen Sache[142] und die hl. Lutgard von Tongeren fastete auf Anweisung Mariens viele Jahre gegen die Häretiker[143].

---

[133] Shahar, Frau, S. 224.

[134] McLaughin, Frau, pass.; Gonnet, donna, S. 108 ff.; Shahar, Frau, S. 230 ff.

[135] Zit. Gonnet, donna, S. 118.

[136] Gonnet, donna, S. 118 ff.; Shahar, Frau, S. 235.

[137] Shahar, Frau, S. 235 ff.

[138] McLaughlin, Frau, pass.

[139] Margaret Aston, Lollards and Refomers, London 1984, S. 49 ff.

[140] Gonnet, donna, S. 115.

[141] Vauchez, sainteté, S. 429 ff.

[142] Goodich, Vita, S. 180 f.

[143] Thomas v. Cantimpré, Vita, hg. v. G. Hendrix, Cîteaux 29 (1978), S. 152–206, 165 f.

Aber nennen wir die wichtigsten derjenigen orthodoxen Frauengruppen, in denen die religiöse Bewegung ihre institutionalisierten Formen fand. Die vergleichsweise freisten waren ohne Zweifel die B e g i n e n. Daß es unter ihnen in der Tat auch Ketzerinnen gab und daß sie auch pauschal Verfolgungen ausgesetzt waren, wiewohl die entsprechenden Anordnungen meist zwischen guten und bösen Beginen unterscheiden, ändert generell nichts an der Rechtgläubigkeit der überwiegenden Mehrzahl dieser Frauen. Sie lebten primär in städtischen Siedlungen, gelegentlich aber auch auf dem Lande[144] und scheinen bis zu 3% der weiblichen Gesamtbevölkerung ausgemacht zu haben[145]. Die unabhängigsten Organisationsformen waren diejenigen der vagierenden oder der alleine bzw. in kleinen Gruppen wohnenden Beginen. Die generelle Tendenz ging jedoch dahin, sie in für die kirchlichen und weltlichen Behörden überschaubaren Wohneinheiten zusammenzufassen, wobei auch karitative und ökonomische Gründe eine Rolle spielten. Genausowenig, wie sie ihrer Entstehung nach eine „Begleiterscheinung männlicher Verbände"[146] waren, bildeten sie auch keine ordensähnliche Gemeinschaft und hatten sie keine zentrale Leitung, wenn sich auch oft die Angliederung an einen der beiden großen Bettelorden vollzog. In den verschiedenen Häusern spielte sich das Leben nach den jeweiligen Konventionen im Wechsel von privaten und gemeinsamen Frömmigkeitsübungen, dem Messe- und Predigtbesuch, karitativer Tätigkeit und Handarbeit oder Unterricht ab. Doch legten die Beginen keine lebenslänglichen Gelübde ab, weshalb sie wieder austreten und sich verehelichen konnten. Nach und nach änderte sich der soziale Aspekt: viele Arme lebten als Beginen von frommen Stiftungen, während wohlhabende, aber alleinstehende Frauen sich dort einkaufen konnten, so daß die Beginenhöfe auch die Funktion von Altenheimen bekamen.

Die mystische Begnadung scheint im Spätmittelalter selten geworden zu sein; während sich unter den Beginen des 13. Jahrhunderts so faszinierende Mystikerinnen und Dichterinnen wie Hadewijch, Beatrijs, Mechthild von Magdeburg und Margarete Porète finden[147] und auch andere zwar nicht literarisch, aber jedenfalls religiös begnadete Frauen wie Ida

---

[144] D e l m a i r e, beguines, S. 129 f.

[145] Ebd., S. 131.

[146] D e g l e r - S p e n g l e r, Frauenbewegung, S. 75.

[147] Ob man mit Kurt R u h, Kleine Schriften II, Berlin 1984, S. 237 ff., von Beginenmystik reden sollte, sei dahingestellt, da auch er keine Abgrenzungskriterien etwa zur Zisterzienserinnenmystik anzubieten vermag.

von Nivelles, Douceline, Christine von Stommeln oder Agnes Blannbekin, sind uns aus den späteren Jahrhunderten nur wenige mystisch Begnadete namentlich bekannt, wie Gertrud van Oosten und, schon im 16. Jahrhundert, Maria von Oisterwijk.

Unter den weiblichen Zweigen der regulären Orden scheinen die Zisterzienserinnen den Beginen am nächsten zu stehen; sie wurden sogar gelegentlich von den Zeitgenossen als *beginae* angesprochen[148]. Auch sie hatten eine Kernlandschaft in den Gebieten des heutigen Belgien, wo in der zweiten Hälfte des 13. Jahrhunderts ca. 2500 Zisterzienserinnen existiert haben dürften[149]. Der Übergang von der Lebensweise als Begine zu der als Zisterziensernonne war durchaus nichts Ungewöhnliches, wie z.B. die Biographien Mechthilds von Magdeburg[150], der sel. Beatrijs von Nazareth, der sel. Ida von Nivelles, der sel. Ida von Leeuwen u.a. zeigen[151]. Ähnlich wie im Verhältnis von Beginen und Begarden war auch ihr Wachstum „schneller als das der Mönchsklöster, und sie waren auch an Zahl, besonders im deutschen Sprachgebiet, diesen weit überlegen"[152]. Lebensformen und Herkommen der Zisterzienserinnen entsprachen freilich weit mehr denen der Benediktinerinnen als denen der Beginen, da sie in strenger Klausur wohnten, in der Regel nur begüterte Frauen aufgenommen wurden und sie (im Gegensatz zu den Männerkonventen) das Konverseninstitut nicht kannten[153].

Die Formen ihrer Mystik waren dennoch denen der Beginen recht ähnlich, wofür ein Grund in den Werken Bernhards von Clairvaux und Wilhelms von St. Thierry als gemeinsame Basis liegen dürfte, ein anderer und wesentlicherer in den erwähnten biographischen Umständen. Das Kloster Helfta, das, ohne direkt dem Zisterzienserorden zuzugehören, seine Statuten befolgte, war Heimat gleichzeitig der vormaligen Begine Mechthild aus Magdeburg wie der schon seit früher Kindheit dort lebenden Gertrud d. Gr. und Mechthilds von Hackeborn, die aus vornehmer Familie stammte. Zusammen mit Lutgard von Tongeren und Lukardis von Oberweimar scheint auch hier die Blüte der Frauenmystik vor dem Ende des 13. Jahrhunderts zu liegen.

---

[148] Vgl. Thompson, problem, pass.

[149] Mens, armen, S. 227, schätzt, daß dies so viele wie im ganzen übrigen Europa zusammen waren. R. de Ganck OCist., z.Zt. wohl der beste Kenner dieser Materie, hält das allerdings für ganz unhaltbar (briefl. Mitteilung).

[150] S. o. Anm. 109.

[151] De Ganck, Integration, S. 237f.

[152] Die Cistercienser, hg. v. A. Schneider u.a., Köln ²1977, S. 341.

[153] Vgl. Degler-Spengler, Frauenbewegung, S. 81.

Ganz wesentlich sowohl für die religiöse Frauenbewegung an sich als auch für die mystische Strömung in ihr wurden die Bettelorden. Sie entwickelten sowohl klausurierte weibliche Zweige als auch in der Welt lebende Tertiarinnen, wobei sich auch hier die Bindung der neuen Religiosität an die städtische Lebensform manifestiert und damit auch die der religiösen Frauenbewegung.

Der 2. Orden der Franziskaner, die K l a r i s s i n n e n, ist die Gründung einer Mystikerin, der hl. Klara von Assisi. Seinen Schwerpunkt hatte der Orden im Mittelalter in Italien, von wo wir auch eine große Zahl von Mystikerinnen namentlich kennen. Besonders seitdem die Minderbrüder durch päpstliche Weisung gehalten waren, sich der *cura monialium*, der Frauenseelsorge, zu widmen, verstärkte sich der Zustrom zu den Schwestern, wodurch die Zisterzienser gleichzeitig entlastet wurden[154]. Ihre Spiritualität ist nicht nur vom Streben nach Armut gekennzeichnet, sondern auch von den Idealen der Marginalisierung (Ansiedlungen in den Stadtteilen der Armen), eines Lebens von Erbetteltem und Erarbeitetem, der Privilegienlosigkeit, der Demut . . .[155]. Um die Klöster der Minoriten siedelten sich zahlreiche Frauen an, genannt *pinzochere, vestite, mantellate*[156], die deren Seelsorge höher schätzten als die des Pfarrklerus. Buße, Armen- und Krankenpflege waren die hauptsächlichen Tätigkeiten dieser Nachfolgerinnen des hl. Franziskus, zu denen auch Verheiratete gehören konnten. Sie lebten zwar nicht weltlich, aber doch in der Welt[157]. Viele Mystikerinnen haben den Minoritinnen angehört, sei es als Klarissinnen, sei es als Tertiarinnen, sei es nur unter der geistlichen Betreuung der Franziskaner. In der Christenheit weit berühmte Heilige gehören dazu, wie Elisabeth von Thüringen, Birgitta von Schweden (die Tertiarin war) und Katharina von Bologna, in ihren Geburtsländern oder -städten hochverehrte Frauen, wie Angela von Foligno, Margareta Colonna, Coletta Boillet, Luitgart von Wittichen, Elisabeth Achler, Ursula Haider, Veronika Giuliani oder Eustochia Calafato, und weitgehend

---

[154] Grundmann, Bewegungen, S. 303 ff.; de Ganck, Integration, S. 244.

[155] Leider hat sich A. Rotzetter, Franziskanische Spiritualität, in: 800 Jahre Franz v. Assisi, S. 387–398, nur auf den Ordensgründer beschränkt. Es bleibt zu fragen, inwieweit die von ihm herausgestellten Charakteristika auch für die franziskanischen Frauen zutrafen, denen ja z.B. die Mission oder Predigt verwehrt war.

[156] Vgl. Benevenuti Papi, Frati, S. 125 ff.

[157] Vgl. H. Roggen, Bedeutung und Wirkung der franziskanischen Tertiaren, in: 800 Jahre Franz v. Assisi, S. 337–343, der jedoch auch den weiblichen Zweig wenig berücksichtigt.

unbekannt gebliebene wie Agnes Blannbekin und Clara Bugni. Inwieweit es in ihrer Mystik gemeinsame Züge typisch franziskanischer Prägung gibt, wäre allerdings noch zu untersuchen[158].

Noch ehe es einen päpstlich bestätigten Orden seines Namens gab,
gründete der hl. Dominikus von Caleruega das Schwesternhaus in Prouille;
nach und nach folgten Gründungen in ganz Europa, deren Satzungen
weitgehend denen der Brüder entsprachen. Anfänglich nahmen sie oft
Frauen auf, die vom Katharismus oder anderer sündiger Lebensweise be-
kehrt worden waren[159]. Besonders zahlreich waren die Dominikanerinnen in der Provinz Teutonia vertreten; bis Anfang des 14. Jahrhunderts entstanden dort ca. 70 Frauenklöster, während alle übrigen Provinzen zusammen nur auf etwa 90 kamen[160]. Neben Chorfrauen gab es auch
Konvers- und Ausgangsschwestern; in Italien waren die Drittordensschwestern, ebenfalls Mantellaten genannt, zahlreich.

Unter den Predigtschwestern und Büßerinnen vom Orden des hl. Dominikus kennen wir sehr viele mystische Begabungen, gab es auch – was
von keinem anderen Orden berichtet wird – eine ganze Reihe von Klöstern, in denen die Anzahl der Charismatikerinnen erstaunlich groß war.
Das ging so weit, daß es im Kloster Engeltal bei Nürnberg[161] nur eine
einzige Nonne gegeben haben soll, die keine Verzückungen erlebt habe.
Diese Konvente gehören alle dem südwestdeutschen Raum an: Unterlinden, Adelhausen, Ötenbach, Katharinental, Engeltal, Kirchberg, Töß,
Schönensteinbach, Weiler. Die übersinnlichen Erlebnisse ihrer Bewoh-
nerinnen ähneln einander zu einem großen Teil. Die Gründe dafür sind
noch nicht wirklich untersucht: die analoge Form der literarischen Aufzeichnung über diese Gnadengaben, die „Schwesternbücher"[162], berechtigt wohl, gemeinsame Vorlagen wie die Werke des Ordenschronisten
Gerhard von Fracheto und des Ordenshagiographen Dietrich von Apolda
anzunehmen und die Möglichkeit eines Austausches dieser Texte zu erwägen, jedoch verkennt der Versuch, das Problem auf die rein literarische

---

[158] Bei Agnes Blannbekin etwa ist die Formung durch Bernhard von Clairvaux
deutlich stärker, namentlich vom Armutsideal des Poverello ist bei ihr kaum die
Rede.
[159] Leclercq, monachesimo, S. 75.
[160] Zippel, Mystiker, S. 7.
[161] Vgl. P. Dinzelbacher, Engelt(h)al, LexMA III, 1986, Sp. 1922f.
[162] Die Literatur zu diesen Sammelviten bzw. Klosterchroniken findet man in der
Bibliographie von Gertrud Jaron Lewis, Bibliographie zur deutschen Frauenmystik des Mittelalters, Berlin i. Dr.

Ebene zu verlagern, vollkommen die hinter diesen Texten stehende und durch andere Quellen bestätigte Lebenswirklichkeit mystischer Erfahrung religiös begnadeter Frauen in jener Epoche. Vielmehr ist zu fragen, inwieweit gemeinsame Meditationstechniken, spezielle Formen der Askese und Ernährung, besonders aber gegenseitige psychodynamische Beeinflussung zu ähnlichen Phänomenen führen konnte. Gab es im Frömmigkeitsleben bzw. in der klösterlichen Sozialstruktur der Dominikanerinnen Elemente, die eine bessere Prädisposition für solche Häufung mystischer Erlebnisse in den einzelnen Konventen schufen als in allen anderen Frauenklöstern? Daß Eckhart und Tauler dort gepredigt haben, ist jedenfalls nicht der Grund, denn ihre Predigten sprechen gerade nicht von dem, was den Hauptinhalt der Dominikanerinnenmystik ausmacht: die Begegnung mit dem Herrn als Kind, als Mann, als Leidendem.

Keineswegs heißt dies aber, daß im Dominikanerinnenorden und den Affiliationen nicht auch eine Reihe bedeutender mystischer Einzelpersönlichkeiten aufgetreten wäre: in Deutschland etwa Adelheid Langmann, Christine Ebner, Margareta Ebner, in Italien Benevenuta de Bojanis, Agnes von Montepulciano, Maria Mancini, Sibillyna von Pavia, Dominica da Paradiso, Columba von Rieti, Osanna von Mantua und natürlich vor allen Katharina von Siena. Ob sich freilich die deutschen und italienischen Mystikerinnen an gleichen Charakteristika als aus demselben Orden stammend zu erkennen geben, sei dahingestellt.

Schließlich gab es noch, als vielleicht härteste Form der Verweigerung, das Einsiedlerleben. Reklusinnen hatte es auch im frühen Mittelalter vereinzelt in der Nachbarschaft von Benediktinerklöstern gegeben, am Ende des Hochmittelalters nahm ihre Zahl jedoch deutlich zu, und zwar auch innerhalb der Städte[163]. Diese Form religiösen Lebens wurde von Frauen wesentlich mehr bevorzugt als von Männern[164]. Sie ließen sich nach einem eindrucksvollen Zeremoniell — manchmal wurde die „Missa pro defunctis" für sie gelesen![165] — auf Lebzeiten in einer kleinen Zelle meist an einer Kirche einmauern und waren so vielfach auf die Mildtätigkeit ihrer Umgebung angewiesen[166]. Um 1320 gab es in Rom ungefähr bei jeder zweiten Kirche eine solche Inklusin[167]. Ihr Leben darf man sich

---

[163] Leclercq, monachesimo, S. 76.
[164] Armin Basedow, Die Inclusen in Deutschland vornehmlich in der Gegend des Niederrheins um die Wende des 12. und 13. Jahrhunderts, Heidelberg 1895, S. 10f.
[165] Rosof, Anchoresses, S. 56ff.
[166] Benvenuti Papi, Frati, S. 115.
[167] Rosof, Anchoresses, S. 24.

nicht völlig vereinsamt vorstellen, da sie gern ein Fenster zum Altar durch die Wand brechen ließen, um die Messe mitfeiern zu können. Auch gab es eine solche Verbindung zur Außenwelt, durch die man die Lebensmittel hineinreichte, Gespräche mit Ratsuchenden geführt wurden usw. Wenn sie ihre Zeit auch vor allem ihren Devotionen widmeten, so waren manche von ihnen auch als Näherinnen oder Bücherschreiberinnen tätig. Bisweilen lebten auch zwei Frauen so zusammen, doch handelt es sich dabei meist um Herrin und Dienerin[168]. Es gab auch weniger strenge Formen einsiedlerischen Lebens; die Kamaldulensertertiarin Gerardesca von Pisa z.B. lebte zwar mit ihrer Magd in einer solchen Zelle beim Kloster, die sie jedoch zum Besuch verschiedener Kirchen verließ[169]. Wiewohl man geneigt wäre anzunehmen, daß diese Lebensweise besonders die Herausbildung außerordentlicher Phänomene mystischen Charakters begünstigt haben müßte, ist doch die Zahl der bekannten charismatischen Inklusinnen keineswegs signifikant höher als die der Religiosen, die andere Lebensformen verfolgten. Überdies hatten die meisten hier zu nennenden Frauen ihre Visionen und anderen Gnadenerlebnisse schon vor der Einschließung: Ivetta von Hoe, Wilbirg von St. Florian, Jutta von Sangerhausen und vor allem Juliana von Norwich.

Gewiß brachte auch der älteste der mittelalterlichen Nonnenorden, der der Benediktinerinnen, der nichts mit der religiösen Frauenbewegung zu tun hatte, da seine Konvente primär als adelige Eigenklöster konzipiert waren, mystische Heilige hervor. Aber die beiden berühmtesten, Hildegard von Bingen und Elisabeth von Schönau, haben keinen Anteil an und kein Interesse für die gleichzeitige Frauenbewegung, wie auch ihre Form der Mystik eher der Prophetie und dem Symbolismus zugehört und dem Inhalt nach nur wenige Berührungspunkte mit der späteren Beginen- und Nonnenmystik zeigt[170]. Wiewohl sich eine ganze Reihe von Gründen anführen läßt, warum sich die mystische Bewegung gerade im 12. Jahrhundert entwickelt, wie u.a. die „Entdeckung des Individuums"[171], die Emotionalisierung der persönlichen Beziehungen[172],

---

[168] Ebd., S. 76 ff.
[169] AS, Mai VII, 1688, S. 164C.
[170] Für Elisabeth vgl. P. Dinzelbacher, Die Offenbarungen der hl. Elisabeth von Schönau: Bildwelt, Erlebnisweise und Zeittypisches, Studien u. Mitteilungen z. Geschichte d. Benediktinerordens 97 (1986), S. 462–482.
[171] Collin Morris, The Discovery of the Indivudual 1050–1200, London 1972.
[172] P. Dinzelbacher, Sozial- und Mentalitätsgeschichte der Liebe im Mittelalter, in: „minne ist ein swaerez spil", hg. v. U. Müller, Göppingen 1986, S. 75–110. – Ders., Pour une histoire de l'amour au Moyen Age, Le Moyen Age 93 (1987), S. 223–240.

die Einführung neuer Meditationsformen etc., so ist doch noch nicht ge-
klärt, warum diese Strömung die Benediktinerinnen im Unterschied zu
den neuen Gemeinschaften (pace das halb zisterziensische Helfta) so vergleichsweise wenig erfaßte. Gab es möglicherweise eine unbewußte Konkurrenz zum etablierten Orden, die sich auch in der Förderung neuer
Frömmigkeitsformen manifestierte?

Die vielen anderen Orden, aus denen auch manche berühmte Mystikerin erwuchs, wie die hl. Katharina von Genua den Lombardischen An-
nunziatinnen, und zahlreichere wenig bekannte, wie Margarete d'Oingt
den Kartäuserinnen, Gerardesca von Pisa den Kamaldulenserinnen, Klara von Montefalco den Augustinereremitinnen, Flora von Beaulieu den
Malteserinnen usw., seien hier nicht weiter berücksichtigt, da sie zahlenmäßig gegen die vorgenannten freien und klösterlichen Lebensformen
der *mulieres religiosae* (im weiteren Sinne) wenig ins Gewicht fallen.

VI. Cura Animarum,
Häresieverdacht und Verklösterlichung

Ich bitte dich, suesser herre, vúr alle mine cristanpinger (christlichen Pei-
niger)[173]: Die religiöse Frauenbewegung scheint sich vor allem zwei
Problemen gegenüber gesehen zu haben, die, feministisch formuliert,
beide von seiten der „Männerkirche" an sie herangetragen wurden. Da
im mittelalterlichen (wie gegenwärtigen) Katholizismus die Heilsvermittlung in praxi nur durch die Sakramentenspende des Priesters und die
Glaubensunterweisung des Priesters und Mönches erfolgen kann, bedurften die neuen Frauengemeinschaften der Seelsorge dieser Stände.
Manche waren so glücklich, begeisterte Mönchspriester wie Jakob von
Vitry oder Thomas von Cantimpré zu finden. Für viele wurde dagegen
die wenigstens zeitweise Ablehnung der *cura monialium* gerade durch die
Reform- und Bettelorden, denen sie sich anschließen wollten, da sie ihre
Ideale teilten und sich sicher sein konnten, unter ihrer Leitung den Rah-
men der Orthodoxie nicht zu verlassen und dessen auch nicht ungerecht-
fertigterweise verdächtigt zu werden, ein Existenzproblem[174]. Begründet

---

[173] Mechthild v. Magdeburg, vlies. lieht 5, 35, hg. v. G. Morel OSB, Die Offenbarungen der Schwester Mechthild v. Magdeburg, Darmstadt (Neudruck) 1978, S. 169
(Neuedition durch H. Neumann angekündigt).
[174] Grundmann, Bewegungen, S. 203 ff.; McDonnell, Beguines, S. 101 f.,
1189 ff.; Stein, Women, S. 119 f.

wurde die Verweigerung einerseits durch die zu großen Zahlen der zu
Betreuenden[175], was für manche Regionen nachweislich zutraf, besonders für Belgien, wo im Zisterzienserorden auf fünfzehn Männerkonvente bis zu sechsundsechzig Frauengemeinschaften kamen[176]. Andererseits
lenkte die Frauenseelsorge die Männer, die eben die neuen religiösen Formen gewählt hatten, von diesem Weg der Selbstheiligung ab. „Der Herr
hat uns zwar der Ehefrauen enthoben, aber der Teufel versorgt uns (dafür) mit den Schwestern", *Dominus a nobis uxores abstulit, dyabolus autem
nobis procurat sorores*", soll selbst der hl. Franziskus geschimpft haben[177].
Mag dieser Ausspruch authentisch sein oder nicht, es ist jedenfalls bezeichnend, daß er schon etwa eine Generation nach dem Stifter in seinem
Orden kursierte. Das Zisterziensergeneralkapitel z.B. beschloß 1228, keine Frauenklöster im Orden zu akzeptieren, und verbot es allen Ordens-
angehörigen, dort Seelsorge- und Visitationspflichten wahrzunehmen[178].
Ähnliche Bestimmungen waren früher bei den Prämonstratensern und
wurden später auch bei den Bettelorden verfügt. Dieses Problem fand
nach längerem, von Einzelfall zu Einzelfall unterschiedlichem Hin und
Her von Inkorporationen und deren Aufhebung schließlich unter päpst-
lichem Druck seit 1245 seine Lösung im Sinne der Anerkennung der
weiblichen Zweige und der Übernahme der *cura* für sie. „Die religiöse
Frauenbewegung und ihr Verlangen nach organisatorischer Leitung und
Seelsorge durch die Orden hatte sich als mächtiger erwiesen als die ablehnende Politik der Bettelorden. Die Frauen haben zum größten Teil erreicht, was sie wollten", urteilte Grundmann[179]. Wesentlich positiver
sieht die jüngste mir zugängliche Publikation zu diesem Thema – sie
stammt von einer Historikerin – die Haltung der Mönche: „Der Eifer
und die Effizienz, mit denen die Orden die Aufgabe der Nonnenseelsorge in Angriff nahmen, nachdem gewisse Fragen geregelt waren, läßt die
Annahme zu, daß sie es niemals prinzipiell abgelehnt hatten, Frauenklöster zu betreuen, sondern lediglich um die Bedingungen stritten, unter
denen dies geschehen sollte ... Es war letzten Endes nur ein Organisa-
tionsproblem gewesen, das sie in den Griff bekommen mußten"[180].

---

[175] Bolton, Women, S. 11f.
[176] De Ganck, Nuns, S. 169; ders., Integration, S. 245f.
[177] Thomas v. Pavia, zit. Grundmann, Bewegungen, S. 262 Anm. 149.
[178] Grundmann, Bewegungen, S. 205f.
[179] Grundmann, Bewegungen, S. 311.
[180] Degler-Spengler, Zahlreich, S. 47f.

Das zweite und bedrohlichere Problem war der Häresieverdacht, dem sich die Frauengemeinschaften ausgesetzt sahen, solange sie noch keinem Orden fest inkorporiert waren bzw. noch nicht als quasi städtische Institution akzeptiert wurden. Abgesehen davon, daß es unter ihnen faktisch abweichlerische Gruppen gab, wie die in Südfrankreich mit den Fraticellen zusammengehenden, wurde ihnen vor allem die auf der weitgehend gleichartigen Lebensführung[181] beruhende Verwechslung mit der Sekte der Freien Geister zum Verhängnis. Die „Unterscheidung der Geister" scheint oft mißlungen oder vernachlässigt worden zu sein. Nachdem schon seit dem späten 13. Jahrhundert an mehreren Orten gegen sie vorgegangen worden war, verurteilte das ökumenische Konzil von Vienne 1311 feierlich die Irrtümer der Begarden und Beginen. „A la suite . . . les béguinages furent soumis à une répression excessive et généralement mal justifiée . . . Jéan XXII dut intervenir en faveur des bégards et de béguines dont la vie était pieuse et paisable"[182]. Mancherorts wurde das Begineninstitut schlichtweg verboten, wie z.B. in Mainz[183]. Es hat den Anschein, daß der männliche Zweig hier allerdings stärkeren Verfolgungen ausgesetzt war[184]. Doch Klemens V. wandte sich auch ausdrücklich gegen die Beginen, die, ohne einer Regel zu folgen, sich erlaubten, „wie wild" über die höchste Dreifaltigkeit und das göttliche Wesen zu diskutieren und Dogmen der katholischen Kirche zu widersprechen. Diese verfallen der Exkommunikation. Ehrbaren Frauen wurde dagegen das Weiterleben in ihren Gemeinschaften erlaubt[185]. Die Gründe für diese Verfolgungen werden vielfältig gewesen sein, wenn man auch in Quellen eigentlich immer die Ketzerei angegeben findet: „Parish priests who lost parishioners to the friars, fathers who lost daughters, men who resented the woman who got away, where all the enemies of the beguines"[186].

Der beste Schutz gegen die Angriffe von seiten der kirchlichen und weltlichen Kritiker war zweifelsohne die Integrierung in eben die Institution Kirche und den Rechtsbezirk der Stadt. Da in der Kirche regulierte Frauengemeinschaften nicht der Kritik ausgesetzt waren wie die vagierenden oder ohne feste Satzungen lebenden, trachteten nicht wenige

---

[181] Schmitt, mort, S. 96 ff.

[182] F. Vernet, Béghards, Béguines hétérodoxes, DThC II/1, 1923, Sp. 528–535, 530.

[183] Peter Segl, Ketzer in Österreich, Paderborn 1984, S. 337 f.

[184] Vernet (wie Anm. 182), Sp. 531; Erbstößer, Ketzer, S. 198.

[185] McDonnell, Beguines, S. 524.

[186] Southern, Society, S. 328 f.

Frauen freiwillig und schon vor der Zeit der Verfolgung danach, in die richtige geistliche bzw. kommunale Obhut zu kommen. Für ersteres sind die oben erwähnten Zisterzienserinnen Beispiele, die ihr religiöses Leben zunächst als Beginen zu führen versucht hatten[187]. Oftmals führte die Entwicklung vom freien Leben alleine oder in Gemeinschaften zu immer mehr an das klösterliche Leben angelehnte Formen — man erinnert sich der Parallele zur Entstehung der Frauenklöster in der christlichen Spätantike und bei den Wanderpredigern[188]. Die Beginengemeinschaften wählten eine Leiterin, „Martha" genannt[189], führten das Noviziat ein, befolgten andere klösterliche Usancen, wie die Kapitelversammlung, und endeten schließlich als kirchenrechtlich selbständige Pfarreien hinter den Mauern der Beginenhöfe[190]. Es besteht kein Zweifel, daß diese Haupttendenz der Entwicklung unter dem mehr oder minder sanften Druck der Obrigkeiten zustande kam. Was sollte man tun, wenn z.B. der Bischof von Lüttich, dem Zentrum der Frauenbewegung, verkündete, er werde keine Frau unterstützen, die sich als Begine bezeichnet, es sei denn, sie lebe in einer Beguinage (wobei ihm nicht einmal so sehr das klösterliche Modell vor Augen stand, als das der Zünfte[191])? Die *beginae clausae* waren damit, soweit dies für Laien ohne lebenslängliche Profeß möglich war, institutionalisiert. Vielfach standen sie auf diese Weise doch wieder unter der Obhut von Männern, geistlich unter ihrem Pfarrer, weltlich unter dem vom Magistrat bestellten Pfleger[192]. In Köln etwa lebten um 1400 schon alle Beginen in Konventen; trotzdem wurde 1421 von Papst Martin V. eine Untersuchung zur Aufdeckung etwa noch nicht erfaßter Gemeinschaften angeordnet[193].

Eine gewisse Parallele zeigt die Frühgeschichte des Klarissenordens in Italien, wo die „Povere Donne di S.Damiano", auch ohne eine der anerkannten Klosterregeln zu befolgen, zusammenlebten, bis Kardinal Hugolin ihnen seine Regel vorschrieb[194]. Die Bettelorden waren ebenfalls dar-

---

[187] S. o. S. 28.

[188] Vgl. Pasztor, donna, S. 22 f., 27 f.

[189] Vgl. Schmitt, mort, S. 102 ff.

[190] McDonnel, Beguines, S. 437 f.; Bolton, Women, S. 14 ff.; Devlin, Piety, S. 184 f.

[191] Bolton, Women, S. 15.

[192] Schmitt, mort, S. 51. — Bei den Zisterzienserinnen scheinen die Pröbste, die im Klosterbereich residierten, eine ähnliche Stellung gehabt zu haben.

[193] Sourthern, Society, S. 325, 331.

[194] Vgl. C. Gennara, Chiara, Agnese e le prime consorelle: dalle „pauperes dominae" di S. Damiano alle Clarisse, in: Movimenti, S. 167–191; Omaechevarria (wie Anm. 70), S. 201 ff.

an interessiert, da sie selbst kein Eigentum besitzen durften, aber die Verwendung der angeschlossenen Beginen als Verwalterinnen der faktisch von den Brüdern genutzten Grundstücke etc. ihnen erlaubte, die Fiktion der Armut aufrechtzuerhalten. In Zürich z.B. erwarben die Predigerbrüder zwischen ca. 1274 und ca. 1318 ganze Häuserzeilen, die sie Beginen zum Leibgedinge überließen, so daß diese in einem fast geschlossenen Bezirk wohnten[195].

Auch der weltlichen Obrigkeit war ein in hübsch überschaubaren Stadtbezirken unter der kommunalen Rechtsprechung lebendes Beginenwesen sympathischer als die verstreuten oder gar vagierenden Einzelpersonen oder -gruppen. Die Stadträte erließen entsprechende restriktive Verordnungen: wann und wohin eine Begine ausgehen durfte, womit sie ihr Leben verdienen konnte usw.[196]; ein Teil der Gesetzgebung beschäftigt sich mit dem Problem der wirtschaftlichen Konkurrenz zu den Zünften. „Die ursprüngliche Spontaneität war fast planmäßig zu nennenden Gründungen gewichen, die auf der städtischen Sozialstruktur aufbauten. Wir begegnen Häusern mit vorwiegend Angehörigen aus dem Patriziat, der Kaufmannschaft oder den Handwerkerzünften"[197]. In dieser regulierten und institutionalisierten Form, die allerdings auch materielle und religiöse Sicherheit bot, sollten die Beginen in die Neuzeit hinein weiterexistieren.

VII. Feministische[198] Fragestellungen

Der Terminus „Religiöse Frauenbewegung" ist eine Erfindung der modernen Forschung und keineswegs eine Übersetzung eines mittelalterlichen Ausdrucks[199]. Er darf vor allem nicht dazu verleiten, in die Bewegung des Mittelalters Vorstellungen hineinzuprojizieren, die für die Frauenbewegungen in der Gegenwart konstituierend sind. Die mittelalterlichen Frauen finden sich in kleinen, lokalen Gruppen zusammen, ohne daß es irgendeine übergreifende Kommunikation, geschweige denn Or-

---

[195] Martina Wehrli-Johns, Geschichte des Züricher Predigerkonvents (1230–1524), Zürich 1980, S. 104 ff.

[196] Ketsch, Frauen II, S. 356 ff.

[197] Erbstößer, Ketzer, S. 168 f.

[198] Hier verwendet im Sinne von: die Geschichte der Frauen und ihres Selbstverständnisses betreffend.

[199] S. Anm. 1.

ganisation gäbe. Es gibt auch keine theoretischen Manifeste oder Kundge-
bungen. Nichtsdestoweniger sei es gestattet, an die mittelalterlichen
Quellen einige Fragen zu stellen, die für die Geschichte der Frauen, speziell die Geschichte ihrer Selbsteinschätzung innerhalb der Gesellschaft,
relevant sind.

Die religiöse Frauenbewegung entspringt zwar einer Verweigerungs-
haltung den traditionellen Formen weiblicher Existenz gegenüber, sie ist
aber keineswegs eine Bewegung, die sich als aggressiv emanzipativ oder
misandrisch verstanden hätte. Die besten Quellen, die wir besitzen, sind
Selbstaussagen von Frauen, die jenes religiöse Leben gewählt hatten, also
ihre – freilich ausschließlich religiösen – Schriften, wie die Briefe, Gedichte, Visionen der Begine Hadewijch, die Traktate der Begine Marguerite Porète und der Zisterzienserin Beatrijs von Nazareth, die Offenbarungen der Begine Agnes Blannbekin, der Tertiarinnen Birgitta von
Schweden und Katharina von Siena usw. Dazu kommen die Aussagen,
die von den Verfasser(inne)n von Heiligenviten zitiert werden. Diese
Quellen sprechen nirgendwo von der Idee einer Emanzipation, sprechen
vor allem nirgendwo von einem Wir-Bewußtsein der Frauen als sozialer
Gruppe[200]. Formulierungen, die als „wir Frauen" in Absetzung von
„den Männern" gelesen werden können, tauchen meines Wissens im
Mittelalter erst am Beginn des 15. Jahrhunderts auf, aber bei einer höfischen Dichterin, die mit der religiösen Frauenbewegung nun wirklich
nichts zu tun hat, nämlich bei Christine de Pizan[201]. Demgemäß fehlt
bei den *mulieres religiosae* auch völlig die Vorstellung einer Frauensolida-

---

[200] Petroff, Consolation, S. 50 ff., interpretiert einen Fall der Hilfe einer Charismatikerin in einer weiblichen Klostergemeinschaft für eine Schwester ihres Ordens
als „sisterhood where women, when all else fails, find other women to turn for the
resolution of problems". Darin ist allerdings absolut nichts Frauenspezifisches zu sehen, denn was liegt näher, als sich an eine Mitschwester zu wenden, deren Gnadengaben berühmt waren? Und die Charismatikerinnen haben sich stets genauso der Probleme der ebenfalls zahlreich zu ihnen um Rat kommenden Männer angenommen,
wie sie nach ihrem Tode auch keinen Unterschied machten, Wunder für dieses oder
jenes Geschlecht zu wirken. Man lese z.B. eben in der von Petroff herangezogenen
Vita der sel. Benevenuta (AS, Oct. XIII, 1883, S. 145–185) die §§ 47, 108, 113, 123.
Auch daß die Wunder an Frauen zahlreicher sind (was Petroff übrigens nicht vermerkt), ist kein Beweis für Frauensolidarität, denn die Heilige konnte sich schließlich
als Tertiarin nicht in einem Männer-, sondern nur in einem Frauenkloster aufhalten,
und dort wurde ihre Verehrung post mortem natürlich auch besonders gepflegt.
[201] Um nur die jüngste Literatur zu zitieren: C. Hogetoorn, Christine de Pizan,
in: Middeleeuwers, S. 81–93, 193–196; Ch. Cannon Willard, The Franco-Italian
Professional Writer: Christine de Pizan, in: Medieval Women Writers, hg. v. K. M.
Wilson, Athens (Georgia) 1984, S. 333–364.

rität in Abgrenzung oder Widerstand gegen die maskuline Welt; solche Solidaritäten gab es vielleicht aus Mitgliedschaft in einem bestimmten Konvent, nicht aber qua Geschlechtszugehörigkeit. Wenn die Beginengemeinschaften Frauen „kommunen" waren, dann nicht aus prinzipieller Misandrie, sondern wegen des religiös begründeten Keuschheitsideals; genauso und aus diesem Grunde waren ja auch die Begardengemeinden reine Männergruppen. Was verweigert wurde, war das *saeculum*, die „Welt", also Sexualität und Besitz, und diese wurden von den religiös ergriffenen Männern der Zeit, einem Franziskus und seinen Anhängern z.B., gleicherweise verweigert. Was von den Frauen wenigstens eine Zeitlang abgelehnt wurde (manche Beginen haben ja noch geheiratet), war die eheliche Gemeinschaft, nicht der Mann an sich. Ich habe oben einige Stellen angeführt, wo dies zum Ausdruck kommt[202]; man muß aber auch bedenken, daß es unter den Frauen des hohen und späten Mittelalters genauso solche gab, die aus einer glücklichen Ehe kamen, wie etwa Elisabeth von Thüringen oder Birgitta von Schweden[203], der der Verzicht auf das eheliche Zusammenleben ein aus Frömmigkeit erbrachtes Opfer bedeutete. Andere Frauen, die freilich die Billigung der Kirche nicht fanden, waren durchaus bereit, auch mit Männern keusch zusammenzuwohnen[204]. Auch die Analyse der italienischen Frauenviten ergibt: „woman saints do not seam to have been manhaters, and even when they admit to having struggled with sexual desire, and acknowledge the difficultity of remaining celibate, they do not blame men as a group for their difficulties"[205]. Sehr im Unterschied, muß man hinzufügen, zu den zölibatären Männern, die ganze Bände mit negativen Projektionen ihrer verleugneten eigenen Sexualität auf das andere Geschlecht füllten[206]. Für die *mulieres religiosae*, deren Selbstaussagen wir haben, war im allgemeinen das Verhältnis Mann – Frau kein Thema; sie betrachteten ihre Mitmenschen nicht unter dem Gesichtspunkt des Geschlechts sondern unter dem des Gnadenstandes, wie aus zahllosen ihrer Offenbarungen ersichtlich ist.

Es wäre allerdings erstaunlich, wenn die negierte und bekämpfte Sexualität sich nicht in erotischen Phantasien geäußert hätte: die Brautmystik erreicht nicht ganz selten eine Ebene, die weitaus realer ist als jene bloß

---

[202] S. o. S. 20 f.

[203] S. u. meinen Beitrag, S. 265–302.

[204] Elm, Stellung, S. 17 f.

[205] Petroff, Consolation, S. 29.

[206] Vgl. o. Anm. 5 und P. Dinzelbacher, Pour une histoire de l'amour (wie Anm. 172).

metaphorische, auf die sie zu beschränken die Interpreten meist für nötig halten[207]. Ich möchte an dieser Stelle nicht die mir durchaus vorliegenden zahlreichen Belege ausbreiten, sondern nur die Meinung einer Psychologin zitieren: „Die Visionärinnen sind in Jesus verliebt. Sie schildern beständig seine Schönheit, sein und ihr Liebesverlangen und die hochzeitliche Wonne der Vereinigung. In welchem Maße sich diese Visionen von reiner Geistigkeit entfernen, beweist die furchtbare Mitleidenschaft, in die dabei der Körper gezogen wird. Schmerzen, Lähmungen, Blutbrechen, Krämpfe aller Art . . .'"[208]. Man könnte hinzufügen, daß es auch Frauen gab, die sich von Jesus schwanger fühlten[209]. Notwendigerweise muß man aber auch hinzufügen, daß diese Intimität mit dem menschgewordenen Gott, die so charakteristisch für die visionäre Mystik seit dem 13. Jahrhundert ist[210], in sehr vielen Schattierungen existierte und man keinesfalls vorschnell verallgemeinern sollte, daß die Christusminne nur sexualpsychologisch zu verstehen sei. Abgesehen davon, daß seit dem hl. Bernhard das Verhältnis von Gott und Mensch primär in der Terminologie des Hohen Liedes geschildert wird, es also auch eine starke literarische Tradition gibt, ist die Botschaft des Christentums eben Liebe, die sich auf Erden nur in den dem Menschen anthropologisch vorgegebenen Formen äußern kann. Aber es war zweifelsohne auch für viele Zeitgenossen schwer zu verstehen, daß man es hier mit Frauen zu tun hatte, die zölibatär lebten und trotzdem ein richtiges Liebesleben hatten (um einen Theologen aus dem Jesuitenorden zu zitieren)[211].

Ein uneingestandenes Opfer war für viele dieser Frauen zweifelsohne auch der Verzicht auf Kinder — die zahlreichen Visionen, in denen ihnen der Heiland als Säugling oder kleines Kind erscheint, mit dem sie spielen, das sie versorgen und sogar stillen, weisen doch darauf hin. Schwester Maria Pieller schreibt dazu, daß „viele der Christkindvisionen auf krankhafte Äußerungen des unerfüllten Sexual- und Fortpflanzungstriebes zurückzuführen"[212] seien. Auch hier gilt freilich das oben Gesagte, und das

[207] Vgl. Bynum, Mystics, S. 181 f.

[208] Escherich, Visionenwesen, S. 155.

[209] Grundmann, Bewegungen, S. 412, 414.

[210] Dinzelbacher, Vision, S. 150 ff.

[211] „het zijn celibatairen met een werkelijk liefdeleve, het zijn religieuzen die ‚begerte‘ kennen en ‚gebruken‘" (Mommaers SJ, Hadewijch, S. 148).

[212] Pieller, Frauenmystik, S. 70. Weiteres bei Kunze, Studien, S. 91 f., und vor allem bei Rosemarie Rode, Studien zu den mittelalterlichen Kind-Jesu-Visionen, Diss. Frankfurt 1957.

Urteil, was als krankhaft zu bezeichnen sei, variiert von Epoche zu Epoche und Kultur zu Kultur.

Wenn man bedenkt, daß diejenigen Mädchen und Frauen, die sich der hochmittelalterlichen Verweigerungsbewegung anschlossen, primär religiös orientiert waren und auch jene, für die das vielleicht nicht der ausschlaggebende Grund war, sich trotzdem diese in der alltäglichen Praxis zutiefst vom Frömmigkeitsverhalten geprägte Lebensform zu eigen machten, dann wird evident, daß es ein Leben ohne männliche Leitung nicht geben konnte. Der größte Teil dieser Frauen wollte ja in der katholischen Kirche bleiben, und diese Institution kannte und kennt keine Heilsvermittlung, es sei denn durch Männer als Priester. Keine Angehörige des Laienstandes, keine Begine, keine Nonne konnte anders denn bei einem Priester beichten, kommunizieren oder die Predigt hören. Der Beichtvater war in der Regel der Mann, zu dem ein intensives persönliches Verhältnis, oft geradezu eine spirituelle Liebe, bestand. Die Beichten waren ja nicht selten lange Gespräche, die weit über den Rahmen von Bekenntnis, Bußauferlegung und Absolution hinausgingen. Für die meisten der mystisch begabten *mulieres sanctae* war der Beichtvater zugleich der Seelenführer, mit dem sie ihre Gnadenerfahrungen besprachen. Er hatte durchaus Einfluß auf ihr Frömmigkeitsleben, wobei er zu strenge Askese verhinderte, wie z.B. bei der sel. Wilbirg von St. Florian (†1230–1289)[213], oder bestimmte Gebote auferlegte, wie bei der hl. Elisabeth von Thüringen[214]. Es wäre eine höchst lohnende Aufgabe, die Geschlechterbeziehungen anhand der Viten und Briefe zu analysieren, die aufgrund solcher Verhältnisse geschrieben wurden. Man wird dabei das eine oder andere Beispiel für eine Unterdrückungssituation, meines Wissens aber wesentlich zahlreichere für die einer gegenseitigen Wertschätzung und Kooperation finden. Da viele der Mystikerinnen ausgesprochen starke Persönlichkeiten waren, waren nicht selten sie es, die ihre Seelenführer wesentlich stärker „beherrschten", und nicht umgekehrt: so ging es Jakob von Vitry mit Maria von Oigniès, auch Einwik mit Wilbirg oder Raymund von Capua mit Katharina von Siena. In den meisten Fällen ist es den Beichtvätern und Seelenführern zu verdanken, daß wir überhaupt vom Lebenswandel und den Offenbarungen dieser Frauen wissen, da es in der Regel sie waren, die die Viten und Offenbarungsbü-

---

[213] Einwik, Vita 9, 28, hg. v. B. Pez, Triumphus Castitatis... Augustae 1715, S. 79.
[214] P. Säger OFM, Der Weg der hl. Elisabeth v. Thüringen, in: 800 Jahre, S. 139–149, 144 ff.

cher niederschrieben, vergleichsweise wesentlich seltener eine Mitschwester[215]. Unter den Quellen über einzelne Mystikerinnen findet man natürlich die ganze Spannweite von einfühlsamer Mit- oder Nachschrift unter Verwendung eigener Texte der Religiosen, wie z.B. beim Verfasser der
Vita der sel. Beatrijs von Nazareth[216], oder von ehrfürchtiger, aber über
den Horizont des Schreibenden hinausgehender Aufzeichnung des Dik-
tierten, wie bei den Beichtigern, die die Offenbarungen der Angela von
Foligno[217] oder der Agnes Blannbekin[218] der Nachwelt überliefert haben. Es gibt einige Fälle, wo sich zwischen einer frommen Frau und ihrem Seelenführer in allen Ehren ein durchaus emotionelles Verhältnis
entspann, das als geistliche Liebe bezeichnet werden darf. Man lese den
Briefwechsel zwischen Christine von Stommeln und Petrus von Dacien
oder den zwischen Margarete Ebner und Heinrich von Nördlingen.

Wenn im Mittelalter Menschen fromm waren, so waren sie es oft mit
einer Intensität, die uns kaum mehr nachvollziehbar erscheint. Dies gilt,
wie die autobiographischen und biographischen Zeugnisse beweisen, in
besonderem Maß von den *mulieres sanctae* der Zeit. Trotzdem ist ihnen
das Problem, daß ihr Geschlecht von der institutionalisierten Heilsvermittlung qua Kirchenrecht ausgeschlossen war, niemals in dem Sinn bewußt geworden, daß sie es zum Gegenstand einer Diskussion gemacht
hätten. Alle religiösen Frauen, die innerhalb der Kirche blieben, interna-
lisierten die von Männern verhängte Tabuisierung des Priestertums vollkommen, so daß es von ihrer Seite nicht den Schatten einer Reformidee
in diesem Punkt gibt — was auffällt, da gerade die Charismatikerinnen
gar nicht zimperlich sind, wenn es um die Reform der Kirche, des Papst-
tums, der Priesterschaft, der Männer- und Frauenorden geht[219]. Wenn
also auch die Frage der exklusiven Anbindung der Heilsvermittlung an
das männliche Geschlecht nie in den Horizont bewußter Problematisie-
rung tritt, so gibt es doch Äußerungen, die möglicherweise als unbewuß-

---

[215] Dies gilt in der ganzen europäischen Frauenmystik für die Viten von Einzelpersonen, wogegen die Nonnenbücher, wie erwähnt, zwar alle von Frauen stammen,
jedoch eine Sondererscheinung bilden, auf die Dominikanerinnen des süd- und west-
deutschen Raumes beschränkt.

[216] Vgl. H. Vekeman, Beatrijs von Nazareth. Die Mystik einer Zisterzienserin,
in: Frauenmystik, S. 78–98. — Ein mehrbändiges Werk von Roger de Ganck OCist
über Beatrijs und ihre Umwelt, das eine eingehende Darstellung der Religiosität der
mulieres sanctae des 13. Jahrhunderts enthält, steht vor dem Abschluß.

[217] S. u. den Beitrag von U. Köpf, S. 225–250.

[218] S. u. den Beitrag von A. Stoklaska, S. 165–184.

[219] S. u. meinen Beitrag, S. 265–302.

te Manifestation eines Wunsches nach Gleichberechtigung auf diesem Gebiet zu interpretieren sind.

Man könnte argumentieren, daß die größere Häufigkeit mystischer Phänomene bei Frauen im Mittelalter einer Ausschaltung der priesterlich-männlichen Vermittlung durch die unmittelbare Gottesbegegnung gleichkommt. In ihren Visionen begegnen die Mystikerinnen ja unmittelbar Christus in dieser oder jener Gestalt seines Erdenlebens, als Kind, jungem Mann (Bräutigam), Leidendem ... Caroline Walker Bynum schreibt in ihrem von der „Berkshire Conference of Women Historians" „as the best historical article written by a woman in 1984 ... derived in part from feminist theology and anthropology"[220] ausgezeichneten Beitrag zur Frauenmystik des 13. Jahrhunderts: „Why did ecstasy and humanitas Christi matter so much to women? Part of the answer seems to be that woman's ecstasy or possession served as an alternative of priestly office ... the priest, momentarily divinized by the Christ whom he held in his hands at the consecration, and the friar, imitating the life of Jesus in poverty, begging, penance and preaching, were the admired male roles. Increasingly prohibited from even minor ‚clerical' tasks ... and never permitted full evangelical poverty or wandering, women emerged — in their own eyes and in the eyes of their male advisers — as what I have elsewhere called a ‚prophetic' or ‚charismatic' alternative. Thus the eucharist and the paramystical phenomena that often accompanied it were substitutes for priesthood in two complementary senses. First, eucharistic ecstasy was a means by which women either claimed ‚clerical' power for themselves, or by-passes the power of males, or criticized male abuse of priestly authority. Second, ecstasy was a means of endowing women's non-clerical status — their status as lay recipients — with special spiritual significance"[221]. Nun gibt es in der Tat Visionen, in denen Frauen in priesterlichen Funktionen erscheinen, doch sind sie ausgesprochen selten. Am ehesten stehen solche Schauungen in Zusammenhang mit dem Sakrament der Eucharistie, kaum mit den anderen. Bynum kann selbst nur ein Beispiel aus den Mirakeln der hl. Juliane von Cornillon zitieren, die nach ihrem Tode allerdings keineswegs selbst als Zelebrantin, sondern neben dem Priester als Ministrantin erscheint, sowie eine Vision der sel. Benevenuta, die Maria in dieser Rolle schaut, welche ihr auch den Meßkelch darreicht. Man (präziser: frau) hätte hier etwa auch Mechthild

---

[220] Mystics Quarterly 11 (1985), S. 104.
[221] Bynum, Mystics, S. 193.

von Magdeburg erwähnen können, die Maria in einem Gesicht als Lenkerin des Meßablaufes erlebt[222], vor allem aber die sel. Ida von Leuven († um 1290), die sich selbst in der Ekstase in die Paramente gekleidet schaut und so vorbereitet Leib und Blut des Herrn kommuniziert, ohne sich um den Priester (der sie geärgert hatte) im geringsten zu kümmern: *in excessu mentis suae Sacerdotalis vestibus induitur, . . . et sic aptissime praeparata sacramento Dominici Corporis et Sanguinis innovatur . . . nec oculis corporalibus aut mentalibus ejus advertit praesentiam, aut celebrantis officium . . . auscultavit*[223]. Dies ist eine der wenigen „feministischen" Stellen, die eine Charismatikerin wirklich als von der männlichen Hierarchie unabhängig, ja sogar deren Stelle einnehmend, zeigen, wobei diese Nachricht auf den Aufzeichnungen ihres Beichtvaters beruht, der sie, wiewohl Vertreter der Hierarchie, keineswegs verschwiegen hat. Ida hat Ähnliches öfters erlebt, doch üblicherweise die Sakramentenspende durch den Priester auf das höchste geschätzt.

Die seit dem 13. Jahrhundert so ungemein intensivierte Eucharistiedevotion ist zwar in der Tat ein beherrschender Zug in den Viten der frommen Frauen[224] (wobei eine gewisse Rolle auch der Wunsch gespielt haben dürfte, sich von den Häretikern abzusetzen, die dieses Sakrament angriffen), aber es läßt sich kaum sagen, „that the eucharistic miracle almost seems a female genre"[225]. Die Verehrung der Hostie war nichts Geschlechtsspezifisches, wie allein ihre Elevation in der Messe seit dem Hochmittelalter oder die Errichtung der gotischen Sakramentshäuschen in den Kirchen beweist. Gewiß waren die Visionen in Frauenkreisen häufig, bei denen das Allerheiligste der Charismatikerin in der Ekstase direkt von Christus gespendet wurde[226]; ich gebe ein Beispiel aus dem 14. Jahrhundert: die sel. Margarete Ebnerin († 1351) berichtet: *mir wirt auch*

---

[222] Offenbarungen 2, 4, hg. v. Morel (wie Anm. 173), S. 30 ff.

[223] AS, April 2, 1856, S. 183DE. Bynum, Mystics, S. 196, berührt diese Stelle in anderem Zusammenhang, ohne die Bedeutung der priesterlichen Einkleidung zu bemerken.

[224] Die Literatur dazu ist umfangreich; außer den von Bynum, Mystics, herangezogenen Arbeiten ist noch zu verweisen auf Roisin, L'hagiographie, S. 178 ff; Axters, Geschiedenis I, S. 187 ff., 214 ff., 322 f.; O. Langer, Enteignete Existenz und mystische Erfahrung, in: So predigent eteliche, hg. v. K. O. Seidel, Göppingen 1982, S. 49–96, 63 ff. Es ist auffallend, daß die umfangreichste Studie zu diesem Thema, nämlich Winter, Eucharistische Frömmigkeit, den späteren Autor(inn)en durchwegs entgangen ist.

[225] Bynum, Mystics, S. 182.

[226] Ebd., pass.

*daz geben von unserm lieben herren, wenn ich in enphahen vil, das wirt
mir inwendik geben, e daz der priester kom*[227]. Es werden auch Szenen geschildert, wo ein unwürdiger Priester konsekrieren will, sich aber das Sakrament plötzlich im Munde der Andächtigen befindet, wie dies etwa
die Begine Agnes Blannbekin berichtet: ein Priester zelebrierte die Messe, wiewohl er die Nacht zuvor ein Mädchen defloriert hatte. Agnes sagte, sie wolle heute Maria Magdalena sein, und bat den Herrn um ein Zeichen. Nach dem Pater Noster spürte sie plötzlich die Hostie in ihrem
Mund, schluckte sie mit der gewohnten Süße, während der Kleriker sie
verzweifelt am Altare suchte: *Et ecce, post Pater Noster in missa ipsa sensit
et habuit hostiam veraciter in ore et deglutivit cum tanta dulcedine, quanta
consuevit communicare. Sacerdos vero, quando debuit sumere corpus respe-
xit hinc inde in altari sicut quasi aliquid amisisset*[228]. Aber ähnliche Wunder werden eben auch von Männern erzählt: in einem sehr verbreiteten
Exempel bietet Christus (oder Maria oder ein Engel) sich in dieser Gestalt einem Sünder an[229]; bei Caesarius von Heisterbach ist es ein Laienbruder, der die Hostie plötzlich in seinem Munde empfängt[230], im mittelhochdeutschen ‚Seelentrost‘ ein Ave singender Mönch[231], im ‚Speculum Laicorum‘ empfängt ein Graf dieses Sakrament sogar durch die Seite[232] usw. Auch diejenigen Priester und Mönche, die solche eucharistischen Visionen und Wunder aufzeichneten, scheinen sie keineswegs als
etwas gegen ihren Stand Gerichtetes empfunden zu haben; Jakob von Vitry z.B. spricht mit deutlicher Bewunderung, daß das Lamm sich einer
sancta mulier so selbst entgegenbringt, weil es nicht erträgt, sie länger
nach sich schmachten zu lassen, *verus Agnus, non diutius eam languere
sustinens, seipsum illi obtulit. . .*[233]. (Nicht in diesen Zusammenhang des
Verhältnisses der Frauen zur Eucharistie gehörte es übrigens, daß es im
10. oder 11. Jahrhundert in einem Frauenkloster auch Eucharistiefeiern
und Kommunionverzehr ohne Priester gegeben zu haben scheint, da dies

---

[227] Margaretha Ebner und Heinrich von Nördlingen, hg. v. Ph. Strauch, Freiburg
1882, S. 62.
[228] Leben . . ., hg. v. Dinzelbacher (wie Anm. 32), c. 41.
[229] Frederic C. Tubach, Index exemplorum, Helsinki 1969, Nr. 2659.
[230] Dialogus miraculorum 9, 37.
[231] Tubach, Index (wie Anm. 229), Nr. 2665.
[232] Ebd., Nr. 2572.
[233] Vita Mariae Ogniacensis, Prol. 8, AS, Juni V, 1867, S. 548 f.

nur die Übernahme eines ungewöhnlichen Usus war, der in gewissen Mt.
Cassino nahestehenden Benediktinerklöstern erwähnt wird[234].)

Man könnte hier vielleicht die Frage anschließen, ob in der Thematik
der von Charismatikerinnen überlieferten Schauungen spezifisch Weibliches oder sogar Feministisches zu isolieren ist. So hat Gertrud Jaron
Lewis[235] eine Passage im ‚Liber Visionum' der hl. Elisabeth von Schönau, wo die *humanitas Jesu* in Jungfrauengestalt erscheint, in dem Sinne
interpretiert, daß die Seherin „den ‚Herrn Jesus' schlechthin als Frau
sieht"[236]. Dazu ist einmal zu bemerken, daß diese Stelle im umfangreichen Werk der Heiligen[237] keine Parallelen hat, also von einem „frauli-
chen Jesus"[238] keine Rede ist. Andererseits handelt es sich auch nicht
„schlechthin" um den Erlöser, sondern allein um seine menschliche Natur. Sie ist als Personifikation deswegen weiblich, weil das lateinische
Substantiv weiblichen Geschlechts ist wie die meisten Abstrakta in dieser Sprache. Daher ist die mittelalterliche Literatur, die bildende Kunst
und auch die visionäre Bildwelt durchgehend von weiblichen Personifikationen bevölkert (Prudenz, Martianus Capella usw.!). Und wenn diese
Stelle bei Elisabeth wirklich als Frühform feministischer Theologie zu
bewerten wäre, dann müßte man dies auch für die zahlreichen Sophia-
Visionen[239] männlicher Visionäre gelten lassen, für Seuse, Böhme, Arnold, Gichtel usw. Spricht nicht Seuse andauernd von der ewigen Weisheit und der ewigen Wahrheit — weibliche Personifikationen und Aspekte des Erlösers in einem? Und kennt nicht auch Tauler diese Metaphorik,
wenn er bei der Auslegung der Parabel vom verlorenen Groschen (Lk
15,8) sagt, *Dise frouwe das ist die gotheit*[240]?

Das heißt freilich nicht, daß feministische Fragestellungen nicht an die
Metaphorik mittelalterlicher Offenbarungsliteratur herangetragen werden sollten; an anderer Stelle habe ich darauf hingewiesen, wie wichtig

---

[234] J. Leclercq, Eucharistic Celebrations without Priests in the Middle Ages,
Worship 55 (1981), S. 160–169.
[235] G. Jaron Lewis, Christus als Frau. Eine Vision Elisabeths von Schönau, Jahrbuch f. internat. Germanistik 15 (1983), S. 70–80. E. Gössmann, Das Menschenbild der Hildegard von Bingen und Elisabeth von Schönau, in: Frauenmystik, S.
24–47, 41 f. und Anm. 59, schließt sich ihr an.
[236] Jaron Lewis, Christus (wie Anm. 235), S. 79. Es handelt sich um III,4.
[237] Vgl. Dinzelbacher, Offenbarungen (wie Anm. 170), pass.
[238] Jaron Lewis, Christus (wie Anm. 235), S. 79.
[239] Vgl. Benz, Vision, S. 474 ff.
[240] Predigt 37, hg. v. Josef Quint, Textbuch zur Mystik des deutschen Mittelalters,
Tübingen ²1957, S. 78.

die Erforschung dieses Genres für die Kenntnis der Geschichte der Frauen im Mittelalter ist[241]. Tatsächlich gibt es im späten Mittelalter Mystikerinnen, die sich so ausführlich der Metapher des mütterlichen Heilands bedienen, daß der Schluß naheliegt, hier Frauenspezifisches vor sich zu haben. Nicht, daß dieses Bild eine „feministische" Neuschöpfung wäre, vielmehr hat die Vorstellung von „Jesus, unserer Mutter" ihre Wurzeln in der Sophia-Christologie des Neuen Testamentes und eine lange Geschichte bei östlichen und westlichen Kirchenvätern, Anselm von Canterbury und besonders den frühen Zisterziensern. Bereits die montanistische Prophetin Prisca soll Christus als Frau gesehen haben[242]. Aber: „Am reifsten theologisch durchdacht erscheint das Motiv von Jesus unserer Mutter in den Offenbarungen der englischen Reklusin und Mystikerin Juliana von Norwich aus dem Jahre 1373"[243]. Sie versteht den Erlöser als liebende, wissende, verzeihende *precyous moder*, die *all the swete kyndly officis of dereworthy motherhad*[244] an uns erfüllt. Juliana ist aber (dank einer wahren Flut von Publikationen im angelsächsischen Sprachraum über ihr Christusbild[245]) nur die allseits bekannteste Mystikerin, die diese Metapher verwendet. Hinweisen möchte ich auf die wenig beachtete Kartäusermystikerin Marguerite d'Oingt (†1310), bei der diese Metaphorik besonders ausgeprägt erscheint und Christus als Gebärender geschildert wird: *Nonne tu es mater mea et plus quam mater; mater que me portavit, in partu mei laboravit per unam diem forte vel per unam noctem ... Domine dulcis Jesu Christe, quis vidit unquam ullam matrem sic partu laborare! Sed cum venit hora partus tui fuisti positus in duro lecto crucis...*[246]

Doch gibt es hier noch ein anderes Phänomen, das nun keine, überspitzt formuliert, Umwandlung des Vatergottes in einen Muttergott beinhaltet, sondern das Selbstverständnis der Charismatikerin als mystische Mutter bezeugt.

---

[241] P. Dinzelbacher, La littérature des révélations au moyen âge: un document historique, Revue historique 275 (1986), S. 289–305.

[242] Epiphanios, Haer. 48, 1, 3; 14, 1.

[243] B. Fischer, „Jesus, unsere Mutter", Geist und Leben 59 (1985), S. 147–155, 152.

[244] A Book of Showings to the Anchoress Juliana of Norwich, hg. v. E. Colledge u. J. Walsh, Toronto 1978, S. 595 f.

[245] Vgl. nur zuletzt R. Bradley, Mysticism in the Motherhood Similitude of Juliana of Norwich, Studia Mystica 8 (1985), S. 4–14. – V. Lagorio, Varations of the Theme of God's Motherhood, ebd., S. 15–37.

[246] Pagina Meditationum 33, 36, in: Les Oeuvres de Marguerite d'Oingt, hg. v. Antonin Duraffour u.a., Paris 1965, S. 78. Vgl. o. Anm. 104.

Das Bild taucht in berückender Sprache bei der flämischen Begine Hadewijch (1. Hälfte 13. Jahrhundert)[247] auf, für die die Imitatio Mariae eine gewisse Bedeutung hat[248]. Doch mehr noch die Brautmystik: in einer Vision wird sie ins Himmlische Jerusalem versetzt und als *bruut ende moder*[249] apostrophiert. Mutter in dem Sinn, daß sie wie Maria die schmerzlichen Ereignisse im Erdendasein ihres Sohnes miterlebt[250]. Die als Ketzerin verurteilte Prous Boneta (†1325) — wir werden noch auf sie zurückkommen[251] — hatte eine Offenbarung, in der ihr der Herr verkündete, *Beata virgo Maria fuit donatrix Filii Dei et tu eris donatrix Spiritus Sancti*[252], „die hl. Jungfrau Maria war es, die (den Menschen) den Sohn Gottes schenkte, und du wirst (ihnen) den Heiligen Geist schenken". Damit erscheint Prous als neue Maria, gleichwertig der Allerheiligsten. Karen Glente spricht hier von einer „originale, konsekvente, og maske specielt kvindelige, opfattelse af ideen om en gentagelse af den hellige historie, nemlig at een nyskabelse forudsaetter et skabende ophav, en moder"[253], womit die Entstehung dieser Vorstellung im Bereich der joachimitischen Hoffnungen vom neuen Reich des Geistes angedeutet ist. Auch die Geliebte des Ketzerführers Fra Dolcino (†1306), Margarita, betrachtete sich als vom Heiligen Geist schwanger[254]. Häufig ist allerdings diese Vorstellung von der Gottesgeburt nicht auf die Seele beschränkt geblieben; Grundmann hat eine ganze Reihe von Fällen zusammengestellt, wo auch somatische Schwangerschaftssymptome auftraten, u.a. bei der sel. Lukardis von Oberweimar und der sel. Gertrud von Oosten[255]. Die Begine Agnes Blannbekin z.B. erlebte es jede Weihnacht bis zur Oktav Epiphanias, daß ihr Leib und ihre Adern aufschwollen, was mit einem starken Schmerz- und Süßigkeitsgefühl verbunden war[256]. Auch die hl.

---

[247] Die Bibliographie gibt F. Willaert bei Jaron Lewis, Bibliographie (wie Anm. 163).

[248] Vgl. J. Reynaert, De Beeldspraak van Hadewijch, Tielt 1981, S. 293 ff.

[249] Het visioenenboek van Hadewijch, hg. v. H. Vekeman, Nijmegen 1980, S. 125 (X).

[250] So die Interpretation von Paul Mommaers, Hadewijch, Visioenen, Nijmegen 1979, S. 98, die mir wahrscheinlicher scheint als die Vekemans, der sich auf Hadewijch als präsumptive Leiterin ihrer Gemeinschaft bezieht.

[251] S. u. S. 53 f.

[252] Confession, hg. v. May (wie Anm. 9), S. 11.

[253] Glente, Beginerne, S. 61.

[254] Bernardus Gui, De secta, Rer. it. SS 9/5, 1907, S. 26.

[255] Grundmann, Bewegungen, S. 415.

[256] Leben, hg. v. Dinzelbacher (wie Anm. 32), c. 195.

Birgitta, die ja selbst acht Kinder geboren hatte, fühlte sich zu Weihnachten wie schwanger[257].

Aber abermals muß darauf hingewiesen werden, daß solche Metaphern, die in den hier zitierten Beispielen aus der Frauenmystik freilich, da in der Verzückung erlebt, in hohem Maß konkret werden, keineswegs exklusiv der Frauenspiritualität angehören. Bekanntlich schreibt der hl. Franziskus in seinem Sendbrief an alle Christen, daß diejenigen, die seinem Rat folgen, Bräute, Brüder und Mütter des Herrn Jesu Christus sein werden. „Seine Mütter, wenn wir ihn in Herz und Leib um der Liebe willen tragen und um eines reinen, aufrichtigen Gewissens willen; wenn wir ihn gebären durch ein heiliges Wirken . . ." – *sumus . . . matres, quando portamus eum in corde et corpore nostro per amorem et sinceram conscientiam; parturimus eum per sanctam operationem*[258]. Es genüge schließlich, an den ganzen weitläufigen Komplex der Gottesgeburt in der Seele bei den deutschen Mystikern des 14. Jahrhunderts und sonst zu erinnern[259]. Und es gab abermals auch Männer, die Ähnliches in somatischer Konkretheit erlebten – Caesarius von Heisterbach berichtet von einem Priester, der ihm selbst erzählte, wie sein Bauch aufschwoll, wenn er zum Altar trat, und seine Brust zu zerspringen schien, was als besondere *devotio* galt[260].

Kehren wir zu den priesterlichen Funktionen und ihren möglichen weiblichen Aneignungen im Rahmen der Frauenbewegung zurück. Das Beichtsakrament – und auch dies spricht nicht für ein prinzipiell auf Konflikt angelegtes Verhältnis – scheint im Gegensatz zu der oben erwähnten Meßfeier in den Schauungen der Mystikerinnen wenig Bedeutung zu besitzen. Auch bleibt es eine ausgesprochene Ausnahmeerscheinung, daß Frauen Frauen die Beichte abnehmen, wie es in einigen spanischen Zisterzienserinnenklöstern vorgekommen zu sein scheint[261]. Sonst handelt es sich, wie bei der „Beichte" des Grafen Ludwig vor Christine von St. Trond, ausdrücklich um ein nicht sakramentales Sündenbe-

---

[257] Revel. 6,80.

[258] Ep. ad fideles 2, 53, hg. v. C. Esser, Opuscula S. Patris Francisci Assisiensis, Grottaferrata 1978, S. 122 f., vgl. auch S. 389.

[259] S. A. Solignac, Naissance divine, DS 11 (1981), Sp. 24–34; weiters Alois M. Haas, Geistliches Mittelalter, Freiburg i.Ü. 1984, S. 207 ff., 354 ff.

[260] Caesarius, Dialogus miraculorum, hg. v. J. Strange, Coloniae 1851, II, S. 189 (9,32).

[261] Joan Morris, The Lady was a bishop, New York 1973. Vielleicht handelte es sich aber eher um Gespräche zur geistlichen Leitung.

kenntnis ohne Absolution[261a]. Den Schwestern vom gemeinsamen Leben warf die Inquisition gelegentlich vor, daß sie ihr Sündenbekenntnis
statt vor dem Priester vor der Leiterin ihrer Gemeinschaft ablegten[262].

Wenn schließlich das maskuline Privileg der Predigt in Vorstellungswelt oder Realität bisweilen usurpiert wurde, so ist dies wiederum primär aus dem religiösen Engagement, aus dem Gebot der Nächstenliebe
heraus verständlich, dem zufolge man ja die eigene Glaubensgewißheit
auch seinem Nachbarn zu vermitteln versuchen soll. Die sel. Maria von
Oigniès etwa, die selber gerne gepredigt hätte, pflegte den Priestern und
Mönchen nach der Predigt aus Dankbarkeit lange die Füße zu küssen[263].
Wenn die großen Mystikerinnen tatsächlich gepredigt haben, wie Hildegard, Birgitta und Katharina[264], so haben sie dies auf ausdrücklichen Befehl im Rahmen ihrer Offenbarungen hin getan, also überzeugt von ihrer
göttlichen Legitimation. Allerdings scheinen sie auch hier gewisse für
Priester und Mönche typische Formen, wie die Benutzung einer Kanzel,
nicht beansprucht zu haben. Margery Kempe verteidigte ihre „Lehrtätigkeit" vor dem Erzbischof ausdrücklich damit, daß sie keine Kanzel betre-
te: *I preche not, ser, I come in no pulpytt*[264a]. Die meisten anderen charismatisch inspirierten Frauen begnügten sich, religiöse Unterweisung an
die Mitglieder ihrer Gemeinschaft weiterzugeben, und das oft in schrift-
licher Form, wie etwa die Briefe Hadewijchs zeigen. Die erwähnten spanischen Äbtissinnen wagten, öffentlich zu predigen[265], die Beginenmei-
sterinnen, von denen Predigttätigkeit bekannt ist, scheinen sich aber nur
an ihre Gefährtinnen gewandt zu haben[266]. Zu leicht konnte man mit
den Waldensern assoziiert werden, die Frauen dieses Amt gestatteten. Die
hl. Äbtissin Humilitas von Faenza (†1310) hat Sermones in lateinischer
Sprache hinterlassen[267]. Mögen sich manche solcher Aufzeichnungen
auch zunächst nur an die Mitschwestern gewandt haben, so sind sie doch
bald auch von den Männern rezipiert worden; es genüge, daran zu erinnern, daß gerade Hadewijchs Werke, die sich, so weit zu sehen, in ihnen
immer nur an Frauen gewandt hatte[268], sehr wohl und mit Ehrfurcht

[261a] Thomas v. Cantimpré, Vita IV, 44, AS, Juli 5, 1868, S. 257 f.
[262] Koorn, vrouwen, S. 394.
[263] Jakob v. Vitry, Vita 68, AS, Juni 5, 1867, S. 562F.
[264] S. meinen Beitrag unten, S. 265–302.
[264a] Book I, 52, in: Early English Text Society, OS 212, 1940, S. 116.
[265] McDonnell, Beguines, S. 343.
[266] Ebd., S. 343 f.
[267] Petrocchi, Storia I, S. 45 f.
[268] S. u. den Beitrag von P. Mommaers und F. Willaert, S. 117–151.

vom bedeutendsten der flämischen Mystiker, dem sel. Jan van Ruusbroek (1293–1381) gelesen und als einzige wörtlicher Zitate für wert befunden wurden, was für die männlichen Autoren nicht zutraf[269]. Die Mehrzahl der Frauen, die schrieben, taten dies jedoch von Anfang an für beide Geschlechter, und auch die Beschränkung auf das eigene, wie bei Hadewijch, ist rein situativ begründet, wie die zahlreichen Schriften von Männern zeigen, die eben auch zunächst einmal für die Mitbrüder im eigenen Kloster literarisch tätig waren – man denke nur an die Entstehung von Bernhards (so sehr in der Frauenmystik rezipierten[270]) Auslegungen zum Hohen Lied.

Nach dem Gesagten dürfte es deutlich sein, daß eine „feministische Autarkie" der Frauenbewegung weder möglich war noch angestrebt wurde, solange diese innerhalb der Katholizität blieb; es gibt keine Quellen dafür, daß sie überhaupt als Möglichkeit in Betracht gezogen worden wäre. Ihr „bold attempt to keep themselves in various ways without the support of men"[271] beschränkt sich, wichtig genug, auf den ökonomischen Bereich. Brigitte Degler-Spengler hat vor kurzem resümiert: „die Selbständigkeit der Beginen, ihre relative Unabhängigkeit von männlichen Verbänden, war zweifellos eine Notlösung, hervorgerufen durch die mangelhafte Bereitschaft der Orden, religiöse Institutionen für weibliche Laien zu schaffen". Sie kommt zu dem Schluß, „daß es eine religiöse Frauenbewegung als eigenständige religiöse Erscheinung nicht gab"[272], und betont die Einbettung in die allgemeine Laien- und Armutsbewegung. Trotzdem, so meine ich, sollte man hervorheben, daß es eben die Frauenbewegung war, innerhalb deren sich eine praktische Mystik entwickelte,

---

[269] P. Verdeyen SJ, Mystiek in de Nederlanden vóór Ruusbroec, in: Jan van Ruusbroec (Ausstellungskatalog), Brussel 1981, S. 2–14, 12.
Seit neuestem interpretiert man die mystische Predigt und Schriftstellerei Meister Eckharts übrigens als Reaktion auf die Frauenmystik, sei es die französische (K. Ruh, Meister Eckhart und die Spiritualität der Beginen, Perspektiven der Philosophie 8 [1982], S. 323–334), sei es die der deutschen Dominikanerinnen (O. Langer, Zur dominikanischen Frauenmystik im spätmittelalterlichen Deutschland, in: Frauenmystik, S. 341–435). Schon früher hat freilich J. van Mierlo SJ in seinem leider wenig beachteten Beitrag: Over het ontstaan der Germaansche mystiek, Ons Geestelijk Erf 1 (1927), S. 11–37, auf die flämische Frauenmystik als Anregung für Eckhart hingewiesen.
[270] Vgl. U. Köpf, Bernhard v. Clairvaux in der Frauenmystik, in: Frauenmystik, S. 48–77.
[271] Bolton, Women, S. 25.
[272] Degler-Spengler, Frauenbewegung, S. 86.

die weit über die Parallelen in der gleichzeitigen Männerwelt hinausging, sowohl was die Anzahl der Charismatikerinnen betrifft, als auch was Umfang und Qualität der von ihnen hinterlassenen Aufzeichnungen über ihre mystischen Erfahrungen anbelangt[273]. In der Unmittelbarkeit der Erlebnisformen und im eigenen Schrifttum darf möglicherweise eine gewisse Tendenz zur Selbständigkeit gesehen werden. Liest man die Werke einer Hadewijch, Beatrijs, Mechthild von Magdeburg, Margarete Porète usf., dann steht außer Zweifel, daß diese Frauenmystik weit über jene – durchaus vorhandene[274] – „Sucht nach Ekstasen, Entrückungen, Begnadungen und Tröstungen"[275] hinausgeht, die so oft in den Vordergrund gestellt wird[276].

Begab sich die religiöse Frauenbewegung jedoch außerhalb der Katholizität, so tauchen in der Tat gelegentlich Tendenzen auf, die in einem extremen Sinn feministisch orientiert sind. Allerdings ist anzumerken, daß die Unterscheidung der Geister schon den Zeitgenossen nicht so leicht fiel. Die radikalste Sekte war wohl die der Guglielmiten[277], deren Gründerin, Guglielma (Wilhelmine) von Böhmen (†1279), so sehr die Unterstützung der mailändischen Zisterzienser genoß, daß sie ihr nicht nur ein Haus zur Verfügung stellten, sondern sie auch in ihrer Kirche bestatteten, ihr einen Altar errichteten und ihre Tugenden in Predigten verbreiteten, d.h. ihre Verehrung als Heilige propagierten. Erst als ihre „Reliquien" im Jahre 1300 von der Inquisition ausgegraben und dem Scheiterhaufen überantwortet wurden, wurde vielen Mailändern klar, daß sie eine Ketzerin verehrt hatten. Die Lehre der Guglielmiten – es ist ungewiß, inwieweit sie von der „Heiligen" selbst vertreten und inwieweit sie erst von ihren Verehrerinnen und Verehrern ausgebildet wurde

---

[273] Vgl. Dinzelbacher, Frauenmystik, S. 13 ff.

[274] Beispiele bei Dinzelbacher, Vision, S. 189 ff. Ob der dort zitierte Text über Ursula Haiderin ursprünglicher als dieselbe Passage im „Großen Tauler" ist, bedarf noch der Klärung, s. P. Dinzelbacher, Zs. f. dt. Altertum 111/Anzeiger 93 (1982), S. 63.

[275] H. Grundmann, Die geschichtlichen Grundlagen der Deutschen Mystik, Dt. Vierteljahresschrift f. Literaturwissenschaft u. Geistesgeschichte 12 (1934), S. 400–429, 418.

[276] Siehe P. Dinzelbacher, Kleiner Exkurs zur feministischen Diskussion, in: Frauenmystik, S. 381 ff.

[277] Das Folgende nach F. Vernet, Guillelmites, DThC 6/2, 1920, Sp. 1982–1988; Goodich, Vita, S. 203 ff.; St. Wessley, The thirteenth-century Guglielmites: Salvation through woman, in: Medieval Women, S. 289–303; ders., James of Milan and the Guglielmites, Collectanea Franciscana 54 (1984), S. 5–20.

— besagt nichts weniger, als daß Guglielma die Inkarnation des Heiligen Geistes sei und gleichzeitig christusförmig, da ihr Leben dieselben Stadien wie das des Erlösers aufweise und sie die Stigmen getragen habe[278]. Das römische Papsttum sollte abgeschafft und statt dessen eine Frauenkirche errichtet werden: diese neue Geistkirche sollte von einer Päpstin, einer gewissen Schwester Mayfreda, und weiblichen Kardinälen geleitet werden; Mayfreda pflegte bereits Messen nach dem Rituale Romanum auf dem Grab Guglielmas zu zelebrieren und ihren Nachfolgerinnen dort Predigten zu halten.

Mag diese Sekte, deren geistesgeschichtliche Verwurzelung im Joachimitismus und deren aktueller Hintergrund in der prekären Situation der Mailänder Kirche jener Zeit zu suchen sind, auch nur etwa eine Generation existiert und über den näheren lokalen Umkreis keine Anhänger gehabt haben, so wird an ihr doch klar, daß auch und sogar im Mittelalter ein gewisses Potential für im heutigen Sinn feministische Utopien vorhanden war. „The Guglielmite ideology, which we can interpret as a reaction to an exclusively male priesthood based on a male incarnation, offered female enthusiasts justification for exercising priestly office"[279]. Evident ist auch die Verbindung zur Imitatio Christi und zur Erlebnismystik: Guglielma war stigmatisiert — wie so viele der zeitgenössischen heiligen oder seligen Mystikerinnen (u.a. Elisabeth von Spalbaek, Margareta Colonna, Margareta von Ypres, Lutgard von Tongeren, Benevenuta von Bojanis[280]).

Noch deutlicher tritt dies bei einer anderen Ketzerin hervor, der südfranzösischen *haeresiarcha* Prous Boneta (†1325)[281]. Sie hat Christuserscheinungen, symbolische Gesichte und Himmelsvisionen, ist eine Vertreterin der Herz-Jesu-Mystik. Auch sie hält sich als Frau für die Erlöserin des Menschengeschlechtes, der Gott den Heiligen Geist dazu sende; was sie verkünde, seien die Worte des Geistes, auf die die ganze Welt hören solle. Wer ihren Weisungen folge, werde im Geiste getauft und erlange Sündenvergebung ... Soweit irgend aus ihrem Geständnis zu ersehen, war Prous von der Authentizität ihrer Schauungen und Offenbarungen

---

[278] Hier gibt es deutliche Parallelen zu der Art, wie Franziskus innerhalb seines Ordens gesehen wurde, s. Wessley, James (wie Anm. 277), S. 18 ff.

[279] Wessley, Guglielmites (wie Anm. 277), S. 300.

[280] Vgl. (überkritisch) P. Debongnie CSSR, Essai critique sur l'Histoire des Stigmatisations au Moyen Age, Etudes Carmelitaines 20 (1936), S. 22–59.

[281] Das Folgende nach ihrer eigenen Aussage, Confession, hg. v. May (wie Anm. 9).

subjektiv nicht weniger überzeugt als jede orthodoxe und heilige Mystikerin. Diese Visionärin, deren Ideen aus dem Umkreis der gegen Papst
Johannes XXII. kämpfenden Franziskanerspiritualen sowie der Katharer
kamen, scheint kaum viele Adepten gehabt zu haben. Trotzdem ist auch
sie, die mit dem Leben für ihren Glauben bezahlte, ein Beispiel dafür,
daß es Frauen gab, die sich nach aktiver Gnadenvermittlung sehnten.

Für Bestrebungen von einer derartigen Radikalität gab es in der mittelalterlichen Katholizität keinen Raum[282]. Nur, wo die Offenbarungen
nicht mit dem vorgegebenen und als überzeitlich verstandenen System
einer männlichen Hierarchie konfligierten, sondern dieses vollkommen
anerkannten, mochten sie auch mit deren historischen Funktionären
scharf ins Gericht gehen, war für Frauen ein Spielraum offen, Gnade
selbst aktiv zu vermitteln: durch die Verkündigung ihrer Gesichte und
Einsprachen, durch Warnung und Kritik in Gesprächen und Briefen, selten sogar durch öffentliche Predigt. Diese Frauen rechnete die mittelalterliche und rechnet die gegenwärtige katholische Kirche vielfach zu ihren
größten Heiligen, und zwei von ihnen, nämlich Katharina von Siena und
Teresa von Avila, verehrt sie seit 1970 als Kirchenlehrer.

LITERATURVERZEICHNIS

Die folgenden Angaben wollen keine Bibliographie zur mittelalterlichen Frauenbewegung oder Frauenmystik sein, sie enthalten vielmehr nur die von mir besonders herangezogenen, grundlegenden oder jüngeren Titel der Sekundärliteratur, die in den Anmerkungen gekürzt aufgeführt sind und wo noch weitere Arbeiten zu Einzelfragen genannt sind. Mit dem untenstehenden Verzeichnis dürften sich die beiden genannten Themen allerdings hinreichend erschließen lassen.
Eine allgemeine Bibliographie zur Frau im Mittelalter bieten L. u. M. Frey/J.
Schneider, Women in Wester European History, Brighton 1982, S. 215–351.
Eine Anzahl neuerer Titel habe ich in dem unten zitierten Band ,Frauenmystik',
S. 22, ergänzend zusammengestellt.

800 Jahre Franz von Assisi, Kataloge des niederösterreichischen Landesmu-
    seums, NF 122, Wien 1982.

---

[282] „Before the sixteenth century, it was in the Church, not in sects, that women
found the most enduring and powerful roles. Rebellion in the context of obedience,
the vocation of the saint, provided more space for women than did sectarian protest."
So lautet auch der Schluß der sich als feministische Historikerin verstehenden
McLaughlin, Women, S. 124.

Stephanus Axters SJ, Geschiedenis van de vroomhed in de Nederlanden, Antwerpen 1950 ff.

A. Benevenuti Papi, Frati mendicanti e pinzochere in Toscana: della marginalità sociale a modello di santità, in: Temi, S. 107—136.

Ernst Benz, Die Vision, Stuttgart 1969.

P. Boglioni OP, I carismi nella vita della Chiesa medievale, Sacra Doctrina 15 (1970), S. 383—430.

B. Bolton, Vitae matrum: a further aspect of the frauenfrage, in: Women (1978), S. 253—273.

Dies., Some thirteenth century women in the Low Countries, Nederlands Archief voor Kerkgeschiedenis 61 (1981), S. 7—29.

C. Bynum, Women mystics and eucharistic devotion in the thirteenth century, Women's Studies 11 (1984), S. 179—214.

Dies., „... And Woman His Humanity": Femal Imaginery in the Religious Writings of the Later Middle Ages, in: Gender and Religion, hg. v. C. Bynum u.a., Boston 1986, S. 257—288.

G. della Croce, Mistica feminina alemana de los siglos XII y XIII, Revista Espirtualidad 21 (1962), S. 206—230.

M. David-Windstosser, Frauenmystik im Mittelalter, Kempten 1919 (Übersetzungen).

R. de Ganck OCist, The Cistercian Nuns of Belgium in the Thirteenth Century, Cistercian Studies 5 (1970), S. 169—187.

Ders., The Integration of Nuns in the Cistercian Order, particulary in Belgium, Cîteaux 35 (1984), S. 235—247.

Ders., Beatrice of Nazareth in her context, 3 Bde., Calamazoo, i. Dr.

Brigitte Degler-Spengler, Die religiöse Frauenbewegung des Mittelalters, Rottenburger Jahrb. f. Kirchengeschichte 3 (1984), S. 75—88.

Dies., „Zahlreich wie die Sterne des Himmels". Zisterzienser, Dominikaner und Franziskaner vor dem Problem der Inkorporation von Frauenklöstern, ebd. 4 (1985), S. 37—50.

B. Delmaire, Les beguines dans le Nord de la France au 1ère siècle de leur histoire, in: Religieuses, S. 121—162.

D. Devlin, Feminine Lay Piety in the High Middle Ages: The Beguines, in: Women (1984), S. 183—196.

A. d'Haenens, Femmes excédentaires et vocation religieuse dans l'ancien diocèse de Liège lors de l'essor urbain, in: Hommages à la Wallonie, Mel. of. à M. Arnould et P. Ruelle, hg. v. H. Hasquin, Brussel 1981, S. 217—235.

Peter Dinzelbacher, Vision und Visionsliteratur im Mittelalter, Stuttgart 1981.

Ders., Europäische Frauenmystik des Mittelalters, in: Frauenmystik, S. 11—23, 391—393.

Ders., Mittelalterliche Visionsliteratur. Eine Anthologie, Darmstadt 1988.

K. Elm, Die Stellung der Frau in Ordenswesen, Semireligiosentum und Häresie zur Zeit der hl. Elisabeth, in: Sankt Elisabeth, Sigmaringen 1981, S. 7–28.

Ders., Die Bruderschaft vom gemeinsamen Leben, Ons Geestelijk Erf 59 (1985), S. 470–496.

Edith Ennen, Frauen im Mittelalter, München [2]1985.

Martin Erbstösser, Ketzer im Mittelalter, Leipzig 1984.

M. Escherich, Das Visionenwesen in den mittelalterlichen Frauenklöstern, Deutsche Psychologie 1 (1916), S. 153–165.

Frauenmystik im Mittelalter, hg. v. P. Dinzelbacher u. D. R. Bauer, Ostfildern 1985.

Karen Glente, Beginere i Languedoc, in: Kulturblomstring og samfundskrise i 1300 talet, hg. v. B. McGuire, Kopenhagen 1979, S. 53–65.

Dies., Hellige kvinder, Kopenhagen 1985.

G. Gonnet, La donna presso i movimenti pauperistico-evangelici, in: Movimento (1981), S. 101–129.

Michael Goodich, Vita perfecta. The Ideal of Sainthood in the Thirteenth Century, Stuttgart 1982.

Herbert Grundmann, Religiöse Bewegungen im Mittelalter, Darmstadt [4]1977.

Aaron J. Gurjewitsch, Das Weltbild des mittelalterlichen Menschen, Dresden [2]1983.

Annemarie Heiler, Mystik deutscher Frauen im Mittelalter, Berlin 1929 (Übersetzungen).

A. Hilka, Altfranzösische Mystik und Beginentum, Zs. f. romanische Philologie 47 (1927), S. 121–170.

Idee sulla donna nel medioevo, hg. v. Maria C. De Matteis, Bologna 1981.

Phyllis Johnson/Brigitte Cazelles, La vain siècle guerpir. A Literary Approach to Sainthood throügth Old French Hagiography of the 12th century, Chapel Hill 1979.

Peter Ketsch, Frauen im Mittelalter, Düsseldorf 1983 f.

F. Koorn, Ongebonden vrouwen. Overeenkomsten en verschillen tussen begijnen en zusters des Gemenen Levens, Ons Geestelijk Erf 59 (1985), S. 292–402.

Georg Kunze, Studien zu den Nonnenviten des deutschen Mittelalters, Diss. Hamburg 1952.

J. Leclercq OSB, Medieval feminin monasticism: reality vs. romantic image, in: Benedictus, hg. v. E. Elder, Cistercian Studies Series 67, Kalamazoo 1981, S. 53–70.

Ders., Il monachesimo femminile nei secoli XII e XIII, in: Movimento (1981), S. 61–99.

Ernest W. McDonnell, The Beguines and Beghards in Medieval Culture, New Brunswick 1954.

E. McLaughlin, Die Frau und die mittelalterliche Häresie, Concilium 12 (1976), S. 34–44.

Dies, Women, Power and the Pursuit of Holiness in Medieval Christianity, in: Women of Spirit, hg. v. R. Ruether u. E. McLaughlin, New York 1979, S. 99–130.

G. Meersseman, Les frères precheurs et le mouvement dévot en Flandre au XIIIe siècle, Archivum Fratrum Praedicatorum 18 (1948), S. 69–130.

A. Mens, De „kleine armen van Christus" in de brabants-luikse Gewesten, Ons Geestelijk Erf 36 (1962), S. 282–331; 38 (1964), 113–144; 39 (1965), 225–271.

Ders., L'Ombrie italienne et l'Ombrie brabançonne, Etudes franciscaines, N.S. 17 (1967), Suppl. pass.

Middeleeuwers over vrouwen I, hg. v. R. Stuip u. C. Vellekoop, Utrecht 1985.

P. Mommaers SJ, Hadewijch in conflict, in: Middeleeuwers, S. 127–156, 201–203.

Movimento religioso femminile e Francescanesimo nel secolo XII, Assisi 1980 (recte: 1981).

Il movimento religioso femminile in Umbria nei secoli XIII–XIV, hg. v. R. Rusconi, Firenze 1984.

Michel Parisse, Les nonnes au Moyen Age, Le Puy 1983.

E. Pasztor, La donna nei movimenti religiosi del Medio Evo, Rivista di pastorale liturgica 19 (1981), S. 17–30.

Massimo Petrocchi, Storia della Spiritualità italiana, Roma 1978 ff.

Elizabeth Petroff, Consolation of the Blessed, New York 1979.

Dies. (Hg.), Medieval Women's Visionary Literature, New York 1986.

Maria P. Pieller, Arme Sch.ULF, Deutsche Frauenmystik im XIII. Jahrhundert, Diss. Wien 1928.

Gerhard Rehm, Die Schwestern vom gemeinsamen Leben im nordwestlichen Deutschland, Berlin 1985.

Les religieuses en France au XIIIe siècle, Nancy 1984.

Simone Roision, L'Hagiographie cistercienne dans le Diocèse de Liège au XIIIe siècle, Louvian 1947.

Patricia J. F. Rosof, Anchoresses in twelfth and thirteenth century society, Diss. New York 1978.

Jean-Claude Schmitt, La mort d'une heresie, Paris 1978.

Shulamith Shahar, Die Frau im Mittelalter, Frankfurt 1983.

R. W. Southern, Western Society and the Church in the Middle Ages, Harmondsworth 1970 u.ö.

Frederick M. Stein, The religious women of Cologne, Diss. phil. Yale Univ. 1977.

Temi e problemi nella mistica femminile trecentesca, Convegni del Centro di studi sulla spiritualità medievale 20, Todi 1983.

S. Thompson, The problem of the Cistercian nuns in the 12th and early 13th century, in: Women, S. 227–252.

Bernd Thum, Aufbruch und Verweigerung, Waldkirch 1980.

Andreé Vauchez, La sainteté en Occident aux derniers siècles du Moyen Age, Roma 1981.

Laurenz Volken, Die Offenbarungen in der Kirche, Innsbruck 1966.

Margareta Weinhandl, Deutsches Nonnenleben, München 1921.

Irene Winter, Die eucharistische Frömmigkeit mittelalterlicher Nonnen, Diss. Marburg 1951.

Medieval Women, hg. v. D. Baker, Studies in Church History/Subsidia 1, 1978.

Medieval Religious Women I, hg. v. J. Nichols u. L. Shanie, Cistercian Studies Series 71, Kalamazoo 1984.

Willy Zippel, Die Mystiker und die deutsche Gesellschaft des 13. und 14. Jahrhunderts, Düren 1935.

ABKÜRZUNGEN

AS: Acta Sanctorum, Auflage je nach angegebener Jahreszahl.
DS: Dictionnaire de Spiritualité ascétique et mystique.
DThC: Dictionnaire de Théologie Catholique.
Jahrb.:   Jahrbuch, -bücher.
LexMA: Lexikon des Mittelalters.

POLITISCHE, KULTURELLE UND KARITATIVE WIRKSAMKEIT MITTELALTERLICHER FRAUEN IN MISSION – KLOSTER – STIFT – KONVENT

von

Edith Ennen

Das Mittelalter – dieser tausendjährige Zeitraum von rund 500–1500 n. Chr. – ist eine Geschichtsperiode voller Dynamik: sie führt in der politischen Entwicklung vom fränkischen Großreich bis zur Herausbildung eines bereits in etwa national geprägten europäischen Staatensystems, zur Umwandlung einer herrenständisch verfaßten Adelsgesellschaft mit königlicher Spitze zur monarchisch überhöhten Ständegesellschaft – in vielen Fällen mit starkem bürgerlichem Einschlag –; die bewegte Bevölkerungskurve – von 1000 bis 1300 ansteigend, dann fallend, im 16. Jahrhundert wieder ansteigend – zusammen mit einer Vielzahl bedeutender technischer Neuerungen bewirken die Entwicklung einer vorwiegend auf Bedarfsdeckung gerichteten Agrarwirtschaft zu einer marktorientierten Stadtwirtschaft mit bereits frühkapitalistischen Zügen im ausgehenden 15. Jahrhundert. Jeder mittelalterliche Mensch – von wenigen geduldeten Minderheiten abgesehen – ist eingebunden in eine innerhalb der ungeteilten christlichen Glaubensgemeinschaft zu verwirklichende transzendentale Ordnung. Der Weg dahin führt durch Höhen und Tiefen – von der frühen Missionierung, die bei vielen Getauften nur eine äußere Aneignung des Christentums bewirkt, zur voll entfalteten, das ganze geistige und künstlerische Leben beherrschenden, das sittliche Verhalten zutiefst formenden Religiosität, zur immer wieder praktizierten Überwindung eingetretener Mißstände durch Reformen, die ältere Zustände nicht wiederherstellen, sondern hinter sich lassen, ohne sie ganz zu beseitigen.

Christliche Gemeinden bestanden vor der Völkerwanderungszeit im gesamten Römerreich, auch in den rheinischen und donauländischen

Provinzen. In Gallien und im linksrheinischen Gebiet bleiben bischöfliche Organisation und christliche Kultstätten mit gallo-römischen christlichen Gemeinden wenigstens teilweise erhalten, in Südgallien bestanden sogar christliche Oberschichten, die in der Merowingerzeit politische Bedeutung behielten, weiter. Im Donaugebiet war die Erschütterung bzw. der Abbruch stark.

Als der Frankenkönig Chlodwig sich 497 oder 498 vom Bischof Remigius von Reims katholisch taufen ließ, begann die Christianisierung der Franken zwischen Loire und Rhein, wo sie einen Teil der Bevölkerung, die im übrigen schon christlich war, darstellten. Der Aufbau des immer fester werdenden Gefüges der kirchlichen Organisation wurde seit dem 4. Jahrhundert von der Entfaltung des Klosterwesens unterstützt. Sie bot in einem bisher unbekannten Ausmaß unverheirateten Frauen, auch Witwen, Wege zu einem in besonderer Weise gottgeweihten, erfüllten Leben, schuf damit auch schützende Freiräume außerhalb der Familie und Stätten weiblicher Bildung und sinnvoller Wirksamkeit auf politischem, administrativem und kulturellem Gebiet, auch in der Caritas. Drei Phasen monastischer Entwicklung lassen sich im Frankenreich deutlich unterscheiden: die altgallisch-spätantike Phase, die iro-fränkische und schließlich die angelsächsische Missions- und Klostergründungswelle der Frühkarolingerzeit — etwa 690–768[1].

Die erste Phase wird verkörpert von der durch ihr schweres Schicksal unser Mitgefühl weckenden, durch ihre Klostergründung und ihr Klosterleben vorbildlichen Radegunde. Als der Merowingerkönig Chlotar I. (gest. 561) im Jahr 531 den Thüringerkönig Herminafrid besiegte, nahm er dessen Nichte Radegundis als Gefangene mit sich und machte sie zu seiner Frau. Als er ihren Bruder ungerechterweise hatte töten lassen, wandte sie sich, so Gregor von Tours[2], zu Gott, legte das weltliche Gewand ab und baute sich ein Kloster in der Stadt Poitiers. Durch Gebet, Fasten und Almosen trat sie so leuchtend hervor, daß sie einen großen Namen unter dem Volk gewann. In diesem von Radegunde gestifteten Kloster Zum Heiligen Kreuz in Poitiers wohnten etwa 200 Nonnen; es lag dicht an der Stadtmauer; jenseits der Mauer erbaute Radegunde eine Marienkirche, in der sie ihr Grab fand, die heutige Kirche Sainte Rade-

---

[1] Friedrich Prinz, Grundlagen und Anfänge. Deutschland bis 1050 (Die Neue Deutsche Geschichte, Bd. 1), München 1985, S. 331 ff.
[2] Gregor von Tours, Zehn Bücher Geschichten, neubearb. v. Rudolf Buchner (Freiherr-vom-Stein-Gedächtnisausgabe 2), Darmstadt 1967, Buch III, 7.

gonde. Dort siedelte sie zur geistigen Betreuung der Nonnen Mönche an. Hier tritt uns bereits das immer wieder zu lösende Problem entgegen: ein Nonnenkloster oder ein Damenstift bedurften zur Feier des Meßopfers und zur Spendung der Sakramente der Priester bzw. der Priestermönche; die Frauen waren ja keine Priesterinnen, daher die vielen Doppelklöster, die Priesterkanonikate bei Damenstiften usw. Radegunde erbat die Klosterregel für ihre Gründung von Caesarius und Casaria von Arles, ein Beweis für die Ausstrahlungskraft des altgallischen Mönchtums. Noch war allerdings die Zahl der Frauenklöster im Frankenreich gering: unter den insgesamt 84 Klöstern, die Weidemann[3] zur Zeit Gregors von Tours feststellt, waren nur 9 Frauenklöster. Radegunde blieb auch in der maßvollen Askese ihres Klosterlebens — Brettspiele waren den Nonnen z.B. erlaubt — an weltlichen Dingen — den politischen Ereignissen am Königshof — interessiert und sah im Kloster einen Hort der Bildung: sie hat z.B. den Dichter Venantius Fortunatus nach Poitiers gezogen. Inmitten der gewalttätigen Merowingerzeit erschließt sich uns im Kloster der Radegunde eine andere Welt: ein später Abglanz antiker Bildung, eine frühe Blüte christlicher Gesittung. — Allerdings: nach Radegundens Tod (gest. 13. August 587) kam es zu einem regelrechten Aufruhr in ihrem Kloster, angeführt von der Nonne Chrodechildis, die sich ihrer königlichen Abkunft rühmte, gegen die Äbtissin Leubowera, die „nur" aus adligem Geschlecht war.

Das Adelsprinzip bemächtigte sich der Kirche. Wie die Bischofsstühle nur mit Angehörigen des Hochadels besetzt wurden, so waren die Frauenklöster und -stifte des frühen und hohen Mittelalters den Töchtern des Hochadels reserviert.

Eine — ebenfalls heilige — Repräsentantin der irofränkischen Klosterkultur ist Gertrud von Nivelles (gest. 17. März 659). Sie war eine Tochter des austrischen Hausmeiers der Merowinger, Pippins von Landen, und trat in das von ihrer Mutter Itta gestiftete Kloster Nivelles ein. Ihr Vater war ein Urahne Karls d. Gr. Als Äbtissin rief Gertrud irische Mönche nach Nivelles, die sie und die Nonnen im Gesang unterrichteten. Sie gründete ein Spital für die irischen Wandermönche, zu deren strenger Askese auch die Loslösung von Familie und Heimat gehörte. — Die große kirchliche wie volkstümliche Verehrung, die später Gertrud von Nivelles

---

[3] Margarete Weidemann, Kulturgeschichte der Merowingerzeit nach den Werken Gregors von Tours (Röm.-Germ. Zentralmuseum Monographien 3,1), Mainz 1982.

zuteil wurde, beruht, wie Matthias Zender[4] darlegte, auf fünf schon in
der ältesten, 20 Jahre nach ihrem Tod geschriebenen Vita berichteten Tatsachen; es sind: ihre Herkunft von den Pippiniden, das bedeutet Verwandtschaft mit Karl d. Gr., die weit gestreuten Besitzungen des Klosters
Nivelles, ihre Fürsorge für die irischen Missionare, ihre Hilfe für Seeleute
in Not und für Fremde, ihr guter Tod am Tag des hl. Patrick (17. März).
Sie wurde wenige Jahrzehnte nach ihrem Tod als Heilige verehrt, zunächst in der näheren Umgebung von Nivelles; vor der Jahrhundertwen-
de lassen sich bereits Schwerpunkte der Verbreitung ihres Kultes erkennen: der rheinisch-flämisch-wallonische Raum, das mittlere Maingebiet
und Streubelege in Oberdeutschland. Wichtig für die Kultverbreitung in
Niederdeutschland und in Skandinavien im späten Mittelalter wurde ihr
Reisepatronat. Sie wurde Patronin von Friedhofskapellen und Fremden-
spitälern, u.a. in Hamburg, Lübeck, Greifswald, Reval; Gertrudengilden
sorgten für ein kirchliches Begräbnis der auf der Reise Verstorbenen: So
wirkte Gertrud jahrhundertelang über ihren Tod hinaus und inspirierte
die christliche Fürsorge für Kranke und Fremde.

An der Missionierung der rechtsrheinischen germanischen Stämme
durch Bonifatius hatten Frauen entscheidenden Anteil. In mannigfacher
Weise wurde Bonifatius von Frauen seiner angelsächsischen Heimat, darunter auch mit ihm verwandte, unterstützt: die Zeugnisse dafür liefert
uns vor allem sein Briefwechsel[5]. Vier Briefe sind an die Äbtissin Ead-
burg des Marienklosters auf der Insel Thanet in Kent gerichtet: Im ersten
Brief teilt er der Äbtissin auf ihre Bitte eine Jenseitsvision mit; in um 735
anzusetzenden Briefen bedankt er sich für die Übersendung von Büchern und Kleidern: „Der ewige Vergelter gerechter Werke erfreue die
teuerste Schwester, die mir heilige Schriften als Geschenk übersandt und
dadurch den Fremdling in Germanien mit geistigem Lichte getröstet hat,
denn wer die finsteren Winkel der Völker Germaniens durchziehen
muß, würde in die Schlinge des Todes fallen, wenn er nicht . . . das Wort
Gottes hätte." Er bittet die Äbtissin auch, „mir in Goldbuchstaben die
Briefe meines Herrn, des hl. Apostels Petrus, abzuschreiben". Ein 742/6
geschriebener Brief bittet um Gebetshilfe: er brauche sie sehr „für sich

[4] Matthias Zender, Räume und Schichten mittelalterlicher Heiligenverehrung in
ihrer Bedeutung für die Volkskunde, Düsseldorf 1959, ²1973, S. 89 ff.
[5] Reinhold Rau (Bearb.), Briefe des Bonifatius. Leben des Bonifatius (Freiherr-
vom-Stein-Gedächtnisausgabe 4b), Darmstadt 1968, Nr. 10 (716); Nr. 30 (735–36);
Nr. 35 (735); Nr. 65 (742/46).

und für die Heiden, die uns vom apostolischen Stuhl anvertraut sind".
Etwa 720 beglückwünscht ihn Bugga, die sich offenbar in bedrückter
Lage befindet, zu seinen Erfolgen in Friesland; der Feind der katholischen Kirche, der Friesenfürst Radbod, war 719 gestorben; sie schickt Bonifatius 50 Schillinge und ein Altartuch, „weil es mir nicht möglich war,
größere Geschenke zu erlangen. Aber immerhin, mögen sie auch von
Ansehen klein sein, sie sind mit größter Liebe übersandt". In einem vor
738 zu datierenden Brief bedankt sich Bonifatius bei Bugga – jetzt Äbtissin – für Geschenke und Gewänder. Er tröstet sie in Widerwärtigkeiten.
Als Bugga eine Wallfahrt nach Rom unternahm, traf sie mit Bonifatius
auf seiner dritten Romreise (737/38) zusammen; sie war verwandt mit
König Ethelbert II. von Kent, der Bonifatius über ihre Rückkehr von
Rom ins Kloster berichtet; er erbittet von ihm zwei Falken für die Jagd
auf Kraniche[6]. Im Briefwechsel des Bonifatius mit Papst Zacharias trifft
der Papst eine sehr wichtige Feststellung; er schreibt: „Weiter hat Deine
Brüderlichkeit gefragt, ob sich die Nonnen so wie die Männer gegenseitig
die Füße waschen dürfen, sowohl am Gründonnerstag wie auch an anderen Tagen. Das ist ein Gebot des Herrn, und wer es gewissenhaft erfüllt,
wird Lob davon haben. Denn wir haben, Männer wie Frauen, nur den
einen Gott, der im Himmel ist"[7].
    Es kamen folgende Nonnen zu seiner Unterstützung nach Deutsch-
land: Leobgyth (Lioba), Tecla, Cynehild und Walburg. Cynehild war eine
Tante Luls, des Bischofs von Mainz, und mit ihrer Tochter Berhtgit wegen ihrer gelehrten Bildung später als Lehrerin in Thüringen tätig. Tecla
wurde Äbtissin von Kitzingen und Ochsenfurt. Lioba und Walburg waren beide mit Bonifatius verwandt; Lioba war zuerst Nonne im Kloster
Wimborne. Von ihr ist uns ein Brief an Bonifatius erhalten[8]. „Ich bitte
Deine Güte", schreibt sie ihm von England aus um 732, „Du wolltest der
alten Freundschaft gedenken, die Du vor langer Zeit mit meinem Vater
geschlossen hast . . . (er ist schon vor acht Jahren von dieser Welt genommen worden), damit Du keinen Anstand nimmst, für seine Seele bei Gott
Fürbitte einzulegen. Auch lege ich dir das Andenken an meine Mutter
nahe, die Dir . . . durch Blutsverwandtschaft verbunden ist; sie lebt noch
mühselig und leidet schon lange an einer Krankheit. Ich bin die einzige

---

[6] Ebd., Nr. 15 (ca. 720); Nr. 14 (719/22); Nr. 27 (vor 738); Nr. 94 (732–754); Nr.
105 (748/54).
[7] Ebd., Nr. 87 (751 November 4) auf S. 297.
[8] Ebd., Nr. 29 (bald nach 732).

Tochter meiner Eltern, und obwohl ich es nicht verdiene, wünschte ich
Dich an Bruders Statt annehmen zu dürfen, weil ich auf keinen Menschen meiner Verwandtschaft mit solcher Zuversicht meine Hoffnung
setze wie auf Dich". Sie bittet ihn um sein Gebet und entschuldigt sich
wegen der Fehler in ihrem Brief und der ungelenken Verslein, die sie am
Schluß anfügt. Als Bonifatius begann, im Maintal um Würzburg Frauenkonvente einzurichten, kam Lioba mit vielen Gefährtinnen; ihr wurde
das Kloster Tauberbischofsheim unterstellt, Ausstrahlungspunkt für andere kleine Klöster, deren Oberäbtissin Lioba blieb. Um 740 erlaubte Bonifatius ihr brieflich[9], sich der Unterweisung eines jungen Mädchens anzunehmen. Ihr Biograph Rudolf von Fulda[10], ein Schüler Hrabans,
rühmt ihre Kenntnis des Alten und Neuen Testaments, der Schriften der
Väter und des kanonischen Rechts sowie ihren Leseeifer. Allen stand ihr
Haus offen, gewährte sie Gastfreundschaft und wusch ihnen mit eigenen
Händen die Füße. Vielleicht war das der Anlaß für die eben erwähnte
Anfrage des Bonifatius. Die Frankenkönige Pippin, Karlmann und Karl
der Große verehrten Lioba, Karls Gemahlin Hildegard liebte sie. Sie war
— so Rudolf — in den Schriften sehr gelehrt (*in scripturis eruditissima*) und
klug im Rat (*in consilio provida*). Sie war geprägt von der benediktinischen Haltung des Maßes; sie starb 782. Zu ihr war Walburg gesendet
worden, die Schwester der angelsächsischen Brüder Willibald, des Bischofs von Eichstätt, und Wunibald. Wunibald gründete 752 das Kloster
Heidenheim, einziges deutsches Doppelkloster für Mönche und Nonnen im 8. Jahrhundert. Nach Wunibalds Tod (761) wurde Walburg Vorsteherin des Klosters, der Nonnenkonvent trat nun stärker hervor[11].
    Fast die ganze Palette der von Klosterfrauen ausgeübten Tätigkeiten ist
uns nun schon begegnet. Nach Bernards[12] gab es um 900 in Deutschland
70 Frauenklöster, um 1100: 150. Aber diese Feststellungen basieren noch
weitgehend auf den nicht restlos zuverlässigen Klosterlisten von A.
Hauck und müssen wohl etwas korrigiert werden. Für das Erzbistum
Köln liegt eine von Oediger[13] sorgsam erstellte Liste der vor 1190 nach-

---

[9] Ebd., Nr. 96 (um 740).

[10] Vita s. Liobae, Monumenta Germaniae Historica (im weiteren abgekürzt: MG)
SS XV, I, S. 118–131.

[11] Wilhelm Levison, England and the continent in the eight century, Oxford
1946, S. 81.

[12] Matthäus Bernards, Speculum Virginum. Geistigkeit und Seelenleben der Frau
im Hochmittelalter, Köln/Graz 1955.

[13] Friedrich Wilhelm Oediger, Geschichte des Erzbistums Köln, 1. Bd, Bonn
²1972.

weisbaren *monasteria* (Klöster, Priorate, Stifte) vor. Von den insgesamt
87 geistlichen Instituten sind 41 für Frauen bestimmt, darunter allerdings
11 Prämonstratenserinnen- und 4 Zisterzienserinnenklöster; um 1100 bestanden im Kölner Erzbistum also nur 26 Benediktinerinnenklöster
bzw. Damenstifte, während von den 46 Männerklöstern um 1190 nur 8
Prämonstratenser- und Zisterzienserklöster abzuziehen sind, das ergibt
um 1100 ein Verhältnis von 26 Frauen- zu 38 Männerklöstern.

So ist es verständlich, daß Erzbischof Friedrich I. von Köln, als er 1126
das später Nonnenwerth genannte Kloster auf der Rheininsel Ruleiches-
werd gegenüber dem Siebengebirge gründete, sich anklagte, daß „durch
meine sündhafte Schuld und Nachlässigkeit in unserem ganzen Bereich
fast kein Frauenkloster zu finden ist, zu dem eine Frau fliehen kann, die
sich das Gelübde der Enthaltsamkeit vorgenommen hat."[14]

Auffällig viele Frauenklöster gab es im ottonischen Sachsenland: kö-
niglich-ottonische Stifte wie Quedlinburg und Gandersheim, wo bis
zum Investiturstreit die Äbtissinnen vom König ernannt wurden und
fast ausnahmslos aus dem Königshaus stammten, und Klöster des Adels.
„Um in ihrem Reich die Herrschaft zu behaupten, mußten die Ottonen
Herrscher in ihrem Stammland Sachsen sein", sagt Karl Leyser[15], „es ist
schwierig, einen Zeitraum zwischen 936 und 973 zu finden, in dem Otto
in seinem Stammland keine Feinde hatte, und diese Feinde sich nicht
rührten." Die „Musterkanonissenstifte" des Reiches, Quedlinburg, Gandersheim und – auf fränkischer Erde – Essen, waren auch königliche
Machtmittelpunkte. „Die Wurzeln der Schwierigkeiten der Ottonen in
ihrer sächsischen Heimat [sind] ihre Verwandtschaft und enge Nachbarschaft mit den meisten der anderen ostsächsischen und manchen der füh-
renden engrischen und thüringischen adligen Familiengruppen. Diese
Verwandtschaft brachte auch die Beziehung der cohereditas mit sich,
wechselseitige Erwartungen, Land zu erben und Anteile zu bekommen,
wenn sie beim Tode eines gemeinsamen Verwandten vakant wurden . . .
Für eine Witwe mit viel Landbesitz war die Gründung eines Klosters
wahrscheinlich die beste Sicherheit für sie selbst und ihre Töchter gegen
die Zudringlichkeit der coheredes". Nach Leyser ist „Zudringlichkeit"

[14] Richard Knipping, Die Regesten der Erzbischöfe von Köln, 2. Bd. (Publ. Ges.
f. rhein. Geschichtskde. 21), Bonn 1901, Nr. 228.
[15] Karl J. Leyser, Rule and conflict in an early medieval Society. Ottonian Saxony,
London 1979. Dt. Ausgabe unter dem Titel: Herrschaft und Konflikt: König und
Adel im ottonischen Sachsen, Göttingen 1984.

dabei weit zu interpretieren. Das Verbleiben vieler junger Mädchen am heimischen Adelshof brachte für eine besorgte Mutter manche Ungelegenheiten mit sich. Leyser hält ein längeres Lebensalter der Frauen als das der Männer zumindest der adligen Schicht für wahrscheinlich; das wiederum hatte zur Folge, daß trotz der erbrechtlichen Benachteiligung der Frauen erheblicher Landbesitz sich in den Händen älterer Witwen ansammelte. Seit ottonischer Zeit bildeten sich in Ostsachsen große Reichtümer aus Tributzahlungen, Geschenken, Beute und dem Silberbergbau; auch das ermöglichte die Fülle der sich seit 936 – Quedlinburg – vermehrenden Klostergründungen. In der Diözese Halberstadt entstanden zwischen 936 und 1025 14 Nonnen- und 7 Männerklöster. Zur politischen Bedeutung der königlichen Frauenstifte: In Quedlinburg war von 966 bis 999 eine Tochter Ottos I., Mathilde, Äbtissin. Sie war Ende 955 geboren und nahm als *virgo pulchra* am glanzvollen Hof- und Reichstag teil, der Pfingsten 965 in Köln stattfand[16]. Die ganze kaiserliche Familie hatte sich hier am Bischofssitz Brunos, des jüngsten Bruders Ottos I., versammelt – Bruno ist einer der bedeutendsten Kölner Erzbischöfe. – Auch die alte Mathilde, die Witwe Heinrichs I., hatte sich hier eingefunden mit ihren Söhnen Otto I. und Bruno, ihrer Tochter Gerberga, der verwitweten Königin von Frankreich, ihren Enkeln König Lothar von Frankreich, dem deutschen König Otto II., Mathilde und dem jungen Bayernherzog Heinrich. Die Tage waren erfüllt mit familiären und politischen Gesprächen – beides kaum zu trennen –, und es ist durchaus denkbar, daß Mathilde zuhörte; die jungen Mädchen waren damals früh erwachsen, mit 12 Jahren konnten sie heiraten und als Nonne eingekleidet werden. Im folgenden Jahr wurde Mathilde Äbtissin in Quedlinburg. Als laut Königsurkunde[17] 994 in Quedlinburg ein Markt errichtet werden soll und die Rechte an Markt, Münze und Zoll dem Stift übertragen werden, geschieht dies *ob interventum Adalheidis imperatricis kareque amitae nostrae Mahtildis monitionem ... Heinrico duce ... suoque aequivoco filio et conduce nec non Willigiso archipresule Magontino ac Hillibaldo Wormacense episcopo consiliantibus*; es ist wohl keine Überinterpretation die *monitio* der Tante Ottos III. als Eigeninitiative der Äbtissin zu deuten. Widukind widmete Mathilde die drei Bücher der Sachsengeschichte: *Flore virginali cum maiestate imperiali ac sapientia singulari fulgenti domi-*

---

[16] Edith Ennen, Europäische Züge der mittelalterlichen Kölner Stadtgeschichte, Mitt. aus dem Stadtarchiv Köln 60 (1971), S. 15b.
[17] MG DO III, Nr. 155.

nae Mathildae – „der durch ihre blühende Jungfräulichkeit wie durch kaiserliche Hoheit und einzigartige Weisheit glänzenden Herrin Mathilde". Das waren keine höfischen Phrasen. Die ‚annales Hildesheimenses' bestätigen: *in qua ultra sexum mira prudentia enituit* – „sie glänzt durch eine beim weiblichen Geschlecht seltene Klugheit".

Als ihr Neffe Otto III. 997 nach Italien aufbrach, übergab er ihr die Statthalterschaft in Deutschland. Sie hat gefährliche Fehden unter ostsächsischen Adligen beschwichtigt, wenn nicht gar unterdrückt[18]. Sie starb am 6.2.999. Die hohe Stellung der kaiserlichen Prinzessin war auch darin zum Ausdruck gekommen, daß bei ihrer *velatio* nicht nur ein Bischof, wie es Brauch war, amtierte, sondern alle Erzbischöfe und Bischöfe des Reiches, die eigens dazu aufgefordert worden waren, teilnahmen; außerdem waren anwesend Otto I., seine Gemahlin Adelheid, seine Mutter Mathilde, der junge Otto II. und die sächsischen Großen. Diesen Fall wertet Leyser auch als Präzedenzfall für noch zu schildernde spektakuläre Aktionen. – In Quedlinburg war zur Zeit Ottos III. die Nonne Hazecha Schatzmeisterin, die bei Bischof Balderich von Speyer (970–986) in die Schule gegangen war und eine verlorene Dichtung über den hl. Christophorus verfaßt hat.

Den höchsten Rang der sächsischen Stifte und Klöster nahm wohl Gandersheim ein[19]. Im Zug seiner neuen Reichsklosterpolitik erwarb Otto I. 948 ein päpstliches Schutzprivileg für Gandersheim, das die Befugnisse des Diözesanoberen, des Bischofs von Hildesheim, beschränkte. Das Stift Gandersheim erfüllte jahrelang die Funktionen einer Pfalz, der Hof verweilte oft hier. Das Vorbild des Gandersheimer höfischen Lebens war Byzanz; hier wurde noch Griechisch verstanden. Die Kaiserin Theophanu brachte in Gandersheim ihre dritte Tochter Mathilde, die später den rheinischen Pfalzgrafen Ezzo heiratete, zur Welt; sie ließ hier ihr Privatarchiv verwahren. Vor allem erwies sich Gandersheim als hohe Schule weiblicher Bildung. Unter der Äbtissin Gerberga, einer Tochter Herzog Heinrichs von Bayern, Nichte Ottos I., (949–1001) lebte hier die erste deutsche Dichterin Hrotsvit. Wohl um 935 geboren trat Roswitha früh in Gandersheim ein, wo sie ihr ganzes Leben verbrachte. Mit Gerberga las sie Klassiker und wurde von ihr beraten und gefördert. Eine tiefe klas-

---

[18] Robert Holtzmann, Thietmari Merseburgensis episcopi Chronicon (MG SS nova series, tomus IX), Berlin ²1953, 41, S. 178, 42, S. 180.
[19] Hans Goetting, Das Bistum Hildesheim 1. Das reichsunmittelbare Kanonissenstift Gandersheim (Germania Sacra, N.F. 7), Berlin/New York 1973.

sische Bildung und formale Gestaltungskraft kennzeichnen ihre Werke. Ihre ersten Dichtungen behandeln Legenden, sechs in Reimprosa geschriebene Dramen sollten die leichtfertigen Komödien des Terenz ersetzen. In Gandersheim stand ihr eine bedeutende Bibliothek zur Verfügung[20]. Von Gerberga aufgefordert, verfaßte sie ein Heldengedicht in Hexametern zum Preise Kaiser Ottos – nicht ohne höfische Rücksichtnahme. Ein zweites historisches Gedicht gleichfalls in Hexametern behandelt die Gründungsgeschichte Gandersheims. Roswithas dichterisches Niveau wurde hier allerdings nicht wieder erreicht. – Der Äbtissin Gerberga war 979 die vier Jahre alte Tochter Ottos II., Sophie, übergeben worden, um *sacrae scripturae litteras* zu lernen[21]. Als sie wohl 987 als Kanonisse eingekleidet wurde, kam es zu dem jahrzehntelangen Streit zwischen Erzbischof Willigis von Mainz und den Bischöfen von Hildesheim um die kirchliche Zuständigkeit über das Stift. Sophiens Mutter Theophanu, ihr Bruder Otto III., die Bischöfe von Paderborn, Minden und Worms waren anwesend. Es wurde ein Kompromiß gefunden: Erzbischof Willigis von Mainz zelebrierte die Messe am Hochaltar; er und der Diözesanobere, Bischof Osdag von Hildesheim, kleideten die junge Kanonisse ein, die anderen Jungfrauen erhielten ihren Schleier von Bischof Osdag allein. Der dem Stifterpaar Gandersheims, Herzog Liudolf und Oda, nahe verwandte Bischof Altfried von Hildesheim hatte seinerzeit aus eigenem Besitz und Gut seiner Kirche zur reichen Ausstattung des Stiftes beigetragen; daher machte Osdag jetzt eigenkirchenrechtliche Ansprüche auf das an der Südgrenze der Hildesheimer Diözese – die zur Kirchenprovinz Mainz gehörte – gelegene Gandersheim geltend. Die Ottonen ihrerseits hatten von Anfang an großen Wert auf die Unterstellung des Stifts nur unter das Reich und den päpstlichen Schutz gelegt. 995 wurde Sophies jüngere Schwester Adelheid in Quedlinburg eingekleidet. Sophie hat vehement die Ansprüche ihrer Familie vertreten. Sie hat sogar eine gewisse Rolle in der Reichspolitik gespielt. Wir möchten das an Hand der königlichen Urkunden, in denen sie als Intervenientin auftritt, darzutun versuchen, sind uns natürlich der Schwierigkeiten bewußt, dieses Indiz richtig zu gewichten. Wenn sie am 12. März 980[22] fünfjährig in einer Urkunde ihres königlichen Vaters für das Kloster Gandersheim

---

[20] Marianne S c h ü t z e - P f l u g k, Herrschafts- u. Märtyrerauffassung bei Hrotsvit von Gandersheim (Frankfurter hist. Abh. 1), Wiesbaden 1972.

[21] Otto P e r s t, Die Kaisertochter Sophie, Äbtissin von Gandersheim und Essen (975–1039), Braunschweig. Jahrbuch 38 (1957).

[22] MG DD imperatorum et regum II, 1, Nr. 241.

als Intervenientin genannt wird – *filiae nostrae Sophiae votum sequentes* –, ist das Ausdruck ihrer Teilhaberschaft am Charisma der *stirps regia*, nahm man doch auch ihren Bruder Otto III. als Sechsjährigen mit ins Feld. Auch die Stellung Gandersheims als königliches Stift wurde noch einmal dadurch betont. Die fünfzehnjährige Sophie hat aber sicher schon begriffen, wie wertvoll die Verleihung von Markt, Münze und Zoll für Gandersheim durch ein 990 im Namen ihres zehnjährigen Bruders ergangenes Privileg war; es wurde veranlaßt von Theophanu. Sophie wird als intervenierende *cara soror nostra . . . sanctimonialis* genannt[23]. Die Bedeutung der Marktprivilegien für Quedlinburg und Gandersheim im Rahmen der ottonischen Marktpolitik hat Schlesinger herausgestellt[24]. Drei Jahre später interveniert Sophie zusammen mit ihrer Großmutter Adelheid und Erzbischof Willigis von Mainz in Urkunden zugunsten der bischöflichen Kirche zu Würzburg[25]. Im Jahre 994 wird sie allein als Intervenientin genannt in einer Schenkungsurkunde für einen Kleriker[26] und in einer für das Kloster Waldkirch[27]. Dann setzen im Oktober 995 die Urkunden ein, die Otto III. als mündig gewordener Herrscher ausstellt[28]. Sie belegen das enge Verhältnis von Bruder und Schwester. In dieser Zeit war sie vom Stift beurlaubt und begleitete Otto auf seiner ersten Romreise. Am 20. April 996[29] urkundete Otto in Cremona *interventu ac petitione dominae Sophiae dilectissimae sororis nostrae*: er bestätigt der bischöflichen Kirche zu Acqui allen Besitz und die öffentliche Gewalt über die Stadt, die zugehörigen Burgen und Orte und innerhalb von drei Meilen.

Die Ottonen haben versucht, auch in Italien eine bischöfliche Stadtherrschaft zu fördern, ähnlich wie im deutschen Reich. Die Verhältnisse in Italien waren aber in mancher Beziehung ganz anders geartet wie in Mitteleuropa; eine gewisse Mitwirkung, eine Organisation der Bürger,

---

[23] MG DD im. et reg. II, 2, Nr. 66, 990 August.

[24] Walter Schlesinger, Vorstufen des Städtewesens im ottonischen Sachsen, in: Die Stadt in der europäischen Geschichte. Festschrift E. Ennen, Bonn 1972, S. 242, 250, 255; jetzt auch in: H. Patze/F. Schwind (Hg.), Ausgewählte Aufsätze von W. Schlesinger, Sigmaringen 1987, S. 403 ff.

[25] MG DD II, 2, Nr. 140, 993 Dezember 12; Nr. 141, 993 Dezember 12.

[26] Ebd., Nr. 148, 994 September 27.

[27] Ebd., Nr. 161, 994 Dezember 29.

[28] Ebd., Nr. 179, 995 Oktober 20: Intervenienten sind Ottos Tante Mathilde, Äbtissin in Quedlinburg, und Sophie; Nr. 185, November 19, *ob petitionem et interventum dilectae sororis nostrae sanctimonialis*.

[29] MG DD II, 2, Nr. 191, 996 April 20.

hat sich hier früher entwickelt. Otto III. trägt dem Rechnung; er wendet
sich 996 an die Bürger von Cremona[30], und zwar *interventu et petitione
fidelis nostri Heriberti cancellarii*, also des Erzbischofs Heribert von
Köln. Diese Politik sollte sich aber nicht durchsetzen lassen. Es folgen
nun zwei Urkunden für die bischöfliche Kirche von Cremona[31], in denen Otto III. dem Bischof alte Rechte bestätigt unter Übernahme des
Wortlautes der Vorurkunden. Neuer Einschub ist lediglich die Interven-
tion *karissime sororis nostre Sophie*. Im August des Jahres erfolgt der Widerruf der den Bürgern von Cremona gegebenen Urkunde, in der keine
Intervenienten genannt werden. Daß in der belangvollen und schwierigen Entscheidung, sich an die Bürger unmittelbar zu wenden, eine politische Persönlichkeit wie Erzbischof Heribert interveniert, Sophie in den
eher routinemäßigen Bestätigungsurkunden auftritt, darf man vielleicht
dahin deuten, daß die Politik des Bruders von ihr doch nicht allzusehr
beeinflußt wurde. Im Oktober 997 begegnet sie in einer Urkunde für
Mantua[32]. Gemeinsam mit Bischof Hildebald von Worms intervenierte
sie in einer Urkunde für das Bistum Worms, dem Otto einen mit Wild-
bann belegten Forst schenkt[33], später zusammen mit Gräfin Frederun in
einer Urkunde für das Kloster Nienburg[34] und schließlich allein in einer
Schenkungsurkunde für St. Viktor in Mainz-Weisenau[35]. Im Jahr 997
kam es zu einer tiefgreifenden Veränderung im Verhältnis der Geschwister,
als Erzbischof Willigis seinen Einfluß beim Kaiser an Bernward von Hildesheim verlor. Jetzt wurde, wie wir schon erwähnten, die Tante Mathilde mit seiner Vertretung betraut, die aber 999 starb.

  Als Otto von seiner zweiten Italienreise zu Beginn des Jahres 1000 zu-
rückkam, eilten ihm beide geistlichen Schwestern, Sophie und Adelheid,
die in Quedlinburg der verstorbenen Mathilde als Äbtissin gefolgt war,
entgegen; Otto neigte sich jetzt stärker Adelheid zu. Sophie vertrat Gerberga während deren letzter Krankheit. Der Streit um Gandersheim
brach offen aus, als im Herbst 1000 die neuerbaute Stiftskirche einge-
weiht werden sollte und Sophie den Erzbischof Willigis bat, die Weihe

[30] Gerhard Dilcher, Die Entstehung der lombardischen Stadtkommune (Untersuchungen zur deutschen Staats- und Rechtsgeschichte, N.F. 7), Aalen 1967, S. 74 und
98 f. MG DD II, Nr. 198, 996 Mai 22.
[31] MG DD II, Nr. 204, 205, 996 Mai 27.
[32] Ebd., Nr. 255, 997 Oktober 1.
[33] Ebd., Nr. 233, 996 November 6.
[34] Ebd., Nr. 244, 997 Mai 18.
[35] Ebd., Nr. 251, 997 Juli 17.

vorzunehmen, die dann gar nicht stattfand. Ein Versuch Bernwards, jurisdiktionelle Rechte in Gandersheim auszuüben, wurde von Sophie gewaltsam verhindert; sie rüstete eine bewaffnete Schar aus und errichtete Befestigungen rund um die Kirche. Am 13. November 1001 wurde sie Äbtissin, ihr kaiserlicher Bruder starb am 21. Januar 1002. Die beiden Äbtissinnen Adelheid und Sophie stellten sich sofort auf die Seite der ottonischen Partei, also Heinrichs II., der auch der Kandidat Erzbischofs Willigis war, während Bischof Bernward Ekkehard von Meissen unterstützte. In Paderborn, wo Willigis Heinrichs Gemahlin Kunigunde krönte, weihte er Sophie zur Äbtissin. Heinrich II. legte den Gandersheimer Streit bei, der aber von Aribo von Mainz erneuert wurde; es kam zum Bruch zwischen Sophie und Aribo. Im Jahr 1025 begleitete Sophie mit Adelheid Kaiser Konrad auf seinem Umritt durch das Reich, der auch Gandersheim berührte. Auf der Frankfurter Synode 1027 wurde unter Vorsitz Kaiser Konrads zwei volle Tage über den Gandersheimer Streit verhandelt; endgültig beigelegt wurde er erst durch den für seine Milde bekannten Erzbischof Bardo 1031. Mittlerweile war Sophie auch Äbtissin von Essen, im 10. und 11. Jahrhundert ebenfalls ein Familienstift des sächsischen Herrscherhauses. Hier kam es zu einem Rechtsstreit zwischen ihr und Erzbischof Pilgrim von Köln über den Zehnten zwischen Ruhr und Emscher, der aber schiedlich beigelegt wurde[36]; Sophie starb am 28. Januar 1039. – Bernward gegenüber hat Sophie ihre Position wohl etwas überzogen, im übrigen muß man ihre Standfestigkeit, ihren Mut, ihre kluge Güterpolitik und ihr Selbstbewußtsein bewundern. Die königliche Politik, die Reichsabteien auch als Stützpunkte gegen den Episkopat einzusetzen, hat in dieser Gandersheimer Äbtissin eine hervorragende Vertreterin gefunden. Wir müssen Sophies Verhalten auch vor dem Hintergrund der Sakralität des Königtums sehen. Für Roswitha war Otto I. die *potestas a Deo ordinata*; Gott bewahrte ihn vor den Ränken der Feinde, und dies wiederum war ein Zeichen dafür, daß er der rechtmäßige Regent war. An dieser Sakralität hatte auch die *stirps regia* einen gewissen Anteil – bei fühlbarem Abstand zum Charisma und der gesteigerten Sakralität des Königs selbst. Pflicht der geistlichen Verwandten war auch das Gebetsgedenken für die Familie. Weltliche Pflicht der Reichsstifte war das *servitium regis*, vor allem auch die Gastung; sie muß-

---

[36] Reg. Eb. Köln I, Nr. 190, 336, 726 u. 728. – Erich Wisplinghoff, Untersuchungen zu niederrheinischen Urkunden des 11. und 12. Jahrhunderts, Annalen hist. Ver. Niederrhein 157 (1955).

ten den König und sein Gefolge aufnehmen, wie wir es für Gandersheim
berichteten. – Selbstverständlich besteht ein Abstand zwischen königli-
chem und adligem Stift bzw. Kloster; es gibt aber auch Vergleichbares.

Im rechtsrheinisch, nahe Bonn gelegenen Kloster Vilich schrieb kurz
nach 1056 die Nonne Bertha die Vita der um 1009 gestorbenen Äbtissin
Adelheid. Sie war aus vornehmem Geschlecht, durch ihre Mutter mit
den Karolingern verwandt und wurde die erste Äbtissin des von ihren
Eltern gegründeten Stiftes. Ihre Verehrung wurde von Rom am 27. Januar
1966 bestätigt. Ihr Fest wird am 5. Februar in der Erzdiözese Köln gefeiert, viele moderne Kirchen sind auf ihren Namen konsekriert[37]. Die
Vita Berthas – in gutem Latein – bringt sie uns menschlich näher, wenn
sie von den Äußerungen mütterlicher Fürsorge berichtet, die Adelheid
den Schülerinnen im Stift und den kranken Schwestern angedeihen ließ,
und von der umsichtigen Art, die in einer Versorgungskrise zum Kloster
strömenden Hungernden zu betreuen. Sie hatte die strengere Form des
Klosters für ihr Stift gewählt. Nach allem, was wir wissen, war sie eine
energische, kluge Äbtissin voller Güte und innerer Ausgeglichenheit.

Karolingisches Blut war auch in die Wichmannsippe eingeflossen, die
am Niederrhein herrschte. Der söhnelose Graf Wichmann wandelte seine hoch über der Niederrheinebene aufragende Burg Elten in ein Damenstift um, dessen Äbtissin seine älteste Tochter Liutgart wurde (gest.
20.10. v. 996). Er erwirkte für dieses Stift Immunität und ließ den König
die reichen Güter bestätigen, die er dem Stift übereignete. Liutgard führte
in Elten eine adlige Haushaltung – sie war traurig, wenn sie keine Gäste
hatte – mit Gesinde und ritterlichem Gefolge. Nach dem Tod des Vaters
verlangte Liutgards jüngere verwitwete Schwester Adele ihren Anteil am
väterlichen Erbe – nicht unberechtigt. Aber Liutgard war „im Besitz"
und geschützt durch ihr ritterliches Gefolge. Ihr Verwandter Godizo, der
aus Adelas Gefolge zu ihr hinübergewechselt war, zündete zusammen
mit Balderich – den Adela später heiratete – eines Nachts die Burg der
Adela an; Adela selbst war kurz vorher entflohen. Dann starb Liutgard
an Gift, Adela wurde als Anstifterin verdächtigt. Sie erschien wutschnau-
bend in Elten und erpreßte den ganzen väterlichen Besitz; auch Balderich
besetzte mit bewaffneter Schar den Eltenberg, drang in das Kloster ein
und holte jemand, den er für seinen Feind hielt, unter Verletzung der Altäre aus der Kirche heraus. Der Streit wurde vor dem Königsgericht beigelegt. Das kriegerische Verhalten Sophies steht also nicht isoliert da[38].

[37] Dietrich Höroldt, 1000 Jahre Stift Vilich 978–1978, Bonn 1978, S. 95 ff.
[38] Edith Ennen, Frauen im Mittelalter, München ²1984, S. 81 f.

Ähnlich gelagert wie der Fall Elten ist die Gründungsgeschichte von Borghorst[39]. Die Witwe Bertha gründete 968 Borghorst, Äbtissin wurde ihre Tochter Hadwig. Die Schirmherrschaft über das Kloster übertrug Otto I. dem Erzbischof von Magdeburg. Nach dem Tod der Mutter forderte ihre Tochter aus erster Ehe, Bertheida, ihr väterliches Erbe von Erzbischof Giselher und den Damen von Borghorst; ihre Söhne unterstützten sie, und sie gewann den Prozeß vor dem Gericht Ottos III. 989. Das Kloster blieb trotzdem reich. Eines der schönsten erhaltenen Prozessionskreuze geht auf Borghorster Auftrag zurück.

Nicht nur gegenüber Miterben, später oft gegenüber ihren Vögten, mußten sich die Klosterfrauen wehren. Die Güter, die ihren Lebensunterhalt garantierten, verstrickten sie ständig in weltliche Geschäfte. In der Umbruchsepoche des 12. Jahrhunderts bekamen sie auch Schwierigkeiten mit ihren Hintersassen. Sie waren ja Grundherrinnen. Ich spreche hier zunächst von sozio-ökonomischen Änderungen, die sich als Wiedererstehen einer städtischen, gewerblich-kaufmännischen, marktorientierten Wirtschaft und Entstehung bürgerlicher Freiheit darstellen. Sie brachten für die großen geistlichen Grundherrschaften erhebliche wirtschaftliche Schwierigkeiten mit sich. Die Flucht Unfreier in die Städte bedingte einen Arbeitskräftemangel, der die Grundherren zu Zugeständnissen zwang[40].

Die Äbtissin Adelheid von Maria im Kapitol in Köln berichtet 1158, daß der einst blühende Güterbesitz der Kirche infolge der schlimmen Zeiten und der Sorglosigkeit der Verwalter in Verfall geraten sei, besonders die Höfe Efferen und Fischenich (heute Hürth bei Köln), von denen die eigenhörigen Hofesleute wegen der Höhe des Kopfzinses von 10 Denaren in großer Zahl entwichen seien, ebenso wie auch die *mansionarii*, die Hüfner, infolge des so entstehenden Arbeitermangels zur Leistung ihrer Abgaben an Kirche und Kloster unfähig, ihre Hufen im Stich gelassen hätten. Höchstwahrscheinlich — es wird nicht ausdrücklich gesagt — hatten sich diese Leute in die Stadt Köln abgesetzt, die damals so groß war, daß man zunächst einmal darin untertauchen konnte, und die Arbeitsmöglichkeiten bot. Die Äbtissin entschloß sich nun auf den Rat ihres Konvents, des Grafen Wilhelm von Jülich als Gerichtsherrn und der

---

[39] Leyser (wie Anm. 15), S. 111.
[40] Edith Ennen, Die Frau in der Landwirtschaft vom Mittelalter bis zur frühen Neuzeit, in: Hans Pohl (Hg.), Die Frau in der deutschen Wirtschaft (Zs. f. Unternehmensgesch., Beih. 35), Wiesbaden 1985.

Kölner Prioren, alle Eigenleute der beiden Höfe in Zensualen zu verwandeln – eine mildere Form der Hörigkeit –; sie sollten einen Kopfzins von 2 Denaren, eine Heiratsgebühr von sechs Denaren und bei einem Sterbfall an den Meier des Hofes das Besthaupt oder das beste Kleid und sechs Denare entrichten. Zum Dank für diese Verbesserung ihrer Lage haben die Eigenleute mit Unterstützung der Äbtissin den Zustand des Hofes Efferen so zu bessern gewußt, daß derselbe jährlich 8 Mark Silber, 30 Malter Weizen und 7 Malter Gerste an das Kloster sowie 15 Solidi an den Hof zu Fischenich abführte. Der *curia* Fischenich wurde von der Äbtissin, damit sie ihren Verpflichtungen gegen die Kirche voll nachkommen könne, aus eigenen Mitteln eine Jahresrente von einer Mark zugewiesen. Der Erzbischof bestätigte den Hofesleuten für alle Zeiten das neue Recht.

Mitunter wurde die Abgabenerleichterung durch energischen Druck erzwungen. Das zeigt das Beispiel der Äbtissin Gisela von Sonnenburg in Südtirol. Hier ging es um die Todfallabgabe. Bis zum Erlaß der die Angelegenheiten regelnden Urkunde von 1209 wurde beim Sterbfall die gesamte Habe in zwei Hälften geteilt, eine fiel der Kirche, die andere den Witwen und Waisen zu. Nach Beratung mit ihren Mitschwestern, Ministerialen und den *meliores* des Hofesverbandes erkannte die Äbtissin das Verwerfliche der alten Übung – der Zustand wird als *perversitas* gebrandmarkt, *ea leditur proximus, offenditur deus* – und gab der Forderung (*postulatio*) ihrer Bauern (*rusticorum*) nach. Es wurde beschlossen, nunmehr nach dem Landrecht zu verfahren – *provincie iure et consuetudine*: beim Tod des Mannes soll wie in der ganzen Provinz üblich ein Ochse dem Kloster gegeben werden, die übrige Habe der Witwe und den Kindern verbleiben. Der Bischof von Trient, auch in seiner Eigenschaft als Vogt, bekräftigt die künftige Anwendung des Landrechts.

Auch mit den wirtschaftlich erstarkten, nach Selbständigkeit strebenden Bürgerschaften am Sitz ihrer Stifte mußten sich Äbtissinnen gegebenenfalls auseinandersetzen. Sie waren in Quedlinburg, Gandersheim – wie wir bereits berichteten –, aber auch seit 1041 in Essen[41] königlich privilegierte Marktherrinnen. Vom Markt ging an diesen Orten die Entwicklung zur Stadt aus, an der die Bewohner, die sich zu einer Stadtgemeinde zusammenschlossen, entscheidenden Anteil hatten; die weltlichen Vögte der Stifte mischten mit. Es war für die Äbtissinnen nicht leicht, die Rechte ihrer Stifte in diesen verfassungsrechtlichen und politi-

---

[41] Karl Otto Bogumil, Die Essener Märkte im Mittelalter, Jahrbuch ‚Die Heimatstadt Essen‘, 29. Jg. (1979).

schen Auseinandersetzungen zu behaupten. Sie mußten Einschränkungen hinnehmen, es kam zu Spannungen, allerdings nicht zu so schweren und blutigen Kämpfen wie in manchen Bischofsstädten. Bürger und Rat von Essen erstrebten, vor allem auch mit gerichtlichen Mitteln, z.B. vor dem Reichskammergericht, die Reichsstandschaft; aber Essen wurde keine freie Reichsstadt[42], es blieb eine freie, besser: gefreite Stiftsstadt. In Gandersheim wurden die welfischen Herzöge Stadtherren; die Stadt war Mittelpunkt eines herzoglichen Amtes, blieb aber auch Residenz der Fürstäbtissin. Die Stadt Quedlinburg erwarb die Vogtei 1396, mußte aber 1466 die Landesherrschaft der Äbtissin anerkennen.

Das ist die rauhe, harte Wirklichkeit, mit der Damenstifte und Benediktinerinnenklöster sich auseinanderzusetzen haben. Die Äbtissinnen der Stifte, die ihre Reichsunmittelbarkeit behaupten können, werden geistliche Fürstinnen – gleich gefürsteten Äbten. Ihre Territorien sind allerdings klein, eigene Außenpolitik treiben sie nicht, Rollen wie die der Mathilde von Quedlinburg und der Sophie von Gandersheim fallen ihnen nicht mehr zu; die geistlichen Fürsten müssen im ausgehenden Mittelalter alle zurückstecken, sie können nicht wie die weltlichen ihre Gebietsherrschaften durch günstige Heiraten vergrößern. Aber bis zur Säkularisation bleiben diese geistlichen Frauen beladen mit der Verwaltung und Sicherung des weltlichen Besitzes ihrer Klöster bzw. Stifte, mit der Auseinandersetzung mit ihren Bauern, mitunter auch Bürgern, mit ihren Verwaltern usw. Als Ausbildungsstätten für junge Mädchen leisten sie im frühen Mittelalter Hervorragendes, werden aber später überrundet von den Frauen nicht zugänglichen Universitäten – das Bildungsmonopol ging dem Klerus im 13. Jahrhundert verloren – und in der frühen Neuzeit abgelöst von den neuen Schulorden. In der Armen- und Krankenfürsorge stellten sich seit dem 12. Jahrhundert in der städtischen Gesellschaft, in einer Welt zunehmender sozialer Spannungen und der großen Epidemien Aufgaben, die von den Benediktinerinnenklöstern und Damenstiften nicht bewältigt werden konnten. Diesen Aufgaben widmeten sich neue Orden, neue religiöse Gemeinschaften; neben das klösterliche trat das städtische Spital[43].

---

[42] Karl Otto Bogumil, Essen als Reichsstadt, Jahrbuch ‚Die Heimatstadt Essen‘, 28. Jg. (1978).

[43] Michel Mollat, Die Armen im Mittelalter, München 1978, S. 82 ff. –Martina Wehrli-Johns, Aktion und Kontemplation in der Mystik. Über Maria und Martha, in: Lerne leiden. Leidensbewältigung in der Mystik (Herrenalber Texte 67), Karlsruhe 1985.

Welchen Spiegel hält die Theorie den frommen Frauen vor? Ich möchte es kurz erläutern an dem von Bernards so einfühlsam interpretierten ‚Speculum virginum‘[44]. Dieses wohl um 1100 am Mittelrhein entstandene Werk war sehr weit verbreitet. Die Frage nach der Eignung zur Nonne wird im ‚Spiegel‘ kaum gestellt; die „Berufung" war kein Problem, sondern Voraussetzung; der Eintritt erfolgte oft im Kindesalter; Frauen, die ihre weltliche Lebensaufgabe als abgeschlossen ansahen, traten als Witwen ein. Die Wurzel der klösterlichen Tugenden ist die Demut — insofern vertritt der ‚Spiegel‘ eine Auffassung, die der Haltung vieler Klosterfrauen des Mittelalters diametral widerspricht. Die Demut ist die Mutter der Liebe. Demut wird mit Liebe und Keuschheit zu einem ethischen Dreiklang zusammengebunden. Demgemäß ist das Urlaster der Stolz; er beraubt die Jungfräulichkeit ihres Wertes. Es wird klargestellt, daß Gott neben der Unversehrtheit des keuschen Leibes die Tugend und Absicht des Herzens sieht; die herkömmliche Unterscheidung einer doppelten Jungfräulichkeit wird betont. Seit dem 11. Jahrhundert setzt sich der Gedanke an die Bedeutung der Gesinnung immer stärker durch; das Bild vom Kampf wird oft gebraucht, ein bequemes Leben kann nicht Ziel des Klostereintritts sein. Das geistliche Streben, zu dem der Jungfrauenspiegel erziehen will, trägt das Zeichen des Maßhaltens. Das Leben in der Gemeinschaft soll von Eintracht geprägt sein. Die adlige Abkunft darf im Kloster kein Anlaß zur Überheblichkeit werden. Der ‚Spiegel‘ unterscheidet wahren und falschen Adel. Wahrer Adel beruht mehr auf der Gesinnung als auf der Ehre der Eltern. Hier wird ein Hauptproblem der „Reform" angesprochen: die Brechung des Adelsvorrechtes. Cluny, Hirsau, später Cîteaux hoben die Vorrechte der Geburt in etwa auf. Allerdings sieht Bernards keine enge Beziehung des ‚Spiegels‘ zur damaligen Klosterreform; die Armutsfrage berührt der ‚Spiegel‘ kaum. Die Askese erscheint nicht als Last. Die „subjektive Erlebnisfrömmigkeit der deutschen Mystik", sagt Bernards (S. 212), ist das genaue Gegenstück zu der objektiv ausgerichteten religiösen Geistigkeit des romanischen Zeitalters und des Jungfrauenspiegels. Gesundheit an Leib und Seele kennzeichnet die Frauen, an die sich der ‚Spiegel‘ wendet. „Wenn Kirche und Kloster im Zeichen großer Reformen um ihre Freiheit kämpfen, ist Freiheit auch für die Frauenwelt lockendes Ziel. Weil Freiheit von der Fron der Ehe nur als Freiheit für den Dienst Gottes gesehen ist, wird hier der religiöse

---

[44] Matthäus Bernards, Speculum virginum. Geistigkeit und Seelenleben der Frau im Hochmittelalter (Forsch. z. Volkskunde 36–38), Köln/Graz 1955, ²1982.

Sinn und die geistliche Kraft dieser Frauen sichtbar. Als Zeitgenossen der Kreuzritter und Angehörige eines kämpferischen Zeitalters lieben sie es, sich selbst als Streiterinnen in den Kriegen Gottes zu betrachten. Sie alle prägt jener männliche Zug, den man auf dem Antlitz Hildegards von Bingen entdeckt hat" (S. 210).

Hildegard von Bingen wird an anderer Stelle gebührend gewürdigt[45]. Ich möchte hier nicht auf ihre visionäre Schau, ihre Philosophie und Naturerkenntnis, ihr Menschenbild eingehen[46], sondern den eigenständigen, teils rückwärts-, teils vorwärtsweisenden Charakter ihres Klosterlebens und ihrer Auffassung vom „Stand" einer gottgeweihten Jungfrau herauszuarbeiten versuchen. Das führt uns heran an die großen Reformbewegungen des 12., 13. Jahrhunderts. Hildegard war hochadliger Herkunft; der Status ihrer Eltern wird mit *ingenuitas* und *nobilitas* gekennzeichnet; dazu paßt, daß sie mit Erzbischof Arnold von Trier aus dem Hause Walcourt verwandt und ihr Bruder Hugo Kantor im Mainzer Domkapitel war. Wie die Äbtissinnen, die wir bis jetzt kennen lernten, hat Hildegard für die Existenz ihres Klosters Rupertsberg nüchtern und praktisch und mit juristischem Weitblick gesorgt und den klösterlichen Besitz genügend gesichert. Sie lehnte einen weltlichen Vogt ab – die Klöster hatten hinreichend Gelegenheit gehabt, unliebsame Erfahrungen mit weltlichen Vögten machen zu können. Sie unterstellte das Rupertsberger Kloster dem Mainzer Erzbischof. Auch am Adelsvorrecht hielt Hildegard fest, davon noch später. „Modern" ist ihre Predigttätigkeit: sie hat vier Predigtreisen unternommen, um Klöster und Priester zur Umkehr aufzurufen. Eine Mainfahrt führte sie um das Jahr 1158 über Mainz, Wertheim, Würzburg, Kitzingen und Ebrach bis nach Bamberg. 1160 predigte sie in Trier, reiste weiter nach Lothringen und ins Elsaß. Die dritte Reise unternahm sie rheinabwärts nach Boppard, Andernach, Siegburg und Köln. – Es ist also nicht außergewöhnlich, wenn heute Ordensfrauen in Pfarrkirchen predigen. – Das Recht zu predigen hat Hildegard, ohne Widerspruch zu erfahren, ausgeübt.

---

[45] S. u. S. 265–302.

[46] Adelgundis Führkötter, Hildegard von Bingen (1098–1179), in: Rhein. Lebensbilder, Bd. 10, Köln 1985. – Elisabeth Gössmann, Das Menschenbild der Hildegard von Bingen und Elisabeth von Schönau vor dem Hintergrund der frühscholastischen Anthropologie, in: Peter Dinzelbacher/Dieter R. Bauer (Hg.), Frauenmystik im Mittelalter, Ostfildern b. Stuttgart 1985, S. 24 ff.; beide Arbeiten mit reichen Literaturangaben.

Immer wieder wird hingewiesen auf den Ausspruch, mit dem sie die geburtsständische Exklusivität ihres Nonnenkonvents verteidigt: *Et quis homo congregat omnem gregem suum in unum stabulum scilicet boues, asinos, oves, hedos.* Diese Äußerung fällt im Briefwechsel mit der Andernacher *magistra* Tenxwind, den Haverkamp neu ediert und in die Zeitspanne zwischen dem Beginn des Jahres 1148 und dem Jahr 1150 datiert hat[47]. Tenxwind war eine Schwester des Abtes Richard, des Begründers der Chorherrenreform von Springiersbach. Der Doppelkonvent von Springiersbach ging auf beider Mutter Benigna zurück, Witwe eines pfalzgräflichen Ministerialen; sie hatte ihr Witwengut zu seiner Errichtung verwandt und leitete den Nonnenkonvent. Hier drängt also die Gruppe der damals noch unfreien ritterlichen Dienstmannen vor, die später im ländlichen Niederadel und im städtischen Patriziat aufgehen sollte. Die Springiersbacher Reform forderte drei Nachtoffizien, strenge Befolgung des Armutsgebots im Sinne der *vita apostolica,* strenges Fasten und Schweigen, Handarbeit. 1127/28 hatten Richard und Tenxwind den Springiersbacher Nonnenkonvent nach Andernach verlegt. Die Andernacher *congregatio sororum* war auf strikte Einhaltung der strengen Springiersbacher *consuetudines* festgelegt, z.B. war es für die Nonnen vorgeschrieben, die Haare unter einer schwarzen Kopfbedeckung zu halten; sie lebten in strikter Klausur. Im Kloster lebten 1129 fast hundert Nonnen, darunter auch Adlige. Tenxwind selbst war durchdrungen von den zeitgemäßen Idealen der *pauperes Christi.* Zum *amor paupertatis* standen die religiösen Lebensformen des traditionellen Benediktinertums in schroffem Gegensatz. Tenxwind kritisierte das Auftreten der *sponsae Christi* im festtäglichen Gottesdienst des von Hildegard geleiteten Klosters. „Sie sind zum Schmuck mit leuchtend weißen, seidenen Gewändern bekleidet, die so lang sind, daß sie den Boden berühren. Auf ihrem Haupt tragen sie (über dem herabwallenden Haar) goldgewirkte Kronen ... Außerdem sind ihre Finger mit goldenen Ringen geschmückt." Sie wendet sich zweitens dagegen, daß Hildegard nur jene zuläßt, die *genere tantum spectabiles et ingenuas* sind, d.h. hochadliger Abkunft, dagegen *ignobilibus et minus ditatis* die Aufnahme verweigert; sie verweist darauf, daß *ipsum Dominum in primitiva ecclesia piscatores, modicos et pauperes*

---

[47] Alfred Haverkamp, Tenxwind von Andernach und Hildegard von Bingen. Zwei „Weltanschauungen" in der Mitte des 12. Jahrhunderts, in: Institutionen, Kultur und Gesellschaft im Mittelalter. Festschrift f. Josef Fleckenstein, Sigmaringen 1984.

elegisse, daß *non multi potentes, non multi nobiles sed ignobilia et contemptabilia huius mundi elegit Deus*. Hildegards Antwort geht aus von der Idee der *sponsa Christi*, die in ihr Gottesbild und ihre Weltanschauung eingebettet ist. Ihre Ständelehre unterscheidet die *maiores natu* und die *minores*. – In ihrer Zeit waren aber die sozialen Strukturen viel differenzierter. – Den *nobiles*, den *maiores natu*, erkennt sie eine unersetzbare Funktion in der Heilslehre zu. Ihrer Verknüpfung von Adel und Heiligkeit entspricht ihr Gottesbild und Christusbild vom Pantokrator, vom Christkönig. „Sie beharrt", so sagt Haverkamp, „auf einem Geltungskriterium, das seit dem 11. Jahrhundert zunehmend an Bedeutung verlor und nicht zuletzt durch die heterogenen milites zurückgedrängt wurde". – „Es wäre jedoch", fährt er fort, „ein Trugschluß anzunehmen, daß Hildegards traditionsverbundene Weltanschauung in der Zukunft unwirksam geblieben ist und daß Tenxwinds gegensätzliche Auffassungen sich in den folgenden Jahrhunderten durchgesetzt haben. Kennzeichnend ist vielmehr, daß in dem von Tenxwind mitbegründeten Andernacher Marienkloster spätestens im 15. Jahrhundert fast nur noch Nonnen adliger Herkunft lebten. Vielleicht bildete sich schon damals die erst später faßbare Überlieferung, Tenxwind sei selbst eine Gräfin von Sponheim gewesen. Nicht genug damit: Richard von Springiersbach soll bei der Gründung des Stifts in Andernach sogar den Rat der heiligen Hildegard eingeholt haben". Soweit Haverkamp.

Das ist alles richtig, übersieht aber den von Tenxwind und vielen anderen bewirkten Durchbruch zu einer Reform, die wie alle Reformen auch wieder von der Alltäglichkeit eingeholt und verwässert wurde und dennoch einen Markstein setzte. Im Prinzip wurde die Adelsherrschaft in der Kirche überwunden. Die Armutsbewegung, die Forderung, arm dem armen Christus zu folgen, entfaltete eine unerhörte Kraft. Es kam bei dieser neuen Frömmigkeit zu einer Gratwanderung zwischen Häresie und kirchlich gebundener neuer Heiligkeit und Ordensgründung, zur Gegenkirche der Katharer einerseits, zu den Reformorden der Springiersbacher, Prämonstratenser, Zisterzienser andererseits und schließlich zum Durchbruch, als, wie es in der Oratio der Messe zum 17. September heißt, „frigescente mundo" Franziskus die Herzen mit dem Feuer der Gottesliebe entflammte, zu den die Kirche rettenden Orden der Franziskaner und Dominikaner. In diesen Orden erkämpften sich die Frauen breiter Schichten einen Raum. Von der religiösen Frauenbewegung führte auch ein Weg zur Mystik.

Hierbei wird ebenso die liebende Hinwendung zum armen, leidenden,

ausgestoßenen Mitmenschen radikalisiert. Auch freie religiöse Gemeinschaften, Beginate vor allem, erwachsen aus dem Verlangen breiter, besonders auch bürgerlicher Schichten nach einem gottgeweihten Leben
ohne approbierte Regel. Aus dieser vielfältigen intensiven, religiösen
Frauenbewegung heraus ist Elisabeth von Thüringen zu verstehen[48]. Kaspar Elm betonte ihre geistige Verwandtschaft zu Franz von Assisi, von
dem sie schon früh gewußt hat. Beide entschlossen sich schließlich für
ein Leben zwischen Kloster und Welt. Daher die Schwierigkeiten der Zuordnung, die Elisabeth den Historikern bereitet hat. War sie stärker zi-
sterziensisch oder franziskanisch geprägt? Soll man ihre geistige Formung der Kreuzzugsgesinnung ebenso und überwiegend zuschreiben
und nicht so sehr der Ordensspiritualität? War sie eine Ordensfrau, oder
blieb sie im Laienstand, kann man sie als Pönitentin, Hospitalschwester
oder Begine bezeichnen? Was sie antrieb, war der Wille zur unbedingten
Nachfolge Christi in Armut, Verzicht, Erniedrigung und Gehorsam.

Der Alltag holt uns immer wieder ein. Auch in den modernen Orden
konnten die Nonnen Latein, schrieben Handschriften ab und illuminier-
ten sie. Die Kölner Ausstellung „Ornamenta Ecclesiae" zeigte ein mit-
telrheinisches Homiliar aus der 2. Hälfte des 12. Jahrhunderts, ein relativ
seltenes Beispiel dafür, daß die Handschrift von ein und derselben Person
geschrieben und illuminiert wurde. Das Spruchband in der Hand der
knienden Nonne auf dem Vorsatzblatt besagt: *Guda peccatrix mulier
scripsit que pinxit hunc librum* – auch ein Zeugnis für ein gewisses künst-
lerisches Selbstbewußtsein. Die Nonnen stellten Arzneien her, machten
Handarbeiten, unterhielten Schulen. Nicht die Geburt, das Charisma
befähigt jetzt Frauen einfachen Standes zu Aktionen von politischem
Gewicht: Katharina von Siena. Von Katharina werden wir noch lesen[49],
unter mein Thema fällt sie eigentlich nicht; sie lebte nicht in einem Konvent, sondern als Terziarin des Dominikanerordens und erstes Jungfrau-
enmitglied der Mantellaten, einer Witwenvereinigung, in einer Zelle in
ihrem Elternhaus. Ihre geistigen Führer waren Dominikaner, sie gehört
der mystisch geprägten religiösen Frauenbewegung an. Bedeutsam wurde
für sie vor allem ihre Begegnung mit Raimund von Capua; seit spätestens
1374 datieren ihre Beziehungen zu Papst Gregor XI. Ein neuer Kreuzzug,

---

[48] Kaspar Elm, Die Stellung der Frau in Ordenswesen, Semireligiosentum und Häresie zur Zeit der hl. Elisabeth, in: Sankt Elisabeth, Fürstin, Dienerin, Heilige, Sigmaringen 1981.
[49] S. u. S. 265–302.

Rückkehr der Päpste nach Rom, Reform der Kirche waren ihre kirchenpolitischen, religiös inspirierten Ziele. Es fehlte ihr die Fähigkeit zu einer
nüchternen Beurteilung der Situation. An Gregors Entschluß, wieder
nach Rom zu gehen, hatte sie gewichtigen Anteil. Nach der Wahl des Gegenpapstes zu Urban VI. stellte sie sich mit einer weitgreifenden intensiven Briefaktion an Urbans Seite[50] und ging auch 1378 nach Rom, wo sie
am 29. April 1380 starb.

Der Kontrast zu den politisch hervortretenden Stiftsdamen des 10.
Jahrhunderts könnte nicht größer sein und spiegelt die ganze mittelalterliche gesellschaftliche und geistige Entwicklung. Die Stiftsdamen Mathilde von Quedlinburg und Sophie von Gandersheim lebten in den in
ländlicher Umgebung gelegenen Stiften, die auch dem königlichen Hof
zur zeitweiligen Residenz und dem Königtum als machtpolitischer
Stützpunkt dienten. Die Gandersheimer Äbtissin behauptete ihre reichsfürstliche Stellung bis 1802; seit dem 13. Jahrhundert war der Äbtissinnenstuhl häufig mit Töchtern der welfischen Herzöge besetzt. Unter
wettinischer Vogtei bauten die Äbtissinnen von Quedlinburg im späten
Mittelalter ihr kleines Stiftsterritorium mit eigener Landesherrschaft
auf. Dagegen wuchs Katharina in einem durch und durch urbanen, kulturell sehr fortschrittlichen Umfeld auf, sie entstammte dem „populo
minuto" ihrer Vaterstadt Siena. Sie erlebte hautnah die politisch-sozialen
Erschütterungen und Krisen des 14. Jahrhunderts, die Pest, die 1348 Siena heimsuchte, den jähen Tod vieler Menschen ihrer nächsten Umgebung; damals ging die relativ glückliche Zeit Sienas unter der Herrschaft
der Neun zu Ende. Siena wurde zum Zankapfel der benachbarten großen
Stadtstaaten Mailand und Florenz. Katharinas Ziele waren — ich wiederhole es — weder machtpolitischer noch sozialrevolutionärer Natur, sie
waren die Umsetzung ihrer tiefen, durchaus an der kirchlichen Autorität
orientierten Religiosität.

Ich muß mich mit diesem Hinweis auf die Krisenhaftigkeit und Widersprüchlichkeit des 14. Jahrhunderts beschränken. Verweltlichung, Luxus, Genußsucht auch in Klöstern standen subjektive emotionale Frömmigkeit und mystisches Gotteserlebnis gegenüber. In beiden Bereichen
fehlt oft das Maßhalten.

---

[50] Roswitha S c h n e i d e r, Katharina von Siena als Mystikerin, in: Peter D i n z e l b a
c h e r/Dieter R. B a u e r (wie Anm. 46), S. 290 ff. — mit Literaturangaben, denen ich
hinzufügen möchte: Eugenio D u p r é - T h e s e i d e r, Caterina da Siena, in: Dizionario
Biografico degli Italiani, Rom 1979.

Eine besondere Form vereinfachter und verinnerlichter Religiosität bringt die von den Niederlanden ausgehende Devotio moderna. Ich möchte abschließend hinweisen auf die soeben erschienene Arbeit von Gerhard Rehm[51]. Sie füllt eine Forschungslücke; über die Schwestern vom gemeinsamen Leben, das weibliche Gegenstück der Fraterherren, und ihre Windesheimer Stifte war bisher wenig bekannt. Rehm bemüht sich um die nicht leichte Abgrenzung der Schwestern vom gemeinsamen Leben zu anderen Orden und zu den Beginen. Wichtigste Kennzeichen sind die Entstehung nach 1374 und die Vita communis ohne Regel und mit Verzicht auf Privatvermögen. – Allerdings: reformierte Beginenkonvente werden mitunter zu Schwesterngemeinschaften umgeformt. – Die Schwestern übten nicht die von den Beginen wahrgenommenen karitativen Tätigkeiten in Krankenpflege, Begräbniswesen und Unterricht. Wohl waren auch sie zur Handarbeit verpflichtet. Das Abschreiben von Büchern spielte bei ihnen im Unterschied zu den Fraterhäusern nur eine untergeordnete Rolle. Gewerbliche Arbeit, besonders im Textilgewerbe, gelegentlich auch Arbeit in der Landwirtschaft war die Regel. Die Arbeit diente aber nicht nur der Sicherung des Lebensunterhaltes. Die Hochschätzung der Arbeit „als Wirksamkeit im Weingarten des Herrn" kommt z.B. in den wiedergefundenen Emmericher Schwesternbiographien zum Ausdruck.

Den Wert der Arbeit als inneren Wert zu erkennen und zu bejahen — auch das ist ein wichtiger Beitrag der Frauenklöster und -konvente zur menschlichen Kultur.

---

[51] Gerhard Rehm, Die Schwestern vom gemeinsamen Leben im nordwestlichen Deutschland (Berliner hist. Studien, Bd. 11, Ordensstudien 5), Berlin 1985.

DER ANTEIL DER LOTHRINGISCHEN BENEDIKTINE-RINNEN AN DER MONASTISCHEN BEWEGUNG DES 10. UND 11. JAHRHUNDERTS

von

Michel Parisse

Das benediktinische Mönchtum des 10. und 11. Jahrhunderts wurde vom Reformgeist stark geprägt, und beinahe alle älteren und jüngeren Forschungen über die Mönche betrachten diese Periode fast ausschließlich unter diesem Gesichtspunkt. Es wird nur und immer nur von Cluny, Brogne, Gorze, Saint-Bénigne de Dijon und Saint-Vanne de Verdun, Hirsau und anderen Reformzentren, vom Reformadel und von Reformbischöfen gesprochen.

Es wird auch fast ausschließlich von Mönchen gesprochen; es gab aber nicht nur Männer-, sondern auch Frauenklöster. Von den letzteren jedoch ist gewöhnlich kaum die Rede. Sollte man nicht auch nach dem Anteil der Frauen an der Geschichte des Mönchtums und an den Reformbewegungen fragen? Diese Frage haben sich die Organisatoren dieses Kongresses gestellt. Lotharingien war in dieser Periode ein Land der Reform, und es gab viele neue Gründungen von Frauenklöstern. Da ich über Lothringen und über Nonnen gearbeitet habe, wurde ich gebeten, eine Antwort auf diese Frage zu versuchen.

I. Die lothringischen Nonnen und die Reformen

Erstens muß man sagen, daß es, von wenigen Ausnahmen abgesehen, kaum noch Archive von Nonnenklöstern gibt. In den Urkunden und in den Annalen wird selten von der Reform bei den Frauen gesprochen. Überdies sind viele der wichtigsten Privat-, Bischofs-, Königs- und Papsturkunden verunechtet worden. Trotzdem ist es möglich, einiges Sichere über die Reform in den Frauenklöstern auszusagen.

a. Die Gorzer Reform (10. Jh.)

Sie betraf vier Frauenklöster: zwei in Metz selbst (St. Peter und St. Glossinde) und zwei im Touler Sprengel (Remiremont und Bouxières).

Eine wichtige Quelle für die Geschichte von Gorze liegt uns in der ‚Vita Johannis Gorziensis‘, der Lebensbeschreibung des später zum Abt gewordenen Johannes, vor[1]. Hier wird erzählt, wie Johannes sich mit dem Grafen Ricwin befreundet hatte. Dieser Graf, der zugleich auch Laienabt von St. Peter war, gab dem Johannes zwei Kirchen, die den Nonnen gehörten[2]. Johannes wohnte in der Nähe der Klosters, wo er das Amt eines Hebdomadarius ausübte. Deshalb unterhielt er sich oft mit einigen Schwestern, deren eine, die noch sehr jung war, sich zu einer strengen Lebensführung zwang. Diese Jungfrau, Geisa genannt, trug ein Büßerhemd; sie machte auf den Priester einen tiefen Eindruck. Bei den Nonnen begann Johannes mit dem Studium der heiligen Schrift. Daneben las er viele Bücher aller Art: komputistische Werke, die Kanones der Konzilien, die Predigten der Väter und Viten von Heiligen. Johannes predigte den Nonnen, und so änderte sich allmählich das Leben der Gemeinschaft. Noch vierzig Jahre später erzählt der Verfasser seiner Vita von der Enthaltsamkeit, den Fasten, den Wachen, den Gebeten und der Handarbeit der reformierten Nonnen[3].

Eine verfälschte Urkunde Ottos I. spricht von der Regel, die „wieder an Kraft gewonnen hatte"[4]. Wir müssen daraus schließen, daß die Benediktsregel vor der Durchführung der Reform in Vergessenheit geraten war. Es ist auch zu vermuten, daß es am Anfang des 10. Jahrhunderts keine Äbtissin mehr gab. Eine Urkunde des Grafen und Laienabts Ricwin aus dem Jahre 918 nennt 27 Frauen[5]. An ihrer Spitze befand sich eine gewisse Fredelburgis, die dieselbe sein könnte wie die in der ‚Vita Johannis‘ genannte Tante der jungen schon erwähnten Geisa. Diese Fre-

---

[1] MGH (= Monumenta Germaniae Historica) Script. IV, S. 341–342.

[2] Vandières (dép. Meurthe-et-Moselle, arr. Nancy, c. Pont-à-Mousson) und Fontenoy-sur-Moselle (ebd., arr. Toul), ebd., S. 340. E. de Bouteiller, Notice sur les anciennes abbayes de St Pierre et de Ste Marie et sur la collégiale de St Louis, Mémoires de l'Académie de Metz (1862–1863). M. Parisse, Remarques sur les fondations monastiques à Metz au Moyen Age, Annales de l'Est (1979), S. 198–201.

[3] MGH Script. IV, S. 342.

[4] MGH DD Ottonis I., Nr. 210, S. 289–291 (Orig.: Arch. dép. Moselle H 3904).

[5] Orig.: Arch. dép. Moselle H 3959, Edition: Histoire de Metz, III, preuves, S. 56–57.

delburgis hatte das Amt der Äbtissin ausüben können, ohne allerdings deren Titel zu tragen. So wurde die Gorzer Reform in diese ziemlich große Gemeinschaft eingeführt.

Dank einer Urkunde des Bischofs Adalbero I. aus dem Jahre 945 erfahren wir, wie die Nonnen von St. Glossinde gezwungen wurden, wieder nach der Benediktinerregel zu leben, wie die Abtei eine neue Äbtissin bekam, und zwar die Nichte des genannten Bischofs[6]. Nur ein geringer Teil der Urkunde betrifft diese Vorgänge der Reform, der weitaus größere Teil der Urkunde befaßt sich mit der Schenkung eines kleinen Klosters (Hastières) durch den Bischof an die Abtei.

Mit der Reform von Remiremont befaßt sich Eduard Hlawitschka in einem Aufsatz[7]. Auf zwei Belege des Liber memorialis hat er sich gestützt[8]. Der eine lautet: *Ida abbatissa et diaconissa*, und läßt an eine Kanonisse denken; der andere erwähnt eine Kirchenrestitution von Herzog Giselbert, der von einer Gruppe weltlicher und geistlicher Freunde begleitet war. Diese Restitution wäre ein Zeichen der Reform. Daraus schloß Eduard Hlawitschka, daß es in Remiremont wieder eine Regularäbtissin gab, daß das kanoniale Leben dem monastischen den Platz räumte. Es ist aber nicht vollkommen sicher, daß es sich um eine tiefgreifende Reform handelte.

Drei der vier älteren Frauenklöster wurden also von der Gorzer Reform erfaßt; von dem vierten Frauenkloster, dem Anfang des 8. Jahrhunderts gegründeten Herbitzheim, weiß man nichts. Wir müssen in diesem Zusammenhang noch ein weiteres Kloster, Bouxières[9], erwähnen. Diese Abtei hat der Touler Bischof Gauzelin circa 930–935 gegründet. Dank mehrerer Urkunden, die R. H. Bautier gesammelt hat und die bald erscheinen werden, wissen wir von diesem Kloster mehr als von anderen.

---

[6] M. Parisse (wie Anm.2); Orig.: Arch. dép. Moselle H 4058 n.2, Edition: A. Calmet, Histoire de Lorraine, 1. Aufl., I, Pr., Sp. 389, und 2. Aufl., II, Pr., Sp. 200. Die lange Aufzählung der Besitzungen ist eine Interpolation. Die ursprüngliche Urkunde enthielt zweifellos nur die Schenkung von Hastières.

[7] Ed. Hlawitschka, Herzog Giselbert von Lothringen und das Kloster Remiremont, Zeitsch. Gesch. Oberrhein 108 (1960), S. 422–465; Remiremont, l'abbaye et la ville, Nancy 1980; Remiremont histoire de la ville et de son abbaye, Remiremont 1985.

[8] Ed. Hlawitschka/K. Schmid/G. Tellenbach, Liber memorialis von Remiremont, MGH Libri memoriales, I, Dublin/Zürich 1970.

[9] R. H. Bautier, Les origines de l'abbaye de Bouxières-aux-Dames (diocèse de Toul). Reconstitution du chartrier et édition critique des chartes antérieures à 1200, Nancy 1986, introd.

Eine im 12. Jahrhundert interpolierte Urkunde des Bischofs Gauzelin
erwähnt, was der Prälat gemacht hatte[10]. Er hat erstens das Benediktinerkloster St. Evre in Toul durch Mönche von Fleury-sur-Loire reformieren
lassen und zweitens ein Frauenkloster gegründet. Diese beiden Ereignisse
sind sicher eng miteinander verbunden; dies legt auch der Verfasser der
‚Gesta episcoporum Tullensium' nahe[11]. Einige Jahre später wurde ein
Gorzer Mönch zum Abt in St. Evre, und man hat mit Unrecht gesagt,
daß die Gorzer Reform die Consuetudines von Fleury verdrängte[12].

Von diesen Beziehungen des Klosters Bouxières mit St. Evre und Gorze
abgesehen, muß beachtet werden, daß auch zwischen Bouxières und Remiremont eine Bindung bestand. Die beiden Klöster wurden von einem
Kleriker Odelrich geleitet, Abt genannt, einem Metzer Chorherrn (Sohn
des Gaugrafen von Remiremont), der später Reimser Erzbischof wurde[13]. Bouxières hatte nur diesen einen Fall eines Säkularabtes. Es ist über-
raschend, daß es in der zweiten Hälfte des 10. Jahrhunderts, in einer Zeit,
wo Gorze und die Reform noch sehr aktiv waren, einen Abt an der Spitze
von Frauenklöstern gab. Im 10. Jahrhundert werden andere Leute als
Herren oder Schutzherren von Remiremont genannt: der Graf Boso, der
schon erwähnte lothringische Giselbert, und, nach Odelrich, der Metzer
Bischof Theoderich I.[14]

Wir haben dabei zwei Dinge zu beachten: Trotz der Reform spielen
bei den Nonnen immer noch Personen von außerhalb der Klöster eine
Rolle; was im Touler Sprengel geschah, läßt sich im Metzer, wo die Klöster fest in den Händen des Bischofs blieben, nicht beobachten. Diese beiden Beobachtungen sind auch für die spätere Zeit gültig.

b. Die Neugründungen um 1000

Um 1000 erneuert sich die Reform in Oberlothringen. Gorze ist immer sehr aktiv. Um ein Beispiel zu bringen: Abt Immo regierte außer

---

[10] Ebd.

[11] MGH Script. VIII,

[12] K. Hallinger, Gorze-Kluny. Studien zu den monastischen Lebensformen und
Gegensätzen im Hochmittelalter, Studia Anselmiana 22–23, Rome 1950, I, S. 60–62;
Corpus consuetudinum monasticarum, VII–1, Siegburg 1984, S. 343.

[13] Ed. Hlawitschka, Zur Lebensgeschichte Erzbischof Odelrichs von Reims,
Zeitsch. Gesch. Oberrhein 109 (1961), S. 1–20.

[14] Ed. Hlawitschka, Studien zur Äbtissinnenreihe von Remiremont, Saarbrücken 1963, passim.

in Gorze auch in Prüm und Reichenau[15]. Zur gleichen Zeit, am Anfang des 11. Jahrhunderts, wurde der Abt von St. Bénigne, Wilhelm von Volpiano, vom Touler Bischof gerufen, dann vom Metzer Bischof, damit er fünf Männerklöster, darunter auch Gorze, reformiere[16]. Richard, Abt von St. Vanne in Verdun, stand auch an der Spitze einer neuen Reformbewegung[17]. Unsere Frage ist nun, ob die neuen Gründungen, die am Anfang des Vortrags genannt wurden, etwas mit diesen Reformen zu tun haben.

1. Die bischöflichen Gründungen

Das Werk des Bischofs Adalbero II. von Metz

Bischof Adalbero II. von Metz hatte am Mönchtum ein starkes Interesse[18]. Er ließ Iroschotten in die verfallene, bald ganz wiederhergestellte Kirche St. Symphorian einführen. An ihrer Spitze stand Fingenius, der schon in St. Felix in Metz der Nachfolger des berühmten Kadroe war. Zum anderen galt sein Interesse den Nonnen[19]. In Metz strömten fromme Frauen in die Klöster, darum mußte Adalbero eine neue, eine dritte Abtei gründen, und zwar St. Maria der Nonnen[20]. Dieses Kloster war für solche Nonnen bestimmt, die St. Peter aus Platzmangel nicht mehr aufnehmen konnte. Die beiden Abteien lagen innerhalb der Stadt nahe beieinander. Über St. Glossinde, das auch einige Hundert Meter davon entfernt war, hört man zu jener Zeit aber nichts. Über die neue Abtei St. Maria wissen wir nur das, was wenige Zeilen der Vita des Bischofs Adalbero II. berichten; die erste erhaltene Urkunde des Klosters datiert aus der Zeit um 1111. Im Osten der Diözese, in einem Wiebelskirchen genannten Ort, lag ein Herrenstift an der Blies, wo Kleriker die Reliquien des Metzer Bischofs Terentius aufbewahrten. Die Männer wurden zu einer nicht näher bekannten Zeit durch Frauen ersetzt. Weiter weiß man nur, daß das neue Kloster Neumünster genannt wurde[21].

---

[15] K. Hallinger, Gorze-Kluny (wie Anm. 12), I, S. 613.

[16] N. Bulst, Untersuchungen zu den Klosterreformen Wilhelms von Dijon (962–1031) (Pariser Historische Studien), Bonn 1973, S. 147–195.

[17] H. Dauphin, Le Bienheureux Richard, Abbé de Saint-Vanne de Verdun, †1046, Bibl. Rev. Hist. Eccl. 24 (1946).

[18] Vita Adelberonis II. Mettensis episcopi, MGH Script. IV, S. 661.

[19] Ebd.

[20] Vgl. Anm. 2; K. Hauck, Kirchengeschichte, Bd 3, S. 369 Anm. 8.

[21] J. Hau/K. Schütz. Neumünster-Ottweiler, Saarbrücken 1934; Poehlmann, Älteste Gesch. des Bliesgaues, Bd 2, S. 89.

Die Aktivität Bischofs Adalbero II. läßt sich auch in der Touler Diözese beobachten, wo die Metzer Kirche große Besitztümer hatte. In Epinal,
an der Mosel, 30 km nördlich von Remiremont, wurden von Bischof
Dietrich I. eine Burg errichtet und daneben ein Markt und ein Stift gegründet, dessen Chorherren über die Reliquien des Metzer Bischofs Goë-
ricus zu wachen hatten. Die Kirche blieb lange im Bau, und Adalbero II.
beschloß um 1000 dort eine Abtei für Nonnen zu errichten[22].

Sein Nachfolger, Bischof Dietrich II., war ebenfalls ein Freund der Reform; er rief den Abt von St. Bénigne nach Gorze und St. Arnulf. Vielleicht hatte diese Aktivität einen Einfluß auf die Grafen von Metz, die
beschlossen, die Mönche von St. Remigius aus Lunéville zu vertreiben
und ihr Kloster den Nonnen zu schenken (1033)[23]. Lunéville stand auch
wie Epinal unter Metzer Kontrolle.

Hier erhebt sich eine Frage: haben diese drei neuen Gründungen wirklich etwas mit dem Reformgeist zu tun, oder handelt es sich hier nur um
politische Entscheidungen? In Epinal und Lunéville haben wir die drei
für eine Stadtgründung charakteristischen Elemente vor uns: das politische in Form einer Burg, das wirtschaftliche in Form eines Marktes oder
einer Brücke an einer Handelsstraße, das geistliche in Form eines Klosters. In Neumünster hatte sich vielleicht auch das gleiche abgespielt.
Dort wurden dreimal Kleriker und Mönche durch Frauen ersetzt. In Lunéville wurden die Mönche *violatores et raptores sanctae ecclesiae* bezeichnet. In Neumünster und Epinal waren vielleicht die Kleriker in zu geringer Zahl vorhanden, oder sie erfüllten ihre Pflichten schlecht. Wie es
auch gewesen sei, der Bischof wollte in beiden Fällen ein würdiges Kloster erbauen und darin für Nonnen einen neuen Platz schaffen. Auch die
Grafen von Lunéville haben Nonnen bevorzugt. In dieser Zeit war das
Verlangen nach der Reform, nach einem tiefen Wandel des monastischen
Lebens, groß. Es gab genug Männerklöster; dem entgegen fehlte es an
Frauenklöstern. Dies wäre auch ein hinreichender Grund gewesen für die
Errichtung von neuen Damenabteien.

---

[22] Annales de la Société d'Emulation des Vosges, Nouvelle Série, Nr. 1, 1983 (B.
Houot), und Nr. 3, 1985 (M. Parisse).
[23] A. Calmet, Histoire de Lorraine, 1. Aufl., I, Pr., Sp. 412; 2. Aufl., II, Pr., Sp. 266.

Verdun

Von St. Symphorian in Metz wurde der Abt Fingenius vom Verduner Bischof Haimo in das St. Vitonuskloster (Saint-Vanne) geholt. Es herrschte dort seit der Mitte des 10. Jahrhunderts der Ordo Gorziensis. Bald starb Fingenius. Da kamen von Reims der Chorherr Richard und sein Freund, der Verduner Graf Friedrich. „Ein halbes Jahrhundert später sollte St. Vanne" – nach Kassius Hallinger – „zum Brennpunkt einer weitausgreifenden benediktinischen Lebensbewegung werden"[24]. Der Verduner Bischof Haimo, ein tüchtiger Mann, beschloß, ein Frauenkloster in der Stadt zu gründen. Dank Hugo von Flavigny erfährt man, daß er die Nonnen *sub dispositione patris Richardi* stellte[25]. So wurde die neue Abtei im Rahmen der neuen Reform errichtet. Die Äbtissin Eva wollte genau wissen, wie sie die Nonnen regieren sollte. Darum besuchte sie mehrere Klöster, um die Bräuche besser kennenzulernen. Sie fuhr nach Cluny, wurde von Abt Odilo empfangen und erhielt dank der Freundschaft Odilos und Richards die Erlaubnis, ausnahmsweise das Kloster zu betreten. Die Gründung fand um 1010 statt. Eva erhielt von Leo IX. eine Bulle, in welcher eine lange Liste der Besitztümer zu lesen ist[26]. Die *monastica regula* wurde vorgeschrieben, die Unterwerfung eines kleinen Chorherrenstiftes beschlossen und die *libera eligendi abbatissam facultas* anerkannt.

Toul

Das religiöse Engagement der Bischöfe läßt sich auch in Toul beobachten. In der Stadt gab es noch kein Frauenkloster; Bouxières war etwa 20 km entfernt. Der heilige Gerard, der Chorherr in Köln gewesen war und der zur Gefolgschaft des Erzbischofs Bruno gehörte, wurde von diesem stark beeinflußt. Sobald er in Toul war, unterstützte er das neu gegründete Benediktinerkloster St. Mansuy und beschloß, den Frauen eine dem heiligen Gangolf gewidmete Kirche darzubringen. Es wurde ein Mißerfolg. Die ‚Gesta episcoporum Tullensium' berichten, die Keuschheit hätte zu viele Schäden erlitten[27].

---

[24] K. Hallinger, Gorze-Kluny (wie Anm. 12), I, S. 284.
[25] MGH Script. VIII, Lib. II, 16, S. 391.
[26] J. P. Migne, PL (= Cursus completus patrologiae. Series latina) 143, Sp. 626.
[27] MGH Script. IV, S. 494.

Der Nachfolger Gerards, der Schwabe Berthold, griff den Plan einer
Gründung wieder auf und ließ eine neue Abtei nicht mehr in der Stadt,
sondern auf dem Lande erbauen, an einem Ort, wo die Reliquien der heiligen Menne verehrt wurden[28]. Auf einer Anhöhe ließ er eine Kirche und
ein Kloster bauen, deren Name Portus Suavis bzw. Poussay war. Die Aus-
führung des Baus und seine Ausstattung haben etwa 20 Jahre gedauert.
Bischof Bruno, der spätere Papst Leo IX., hat sein möglichstes getan, um
das Kloster zu vollenden. Eine Bulle von 1049 bestätigt diese Gründung,
gibt ein Verzeichnis der Besitztümer und liefert einige Hinweise auf das
klösterliche Leben.

2. Die gräflichen Gründungen

Unbestritten ist, daß die Bischöfe die monastische Reform unterstützt
und daß die Nonnen daraus viele Vorteile gezogen haben. Könnte man
dasselbe auch über die gräflichen Gründungen sagen, etwa über Vergaville, das vom Grafen Sigerich, über Bleurville, das von den Touler Grafen,
und über Hesse, das von den Grafen von Dagsburg errichtet wurde?
Die Gründungsurkunde von Vergaville ist verunechtet und enthält nur
eine Liste der Besitztümer. Von Graf Sigerich und seiner Frau Betta weiß
man wenig. Sie standen mit Bouxières und Remiremont in Verbindung,
in einer Zeit, als diese Klöster von Abt Odelrich geleitet wurden. Sie sind
in einer der Urkunden der ersten bezeugt, und im Liber memorialis des
zweiten sind ihre Namen eingeschrieben[29]. So dürfte Vergaville dieser
Gruppe angehört haben.
Bleurville kennt man nur dank einer Urkunde Leos IX. Die Gründer,
die Grafen von Toul, spielten keine größere politische Rolle. Auch hier
erfahren wir aus einer Urkunde, daß die Äbtissin von Bleurville aus Remiremont abgeholt werden könne[30]. Remiremont stand in dieser Zeit,
um 1010–1020, unter dem Einfluß der Metzer Grafen, und in Metz wirkte die Reform von St. Bénigne. Die Grafen von Toul standen auch mit

---

[28] Mirecourt et Poussay. Journées d'études vosgiennes, 21–23 mai 1982, Nancy
1984, S. 79–124; M. Parisse, Une abbaye de femmes en Lorraine. Poussay au Moyen
Age, Sacris erudiri XXVI (1983), S. 103–118.
[29] A. Calmet (wie Anm. 6), 1. Aufl., I, Pr., Sp. 378; 2. Aufl., II, Pr., Sp. 221; Liber
memorialis (wie Anm. 8), fol. 46r°, 46v°, 55v°; R. H. Bautier (wie Anm. 9).
[30] Migne, PL 143, Sp. 661.

Verdun in enger Beziehung, und es kann sein, daß Bleurville – wie St. Maur – von der Verduner Reform beeinflußt wurde.

Auch über Hesse unterrichtet uns eine Urkunde Leos IX.[31]. Die Gründerfamilie, die Dagsburger und Egisheimer, welcher der Papst angehörte, hatte am Anfang des 11. Jahrhunderts drei Klöster gegründet: Altdorf für Mönche, Hesse in Lothringen und Woffenheim im Elsaß für Nonnen. Die Familie der Dagsburger und Egisheimer war in dieser Zeit für ihre Frömmigkeit wohl bekannt.

II. Einige Bemerkungen über das weibliche Mönchtum

Die beschriebenen Gründungen der Jahre 930 bis 1030 in Oberlothringen lassen auf ein allgemeines Interesse am Nonnentum schließen. Dank der Bischöfe und der Aristokratie wurden zehn neue Frauenklöster gegründet. Das lothringische Beispiel ist in dieser Gegend einzig. Denn in den Nachbarsprengeln von Besançon (Burgund)[32], Châlons und Reims (Champagne)[33], Lüttich[34] und Trier[35] kennen wir keine entsprechenden Neugründungen, und in keiner dieser Diözesen gibt es wie im Metzer Sprengel sieben Frauenklöster. Im Elsaß wird im 10. Jahrhundert Erstein, dann am Ende des 11. Jahrhunderts Bibliesheim und St. Walburg (nördlich von Hagenau) gegründet[36]. Oberlothringen hat in diesem Fall eine große Ähnlichkeit mit Sachsen und mit dem Rheinland[37].

Abschließend möchte ich ein paar allgemeine Fragen über das weibliche Mönchtum anschneiden. Jedesmal, wenn ein Kloster reformiert oder ein neues gegründet wurde, wurde auf drei Dinge geachtet: auf die Einführung der Benediktsregel, auf die Anwesenheit einer Äbtissin und deren freie Wahl und auf die Sicherung der wirtschaftlichen Grundlagen des Klosters.

---

[31] Ebd., Sp. 740.

[32] R. Locatelli, De la réforme grégorienne à la monarchie pontificale: le diocèse de Besançon (v. 1060–1220), Thèse dactyl., 1984, Bd. II, S. 927–934.

[33] J. Verdon, Recherches sur les monastères féminins dans la France du Nord aux IXe–XIe siècles, Revue Mabillon (1976), S. 49–96.

[34] E. de Moreau, Histoire de l'Eglise en Belgique, Bd. I und II.

[35] J. Marx, Geschichte des Erzstifts Trier, Trier 1860, II. Abt., Bd. 1, S. 457–480.

[36] M. Parisse, Le „monachisme" féminin en Alsace, Le codex Guta-Sintram, éd. B. Weis, Luzern 1983, S. 31–35; M. Barth, Handbuch der elsässischen Kirchen im Mittelalter, Straßburg 1963, s.v. Bibliesheim, St. Walburg, Graufthal.

[37] J. M. Guillaume, Les fondations de monastères de femmes dans le royaume de Germanie de 919 à 1024 d'après les diplômes, Nancy 1975 (dactyl.).

Was die Einführung der Benediktsregel betrifft, können wir feststellen, daß es scheint, als ob diese Regel immer schnell vergessen wurde,
und es wird gewöhnlich gesagt, daß die Nonnen danach Kanonissen werden. Dürfen wir einen grundlegenden Unterschied zwischen Nonnen
und Kanonissen machen?

Am Anfang des 9. Jahrhunderts scheint eine Unterscheidung keine
Schwierigkeiten zu machen. Im Jahre 816 hat der heilige Benedikt von
Aniane für die *Sanctimoniales canonice viventes* eine Institution verfaßt,
in der von Nonnen nicht ein einziges Mal die Rede ist[38]. Im Jahre 829
behandelte ein Pariser Konzil unter anderm auch die *sanctimoniales*, die
es in *monachae* und *canonicae* schied[39]. 836 setzt ein Aachener Konzil
den Chorherren Mönche und *sanctimoniales* entgegen[40]; hier handelt es
sich um eine undifferenzierte Gruppe von Nonnen, und die Bischöfe verfaßten für sie Gesetze, ohne — wie früher — zwischen *monachae* und *canonicae* zu unterscheiden.

Im Jahre 960 spricht Otto I. in einer Urkunde für Hilwartshausen
nicht nur von *vita canonica*, sondern auch von der Klausur und der *recta
regula virginum*[41]. Handelt es sich dabei wirklich um Kanonissen? Im
Jahre 1003 muß die gewählte Äbtissin von Alsleben *regulari et canonicae
religioni ap* sein[42]. Um 1000–1005 wird die Äbtissin von Pfalzel als Kanonisse bezeichnet, die wie eine wahre Nonne lebte[43].

Wahrscheinlich waren vom 9. bis zum 11. Jahrhundert die beiden Lebensformen, die der Nonnen und die der Kanonissen, einander sehr ähnlich und schwer voneinander zu unterscheiden[44]. Trotzdem wird in der
Zeit der Reform immer wieder von der Benediktsregel und von Nonnen
gesprochen. In einem Benediktinerinnenkloster bestand die Reform darin, daß die Frauen zu einem Leben nach der Regel zurückgeführt wurden. Es handelt sich aber nicht um die Aufgabe einer Regel zugunsten
einer anderen, wie von den Historikern zu oft angenommen wird. Non-

---

[38] MGH Concilia, II, Concilia aev. karolini I., Pars I., Hannover 1906, S. 421–456.
[39] MGH Concilia, I, pars II, S. 640.
[40] Ebd., S. 714.
[41] MGH DD Ottonis I., Nr. 206, S. 284–285.
[42] MGH DD Heinrici II., Nr. 44, S. 52.
[43] F.-J. Heyen, Untersuchungen zur Geschichte des Benediktinerinnenklosters
Pfalzel in Trier (c. 700–1016), Göttingen 1966, S. 18. Heyen denkt, daß Pfalzel ein
Kloster war und nicht ein Stift; es ist also gar nicht sicher.
[44] W. Kohl, Bemerkungen zur Typologie sächsischer Frauenklöster in karolingi-
scher Zeit. Untersuchungen zu Kloster und Stift, Göttingen 1980, S. 133–136.

nen oder Kanonissen? Wer will mit Sicherheit zwischen beiden unterscheiden? Die Bezeichnung Sanktimonialen dagegen ist unproblematisch.

Es liegt damit eine Vermutung nahe: im Reich waren die größten Frauenklöster schon von Anfang an Damenstifte, oder sie sind erst später zu Stiften geworden; in Lothringen wurden die vier Frauenklöster der Touler Diözese im Zuge einer Entwicklung, die wir nicht mehr kennen, allmählich zu Damenstiften; im Metzer Sprengel sind die Frauenklöster entgegen dem Willen der Nonnen monastische Klöster geblieben; in Frankreich gab es keine Damenstifte, sondern nur Klöster. Gibt es also ein west-östliches Gefälle? Bei einer positiven Antwort muß man behaupten, daß es sich um eine gesellschaftliche Differenzierung handelte, die mit dem Mönchtum nichts zu tun hatte.

In bezug auf die Einsetzung der Äbtissin läßt sich beobachten, daß, wenn auch die Nonnen ihre Äbtissin frei wählen konnten und diese Freiheit ihnen in den Urkunden regelmäßig wiederbestätigt wurde, die Äbtissinnen in der Tat meistens von oben eingesetzt wurden. Vom Zeitpunkt der Gründung an mußten sie ausschließlich aus der Familie oder der Verwandtschaft der Gründer gewählt werden[45]. Der König und die Bischöfe mischten sich in die Wahl ein, und die adeligen Schutzherren drängten dem Kloster die Äbtissin auf, die sie selbst gewählt hatten. Warum?

1. Weil die Frauenklöster einen Teil des Patrimoniums der Laienherren bildeten.

2. Weil diese Klöster Erziehungshäuser für Mädchen und Zufluchtsorte für Witwen waren.

3. Weil die Nonnen nicht ohne Beziehung zur Welt leben, nicht *mundo mortuae* sein wollten.

Was die wirtschaftliche Grundlage betrifft, ist festzustellen, daß die Reform den Besitz der Klöster wiederherstellen wollte. Deshalb gab es so viele Restitutionen. Die Frauenklöster brauchten auch einen Schutzherrn, einen Vogt, der allerdings das unter seinem Schutz stehende Kloster entweder reicher machen oder ruinieren konnte.

Die Nonnen hatten fast immer Schwierigkeiten mit der Vogtei. Meistens wurden die Vögte zu weltlichen Herren. Wir können die Klöster in drei Gruppen trennen: die bischöflichen werden vom Bischof vertei-

---

[45] Wie Anm. 30. – G. Fahrenheim, Une construction du premier âge roman dans les Vosges: l'église du prieuré de Bleurville, Le Pays lorrain (1975), S. 3–25.

digt und gestützt und überleben; die königlichen sind reich und wissen sich ohne große Probleme zu halten; die Adelsklöster sind von der Gründerfamilie abhängig und können mit ihr verschwinden (z.B. Vergaville, Bleurville)[46]. Die Urkunden der Reformbischöfe unterstreichen immer die Notwendigkeit von genügend Besitztümern und Einkünften. Die wirtschaftlichen Probleme waren bei den Nonnen immer sehr ausgeprägt.

Die Diskussion müßte auf das ganze weibliche Mönchtum ausgedehnt werden. Mir sei eine kurze Zusammenfassung gestattet.

1. Die Periode vom 9. bis zum 11. Jahrhundert ist sicher eine dunkle Zeit für das weibliche Mönchtum gewesen[47].

2. Die Zahl der den Frauen zur Verfügung stehenden Klöster war, trotz des lothringischen Beispiels, noch viel zu gering. Das hatten gleichzeitig der Abt von Cluny und der Erzbischof von Köln bezeugt[48].

3. Die Nonnen wurden ausschließlich aus dem Adel rekrutiert, was unvermeidbare Konsequenzen hatte: eine Vielzahl von Nonnen, die sich eigentlich nicht berufen fühlten; ein Nebeneinander von Jungfrauen und Witwen; adelige Lebensformen im Kloster; eine schwierige Anwendung der Regel im Alltagsleben, in der Kleidung, im Refektorium wie im Dormitorium; eine nicht oder kaum respektierte Klausur.

4. Der Adel betrachtete die Frauenklöster meist als seinen eigenen Besitz; hatten diese Klöster doch keine eigene Geschichte, weil ihre Geschichte mit der der Familien verwechselt wurde; sie hatten keine Liste der Äbtissinnen, keine Privaturkunden, nur ein bis zwei Königsurkunden und kaum Annalen. So kommt es, daß wir Einflußnahmen auf die Wahl der Äbtissin und Übergriffe auf den Klosterbesitz so häufig bezeugt finden. Es ist allerdings nicht zu vergessen, daß es oft der gleiche Adel war, der den Anstoß zur Reform gegeben hat.

5. Frauen gegenüber hatte man Vorbehalte. Im allgemeinen wurde von

---

[46] Bleurville verschwindet Ende des 11. Jahrhunderts mit der Familie der Touler Grafen; Vergaville hat eine Geschichte, die ebenso unbekannt ist wie die der Familie der Gründer; Lunéville wird wieder Männern (und zwar Regularkanonikern) zurückgegeben – in der 2. Hälfte des 12. Jahrhundert, in einer Zeit, in der der Titel des Metzer Grafen in eine andere Familie fällt.

[47] Die Zahl der heiligen Frauen ist viel kleiner in dieser Periode als in anderen Zeiten.

[48] Nach einer Bemerkung von Edith Ennen beim Kongreß. Hugo, Abt von Cluny, erwähnt dies in der Gründungsurkunde von Marcigny les Nonnains (J. Richard, Essai de reconstitution du cartulaire de Marcigny).

der Schwäche ihres Geschlechtes gesprochen, von ihrer Unfähigkeit, ein strenges Leben zu führen. Im schon erwähnten Aachener Konzil (836) wird für die Kanoniker von einer Institutio gesprochen, für die Mönche von der Benediktsregel; von den Nonnen aber heißt es, daß sie *secundum id quod earumdem sexus fragilitati congruit religioni subdantur*[49]. Warum wurde hier weder eine Regel noch eine Institutio erwähnt? Nur der Metzer Bischof Adalbero I. hat gezeigt, daß er dieselbe Reform für die Frauen wie für die Männer durchgeführt sehen wollte[50].

Noch im 11. Jahrhundert empfahl Wilhelm von Hirsau den Mönchen *humilitas, caritas, fervor, religio,* den Klerikern *doctrina et auctoritas*, den Witwen, den Jungfrauen und den Frauen aber nur *munditia et castitas*[51].

6. Vom 9. bis zum 11. Jahrhundert fehlt es nicht an Beispielen für die Frömmigkeit der Nonnen, aber wieweit können wir sie im allgemeinen voraussetzen? Das Beispiel der Jungfrau Geisa in Metz steht allein. Es gab vornehme Äbtissinnen, die große Verwalter waren (Mathilde von Quedlinburg, Sophie von Gandersheim, die vier Töchter des Pfalzgrafen Ezzo). Sie waren vielleicht Ausnahmen, aber auch Vorbilder. Es gab daneben vornehme Damen, die wirklich Nonnen wurden, wie die Kaiserinnen Kunigunde und Agnes, die Königin Richiza, die Gräfin Mathilde.

7. Die Jahre 1050–1075 waren eine Zeit des Umbruchs. Mit dem 12. Jahrhundert schließlich beginnt ein neues Kapitel der Frömmigkeit der Frauen.

---

[49] Wie Anm. 40.
[50] MGH Script. IV, S. 349.
[51] MGH Script. XII, S. 218.

Tafel der lothringischen Frauenklöster (bis zum 11. Jh.)

	METZ	TOUL	VERDUN
um 620 um 660 7.–8. Jh. 8. Jh.	 Sainte-Glossinde Saint-Pierre de Metz Herbitzheim	Remiremont	
930/935 966 970/990 985–1000 um 1000 " " um 1010 1010/30 1020/40 1033	 Vergaville G Sainte-Marie aux Nonnains B Neumünster B Hesse G	Bouxières aux Dames B (Saint-Gengoul de Toul) B Epinal B Bleurville G Poussay B Lunéville G	 Saint-Maur de Verdun B
	7	7(6)	1

Bischofsabteien (B): 7 (2 – Metz, 4 – Toul, 1 – Verdun)
Grafenabteien (G): Herbitzheim, G. von Saarwerden (ab 12. Jh.)

Hesse, G. von Dagsburg
Bleurville, G. von Toul
Lunéville, G. von Metz

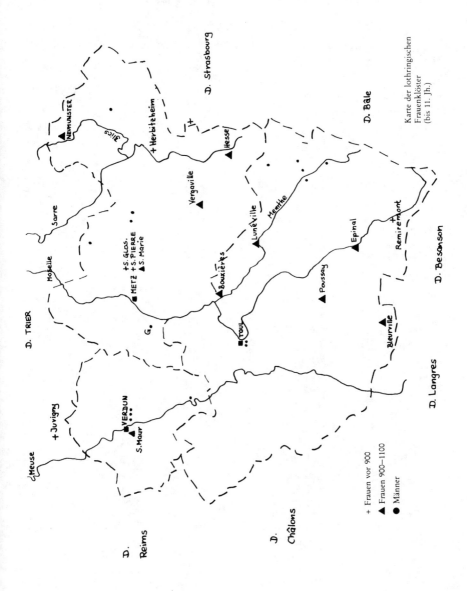

Karte der lothringischen
Frauenklöster
(bis 11. Jh.)

D. TRIER

D. Strasbourg

D. Bâle

D. Besançon

D. Langres

D.
Reims

D.
Châlons

NEUMÜNSTER

+ Herbitzheim

Hesse

Vergaville

Lunéville

+S. GLOS.
+S. PIERRE
METZ ▲S. Marie

Bouxières

TOUL

Epinal

Poussay

Remiremont

Bleurville

+ Juvigny

VERDUN
S. Maur

G.

Meuse

Moselle

Sarre

Zorn

Meurthe

+ Frauen vor 900
▲ Frauen 900–1100
● Männer

DIE RELIGIÖSE FRAUENBEWEGUNG IN SÜDFRANKREICH IM 12. UND 13. JAHRHUNDERT ZWISCHEN HÄRESIE UND ORTHODOXIE[1]

von

Peter Segl

Seit Herbert Grundmanns vor mehr als fünfzig Jahren erstmals erschienenem Buch ‚Religiöse Bewegungen im Mittelalter‘[2] sind die geschichtlichen Zusammenhänge zwischen der religiösen Frauenbewegung des 12. und 13. Jahrhunderts, innerkirchlichen Reformbemühungen und den verschiedenen häretischen Strömungen voll in den Gesichtskreis der mediävistischen Forschung getreten, wobei die schon von Grundmann aufgezeigte dünne Grenzlinie, der schmale Grat zwischen Orthodoxie und Häresie, auf dem sich die religiösen Frauen des 12. und 13. Jahrhunderts bewegten, wiederholt thematisiert und erst vor wenigen Jahren von Kaspar Elm in seinem Überblick über ‚Die Stellung der Frau in Ordenswesen, Semireligiosentum und Häresie zur Zeit der heiligen Elisabeth‘[3] erneut eindrucksvoll herausgearbeitet worden ist.

Sowohl Grundmann wie auch Elm haben dabei ihr Interesse nicht nur der im Gebiet des heutigen Belgien, der Niederlande und Nordostfrankreichs entstandenen Beginen-Bewegung zugewandt, sondern auch die re-

---

[1] Die Vortragsform des Referates vom 20.3.1986 in Weingarten ist beibehalten, die Anmerkungen sind auf das Notwendigste beschränkt worden.

[2] Herbert Grundmann, Religiöse Bewegungen im Mittelalter. Untersuchungen über die geschichtlichen Zusammenhänge zwischen der Ketzerei, den Bettelorden und der religiösen Frauenbewegung im 12. und 13. Jahrhundert und über die geschichtlichen Grundlagen der deutschen Mystik (Historische Studien, Bd. 267), Berlin 1935, Darmstadt ³1970.

[3] Kaspar Elm, Die Stellung der Frau in Ordenswesen, Semireligiosentum und Häresie zur Zeit der heiligen Elisabeth, in: Sankt Elisabeth. Fürstin — Dienerin — Heilige, hg. v. der Philipps-Universität Marburg in Verbindung mit dem Hessischen Landesamt für geschichtliche Landeskunde, Sigmaringen 1981, S. 7—28.

ligiöse Frauenbewegung in Südfrankreich mit einbezogen, ohne ihr freilich im einzelnen genauer nachzugehen. In der aus marxistischer Sicht konzipierten Studie ‚Frauenfrage und Ketzertum im Mittelalter' des Leipziger Mediävisten Gottfried Koch ist der Schwerpunkt jedoch ganz bewußt auf Südfrankreich, das früheste und bedeutendste Zentrum von Katharismus und Waldensertum, gelegt und die These vertreten worden, an beiden Ketzerbewegungen hätten Frauen einen überproportional hohen, wenn nicht gar vorherrschenden Anteil gehabt[4]. Dagegen ist 1976 von der Amerikanerin Eleanor McLaughlin in dem Aufsatz ‚Die Frau und die mittelalterliche Häresie. Ein Problem der Geschichte der Spiritualität' eingewandt worden, von Koch und dem zu ähnlichen Ergebnissen wie dieser gelangenden Ernst Werner werde mehr als mit Zahlen „mit der ideologischen Dimension" hantiert und weder für die Katharer noch für die Waldenser Südfrankreichs gebe es „Anzeichen für ein Überwiegen oder auch nur ein zahlenmäßiges Gleichgewicht der weiblichen den männlichen Mitgliedern gegenüber"[5]. Im übrigen, so McLaughlin, spiegele sich in der Behauptung der modernen Historiker vom zahlenmäßigen Übergewicht der Frauen unter den Häretikern jenes typische Vorurteil der mittelalterlichen Theologen und Kleriker wider, „die Frau neige aufgrund ihrer geringeren geistigen und ihrer minderen moralischen Fähigkeit sowie ihrer Rolle als Tochter Evas, der Versucherin, stärker zu häretischem Irrtum als der Mann"[6].

Hier nun möchte ich einsetzen und als erstes die Frage aufwerfen, was wir denn überhaupt über die Beteiligung von Frauen bei den beiden großen „Ketzergruppen" im Languedoc des 12. und 13. Jahrhunderts, bei Waldensern und Katharern, in Erfahrung bringen können, wobei ich meine Frage zuerst an einige ausgewählte Autoren richte und mich danach dann einer für quantifizierende Aussagen sehr viel ergiebigeren Quellengattung zuwende, erhaltenen Akten aus den Archiven der Inquisition in Toulouse und Carcassonne nämlich. Anschließend versuche ich, den Motiven für den Anschluß von Frauen an Katharer und Waldenser nachzuspüren, um dann abschließend mit Blick auf die von der Kir-

---

[4] Gottfried Koch, Frauenfrage und Ketzertum im Mittelalter. Die Frauenbewegung im Rahmen des Katharismus und des Waldensertums und ihre sozialen Wurzeln (12.–14. Jahrhundert) (Forschungen zur mittelalterlichen Geschichte, Bd.9), Berlin 1962.

[5] Eleanor McLaughlin, Die Frau und die mittelalterliche Häresie: Ein Problem der Geschichte der Spiritualität, Concilium 12 (1976), S. 34–44, hier: 34 und 38.

[6] McLaughlin, Frau und Häresie, S. 36.

che den Frauen bereitgestellten Möglichkeiten zur Verwirklichung ihres
Frömmigkeitsideals auf das meines Erachtens recht aufschlußreiche, von
der Forschung nicht genügend beachtete Fluktuieren von Frauen zwischen Häresie und Orthodoxie hinzuweisen, das möglicherweise auch
die Suche nach den Motiven der religiösen Frauenbewegung ein Stück
weiterzubringen vermag. Da im Gesamtverlauf der Tagung und also im
vorliegenden Band rechtgläubige, ja heilige Frauen im Vordergrund stehen, kann ich diese eher ein wenig vernachlässigen und den Schwerpunkt
auf die in heterodoxen Lebensformen sich verwirklichenden Frauen und
Frauengruppen legen.

Angesichts des zur Verfügung stehenden Umfanges halte ich es für ver-
tretbar, von der an sich notwendigen sozial-, wirtschafts-, kultur- und herr-
schaftsgeschichtlichen Einbettung des Themas abzusehen und auf eine
Skizze des Lebensraumes Languedoc als der im 12. Jahrhundert blühend-
sten, ökonomisch am entwickeltsten, kulturell und politisch vielgestal-
tigsten Region Europas zu verzichten.

I. Der Anteil von Frauen bei Katharern und Waldensern in Südfrankreich während des 12. und 13. Jahrhunderts

Schon in den dreißiger Jahren des 12. Jahrhunderts wird von zeitgenössischen Autoren, dem Abt Petrus Venerabilis von Cluny oder dem (an-
sonsten unbekannten) Mönch Wilhelm etwa, die auffallende Attraktion
häretischer Wanderprediger vom Schlage eines Peter von Bruis oder
Heinrich von Lausanne auf die südfranzösische Damenwelt besonders
hervorgehoben, ähnlich wie man auch für die in Flandern und Brabant
bzw. in Nordfrankreich unter dem Schlagwort der *vita apostolica* auftre-
tenden antiklerikalen Armutsprediger Tanchelm und Eon von Stella sowie auch für die im Rahmen der Kirche verbleibenden und zu Ordens-
stiftern werdenden apostolischen Wanderprediger Robert von Arbrissel
und Norbert von Xanten deren Erfolge bei Frauen erstaunt registrierte;
Herbert Grundmann in dem bereits zitierten Buch über die religiösen
Bewegungen und Ernst Werner in seinen ‚Pauperes Christi‘[7] haben zahlreiche Belege dafür zusammengestellt.

Auch in einer der ersten Nachrichten überhaupt, die wir über die Ka-

---

[7] Ernst Werner, Pauperes Christi. Studien zu sozialreligiösen Bewegungen im
Zeitalter des Reformpapsttums, Leipzig 1956.

tharer besitzen, einem Brief des Prämonstratenserpropstes Everwin von
Steinfeld an Bernhard von Clairvaux über die 1143 in Köln und Bonn
entdeckten Ketzer, wird ausdrücklich auf Frauen hingewiesen, die diese
„Apostel des Satans" bei sich hätten und mit denen sie gleichsam nach
Art der Apostel Christi herumzögen[8].

Auf seinen Predigtreisen Mitte der vierziger Jahre gegen die in Südfrankreich um sich greifenden häretischen Bewegungen regt Bernhard
von Clairvaux sich immer wieder über den Frauenanhang Heinrichs von
Lausanne und anderer proto-katharischer Ketzer auf, und für seinen zwischen 1179 und 1202 schreibenden Ordensbruder Alanus von Lille, der
Südfrankreich von seiner Lehrtätigkeit in Montpellier her kannte, sind
diese törichten und dummen Frauen, wie er sie nennt, ebenfalls ein Ärgernis; seine vier Bücher ‚De fide catholica contra haereticos sui temporis‘[9] sind trotzdem eine der wichtigsten Quellen für unsere Kenntnis des
Katharismus im 12. Jahrhundert.

Für das ausgehende 12. und beginnende 13. Jahrhundert bezeugt der
Zisterzienser Peter von Vaux-Cernay (†ca. 1219) in seiner zwischen 1213
und 1218 geschriebenen ‚Hystoria Albigensis‘ einen nicht unerheblichen
Frauenanteil unter den südfranzösischen Katharern[10], für das späte 13.
und das beginnende 14. Jahrhundert ließe sich etwa der „Historiker" und
Inquisitor Bernard Gui (†1331) anführen[11].

In ähnlicher Weise wie bei den Katharern fiel den Zeitgenossen auch
das Auftreten von Frauen in der Umgebung des 1176 vom reichen Kauf-
mann zum besitzlosen Wanderprediger konvertierten Valdes und deren
Aktivität in dessen apostolischer Predigergemeinschaft auf.

Schon um 1182 nimmt eine von dem südfranzösischen Prämonstraten-
ser-Abt Bernhard von Fontcaude (Fons Calidus) gegen Valdes und seine
Anhänger verfaßte Schrift Anstoß an den Frauen, *quas suo consortio ad-*

---

[8] Epistola Evervini Steinfeldensis praepositi ad S. Bernardum, in: J.-P. Migne, Patrologia latina 182, Paris 1862, Sp. 679 f.: *Isti apostoli Satanae habent inter se feminas
(ut dicunt) continentes, viduas, virgines, uxores suas, . . .; quasi ad formam apostolorum,
quibus concessa fuit potestas circumducendi mulieres.*

[9] Alani de Insulis De fide catholica contra haereticos sui temporis, praesertim Albi-
genses, in: J.-P. Migne, Patrologia latina 210, Paris 1855, Sp. 305–430.

[10] Petri Valli Sarnaii Monachi Hystoria Albigensis, hg. v. Pascual Guébin u. Ernest
Lyon, 3 Bde., Paris 1926–1939.

[11] Vor allem mit seiner ‚Practica inquisitionis heretice pravitatis‘, hg. v. C. Douais,
Paris 1886, und seinen erhaltenen Urteilen, die veröffentlicht worden sind von Philipp Limborch, Historia Inquisitionis, Amsterdam 1692. Zu Person und Werk Guis
vgl. A. Vernet in: Lexikon des Mittelalters 1, München/Zürich 1980, Sp. 1976 f.

mittunt, docere permittunt[12], wenig später, so um 1185–1188 herum,
weiß der ehemalige Sekretär Bernhards von Clairvaux, der Zisterzienser-
Abt Gottfried von Auxerre, in seinem Apokalypsen-Kommentar von
diesen waldensischen Predigerinnen zu berichten, sie suchten sich nach
ihren Predigten für beinahe jede Nacht neue Liebhaber (*novos amasios*),
was ihn zu dem wenig schmeichelhaften Vergleich mit der biblischen Je-
zabel und zu der Denomination *meretricula praedicatrix*, predigende
Hure, veranlaßt[13].

Enthüllungen solcher Art, bis hin zur Nennung von Namen, weist
auch das um die Wende vom 12. zum 13. Jahrhundert geschriebene
‚Opusculum contra haereticos‘ eines Südfranzosen namens Ermengaud
auf, der an den Waldensern vor allem ihre Behauptung zu tadeln hat,
quod tam laici quam femine possunt . . . predicare[14]. Daß Valdes von Anfang an Frauen nicht nur in seine Gemeinschaft aufgenommen, sondern
sie auch genau wie die männlichen Mitglieder seiner Bruderschaft *per vicos et plateas* zum Predigen ausgeschickt hat, bestätigt uns neben anderen
auch der aus dem Dominikanerkonvent in Lyon stammende, in Süd- und
Ostfrankreich als Prediger und Inquisitor tätige Stephan von Bourbon,
dessen wohl ab etwa 1249 entstandenes „Lehrbuch" für Prediger ‚De sep-
tem donis Spiritus Sancti‘ sich beim Bericht über die Anfänge der Waldenser noch auf Augenzeugen, darunter einen der von Valdes zur Bibelübersetzung engagierten Kleriker (Bernardus Ydros!), stützen konnte
und deshalb zu den wertvollsten Nachrichten zählt, die wir über die
Frühzeit der Waldenser überhaupt besitzen. Dieser Stephan, nach seinem Geburtsort Belleville-sur-Saône oft auch als *Stephanus de Bellavilla*
bezeichnet, berichtet uns zwar, es seien viele Männer und Frauen gewesen[15], die Valdes für seine apostolische Lebensform gewonnen und als

---

[12] Bernardi Abbatis Fontis Calidi Adversus Waldensium sectam liber, in: J.-P. Migne, Patrologia latina 204, Paris 1855, Sp. 793–840, das Zitat: 825.

[13] Auszüge aus Gottfrieds Apokalypsen-Kommentar sind bequem zugänglich in:
Enchiridion fontium Valdensium (Recueil critique des sources concernant les Vau-
dois au moyen âge), hg. v. Giovanni Gonnet, Torre Pellice 1958, S. 45–49, mein
Zitat: 47.

[14] Opusculum Ermengaudi contra haereticos, in: J.-P. Migne, Patrologia latina
204, Paris 1855, Sp. 1235–1272. Das hier fehlende Kapitel 21 *De erroribus Valdensium*
druckt Gonnet (wie Anm. 13), Enchiridion, S. 155–157; dort S. 155 mein Zitat.

[15] Albert Lecoy de la Marche, Anecdotes historiques, Légendes et Apologues ti-
rés du recueil inédit d'Etienne de Bourbon, Paris 1877, S. 292 f.: *Quidam dives rebus
in dicta urbe, dictus Waldensis . . . officium apostolorum usurpavit et presumpsit, evangelia et ea que corde retinuerat per vicos et plateas predicando, multos homines et mulieres*

Prediger ausgesandt habe, doch genauere Zahlenangaben liefert er uns leider ebensowenig wie andere Autoren.

Hier können nur Inquisitionsakten weiterhelfen, von denen ich als erstes auf einen im Jahre 1669 aus dem Archiv der Dominikaner in Toulouse kopierten Bestand hinweisen möchte, der sich, allerdings unvollständig, in der Collection Doat der Bibliothèque Nationale in Paris erhalten hat[16].

Es handelt sich um eine Zusammenstellung der Bußen, die der Dominikaner Petrus Seila (übrigens jener Mann, in dessen Haus in Toulouse[17] 1215 sein Freund Dominikus den Predigerorden gegründet hatte) im Rahmen seiner Inquisitionstätigkeit im Quercy zwischen Mai 1241 und April 1242 verhängt hat, aus denen wir ca. 650 Personen sowie mit wenigen Ausnahmen auch deren Vergehen und die ihnen auferlegten Bußen kennenlernen[18].

Am Anfang (fol. 185rv) steht eine Dame aus Gourdon, namens Huga, die ihren Umgang mit Katharern und ihre Anwesenheit bei der *haereticatio* ihres Mannes (bei dessen feierlicher Aufnahme in die Sekte also) mit acht Wallfahrten (darunter die beiden großen nach Compostela und Canterbury), einjährigem Tragen des Ketzerkreuzes und lebenslanger Versorgung eines Armen büßen mußte, eine Strafe, auf die anschließend mit der Formel *idem quod Huga* bei den Strafmaßnahmen anderer Personen wiederholt Bezug genommen wird, meist mit Einschränkungen hinsichtlich des Kreuztragens oder der Armenfürsorge.

Natürlich sind in dieser Liste, deren Namensmaterial sich um die von Seila besuchten 9 Orte des Quercy gruppieren läßt, außer Frauen auch Männer aufgeführt, außer Anhängern der Katharer auch solche der Waldenser; und wenn man alle diese Angaben (so gut es eben geht!) aufschlüsselt, dann erhält man folgende Statistik:

---

ad idem faciendum ad se convocando, firmans eis evangelia. Quos eciam per villas circumjacentes mittebat ad predicandum, vilissimorum quorumcunque officiorum. Qui eciam, tam homines quam mulieres, idiote et illiterati, per villas discurrentes et domos penetrantes et in plateis predicantes et eciam in ecclesiis, ad idem alios provocabant.

[16] Collection Doat 21, fol. 185^r–312^v. Über diese Dokumentensammlung und ihre Entstehung vgl. Lothar K o l m e r, Colbert und die Entstehung der Collection Doat, Francia 7 (1979), S. 463–489.

[17] M.-H. V i c a i r e, La maison de Pierre Seila à Toulouse où l'ordre fut fondé, in: Saint Dominique en Languedoc (Cahiers de Fanjeaux, Bd. 1), Toulouse 1966, S. 159–166.

[18] Ich habe darauf bereits hingewiesen in dem Aufsatz „Stabit Constantinopoli". Inquisition und päpstliche Orientpolitik unter Gregor IX., Deutsches Archiv für Erforschung des Mittelalters 32 (1976), S. 209–220.

Verhört wurden insgesamt 646 Personen, von denen sich 364 als Anhänger der Katharer und 206 als Anhänger der Waldenser bezeichnen lassen, während 75 sowohl zu Waldensern wie Katharern Beziehungen unterhielten und 1 Person sich überhaupt nicht zuordnen läßt.

In Prozentzahlen ausgedrückt wären das also 55% Katharer-Anhänger, 30% Waldenser-Freunde und 15% „Gemischte".

Von besonderem Interesse für unser Thema ist jedoch eine Aufschlüsselung nach Männern und Frauen, die (wieder mit dem Vorbehalt: so gut es eben geht, da das Stück eine Reihe von „Tücken" wie Doppeleintragungen, abgekürzte Vornamen, verstümmelte Textpassagen etc. aufweist) folgendes Ergebnis erbringt:

Bei den Katharern kommen auf 244 Männer 120 Frauen, was einem Prozentanteil von 30% Frauen entspricht.

Bei den Waldensern stehen 108 Frauen 98 Männern gegenüber, was einen Frauenanteil von 52% ergibt.

Bei der Gruppe der „Gemischten" treffen auf 54 Männer insgesamt 21 Frauen, der Frauen-Anteil beträgt also wie bei den Katharern 30%.

Wir verdanken diese wertvolle Statistik der von Kurt-Victor Selge angeregten Dissertation von Martin Schneider, die 1981 unter dem Titel ‚Europäisches Waldensertum im 13. und 14. Jahrhundert. Gemeinschaftsform − Frömmigkeit − Sozialer Hintergrund' erschienen ist[19].

Schneider weicht in seiner Auswertung der ‚Poenitenciae fratris Petri Sillani' von früheren, ähnlich angelegten statistischen Versuchen von Yves Dossat[20] und Jean Duvernoy[21] in manchen Punkten ab, doch in einem wesentlichen Ergebnis stimmen alle drei genannten Bearbeiter des Materials (es gibt auch noch eine Reihe anderer) miteinander überein, in der Berechnung des Frauenanteils bei den Waldenseranhängern nämlich, den alle drei auf mehr als die Hälfte aller Anhänger beziffern.

Nur nebenbei sei auch noch ein weiteres Ergebnis dieser Auszählung,

[19] Martin Schneider, Europäisches Waldensertum im 13. und 14. Jahrhundert. Gemeinschaftsform − Frömmigkeit − Sozialer Hintergrund (Arbeiten zur Kirchengeschichte, Bd. 51), Berlin 1981, S. 8−16.
[20] Yves Dossat, Les Vaudois meridionaux d'après les documents de l'inquisition, in: Vaudois languedociens et Pauvres Catholiques (Cahiers de Fanjeaux, Bd. 2), Toulouse 1967, S. 209−211.
[21] Jean Duvernoy, Albigeois et Vaudois en Quercy d'après le Registre des Penitences de Pierre Sellan, in: Fédération des Sociétés académiques et savantes de Languedoc-Pyrénées-Gascogne. Actes du XIXe Congrès d'études régionales tenu à Moissac les 5 et 6 Mai 1963, Albi 1964, S. 110−121.

so problematisch sie insgesamt auch sein mag, erwähnt: Mit Ausnahme
von Montauban und Montcuq übersteigt auch im Quercy, ähnlich wie
im eigentlichen Zentrum des Languedoc, die Anzahl der Kathareranhän-
ger die der Waldenserfreunde um ein Beträchtliches, 55:30 Prozent.

Trotzdem stellt das Quercy schon fast so etwas wie eine „Hochburg
des Waldensertums" dar, vergleicht man damit etwa die Diözesen Toulouse, Carcassone und Albi, wo es kaum Erfolge verzeichnen konnte und
uns fast ausschließlich Katharer begegnen. Die Akten einer in den Jahren
1245/46 in der Diözese Toulouse durchgeführten Inquisition zum Beispiel, auf die ich gleich nochmals zu sprechen kommen werde, enthalten
bei mehr als 5500 Verhören nur in 21 Verhören Hinweise auf Waldenser.

Bevor ich auf diese Quellengruppe eingehe und aus ihr Aussagen über
den Anteil von Frauen unter den Verhörten zu gewinnen versuche,
möchte ich jedoch auf eine für unsere Kenntnis des häretischen Zweiges
der religiösen Frauenbewegung Südfrankreichs nicht unwichtige Tatsache aufmerksam machen, über die wir aus historiographischen oder trak-
tatähnlichen Quellen nur ganz gelegentlich Informationen erhalten, die
wir jedoch in den erhaltenen Materialien aus den Inquisitionsarchiven
von Toulouse und Carcassonne immer wieder nachweisen können, die
Tatsache nämlich, daß sowohl Waldenserinnen wie Katharerinnen über
eigene *hospicia* verfügten, über Häuser, in denen die religiösen Frauen in
einer klosterähnlichen Gemeinschaft zusammenlebten. Solche reinen
Frauenkonvente begegnen in den mir bekannten Akten der Seila-Inquisi-
tion für Waldenserinnen zu einer bestimmten Zeit in Beaucaire und in
Montcuq[22], bei genauerer Lektüre weiterer Inquisitionsakten aus Südfrankreich lassen sich wohl auch noch andere finden. Für die Vollkommenen, die *perfectae* der Katharer, kennt man solche Frauenkonvente
schon seit langem; Jean Guiraud hat 1907 in seiner Einleitung zum ‚Char-
tular von Prouille' als einer der ersten auf sie nicht nur hingewiesen, sondern eine ganze Reihe von ihnen namhaft gemacht[23], und auch Gottfried
Koch hat ihnen in seinem Buch von 1962 besondere Aufmerksamkeit geschenkt und ihnen ein eigenes Kapitel gewidmet[24]. Hier müßten weitere

---

[22] Coll. Doat 21, fol. 228ᵛ (Beaucaire) u. fol. 219ʳ (Montcuq). Vgl. Schneider (wie
Anm. 19), S. 20.

[23] Cartulaire de Notre-Dame de Prouille, hg. v. Jean Guiraud, Bd. 1, Paris 1907,
bes. CV-CXIII.

[24] G. Koch (wie Anm. 4), S. 49–70: ‚Bonae mulieres und Frauenkonvente in Südfrankreich bis zum Fall von Montségur 1244'.

Forschungen, vor allem solche quantifizierender Art ansetzen, um die regionale Streuung, aber auch die chronologischen Phasen von Aufkommen, Blüte und Niedergang dieser häretischen „Frauenkonvente" mit dem Vorhandensein bzw. dem Fehlen katholischer Frauenklöster in Beziehung zu setzen; denn nur vor dem Hintergrund der bestehenden bzw. der nicht vorhandenen Alternativen läßt sich der Zustrom so vieler Frauen zu den „Ketzerkonventen" zutreffend beurteilen. Auch hier wieder, das darf nochmals betont werden, liefert das Aktenmaterial der verschiedenen Inquisitionen wertvolle Aufschlüsse.

Bisher ist es in dieser Richtung jedoch nur sehr sporadisch, eher zufällig ausgewertet worden, so daß ich mangels eigenen Engagements mich nun noch einmal der Frage nach dem zahlenmäßigen Anteil von Frauen in der südfranzösischen Ketzerbewegung zuwende, diesmal vor allem den Katharismus in den Blick nehme und dazu auf die bereits erwähnte Inquisition in der Diözese Toulouse in den Jahren 1245/1246 zurückkomme, die, wie schon angedeutet, nur einen verschwindend geringen Bruchteil von Waldensern in der Diözese Toulouse ergeben hat.

Durchgeführt wurde diese Inquisition von den beiden Dominikanern Bernard de Caux und Jean de St. Pierre, die in 106 Ortschaften des nördlichen Teils der Diözese Toulouse nahezu 5600 Zeugen verhörten und deren Akten teilweise heute noch in der Stadtbibliothek von Toulouse (Ms. 609) erhalten sind, wo sie von den beiden Amerikanern Richard Abels und Ellen Harrison unter der uns interessierenden Fragestellung nach der ‚Beteiligung von Frauen im Katharismus des Languedoc' ausgewertet worden sind[25].

Berücksichtigt worden sind nur *perfectae* und *perfecti*, der innere Kern der Katharer-Sekte also, die jedoch verschiedenen Zeiträumen zugeordnet werden konnten. So beträgt z.B. nach der Statistik von Abels und Harrison der Frauenanteil unter den Katharern in der Zeit vor 1217 ganze 40%, d.h. 174 nachweisbaren *perfectae* stehen 435 *perfecti* gegenüber. Für das Jahrfünft von 1217–1222 beträgt die *perfectae–perfecti*-Relation 73:254, also 28,7% Frauen, für die Zeit von 1223–1228 zählten die Statistiker 199 Frauen auf 687 Männer, was einem Anteil von 28,9% *perfectae* entspricht.

---

[25] Richard Abels/Ellen Harrison, The Participation of Women in Languedocian Catharisme, Mediaeval Studies 41 (1979), S. 215–251. – Die Prozentangaben für den Frauenanteil beziehen sich im Folgenden auf die Anzahl der Männer, nicht auf die Gesamtzahl.

In den Jahren unmittelbar nach dem berüchtigten, zwanzig Jahre wütenden sogenannten Albigenser-Kreuzzug kommen zwischen 1229 und 1234 auf 1167 Männer nur 186, das sind 15,9% Frauen, deren Anteil von 1235–1240 dann wieder auf 16,2% und von 1240–1246 sogar auf 29,5% ansteigt – sagen die Statistiker.

Nimmt man dazu die Zahlen, die sich aus den Anfang des 14. Jahrhunderts (zwischen 1305 und 1323) von dem Tholosaner Inquisitor Bernard Gui gegen 659 Personen, von denen 179 Frauen waren (darunter 31 Waldenserinnen), gefällten Urteilen[26] ergeben, und zieht man auch noch die vom Juli 1318 bis zum Oktober 1325 von Bischof Jacques Fournier in Pamiers verurteilten 114 Ketzer mit heran, von denen 48 Frauen und 66 Männer waren[27], dann wird man nicht umhin können, Eleanor McLaughlin zu widersprechen, wenn sie behauptet, daß über den Anteil der Frauen in den Ketzerbewegungen des Languedoc „schlüssiges Belegmaterial fehlt" und es auch „keinerlei Anzeichen für ein Überwiegen oder auch nur ein zahlenmäßiges Gleichgewicht der weiblichen den männlichen Mitgliedern gegenüber" gebe[28].

Ich hoffe, wenigstens einige Anzeichen dafür beigebracht zu haben, daß in der nicht-kirchlichen religiösen Bewegung Südfrankreichs im 12. und 13. Jahrhundert der Anteil der Frauen ein nicht geringer war.

Damit erhebt sich die Frage, warum das so war, und wir müssen uns mit den Ursachen und Motiven für das Engagement von Frauen bei Katharern und Waldensern beschäftigen.

II. Motive für den Anschluß von Frauen an Waldenser und Katharer

Die Gründe für den Zulauf von Frauen zu den im 12. Jahrhundert aufblühenden Bewegungen der Katharer und Waldenser sieht ein Teil der jüngeren Forschung vor allem in sozio-ökonomischen Strukturverhältnissen, so etwa auch Ernst Werner, der führende marxistische Häresiolo-

---

[26] Guis Sententiae bei Limborch (wie Anm. 11).

[27] Le Registre d'inquisition de Jacques Fournier, évêque de Pamiers (1318–1325), hg. v. Jean Duvernoy, 3 Bde. (Bibliothèque Meridionale, 2ᵉ série, tom. 41), Toulouse 1965.

[28] E. McLaughlin (wie Anm. 5), S. 39.

ge, für den sich das Waldensertum als „spontaner Reflex der Krisener-
scheinungen in der feudalen Oekonomik" darstellt[29] und dem zufolge
die Töchter des niederen Adels in Südfrankreich „seit der Mitte des 12.
Jahrhunderts vor allem aus materiellen Gründen" und „unter dem Eindruck der beginnenden ökonomischen und sozialen Krise des kleinen
Adels" sich zu den Katharern hingezogen fühlten und in deren Ketzer-
konvente eintraten[30]. Der aus der Leipziger Schule hervorgegangene, bereits mehrfach zitierte Gottfried Koch weist auf „die besonders gedrückte
soziale Lage der Frauen" in den Städten und auf dem flachen Land in
Südfrankreich hin und erblickt darin die „eigentliche Ursache" für deren
Anschluß an den Katharismus, wobei er sich auf den in den Quellen
nachweisbaren verhältnismäßig hohen Anteil von Weberinnen bei den
Katharern stützt[31].

Die Textilherstellung war in Südfrankreich im 12. und 13. Jahrhundert
der entwickeltste „Industriezweig"; hier gab es bereits den Lohnarbeiter
und die Lohnarbeiterin, und aus „dem Kreis dieser ausgebeuteten Frau-
en", so lautet die auch von Sibylle Harksen[32] vertretene These der marxi-
stischen Historiker, hätten die Katharer ihren größten Zulauf bekommen. Indem diese Frauen sich der Häresie zuwandten, so argumentiert
Koch, drückten sie „ihre Opposition gegen die bestehenden Klassenver-
hältnisse aus. Für sie bedeutete die katharische Lehre die Verwerfung der
bösen Welt mit ihrer Ausbeutung und Unterdrückung. Zugleich bot sie
das Wissen und den Weg der Erlösung aus diesen Verhältnissen. Für die
arme Weberin stand das Erlösungsmotiv im Vordergrund, bei den Angehörigen der Oberschichten spielte dies eine viel geringere Rolle"[33]. Da
Katharer wie Waldenser Frauen das Predigen erlaubten und ihnen auch
in der Kultausübung die gleichen Funktionen einräumten wie den Männern, hätten sie für Frauen attraktive Strukturen und Ideologien angeboten, die im Gegensatz zum patriarchalischen und frauenfeindlichen Katholizismus die grundsätzliche und auch tatsächliche Gleichheit von
Mann und Frau vertraten. „Wir fassen hier wohl", so Koch an anderer

---

[29] Ernst Werner, Ideologische Aspekte des deutsch-österreichischen Waldensertums im 14. Jahrhundert, Studi medievali, serie terza 4 (1963), S. 224.

[30] Ernst Werner, Die Stellung der Katharer zur Frau, Studi medievali, serie terza
2 (1961), S. 299.

[31] G. Koch (wie Anm. 4), S. 20.

[32] Sibylle Harksen, Die Frau im Mittelalter, Leipzig 1974, S. 36.

[33] G. Koch (wie Anm. 4), S. 20.

Stelle, „– wenn auch keimhaft und in verschleierter Form – gewisse Emanzipationsbestrebungen der Frauen"[34].

Gegen diese Auffassung wird man unter Hinweis auf die ausgesprochen frauenfeindliche Kosmologie und Dogmatik der Katharer Bedenken anmelden müssen, betrachteten diese doch, wie Arno Borst schon 1953 überzeugend nachgewiesen hat[35], die Frau als das Böse schlechthin, dessen Berührung jeder „Vollkommene" zu vermeiden habe, durch das einst die reinen Seelen im Himmel des guten Gottes verführt worden seien, weshalb kein weibliches Wesen jemals wieder den Himmel betreten könne und auch eine katharische *perfecta* vor Eintritt in diesen ihr Geschlecht wechseln müsse: *Mulieres heretice vel hereticate, <quando> moriuntur converterentur in viros, ut salventur*, haben die Inquisitoren des 14. Jahrhunderts als katharische Lehrmeinung festgehalten[36]. Und schon im 13. Jahrhundert polemisierte Moneta von Cremona gegen jene Katharer, die schwangeren Frauen die Heilsfähigkeit schlechthin bestritten, da sie vom Teufel bzw. von bösen Dämonen besessen seien[36a].

Was solche und viele andere, extrem leibfeindliche, Sexualität und Zeugung abwertende Ansichten für Frauen des 12. und 13. Jahrhunderts annehmbar gemacht oder gar zu ihrer Emanzipation beigetragen haben soll, wird wohl nur schwer vermittelbar sein. Von weiblicher Seite ist deshalb auch der „Mangel an Aufmerksamkeit von Historikern wie Koch für die psychologischen Implikationen einer solchen Theologie" kritisiert und festgestellt worden: „Koch, Werner und andere Theoretiker der Befreiung haben sich geirrt, wenn sie im Dualismus eine feste theoretische Basis für die Gleichheit von Frau und Mann in einer patriarchalischen Gesellschaft finden wollten. Jede Philosophie oder Theologie, die Kindergebären und Mutterschaft mit Bösem und Satan identifiziert, muß in ihrer Auswirkung notwendig misogyn sein"[37].

Da das auch den Frauen im Mittelalter wohl nicht verborgen geblieben sein dürfte, wird man bei der Suche nach einer möglichen Antwort auf

---

[34] G. Koch, Die Frau im mittelalterlichen Katharismus und Waldensertum, Studi medievali, serie terza 5 (1964), S. 741–774, hier: 748.

[35] Arno Borst, Die Katharer (Schriften der Monumenta Germaniae Historica, Bd. 12), Stuttgart 1953, bes. S. 145 f. u. 180 f.

[36] Le Registre de Jacques Fournier (wie Anm. 27), Bd. 3, S. 223.

[36a] Moneta von Cremona, Adversus Catharos et Valdenses libri quinque, hg. v. Thomas Augustin Ricchini, Rom 1743 (Nachdruck: Ridgewood 1964), S. 287, 335, 360.

[37] E. McLaughlin (wie Anm. 5), S. 38.

die Frage nach der erwiesenermaßen im 12. und 13. Jahrhundert ja vorhandenen Anziehungskraft des Katharismus auch auf Frauen weniger dessen kosmologische und theologische Spekulationen in den Mittelpunkt stellen dürfen, da diese offenkundig nur den allerwenigsten auch nur ansatzweise bekannt waren, sondern man wird sein Augenmerk wohl eher auf die Praxis des täglichen Lebens richten müssen, in dem, gerade in der Anfangszeit und vor dem Hintergrund einer nicht selten moralisch und pastoral versagenden „Amtskirche", der asketische Rigorismus und das apostelgleiche Auftreten der katharischen Wanderprediger auf viele Zeitgenossen, Frauen wie Männer, einen nachhaltigen Eindruck machte, der sie gerade bei den in ihren religiösen Bedürfnissen sich von der Kirche allein gelassen fühlenden Menschen Gefolgschaft und Anerkennung als *boni Christiani* und *boni homines* finden ließ.

Damit soll nicht behauptet werden, soziale, ökonomische, wirtschaftliche und politische Gründe hätten bei Aufkommen und Verbreitung des Katharismus keine Rolle gespielt, im Gegenteil, sie spielten sogar eine sehr bedeutende Rolle dabei, wie uns Ernst Werner und Gottfried Koch, aber auch noch der späte Herbert Grundmann[38] sowie Raoul Manselli[39] zu sehen lehrten.

Mit den zwei zuletzt genannten Autoren und gegen die beiden erstgenannten möchte ich jedoch auf der Priorität religiöser Ideale bei Entstehung und Verbreitung von Katharismus, Waldensertum und fast allen anderen mittelalterlichen Ketzerbewegungen bestehen, die ich nicht bloß als Ausdruck und Manifestation der wirtschaftlichen und sozialen Erfordernisse der Zeit und schon gar nicht als „Klassenkämpfe" zu betrachten vermag. Grundmann hat meines Erachtens ziemlich genau beschrieben, wie mit wachsendem Wohlstand, dem Aufkommen der Geldwirtschaft, der Zunahme der Stadtbevölkerung und den Anfängen industrieller Produktion, aber auch durch die veränderte Stellung der Frauen in der Gesellschaft „der Drang zur Verwirklichung des Christentums nach eigenem Bibelverständnis" in allen Ständen und Schichten bei zahl-

---

[38] Herbert Grundmann, Neue Beiträge zur Geschichte der religiösen Bewegungen im Mittelalter, jetzt in: H.G., Ausgewählte Aufsätze 1 (Schriften der Monumenta Germaniae, Bd. 25, 1), Stuttgart 1976, S. 38–92.
[39] Statt vieler Einzelnachweise sei lediglich verwiesen auf Raoul Manselli, Grundzüge der religiösen Geschichte Italiens im 12. Jahrhundert, in: Beiträge zur Geschichte Italiens im 12. Jahrhundert, hg. v. Konstanzer Arbeitskreis für mittelalterliche Geschichte (Vorträge und Forschungen, Sonderband 9), Sigmaringen 1971, S. 5–35.

reichen Menschen erwacht ist, „die inmitten des wirtschaftlich-kulturel-
len Aufschwungs Ernst machen wollten mit den Forderungen der Evangelisten und der Apostel"[40].

Mit diesem „wachsenden Drang . . . nach aktivem Anteil am religiösen
Leben" erklärt Grundmann auch den starken Zustrom von Frauen sowohl zu den Orden wie zu den Ketzern, für den Friedrich Heer vor allem
im Hinblick auf die Anziehungskraft der Katharer auf die adeligen Damen in Südfrankreich noch ein zusätzliches Argument anführt: „Über-
herrscht vom Manne, verachtet und verspottet von Mönchen, als Ware
im Ehehandel verkauft, sucht sie (die Dame) Befreiung aus dieser Erniedrigung, sucht geistige und religiöse Bildung, die es ihr ermöglicht, sich
als Persönlichkeit zu behaupten"[41].

Wir kennen eine ganze Reihe solcher Damen mit Namen, die sich als
katharische *perfecta*, als Predigerin, als gastfreundlicher Mittelpunkt her-
umziehender Wanderprediger, als Vorsteherin eines Frauenkonvents
oder auch als Teilnehmerin an Diskussionen über den wahren Glauben
„behauptet" haben. Blanche von Laurac, Fabrissa von Mazeroles, Wilhelmine von Fanjeaux und viele andere mehr wären hier zu nennen[42]; die
bekannteste von ihnen dürfte dank einer bissigen Bemerkung Wilhelms
von Puylaurens Esclarmonde, die Schwester des Grafen Raimund-Roger
von Foix, sein, die 1207 an der berühmten Disputation zwischen Katharern, Waldensern und Katholiken in Pamiers teilnahm und dabei die anwesenden Kleriker so sehr irritierte, daß einer sie schließlich an-
herrschte: „Setzen Sie sich an Ihren Spinnrocken, meine Dame, Sie haben
kein Recht, in solchen Versammlungen zu sprechen"[43].

Noch eine andere dieser selbstbewußten und zum Teil auch gebildeten
Damen Südfrankreichs sei erwähnt, ebenfalls mit Namen Esclarmonda,
Herrin auf der Burg Niort südwestlich von Carcassonne, Mutter von 7
Söhnen und einer Tochter, die sich wegen des Verdachtes, ebenso wie
schon ihre eigene Mutter eine katharische Perfecta zu sein, vor Erzbi-
schof Peter Amiel von Narbonne verantworten mußte, wobei sie es im

---

[40] H. Grundmann (wie Anm. 38), S. 77.
[41] Friedrich Heer, Mittelalter, Zürich 1961, S. 334.
[42] Vgl. dazu etwa M.-H. Vicaire, Geschichte des heiligen Dominikus, Bd. 1, Freiburg 1962, S. 155–157.
[43] Wilhelm von Puylaurens, Chronica, hg. v. J. Beyssier (Université de Paris. Bibliothèque de la faculté des Lettres, Bd. 18), Paris 1904, S. 127: *Ite domina, filate colum
vestram, non interest vestra loqui in hujusmodi concione.* Vgl. dazu K. Elm (wie Anm.
3), S. 18.

Verhör rundheraus ablehnte, über ihre religiösen Überzeugungen zu diskutieren, und lediglich feststellte, *quod melius credebat in fide*, daß sie im Glauben besser sei als der Erzbischof und auch einen besseren Glauben hätte als alle Prälaten der Welt zusammen: *vel omnes praelati de mundo*[44].

Im Zusammenhang mit diesem 1233 eröffneten Inquisitionsprozeß gegen die Niorts erhalten wir auch einen Hinweis darauf, warum manche Herren des südfranzösischen Adels offen ihre Sympathie für den Katharismus zur Schau trugen und gelegentlich ihre Frauen drängten, sich das *consolamentum* erteilen zu lassen: Sie konnten, ja mußten sich dann nämlich von ihnen trennen, denn eine *perfecta* durfte nicht verheiratet sein – und die Ausstattung einer zu Armut und Enthaltsamkeit verpflichteten katharischen Vollkommenen kam die Ehemänner in jedem Fall sehr viel billiger als eine „normale" Scheidung.

Nova, die Gemahlin Bernhard Othos von Niort, berichtete von einem solchen Ansinnen ihres Gatten, der ihr mehrmals geraten und sie inständig gebeten habe, daß sie bei den Katharern eintrete und sich einkleiden lasse, worauf sie aber nicht eingegangen sei[45]. Ihr Mann sann deshalb auf eine andere, noch „billigere" Art der Scheidung und bot dem Erzbischof von Narbonne an, der Inquisition die nächste Zusammenkunft seiner Frau mit ihren katharischen Freunden rechtzeitig anzuzeigen, damit die ganze Ketzerbrut gefangengesetzt werden könne[46].

„Scheidung auf südfranzösische Art" – so ganz selten scheint das nicht vorgekommen zu sein! Auch von Graf Raimund VI. von Toulouse überliefert ein Zeitgenosse, dieser habe zumindest eine seiner vier Frauen bei den Katharern „untergebracht"[47].

Unterbringung, Versorgung, Sicherung des Lebensunterhaltes spielte auch in anderen, weniger spektakulären Fällen eine nicht unerhebliche Rolle beim Anwachsen des Katharismus in Südfrankreich, wo die Töchter des verarmten Landadels glaubwürdigen Nachrichten zufolge von ih-

---

[44] Coll. Doat (wie Anm. 16) 21, fol. 36^r.

[45] Coll. Doat 21, fol. 44^{r-v}, weiß ein Zeuge von Nova zu berichten: *B. Otho maritus pluries eam monuerat et instanter supplicabat ei quod intret sectam haereticorum, et habitum ipsorum reciperet.*

[46] Coll. Doat 21, fol. 35^v. Gründlich analysiert worden ist der Prozeß gegen die Familie Niort von Lothar Kolmer, Ad capiendas vulpes. Die Ketzerbekämpfung in Südfrankreich in der ersten Hälfte des 13. Jahrhunderts und die Ausbildung des Inquisitionsverfahrens (Pariser Historische Studien, Bd. 19), Bonn 1982, S. 82–107.

[47] Peter von Vaux-Cernay, Historia Albigensis (wie Anm. 10), Bd. 1, Paris 1926, S. 37.

ren Eltern *ratione paupertatis*, wegen ihrer Armut, nicht selten katharischen „Frauenkonventen" zur Ernährung und zur Ausbildung (*erudien-
das et nutriendas*) übergeben und dort zu zukünftigen *perfectae* herangezogen worden sind[48]. Dominikus hat eine ganze Reihe von solchen Frau-
en für die Kirche zurückgewonnen und nicht zuletzt für solche *conversae*
1207 das Frauenkloster Prouille gegründet.

Damit komme ich zu meinem letzten Punkt, der das Phänomen der
Rückgewinnung eines großen Teils der häretischen Frauenbewegung in
Südfrankreich durch die Kirche wenigstens thesenartig noch anzudeuten
versuchen soll.

III. Vorläufige Thesen zur Fluktuation der religiösen Frauenbewegung in Südfrankreich zwischen Häresie und Orthodoxie

Erste These:

Katharer wie Waldenser konnten im 12. und 13. Jahrhundert in Südfrankreich vor allem deshalb so zahlreiche Anhänger gewinnen, weil die
durch eine neu erlebte Begegnung mit der Bibel ausgelöste Sehnsucht vieler Menschen nach Apostelnachfolge und wahrhaft christlichem Leben
von der Kirche vielfach nicht befriedigt wurde. Da sich die neuen Orden
der Prämonstratenser und Zisterzienser nach hoffnungsvollen Ansätzen
in ihren ersten Jahrzehnten von der Frauenbetreuung wieder abwandten
und sich für die meisten Frauen der Wunsch nach einem Klostereintritt
nicht realisieren ließ, führte die Vernachlässigung der Seelsorge und das
nicht selten abstoßende sittliche Fehlverhalten vieler Kleriker zu einer
Entfremdung gerade religiös sensibler Frauen von der Kirche.

Zweite These:

Sowohl die Katharer, deren dualistische, im Kern a-christliche Dogmatik bis 1167 völlig und auch danach noch für die meisten Gläubigen im
verborgenen blieb, wie auch die nach dem ur-christlichen Ideal der *vita
apostolica* lebenden Waldenser fanden durch den moralischen Rigorismus ihrer Führerschaft und den religiösen Ernst ihrer Gemeinde breite
Zustimmung und Nachahmung, wobei das Armutsideal vor dem Hin-

---

[48] Jordan von Sachsen, Libellus de principiis ordinis Praedicatorum, hg. v. H. Ch.
Scheeben (Monumenta ordinis fratrum Praedicatorum historica, Bd. 16), Rom
1935, S. 39.

tergrund der reichen und mächtigen Kirche eine besondere Anziehungskraft ausübte.

Beide Gruppen wandten sich von Anfang an ganz bewußt auch an die Frauen, für die sie nicht nur eine klosterähnliche Lebensform in Gebet, Fasten und Kontemplation bereitstellten, sondern die sie zusammen mit den Männern auch agieren ließen und denen sie prinzipiell auch das gestatteten, was die Kirche allen Laien, vor allem aber den Frauen verwehrte: öffentliche Predigt und Verwaltung der Sakramente.

Dritte These:

Obwohl die Kirche am Ausschluß der Frauen von Verkündigung und Sakramentenspendung festhielt, wandten sich im 13. Jahrhundert viele Frauen wieder von der Häresie ab, sobald Dominikaner und Franziskaner ihnen *verbo et exemplo* ein wahrhaft apostelgleiches Leben vor Augen stellten und mit ihren Frauenklöstern Institutionen schufen, in denen sich die religiösen Ideale und Bedürfnisse für eine größere Anzahl von Frauen als früher im Rahmen der Kirche verwirklichen ließen.

Es läßt sich zeigen, daß gerade Frauen, die sich in besonderer Weise bei Waldensern und Katharern engagiert hatten, beim Auftreten der Bettelorden, die den Ketzern ziemlich schnell intellektuell, moralisch und in der Pastoral das Wasser abgruben, zu den eifrigsten Förderern, ja sogar zu ihren ersten Nonnen wurden. Für Montauban und sein 1258 gegründetes Klarissenkloster hat Yves Dossat interessante Belege über ehemalige Waldenser beigebracht[49], für die Dominikanerinnen lassen sich aus den Kanonisationsakten des Dominikus, aus etlichen Urkunden für Prouille und aus den Lebensbeschreibungen des Heiligen die Namen von ehemaligen Katharerinnen ermitteln, die durch das missionarische Wirken des Dominikus für die Kirche zurückgewonnen werden konnten. Ein besonders eindrucksvolles Beispiel für die Wirkung des Heiligen auf *quasdam nobiles dominas . . . familiares hereticorum* findet sich im 22. Kapitel der ‚Vita Sancti Dominici' des Petrus Ferrandus[50].

Vierte und letzte These:

Bei der Beurteilung des Frauenanteils unter den Anhängern von heterodoxen Strömungen wird man auch in Rechnung stellen müssen, daß

---

[49] Yves Dossat, De Vaudes a Saint François a Montauban, in: Les mendiants en pays d'Oc (Cahiers de Fanjeaux, Bd. 8), Toulouse 1973, S. 403–413.

[50] François Van Ortroy, Pierre Ferrand O. P. et les premiers biographes de S. Dominique (Analecta Bollandiana 30), 1911, S. 27–87, hier: 65 f.

viele einfache Mitglieder der Sekten, im Sprachgebrauch der Quellen ihre *credentes*, sich oftmals gar nicht darüber im klaren waren, daß die sie besuchenden Prediger oder Predigerinnen, die sich selbst meist *pauperes Christi* oder einfach *christiani* bzw. *boni christiani* nannten, einer Sekte angehörten. Auf Grund ihres Lebenswandels wurden sie von vielen Menschen als gute Katholiken, als die wahren Christen, als fromme Hirten angesehen, denen man das eigene Seelenheil viel lieber anvertraute als dem nur allzugut bekannten Dorfpfarrer.

Ich komme zu dieser These durch Aussagen von Frauen in Inquisitionsprotokollen, in denen dieses Nichtwissen um die Sektenzugehörigkeit der *pauperes Christi* gar nicht so selten zum Ausdruck kommt, etwa in der Art: *Guillelma Martina recepit haereticas in domo sua et nescivit . . . quod essent haereticae*[51].

Wenn man solche Aussagen nicht einfach als Ausreden abtut, mit denen sich die Beschuldigten Straferleichterung einzuhandeln hofften, dann wird man sie wohl als ein Anzeichen dafür werten dürfen, daß nicht alle Anhängerinnen von Ketzern auch selbst innerlich Ketzer waren, weshalb sie dann auch durch die Bettelmönche, die in ihrem Auftreten und ihrer Lebensweise ja von katharischen und waldensischen Predigern gelernt hatten, verhältnismäßig leicht zur Kirche zurückgeführt werden konnten.

Und je mehr Katharer und Waldenser sich als Institutionen verfestigten und klerikalisierten, um so weniger boten sie den sich bei ihnen engagierenden Frauen in ihren Organisationen Entfaltungsmöglichkeiten, und um so deutlicher wurde auch, nicht zuletzt durch die im 13. Jahrhundert sich entfaltende Mystik, daß letztlich in der Kirche mehr Raum für das Weibliche war als in den Häresien.

Die eingangs erwähnte Amerikanerin Eleanor McLaughlin kann deshalb am Ende ihrer Untersuchung über „Die Frau und die mittelalterliche Häresie" mit Recht feststellen: „Es waren die in der Kirche beheimateten Mystiker und nicht die Häretiker, die eine Spiritualität entwickelten, welche eine weibliche Gott-Sprache und Gott-Symbolik bejahte, die die psychische und religiöse Erfahrung der Frauen und Männer widerspiegelte, die mit den weiblichen Modalitäten des Menschlichen und Göttlichen mitzuempfinden verstanden"[52].

---

[51] Coll. Doat 21, fol. 310ʳ.
[52] E. McLaughlin (wie Anm. 5), S. 41.

MYSTISCHES ERLEBNIS UND SPRACHLICHE VERMITTLUNG IN DEN BRIEFEN HADEWIJCHS*

von

Paul Mommaers und Frank Willaert

> *Ic bidde gode dat hi uwe sinne*
> *Voeghe in sine ghewareghe minne,*
> *Ende hi u met hem selven verlichte*
> *Ende met sijnre dieper waerheit berichte,*
> ... (Md. VI, 1–4)[1]

> („Ich bitte Gott, daß er Deine Sinne
> Auf seine wahrhafte Minne richte
> Und daß er Dich mit sich selbst erleuchte
> Und in seiner tiefen Wahrheit unterweise,
> ...")

Der Anfang von Hadewijchs sechstem Reimbrief ist charakteristisch für die Art und Weise, wie diese Mystikerin ihre Briefe für gewöhnlich

---

* Wir danken Prof. Dr. F. P. van Oostrom, Dr. G. de Baere, Frau C. Lingier und vor allem Prof. Dr. W. P. Gerritsen, die so freundlich waren, die erste, niederländische Version dieses Aufsatzes kritisch zu lesen und zu kommentieren. Herr Prof. Dr. P. Dinzelbacher und Frau Dr. G. Gerritsen-Geylwitz haben die Übertragung aus dem Niederländischen mit großer Sorgfalt korrigiert. Selbstverständlich sind nur wir für inhaltliche, stilistische und sprachliche Fehler verantwortlich.
[1] Wir zitieren Hadewijchs Reimbriefe nach J. van Mierlo, Hadewijch. Mengeldichten (Leuvense studiën en tekstuitgaven), Antwerpen/Brüssel/Gent/Löwen 1952 (weiter: Van Mierlo, Md.). In allen Zitaten haben wir jedoch *i* und *j, u, v* und *w* dem heutigen Gebrauch angepaßt.
Die vage und darum etwas mißverständliche Benennung ‚Mengeldichten' rührt von den ersten Herausgebern dieser Gedichte her und hat sich seitdem in der Hadewijch-forschung Bürgerrecht erworben: J. F. J. Heremans/C. J. K. Ledeganck, Werken van Zuster Hadewijch. Gedichten (Mij. der Vlaamsche Bibliophilen 4, 2), Gent 1875, S. 173.

beginnt. Nur in vereinzelten Fällen beschränkt sie sich auf eine knappe, konventionelle Formel, wie z.B. *God si met u* („Gott sei mit Dir": Br. III, V, XVI, XIX, XXVII, XXIX; Md. I, XI)[2]. Meistens ist ihr Anfangs-gruß breiter ausgearbeitet, und sehr oft drückt er — wie hier — den Wunsch aus, daß Gott die Adressatin (ihre Sinne, ihren Eifer usw.) auf die Minne (oder auf sich selbst) richten möge[3], und vor allem, daß er ihr besondere Erkenntnis gebe, daß er sie lehre[4], was die Minne eigentlich sei.

Wer die Strophischen Gedichte Hadewijchs und ihre Vorlage — das hö-fische Minnelied — kennt, weiß, daß diese Dichterin es versteht, die Kon-ventionen einer Gattung umzuformen, um sie ihrem eigenen Zwecke dienstbar zu machen[5]. Wenn Hadewijch nun den konventionellsten Teil des Briefes, die *salutatio*[6], immer wieder in dieselbe, soeben erwähnte Richtung umformt, dann muß dies seinen Grund haben.

---

[2] In Briefen, die in der Volkssprache verfaßt sind, begegnet diese Grußformel regel-mäßig: So z.B. G. Steinhausen, Deutsche Privatbriefe des Mittelalters, Bd. 1, Berlin 1899, Nr. 10, 11, 12, 27 usw.; s. auch L. Löfstedt, A propos des formules de saluta-tion au moyen âge, Neuphilologische Mitteilungen 79 (1978), S. 198 u. 206. In unserer Darlegung wird sich übrigens herausstellen, daß dieser Gruß nicht ohne weiteres als eine inhaltlose Formel aufgefaßt werden sollte, sondern daß er von Hadewijch ohne Zweifel wörtlich gemeint worden ist.

[3] Vgl. auch Br. XI, 1–3; XII, 1–3; XIV, 1–3; Md. IV, 1–4; VII, 1–2; IX, 1–4.

[4] Die Verben, die diese Vermittlung von Kenntnissen im Gruß bezeichnen, sind z.B. *berichten* (Md. VI, 4), *doen (be)kinnen* (Md. IV, 13; IX, 2; XIV, 2), *doen weten* (Br. IX, 1), *(gherecht) bekinnen gheven* (Br. XIX, 2; XXVII, 8), *condech maken, cont doen* (Br. XIX, 3; XXVII, 1, 4; Md. V, 2, 4), *leren* (Br. VI, 1; Md. VII, 3), *tonen* (Md. XIV, 5), *verlichten* (Br. I, 4; V, 5; Md. VI, 3) usw.

[5] Siehe F. Willaert, De poëtica van Hadewijch in de Strofische Gedichten, Utrecht 1984. Wir denken z.B. an die Art und Weise, wie sie den Natureingang ausar-beitet (S. 88–135; bes. 131–132), mit der Personifikation umgeht (S. 347–357), die Zuhörer anredet (S. 305–315), das Motiv der *lausengiers* auf die *vremden* anwendet (S. 316–321) usw.

[6] Es ist denn auch in Bezug auf die *salutatio*, daß die mittelalterlichen Briefsteller meistens am ausführlichsten sind: siehe z.B. J. J. Murphy, Rhetoric in the Middle Ages. A History of Rhetorical Theory from St. Augustine to the Renaissance, Berke-ley/Los Angeles/London 1974, S. 246 u. 266, u. Ch. B. Faulhaber, The „Summa dictaminis" of Guido Faba, in: J. J. Murphy (Hg.), Medieval Eloquence. Studies in the Theory and Practice of Medieval Rhetoric, Berkeley/Los Angeles/London 1978, S. 95. Man hat übrigens schon früher einmal die Ansicht geäußert, Hadewijchs Briefe seien durch die *ars dictaminis* beeinflußt worden (Van minne spreken . . . . Neder-landse mystieke teksten uit de 13e eeuw, uitgegeven door de projectgroep Hadewijch van de sectie Nederlands — K. U. Nijmegen onder begeleiding van dr H. Vekeman, Nimwegen 1976, S. 79). Bis jetzt aber haben wir davon keine sonstigen Spuren wahr-genommen.

Vielleicht bringen uns die Verse, die der soeben zitierten Stelle folgen, auf die richtige Spur. Gott solle die Adressatin erleuchten und in seiner Wahrheit unterweisen,

> *Want van mi sals u vele ghebreken,*
> *Al woudic oec om uwen orbare spreken.*
> *Die bi u sijn, hulpen u clene.*
>   (Md. VI, 5–7)

(„Denn von mir wird Dir vieles mangeln,
Obwohl auch ich zu Deinem Nutzen sprechen möchte.
Diejenigen, die bei Dir sind, helfen dir nur wenig.")

Aus dem letzten Vers glaubte der Herausgeber schließen zu können, daß die Adressatin in einer nicht sehr hingebungsvollen Gesellschaft lebte[7]. Wir werden in diesem Beitrag noch die Gelegenheit haben, darauf hinzuweisen, daß man sehr vorsichtig sein sollte, wenn man aus diesen Briefen Schlußfolgerungen hinsichtlich der Persönlichkeit oder der Umwelt Hadewijchs ziehen will. Wenn man die Verse, die Vers 7 unmittelbar vorausgehen, berücksichtigt, dann wird es deutlich, daß Hadewijch meint, kein Mensch, weder sie selbst noch jemand anders, könne die Adressatin zum vollen Erlebnis der Minne bringen. Das kann nur Gott, und darum wünscht sie der Adressatin nicht nur hier, sondern in vielen anderen Briefen, daß Gott sie Minne lehren möge[8]. In dieser Weise gibt Hadewijch schon am Anfang ihrer Briefe zu erkennen, daß die Wirksamkeit ihres Sprechens, jedes menschlichen Sprechens, nur relativ sein kann.

Trotzdem schreibt sie. Trotzdem will sie zum Nutzen (*orbare*) der Adressatin sprechen. Dieser Widerspruch bildet den Ausgangspunkt unserer Darlegung, in der wir die Einstellung Hadewijchs ihrem eigenen Sprechen gegenüber in den Briefen untersuchen möchten.

---

[7] Van Mierlo, Md., S. 33.

[8] Etwas Vergleichbares findet sich auch im Anfang von Md. I. Auch aus diesem Brief hat man übrigens hinsichtlich der Persönlichkeit der Autorin und der Adressatin Schlüsse ziehen wollen, die u.E. nicht aufrechterhalten werden können: s. u. S. 133–136.

1. Bringt die Sprache den Menschen zur Erfahrung Gottes?

Im Hinblick auf die Möglichkeit, mittels der Sprache mit Gott in un-mittelbaren Kontakt zu kommen, ist Hadewijch zunächst besonders ne-gativ. Zwischen dem, was Gott ist, und dem, was ein Mensch von ihm denken oder sagen kann, klafft ein tiefer Riß, denn:

> *Al dat den mensch van gode comt te siere ghedinckenessen Ende al dat hire af verstaen mach ende bi enegher figueren gheleisten, dat en es god niet; Want mochtene de mensche begripen ende verstaen met sinen sinnen Ende met siere ghedachten, soe ware god mendere dan de mensche Ende soe ware hi saen ute ghemint* (Br. XII, 31–37).

(„Alles, was dem Menschen von Gott in der Vorstellung zugänglich ist, was er mit dem Verstande und irgendeinem Zeichen darlegen kann, das ist Gott nicht. Denn könnte ihn der Mensch begreifen und mit seinen Sin-nen und Gedanken verstehen, so wäre Gott kleiner als der Mensch, und bald wäre er zu Ende geliebt" [Plassmann, S. 48, mit einer Änderung])[9].

Die Quintessenz steckt in den Worten *dat en es god niet*[10]. Das andere

---

[9] Wir zitieren den mndl. Text nach der Ausgabe von J. van Mierlo: Hadewijch Brie-ven, Bd. I: Tekst en commentaar (Leuvense studiën en tekstuitgaven), Antwerpen/Brüssel/Gent/Löwen 1947 (weiter: Van Mierlo, Ed. Br.). Weil unsere Deutschkennt-nisse nicht ausreichen, selber Hadewijchs Prosa zu übersetzen, haben wir die – leider unzuverlässige – Übersetzung Plassmanns benutzen müssen (J. O. Plassmann, Vom göttlichen Reichtum der Seele. Altflämische Frauenmystik, Düsseldorf/Köln 1951). Nur wo Plassmanns Text zu ungenau oder fehlerhaft ist, haben wir versucht, ihn zu korrigieren. Die Übersetzungen verstehen sich also nur als Verständnishilfe.
Vgl. Br. XXII, 8–14: *Die luttel weet, hi mach luttel segghen: dat seghet die wise Augusti-nus. Alsoe doen ic oec, wet god; vele ghelove ic ende hope van gode. Mer mijn weten van gode es cleine: een cleyne gheraetsel maghic van hem gheraden; Want men mach gode niet tonen met menschen sinnen* („Wer wenig weiß, der kann wenig sagen: so spricht der weise Augustinus. Gott weiß, so tu ich auch. Viel glaube und erhoffe ich von Gott; mein Wissen aber von Gott ist klein; ein wenig kann ich von ihm erraten, denn mit menschlichen Sinnen kann man Gott nicht begreiflich machen" [Plassmann, S. 78, mit einer Änderung]).
[10] Vgl. die folgende Stelle aus Br. XVIII, die Hadewijch dem Traktat ‚De natura et dignitate amoris' von Wilhelm von Saint-Thierry entnommen hat: *De redene en can gode niet ghesien sonder in dat hi niet en es; Minne en rust niet dan in dat hi es (. . .). Reden vordert in die dinc die god es Bi dier dinc die god niet en es. Minne settet achter die dinc die god niet en es Ende verblidet hare daer si ghebrect in die dinc die god es* (Br. XVIII, 82–91) („Die Vernunft kann Gott nur in dem erblicken, worin er nicht ist. Die Minne ruht nur in dem, worin er ist [. . .]. Die Vernunft kommt vorwärts in dem, was Gott ist, durch das, was Gott nicht ist. Die Minne stellt alles hintan, was Gott nicht ist, und empfindet Freude bei ihrem Gebrechen in dem, was Gott ist" [Plass-mann, S. 68]).

und – a fortiori – der ganz andere kommen als solche nie in die menschliche Sprache. Wäre dies doch der Fall, dann wäre Gott „kleiner" als der Mensch. Er wäre eine assimilierbare Entität, nichts mehr als die Bedeutung unserer Zeichen[11].

Ist es denn so, daß Hadewijch die Sprache im Hinblick auf die Erfahrung Gottes als ganz nutzlos betrachtet? Schlägt sie ihren Freundinnen vor, das Denken und Sprechen zu übergehen, um auf diese Weise – dank einem nicht artikulierten affektiven „Sprung" – unmittelbar in Kontakt mit Gott zu treten? Solch ein Pietismus avant-la-lettre ist ihr fern. Wieviel Wert Hadewijch auf die Sprache legt, ist u.a. aus einer Stelle im siebten Reimbrief ersichtlich, an der sie einer unerfahrenen Gottgeweihten sagt, sie habe Glück, weil sie in einer Gesellschaft lebe, in der man ihr *in letteren* von Gott spreche: gerade dadurch könne sie ja zur Minne geführt werden (Md. VII, 22–26)[12]. In Brief XV, 58–60, rechnet sie sich übrigens zu denjenigen, „deren Worte und Gesellschaft (. . .) am meisten fördern und zu Gott ziehen" (Plassmann, S. 58).

In dem Abschnitt aus Brief XVIII, den Hadewijch aus Wilhelm von

---

[11] Vgl. P. M o m m a e r s, Der Mystiker und das Wort. Ein Blick auf Hadewijch und Ruusbroec, Geist und Leben 57 (1984), S. 5.

[12] Der Text lautet wie folgt: *Ghevet in minnen al uwe ghedachte/ Den soeten god die u ghewrachte,/ Die u dies gheholpen hevet/ Dat ghi bi den ghenen levet/ Die hoghe minne te gode draghen,/ Ende u in letteren sijns ghewaghen/ Ende u wisen die hoechste doghet/ Die ghi gherne leren moghet,/ Ende blide moecht sijn vanden gherede/ Dat ghi ter minnen selt hebben ghelede* (Md. VII, 17–26) („Gib in Minne all Deine Gedanken/ Dem süßen Gott, der Dich erschuf,/ Der Dir in dieser Weise geholfen hat,/ Daß Du unter denjenigen lebst,/ Die hohe Minne für Gott empfinden,/ Und die Dir i n Schriften (i n B r i e f e n?) von ihm sprechen/ Und die Dich die höchste Tugend lehren,/ die Du gerne lernen möchtest,/ Und Du sollst Dich darüber freuen,/ Daß Du auf dem Weg zur Minne Führung bekommen wirst"). Es ist schwierig zu entscheiden, ob Hadewijch mit *letteren* „Briefe" oder, verallgemeinernd, „Schriften" meint. Daß schriftliche Belehrungen im XIII. Jahrhundert in den Kreisen der *mulieres religiosae* nicht ungebräuchlich waren, können wir in der zweiten Predigt ‚Ad virgines' von Jakob von Vitry lesen: *simul in una domo vivunt (. . .) et sub disciplina unius, que aliis honestate et prudentia preminet, tam moribus quam l i t t e r i s instruuntur, in vigiliis et orationibus, in ieiuniis et variis afflictionibus, in labore manuum et paupertate, in abiectione et humilitate* (J. G r e v e n, Der Ursprung des Beginenwesens. Eine Auseinandersetzung mit Godefroid Kurth, Historisches Jahrbuch 35 (1914), S. 47; unsere Hervorhebung – P.M. u. F.W.)

Saint-Thierry entlehnt hat[13] und in dem *minne* und *redene* („Vernunft")
die zwei Augen der Seele genannt werden, wird nachdrücklich erklärt:
„Die Vernunft kommt vorwärts in dem, was Gott ist", und auch: „Die
Vernunft lehrt die Minne" (*ratio docet amorem*). Von einer Ausschaltung
von Begriffen und Worten kann also keineswegs die Rede sein. Im Gegenteil, Minne mag die fundamentale Kraft sein, die den Menschen in Gott
bringt, sie muß sich „innerhalb der Grenzen der Vernunft bezwingen
(. . .) und binden lassen" (Br. XVIII, 80–98; Plassmann, S. 68, mit einer
Änderung). Obwohl dasjenige, was man von Gott wissen und sagen
kann, Gott nicht ist, gibt es dem weiterreichenden Verlangen doch seinen notwendigen Brennpunkt.

In den Briefen befinden sich aber auch einige Stellen, an denen diese
Auffassung auf eine konkretere Weise zum Ausdruck kommt. Hören wir
z.B. den Rat, den Hadewijch ihrer Freundin in Brief XV gibt:

> *Ende van allen creaturen suldi gode nemen, Maer van niemanne en suldine*
> *ontfaen dan uter gheheelheit siere enegher natueren altoes te oefenne liefleke/.*
> *Want sijn soete name maectene allen menschen bequame in de ore der redele-*
> *ker zielen. Ende alle die woerde die ghi hoert van hem inde scrifture, ende*
> *die ghi selve leset Ende die ic u gheseghet hebbe Ende die u yeman seghet in*
> *dietsche Ochte in latine, die laet in uwe herte gaen/, Ende merct ende benyedt*
> *te levene na sine werdicheit. Dus oefent u in al dat ic u gheseghet hebbe/. Want*
> *menne mach nieman Minnen leren, Mer dese dogheden volleiden den men-*
> *sche ter Minnen. God gheve u spoet, dit te vervulne/. Amen* (Br. XXIV,
> 99–112).

(„Nimm Gott in allen Kreaturen, aber empfangen sollst Du ihn einzig
und allein aus der Ganzheit seiner eigenen Natur, in der es allzeit lieblich
zu wirken ist. Denn sein süßer Name macht ihn allen Menschen wohlgefällig in den Ohren vernunftbegabter Seelen. Alle Worte, die Du fortan
aus der Schrift von ihm hörst oder selbst liest, alle, die ich Dir gesagt habe
und die Dir jemand auf niederländisch oder lateinisch sagt, die laß in Dein
Herz eingehen, und so lebe eifrig und aufmerksam nach seinem unendlichen Werte. So übe Dich in allem, was ich Dir gesagt habe. Denn lehren
kann man Minne niemanden; aber diese Tugenden führen den Menschen
ganz zur Minne. Gott helfe Dir, das zu erringen. Amen." [Plassmann, S.
91, mit einer Änderung]).

---

[13] Es betrifft hier Br. XVIII, 80–129. Für einen Vergleich beider Texte s.: J. van
Mierlo, Hadewijch en Wilhelm van St. Thierry, Ons Geestelijk Erf 3 (1929), S.
47–59; ders., Hadewijch. Brieven, Bd. 2: Inleiding (Leuvense studiën en tekstuitgaven), Antwerpen/Brüssel/Gent/Löwen 1947, S. 22–25 (weiter: Van Mierlo, Inl.
Br.); P. Verdeyen, De invloed van Willem van Sint-Thierry op Hadewijch en Ruusbroec, Ons Geestelijk Erf 51 (1977), S. 3–19.

Wie sich aus dem ersten Satz dieses Zitates ergibt, soll Hadewijchs Freundin einerseits *gode nemen*: sie soll sich bei den Mitmenschen Rat holen[14], eine rationale Tätigkeit, die Sprechen und Lesen umfaßt; andererseits kann sie Gott von niemandem, ausgenommen von der Minne, die sich auf ihn richtet, *ontfaen*. Der Rest dieses Zitats zeigt, wie gerade das Sprechen und die Lektüre (der Bibel) in der Entdeckung des Einswerdens eine Rolle spielen können. *Sijn soete name* (Jesus) und *alle die woerde*, die die Menschen – einer dem anderen – übermitteln[15], sind nicht nur verständliche Zeichen (*figueren*), die die Vernunft berühren; sie wirken auch auf die existentielle Minne ein. So schließt der *name* auch eine Süße in sich, die, *bequame in de ore der redeleker zielen*, auf diesem Wege tiefer in die Seele eindringt[16]. *Alle die woerde* können auch *in het herte gaen*, und insofern diese Worte zur Tugend anhalten, sind sie imstande, die konkrete Existenz in Bewegung zu setzen: sie *volleiden den mensche ter Minnen*[17].

---

[14] Van Mierlo versteht *creaturen* als „meer bijzonder de menschen" und fügt noch hinzu: „van allen zal zij dat leren wat haar tot God voert" (Ed. Br., S. 212n).

[15] Selbstverständlich handelt es sich hier um das Aussprechen des *name* durch Gläubige. Bezüglich dieses Punktes finden wir in Wilhelm von Saint-Thierrys Hohelied-kommentar einige bedeutsame Paragraphen. So lesen wir z.B. in Paragraph 139: *quia mox ut nomen sonuerit in auditu, mysterium etiam nominis effulget in corde, amor in affectu*. Wir zitieren nach der Ausgabe von M. Déchanet, Guillaume de Saint-Thierry. Exposé sur le Cantique des Cantiques. Texte latin, introduction et notes. Traduction française de M. Dumontier (Sources chrétiennes 82), Paris 1962 (weiter: Expos. super Cant.).

[16] Wir dürfen nicht vergessen, daß das Ohr seit dem Paulinischen *fides ex auditu* (Röm 10, 17) als das Organ, durch das die Botschaft am tiefsten in die Seele dringt, betrachtet wird. Bei Wilhelm von Saint-Thierry lesen wir in diesem Zusammenhang: *Et subito videtur sibi* (= der Braut) *primo audire quod non videt, et sentire sensu interiore quod non intelligit, praesentiam Divinitatis* (Expos. super Cant., 166).

[17] Vgl. z.B. auch Br. XV, 109–114: *ghi selt gherne om gode spreken. Dat es een teken van Minnen, dat lieves name suete es. (. . .) Het es over soete omme lief te sprekene, ende het beruert de Minne over sere, Ende het vlietecht de werke* („Du sollst gerne von Gott sprechen. Es ist ein Zeichen von Liebe, wenn des Geliebten Name süß ist [. . .]. Übersüß ist es, vom Liebsten zu sprechen; es rührt die Liebe übersehr und gibt den Werken feurigen Eifer". [Plassmann, S. 60]). Der Ausspruch Wilhelms von Saint-Thierry *Agatur in nobis quod legitur a nobis* (Expos. super Cant., 4) trifft übrigens auch für Hadewijch zu: s. z.B. Br. XXV, 34–39, und den Beginn der IX. Vision.

2. Warum schreibt Hadewijch Briefe?

In Sprache ausgedrückte Gotteserkenntnis kann dem Menschen also auf dem Weg zur Gotteserfahrung voranhelfen. Warum aber hat Hadewijch sich gerade mit Briefen an ihre Freundinnen gewandt?

Die Erklärung Van Mierlos, Hadewijch habe ihre Belehrungen in Briefform verfaßt, weil sie von ihren Freundinnen getrennt lebte, ist zwar richtig, aber wir glauben, daß sie nicht ausreicht[18]. In dieser Weise wird der Brief auf ein nützliches Verständigungsmittel zwischen getrennt lebenden Personen reduziert, während gerade in Hadewijchs Zeit eine blühende mystische Briefliteratur in der Volkssprache anfängt[19]. Es muß unserer Ansicht nach noch andere Ursachen geben, die die Briefgattung für sie so interessant machten.

Erstens dürfen wir nicht übersehen, daß – auch Van Mierlo zufolge – die meisten Briefe Hadewijchs als kleine Traktate betrachtet werden können[20]. Sowohl unter den Prosabriefen als unter den „Mengeldichten" kann man übrigens Texte finden, die eindeutig keine Briefe, sondern Traktate sind[21] – ein häufig vorkommendes Phänomen in mittelalterlichen Briefsammlungen[22]. Diese enge Verwandschaft zwischen Brief und

---

[18] Van Mierlo, Inl. Br., S. 8.

[19] Für diese mystische Briefliteratur s. vor allem W. Oehl, Deutsche Mystikerbriefe des Mittelalters 1100–1500 (Mystiker des Abendlandes), München 1931; für eine kurze Darstellung der mndl. und mhd. Briefliteratur s. unter dem Lemma ‚Brief. Briefliteratur. Briefsammlungen' die Beiträge v. A. Holtorf (Sp. 663–666) und F. P. van Oostrom (Sp. 666) in LexMa, Bd. 2.

[20] Hierzu Van Mierlo, Inl. Br., S. 7–8.

[21] Die Briefe X, XV, XX und XXVIII z.B. beginnen nicht mit einem Gruß, sondern mit einem Satz, der das Thema angibt, so wie dies z.B. auch Beatrijs van Nazareth in ihrem kurzen Traktat ‚Van seven manieren van minnen' tut (s. Beatrijs van Nazareth. Seven manieren van minnen. Critisch uitgegeven door L. Reypens en J. van Mierlo [Leuvense studiën en tekstuitgaven], Löwen 1926, S. 3, Z. 3–5). Von den Mengeldichten ist Md. X ganz objektiv gehalten: Nirgendwo erscheinen Autor und Leser als *ic* und *ghi* im Text. Im II. Md. kommen *ic* und *ghi* nur äußerst sporadisch vor (Vv. 14 u. 74). Der subjektive Charakter der Mengeldichten III und XIII beschränkt sich auf die 1. Person Einzahl oder Mehrzahl: nirgendwo wird die Leserin direkt angeredet.

[22] C. Erdmann, Studien zur Briefliteratur Deutschlands im elften Jahrhundert (Schriften des Reichsinstituts für ältere deutsche Geschichtskunde [MGH] 1), Stuttgart 1938 (Neudruck: 1952), S. 9; J. Leclercq, Le genre épistolaire au moyen âge RMAL 2 (1946), S. 68; G. Constable, Letters and Letter-Collections (Typologie de_ sources du moyen âge occidental 17), Turnhout 1976, S. 61; F. J. Schmale, Brief. Briefliteratur. Briefsammlungen. IV. Lateinisches Mittelalter, in: LexMa, Bd. 2, Sp. 656 f.

Traktat bot Hadewijch die Möglichkeit, diejenigen Aspekte ihrer Minne-
auffassung, für die es in einer äußerst konventionellen Gattung wie den
Strophischen Gedichten z.B. keinen Platz gab, im Brief zum Ausdruck
zu bringen. Der traktatähnliche Charakter ihrer Briefe, der äußerst ge-
pflegte Stil, die Verwendung von Reimprosa und Versen implizieren außerdem, daß Hadewijch schon beim Schreiben ihrer Briefe an deren Veröffentlichung gedacht hat. Dies war im Mittelalter ohnehin üblich[23]. Im
Gegensatz zu Van Mierlo und Reynaert[23a] halten wir es denn auch keineswegs für ausgeschlossen, daß Hadewijch die beiden Sammlungen wie
eine Art „literarische" Edition selbst redigiert hat[24]. Im Rahmen dieses
Aufsatzes ist es uns aber nicht möglich, näher auf dieses Problem einzugehen.

Die Briefgattung gab Hadewijch also die Möglichkeit, verschiedene
Aspekte ihrer Minnelehre einem breiteren Kreis Gleichgesinnter be-
kanntzumachen. Aber dasselbe kann man natürlich auch vom Traktat
oder vom Lehrgedicht sagen. Es muß also einen anderen, spezifischeren
Grund geben, warum sie der Briefgattung den Vorzug gab.

In diesem Zusammenhang darf es unserer Aufmerksamkeit nicht entgehen, daß der Brief in Hadewijchs Zeit die Gattung der Freundschaft
schlechthin ist[25]. Dies ergibt sich schon aus der Art und Weise, wie die

---

[23] Vgl. Erdmann, Studien (wie Anm. 22), S. 1: „Da (. . .) die Gewohnheit der
Briefedition durch die Verfasser schon im Altertum aufgekommen war, konnte es
nicht ausbleiben, daß manche Autoren bereits beim Schreiben an diesen zweiten
Zweck dachten, ihren Briefen also von vornherein einen literarischen Charakter gaben"; s. z.B. auch Leclercq, Genre (wie Anm. 22), S. 66–68; J. de Ghellinck, L'essor de la littérature latine au XIIe siècle, Brüssel/Brügge/Paris ²1954, S. 111; Constable, Letters (wie Anm. 22), S. 11–12; Schmale (wie Anm. 22), Sp. 653. In bezug
auf Hadewijch hat J. Reynaert schon auf diese Möglichkeit hingewiesen: Attributieproblemen in verband met de „Brieven" van Hadewijch, Ons Geestelijk Erf 49
(1975), S. 237.
[23a] Van Mierlo, Inl. Br., S. 10, und Reynaert, Attributieproblemen (wie Anm.
23), S. 238.
[24] Zu mittelalterlichen Briefsammlungen als bewußt angelegte „literarische" Editionen für ein breiteres Publikum s. Erdmann, Studien (wie Anm. 22), S. 1–2;
Schmale (wie Anm. 22), Sp. 656f.
[25] S. z.B. J. Leclercq, L'amitié dans les lettres au moyen âge. Autour d'un manuscrit de la bibliothèque de Pétrarque, RMAL 1 (1945), S. 391–410; ders., Wissenschaft und Gottverlangen. Zur Mönchstheologie des Mittelalters, Düsseldorf 1963,
S. 206–207; R. W. Southern, Saint Anselm and his Biographer. A Study of Monastic
Life and Thought (The Birkbeck Lectures 1959), Cambridge ²1966, S. 68–76; A. M.
Fiske, Friends and Friendship in the Monastic Tradition. Cuernavaca 1970;

Adressatin angeredet wird: als *suete* oder *lieve minne* (Br. III, 5; V, 34; VII, 14), als (*herteleke) lieve* (Br. V, 1, 28; VII, 1, 4), als *lieve herte* (Md. XII, 6) oder *hertelike joffrouwe* (Md. XV, 21), vor allem aber als *suete* und/oder *lieve kint* (Br. I, 46, 56; V, 36, 204; IX, 1; XVIII, 1; XXIX, 4, 19; XXXI, 1). Anders als Van Mierlo dachte[26], steht die letztgenannte Anrede in keiner Beziehung zu einem möglichen jugendlichen Alter der Adressatin(nen): *kint* ist eine übliche Anrede in didaktischen Texten, wo die Autorität desjenigen, der lehrt, mit freundschaftlicher Zuneigung für denjenigen, der unterrichtet wird[27], zusammenfällt. Freundschaft spricht z.B. auch aus den Grüßen, die Hadewijch in Brief XXV an die Adressatin und ihre Freundinnen Sara, Emma und Margriete richtet. Und wie schwer es ihr fiel, von Gott und von ihren Freundinnen getrennt zu sein, können wir am Ende des XXVI. Briefes lesen: *Ay waer omme laet hi mi alsoe sere hem te dienne ende te ghebrukene ende der siere, Ende onthoudet mi dan van hem ende van den sinen?* (Br. XXVI, 32–35) („Ach, warum läßt er mich so sehr um das Genießen seiner und der Seinen dienen, um mich dann von ihm und den Seinen fernzuhalten?" [Plassmann, S. 93, mit einer Änderung]).

Freundschaft ist für Hadewijch aber kein Zweck an sich. Freundschaft ist nur gut, insofern sie einzig und allein in der Minne verankert ist. Darum bittet Hadewijch in einem ihrer Briefe ihre Freundin eindringlich, alle fremden Schmerzen, die sie wegen der Verfolgungen und des Elends, die Hadewijch zuteil werden, fühlt, von sich zu tun (Br. XXIX, 10; auch 19–20). Der Schmerz der Freundin ist unbegründet, weil Hadewijchs Leid durch die Minne verursacht ist. Und auch in anderen Briefen warnt Hadewijch wiederholt vor solchen unreifen Formen von Freundschaft[28]

C. Morris, The Discovery of the Individual 1050–1200, New York/San Francisco/London 1972, S. 96–107 u.ö.; Constable, Letters (wie Anm. 22), S. 15. Zu Hadewijch und der Freundschaft, s. M. H. van der Zeyde, Hadewijch. Een studie van de mens en de schrijfster, Groningen/Haag/Batavia 1934, S. 62–63; N. de Paepe, Hadewijch. Strofische Gedichten. Een studie van de minne in het kader der 12e en 13e eeuwse mystiek en profane minnelyriek (Leonard Willemsfonds 2), Gent 1967, S. 147–159; H. W. J. Vekeman, Vriendschap in de Middelnederlandse mystiek, in: Jan van Ruusbroec. The Sources, Content and Sequels of his Mysticism, ed. by P. Mommaers and N. de Paepe (Mediaevalia lovaniensia 1, 12), Löwen 1984, S. 124–141, bes. 126–130.

[26] S. z.B. Van Mierlo, Inl. Br., S. 9–10, u. Ed. Br., S. 42, 46, 71, 92, 241, 262.

[27] S. z.B. C. G. N. de Vooys, Twee mystieke traktaatjes uit de eerste helft van de veertiende eeuw, Tijdschrift voor Nederlandsche Taal- en Letterkunde 40 (1921), S. 301–309.

[28] Zahlreiche Beispiele in: Vekeman, Vriendschap (wie Anm. 25), S. 130.

Der Brief gestattet Hadewijch also, eine intime und affektive Kommunikationsgemeinschaft zwischen ihren Leserinnen und sich selbst herzustellen. Aber diese Gattung bietet ihr auch die Möglichkeit, andere aus dieser Kommunikationsgemeinschaft zu verbannen: diese Leute haben kein Anrecht auf die 2. Person, mit der man den Leser bezeichnet, sie kommen nur in der 3. Person zur Sprache[29]. Diese Menschen sind den Hadewijchlesern wohlbekannt. Es handelt sich erstens um die *vremden*, die systematisch ihren eigenen Willen über den der Minne stellen, *de vreemde die liever hebben ende beter recht dunct haren wille ghewracht dan der Minnen* (Br. XVIII, 149–150)[30]. Mit ihrem dürren Glauben (*met bloten verscraepten gheloeve* [Br. XXII, 150–151]) graut es ihnen, wenn sie sehen, was der Geliebte um der Minne willen erdulden will (Br. XXIX, 25–26). Die Briefe Hadewijchs sind nicht für sie bestimmt, weil sie von der Minne doch nichts verstehen und im Gegenteil nur zu gerne bereit sind, *netellen (te) planten daer de rosen staen souden* (Br. XIX, 76–77) („Nesseln zu pflanzen, wo Rosen stehen sollten" [Plassmann, S. 73]). Zu Hadewijchs Publikum gehören auch die *lieden* nicht, die sich zuviel um ihren Besitz kümmern und die ihren Frieden dem Frieden, den die Minne geben kann, vorziehen[31]. Ebensowenig schreibt sie für die *godleken*, denn, obgleich es hier „ernsthafte und beschlagene, fromme Menschen"

---

[29] Zu diesem Ausschlußmechanismus, der nach M. de Certeau charakteristisch ist für „l'énonciation mystique", s. dessen Buch: La fable mystique XVIe–XVIIe siècle (Bibliothèque des histoires), Paris 1982, S. 226–230.

[30] Vgl. z.B. auch Br. XVIII, 134–136: *Der Minnen seden dat es ghehorsam te sine: dat is contrarie menichs vreems seden* („Der Minne Gesetz verlangt, gehorsam zu sein. Das ist manches Gottfremden Gewohnheit zuwider" [Plassmann, S. 69]).

[31] Br. XXI, 11–17 (bemerke übrigens, wie Hadewijch dem Egozentrismus der *lieden* die Einstellung, die sie von ihren Freundinnen verlangt, entgegensetzt): *Den lieden dunct dat hun haer hebbinghe al besech wert ende hare vrede Ende al dat si vercrighen moghen. Dus hebbense lievere haren vrede dan die andere. Ghi sout u alsoe bloet houden om gode Ende also bistierich van alre vreemder rasten, dat u nemmermeer dinc te goede werden en mochte dan god allene.* Das Wort *besech* ist Van Mierlo (Ed. Br., S. 177 Anm.) nicht klar: er faßt es als eine korrupte Stelle oder als ein Synonym von *bistierich* („verlorengehend") auf. Die Bedeutung „veel werk gevend" (Middelnederlandsch Woordenboek, Bd. I, Sp. 1037) paßt hier aber sehr gut: „Den Leuten scheint es, ihr Besitz, ihr Friede und alles, was sie erlangen können, machen ihnen viel zu schaffen: daher haben sie lieber ihren eigenen Frieden als den der anderen. Für Gott mußt Du dich so frei und ledig aller fremden Ruhe halten, daß nichts Dir Frieden gewähren kann als Gott allein" (Plassmann, S. 76–77, mit einer Änderung).

betrifft[32], kennen sie die mystische Erfahrung nicht, und darum können sie Hadewijch auch nicht begreifen[33].

3. Autorin und Adressatin in den Briefen

Hadewijch schreibt also nicht für jedermann, ihre Texte sind nur für Eingeweihte bestimmt. Daß sie — wie wir soeben dargelegt haben — auf ein breiteres Publikum hinzielte, steht dazu nicht im Widerspruch. Auch dieses breitere Publikum kann nur aus Gleichgesinnten bestanden haben[34]. Aus mehreren Stellen in ihren Briefen geht hervor, daß Hadewijch sich an eine Elite, die sich auserwählt weiß, richtet.

---

[32] Zu diesen *godleken* s. u. S. 149 f. u. P. Mommaers, Hadewijch in conflict, in: Middeleeuwers over vrouwen, Bd 1 (Utrechtse bijdragen tot de mediëvistiek 3), Utrecht 1984, S. 145–146.

[33] Br. XXVIII, 224–230: *Die soe langhe hevet ghestaen met gode Dat hi alsoe ghedane wondere versteet, alse god es in siere gotheit; hi scijnt dicste wile vore die godleke menschen, Dies niet en kinnen, van godleecheden ongodelec, Ende onghestadich van ghestadicheiden, Ende onconstich van consticheiden* („Wer so lange bei Gott gestanden hat, daß er das Wunder versteht, wie Gott ist in seiner Gottheit, der erscheint vor den gottesfürchtigen Menschen, die das nicht kennen, gar oft vor Göttlichkeit ungöttlich [= ungottesfürchtig], unbeständig vor Beständigkeit und unwissend vor hohem Wissen" [Plassmann, S. 100, mit einer Änderung]). Interessant ist auch Hadewijchs Beschreibung in Br. XVIII, 117–124, der Verständnislosigkeit und der Panik, die die *hoghe ziele* unter den „unedlen Menschen" verursacht: *Ende van ghewaricheiden ende van gherechticheiden der vonnissen Die si ontfaen hevet in dat anscijn gods, Soe scijntse jeghen de onedele menschen ververleec ende onghehoert. Ende alse de onedele menschen dan sien dat alle der zielen dinghe beset sijn Na die waerheit ende gheordent in allen weghen, hoe ryselijc ende hoe vreeselijc si hen es!* („Und durch die Gerechtigkeit und die Wahrhaftigkeit der Urteile, die sie in Gottes Angesicht empfangen hat, erscheint sie den unedlen Menschen furchtbar und unerhört. Wenn dann die unedlen Menschen sehen, daß alle Kräfte der Seele nach der Wahrheit gerichtet und auf all ihren Wegen geordnet sind, so müssen sie ihr um der Minne willen weichen, so furchtbar und schrecklich ist sie ihnen" [Plassmann, S. 69, mit einigen Änderungen]). Diese Stelle kommt in dem Teil des XVIII. Briefes vor, den Hadewijch dem Traktat ‚De natura et dignitate amoris' von Wilhelm von Saint-Thierry entnommen hat. Interessant ist, daß Hadewijch Wilhelms *(a) corrigendis* durch *onedele menschen* übersetzt: ein zusätzliches Indiz vielleicht, daß jede missionarische Absicht Hadewijch fern ist.

[34] Dasselbe trifft übrigens auch für Hadewijchs übrige Werke zu: für die Strophischen Gedichte s. Willaert, Poëtica (wie Anm. 5); für die Visionen: ders., Hadewijch und ihr Kreis in den Visionen, in: Abendländische Mystik im Mittelalter, hg. v. K. Ruh, Stuttgart 1986, S. 368–387.

Einige Beispiele: „Du sollst," schreibt Hadewijch in Brief II, 93—98, „nicht zweifeln (. . .): denn früh warst Du berufen; auch fühlt zuweilen Dein Herz, daß Du auserkoren bist und daß Gott Deiner Seele beizustehen begonnen hat, wenn Du Dich auf ihn verließest" (Plassmann, S. 25, mit einigen Änderungen) (*Des en suldi niet twivelen (. . .): want ghi vroech gheroepen waert; Ende oec ghevoelt uwe herte wel bi wilen dat ghi vercoren sijt, Ende dat god uwe ziele in toeverlate hevet begonnen te onderstane*). Weiter unten in diesem Brief lesen wir denn auch, daß diese Leserin nicht der Hilfe bedürfe, die die Sünder brauchen[35]. Wenn Hadewijch die Adressatin des XVI. Briefes anregt, tugendhaft zu leben, dann sei das — sagt sie — nur pro memoria, denn die Freundin setze diesen Rat schon seit langem in die Praxis um[36]. Und wenn sie in Brief XXII ausführlich die vier Wege, die die Geliebten zu Gott führen, beschreibt, erwähnt sie nur kurz die Existenz eines fünften Weges, jenes der Durchschnittsgläubigen, „der Gemeinen mit dem gewöhnlichen Glauben, die mit all den äußeren Diensten zu Gott gehen" (Plassmann, S. 83) (*de ghemeyne metten slechte ghelove, Die met allen uterste dienste te gode gaen* [Br. XXII, 218—220]). Weitere Ausführungen sind hier ja nicht nötig, denn für diese Leute sind ihre Schriften ja doch nicht bestimmt.

Wie hoch Hadewijch ihre Freundinnen einschätzt, ergibt sich auch aus der Tatsache, daß sie ihnen die Aufgabe stellt, das Minne- und Tugendleben anderer, die noch nicht so weit gekommen sind, durch ihr Wort und Vorbild zu fördern (z.B. Br. XXXI, 31—34). Dies ergibt sich vor allem aus der Exegese, die Hadewijch in Brief XII von Abdias 18 gibt: (*Et erit domus Jacob ignis et) domus Joseph flamma et domus Esau stipula*[37]:

---

[35] *Dusghedaen onderstaen en hebdi niet te doene/: Want ghi begonst vroech ende en hebbet gods niet gheloechent met uwen wesene* (Br. II, 150—152) („Eine solche Hilfe brauchst Du nicht. Denn Du begannst früh, und Du hast Gott mit Deinem Wesen nicht geleugnet" [Plassmann, S. 26, mit zwei Änderungen]).

[36] *Dat ic u soe vele predicke, dat mach u pinen, van seden die ghi selve wel wet ende alle hebbet. Mer ic doet om een vermanen van der waerheit, Dat soe wie die minne hebben sal, dat hijs beghinnen moet ane die doechde, daers god selve ane beghan ende sine heileghen* (Br. XVI, 73—78) („Es mag dich verdrießen, daß ich Dir so viel predige, weil Du das alles selbst weißt und besitzest. Aber ich tue es im Gedanken an die Wahrheit, daß, wer Minne erlangen will, mit den Tugenden beginnen muß, mit denen Gott selbst und seine Heiligen es begannen" [Plassmann, S. 62]).

[37] Für eine Untersuchung über Hadewijchs mögliche Quellen s. J. Reynaert, De beeldspraak van Hadewijch (Studiën en tekstuitgaven van Ons Geestelijk Erf 21), Tielt/Bussum 1981, S. 314.

Josephs huus sal sijn een vlamme. Alsoe alse Joseph was een behoudere Ende
een berechtere dies volcs ende siere broedere, Alsoe moeti ende die Joseph wor-
den sijn leideren ende bescermeren sijn der andere diet noch niet ghenoech
en sijn, Ende noch inder ghebrekenessen sijn der vreemder mesquame. Metter
inviericheit van enighen bernenden levene salmense ontsteken Ende metter
vlammen der bernender Caritaten salmense verlichten.

  die vreemde in die ghemeynte der lieden Die sijn esau; haer huus dat sijn
stoppelen die saen ontsteken sijn met invieregher vlammen: Alsoe selen die
andere van u ontsteken, alse ghi dus ghedanich sijt. Dit behoert oec te uwen
prelaetscape: dat ghi die droeghe stoppelen ontsteken selt met goeden exemplen
Ende met manieren ende met biddene Ende met radene ende met dreighenne.
Ende oec suldi uwe broedere berechten met innegher minnen, Ende hulpen
hen Minnen in gode ende in gherechten werken te gode Ende ter gherechter
doghet (Br. XII, 204–225).

(„Josephs Haus sei eine Flamme. So wie Joseph ein Beschützer und Richter seines Volkes und seiner Brüder war, so sollst Du und diejenigen, die
Joseph geworden sind, Leiter und Beschirmer derer sein, die es noch nicht
ganz geworden sind und die noch an dem Gebrechen der Gottfremdheit
leiden. Mit der Inbrunst des innigen, brennenden Lebens soll man sie entzünden, und mit der Flamme der brennenden Nächstenliebe soll man sie
erleuchten.

Die Fremden unter dem gemeinen Volke sind Esau. Ihr Haus sind die
Stoppeln, die bald mit inbrünstiger Flamme entzündet werden. So werden
die anderen sich an Dir entzünden, wenn Du so beschaffen bist. Auch das
gehört zu Deiner Prälatur: daß Du entzündest die trockenen Stoppeln mit
guten Beispielen und Sitten, mit Bitten, mit Rat und mit Drohung. Auch
mußt Du Deine Brüder mit inniger Liebe zurechtweisen und ihnen helfen
zu lieben, auf daß sie in Gott lieben, in rechten Werken für Gott und in
rechter Tugend" [Plassmann, S. 53, mit einigen Änderungen]).

Van Mierlo hat schon glaubhaft dargelegt, daß das Wort *bruedere* (Z. 222)
nicht notwendigerweise eine Gesellschaft von Männern voraussetzt[37a].
Aufgrund des Wortes *prelaetscape* (Z. 218) aber hat man öfters die Hypothese geäußert, Hadewijch habe diesen Brief an den Superior eines Klosters oder einer geistlichen Gesellschaft gerichtet[38]. Wenn wir aber fest-

---

[37a] Van Mierlo, Ed. Br., S. 96.
[38] Van Mierlo, a.a.O. Diese Hypothese ist, soweit wir sehen können, noch nicht
angegriffen worden. S. z.B., obwohl unter einigem Vorbehalt: J.-B. M. P[orion], Hadewijch. Lettres spirituelles. Béatrice de Nazareth. Sept degrés d'amour, Genève
1972, S. 112–113, und Reynaert, Beeldspraak (wie Anm. 37), S. 127. D. A. Stracke
(Over de twaalfde uit Hadewijch's Brieven, Ons Geestelijk Erf 33 [1959],

stellen, daß Hadewijch von der „Prälatur" des Adressaten — wir vermuten: der Adressatin — spricht, nachdem sie seine (ihre) Aufgabe mit der des Joseph, „eines Beschützers und Richters seines Volkes und seiner Brüder", verglichen hat, dann können wir uns fragen, ob dieses Wort hier so „institutionell" interpretiert werden muß und ob *prelaetscap* sich nicht ganz allgemein auf die Aufgabe, andere zu führen und vorbildlich zu leben, bezieht, eine Aufgabe, die jeder, der durch das Feuer der Minne entzündet worden ist, auf sich nehmen sollte[38a]. *Prelaetscap* würde also nicht ein kirchliches Amt bezeichnen, sondern die Aufgabe, diejenigen, die noch nicht so weit sind oder die noch außerhalb der Minne leben, zu leiten. Dieser Interpretation nach macht nicht die Kirche, sondern die Minne den Menschen zum „Prälaten"!

Dies bedeutet aber nicht, daß Hadewijchs Freundinnen die vollkommene Liebe besitzen. Hadewijch widersetzt sich übrigens dauernd der Auffassung, daß die Minne ein Besitz sein könne, den man nur noch zu genießen brauche. Die Minne ist ja nie zu Ende geliebt! Darum auch nennt sie die Adressatin in ihren Briefen wiederholt *jonc, kintsch* oder *onghewassen*. Im Gegensatz zu Van Mierlo glauben wir, daß aus dergleichen Stellen keine Schlußfolgerungen in bezug auf das Alter der Adressatin(nen) gezogen werden können[39]. Wir zitieren einige Beispiele:

S. 421–431) und P. C. Boeren (Hadewijch en heer Hendrik van Breda [Bijdragen tot de Nederlandse taal- en letterkunde 2], Leiden 1962) haben sogar (wenig überzeugende) Versuche gewagt, den Adressaten zu identifizieren. S. zu P. C. Boerens Versuch: Reynaert, Beeldspraak (wie Anm. 37), S. 20; zu den Versuchen von Boeren und Stracke das soeben genannte Werk Porions, S. 112–113.

[38a] Im Niederländischen des XVI. Jh. konnte *prelate* auf jeden Fall „leidster, beschermster" bedeuten, und *prelatig* „geschikt om aan het hoofd te staan en leiding te geven" (s. Woordenboek der Nederlandsche Taal XII, Sp. 3993). Solch eine weite Bedeutung von *prelaet(scap)* haben wir im ‚Middelnederlandsch Woordenboek' aber nicht gefunden. Doch ist es aufschlußreich, daß afrz. Wörter wie *prelacion, prelat, prelature* ebensowenig auf ein kirchliches Amt zu verweisen brauchten, sondern daß sie, verallgemeinert, „dignité", „supériorité" oder „prééminence" bedeuten konnten (s. F. Godefroy, Dictionnaire de l'ancienne langue française, Bd. 6, Paris 1889, S. 378–379). Auch im Mittellatein konnte *praelatio* – außer den spezifisch kirchlichen Bedeutungen – „pouvoir", „autorité", „souveraineté" bedeuten (J. F. Niermeyer, Mediae latinitatis lexicon minus, Leiden 1976, S. 833).

[39] Vgl. auch Porion, Hadewijch (wie Anm. 38), S. 125, der zu Recht bemerkt (zu Van Mierlos Interpretation von *jonghe herte* in Br. XIV, 50): „Du fait qu'elle parle de ‚jeune coeur', le R.P. Van Mierlo croit qu'elle s'adresse à une ou plusieurs jeunes femmes consacrées à Dieu. C'est au plus une conjecture".

Ghi sijt noch jonc ende behoeft sere te wassen, ende voeghet vele hat, wildi den wech der minnen gaen, dat ghi aerbeit soeket Ende doer haer eere pijnt, dan ghi haers soudet willen ghevoelen (Br. II, 66–69).

(„Du bist noch jung und mußt noch sehr wachsen; deshalb tust Du besser daran, wenn Du den Weg der Minne gehen willst, daß Du Anstrengung suchst und ihr zu Ehren leidest, als daß Du Minne fühlen willst" [Plassmann, S. 24, mit Änderungen]).

Ende want ghi noch jonc sijt ende ongheproeft van allen dinghen, soe moeti sere pinen alse van niete, alse een die niet en hevet Ende dien niet werden en mach, hine pijnt uten gronde (Br. VI, 178–181).

(„Du aber, die Du noch jung bist und in allen Dingen unbewährt, mußt Dich besonders bemühen, aus Deinem Nichts herauszuwachsen, wie einer, der nichts hat und der nichts bekommen kann, wenn er nicht von Grund auf sich abmüht" [Plassmann, S. 36, mit Änderungen]).

Ghi sijt te weec van herten ende te kinsch in al uwen seden. Ghi sijt te saen drove ende onghetempert in al u doen: wat hulpet gherekent van allen dinghen? Houdet u tameleke om die puerste werdicheit gods, Ende pijnt u te laboerne (Br. XVI, 56–60).

(„Du bist zu weich von Herzen und zu kindisch in Deinen Gewohnheiten. Zu schnell bist Du betrübt und zu unbeherrscht in all Deinem Tun. Was hilft es, sich alles zu Herzen zu nehmen? Verhalte Dich, wie es sich ziemt Gottes reiner Würde zuliebe, und sorge dafür, daß Du immer etwas zu tun hast" [Plassmann, S. 61, mit mehreren Änderungen]).

Diese Stellen machen es glaubhaft, daß Ausdrücke wie *jonc, kinsch* u.ä. zum Wortfeld des Wachsens gehören, ein Wortfeld, daß sich in den Briefen immer auf das geistige Wachsen in der Minne bezieht[40]: „jung" sind diejenigen, die zwar berufen sind, aber im Minnedienst noch keine Erfahrung haben: sie haben noch *te cleyne Minne*, sie *doen gode* noch nicht *recht*. Aus den Zitaten erweist sich, daß diese Geliebten vor allem Minne fühlen und genießen wollen und daß sie über alle Maßen betrübt sind, wenn ihnen dieser Genuß vorenthalten wird. Sie müssen noch in der Minne wachsen, ihrem vollkommenen Urbild in Gott, nachdem er sie erschaffen hat, entgegenreifen: „Ich wünsche", schreibt Hadewijch, „daß Du lebest, um zu Deiner Vollendung zu reifen" (Plassmann, S. 93) (*Ic*

---

[40] Zu diesem „Wachsen in der Minne" s. vor allem B. S p a a p e n, Hadewijch en het vijfde Visioen, Ons Geestelijk Erf 45 (1971), S. 155–163. Dieses Motiv spielt auch in den Visionen eine bedeutsame Rolle: s. W i l l a e r t, Kreis (wie Anm. 34).

wille dat ghi levet omme te wassene in uwe volcomenheit [Br. XXVI, 22–23])[41]. Und dies ist, wie Hadewijch es in jedem der drei obenstehenden Zitate zu erkennen gibt, nur möglich, wenn man sich durch die Anstrengung des treuen Minnedienstes abtötet. „Sei getreu und wachse mit uns" (Plassmann, S. 88) (*Sijt ghetrouwe end wast met ons* [Br. XXIII, 22–23]) ist das Leitmotiv, das uns in all den Schriften Hadewijchs immer wieder begegnet.

Wenn wir unseren Blick jetzt auf die Autorin richten, dann stellen wir fest, daß Hadewijch selbst auch gestehen muß, daß sie in der Minne noch nicht erwachsen sei. In dieser Hinsicht unterscheidet sie sich nicht von ihren Leserinnen. „Da wir aber dieser Gebrechen so viele haben, so bleiben wir ungereift in der Geistigkeit und unvollendet in allen Tugenden", schreibt sie in Brief XXX, 240–243 (Plassmann, S. 109) (*Ende om dat van al desen ghebreken soe vele in ons sijn, soe blive wi onghewassen in gheestelecheden Ende onvolmaect in allen dogheden*). Daß sie das Pronomen „wir" hier nicht als ein rhetorisches Mittel benutzt, um ihre Kritik an der Adressatin zu mildern, ergibt sich aus der Tatsache, daß sie sich selbst, in demselben Brief, nachdrücklich *onghewassen* („ungereift") nennt und sich darüber beklagt, daß sie *te cleyne Minne* („zu wenig Minne") habe (Br. XXX, 178–179).

Auch anderswo scheut Hadewijch sich nicht, auf ihre eigene *onghewassenheit* hinzuweisen. Einem interessanten Beispiel begegnen wir im ersten ihrer sechzehn Reimbriefe. An bestimmten Stellen scheint sie in diesem Brief sogar zu behaupten, daß sie weniger von der Minne wisse als die Adressatin:

Al segghic dore der riker ghewout
Die minne hevet in hare behout,
Dat kinnic men, ghi kinnet bat:
Ghi sijts in scaec ende ic in mat[42].
(Md. I, 111–114)

(„Obwohl ich dies sage der reichen Gewalt zuliebe,
Die Minne in ihrer Obhut hat,
Dies kenne ich weniger, Du kennst es besser:
Du stehst im Schach, aber ich bin matt.")

---

[41] Br. XIX, 37–39: *Ay, moesti volwassen na uwe werdicheit, daer ghi van gode toe ghemaent sijt sonder beghin!* („Ach, mögest Du zu Deinem vollen Werte erwachsen, zu dem Du von Gott ohne Anbeginn berufen bist" [Plassmann, S. 72, mit einer Änderung]).

[42] Zu diesem Bild s. Re y n a e r t, Beeldspraak (wie Anm. 37), S. 375–376.

Van Mierlo wunderte sich darüber, daß die sonst so selbstbewußte Hadewijch sich in diesem Brief vor der Adressatin zu demütigen scheine, „als-
of zij er meer over zou weten dan zijzelf"[43]. Van der Zeyde, Axters und
Reynaert haben sogar gemeint, die Authentizität dieses Reimbriefes in
Zweifel ziehen zu müssen[44]. Bei näherer Untersuchung stellt sich aber
heraus, daß diese Selbsterniedrigung nur scheinbar ist. In den Versen
35–36 erklärt Hadewijch nämlich, daß die Minne nicht nur *vercrighen*
(„Erlangen"), sondern auch *ghebreken* („Entbehren"), neben *hopen*
(„Hoffen") auch *onthopen* („Verzweifeln") umfaßt. Aus dem Zusammenhang geht nun hervor, daß die Adressatin „erlangt" und „hofft", während
onvercrighen („Nicht-Erlangen"), das wir mit *ghebreken* gleichsetzen dürfen, und *onthope* („Verzweiflung") Hadewijch zuteil werden. Man lese
z.B. die Verse 115–119:

> *Van hope canic niet ghesegghen,*
> *Ghine selet int wesen naerre hebben.*
> *Daer omme benics vele te bloeder*
> *Ende sprekere u vele af te noeder,*
> *Want ghijt met pleghene naere kint.*
>   (Md. I, 115–119)

(„Von der Hoffnung kann ich nichts sagen,
Du wirst sie besser kennen (als ich).
Darum bin ich desto scheuer,
Und zögere ich, Dir von ihr zu sprechen,
Denn Du kennst sie aus Erfahrung.")

Aber Hadewijch läßt keinen Zweifel daran, daß sie *onvercrighen* höher
als *vercrighen* einschätzt. *Onvercrighen es hoghere daet*, schreibt sie im
Vers 95. Denn, wer sich in *onvercrighen* befindet, weiß, was er noch nicht
besitzt (V. 97), und strebt unablässig weiter,

---

[43] Van Mierlo, Md., S. 1 u. 2. Vergleichbare Stellen, die Van Mierlos Ansicht zu
bestätigen scheinen, findet man in den Vv. 1–2, 8–13, 115–119, 173–178, 213–220
u. 296–297.

[44] Siehe Van der Zeyde, Hadewijch (wie Anm. 25), S. 132–133, die den ersten
Reimbrief als einen Schulaufsatz (!) von einer von Hadewijchs Jüngerinnen betrachtete; St. Axters, Geschiedenis van de vroomheid in de Nederlanden, Bd. I: De vroomheid tot rond het jaar 1300, Antwerpen 1950, S. 340–341; Reynaert, Beeldspraak
(wie Anm. 37), S. 24 u. 376.

Op dat hi weet waer die stat sy
Daer sijn wesen ware vri.
(Md. I, 99—100)

(„Bis er weiß, wo der Ort ist,
Wo er frei wäre.")

Gleicherweise kann derjenige, der sich wie Hadewijch in *onthope* befindet, mit nichts, das die Minne ihm gibt, zufrieden sein:

Die in onthope leeft ende pijnt,
Het dunct hem emmer onghefijnt.
(Md. I, 149—150)

(„Demjenigen, der in Verzweiflung lebt und sich abmüht,
Scheint es immer ohne Ende.")

Alles, was er für die Minne tut, dünkt ihm zu wenig, aber in dieser Weise bleibt seine Minne stark:

Sijn dienst dunct hem te clene in werke;
Dat houtene altoes in minnen sterke.
(Md. I, 155—156)

(„Sein Dienst scheint ihm zu klein an Werken;
Das hält ihn immer stark in der Minne.")

Daß die Jungfrau, an die dieser Brief gerichtet ist, „hofft" und „erlangt", während „Verzweiflung" und „Nicht-Erlangen" Hadewijch zuteil werden, bedeutet dann auch keineswegs, daß die erstere weiter gekommen ist im Minnedienst als Hadewijch. Das Gegenteil ist der Fall: Hadewijchs sogenannte Selbsterniedrigung erklärt sich aus der Tatsache, daß sie sich dessen bewußt war, daß die Minne nie zu Ende geliebt ist, eine Auffassung, die wir auf jeder Seite ihrer Schriften finden können. Hieraus erklärt sich auch die Klage, mit der Hadewijch diesen Brief beendet:

Ic ben diese niet en kinne,
Noch kinnen en wane vore mine doet;
Dat ontfarme hem die minne gheboet.
(Md. I, 296—297)

(„Ich kenne sie nicht,
Und glaube sie vor meinem Tode nicht zu kennen.
Dies erbarme Ihn, über den Minne herrschte.")

Während Van Mierlo meint, aus diesen Versen schließen zu können, die Dichterin müsse ein bestimmtes Alter erreicht haben[45], sind sie unserer

---

[45] Van Mierlo, Md., S. 2.

Meinung nach vielmehr repräsentativ für die Haltung, welche Hadewijch konsequent in ihrem ganzen Werk einnimmt. Hadewijch „kennt" Minne nicht, weil der Mensch Gott in seiner Unendlichkeit nie genug kennen kann. Der Gott Hadewijchs ist so groß, so unerschöpflich, daß ihre Begierde nie zur Ruhe kommen kann. Die Überlegenheit der Jungfrau, die (noch) bequem in dem naiven Stadium der Hoffnung und des Erlangens lebt, ist nur Schein, Produkt einer raffinierten Ironie, die – anders als man noch zu oft denkt – in den Texten Hadewijchs keinesfalls abwesend ist[46].

Anhand ihrer eigenen Erfahrung hält Hadewijch ihre Leserinnen also zu einer anderen, richtigeren Minnehaltung an. Und hier liegt unseres Erachtens noch ein anderer, dritter Grund für Hadewijchs Gattungswahl vor. Der Brief gibt ihr ja nicht nur die Möglichkeit, einen direkten Appell an die Adressatin (*ghi*) zu richten, sondern er ermöglicht ihr auch, ihr persönliches Minneleben als Zeugnis und Vorbild zur Sprache zu bringen. Ihr radikales Erleben des *onvercrighens* schwächt ihre Lage nicht, sondern es gibt ihr gerade das Recht, ihre Freundinnen zum erneuten Minnedienst aufzurufen: sie tut selbst ja, was sie anderen anrät[47].

Wenn wir die Schriften Hadewijchs lesen, sollten wir nie vergessen, daß sie in den Kreisen der *mulieres religiosae* aus dem 13. Jahrhundert entstanden sind, wo zahlreiche Charismen gang und gäbe waren[48]. Vieles scheint darauf hinzuweisen, daß auch Hadewijchs Leserinnen an diesen Beweisen göttlicher Erwählung Anteil hatten und daß sie sich an diesen Gnadengaben festklammerten. Genau wie die Jungfrau im I. Reimbrief

---

[46] Zu Hadewijchs Ironie s. jetzt die treffenden Bemerkungen von G. de Baere in seinem Aufsatz: Verlangde Hadewijch naar Visioenen? in: 'T ondersoeck leert. Studies over de literatuur in Middeleeuwen en Renaissance opgedragen aan de nagedachtenis van Lieven Rens, Löwen 1986, S. 55–64. Vgl. auch P. Mommaers, Inleiding, in: Hadewijch. Van liefde en minne. De Strofische Gedichten hertaald door M. Ortmanns, Tielt/Bussum 1982, S. 11.

[47] Dasselbe trifft übrigens auch für die Strophischen Gedichte zu: „Hadewijchs Leid (. . .) kommt nur ins Lied, weil den Hörern an ihm etwas gezeigt werden kann. Und ihr Leid, ihr vorbildliches Streben legitimiert sie, anderen die Minne zu deuten und Forderungen an sie zu stellen" (Schottmann, Autor und Hörer in den Strophischen Gedichten Hadewijchs, ZfdA 102 [1973], S. 27; s. auch Willaert, Poëtica [wie Anm. 5], S. 327–329).

[48] Dieser und der nächste Absatz beruhen auf Mommaers, Conflict (wie Anm. 32), S. 151–156.

leben diese mystisch begabten Frauen im Stadium des Erlangens, und darum nennt Hadewijch sie noch „jung" und „kindisch". Zwar hat Gott ihr in ihrer Jugend − laut Brief XI seit ihrem 10. Jahre − „manch schöne Gabe im Empfinden und im Schauen seiner selbst" (Plassmann, S. 47) (*meneghe scone ghichte in ghevoelne ende in toenenne van hem selven* [Br. XI, 19−20]) gegeben, aber seitdem hat sie erfahren müssen, daß die Gottesbegegnung hier auf Erden sich nicht auf den ständigen Genuß der Gegenwart Gottes beschränken kann, sondern daß sie auch in der Nachfolge Christi, d.h. dessen Lebens und Leidens, zustande kommen muß. Dies ist der Kern ihrer Minnelehre, den sie den Freundinnen unablässig vorhält:

> *Metter menscheit gods suldi hier leven in aerbeide ende in ellenden, Ende metten moghenden eweleken god suldi Minnen ende Jubileren van binnen met enen sueten toeverlate. Ende haere beider waerheit es een enich ghebruken* (Br. VI, 117−121)[49].

(„Mit der Menschheit Gottes sollst Du hier in Mühe und Elend leben, und mit dem allmächtigen, einigen Gott sollst Du innerlich lieben und jubilieren in süßer Zuversicht. Und die Wahrheit beider ist ein einziges Genießen.")

Nach Hadewijch ist das Einssein mit Gott also ein komplexes Phänomen: es umfaßt das „Lieben" und das „Jubilieren" (den Genuß des Einsseins) sowohl wie das Leben in Mühe und Elend (die Nachfolge Christi). Es ist mit entgegengesetzten Gefühlen, mit *troest* und mit *ellende*, verknüpft. Der Gipfelpunkt des mystischen Aufstiegs besteht darum auch in einem Bewußtseinszustand, in dem diese entgegengesetzten Momente zugleich erlebt werden: *Troest ende meslone in enen persoen,/ Dats wesen vander minnen smake* („Trost und schlechte Behandlung zugleich,/ Das ist das Wesen des Geschmacks der Minne"), schreibt sie im Strophischen Gedicht XXXI, 25−26. Und in den Briefen XVII und XVIII wird dieses Aufgehen verschiedener Momente in dem einen, vollkommenen Einheitserlebnis als ein Miteinander mit der heiligen Dreifaltigkeit dargestellt. Aber sei es, daß Hadewijch die Komplexität des Einsseins mit Gott in Worte zu fassen versucht, oder nur eines der Momente, die darin mit-

---

[49] Vgl. zu dieser Stelle den Kommentar von E. Heszler: Stufen der Minne bei Hadewijch, in: Frauenmystik im Mittelalter, hg. v. P. Dinzelbacher u. D. R. Bauer, Ostfildern 1985, S. 101. Die Übersetzung des Zitats haben wir diesem Aufsatz entnommen.

spielen, sie muß stets aufs neue feststellen, daß Erlebnis und Ausdruck verschieden sind. Die Frage, die sich hier erhebt, lautet denn auch: warum vermag die Mystikerin nicht zu sagen, was ihr eigentlich geschieht?

4. Sprache und Erfahrung in den Briefen

Nehmen wir als Ausgangspunkt eine Stelle, an der Hadewijch erklärt, daß, wer mit Minne vereinigt ist, sowohl sprechen wie schweigen solle:

> *Ende hi sal swighen, alse hi gherne sprake; Ende alse hi gherne pensde omme ghebruken sal hi spreken* (Br. VIII, 52–54).

> („Und er soll schweigen, wenn er gerne spräche; und wenn er gerne an liebendes Genießen dächte, soll er sprechen" [Plassmann, S. 42]).

„Schweigen" und „Genießen" gehören also zusammen, und beide stehen sie dem „Sprechen" gegenüber.

Im XXVIII. Brief taucht dieselbe Kombination wieder auf, aber *ghebruken* („genießen") ist jetzt durch *rusten* („ruhen") ersetzt, und *swighen* („schweigen") ist von *horen* („hören") begleitet. Das Schweigen, von dem Hadewijch redet – und das selbstverständlich mehr als nur das Stillegen der Lippen oder der Feder voraussetzt –, ist also derart, daß es ein Hören Gottes ermöglicht[50]:

> *Sint dat mi die heilicheit gods swighen dede, Sint hebbic vele ghehoert. Ende sint dat ic vele ghehoert hebbe, waer inne hieldict dan? (. . .) Soe swighe dan ende ruste mi met gode tote dien tide, dat mi god spreken hetet* (Br. XXVIII, 247–252).

> („Seit mich die Heiligkeit Gottes schweigen machte, seitdem habe ich viel gehört. Und da ich viel gehört habe, worin behielt ich's denn? (. . .) So schweige ich denn und ruhe in Gott, bis Gott mich reden heißt" [Plassmann, S. 100]).

---

[50] Von diesem Topos finden wir bei Augustinus eine erste, glänzende Formulierung. In ‚Confessiones' IX, 10, 25, zählt er auf, was alles zum Schweigen gebracht werden muß, damit der Schöpfer selbst sprechen kann: alles Vergängliche, alles Geschaffene, *omnis lingua et omne signum* (s. P. de Labriolle, Saint Augustin. Confessions, Bd. 2 [Collection des Universités de France], Paris 1969, S. 229). Andere Beispiele dieses Topos u.a. in V. Roloff, Reden und Schweigen. Zur Tradition und Gestaltung eines mittelalterlichen Themas in der französischen Literatur (Münchener romanistische Arbeiten 34), München 1973, S. 46–53. S. auch: U. Ruberg, Beredtes Schweigen in lehrhafter und erzählender deutscher Literatur des Mittelalters (Münstersche Mittelalter-Schriften 32), München 1978, bes. S. 27–32.

Diese Ruhe, die Stille ist und in der gerade das Wort Gottes hörbar wird, stellt Hadewijch nochmals in Brief XVIII vor. Wie der Jünger Johannes ruhen diejenigen, „die in Freiheit der Minne dienen" (*die in vrihede der minnen dienen*), an der süßen, heiligen Brust Jesu[51] und

> *sien ende horen die heimelike worde die onvertelleec Ende onghehoert sijn den volke overmids die soete runinghe des heilichs gheests* (Br. XVIII, 186–189).

(„sehen und hören die heimlichen Worte im süßen Raunen des Heiligen Geistes, die dem Volke unmitteilbar und unbekannt sind" [Plassmann, S. 70, mit einigen Änderungen]).

Die Frage, die uns im Augenblick beschäftigt – warum kann die Mystikerin nicht sagen, was sie eigentlich erlebt? – hat jetzt eine andere Formulierung bekommen: Warum sind die Worte, die sie in der Stille oder der Ruhe des Einsseins hört[52], „dem Volke unmitteilbar und unbekannt"? Warum kann das göttliche Sprechen, das dort geschieht, keine menschliche Sprache werden?

Der Einfluß Wilhelms von Saint-Thierry auf Hadewijch steht fest[53]. In diesem Punkt unserer Untersuchung wollen wir denn auch bei einer Stelle aus seinem Hoheliedkommentar verweilen. Im Schlußgesang des ersten Liedes „hört" die schlafende Braut die „Stimme" des Herrn, der die Tiefen seiner Mysterien und Geheimnisse offenbart: *vox Domini (. . .) revelantis condensa mysteriorum et sacramentorum suorum* (Expos. super

---

[51] Zu diesem Topos s. Reynaert, Beeldspraak (wie Anm. 37), S. 420–423 (mit viel Lit.). Den dort erwähnten Fundstellen kann auch noch Wilhelm von Saint-Thierry, Expos. super Cant., 113, zugefügt werden. *Die heimelike worde* und die *soete runinghe* erinnern uns an einen anderen Bibelvers, den Hadewijch gerne verwendet, nämlich Job 4,12: *Porro ad me dictum est verbum absconditum Et quasi furtive suscepit auris mea venas susurri ejus.* Der Kommentar, den Gregor der Große in seinen ‚Moralia in Job' diesem Bibelvers widmet, scheint Hadewijch übrigens beeinflußt zu haben: s. Reynaert, a.a.O., S. 199–200.

[52] Die Beziehung zwischen Gott und der Seele in der *unio* wird also als ein auditiver und visueller Vorgang zugleich beschrieben. Die Vertauschbarkeit und Gleichzeitigkeit innerlicher „sinnlicher" Wahrnehmungen begegnet sehr oft bei mystischen Autoren: s. z.B. Kapitel V in L. Schrader, Sinne und Sinnesverknüpfungen. Studien und Materialien zur Vorgeschichte der Synästhesie und zur Bewertung der Sinne in der italienischen, spanischen und französischen Literatur, Heidelberg 1969. Zur Synästhesie bei Hadewijch: s. Reynaert, Beeldspraak (wie Anm. 37), S. 228; bei Mechtild von Magdeburg: A. M. Haas, Sermo mysticus. Studien zur Theologie und Sprache der deutschen Mystik (Dokimion 4), Freiburg (Schweiz) 1979, S. 96.

[53] Vgl. die in Anm. 13 angeführte Literatur.

Cant., 140). Es ist aber vor allem der ganze Paragraph 141, der fast Wort
für Wort für uns wichtig ist:

> *In hoc siquidem statu mentis nequaquam verbis res agitur sed (. . .) unum ibi*
> *verbum fit: Verbum quod est apud Deum, Deus Verbum quod fit in Sponsa,*
> *in eo quod operatur in ea. „Vox" tamen potius dicitur quam „verbum" quia*
> *non distinguitur syllabis, non lingua formatur, sed puro fit affectu (. . .). Vox*
> *verbi hujus virtus est efficax divinitatis (. . .), non nisi in mundo corde opera-*
> *tur.*

In erster Linie weist Wilhelm auf die Tatsache hin, daß in diesem göttlichen Sprechen nur ein Wort, das Wort, gesagt wird. Gott erteilt dem Mystiker keine Auskünfte: er sagt sich selbst, in einem Mal. Und woher
kommt es, daß Gott in einem Worte alles zu sagen vermag? Eine Frage,
die um so zutreffender ist, als der Kontrast zum menschlichen Sprechen
so stark auffällt. Wenn wir von Mensch zu Mensch sprechen, brauchen
wir dann nicht viele Worte? Müssen wir nicht immer unser eines Ich in
zahlreiche Zeichen zerlegen? Die Antwort steckt in zwei Verben, wovon
dieser ganze Paragraph durchzogen ist: *fit, operatur.* Das Wort Gottes, das
dem Mystiker hier zuteil wird, ist etwas, was geschieht, was wird: *unum*
ibi verbum fit. Es erscheint durch die Tatsache, daß es wirk-lich ist, daß
es in diesem Menschen „wirkt": *fit in Sponsa, in eo quod operatur in ea.*
Das Sprechen Gottes ist also eine Aktivität, die den Hörer verändert.
Deswegen nennt Wilhelm dieses Wort die „Stimme" Gottes (*Vox Dei*).
Der Mystiker nimmt ja vor allem die Kraft wahr, die in ihm wirksam
anwesend ist, *tam effectualiter quam affectualiter experitur*, wie er es in
Paragraph 149 formulieren wird. Für diesen Hörer liegt alles, was wir
Worte nennen, ein-fältig in der Stimme, die ihn bewegt: sein Verstehen
ist ebenso global wie direkt, weil es in einem Gerührtwerden besteht.

Nachdem Wilhelm klargemacht hat, daß diese Stimme „wirkt" − ihr
„Klingen" ist nichts anderes als ihr Einwirken: *sonat vel operatur* −, beginnt er zu präzisieren, was sie bewirkt. Und das tut er anhand eines Ge-
gensatzes. Erst charakterisiert er die Tätigkeit des sprechenden Menschen, die der Leser natürlich vor Augen hat. Wenn Leute miteinander
reden, wird im Hörer etwas bewirkt, etwas, das demjenigen ähnlich ist,
das im Sprecher ist:

> *Verbum nostrum quasi in litteris creatum, in syllabis distinctum, in verbum*
> *formatum, cum profertur ab loquente, simile quid et similiter operatur in*
> *audiente, easdem litteras, easdem syllabas, idem verbum* (Expos. super
> Cant., 141).

Diese „Kreation" ist aber nicht wesentlicher Art. Der menschliche Sprecher kann im Zuhörer nur identische Zeichen hervorrufen — *easdem litteras, easdem syllabas, idem verbum* —, er ist nicht imstande, sich selbst mitzuteilen.

Hiernach charakterisiert Wilhelm das göttliche Sprechen des Bräutigams zur Braut. Neben *fit/operatur* erscheinen jetzt, mit derselben Regelmäßigkeit, die Termini *est* und *ipsum/ipsa*:

> *Cum Sponsae vel in Sponsa loquitur, non aliud vel aliter quam quod ipsum est, et sicut ipsum est, loquitur vel operatur; non loquens vel operans seipsum ut sit, sed de seipso operans in ipsa, ut ipsa in ipso sit* (Expos. super Cant., 141).

Was die Stimme bewirkt, unterscheidet sich nicht von dem, was sie selbst ist. Das Wort, das hier gehört wird, ist kein Zeichen, sondern es ist der Sprecher selbst. Das Wort ist, was es sagt — was ausgesprochen wird, unterscheidet sich nicht von demjenigen, der spricht —, und folglich ist es kein Signifikant, noch hat es ein Signifikat. Dieser Bräutigam läßt sich bei der Braut nicht mittels eines Zeichens repräsentieren. Er benutzt kein einziges verweisendes Mittel, sondern er ist selbst so effektiv und vollständig gegenwärtig, daß die Braut ihn unmittelbar „hört": sie kennt ihn, indem sie ganz mit ihm vereinigt ist. Sie kennt ihn, nicht indem sie seine Zeichen versteht, sondern indem sie ihn erfährt. In ihrer eigenen Veränderung weiß sie, wer er selbst ist: *sed de seipso operans in ipsa, ut ipsa in ipso sit.*

Der fundamentale Grund, warum das Wort, das der Mystiker hört, Stille ist — *in silentii secreto auditur* — und warum es sich nicht in Worten ausdrücken läßt, sollte jetzt deutlich sein. Wo keine Zeichen gegeben werden, da ist nichts Verständliches zu vernehmen. Und wer eine Veränderung seines eigenen Seins erfährt, kann nicht zu gleicher Zeit einen Abstand zu diesem Prozeß gewinnen, den Abstand, den man braucht, damit man ihn ausdrücken kann.

Kehren wir jetzt zu Hadewijchs eigenen Briefen zurück. In Brief XXII weist die Mystikerin auf den unverwischbaren Unterschied zwischen dem, was Gott ist, und dem, was ein Mensch „mit menschlichen Sinnen" von ihm sagen kann. Und sie fährt fort wie folgt:

> *Mer die metter zielen gheerenen ware van gode, hi soudere yet af moghen toenen den ghenen diet metter zielen verstonden* (Br. XXII, 14–16).

(„Wer aber in der Seele von Gott berührt wäre, der könnte wohl ein wenig davon denen verständlich machen, die es mit der Seele verstünden" [Plassmann, S. 78]).

Bemerkenswert ist vor allem der Ausdruck *metter zielen gherenen* („in der Seele berührt"). Der begrifflichen Erkenntnis derer, die Gott mit der Vernunft sondieren (dem aktiven Weg), setzt Hadewijch die Begegnung mit Gott entgegen, die diesen Menschen, die von ihm in der Seele berührt werden, zuteil wird. Obwohl Begriffe wie *ziele* („Seele") und *gherinen* („berühren") noch nicht die feste, technische Bedeutung haben, die sie später bei Ruusbroec bekommen werden[54], ist mit *metter zielen gherenen* viel mehr als ein rein psychologisches Berühren gemeint: die göttliche Berührung in der Seele besteht vor allem in einem wesentlichen Einfließen Gottes in den Menschen.

Laut der soeben zitierten Stelle ist es demjenigen, der von Gott in der Seele berührt worden ist, offensichtlich doch möglich, von seinem Erlebnis zu sprechen, aber nur zu denjenigen, „die es mit der Seele verstünden". Weiter unten in demselben Brief sagt Hadewijch, daß man davon nicht *met redenen* („mit Vernunft"), sondern nur *met ghegheester zielen te ghegheester zielen* („mit vergeistigter Seele zu vergeistigter Seele") sprechen könne (Br. XXII, 130–131). Bemerkenswerte Aussprüche, denn sie deuten auf einen besonderen Aspekt von Hadewijchs Sprachauffassung hin. Eine Stelle aus Brief XIX, an der aufs neue der Ausdruck *metter zielen spreken* („mit der Seele sprechen") begegnet, kann uns helfen, diesen Punkt besser zu begreifen. Dieser Brief setzt mit Versen ein, in denen der Geliebte, der *buten alle weghe van menschen sinnen* („außerhalb aller Wege der Menschensinne") die Minne sucht, mit einem Ritter auf Abenteuer verglichen wird. Und dieser Prolog endet wie folgt:

> *Want redene en mach begripen niet,*
> *Hoe Minne met Minnen lief doer siet,*
> *Ende hoe minne in allen levet vri;*
> *Ja, alse si ter vriheit comen si,*
> *Die vriheit die de Minne can gheven,*
> *Sine spaert doet noch leven.*
> *Si wilt al Minne, sine wilt niet men.*
> *Ic late den rijm: hiers ute den sen/*
>
> (Br. XIX, 19–26)

---

[54] Zur Verschwommenheit von Hadewijchs Terminologie, s. R. Vanneste, Over de betekenis van enkele abstracta in de taal van Hadewijch, Studia Germanica 1 (1959), S. 9–25, bes. 14–15; zum *gherinen* bei Hadewijch, s. L. Reypens, Ruusbroec-studiën I. Het mystieke „gherinen", Ons Geestelijk Erf 12 (1938), S. 159–160, und vor allem Reynaert, Beeldspraak (wie Anm. 37), S. 222–224 (dazu: F. Willaert, Leuvense Bijdragen 73 [1984], S. 211).

(„Denn dies kann Vernunft nicht verstehen,
wie Minne mit Minne den Geliebten durchschaut,
Und wie Minne in allem in Freiheit lebt.
Ja, wenn die Seele diese Freiheit hat,
Die Freiheit, die die Minne geben kann,
Dann schont sie weder Tod noch Leben.
Sie will nur Minne — nichts Geringeres.
Ich lasse den Reim: Hier ist es aus mit dem Sinn.")

Und Hadewijch fährt — aber jetzt in Prosa — wie folgt fort:

Want met ghenen sinnen en machmen te worde brenghen die materie van Minnen, Daer ic u in meyne ende wille; Ic en segghe niet el; daer toe behoeftmen metter sielen te sprekene. Onse materie es te wijt/; want wi nemen Minne die god selve bi naturen es (Br. XIX, 27—32).

(„Denn mit keinen Sinnen kann man die Materie der Minne, die ich für Dich wünsche und will, ausdrücken. Mehr sage ich nicht, hier sollte man mit der Seele sprechen. Unsere Materie ist zu weit, denn wir nehmen die Minne auf, die ihrer Natur nach Gott selbst ist.")

Materie, sin, ein Prolog in „epische versmaat"[55], die Schilderung des Geliebten wie eines Ritters auf Abenteuer: es ist deutlich, daß Hadewijch hier auf die höfische Romanliteratur ihrer Zeit anspielt, und zwar besonders auf die „poetologischen" Erklärungen, die die profanen Autoren in ihren Prologen abgeben. *Sin* deutet in diesen Werken auf die Geisteskräfte des Autors hin; dank seinem *sin* kann der Dichter den *sin*, der in seiner *materie* verborgen ist, finden und zum Ausdruck bringen[56].

Hadewijch übernimmt diese Konzeption des Schreibens aber nicht, sie widersetzt sich ihr. Die ganze Stelle, die wir soeben zitiert haben, wird nämlich von einem Gegensatz beherrscht. Dem Sprechen, das aus der Vernunft hervorgeht, steht das Sprechen „mit der Seele" gegenüber, das die Mystikerin hier im Auge hat. Hadewijchs Verse sowohl als ihre Prosa scheitern angesichts des Minneerlebnisses, das ihr geschieht. Warum läßt sie den Reim fallen? Weil die Vernunft diese Wirklichkeit nicht im Griff hat (*Want redene en mach begripen niet*) und dieses vernünftige Sprechen also keinen Inhalt, keine Bedeutung mehr hat: *hiers ute den sen*. Ihr poetisches Sprechen hört auf aus Mangel an einem adäquaten, der Vernunft gefügigen Gegenstand. Vielleicht ist ihre Prosa ein tauglicheres Instru-

---

[55] Van Mierlo, Ed. Br., S. 161.
[56] Mehr hierüber in: F. Willaert, „Matière" et „sens" chez Chrétien de Troyes et Hadewijch (d'Anvers?), Le Moyen Age 88 (1982), S. 421—434.

ment? Im Gegensatz zu Ruusbroec jedoch – der anläßlich eines ähnlichen Überganges in ‚Vanden XII beghinen' notiert: *Nu moetic rimen laten bliven/ salic scouwen clare bescriven*[57] („nun muß ich das Reimen bleiben lassen, soll ich das Schauen klar beschreiben") – verhält Hadewijch sich ebenso kritisch ihrem nicht-poetischen Sprechen gegenüber: *Want met ghenen sinnen en machmen te worde brenghen die materie van Minnen* („denn mit keinen Sinnen kann man die ‚Materie' (das Wesen) der Minne unter Worte bringen"). *Sin(nen)* wird hier zwar in einer anderen Bedeutung als in dem letzten Vers verwendet. Dieses Wort deutet jetzt nämlich auf die Geisteskräfte[58], mit denen Hadewijch ihren Stoff in Worte fassen sollte. Aber die kritische Haltung ist in den beiden Fällen identisch: So wie die Verse keinen *sen* bieten, weil die Vernunft der Minne nicht gewachsen ist, so sind alle Prosaworte machtlos, weil die menschlichen *sinnen* der *materie van minnen* nicht gewachsen sind.

Diesem Sprechen mit den *sinnen*, das *sen* hervorbringt – einem Sprechen, das sie übrigens schätzt und selbst vorzüglich beherrscht[59] –, stellt Hadewijch eine andere Sprechweise gegenüber. Sie erklärt, es gebe eine gerechte Redeweise, die keine Bedeutung habe. Oder besser: die nicht im Wiedergeben von Sinn bestehe. In dieser Redeweise stehen die Worte in Verbindung mit einem Bereich innerhalb des Menschen, der tiefer liegt als die Ebene, auf der Sinn hervorgebracht wird, tiefer also als die *rede* („die Vernunft") und die *sinnen*. In diesem Fall kommen die Worte – dieselben menschlichen Worte – aus der Seele: Sie enthalten dann keine sinnvollen Erkenntnisse, sondern sie verweisen auf einen wesentlichen Zustand, worin man schaut, indem man ist (Br. XXII, 406).

Illustrieren wir diese zweite Redeweise anhand zweier Briefe, die der Hadewijchforschung große Schwierigkeiten bereiten: die Briefe XVII und XXVIII.

---

[57] J. van Mierlo u. L. Reypens, Jan van Ruusbroec. Werken, Bd. IV, Tielt ²1948, S. 13.

[58] Es handelt sich hier eigentlich um zwei miteinander verwobene Bedeutungen eines Wortes: um *sen* („Bedeutung", „Inhalt") zu produzieren, braucht ein Mensch seine(n) *sin(nen)* („Vernunft"): s. Willaert, „Matière" (wie Anm. 56), S. 430–432.

[59] In Br. VII sagt sie zu Recht von sich selbst: *dat ic alle redene can van sinne alsoe mensche connen mach* (Z. 118–119) („daß ich mit dem Sinn alles sagen kann, was ein Mensch zu sagen vermag").

Genau wie in Brief XIX beginnt Hadewijch Brief XVII mit einer Versreihe, zu deren Interpretation schon viel Tinte geflossen ist[60]:

> *Te alre doghet wes onstich snel:*
> *En onderwinter di niet el.*
> *En ghebrect in ghenen dinghen,*
> *En werct te ghenen sonderlinghen.*
> *Te alre noet hebbet onste ende ontfermen,*
> *Ende en nemt niet in u bescermen/.*
> *Dit haddic di gherne langhe gheseghet/:*
> *Want mi wel groet op therte leghet.*
> *God doe u kennen wat ic mene,*
> *Inder enegher Minnen naturen allene.*
> (Br. XVII, 1–10)

(„Zu jeder Tugend sei rasch bereit,
Doch verlege Dich nicht auf jede Tugend.
Versäume nichts,
Doch führe kein gesondertes Werk aus.
Zu jeder Not sei herzlich gut,
Aber nimm nichts in Deine Hut.
Dies hätte ich Dir gern eher gesagt,
Denn es liegt mir sehr am Herzen.
Gott künde Dir, was ich meine,
in der wahren Minne Einung.")

Hadewijch bestimmt dann – in Prosa – den besonderen Status der drei paradoxen Verspaare, mit denen der Brief einsetzt:

> *Dese dinghen waren mi van gode verboden, die ic u in desen worden verbiede. Daer omme beghericse u voert te verbiedene, omdat si volmaecteleec ter volcomenheit van Minnen behoren, Ende omme datse inder godheit volcomeleke ende gheheeleke behoren. Die wesene die ic daer noeme, die sijn volcomeleke hare nature* (Br. XVII, 11–17).

(„Dies, was ich Dir in diesen Worten gebiete, ward mir von Gott geboten. Darum will ich Dir dies meinerseits einschärfen, weil all dies ganz zur Vollkommenheit der Minne gehört und vollkommen und ganz zur Gottheit gehört. Die Eigenschaften, die ich genannt habe, sind dem göttlichen Wesen eigentümlich" [Plassmann, S. 63, mit einigen Änderungen]).

---

[60] S. vor allem die Aufsätze von A. Brounts, Hadewijchs eerste ontwerp van de wezensmystiek (Br. XVII), Handelingen der Koninklijke Zuidnederlandse Maatschappij voor Taal- en Letterkunde en Geschiedenis 26 (1972), S. 5–61; B. Spaapen, Vijfde Visioen (wie Anm. 40), Ons Geestelijk Erf 44 (1970), S. 353–380; P. Mommaers, Bulletin d'histoire de la spiritualité: L'école néerlandaise, Revue d'Histoire de la Spiritualité 49 (1973), S. 470–477; Verdeyen, Invloed (wie Anm. 13), S. 13–15.

Es war also sozusagen Gott selber[61], der hier in den Anfangsversen am Wort war: *Dese dinghen waren mi van gode verboden, die ic u in desen worden verbiede.* Man könnte sagen, Hadewijch zitiere hier die göttliche Stimme. Weiter erklärt sie, wann sie diese Gebote „in der Einheit", in die sie „aufgenommen und verklärt sei", von Gott selber vernommen habe: „Dies wurde mir am Himmelfahrtstage vor vier Jahren von Gott Vater selbst eingeschärft" (Plassmann, S. 65, mit einigen Änderungen) *(Dit wert mi verboden, dies was te ascentien .iiij. Jaer, van gode den vader selve* [Br. XVII, 101–102]).

Hadewijch sieht nur zu gut, daß, was Gott ihr aufträgt, in der menschlichen Sprache dem gewöhnlichen Leser wie eine Trias unverständlicher Paradoxe erscheint. Was sie mit ihren Worten eigentlich meint, ist so beschaffen, daß Gott selbst es dem Leser begreiflich machen muß (*God doe u kennen* usw.). Nur Gott kann die Adressatin in seine Wirklichkeit aufnehmen. Es ist nur *inder enegher Minnen naturen*, daß jemandem die Erkenntnis, die Hadewijch hier im Auge hat, zuteil wird. Wer diese Gebote begreift, der ist mit Minne selbst vereinigt.

Wenden wir uns jetzt dem rätselhaften Brief XXVIII zu. Hadewijch beginnt diesen Brief mit der Mitteilung, daß in der mystischen Einigung Worte zwischen Gott und Seele gewechselt werden. Auf den ersten Blick ein ziemlich überraschender Ausspruch. Geschieht denn die Einigung doch nicht in einer wortlosen Stille? In diesem einleitenden Paragraphen bemerken wir aber zwei Punkte, die unsere obige Analyse bestätigen. Erstens werden diese heiligen Worte weder von den Sinnen noch von der Vernunft, sondern von der Seele gehört und gesprochen. Und außerdem lesen wir dort, daß diese Worte von der Art sind, daß die Seele sie wirklich begreift, *naturlike versteet* (Br. XXVIII, 5–6), indem sie sich in ihr verwirklichen: sie geben, was sie sagen (Br. XXVIII, 7–9)[62].

---

[61] Wahrscheinlich gibt darum Hadewijch diese göttliche Botschaft in Versen wieder. Nach G. C. Zieleman hat die Verwendung von Versen in Prosaschriften nicht sosehr den Zweck, den Lesern oder Zuhörern das Auswendiglernen zu erleichtern, sondern der Botschaft einen besonderen Effekt zu erteilen, so daß der Leser oder Zuhörer aktiviert wird (s. G. C. Z i e l e m a n, Middelnederlandse epistel- en evangeliepreken [Kerkhistorische bijdragen 3], Leiden 1978, S. 273).

[62] Weiter in Br. XXVIII lesen wir noch: *Wat god dan te hare sprect van hoghe gheesteleken wondere, dan weet nieman dan god, diet hare ghevet Ende die ziele, die gheestelec es alse god boven alle gheestelecheit* (Z. 142–145) („Was Gott dann an hohen, geistigen Wundern zu ihr spricht, das weiß niemand außer Gott, der es ihr gibt, und der Seele, die geistig ist wie Gott über alle Geistigkeit" [Plassmann, S. 98]).

Dieser Brief besteht ferner aus einer Reihe von sechs Aussprüchen der in Gott aufgenommenen Seele (Z. 32–37, 146, 153, 196, 242, 262). Die direkte Rede, die hier immer wieder benutzt wird, darf uns aber nicht trügen. Hadewijch hat diesen Brief selbstverständlich nicht im unmittelbaren Einssein mit Gott geschrieben. Die Niederschrift solcher Erfahrung erfolgt notwendigerweise aus der Distanz[62a]. Den Zitaten der Seele geht dann auch immer wieder die Mitteilung voraus, daß die Seele diese Worte in der Einheit *sprach*, im Präteritum also. Hadewijch steht in dieser Weise als Mittlerin zwischen der Seele und dem Leser. Aber die direkte Rede bietet nichtsdestoweniger die größtmögliche Annäherung an das Einheitserlebnis selbst. Das Vergangene wird in gewisser Weise aktualisiert.

Ist es nun nicht so, daß Hadewijch hier durchführt, was sie in den oben zitierten Stellen, die das „Sprechen mit der Seele" betreffen, als eine Möglichkeit ankündigt[63]? Sind diese Zitate – die denn auch nicht zufällig für alle Kommentatoren die Crux schlechthin bilden – keine Beispiele von Worten, die mit der Seele verstanden werden sollen? Selbst sagt sie jedenfalls nachdrücklich: „Wer hiervon etwas sagen will, der muß mit der Seele sprechen" (Plassmann, S. 97) (*Die hiertoe iet spreken wilt, hi behoevet metter zielen te sprekene* (Br. XXVIII, 91–92). Und wer selbst nicht erfahrungsmäßig in die Einheit aufgenommen ist, kann das Sprachspiel, das hier gespielt wird, nicht begreifen (Br. XXVIII, 88–91).

Aber auch dem modernen Leser bereitet dieser Brief voll verwirrender Parallelismen, Wiederholungen und Abstrakta viele Schwierigkeiten. Van der Zeyde nannte ihn „volmaakt onbegrijpelijk", Van Mierlo schrieb, daß dieser Brief „zich weinig (. . .) in verstandelijke begrippen"

[62a] Vgl. W. H a u g, Das Gespräch mit dem unvergleichlichen Partner. Der mystische Dialog bei Mechthild von Magdeburg als Paradigma für eine personale Gesprächsstruktur, in: Das Gespräch. Poetik und Hermeneutik, Bd. 11, München 1984, S. 251–279, bes. 258. Dieser Aufsatz bietet übrigens viele Ansatzpunkte für eine neue Interpretation des XXVIII. Briefes.

[63] Vgl. R e y n a e r t, Attributieproblemen (wie Anm. 23), S. 225: „De monoloog die deze ziel ten beste geeft (. . .) vertoont wat de inhoud betreft deze merkwaardigheid, dat de ervaring die hij beschrijft precies daar begint waar Hadewijch met een uitdruk-king als ‚hiertoe en weet ic gheen dietsch noch ghene redene' doorgaans ophoudt." S. auch V e k e m a n, Hadewijch. Een interpretatie van de Br. I, II, XXVIII, XXIX als dokumenten over de strijd rond de wezensmystiek, Tijdschrift voor Nederlandse Taal- en Letterkunde 90 (1975), S. 351, und F. W i l l a e r t, Is Hadewijch de auteur van de XXVIIIe Brief?, Ons Geestelijk Erf 54 (1980), S. 32–34.

zusammenfassen lasse, und auch Vekeman mußte zugeben, jeder Versuch, die Abstrakta, die in diesem Brief überzahlreich vorkommen, zu ordnen, stoße auf Kontradiktionen[64]. Einige Forscher haben denn auch, unserer Meinung nach zu Unrecht, die Auffassung vertreten, Hadewijch könne unmöglich die Verfasserin dieses Briefes gewesen sein[65].

In demselben Brief XXVIII erklärt Hadewijch, dies rühre daher, daß die Sprache auf doppelte Weise funktioniere, je nach der psychischen Ebene, auf die unsere Worte sich beziehen:

> *Sint dat mi die heilicheit gods swighen dede, Sint hebbic vele ghehoert. Ende sint dat ic vele ghehoert hebbe, waer inne (Hs. B: warum) hieldict dan? Ic en hielt niet sotteleke dat ic hielt. Ic hielt alle dinc vore ende na. Soe swighe dan ende ruste mi met gode tute dien tide, dat mi god spreken hetet. Ic hebbe al mine bescedelecheit gheheelect, Ende ic hebbe alle mine gheelheit gheproperlect. Ende ic hebbe alle mine properleecheit ghehouden ghedaen in gode* (Br. XXVIII, 247–256).

(„Seit mich die Heiligkeit Gottes schweigen machte, seitdem habe ich viel gehört. Und seit ich viel gehört habe, worin (Hs. B: warum) hielt ich's denn ein? Nicht in Torheit hielt ich ein, was ich einhielt. Ich hielt alles vorher und nachher ein. So schweige ich denn und ruhe in Gott, bis Gott mich reden heißt. Ich habe all meine Unterscheidungskraft ganz gemacht, ich habe meine Ganzheit verpersönlicht, und ich habe mein persönliches Sein ganz in Gott bewahrt" [Plassmann, S. 100]).

Wir wissen schon (s. o. S. 138 f.), daß Hadewijch sich erst und vor allem durch die Heiligkeit Gottes *(die heilicheit gods)* das Schweigen auferlegen lassen muß. Dank diesem Schweigen kann ihr das Genießen oder die Ruhe zuteil werden. Drei Punkte sollen hier vermerkt werden. Erstens: Diese Stille ist alles andere als eine Totenstille. In dem Augenblick des Genießens und der Ruhe hat Hadewijch vieles gehört. Es wird da also zu ihr gesprochen. Das Berührtwerden der Seele durch Gott enthält eine Art von Bewußtsein, das „ganz gemacht" *(gheheelect)* ist: *Ic hebbe al mine bescedelecheit gheheelect.* Hier ist eine unmittelbare Erkenntnis – das ty-

---

[64] Van der Zeyde, Hadewijch (wie Anm. 25), S. 129; Van Mierlo, Ed. Br., S. 224; Vekeman, Wezensmystiek (wie Anm. 63), S. 355.

[65] Gegen die Autorschaft Hadewijchs: Van der Zeyde, Hadewijch (wie Anm. 25), S. 126–129; Reynaert, Attributieproblemen (wie Anm. 23); ders., Over Hadewijch naar aanleiding van drie recente publikaties, Ons Geestelijk Erf 54 (1980), S. 287–291; ders., Beeldspraak (wie Anm. 37), S. 24 u. 425–427; für Hadewijch als Autor: Willaert, Is Hadewijch? (wie Anm. 63), und Vekeman, Vriendschap (wie Anm. 25), S. 128.

pisch mystische „Hören" – möglich: durch die göttliche Berührung in der Seele verläßt das Bewußtsein dieses Menschen die Ebene, auf der die Vernunft die normale menschliche Kenntnis produziert, indem sie in der Wirklichkeit Unterscheidungen macht[66].

Zweitens bemerken wir, daß es dieses göttliche Berühren (Sprechen) ist, das in der Mystikerin die Art von Worten, die wir in den sechs Zitaten des XXVIII. Briefes finden, hervorruft: Worte, die nur mit der Seele verstanden werden können.

Und schließlich bemerken wir, daß Hadewijch diese Worte meistens „einbehält": außer wenn Gott sie reden heißt, versucht sie nie, diese Worte in den Bereich der Vernunft zu übertragen, damit sie auf die normale, „sinnvolle" Weise funktionieren. Eine Verschwiegenheit, die keine Torheit ist, sondern die sie deutlich verantworten kann. Diese Ruhe in Gott würde ja aufgehoben werden, wenn . . .

> . . . yemant comt met alsoe selker onderscedecheit, Die mi vraghet wat dat es dat ic meine, Ende dat ic dies ghevoele met gode in gode, dat ics maer te meer en ben onderseden, Alse mi es te sprekene, Ende hier omme swighic sachte (Br. XXVIII, 256–261).

(„. . . jemand mit solcher ‚Unterscheidung' kommt, der mich fragt, was ich meine. Und weil ich mit Gott in Gott empfinde, daß ich von ihm um so mehr geschieden bin, wenn ich sprechen muß, eben darum schweige ich stille" [Plassmann, S. 100, mit einigen Änderungen]).

Wahrscheinlich hat Vekeman sich durch Brounts' Theorie, nach der Hadewijch mit der Ketzerei des freien Geistes in Kontakt gewesen sei[67], verleiten lassen, wenn er hier „solch einen klugen, aufgeklärten Herrn der Inquisitionskreise, der das Rechte von der Sache wissen möchte", auf die Bühne bringt[68]. Das Wort onderscedecheit hat hier übrigens gar nichts mit „Klugheit" oder „aufgeklärt sein" zu tun, sondern es ist synonym mit bescedelecheit, wovon die Seele sagt, daß sie sie „ganz gemacht" (gheheelect) habe. Diese beiden Begriffe verweisen also auf die Vernunft, wenn diese zwischen Gott und dem Menschen solch eine weite Kluft entstehen läßt, daß Gott unerreichbar erscheint[68a]. Es handelt sich hier also um

---

[66] Vgl. Vanneste, Abstracta (wie Anm. 54), S. 68. Zur Interpretation dieser schwierigen Stelle s. auch Vekeman, Wezensmystiek (wie Anm. 63), S. 360.
[67] Siehe Brounts, Wezensmystiek (wie Anm. 60), aber vor allem: ders., Hadewijch en de ketterij naar het vijfde Visioen, Handelingen der Koninklijke Zuidnederlandse Maatschappij voor Taal- en Letterkunde en Geschiedenis 22 (1968), S. 15–78.
[68] Vekeman, Wezensmystiek (wie Anm. 63), S. 360.
[68a] Siehe Vanneste, Abstracta (wie Anm. 54), S. 67.

einen Menschen, der, wie die *godleke menschen* (die frommen Menschen),
die Hadewijch schon zuvor in diesem Brief charakterisiert hat[69], die mystische Vereinigung mit Gott nicht kennt und das, was die Seele erlebt
— was sie „hört", weil sie in ihrem Wesen berührt wird —, mit der Vernunft nicht begreifen kann. Solch ein Mensch verirrt sich in den Parallelismen, Wiederholungen und Anhäufungen von Abstrakta, die die Sprache der Seele kennzeichnen, weil er nach nichts anderem als nach einem
begrifflichen, also sagbaren Gegenstand suchen kann. Wenn Hadewijch
auf seine Fragen eingeht — wenn sie sich in dieses Sprachspiel einmischt
—, dann wird sie ipso facto von Gott getrennt: *dat ics maer te meer en
ben ondersceden, Alse mi es te sprekene*. Während Worte, die mit der Seele
(*metter zielen*) gesprochen und angehört werden, nur auf die göttliche
Einwirkung, die sie erfährt, verweisen, enthalten Worte, die von der Vernunft bestimmt werden, eine Bedeutung, die notwendigerweise eine Distanz zwischen dem Erlebnis und dessen faßbarem Ausdruck schafft.

Vielleicht ist es nicht überflüssig, auf die Tatsache hinzuweisen, daß
die Verschwiegenheit Hadewijchs in gar keiner Beziehung zu quietisti-
scher Stummheit steht. Der Gott, der diese Mystikerin ruhen und
schweigen macht, ist auch derjenige, der sie selbst dazu anhalten kann,
ihr Erlebnis in gewöhnlicher Sprache zu verdeutlichen: *tote dien tide, dat
mi god spreken hetet*.

Warum also soll man sprechen, wenn die menschliche Sprache dasjenige, was sich in der Begegnung zwischen Gott und der Seele ereignet, nie
adäquat wiedergeben kann? Hadewijchs Antwort würde wahrscheinlich
lauten: weil Gott will, daß der Mystiker seine Geistesverwandten anspornt und begleitet. Die vertikalen und horizontalen Dimensionen von
Hadewijchs Existenz, ihre Beziehung zu Gott und diejenige zu ihren
Freundinnen, greifen ineinander.

Was die „horizontale" Dimension anbetrifft: Wir haben festgestellt,
daß sich Hadewijchs Wahl der Briefgattung nicht allein aus der Tatsache,
daß sie von ihren Freundinnen getrennt war, erklärt. Im XIII. Jahrhundert bot diese Gattung ihr nicht nur dieselben Möglichkeiten wie der
Traktat, um diverse Aspekte ihrer Minnelehre für ein breiteres Publikum

---

[69] S. o. Anm. 33.

in Worte zu fassen, sie setzte auch eine Kommunikationsgemeinschaft von Freundinnen, die dasselbe Ideal gemeinsam hatten, voraus. Ferner haben wir gesehen, daß der Brief es ihr ermöglichte, ihre Botschaft als einen Ausfluß ihrer eigenen Erfahrung zu präsentieren und zu legitimieren.

In bezug auf Hadewijchs „vertikale" Beziehung zu Gott haben wir festgestellt, daß Hadewijch in aller Deutlichkeit einsah, daß das, was sie in der Stille der Einheitserfahrung „hörte", in gewöhnlicher Menschensprache, die ja einen Abstand zur Erfahrung voraussetzt, niemals ausgedrückt werden konnte. Nicht sie, sondern nur Gott allein konnte ihren Leserinnen die Erkenntnis vermitteln, die sie ihnen wünschte. Wir haben aber auch festgestellt, daß Hadewijch noch eine andere Redeweise kennt, bei der die Worte nicht aus den Sinnen, sondern aus der Seele kommen. Dieses Sprechen aus der *enicheit* ist nicht diskursiv, es ist mehr Hinweis als Beschreibung, Definition oder Analyse[70]. Wir glauben, daß der rätselhafte XXVIII. Brief, der in Hadewijchs Werk eine Sonderstellung einzunehmen scheint, aus dieser Perspektive interpretiert werden muß, so daß wir diesen Beitrag mit der Bemerkung beschließen können, dieser Brief beginne dort, wo Hadewijch sonst mit einem machtlosen Seufzer endet: *Hiertoe en weet ic gheen dietsch noch ghene redene* („Dazu kenne ich kein Niederländisch, ja nicht einmal Worte")[71].

---

[70] Vgl. Haas, Sermo (wie Anm. 52), S. 81 (zu Mechthild von Magdeburg).
[71] Vgl. Reynaert, a.a.O. (wie Anm. 63).

GERTRUD DIE GROSSE VON HELFTA:
MYSTIK DES GEHORSAMS

von

Johanna Lanczkowski

Die Schriften Gertruds sind bekannt: der ‚Legatus divinae pietatis‘, der ‚Gesandte der göttlichen Liebe‘, und die ‚Exercitia spiritualia‘, die ‚Geistlichen Übungen‘. Andere Schriften, so ein Bändchen mit Gedichten und Gebeten – im ‚Legatus‘ wird verschiedentlich darauf hingewiesen –, sind bislang verschollen oder für immer verloren. Der ‚Legatus‘, das Hauptwerk Gertruds, dem wir auch das wenige entnehmen, was wir biographisch über sie wissen, umfaßt etwa 610 Druckseiten im lateinischen Text und ist in fünf Teile, Bücher, gegliedert; davon hat Gertrud das Buch II eigenhändig niedergeschrieben, die Bücher III, IV und V hat sie aus Demut diktiert, das Buch I stammt ganz von fremder Hand. 1875 erschien in Paris eine vollständige lateinische Ausgabe des ‚Legatus‘, von den Benediktinern von Solesmes, d.h. von Henry Oudin, herausgegeben; diese fußt auf der ebenfalls lateinischen Ausgabe des Karthäusers Lansperg aus dem Jahre 1536. Seit 1968 brachte Pière Doyère in der Reihe ‚Sources Chrétiennes‘ die Bücher I, II und III in einer französisch-lateinischen Ausgabe heraus: nach dem Tod Doyères folgte 1978 das Buch IV, bearbeitet von Bernard Vregille; Buch V fehlt bislang. Die Abweichungen beider lateinischen Texte betreffen in der Hauptsache die Interpunktion; Einführungen anderer Lesarten bringen in der Sache keine Differenzen; Hinweise auf im Text anklingende Bibelstellen sind vermehrt; theologisch wichtige Stellen sind in beiden Texten gleich.

Die neuste deutsche Gesamtübersetzung des ‚Legatus‘ – sie erschien

---

Die Übersetzungen sind zitiert nach: Gertrud die Große von Helfta, Legatus divinae pietatis / Gesandter der göttlichen Liebe, vollständige Neuübersetzung mit Anmerkungen und Nachwort von Johanna Lanczkowski, Heidelberg (im Druck).

1876 in Herders ‚Aszetischer Bibliothek' in zwei Bänden – hat Johannes Weißbrodt vorgelegt. Diese wurde 1900 von Wilhelm Weißbrodt und Joh. Chrysostomos Stelzer neu bearbeitet; dabei wurden nicht nur zentrale Kapitel ausgelassen – ich nenne nur das Kapitel 22 des Buches II und das 6. Kapitel des Buches III –, sondern auch innerhalb der einzelnen Kapitel Kürzungen von oft beträchtlichem Ausmaß vorgenommen; Stellen von beachtlicher theologischer Brisanz fielen weg. Ich werde mich bei der Zitation auf die Angabe der Kapitel bei Oudin, der lateinischen Ausgabe, beschränken; nach der Weißbrodtschen Ausgabe kann ich nicht zitieren; meine eigene Übersetzung liegt im Druck noch nicht vor, und der Übersetzung von Joh. Weißbrodt will ich nicht folgen; und warum, das soll ein Beispiel zeigen. Im Buch I, Kap. XIII, heißt es: *Cum sederet inter stramenta, et ibi stylus vel acus seu aliud quid parvum quod nullo modo inter magnam congeriem straminis inveniri posset, sibi de manu dilapsum esset* ... Das hört sich bei Weißbrodt so an: „Wenn ihr zuweilen, während sie im Grase saß, das Strickeisen oder die Nähnadel oder eine andere Kleinigkeit, die man in dem dichten Grase gar nicht finden konnte, aus der Hand geglitten war .. .“ Das ist sehr idyllisch. Aber: *stramentum, stramen,* heißt: das zum Hinbreiten Dienliche: Streu, Stroh – unser Wort Stramin kommt daher –; Gras, das wäre *caespes, gramen* oder einfach *herba. Stylus (stilus)* ist Griffel, also Schreibgerät, aber gewiß kein „Strickeisen“; Stricknadel = *acus textoria; congeriem straminis* ist ein Haufen Stroh und kein „dichtes Gras“; die Nonnen saßen also auf einem aufgeschütteten Strohhaufen und arbeiteten. – Bitte, das ist keine Kritik an der großen Leistung Weißbrodts; aber die Übersetzung stammt eben von 1876.

Bei der Übersetzungsarbeit am ‚Legatus' fiel mir auf, daß Gertrud immer und immer wieder in den verschiedensten Zusammenhängen das Problem des Gehorsams aufgreift. Man könnte sagen: „Was wunder! Ist sie doch Ordensfrau; und als solche lebte sie nach einer Ordensregel.“ Im Falle Gertruds war es die Benediktinerregel; Gertrud weist öfter darauf hin, daß sie Benediktinerin sei. Und in der Regula Benedicti, Kap. V, Satz 1, heißt es: *Primus humilitatis gradus est oboedientia sine mora* – „Gehorsam ist der erste Schritt zur Demut“, und zwar „Gehorsam ohne Verzug“; P. Basilius Steidle übersetzte: „Gehorsam ist die vorzüglichste Äußerung der Demut“. Also kein Gehorsam „perinde ac si cadaver essent“.

Wie stark die Erfüllung der Gehorsamspflicht gegenüber Ordensregel und Ordensoberen Gertrud beschäftigte und wohl auch belastete, das wird deutlich an einer Anzahl von Visionen, in denen ihr Strafen für Un-

gehorsam gezeigt werden; sie stehen im Buch V des ‚Legatus'. Gertrud
betet für Verstorbene, und deren Seelen werden ihr gezeigt. Das Kapitel
15 berichtet von einem Ordensmann, der von einer schweren Last so
sehr zu Boden gedrückt wird, daß es ihm unmöglich ist, sich zu erheben,
dies als Strafe, weil er gegen Ordensobere aufsässig gewesen war.

Lapidar wird festgestellt: „Gehorsamsverletzung und Widersetzlich-
keit gegen die Obrigkeit wird am härtesten bestraft." — Das gesamte Kapitel 22 handelt von der Strafe für Ungehorsam: Gertrud schaut die Seele
einer verstorbenen Mitschwester; um Ungehorsam zu büßen, trägt diese
auf der Brust, verborgen unter einem Schmuck, eine schwere Steinlast
und einen Topf kochendheißen Wassers; durch die Hitze soll sie so stark
schwitzen, daß der Stein sich verflüchtigt, denn — der Herr belehrt Gertrud in dieser Vision — „sie muß vom Verschulden des Eigensinns und
des Ungehorsams gereinigt werden". — Das Kapitel 30 des gleichen Buches berichtet, daß Gertrud selbst Gebete voll tiefer Andacht verfaßte,
um Verfehlungen, vor allem des Ungehorsams, wiedergutzumachen.
Beim Gebet für einen verstorbenen Laienbruder (Kap. 12) befragt sie dessen Seele, für welche Schuld sie am meisten bestraft werde; sie erhält diese
Antwort: „Wegen meines Eigenwillens und Eigensinnes (also Ungehorsams) . . . dafür erdulde ich große Gewissensnot: würden die Leiden aller
Menschenherzen in einem einzigen Herzen zusammengefaßt, es könnte
mit dem Leid nicht verglichen werden, das ich jetzt fühle." — Diese Visionen der Strafen für Ungehorsam werden gleichsam ergänzt durch eine
andere Vision — sie ist aufgezeichnet im Buch V, Kap. 22 —, in der der
Herr Gertrud den Weg der Seelen in den Himmel zeigt.

Dieser Weg hat die Gestalt eines schmalen Balkens — es ist eine Art Jenseitsbrücke —; der Balken ist dünn, rauh und kaum zu erklimmen; die
Aufsteigenden müssen sich festklammern, d.h. gute Werke müssen sie
stützen. Es gibt Seelen, denen die Engel helfen und die Dämonen verja-
gen, die die Seelen in den Abgrund zerren wollen. Wörtlich heißt es weiter: „Dabei wurde der große Trost offenbar, den Ordensangehörige haben, die dem v o l l k o m m e n e n G e h o r s a m unterstellt sind: für sie hatte
der Balken an beiden Seiten kurze Stangen, an denen sie sich festhalten
konnten, damit sie nicht fallen; für jene Ordensleute, deren Obere es un-
terlassen, ihre Untergebenen durch Gehorsam zu lenken, schienen diese
Griffstangen zu fehlen, und sie fürchteten voller Angst hinabzustürzen.
Jene Seelen aber, die aus eigenem Willen gehorsam waren, hielten sich
eigenhändig an jenen Stangen fest, sie stiegen sicher hinauf, Engel halfen
ihnen und räumten alle Hindernisse aus dem Weg und hielten alles Feind-

liche fern." Die Aussage dieser Vision wird ergänzt durch die Feststellung aus Buch III, Kap. 80: „Werke des Gehorsams entlasten im Gericht."

Aber es geht Gertrud nicht nur um Lohn für Gehorsam und Strafe für Ungehorsam; es kommen Aussagen hinzu, die tiefer führen. Im 30. Kapitel des Buches III wird folgendes berichtet: Am Fest eines Märtyrers wird gesungen: „wer mir nachfolgen will . . ."; da hat Gertrud eine Vision: sie sieht Christus, er geht auf einem Weg durch blühende Blumen; der Weg aber ist eng, steinig und voller Dornengestrüpp. Dem Herrn voran geht ein Kreuz, das zerteilt die Dornen, so wird der Weg gangbar. Der Herr wendet sich zu den Seinen um und sagt einladend: „Wer mir nachfolgen will, der nehme sein Kreuz auf sich und folge mir" (Lk 9,23). Und er belehrt Gertrud: „Für manche ist es ein Kreuz, wenn sie durch die Stacheln des Gehorsams zu Dingen genötigt werden, die ihnen zuwider sind; für andere ist es ein Kreuz, daß sie durch Krankheit von vielem abgehalten werden, das sie gern tun. So hat jeder Mensch ein anderes, persönliches Kreuz; und dieses muß er auf sich nehmen und das, das seinem Wollen und Wünschen entgegensteht, gern und willig annehmen und erleiden." – Im lateinischen Text steht: *per oboedientiam stimulos ad aliqua sibi contraria compellabantur; stimulus* (= Stachel) meint nicht den Pflanzenstachel, sondern die primäre Bedeutung ist: eine Stange, mit einem eisernen Haken versehen, wie das römische Militär sie als Fußangeln benutzte, oder: der Treibstecken, den man benutzte, um Zugochsen oder Sklaven anzutreiben; die übertragene Bedeutung ist später. Diesen Treibstecken hat Gertrud im Sinn, wenn sie von den Stacheln des Gehorsams spricht. Wir dürfen nicht vergessen: sie erhält diese visionäre Belehrung an einem Märtyrerfest, und zwar von Christus selbst, dem das Kreuz vorangeht. Daraus wird deutlich: Gehorsam ist für Gertrud mehr als einfaches Befolgen der Ordensregel und Unterstellung unter die Oberen. In der Vision Gertruds am Märtyrerfest wird Gehorsam im gleichen Atemzug genannt mit dornigem, steinigem Weg, Krankheit und Kreuz, mit Christus und Nachfolge Christi und damit in enge Beziehung gesetzt. Hier beginnt sich abzuzeichnen: für Gertrud ist Gehorsam der erste und damit der schwerste Schritt in der Nachfolge Christi. Und das Stichwort „Märtyrerfest", „Märtyrer", führt uns zu einem der Vorbilder Gertruds auf ihrem Weg des Gehorsams in der Nachfolge Christi.

Da sind zunächst zwei der liebenswertesten Heiligen zu nennen, zu denen sie, wie sie selbst sagt, „von Kindheit an eine besondere Zuneigung gefaßt hatte" – wir dürfen nicht vergessen, Gertrud wurde als fünfjähriges Kind dem Kloster übergeben –; diese beiden Heiligen sind die gelehr-

te Katharina und die jugendliche, fast kindhafte Agnes. Im Buch IV, in
den Kapiteln 8, 50 und 53, wird davon berichtet: Gertrud erbittet vom
Herrn Offenbarungen über die beiden Heiligen. Das unerschrockene Bekenntnis, das Katharina und Agnes bei Androhung und im Verlauf der
Marter zu ihrem Herren, Gott, Geliebten und Bräutigam abgelegt haben,
das hätte Gertrud auch abgelegt. Angesichts dieser beiden Märtyrerinnen
als Vorbilder für die junge Gertrud gewinnt die vorhin zitierte Vision
tiefere Bedeutung, da es hieß: „für manche ist es ein Kreuz, wenn sie
durch die Stacheln des Gehorsams zu Dingen genötigt werden, die ihnen
zuwider sind", und wenn es weiter heißt, daß Krankheit für andere ein
Kreuz ist; und diesem voran steht die Aufforderung von Lk 9,23 vom
Aufsichnehmen des Kreuzes als Grundbedingung für die Nachfolge
Christi. Hier liegt die Wurzel für Gertruds Ringen um vollkommenen
Gehorsam: Blutzeugin für ihren geliebten Herrn und Bräutigam konnte
sie nicht werden; sie lebte relativ sicher als Ordensfrau; ihr blieb: Gehorsam und aus Gehorsam – wie wir wissen – das geduldige, demütige Ertragen schwerer Erkrankung, das Leiden.

Vollkommener Gehorsam, das hieß für Gertrud: bedingungslose Erfüllung des Willens Gottes. Wie radikal sie dieses anstrebte, soll ein Beispiel – stellvertretend für viele andere – verdeutlichen. Im Kapitel 22 des
Buches IV wird von einer Erleuchtung berichtet, die sie am Sonntag Judi-
ca empfing. Es heißt da: „in tiefer Demut bot sie dem Herrn an, an Körper und Geist alles zu ertragen, das seinem göttlichen Willen gefiele und
ihn erfüllte. Der Herr in seiner unaussprechlichen Güte schien zuzustim-
men. Von göttlicher Erleuchtung und inniger Liebe im tiefsten Herzen
ergriffen, begann sie, die einzelnen Glieder des Herrn zu grüßen und ihrer zu gedenken, die für unser Heil so grausam gemartert. Immer, wenn
sie ein Glied grüßte, erstrahlte daraus göttlicher Glanz, der ihre Seele
ganz umhüllte ... Als ihre Seele durch das Licht der Glieder des Herrn
umglänzt und mit der würdigsten Unschuld geziert war, da sagte sie zum
Herrn: ‚Mein Herr, Deine hingebungsvolle Liebe hat mir diese Unschuld geschenkt, lehre Du mich nun, wie ich Dein hochheiliges Leiden
geziemend verehren kann'. Darauf sprach der Herr: ‚Bedenke jeden Tag
in Deinem Herzen mit tiefer Demut und innigem Mitleiden, wie ich,
Dein Schöpfer und Herr, in Todesangst gefangen, gebetet habe, und ver-
giß nicht, daß ich in Todesnot und dennoch voller Sehnsucht und Liebe
nach dem Heil der Menschen das Angesicht der Erde mit Blut und
Schweiß getränkt habe. Alles, was Du tust, und alles, das Dich betrifft,
vertraue mir an in der Vereinigung mit jener Unterwerfung, in der ich

dieses Gebet an den Vater gerichtet habe: Vater nicht mein, sondern Dein
Wille soll geschehen' (Lk 22,42)." – Hier zeichnet sich das Ziel ab, auf
das alles Sehnen Gertruds gerichtet ist: all ihr Wollen und Tun zu verei-
nen mit Christus in der Unterwerfung unter den Willen Gottes. Sie bietet
sich dem Herrn dar; sie will alles ertragen und vollbringen, das seinen
göttlichen Willen erfüllt, und sie bittet, belehrt zu werden, wie sie das
Gott Wohlgefällige tun kann. Dieses Sich-Darbringen, verbunden mit
der Bitte um Belehrung über rechtes Erfüllen des göttlichen Willens, tritt
immer wieder auf, es charakterisiert Gertruds Bemühen um vollkommenen Gehorsam.

Immer wieder richtet sie an Christus demütige Bittgebete, in denen sie
zu erforschen sucht, was Gott gefällt – *more suo solito* heißt es x-mal in
den Texten, besonders im Buch III; man kann diese Texte nicht lesen,
ohne davon ergriffen zu werden. Und in diesem ebenso demütigen wie
beständigen, ja fast hartnäckigen Bemühen um gehorsame Erfüllung des
Willens Gottes hat Gertrud ein strahlendes Leitbild, das ihr zugleich
Helferin und mütterliche Beschützerin und Fürsprecherin ist: die Jung-
frau-Mutter, die Gottesmutter.

Im 19. Kapitel des Buches III heißt es: „Eines Tages stand sie zur Ge-
betszeit vor Gott; sie suchte zu erfahren, was ihm zu dieser Stunde am
meisten gefiele. Der Herr antwortete: ‚Stelle Dich auf, vor meine Mutter,
die mir zur Seite sitzt, und lobe sie.' Sie begrüßte demütig die Königin
des Himmels mit dem Vers ‚Du Paradies der Wonne . . .' und pries sie,
weil sie die lieblichste aller Wohnungen gewesen war, die Gottes uner-
gründliche Weisheit, die Kennerin aller Kreatur, zur ewigen Freude des
allmächtigen Vaters auserwählt hatte, darin zu wohnen. Und sie bat,
Gott möge ihr eigenes Herz so bereiten, daß es reich an Tugenden, für
ihn, den Herrn, eine angenehme Wohnstätte sei." – Gertrud sucht wieder – *more suo solito* – zu erforschen, was Gott zu dieser Stunde (!) am
meisten gefällt. Nach der Belehrung und der Erfüllung des göttlichen
Gebotes erbittet sie, daß ihr eigenes Herz nach dem Vorbilde Mariens,
der lieblichsten Wohnung Gottes, bereitet wird: damit auch sie, Gertrud,
für Gott eine angenehme Wohnstätte sei. Diese Bitte Gertruds, nach dem
Vorbilde Mariens gestaltet zu werden, um dem Herrn zu gefallen, wird
noch klarer durch das großartige Kapitel 48 des IV. Buches, in dem mehrere Visionen Gertruds zusammengefaßt sind, die sie am Tag der Aufnahme Mariens in den Himmel empfangen hatte.

In einer dieser Visionen lobt ein Engelchor die Gottesmutter, und
Christus stimmt ein; wörtlich heißt es: „Da fügte der Sohn Gottes hinzu

... ‚die Makellose' (Hld 6,9), als ob er ausdrücken wollte: alles, was ich sowohl in meiner Gottheit als auch in meiner Menschheit im Menschen zu finden wünschte, das habe ich auf das Vollendetste in ihr gefunden." Und eine Vision im gleichen Kapitel ergänzt: Maria hat sich mit Gottes Hilfe nie etwas Vergänglichem zugewandt. Im Anhang hinter dem Kapitel 59 des IV. Buches ist eine Vision wiedergegeben — Christus singt eine Messe für Gertrud allein —, in der ihr Maria noch eindringlicher als Vorbild vor die Seele gestellt wird: Christus selbst weist Gertrud darauf hin, daß Maria *expressissima imago Dei* sei — wohlbemerkt nicht *similissima*, also das ausgeprägteste Bild Gottes, nicht das ähnlichste. Und in einer weiteren Vision stellt ihr Christus abermals Maria als Vorbild vor Augen, diesmal, weil Maria die vollendetste Imitatio seiner, Christi, selbst ist: wenn Gertrud also Christus nachfolgen will, soll sie sich in seinem, Christi Auftrag an Maria ausrichten und aufrichten.

Im Kapitel 46 des III. Buches bittet Gertrud nach einer durchwachten Nacht — *more suo solito* — den Herrn um Belehrung, wie sie seine Mutter geziemend und ihm wohlgefällig verehren soll. Im Verlauf dieser visionären Belehrung sagt Christus von Maria, daß sie seiner Unschuld gleichkomme, in der er für die Erlösung gefangengenommen und mißhandelt worden sei; und er vergleicht seine Liebe, in der er um der Menschen willen den Tod erlitt, mit der Liebe, in der die unbefleckte Jungfrau Gottheit und Menschheit in ihrem Schoß vereinigte; und Mariens unerschütterlichen, standhaften Glauben vergleicht er mit seiner eigenen Treue, in der er dem Menschen nachging bis in die Unterwelt. Vor allem aber preist er an Maria jene tiefe Demut, in der die unbefleckte Jungfrau fähig wurde, den Erlöser der Welt zu empfangen; und diese Demut Mariens stellt er seiner eigenen Demut gleich, in der er, der Richter der Lebendigen und der Toten, sich von einem heidnischen Richter als Unschuldiger richten ließ. — Wir können Demut getrost mit Gehorsam übersetzen nach der Definition des hl. Benedikt: Gehorsam ist die vorzüglichste Äußerung der Demut. Das Recht zu dieser Gleichsetzung gibt uns Gertrud selbst. In dem eigenhändig verfaßten Buch II schreibt sie im 23. Kapitel, sie opfere Gott als Wiedergutmachung für alle ihre Vernachlässigungen das allerheiligste Leben Christi auf, das „in allen Gedanken, Worten und Werken vollkommen war, da vom höchsten Thron gesandt Dein eingeborener Sohn in unsere Welt trat durch den Gehorsam der Jungfrau, bis zu jener Stunde, da er Deinem väterlichen Antlitz die Herrlichkeit des siegreichen Fleisches vor Augen stellte". Im lateinischen Text steht *per aurem virginis*, durch das Ohr der Jungfrau. Ich habe „Gehorsam" übersetzt: das ist ja wohl der Sinn der Stelle; aber ich wollte auch einen Anklang an die Buddha-Legende vermeiden (bei Weißbrodt ist *per aurem virginis* ausgelassen). Also: das Ohr der Jungfrau, der Gehorsam der Jungfrau, ist der Anfang allen Heils, der Anfang des Erlösungswerkes Christi; und Gehorsam ist auch der Anfang des persönlichen Heilsweges des Menschen Gertrud. Sie hat beim beständigen Umkreisen des Gehorsamsproblems durch Begnadung erkannt: der Weg des vollkommenen Gehorsams führt unweigerlich zu Maria, und erst über Maria wird der absolute Gehorsam, die totale Hingabe und Unterwerfung unter den Willen des Vaters, der Gehorsam Christi, möglich: Gertrud, vom Geist erleuchtet, faßt diese Erkenntnis – Christus anredend– in die Worte (Buch II, Kap. 23): „Wenn ich dennoch den überströmenden Reichtum Deiner Gnade nicht erkennen konnte, so vermochte ich Dich zu begreifen vor aller Kreatur durch Deine allerheiligste Mutter, die mit Dir im Himmel herrscht".

Aus diesem Zusammenhang wird Gertruds völlige Hingabe und Leidensbereitschaft verständlich; wie Maria demütig sagt: „Ich bin die Magd des Herrn, mir geschehe, wie Du gesagt hast", so antwortet Gertrud auf die Frage des Herrn, was sie begehre: „Mein Herr, ich bitte Dich, ich begehre vom ganzen Herzen, daß Dein heiliger Wille in mir vollzogen werde, so wie du willst, mein Herr!" Als der Herr weiterfragt, was denen geschehen soll, für die sie betet, antwortet sie: „Mein Herr, ich erbitte nichts anderes für sie, als daß Dein heiliger Wille an ihnen vollzogen wird." Und auf die Frage des Herrn, welche besondere Vergünstigung sie für sich ersehne, sagt sie: „Von allen Vergünstigungen begehre ich dies: daß mir, wie allen Deinen Geschöpfen, Dein heiliger Wille geschehe. Und damit Dein heiliger Wille geschehen kann, sollst du jederzeit jedes meiner Glieder zu jedem Leiden bereit finden" (Buch III, Kap. 11). Dieses Zitat vertritt viele gleicher Intention.

Diese demütige, leidensbereite, gehorsame Gertrud spricht aber auch eine ganz andere Sprache. Im Buch IV, Kap. 32, wird berichtet: am Sonntag nach Ostern, bei der Verlesung des Evangeliums von der Geistverleihung an die Jünger (Joh 20,19–23), bittet sie den Herrn demütig, er möge auch ihr den Hl. Geist verleihen; der Herr erhört sie, unterweist sie, und die Vision gipfelt in folgender Szene: „Empfanget den Heiligen Geist. Wem ihr die Sünden vergebet, dem sind sie vergeben . . ." Sie fragte: „Herr, wie kann es dann sein, daß diese Gewalt des Bindens und Lösens allein den Priestern gegeben ist?" Der Herr antwortete: „Wenn Du eines Menschen Sache in meinem Geist beurteilst und entscheidest, daß dieser unschuldig ist, dann wird dieser ganz gewiß auch von mir als unschuldig befunden werden; den Du aber für schuldig erachtest, der wird auch von mir als schuldig erkannt; ich werde durch Deinen Mund reden." Sie fragte weiter: „Mein gütigster Herr, Deine Güte hat mich dieses Geschenkes wiederholt versichert; was aber gestehst Du mir zu, da Du mir dieses von neuem erteilst?" Der Herr gab zur Antwort: „Wenn jemand zum Diakon geweiht wird und hernach zum Priester, so geht ihm das Amt des Diakons nicht verloren; im Gegenteil, er gewinnt die Ehre des Priestertums hinzu; so geschieht der Seele; durch Wiederholung wird jedwedes Geschenk in ihr sicherer und fester; und dadurch wird die Fülle der Seligkeit gemehrt." – Die Geistverleihung an Gertrud und ihre Frage nach der Binde- und Lösegewalt auch für sie fehlt bei Weißbrodt.

Die Fragen, die Gertrud an den Herrn stellt, sind nicht die Fragen einer hingebungsvoll Gehorsamen, ein gewisser Ton – wie ich sagen möchte – von „Gleichberechtigung" oder vielleicht sogar „Ebenbürtigkeit" schwingt da deutlich mit; und dieser Tenor geht über das Vorbild des Marien-Gehorsams hinaus. Die Schreiberin des Buches I drückt das so aus: *in tantum quod non cunctabatur cum Domino Deo universorum ludere de pari* – um es frei zu übersetzen und den spielerischen Aspekt von *ludere* zu vermeiden: „sie zauderte nicht, mit Gott, dem Herrn des Universums, umzugehen wie eine Gleiche". – Dieser Satz fehlt bei Weißbrodt.

Zweifellos hat dieses Selbstbewußtsein Gertruds seine Wurzeln in ihrer Begnadung und Erwählung. Sie schreibt im Buch II, dem eigenhändig verfaßten, im Kapitel 23: „Von allen Deinen Gnadengeschenken sind mir zwei am teuersten: Du hast meinem Herzen die anbetungswürdigen Male Deiner heilwirkenden Wunden eingeprägt und es mit der Wunde der Liebe auf ewig verwundet ... Zu diesen Gaben hast Du mir Deine brüderliche Freundschaft geschenkt, Du hast mir die Bundeslade der Gottheit, Dein geliebtes, göttliches Herz geschenkt, freigiebig gewährend, und mein Menschenherz dagegen eintauschend. ... Du hast mir Deine mildherzige Mutter ... als Beschützerin gegeben und mich ihrer mütterlichen Liebe anvertraut, wie ein treuer Bräutigam seine geliebte Braut seiner eigenen Mutter ans Herz legt."

Dieses Bekenntnis Gertruds ist aber lückenhaft; ein meines Erachtens ausschlaggebender Gnadenerweis, der sie „ebenbürtig" macht, wird von ihr verschwiegen; das bei Weißbrodt ebenfalls fehlende Kapitel 22 des II. Buches berichtet darüber, ohne diese Begnadung expressis verbis zu nennen. Gertrud schreibt dieses Kapitel, um sich selber an diese Gnade zu erinnern, damit sie niemals vergessen kann, für diesen außerordentlichen

Gnadenerweis zu danken. Diese verschwiegene Gnade muß eine hocher-
habene gewesen sein, denn nur so wird die folgende Verheißung verständlich, die die deutliche Erhöhung Gertruds bestätigt und bekräftigt. Im
Buch IV, Kap. 14, wird von einer Audition berichtet, die Gertrud am
Sonntag Sexagesima während des Responsoriums „Und Gott segnete
Noah . . ." hatte; der Herr verheißt ihr: „So wie ich einst bei mir selbst
meinem Knecht Noah geschworen habe, daß ich nicht wieder eine Was-
serflut, die Erde zu vernichten, heraufführen werde, so schwöre ich Dir
bei meiner Gottheit: kein Mensch, der Deine Worte in Demut anhört
und in frommer Gesinnung nach Deinen Worten handelt, wird jemals
irren, er wird vielmehr auf sicherem, geradem Weg ohne Irrwege zu mir
kommen, zu mir, der ich der Weg, die Wahrheit und das Leben bin (Joh
14,6). Und ich bekräftige diesen Eid mit dem Siegel meiner allerheiligsten
Menschheit — ich habe darunter gelitten, daß ich noch nicht Mensch geworden war." — Der letzte Satz fehlt bei Weißbrodt.

Das ist eine gewaltige Verheißung, die Gertrud in die Nähe der Apostel
erhebt; diese Verheißung wird bestätigt durch eine Erleuchtung Mecht-
hilde von Hackeborns, die Buch I, Kap. 16, berichtet wird.

Und eine Vision, aufgezeichnet im Buch III, Kap. 39, erhärtet Gertruds
„gleichberechtigte" Stellung. Der Herr spricht zur kranken Gertrud:
„Nach dem Ehegesetz ist es schicklich, daß, wo auch immer die Königin
krank darniederliegt, der König hineilt, sie zu besuchen." . . . Und da
wußte sie, daß sie den allergütigsten Besuch des Herrn zu Recht empfangen hatte."

Die verschwiegene Begnadung des Kapitels 22 ist auch der Schlüssel zu
zwei Stellen, die wie eine Klammer Gertruds Schrift umfassen; die erste
steht im Buch II, Kap. 10, also sehr weit am Anfang, und die zweite Stelle
befindet sich im Buch V, Kap. 30, also fast am Schluß des ‚Legatus'. Beide
Stellen sind inhaltlich sehr eng verwandt, sie beziehen sich auf Gen 29
und 30, speziell Gen 29,31 — also die Rahel-Lea-Geschichte: und hier sind
Gehorsam und „Gleichberechtigung nach dem Ehegesetz" verbunden.
Gertrud bittet am Schluß des Kapitels 10: „daß ich durch diese Liebe erfreut werde wie Rahel und daß ich Dir Frucht bringe wie Lea, daß ich
danach trachte, in allem Dir zu gefallen, das gib mir in Deiner Weisheit."
Und die zweite Stelle — Gertrud liegt auf dem Sterbebett —: „So lag sie
mit großen Freuden erfüllt, nicht wie eine Kranke auf einem Krankenlager, sondern wie eine geliebte Braut im Brautgemach. Und ihre Seele dür-
stete nach Gott, ihre Seele, die nach der Fruchtbarkeit Leas in lang er-
wünschter Umarmung die süßen Küsse Rahels gierig trank." — Beide Stellen fehlen bei Weißbrodt.

Gertrud sieht sich durch die Begnadung Gottes als Rahel und Lea zugleich. Diese beiden Stellen, die vorhin zitierte Verheißung und die erwähnte Königin-Stelle lassen auf die Größe des verschwiegenen Gnadengeschenkes schließen. Mit dieser Vorzugsstellung durch Gnade ist aber Gertruds Bemühung um gehorsame Befolgung der Ordensregel und um Gehorsam nach dem Vorbild ihrer beiden Lieblingsheiligen und vor allem nach dem Vorbild des demütigen Gehorsams der Gottesmutter keineswegs außer Kraft gesetzt, sondern Gertrud ist durch Befolgung des Gehorsams dieser ihrer Vorbilder befähigt worden zur höchsten und schwersten Form des Gehorsams, nämlich gehorsam zu sein, wie Christus gehorsam war. Im Buch V, Kap. 23 — die schwerkranke Gertrud ersehnt den Tod —, wird eine Vision berichtet, die ihr am Fest des hl. Martin zuteil wird. Es wurde das Responsorium gesungen: „Der hl. Martin erwartete seinen Tod . . .", da fragte Gertrud den Herrn, wann er sie aus dem Kerker des Fleisches erlösen werde. Der Herr spricht darauf zu ihr: „Wähle, willst Du jetzt schon den Körper verlassen oder willst Du in einer langen Krankheit zugerüstet werden? Ich weiß, daß Du in einer langen Krankheit Dich mit Abscheu vom Staub der Nachlässigkeiten abkehrst." Sie unterwarf sich völlig der gütigen Herablassung Gottes und sprach: „Mein Herr, Dein Wille geschehe!" Auf das Vorbild Christi, vor allem das Gebet im Ölgarten, brauche ich ja nicht besonders hinzuweisen. Das Wünschen, Wollen und Streben Gertruds ist es, Christus im Gehorsam nachzufolgen und im Gehorsam nach seinem Vorbild leidend den Willen Gottes zu erfüllen: ihr sehnlichster Wunsch ist es, Christus gleichgestaltet zu werden.

Das Kapitel 29 des Buches V bringt dies klar zum Ausdruck: Gertrud war an einem Leberleiden erkrankt, das Leiden, an dem sie starb, und sie sagt schmerzgequält zum Herrn: „Mein Herr, von allen Freuden wäre es mir die größte, aus dem Kerker dieses Fleisches herausgeführt und mit Dir verbunden zu werden. Doch, wenn es Dir gefiele, würde ich es vorziehen, bis zum Tag des Jüngsten Gerichtes hier auszuhalten und zu Deinem Lob im tiefsten Elend zu verharren." Diesen demütigen Gehorsam — sie, die Auserwählte, Begnadete, Erhöhte, beugt sich wie ihr geliebter Herr unter Gottes Hand — hat Gott so beantwortet: „Sie hatte nämlich von der unendlichen göttlichen Liebe die Verheißung empfangen, daß in Wahrheit die göttliche Liebe alle ihre Kräfte aufzehren werde: kein Tod solle Gewalt über sie haben, sondern jene erhabene Macht der Liebe, die im Sohne Gottes übermächtig war und seine kostbare Seele von seinem edlen Leib trennte".

Fassen wir zusammen: Gertruds Gehorsam war stetiges Bemühen, Bemühen bis zum Verlöschen, um wahrhaftige Nachfolge Christi, Nachfolge im gehorsamen Leiden. Der heilige Franziskus hat in der Nachfolge Christi die radikale Armut gelebt, und Gertrud hat die radikale Nachfolge Christi im Gehorsam und im Leiden erstrebt und gelebt – in mystischer Vereinigung mit ihrem Herrn und Geliebten.

WEIBLICHE RELIGIOSITÄT IM MITTELALTERLICHEN WIEN UNTER BESONDERER BERÜCKSICHTIGUNG DER AGNES BLANNBEKIN

von

Anneliese Stoklaska

1. Agnes Blannbekin – eine Wiener Begine?

Die Angaben zum Leben der Wiener Religiosen Agnes Blannbekin sind, soweit sie sich aus ihrer ‚Vita‘ und ihren ‚Revelationes‘, die ihr anonymer Beichtvater aufgezeichnet hat, erschließen lassen[1], nicht sehr zahlreich und basieren im übrigen eher auf Vermutungen als auf gesicherten Tatsachen. Es wird angenommen, daß sie als Schwester eines Franziskaner-Tertiarinnenhauses bzw. als Begine in den 90er Jahren des 13. Jahrhunderts in Wien gelebt hat und vielleicht die Tochter eines Bauern war.

Von ihrem Familiennamen „Blannbekin" eine Abstammung aus dem niederösterreichischen Dorf Plambach abzuleiten erscheint durchaus als

---

[1] Zur Person der Agnes Blannbekin, zur Überlieferung und Ausgabe ihrer ‚Vita et Revelationes‘: der Artikel von Kurt Ruh, Blannbekin, Agnes, im Verfasserlexikon ‚Die deutsche Literatur des Mittelalters‘ (begründet v. W. Stammler), 2. Aufl., hg. v. Kurt Ruh, 1. Bd., 1978 ff., Spalte 887–890; Hans Rupprich, Das Wiener Schrifttum des ausgehenden Mittelalters, Sitzungsberichte der Österreichischen Akademie der Wissenschaften, phil.-hist. Klasse 228 (1954), 5. Abh., S. 40 ff.; Peter Dinzelbacher, Die ‚Vita et Revelationes‘ der Wiener Begine Agnes Blannbekin (gest. 1315) im Rahmen der Viten- und Offenbarungsliteratur ihrer Zeit, in: Frauenmystik im Mittelalter, hg. v. Peter Dinzelbacher u. Dieter R. Bauer, Ostfildern bei Stuttgart 1985, S. 152 ff.
Als Textgrundlage meiner Ausführungen dient die Ausgabe von Bernhard Pez, Ven. Agnetis Blannbekin, quae sub Rudolpho Habspurgico et Alberto I. Austriacis Impp. Wiennae floruit, Vita et Revelationes auctore Anonymo Ord.F.F.min.e Celebri Conv.S.Crucis Wiennensis, eiusdem Virg. Confess . . . ., Wien 1731, die auf einer mittlerweile verschollenen Neresheimer Handschrift basiert.

sinnvoll[2]. Es ist vorstellbar, daß sie nicht die finanziellen Mittel hatte, in ein Kloster einzutreten, obwohl sie laut Kapitel 39 der ‚Revelationes' von frühester Jugend an eine streng religiöse und asketische Lebensform anstrebte[3]. Aus einem Zusatz zur Neresheimer Handschrift stammt auch der Hinweis auf ihren Todestag am 15. Mai 1315[4].

Wir erfahren, daß sie in einer Wohnung bzw. in einem Haus lebte, möglicherweise in der Nähe des Minoritenkonvents[5], und dort zumindest eine Kammer mit einem *oratorium* hatte; allerdings hören wir nichts Konkretes über ein Zusammensein mit gleichgesinnten Gefährtinnen (wiewohl *amici* und *sodales* einige Male genannt werden[6]) bzw. über ihre allgemeinen Lebensumstände, d.h. wovon sie lebte, ob sie in irgendeiner Form einer Arbeit nachging, wo sie ihre nicht unbeträchtliche Bildung erworben und lesen gelernt hatte (auch wenn sicher vieles an theologischen Details von ihrem Beichtvater in die ‚Vita et Revelationes' eingebracht wurde, hat sie zweifellos ein für eine Frau ihrer Zeit nicht alltägliches Wissen besessen). Immerhin ist sie die einzige Vertreterin mystischer Religiosität und die einzige bekannte Religiose im mittelalterlichen Wien überhaupt, trotzdem scheint sie ihren Wiener Zeitgenossen völlig unbekannt gewesen und weder als Privatperson noch durch ihre religiöse Lebensführung aufgefallen zu sein. In den Aufzeichnungen ihres Beichtvaters, eines Mitgliedes des Wiener Minoritenklosters, wird sie als Begine

---

[2] Der Name Agnes Blannbekin bezeichnet die Herkunft der Namensträgerin aus Plambach, Pfarre Grünau, Gerichtsbezirk Kirchberg a.d. Pielach, Diözese St. Pölten, NÖ, belegt 1309 Planpach, 1317 Plonpach, 1319 Plonpach – mit „Verdumpfung" von a zu o. Dazu Heinrich Weigl, Histor. Ortsnamenbuch von Niederösterreich, 1. Bd., Wien 1964, S. 189. „-bek" (bzw. mit femininer Ableitung „-bekin") ist die Herkunftsbezeichnung für jemanden, der aus einem Ort stammt, dessen Name auf „-bach" endet; dabei handelt es sich um eine (alte) germanische Bildungsweise eines „-jan"-Substantivs: althochdeutsch schon belegt als „beckjo", „becko". Dazu: Wörterbuch der bairischen Mundarten in Österreich, 2. Bd., 1976, Sp. 774 („-peck", „-pecke"). – Für die etymologischen Hinweise möchte ich mich herzlich bei Herrn Doz. Dr. Tatzreiter, Germanistisches Institut der Universität Wien, bedanken.

[3] Kap. 39: Vom 7. Lebensjahr an litt sie durch 10 Jahre Hunger; *Carnes per triginta annos vix ad unum comedit pastum.* Sie wurde Begine, um öfter kommunizieren zu können.

[4] Neresheimer Handschrift (vgl. Anm. 1), Zusatz aus dem 14. Jh.: *Anno Domini MCCCXVIII minus tribus annis obiit haec Virgo in X.Kal.Maji, Agnes Blannbekin, filia cuiusdam rustici, et morabatur Wiennae, et erat de confessione Minoris cuiusdam sancti Fratris.*

[5] Kap. 30: eine Enthüllung dauerte solange, *quamdiu Matutinum a fratribus cantaretur.*

[6] Z.B. Kap. 41, 142/143.

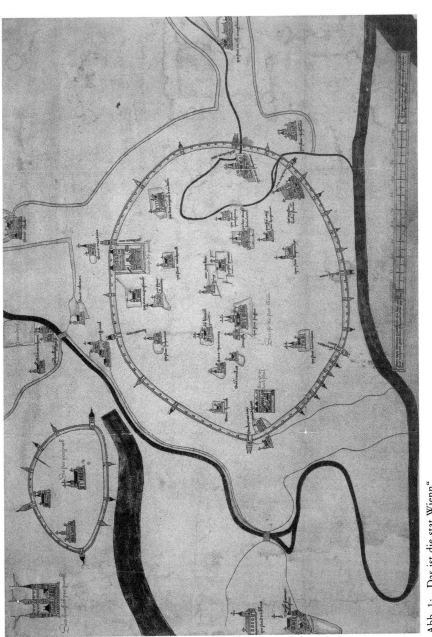

Abb. 1: „Das ist die stat Wienn"
Sogenannter „Albertinischer Plan" von Wien; kolorierte Federzeichnung auf Papier. Entstanden wohl in Wien um 1421/22; Kopie aus der 2. Hälfte des 15. Jh.

Original HMW Inv.-Nr. 31.018, hier nach Fotolithographie (A. Berger, Wien) WStLA KS 1763. (HMW = Historisches Museum der Stadt Wien)

bezeichnet, was deshalb bemerkenswert ist, weil die Existenz von Beginen in Wien quellenmäßig kaum belegt werden kann und auch keine einzige Beginengemeinschaft nachweisbar ist.

Agnes Blannbekin tritt uns also als eher blasse, fast ungreifbare Existenz entgegen[7], die, was ihr äußeres Leben betrifft, keine nennenswerten
Spuren hinterlassen hat, so daß sich die Frage erhebt, ob sie eigentlich
so, wie wir sie zu erkennen vermeinen, in der Stadt Wien um die Wende
13./14. Jahrhundert überhaupt „möglich" war bzw. ob es sich in diesem
Fall tatsächlich um eine Einzelerscheinung handelt.

Um ihre allgemeine Situation und speziellen Lebensbedingungen besser beurteilen zu können, ist es daher notwendig, sich einerseits mit den
institutionalisierten und andererseits mit nicht klösterlichen Erscheinungsformen weiblicher Religiosität im mittelalterlichen Wien zu befas-
sen, vor allem in den Jahren, in denen wir Agnes Blannbekin hier vermuten können.

2. Die mittelalterlichen Frauenklöster in Wien[8]

Wie der beiliegende Albertinische Plan aus dem 1. Drittel des 15. Jahrhunderts zeigt, befand sich innerhalb der Wiener Stadtmauern eine im
Verhältnis zur räumlichen Ausdehnung der Stadt große Zahl von Kirchen und Klöstern, die noch durch die außerhalb der Stadtmauern lie-
genden Objekte erhöht wurde.

Die Frauenklöster haben daran einen beträchtlichen Anteil, was auch
ihre tatsächliche Bedeutung für das religiöse Leben in Wien charakterisiert. Es wäre gänzlich verfehlt anzunehmen, die Frauenklöster seien erst

---

[7] In deutlichem Gegensatz dazu die sehr aufschlußreiche und anschauliche Lebensgeschichte der Wilbirg von St. Florian, die gleichfalls von ihrem Beichtvater aufgezeichnet wurde: Triumphus castitatis seu acta, et mirabilis vita venerabilis Wilbirgis
virginis, et inclyta D. Floriani ordinis Can. Reg. s. Aug. Canonia professae, ac quadra-
ginta et uno annis ab Eynwico, virginis confessorio . . conscripta, hg. v. Bernhard
Pez, Wien 1715.

[8] Die folgenden Ausführungen zu den einzelnen Frauenklöstern beruhen im wesentlichen auf den einschlägigen Kapiteln in: Anneliese Stoklaska, Zur Entstehung
der ältesten Wiener Frauenklöster (Dissertationen der Universität Wien, Bd. 175),
Wien 1986. Dazu auch Richard Perger/Walter Brauneis, Die mittelalterlichen
Kirchen und Klöster Wiens, Wien 1977.

im Gefolge der Männerklöster entstanden; ihre Gründung erfolgte vielmehr nahezu parallel und spiegelt damit das Interesse, das die Wiener Bevölkerung an diesen Instituten hatte.

Nach ihrem Gründungsdatum bzw. ihrer ersten urkundlichen Erwähnung sind die ältesten Wiener Klöster bzw. Ordensniederlassungen in folgender Reihenfolge nachweisbar:

Männer		Frauen	
Schottenkloster	1155		
		St. Niklas	1200
Minoriten	1224		
Dominikaner	1226		
		St. M. Magdalena	1230
		Himmelpforte	1230
Aug.Eremiten	1260		
		St. Jakob	1236 ?
		St. Laurenz	1301/02
		St. Klara	1303/04
		St. Theobald	1354
Karmeliten	1360		
		St. Hieronymus	1384
St. Dorothea	1414		
Franziskaner	1451		

Für St. Niklas, das Himmelpfortkloster, St. Laurenz und St. Jakob kann jedoch durchaus ein noch früheres Gründungsjahr angenommen werden.

In den folgenden Ausführungen wird sich nun zeigen, daß, obwohl zur Gründungsgeschichte der meisten Frauenklöster wirklich exakte Angaben nicht möglich sind, in den „Ursprungssagen" immer wieder auf Gemeinschaften frommer Frauen verwiesen wird, die sich zu einem klosterähnlichen, religiösen Leben ohne Gelübde zusammengeschlossen haben, bis sie dann in einer approbierten Ordensgemeinschaft Aufnahme fanden.

St. Niklas (vor dem Stubentor)

Das älteste Frauenkloster in Wien, das Zisterzienserinnenkloster St. Niklas, befand sich vor dem Stubentor, nahe der Fernstraße, die nach

Ungarn führte. Obwohl die Kirche der Hl. Maria geweiht war, setzte sich die Bezeichnung nach der nahegelegenen Niklaskapelle durch. Außerdem existierte etwa 100 Jahre lang ein Filialkloster gleichen Namens in der Stadt, über dessen Entstehung wir durch den Zisterziensermönch Gutolf von Heiligenkreuz genau unterrichtet sind.

Über die Anfänge des Klosters ist zwar nichts Genaues bekannt, die Gründung dürfte aber bereits vor 1200 stattgefunden haben und könnte auf die Babenberger zurückgehen. Im Bereich der Vorstadt vor dem Stubentor war noch Ende des 13. Jahrhunderts der Landesfürst Grundherr, und auch die enge Verbindung zum Zisterzienserorden und zum babenbergischen Hauskloster Heiligenkreuz deutet auf eine Babenbergerstiftung hin, denn die Nonnen von St. Niklas befolgten die Zisterzienser-Institutionen und wurden seelsorgerisch vom Männerkloster des gleichen Ordens in Heiligenkreuz betreut.

Da sich neben den Bettelorden besonders auch die Zisterzienser des Zustromes weiblicher Religiosen erfreuten, ist im vorliegenden Fall die Möglichkeit nicht gänzlich von der Hand zu weisen, daß es sich hier ursprünglich um eine Gemeinschaft von frommen Frauen gehandelt haben könnte, die sich dann diesem Orden angeschlossen haben. Dafür würde auch die offenbar rege Bautätigkeit am Kloster sprechen, die durch die Gewährung von Ablässen und Privilegien wiederholt unterstützt wurde, denn durch die wachsende Zahl der Insassinnen dürften immer wieder Erweiterungen notwendig geworden sein.

Für die Geschichte des Klosters existiert eine einzigartige zeitgenössische Quelle, die zuverlässige Nachrichten über St. Niklas in der zweiten Häfte des 13. Jahrhunderts bietet, nämlich die Aufzeichnungen des Zisterziensermönches Gutolf von Heiligenkreuz, der Beichtvater und Lehrer der Nonnen von St. Niklas war und der sich in seiner Schilderung der ‚Translatio S. Delicianae‘, die der Äbtissin Margardis (Menegardis) gewidmet ist, ausführlich mit der Gründung des Klosters *intra muros* beschäftigt[9].

---

[9] Über Gutolf und seine Schriften ausführlich: Oswald Redlich/Anton Schönbach, Des Gutolf von Heiligenkreuz Translatio s. Delicianae, Sitzungsberichte der Kaiserl. Akademie der Wissenschaften in Wien, phil.-hist. Klasse 159 (1908), 2. Abh.; Anton Schönbach, Über Gutolf von Heiligenkreuz. Untersuchungen und Texte, Sitzungsberichte der Kaiserl. Akademie der Wissenschaften in Wien, phil.-hist. Klasse 150 (1905), S. 129 ff. – Gutolf von Heiligenkreuz lebte im letzten Drittel des 13. und zu Anfang des 14. Jahrhunderts, die Abfassung der ‚Translatio‘ dürfte in die Jahre 1281–1287 fallen. Gutolf gilt auch als Verfasser der ‚Historia annorum‘, die eine wichtige Quelle zur Wiener und österreichischen Geschichte für den Zeitraum von 1264–1279 darstellt.

Gutolf berichtet von ca. 70 Schwestern, die im Kloster vor dem Stubentor (*extra muros*) lebten und sich durch ihre hohe Bildung wie durch tiefe
Frömmigkeit auszeichneten. (Er selbst verfaßte für die Nonnen eine lateinische Grammatik und empfahl ihnen ausdrücklich das Studium der
Heiligen Schrift.)

Die Streifzüge der Ungarn im Jahre 1270 hatten einmal mehr bewie-
sen, in welch ungünstiger und exponierter Lage sich das Nonnenkloster
vor der Stadt befand, und um die Sicherheit der Nonnen zu gewährleisten, ordnete die Äbtissin das Verlassen des Klosters an, worauf sich die
Schwestern zu ihren Familien nach Wien oder in andere sichere Orte zurückzogen. Der Konvent hatte sich zweimal vergeblich mit der Bitte an
König Ottokar gewandt, ihm die Errichtung eines Klosters innerhalb der
Stadt zu ermöglichen, aber erst die Initiative des reichen Wiener Bürgers
Paltram vor dem Freithof und seines Neffen schuf die finanziellen Voraussetzungen für die Errichtung eines Klosters und einer Kirche in der
Singerstraße. Im November 1272 bezogen die Nonnen ihr neues Kloster,
dessen Kirche der Hl. Ursula, der Hl. Katharina und den 11.000 Jungfrau-
en gewidmet war. Wahrscheinlich in den ersten Monaten des Jahres 1276
erfolgte die Überführung der Schädelreliquie der Hl. Deliciana von Prag
nach Wien in das Filialkloster St. Niklas in der Stadt. Das Jahr 1276
brachte mit der Konfrontation zwischen König Ottokar II. und Rudolf I.
schwere Belastungen für Wien und seine Umgebung, darunter auch für
das leerstehende Niklaskloster vor der Stadt, in dem sich Gefolgsleute
Rudolfs verschanzten und das Klostergebäude und die Kirche schwer be-
schädigten. Allerdings erwies sich auch Rudolf als Gönner der Zisterzienserinnen, und nach der Beseitigung der Schäden konnte ein Teil des
Konvents im August 1280 wieder das eigentliche Mutterkloster vor dem
Stubentor beziehen, von wo aus in den folgenden ruhigeren Jahren die
Äbtissin das Leben in beiden Klöstern lenkte.

Im Jahre 1385 kaufte Herzog Albrecht III. von den Klosterfrauen zu
St. Niklas das Haus samt der Kirche in der Singerstraße *zu einer gemainen
schull der Heiligen Schrifft* für den Zisterzienserorden. St. Niklas bestand
von nun an nur noch als Kloster vor dem Stubentor.

St. Maria Magdalena (vor dem Schottentor)

Zu den ältesten Klöstern in Wien gehörte auch das Magdalenerinnenkloster vor den Stadtmauern, dessen Anfänge jedoch weitgehend im dunkeln liegen und kaum noch rekonstruiert werden können. Die Grün-

dung könnte bereits 1225 oder kurz danach erfolgt sein, denn Rudolf von Worms, der Gründer dieses Büßerinnenordens, soll sich im Gefolge des Kardinallegaten Konrad von Urach, der am 1. April 1225 in Heiligenkreuz weilte, gemeinsam mit diesem im Wiener Raum aufgehalten und hier eine Heimstätte für besserungswillige Frauen ins Leben gerufen haben.

Die frühesten Belege über das Kloster lassen folgende Schlüsse zu:

Was die Ordenszugehörigkeit betrifft, ist das Kloster, wenn es um 1225 gegründet wurde, zuerst als Büßerinnenkloster entstanden, wobei die Bezeichnung *ordo s. Mariae Magdalenae* nicht zwingend auf die Befolgung einer speziellen Ordensregel schließen läßt, sondern auch nur auf einen mehr formalen Anschluß an eine Ordensgemeinschaft hinweisen kann.

1227 bestätigte der Papst den Orden der Magdalenerinnen und empfahl gleichzeitig die Benediktinerregel mit Zisterzienser-Institutionen als Grundlage des Ordenslebens. Ob die Büßerinnenklöster nun wirklich als Zisterzienserinnenklöster angesehen werden konnten, ist nicht feststellbar.

In Wien existierte zu diesem Zeitpunkt jedenfalls schon ein Frauenkloster, das die Zisterzienser-Institutionen befolgte und von den Zisterziensern in Heiligenkreuz betreut wurde, St. Niklas vor dem Stubentor, was eher darauf hindeutet, daß Maria Magdalena nicht als echtes Zisterzienserinnenkloster gelten konnte, denn in diesen Jahren sind in Wien als Frauenklöster nur St. Niklas und St. Maria Magdalena nachweisbar; daß die beiden Häuser Klöster desselben Ordens gewesen sind, ist eher unwahrscheinlich.

Im Jahr 1232 erfolgte die Umstellung der Büßerinnen auf die Augustinerregel; wie schnell sie sich tatsächlich durchsetzte, läßt sich kaum feststellen. Eine Schenkung des Salzburger Erzbischofes an das Kloster spricht jedenfalls noch 1234 von einer *abbatissa ... Cisterciensis ordinis*, was nicht nur auf die Weiterbefolgung der Zisterzienser-Institutionen, sondern sogar auf ein echtes Zisterzienserinnenkloster hinweist, denn nur die Vorsteherin eines solchen Klosters konnte als Äbtissin bezeichnet werden, während die Büßerinnen Priorinnen, die Augustiner-Chorfrauen stets Meisterinnen an ihrer Spitze hatten. Dafür spricht auch die Annahme, daß in einer bischöflichen Urkunde die Termini technici der Klosterhierarchie wohl richtig gesetzt wurden. Anderseits wird die Charakterisierung eines Klosters, das sich zwar einer bestimmten Ordensgemeinschaft zurechnete, die eigentliche Regel aber nur in gewissen Punkten befolgte, wie es bei den Büßerinnen offenbar der Fall war, für die Zeit-

genossen sehr schwierig gewesen sein, so daß die Bezeichnung *abbatissa
... Cisterciensis ordinis* die vielleicht einzig exakt mögliche war, aber den
tatsächlichen Sachverhalt trotzdem nicht eindeutig beschreibt, so daß die
diesbezügliche Nomenklatur noch durch längere Zeit uneinheitlich war.

Eine Nachricht aus dem Jahr 1238 über die Gründung eines Frauen-
klosters bei Michelstetten in Krain bezeichnet die Nonnen von St. Maria
Magdalena, die das neue Kloster bewohnten, als Augustinerinnen und
die Vorsteherin des neu gegründeten Klosters als *magistra*, also scheint
sich die Annahme der Augustinerregel in Wien bis dahin jedenfalls vollzogen zu haben. Das Wiener Mutterkloster muß zu diesem Zeitpunkt,
nur wenige Jahre nach seiner Gründung, bereits von beträchtlicher Größe gewesen sein, denn ohne solide wirtschaftliche Grundlage hätte Maria
Magdalena das Ausscheiden eines Teiles seiner Insassinnen wohl nicht
problemlos überstanden.

1267 tritt eine Gertrud als Priorin des *conventus sororum ordinis sanctae
Mariae Magdalenae* auf, das heißt: als Vorsteherin eines Büßerinnenklo-
sters, das die Augustinerregel befolgte, was dann auch im September 1327
wieder bestätigt wurde: *conventus sanctimonialium monasterii beate Marie Magdalene ordinis s. Augustini extra muros ante portam Scothorum.*

Das Kloster erfreute sich großer Beliebtheit bei der Wiener Bürgerschaft; durch Schenkungen, Stiftungen und selbständige Geschäfte ver-
größerte es seinen Besitz und seine Bedeutung.

St. Agnes zur Himmelpforte

Das Wiener Frauenkloster St. Agnes zur Himmelpforte, das bis zu seiner Aufhebung im Jahr 1783 durch mehr als 500 Jahre eine bedeutende
Rolle im religiösen Leben der Stadt Wien gespielt hat, verfügt über eine
relativ komplizierte Gründungsgeschichte, in der drei Phasen zu unterscheiden sind:

a. Gründung einer Frauengemeinschaft durch Konstanzia, Königin von Böhmen

Als Gründerin des Klosters gilt die Witwe König Ottokars I. von Böhmen, Konstanzia, eine Arpadin, die Tochter Belas III. von Ungarn und
Schwester der ungarischen Könige Emerich und Andreas II.; die ganze
Familie war eine bedeutende Förderin kirchlicher und religiöser Institutionen: Konstanzias Tochter Agnes stiftete in Prag ein Klarissenkloster
und eine Niederlassung für die Kreuzherrn mit dem roten Stern, ihr

Sohn Wenzel I. stiftete mit seiner Frau Kunigunde das Zisterzienserinnenkloster Mariental in Sachsen, Ottokars Bruder Wladislaw Heinrich
das Stift Welehrad in Mähren.

Konstanzia selbst gründete 1233, bereits als Witwe, in Tischnowitz/Mähren ein Zisterzienserinnenkloster mit dem Namen Himmelpforte.

Sie soll nach 1230 (Todesjahr Ottokars I.) mit einigen gleichgesinnten
Frauen nach Wien gekommen sein, führte hier gemeinsam mit ihnen ein
beschauliches und frommes Leben als *dominae reclusae* (*inclusae*) und
kehrte schließlich allein wieder nach Ungarn zurück, wo sie im Jahre
1240 starb.

Für die Klostergründung in Wien, die demnach in die Jahre 1230 bis
1240 fallen muß, sprechen neben der gezielten Förderung kirchlicher Institutionen durch ihre Familie vor allem auch diverse politische Aspekte,
nämlich die verwandtschaftlichen Beziehungen zwischen Babenbergern,
Arpaden und Premysliden und die in Österreich stark vertretene böhmenfreundliche Partei.

b. Gründung der Klostergemeinschaft durch Pfarrer Gerhard

Während es über die Stiftung durch Konstanzia außer diesen mehr
oder weniger glaubwürdigen Vermutungen keinerlei Zeugnisse gibt, tritt
wenige Jahrzehnte später, im Jahr 1267, in der Person Meister Gerhards,
des Pfarrers von St. Stephan, der eigentliche Gründer und Förderer dieses
Klosters auf, dessen Absichten und Vorstellungen bezüglich seiner Stiftung in allen Einzelheiten belegt sind; die Himmelpforte sollte ein Kloster sein *pro virginibus, quae perpetuo sunt reclusae . . . pro residencia continua et perpetua mansione, ut ibidem omnipotenti deo iugiter famulentur*[10],
wobei der bereits in der ersten Stiftungsurkunde auftauchende Name
porta celi durchaus wieder auf Konstanzia als Erst-Stifterin schließen lie
ße, denn sie hatte ja, wie bereits erwähnt, schon ein gleichnamiges Kloster gegründet (der Name „Himmelpforte" ist bei zeitgenössischen Klosterstiftungen öfter anzutreffen); über die Entstehung des Namens in
Wien existiert in Zusammenhang mit einer Madonnenstatue auch eine
Legende, der zufolge die Gottesmutter selbst im Kloster jahrelang Pförtnerinnendienste versehen hätte, bis die eigentliche Pförtnerin, die einst
leichtfertig aus dem Kloster entlaufen sei, reumütig zurückkehrte.

---

[10] Quellen (Qu) zur Geschichte der Stadt Wien: Qu 1/3, Nr. 2805, 2806.

1270 werden die Klosterinsassinnen dem Prämonstratenserorden eingegliedert, zu welchem sie mit Willen und Rat ihres Patrons Gerhard von
Anfang an freiwillig berufen worden waren.

c. Erweiterung und Umbau des Klosters durch Königin Agnes von Ungarn

Königin Agnes, Witwe Andreas' III. von Ungarn, die Tochter des 1308
von seinem Neffen ermordeten Königs Albrecht I., soll noch vor 1330
das Himmelpfortkloster erweitert und ungarische Prämonstratenserin-
nen nach Wien gebracht haben. Die Klosterkirche wurde vergrößert und
den Heiligen Katharina und Agnes geweiht, nach der das Kloster auch
Agneskloster genannt wurde.

Auch diese dritte Phase ist, wie die erste, durch keinerlei gesicherte
Nachrichten zu verifizieren. Die Aktivität und Initiative religiös enga-
gierter Frauen scheint jedenfalls bei der Gründung und Ausgestaltung
des Himmelpfortklosters eine bedeutende Rolle gespielt zu haben.

St. Jakob (auf der Hülben)

Der Beiname des Klosters St. Jakob „auf der Hülben" (*uf der Hulwen*)
weist auf die Lage im seinerzeit sumpfigen Uferbereich des Wienflusses
hin; über die Gründung dieses Klosters werden in der Literatur verschiedene Versionen überliefert, wie sie mündlich weitergegeben und durch
Jahrhunderte für wahr gehalten wurden:

So berichtet die Oberin Susanna im Visitationsprotokoll zum Jahre
1544, *wie dieses gotzhaus erstlichen ein Burgerhaus gewesen, darein etlich
erbar vnd tugentsam Junkfrawen und Wittfrawen auch vermugig Burgerin
ir gelt vnd gut gepracht vnd als die fromen Petschwestern gewont vnd nach-
malen von solchen irem zusamengebrachten guet etlich Grund vnd Häuser
erkaufft, darauf die kirchen gepaut vnd das Closter erweitert.* Das Kloster
sei vor 118 Jahren (demnach 1424) samt allen Stiftungsbriefen und Regi-
stern *verdorben* und wurde dann noch von einer Feuerkatastrophe ver-
wüstet, daraufhin sei es (1425?) von verschiedenen Adligen und Landfrau-
en nach dem Tod ihrer Männer mit ihren Mitteln wieder aufgebaut worden.

In anderen Erzählungen erfolgte zuerst die Erbauung einer Kapelle
durch Herzog Leopold V. (recte IV.), wobei die Legende der namensge-
benden Jakobs-Statue, eines Kleinods des Klosters, wie folgt erzählt wird:
als der Herzog am Ufer des hochwasserführenden Wienflusses spazieren

ging, wurde vor ihm eine Statue des Apostels Jakob an Land gespült, dem zu Ehren er dann eine Kirche weihen ließ. Das Gotteshaus befand sich noch außerhalb der Stadtmauern. Fromme Frauen hätten die Kirche vergrößert und ihr ein Kloster angeschlossen. Das Jakobs-Standbild wurde über der Klosterpforte aufgestellt. Nachdem ihnen der Hl. Augustinus im Traum erschienen wäre, hätten sie Augustinerregel angenommen.

Wenn auch nach diesen Quellen keine exakte Datierung möglich ist, so zeichnen sich doch drei gemeinsame Aussagen über den Ursprung von Kirche und Kloster ab: die Rettung der Jakobsstatue aus den Fluten, ein Babenberger als Erbauer der Jakobskapelle und wieder eine Gemeinschaft frommer Frauen als Gründerinnen des Klosters.

Aus dem Jahr 1236 stammt die Ermahnung eines (Wiener?) Pfarrers an seine Pfarrangehörigen, die geistlichen Frauen von St. Jakob auf der Hülben in Wien durch Spenden zu unterstützen; abgesehen von dieser Nachricht fehlt für die folgenden Jahrzehnte aber jeglicher Hinweis auf die Existenz des Klosters. Erst mit dem Beginn des 14. Jahrhunderts setzen schließlich zuverlässige Nachrichten über St. Jakob ein.

St. Laurenz

Das Wiener Dominikanerinnenkloster, dessen Patron der im Mittelalter sehr beliebte Märtyrer Laurenz war, dürfte in seiner baulichen Anlage auf eine bollwerksartige Erweiterung der Stadtmauer beim Pibertor unter König Ottokar II. Premysl zurückgehen. Auch über die Entstehung dieses Klosters ist nichts Genaues bekannt; die ersten Nachrichten lassen folgende Schlüsse zu:

Das Kloster bestand bereits im Jahre 1302, wobei das Fehlen älterer verläßlicher Zeugnisse nicht unbedingt gegen eine frühere Entstehung spricht und die Annahme, das Kloster sei aus einer Beginengemeinschaft entstanden, nicht unrealistisch erscheint. Gerade an die Dominikaner haben sich derartige Gemeinschaften besonders gern angeschlossen, und im vorliegenden Fall drückt sich die geistige Verbindung auch durch die unmittelbare räumliche Nähe der beiden Klöster aus.

Bereits 1303 wird das Kloster vom Dominikanerorden selbst als zur *provincia theutonia* gehörig bezeichnet, und schon in den folgenden beiden Jahren sind die ersten Schenkungen durch Mitglieder der landesfürstlichen Familie bekannt, deren Angehörige auch in der Folge immer wieder als Stifter und Beschützer dieses Klosters auftreten.

Die Einbeziehung einer bereits bestehenden Frauengemeinschaft in

eine von landesfürstlicher Seite, nämlich durch Albrecht I., unterstützte
Klostergründung ist durchaus möglich, wobei als Vorbild wohl das Dominikanerinnenkloster in Tulln gedient haben dürfte.

St. Klara

Das Wiener Kloster der Klarissen, des Zweiten Ordens der Franziskaner, der auf die Hl. Klara von Assisi zurückgeht, entstand aus einer
Schenkung der Herzogin Blanka, der Gemahlin Rudolfs III., die 1303
den Nonnen, die aus dem Klarissenkloster Judenburg gekommen waren,
ein Haus zur Verfügung stellte.

In ihrem Testament aus dem Jahr 1304 vermachte die Herzogin neben
einer kleineren Summe für verschiedene Klöster dem Wiener Minoritenkonvent einen Betrag in der Höhe von 1000 Pfund Pfennig zur Erbauung
einer neuen, dem Hl. Ludwig, ihrem Großvater, geweihten Klosterkirche. Weiters sollte bei den Minoriten ein Jahrtag für sie gehalten werden,
und sie wählte auch die Minoritenkirche als ihre künftige Begräbnisstät-
te. Allerdings wurde diese Stiftung vom Provinzialmeister Heinrich
nicht widmungsgemäß verwendet, denn er ließ mit diesem Geld das Wiener Klarissenkloster errichten, wohl im Einvernehmen mit ihrem Ehemann, denn im folgenden Jahr gibt Herzog Rudolf in Wien bekannt, daß
er Gott, der Hl. Maria und der Hl. Klara zu Ehren ein Kloster des St.-Kla-
ra-Ordens zu Wien gestiftet habe, und zwar mit gütlichem Willen und
zeitlichem Rat seiner Eltern, des römischen Königs Albrecht und seiner
Gemahlin Elisabeth. Mit deren Willen und Rat, wie auch zu seiner Gat-
in Blanka, zu seinem eigenen und seiner Vorfahren Seelenheil gibt er
ler Oberin und den Frauen desselben Klosters 1000 Pfund Wiener Pfennig, und zwar derart, daß sie alljährlich 100 Pfund Gülten beziehen sollen, bis die ganze Summe bezahlt werden würde. Als Stifter nimmt er
auch ausdrücklich das Kloster St. Klara unter seinen landesfürstlichen
Schutz und Schirm.

Mit dieser Ausstattung war die wirtschaftliche Grundlage für ein ruhi-
ges Gedeihen des Klosters gewährleistet, das fast ausschließlich Frauen
aus dem Adel und dem städtischen Patriziat aufnahm und aus diesen
Kreisen auch weiterhin großzügig unterstützt wurde. Die geistliche Führung des Klosters lag bei den Wiener Minoriten; die Nonnen lebten in
äußerster Zurückgezogenheit, sogar der Landesfürst und seine Frau
brauchten eine päpstliche Erlaubnis, um das Kloster besuchen zu dürfen.

Leider läßt sich die Frage nach der sozialen Herkunft der Wiener Klosterfrauen nicht wirklich befriedigend beantworten, aber wie aus den zahlreichen Testamentsbestimmungen zugunsten der Frauenklöster hervorgeht, waren es in Wien offenbar in erster Linie wohlhabende Ratsherren- und Handwerkerfamilien, deren weibliche Angehörige den größten Teil der Klosterinsassinnen ausmachten, in wenigen Fällen befanden sich unter den Nonnen auch Angehörige aus dem Herrscherhaus.

Aus der großen, namentlich bekannten Anzahl von Klostervorsteherinnen bzw. Ordensfrauen ist keine einzige durch irgendeine weltliche oder religiöse Sonderleistung hervorgetreten, und es existieren keine Quellen, die auf ein überdurchschnittliches spirituelles Leben in diesen Klöstern schließen lassen.

Keines der angeführten Frauenklöster hat bis in die Gegenwart überdauert, ja nicht einmal bis in das 19. Jahrhundert Bestand gehabt, denn entweder sind sie durch die Ereignisse und Folgen der Ersten Türkenbelagerung im Jahre 1529 untergegangen, wie das Niklaskloster, das Klarissenkloster und das Magdalenerinnenkloster, das mit St. Laurenz vereinigt wurde, oder ca. 250 Jahre später den Klosteraufhebungen Josefs II. zum Opfer gefallen, wie St. Jakob, St. Laurenz und das Himmelpfortkloster.

Auffällig ist, daß in den überlieferten Nachrichten kein allzu enger Bezug der Frauenklöster zu den Wiener Männerklöstern erkennbar ist, was sich wohl damit erklären läßt, daß die Bedeutung der großen Klöster in der Umgebung Wiens, nämlich in Klosterneuburg (Augustiner-Chorherrn), Heiligenkreuz (Zisterzienser) und Geras (Prämonstratenser), bei weitem größer war als die der Wiener Männerkonvente und außerdem in der Stadt der Pfarrer von St. Stephan eine hervorragende Rolle spielte.

Wenn die Ursachen und Anlässe, die in den einzelnen Fällen in Wien zur Gründung von Frauenklöstern geführt haben, auch jeweils verschieden sind, so lassen sich aus den Quellen und aus der Literatur doch verschiedene Motivationsstränge ermitteln, nämlich ein mehr oder weniger gleichzeitiges Nebeneinander und teilweise ein Ineinandergreifen von dynastischen Ambitionen, kirchlichem Interesse und weiblicher Privatinitiative, durch die sich die Entstehung der einzelnen Institute in einen sinnvollen Zusammenhang bringen läßt.

3. Tertiarinnen und Büßerinnen in Wien

Eine wichtige Rolle spielen aber auch klosterähnliche Institutionen, die ihren Ursprung primär sozialen und gesellschaftlichen Bedürfnissen verdanken. So soll es in Wien bereits in den letzten Jahrzehnten des 13. Jahrhunderts ein Seelhaus der „Büßerinnen nach der Regel des Hl. Franziscus" gegeben haben, wobei unter „Seelhaus" eine Vereinigung von Frauen in einem eigenen Haus und zu einem gemeinschaftlichen Leben zur Verrichtung verschiedener religiöser oder frommer Handlungen wie Fasten, Beten und Almosengeben für „das Heil der Seelen" zu verstehen ist, aber ohne Ordensregel oder Klausur[11].

Es ist in diesem Zusammenhang angebracht, kurz auf die nicht eindeutig abgrenzbaren Begriffe „Frauenhaus" und „Seelhaus" einzugehen, da sie im Zusammenhang sowohl mit den Büßerinnen als auch den Tertiarinnen in den Wiener Quellen immer wieder verwendet werden. Während die an sich wertfreie Bezeichnung „Frauenhaus" häufig auch als Synonym für Bordell verwendet wurde, wobei in diesem Zusammenhang meistens von „offenen" Frauenhäusern gesprochen wird, erscheint die Bezeichnung „Seelhaus" sowohl für Frauen- bzw. „Beginen'-Häuser als auch für Armen- und Büßerinnenhäuser.

In Wien ist seit 1368 ein Seelhaus, *domus animarum*, beim Predigerfriedhof nachweisbar, später ist von zwei bzw. drei Seelhäusern die Rede, im Jahre 1399 sind vier Seelhäuser belegt[12].

Die Zielsetzung des Ordens der Buße nach der Regel des Hl. Franziscus, des Dritten Ordens, wird bei J. E. Schlager in seinen ‚Wiener Skizzen aus dem Mittelalter' wie folgt beschrieben: „Dieweil aber nicht alle Menschen das Klosterleben mögen ergreifen, teils wegen eigener Unbequemlichkeit, teils aus Mangel der Gelegenheit, teils dieweil sie keine Lust und Willen zum selbigen in sich empfinden, ist in christlichen katholischen Kirchen ein sehr heilsames, in der Welt (auch im Ehestand) lebenden Menschen trefflich nützendes Mittel vorhanden, daß die auf eine sichere und gewisse Weise geistlich leben mögen, nämlich sich begeben unter die dritte Regel eines von der heiligen Kirche approbierten Ordensstands, und nach Vermögen fleissig halten, in selbiger vorgeschriebener Weis zu

---

[11] Geschichte der Stadt Wien (GStW), hg. v. Alterthumsvereine zu Wien, Bd. II/2, S. 889.
[12] Qu 3/1, Nr. 64, 476, 489, 756, 1125, 1440, 1970; Qu 3/3, Nr. 3019, 3080; Qu 3/3, Nr. 4119; Qu 2/1, Nr. 1403; Qu 1/2, Nr. 1882; Qu 2/1, Nr. 1441.

leben, damit die Seel dieser schnöden Weltgefährlichkeiten entrinnen, und sicherer zu ewigen Freuden gelangen möge. Und obwohl eine solche Weis zu leben nicht eigentlich ein Klosterleben mag genannt werden, ist sie dennoch selbigem sehr gleichförmig"[13].

In den 90er Jahren des 13. Jahrhunderts soll nun in Wien die Begine bzw. Franziskanertertiarin Agnes Blannbekin gelebt haben, vielleicht im Haus einer Frauengemeinschaft, das identisch sein könnte mit einem Haus in der Schenkenstraße, welches aber erst für das Jahr 1302 belegt ist[14], und zwar beurkundet der Wiener Bürger Griffo den von ihm mit dem Schottenkloster eingegangenen Tausch, kraft welchem er die Kapelle zu St. Ulrich an das Kloster, dieses dagegen die zu Maria am Gestade an ihn abtrat. Dabei wird aufgezählt: *Deinde in strata pincernarum solvunt moniales de domo Grans viginti et quatuor den.* Diese *domus Grans* ist allerdings kein zweites Mal mehr nachweisbar.

Im Jahre 1306 beurkundet eine *Swester Eysal, Maistrinne des Ordens der Puezze sand franzizzen mit samt der samnung ihrer Swester ze Wienne* die Verpflichtung, von einem Weingarten, den die Gemeinschaft von Frau Irmgart, der Witwe Weigpots, geschenkt erhielt, Zehent und Bergrecht zu entrichten[15].

---

[13] J. E. Schlager, Wiener Skizzen aus dem Mittelalter, 5 Bde, Wien 1836 ff, 2. Bd., S. 260 f.

[14] Qu 1/1, Nr. 271 (im Bereich Wien 1., Bankgasse 10, Schenkenstraße 7, Löwelstraße 12); Fontes Rerum Austriacarum (FRA) II/18 (= Urkundenbuch v. Klosterneuburg, 2. Bd.), S. 106, Nr. 88. Im Schottenurbar von 1314, in: Franz Goldhann (Hg.), Gültenbuch des Schottenklosters in Wien vom Jahre MCCCXIV, Wien 1849, werden noch genannt: fol 25[b], 37[b]: *moniales in (de) tercio ordine*; Albert von Camesina, Zwei Urbare des Stiftes Schotten in Wien aus den Jahren 1376 und 1390, Berichte und Mitteilungen des Alterthums-Vereins zu Wien (BMAV) 13 (1873), S. 185, zählt auch ein Haus *tertie regule* in der Schenkenstraße auf: In der Schenkenstraße, *iure fundi ... de Domo Tercie regule G. xxiiij.d.* (Teil v. Nr. 45).

[15] GStW II/1, 145; FRA II/10 (= Urkundenbuch von Klosterneuburg, 1. Bd.), S. 104, Nr. CXI (altes Rapulare, fol. 194 v, Nr. 35, mit 2 Siegeln: 1. Umschrift: *S. Sororum Penitencium de Wienna*; Abbildung eines schreitenden zottigen Tieres, darüber eine Rose; 2. *S. Ulrici filii Grifonis Magistri Monete*). Vom Herausgeber wird diese Urkunde als die erste bezeichnet, in der Wiener Büßerinnen genannt werden, die aber sicher nicht mit den Magdalenerinnen identisch sind. Seiner Meinung nach könnte es sich, in Verbindung mit der Nennung des Hl. Franziscus, vielleicht um Klarissen handeln, die aber wiederum als Vorsteherinnen Äbtissinnen und keine Meisterinnen hatten. Kurt Kohler, Das Urkundenwesen der Wiener Nonnenklöster (1267–1514), Diss. Wien 1939, S. 137, zitiert auch diesen Text aus dem Archiv von Klosterneuburg, allerdings wird die Urkunde hier eindeutig den Klarissen zugeschrieben.

Im Gräberverzeichnis des Wiener Minoritenklosters[16] findet sich dazu
passend folgende Grabinschrift: *Sepulcrum domine Irmle weipotinne obiit
V Idus Januarii ubi littera et Weipotonis S. Beneficia illorum inveniuntur
in registro gardiani.* Darunter befindet sich die Grabinschrift einer
Schwester Eysal: *Ibidem soror Eysal*; es dürfte sich hier also um eine Be-
gräbnisstätte von Angehörigen des Dritten Ordens handeln, und die hier
Bestattete wird wohl tatsächlich mit der Meisterin Eysal identisch sein.

In diesem Zusammenhang ergibt sich aber die dringende Frage, weshalb in zeitgenössischen Testamenten, in denen nicht nur Stiftungen für
alle existierenden Wiener Frauen- und Männerklöster und die Pfarrkir-
che zu St. Stephan, sondern auch für die „Sonderanstalten" klösterlichen
Charakters, wie die Wiener Spitäler und Siechenhäuser, festgesetzt wurden, gerade das Drittordenshaus in der Schenkenstraße mit keiner Spen-
de bedacht und nicht einmal erwähnt wurde[17]. Aus dieser Tatsache sollte
aber nicht unbedingt darauf geschlossen werden, daß die Tertiarinnenge-
meinschaft nicht existierte, sondern eher, daß sie möglicherweise im öffentlichen Bewußtsein noch zu wenig institutionalisiert war, um für Stiftungen in Betracht gezogen zu werden.

Für die Jahre, in denen Agnes Blannbekin hier gelebt haben könnte,
ist also noch kein Drittordenshaus nachweisbar, ebensowenig kann zwischen der Meisterin Eysal und dem Haus in der Schenkenstraße ein direkter Zusammenhang hergestellt werden.

Es hat aber einige Jahrzehnte später tatsächlich eine Drittordensstif-
tung in Wien gegeben, das Kloster St. Theobald auf der Laimgrube, das
allerdings aus der Gründung einer versorgungsheimähnlichen Anstalt
hervorging, die klösterlich organisiert war: Im Jahr 1349 stiften Herzog
Albrecht II. und seine Gemahlin Johanna von Pfirt bei der Kapelle St.
Theobald vor der Stadt an der Fernstraße nach Bayern, die das Fürsten-

---

[16] MG Necr. V, 181 u. 210, gedruckt in: Karl L i n d , Mittelalterliches Gräberverzeichnis des Wiener Minoritenklosters, in: BMAV 12 (1872), S. 93, der als Fußnote
anführt: H. P e z , II, 473 (Script. rer. austr.), *V. Idus Januarii. Quod sorores de tertio
ordine debent porrigere fratribus omni anno pro anniversario Dominae Irmlae Weypoti-
nae, in suo anniversario, decem solidos denariorum pro pitantia et LX denariorum pro
offertorio et iam dictam eleemosynam dant de vinea de monte nucem.*
[17] Testament des Wiener Bürgers Hierz vom 13.12.1302, Qu 1/1, 274; Testament
der Herzogin Blanka, erster Gemahlin Rudolfs III., vom 22. Sept. 1304, Qu 1/3, Nr.
2904; Testament der Elisabeth von Aragonien, Gemahlin Friedrichs des Schönen,
vom 24. April 1328, in dem weit über 100 Stiftungen an Klöster, Spitäler etc., vor
allem zugunsten des Minoritenordens, aufgezählt werden, Qu 1/5, Nr. 4800.

paar angeblich schon vor 1343 hatte errichten lassen, ein „Spital" für Frauen, das als herzogliches Seelhaus auf der Laimgrube (für *unser und unser Vordern Seel Hail gestiftet*) bezeichnet wurde[18]; die Stiftung war ausdrücklich nur für 12 ehrbare Frauen, bedürftige Witwen oder Jungfrauen, *die edl sein und vor Alter oder Krankheit nicht mehr gedienen mugen,* bestimmt. Jeder Bedürftigen sollte jährlich eine bestimmte Gabe Wein und Weizen gereicht werden und *vier Pfundt Wiener Pfenning, dreu Pfundt für Khochen Kost, und ain Pfundt für Gewannt.*

1354 wird das Seelhaus offiziell in den Drittorden der Minoriten, den *Orden Sand Frannsen der da haiset der puesser Orden* eingegliedert[19], und in einem herzoglichen „Ordnungsbrief" werden Anweisungen für das klösterliche Leben gegeben, u.a. daß die zwölf Insassinnen die Ordensregeln des Büßerordens mit Gehorsam auf sich nehmen sollten, keine anderen Kirchen besuchen, nicht ohne guten Grund ihr Haus verlassen und, wenn schon, dann nur in Begleitung ausgehen sollten; die geistige Leitung oblag einer Meisterin, für die Wirtschaft und Verwaltung hatte ein Pfleger zu sorgen; die herzoglichen Bestimmungen bezogen sich aber auch auf die pekuniären Belange: *wir wellen ouch, daz ir furbaz ein gemain person habt zu einer puchsen, verspart mit drin unglichen slozzen.* In die Büchse soll man alle Opfergelder legen, die zum Altar an allen in der Woche gesprochenen und gesungenen Messen gespendet werden. Der Pfarrer von St. Michael, der Pfleger der 12 Frauen und die Meisterin sollen je einen Schlüssel zu der Büchse haben, wöchentlich einmal zusammenkommen und den Inhalt der Büchse in drei gleiche Teile teilen. Was aber an Wachs oder Kerzen oder anderen Gaben in die Kirche oder auf den Altar einkommt und was man *mit der tafeln sament under den messen vor oder hin nach, das soll sich die maisterinn underwinden* und verwenden zur Beleuchtung und Ausbesserung der Kirche und des Hauses *nuczlich und mit gewizzen der andern swestern.*

---

[18] Eduard M. Lichnovsky, Geschichte des Hauses Habsburg, 8 Bde., Wien 1836 ff. (Regesten von E. Birk), 6. Bd., Nachtrag, n 1508 b; Schlager (wie Anm. 13), 2. Bd., S. 244 ff. Auf S. 279 zitiert er einen Ablaßbrief für die Kapelle *ad Sanctum Tyboldum Ord. FF.Minorum* aus dem Jahr 1343, wobei die offizielle Eingliederung in den Dritten Orden der Franziskaner aber erst 1354 erfolgte. Schon vor der eigentlichen Gründung von St. Theobald scheint also bei der Kapelle eine Frauengemeinschaft existiert zu haben.
[19] Lichnovsky/Birk (wie Anm. 18), 6. Bd., Nachtrag, n 1680 b; Qu 1/3, Nr. 3132; Schlager (wie Anm. 13), S. 249 und 250. – Aus dem Jahr 1363 stammt die Nachricht, daß auch Rudolf der Stifter eine ähnliche Klostergründung plante: 14. Februar 1363: Qu 1/3, Nr. 3221; Schlager (wie Anm. 13), 2. Bd., S. 265.

Diese einzige mittelalterliche Drittordensregel, die sich in Wien erhalten hat, sieht also Klausur und einen nur sehr beschränkten Aktionskreis für die Tertiarinnen vor, was mit der doch einigermaßen selbständigen Lebensweise der Agnes Blannbekin, die nicht in Klausur lebte, verschiedene Kirchen besuchte und anscheinend verhältnismäßig unabhängig war, nicht in Einklang zu bringen ist.

Es hat aber neben den Büßerinnen des Dritten Ordens nach den Satzungen des Hl. Franziscus (*sorores in tertio ordine* oder *ordo poenitentium*) in Wien auch weltliche „Büßerinnen" gegeben, welche unter der geistlichen Leitung von Schwestern standen und ein klosterähnliches Gemeinschaftsleben führten.

Es handelt sich dabei um das Büßerinnenhaus St. Hieronymus, das der Rückführung gefallener Frauen in die Gesellschaft diente. Diese Zielsetzung lag sowohl im kirchlichen als auch im öffentlichen Interesse. Auch wenn die Haltung der Gesellschaft gegenüber dem Phänomen der Prostitution und der „leichten" Frauen toleranter und realitätsbezogener war als in späteren Zeiten, war die Kontrolle und letztlich auch Versorgung dieser Frauen eine zumindest gesundheitspolitisch unumgängliche Pflicht.

Aus diesem Grund erfolgte im Jahr 1384 in Wien die Gründung eines Hauses für *arme freye frawen, die sich vor offenen sundigen unleben dem allmechtigen got zu puss und pezzerung begeben wellent*[20]. Die Gründer dieser klosterartigen Anstalt, an deren Spitze eine Meisterin stand, waren Wiener Bürger, und Angehörige des Stadrates, der Bürgermeister und ein Offizial bzw. eine Verweserin oder ein Verweser führten auch die Verwaltung dieser Stiftung, die Herzog Albrecht der Aufsicht der Stadt unterstellt hatte. Ein Wiener Bürger sollte persönlich für die Erfüllung der Stiftungsauflagen gemeinsam mit dem Stadtrat bürgen, der Ankauf des Hauses konnte mit Spenden aus der Wiener Bürgerschaft durchgeführt werden. Die Büßerinnen waren demnach zu einem klösterlichen Gemeinschaftsleben und Bußübungen verpflichtet, sollten auch einer geregelten Arbeit nachgehen, „ausgenommen Weinschenken, Gastung und Kaufmannschaft", und konnten, wie im Freibrief des Herzogs ausdrück-

---

[20] Josef Ogesser, Beschreibung der Metropolitankirche zu St. Stephan in Wien, 1779, Urkundenanhang, S. 86, Nr. XIV. Es ist bemerkenswert, daß sowohl die Stiftung von St. Theobald wie auch die des Büßerinnenhauses erst zu einem verhältnismäßig späten Zeitpunkt erfolgte. Man scheint in Wien die Eingliederung außerkirchlicher Frauengruppen in offizielle Institute eher zögernd vollzogen zu haben.

lich festgehalten wird, heiraten, ohne daß dies für den Bräutigam eine Beeinträchtigung seiner Ehre oder Rechte dargestellt hätte; die Verspottung dieser Frauen war bei Strafe verboten, Rückfälle in das frühere sündhafte Leben wurden allerdings streng bestraft.

Am Beispiel der „Büßerinnen" ist besonders deutlich zu erkennen, wie sich drei ursprünglich voneinander unabhängige Interessengruppen zu einer sinnvollen Lösung gefunden haben, die, der Zeit und den gesellschaftlichen Gegebenheiten entsprechend, nur eine kirchlich dominierte sein konnte: die in Frage kommenden Frauen, die sich eine Verbesserung ihrer Lebensumstände erhofften und dafür im wahrsten Sinn des Wortes ein „neues Leben" beginnen wollten, die städtische Verwaltung, die durch diese Frauenhäuser zumindest eine beschränkte Anzahl von Frauen wieder in die bürgerliche Gemeinschaft zurückführen konnte, und schließlich die Kirche als Retterin der reuigen Sünderinnen. Für die Gründung solcher Häuser gab es also mehr als nur ein starkes Motiv.

Die bisherigen Aussagen lassen eine mögliche Zugehörigkeit der Agnes Blannbekin zu einer klosterartigen Gemeinschaft von Franziskanertertiarinnen bzw. Büßerinnen eher zweifelhaft erscheinen, daher ist nun zu überlegen, ob sie sinnvollerweise als „Begine" gelten kann.

Immerhin bot das Leben als Begine für eine Frau eine gewisse Vielfalt an religiöser Betätigung ohne wesentliche Komplikationen in einer freiwillig von ihr gewählten Umgebung; sie entkam den Beschränkungen des weiblichen Alltags und erhielt die Möglichkeit zu einem selbständigeren, anspruchslos-religiösen Gemeinschaftsleben in Armut, Demut und Gehorsam, ohne in einem Orden organisiert zu sein, wobei auch auf nützliche, praktische und karitative Tätigkeiten Wert gelegt wurde.

Was den österreichischen und besonders den Wiener Raum betrifft, sind für die Existenz von Beginengemeinschaften kaum aussagekräftige Quellen vorhanden. In den ersten Jahren des 13. Jahrhunderts sind zwar Beginen (männlichen Geschlechts, also Begarden) in Wiener Neustadt belegt[21], *religiosi, qui beguini vocantur*, nämlich in einem Brief des Klerikers Ivo von Narbonne, der, weil er als Ketzer verdächtigt worden war, aus Frankreich floh und über Norditalien über die Alpen nach Österreich ging, von wo er 1242 dem Erzbischof von Bordeaux über seine Erlebnisse berichtete; für Wien kann aber, abgesehen von der als Begine be-

---

[21] MG SS XXVIII, S. 230.

zeichneten Agnes Blannbekin, nur auf die wenig aussagekräftige Eintra-
gung im Schottenurbar von 1314 verwiesen werden: fol. 12a — *In der
Neunluchen . . . Begine de area holtzhowerinne. xxiiij. dl.*[22]

Obwohl in Wien keine einzige Beginengemeinschaft nachweisbar ist
und das, was wir von der Lebensführung der Agnes aus ihrer ‚Vita' schließen können, eher fraglich erscheinen läßt, daß sie eine Begine war, muß
doch auch bedacht werden, daß der Verfasser ihrer Lebensbeschreibung
bei seinem „Publikum" mit einem bestimmten Erwartungs- und Erfah-
rungshorizont rechnen konnte, der auch den von ihm verwendeten Begriff „Begine" mit einschloß. Daß dabei automatisch Beginen mit Tertiarinnen des Minoritenordens identifiziert wurden[23], ist möglich.

Zusammenfassend kann jedenfalls festgestellt werden, daß es für die
Existenz einer Begine Agnes Blannbekin in Wien keinerlei Belege gibt.

Trotz der schlechten Quellenlage kann jedoch sicher davon ausgegan-
gen werden, daß auch in Wien verschiedene Gemeinschaften weiblicher
Religiosen existiert haben, denn in fast allen Gründungsgeschichten der
Wiener Frauenklöster spielen fromme Frauen, die außerhalb einer kirchlichen Reglementierung aktiv geworden sind, eine Rolle. Auch wenn es
sich bei diesen Nachrichten meistens nur um mündlich tradiertes Quellenmaterial handelt, das besonders kritisch beurteilt werden muß, so
können diese „Legenden" doch nicht als gänzlich unwahr abgetan werden, da sie in den meisten Fällen zumindest eine plausible Erklärung für
Geschehnisse geben, die sonst nicht quellenmäßig faßbar sind[24].

---

[22] Franz Goldhann (Hg.), Gültenbuch des Schottenklosters in Wien vom Jahre
MCCCXIV, Wien 1849.

[23] Joseph Greven, Die Anfänge der Beginen. Ein Beitrag zur Geschichte der
Volksfrömmigkeit und des Ordenswesens im Hochmittelalter, Münster 1912, S. 209.

[24] Eine über die vorliegende Untersuchung der rein biographischen Angaben hinausgehende kritische Analyse von Inhalt und Darbietungsart der ‚Vita et Revelationes' würde wahrscheinlich ganz andere Aussagen über diesen Text erlauben, da auf
diese Weise auch die Intentionen des Verfassers, literarische, kirchenpolitische und
gesellschaftliche Gegebenheiten und „Trends" berücksichtigt werden könnten.

STUDIEN ZU MARGUERITE PORÈTE UND IHREM ‚MIROIR DES SIMPLES ÂMES‘ *

von

Ulrich Heid

Einleitung

Der ‚Mirouer des simples Ames anienties et qui seulement demourent en Desir et Vouloir d' Amour‘ der Begine Marguerite Porète, also der ‚Spiegel der einfachen, vernichteten Seelen, die nur im Wunsch und in der Sehnsucht nach Liebe verharren‘, ist ein wohl vor 1296 entstandenes, durchweg auf Sprecherrollen verteiltes Lehrbuch der Liebesmystik.

Marguerite vermittelt darin den Weg der Seele über sieben Stufen zur Vollkommenheit. Unter der Leitung der *Fine Amour* gelangt die Seele, „Schülerin der Gottheit“, vom „Tal der Demut“ über die „Ebene der Wahrheit“ auf den „Berg der Minne“, zur Wesenseinheit mit Gott, und zwar durch die *transformation de unité d'Amour*.

Ich will nun aber nicht die grundlegenden Gedanken des ‚Miroir‘ näher darstellen[1], sondern im wesentlichen in zwei kürzeren und einem längeren Abschnitt einige biographische und sprachliche Fragen zu Marguerite Porète ansprechen.

In einem ersten Teil sollen die Quellen beschrieben werden, die uns über Marguerite Porète und ihr Werk Aufschluß geben. Einigen Bemerkungen zur Text- und Wirkungsgeschichte des ‚Miroir‘ folgt sodann ein kurzer Überblick über die Behandlung der Marguerite Porète in der neueren Geschichtsschreibung.

---

* Der Vortrag wurde für die hier abgedruckte Fassung unwesentlich überarbeitet. Besonderer Dank gilt Prof. Dr. Dinzelbacher für seine wertvollen Hinweise und Unterstützung.

[1] Das hat z.B. Kurt Ruh an verschiedenen Stellen getan. Vgl. Ruh 1975, S. 376 ff. und passim, Ruh 1983, S. 97–101. Daneben auch Axters 1953, S. 171–177.

Der zweite, eher biographische Abschnitt teilt sich seinerseits in zwei
Teile: zunächst einen Blick auf die allgemeine sprachliche Gestalt des
‚Miroir‘ in der uns überlieferten Fassung, und zwar unter dem Blickwin-
kel dialektaler Spuren, dann eine Zusammenstellung der Informationen,
die wir aus den Inquisitionsunterlagen über Marguerite Porète gewinnen
können.

Im dritten Abschnitt möchte ich dann einige zentrale Begriffe des ‚Miroir‘ anhand von Kontexten beschreiben. Wie jemand, der für ein Wörterbuch aussagekräftige Beispielsätze sammelt, suche ich – quasi als Mate-
rialsammlung zu einem erweiterten Index – nach relativ kurzen Text-
auszügen, die helfen sollen, einzelne Termini näher zu bestimmen. Solche Kontexte aus dem ganzen Text nebeneinanderzustellen, mag bei einem Werk wie dem ‚Miroir‘ um so legitimer erscheinen, als es – außer
der rein oberflächlichen Einteilung in 137 Kapitel – keine eigentliche
Struktur aufweist. Die Einbindung der hier isoliert betrachteten Textstellen in einen größeren Zusammenhang ist also nicht besonders von Belang[2].

Beispielhaft besprechen möchte ich zunächst den Begriff der *ame adnientie*, um sodann auf den lehrhaften Charakter des ‚Miroir‘ und in diesem Zusammenhang auf den Begriff des *entendement* überzugehen, bevor ich, nur noch thesenartig und in Form von Fragen eher als von Antworten, mit ein paar Bemerkungen zu den höfischen Termini im ‚Miroir‘
schließe.

1. Marguerite Porète in Tradition und Forschung

Der Name der Marguerite Porète ist zunächst aus den Akten des Inqui-
sitors Wilhelm von Paris bekannt, der sie 1310 dem Feuertod überliefer-
te, nachdem sie dem Verbot zuwidergehandelt hatte, ihr Buch weiterhin
zu verbreiten: ohne Nennung des Titels wird dieses Buch in allen Unterlagen etwa gleichlautend als *librum pestiferum, continentem heresim et er-*

---

[2] Gleichsam in vielen Anläufen umschreibt Marguerite immer wieder dieselben
Gedanken und Erfahrungen in geringfügig unterschiedlicher Weise. Auch aus diesem
Grund bietet sich der ‚Miroir‘ für eine Untersuchung an, wie ich sie hier vorschlage:
die Struktur des Werkes erlaubt es, Terminologie von verschiedenen Stellen des Textes
zu nehmen, weil sich diese Stellen zu einer Gesamtdarstellung addieren sollen.

rores[3] bezeichnet. Es war bereits von Gui de Colle Medio, dem Bischof von Cambrai (1296–1306), verboten und auf dem öffentlichen Platz von Valenciennes im nordfranzösischen Hennegau verbrannt worden. Gui hatte Marguerite untersagt, das Buch oder seine Gedanken weiterhin zu verbreiten, aber genau das hat sie in der Folgezeit getan[4].

Daß es sich bei dem *Liber pestiferus* um den ‚Mirouer des simples ames anienties et qui seulement demourent en vouloir et desir d'amour' handelte, hat erst die italienische Gelehrte Romana Guarnieri nach dem zweiten Weltkrieg nachgewiesen[5].

Vom Ketzerprozeß der Marguerite Porète hatte jedoch die französische Geschichtsschreibung durchaus Kenntnis: eine direkt gleichzeitige Quelle zu Marguerites Feuertod liegt mit der Fortsetzung des ‚Chronicon' des Guillaume de Nangis vor[6], die aus der Feder eines Mönchs vom Kloster St. Denis stammt; dieser Mann müßte über den Inquisitionsprozeß gut unterrichtet gewesen sein, hatte doch ein gewisser Peter von St. Denis, also ein Mann aus demselben Kloster, zur Gruppe jener Pariser Theologen gehört, die im Zusammenhang mit dem Prozeß ein Gutachten über Marguerites Buch abzugeben hatten[7]. Vor 1400 findet sich noch eine Notiz über eine *suffisant beghine qui fut arses* im ‚Myreur des Histors' des Jean des Preis (dit d'Outremeuse)[8], eine weitere dann in den ‚Grandes Chroniques de France'[9]. Schon im ‚Chronicon' lesen wir, Marguerite habe bei der Hinrichtung soviel hochgesinnte und auch demütige Zeichen ihrer Reue gezeigt, daß die große Menge, die zugegen war, in Trä-

---

[3] Marguerite nennt weder ihren Namen im ‚Miroir' noch tritt der Titel des Buchs in den Inquisitionsakten zutage. Folglich hat man bis zu den Darlegungen von Romana Guarnieri (vgl. Anm. 5) Werk und Autorin nicht zusammenbringen können und den ‚Miroir' entweder falsch zugeschrieben (so z.B. Banfi 1940) oder für ein anonymes Werk erklärt (wie Kirchberger 1927). Das Zitat findet sich bei Frédéricq 1889, S. 159 (Nr. 165).

[4] Im Folgenden zitiere ich die Inquisitionsakten nach der Edition von Frédéricq 1889 und 1896. Es handelt sich um die Stücke Frédéricq 1889, Nr. 164 und Nr. 165. Frédéricq 1896, Nr. 37–39. Die Quellen Frédéricq 1889, Nr. 166, und Frédéricq 1896, Nr. 38–39, sind Auszüge aus erzählenden Quellen.

[5] Zuerst im Osservatore Romano (1946), dann in Guarnieri 1965; als Anhang des Aufsatzes Guarnieri 1965 wurde der französische Text publiziert.

[6] Vgl. Frédéricq 1889, S. 160, Nr. 166.

[7] Darauf weist hin Lerner 1972, S. 75; die Quelle ist damit besonders bedeutsam für die Vorgänge von 1310. Sie gibt allerdings keine über die Inquisitionsakten hinausgehenden Informationen.

[8] Abgedruckt bei Frédéricq 1896, Nr. 39.

[9] Abgedruckt bei Frédéricq 1896, Nr. 38.

nen ausgebrochen sei[10]. Jean d'Outremeuse behauptet, daß *Dieu la gardat qu'elle mourut en la vraie foid catholique*[11], und offensichtlich auf ihm aufbauend macht dann der französische Jesuitenpater Gabriel Daniel[12] in dem kurzen Abschnitt, den er in seiner mehrbändigen französischen Geschichte Marguerite Porète und ihrem „livre plein d'hérésies" widmet, die folgende Feststellung: „La vue du supplice luy inspira d'autres pensées, & elle donna en mourant de grandes marques de pénitence".

Wie wörtlich wir allerdings solche Angaben nehmen müssen, ist sehr fraglich, stehen sie doch in deutlichem Widerspruch zu der Standhaftigkeit und Entschiedenheit, mit der sich Marguerite zu ihrem Buch bekannte und sich der Inquisition gegenüber weigerte, den beim Prozeß üblichen Eid *de plena, pura et integra veritate dicenda de te et de aliis*[13] zu leisten und die Absolution für Sünden zu erhalten, die sie nicht begangen zu haben glaubte[14]. Die Überzeugung, niemandem Rechenschaft schuldig zu sein, spricht Marguerite übrigens im ‚Miroir' sehr deutlich aus, sagte sie doch im 85. Kapitel, daß die Seele niemandem antwortet, wenn sie das nicht will: *et pource ne trouve telle Ame qui l'appelle: ses ennemis n'ont plus d'elle response*[15].

Marguerites Prozeß und Verurteilung haben also in der Geschichtsschreibung einige wenige Reflexe hinterlassen. Bevor es nun einen Blick auf die neuere Forschung zu werfen gibt, soll kurz die von Kurt Ruh 1975 zusammengefaßte Text- und Wirkungsgeschichte des ‚Miroir' rekapituliert werden.

Marguerites wohl vor 1296 entstandenes Buch liegt in der von Guarnieri herausgegebenen französischen Form vor, und zwar in derjenigen eines Manuskripts aus dem späten 15. Jahrhundert.

Obwohl der ‚Miroir' als ketzerisches Buch verboten und verbrannt

---

[10] *Multa tamen in suo exitu poenitentiae signa ostendit nobilia pariter ac devota, per quae multorum viscera ad compatiendum ei pie ac etiam lacrymabiliter fuisse commota testati sunt oculi, qui viderunt.* (Abgedruckt in Frédéricq 1889, Nr. 166).

[11] „Gott behütete sie, so daß sie im wahren katholischen Glauben starb" (Übersetzung von mir).

[12] Daniel 1722, S. 519 (Bd. 3).

[13] Vgl. Frédéricq 1889, S. 156 (Nr. 164) und 159 (Nr. 165).

[14] Vgl. Frédéricq 1889, Nr. 164 und Nr. 165; dazu auch Huot de Longchamp 1984, S. 26.

[15] „Und deswegen findet diese Seele niemanden, der sie anspricht: ihre Feinde bekommen von ihr keine Antwort mehr." – Kapitel 85, Guarnieri 1965 (Ed.), S. 586, 23 ff.; vgl. zu diesem Thema auch Guarnieri 1965, S. 410 und ihre Anmerkung 3.

worden war, wurde er im 14. Jahrhundert ins Lateinische und dann auf
der Grundlage der lateinischen Fassung zu Ende des 14. Jahrunderts
gleich zweimal ins Italienische übersetzt. Mitte oder Ende des 14. Jahrhunderts wurde die französische Version ins Mittelenglische übertragen,
und dem Kartäuser Richard Methley diente diese mittelenglische Übersetzung zu Anfang des 16. Jahrhunderts als Grundlage für eine abermali-
ge Übertragung ins Latein[16].

Insgesamt sind also 6 Versionen in 4 Sprachen belegt, von denen insgesamt 13 Textzeugen zugänglich sind: kein anderer früher volkssprachli-
cher Text der Mystik hat in Westeuropa mit solcher Leichtigkeit, über
die Sprachgrenzen hinweg, Verbreitung gefunden. Allerdings darf man
dabei nicht aus den Augen verlieren, daß mindestens für das Italienische
der Weg über das Latein ging[17].

Die Wirkung des ‚Miroir' blieb nicht auf das 14. Jahrhundert beschränkt, hat doch z.B. Marguerite von Navarra (1492–1549) den Text
gekannt und sich im dritten Teil ihrer ‚Prisons' darauf bezogen. Guarnieri und nach ihr Ruh haben die Wirkungsgeschichte des ‚Miroir' zusammengestellt, und Ruh rechnet ihn „wirkungsmäßig zu den bedeutendsten
Texten der volkssprachlichen abendländischen Mystik"[18].

Dieser außergewöhnlichen Wirkung des ‚Miroir' steht eine recht gerin-
ge Anzahl von Erwähnungen in der Geschichtsschreibung gegenüber,
obwohl wir annehmen können, daß die Quellen weitgehend zugänglich
waren; für das frühe 18. Jahrhundert illustriert dies die Geschichte Frankreichs des Jesuiten Daniel, und Lerner hat gezeigt, daß die Inquisitionsunterlagen zunächst im Besitz zweier Minister Philipps des Schönen und
ihrer Familien waren und dann in die Pariser Archive gelangt sind[19].

Um so erstaunlicher mag es erscheinen, daß die lokale Geschichtsschreibung von Valenciennes keinerlei Hinweis auf die Verbrennung des
‚Miroir' nach 1296 auf dem Marktplatz der Stadt enthält[20]. Dabei finden

---

[16] Vgl. R u h 1975, S. 366–368; zur Text- und Wirkungsgeschichte, vor allem in Italien, natürlich auch Guarnieri 1965.

[17] Einzelheiten bei R u h 1975 (s. Anm. 16). Eine Edition der lateinischen Versionen
ist nach einer persönlichen Mitteilung von F. Willaert durch S. Verdeyen (Antwerpen) in Vorbereitung; auch für die sprachliche Untersuchung des französischen Textes des ‚Miroir' ist mit sehr wichtigen Informationen aus dieser Edition zu rechnen.

[18] Vgl. R u h 1975, S. 368.

[19] Vgl. L e r n e r 1976, S. 357.

[20] Bernadette Carpentier hat bei den Forschungen zu ihrem Buch über den Beginenhof von Valenciennes (C a r p e n t i e r 1959) nach eigener Aussage in den Quellen
keinen Hinweis auf Marguerite Porète gefunden.

wir Beschreibungen der Valencienner Beginen beispielsweise in großen
und gut dokumentierten Werken des 16. und 17. Jahrhunderts, und der
Valencienner Historiker Henri d'Outreman im ersten Drittel des 17.
Jahrhunderts ist beispielsweise sehr gut über eine Untersuchung über das
Leben der Beginen informiert[21], die 1322, gerade ein Dutzend Jahre nach
Marguerites Tod, angestellt wurde; 1311 hatte ja das Konzil von Vienne
die Beginen verboten, und das wohl nicht zuletzt auch unter dem Eindruck des „Falls" der Marguerite Porète[22]. 1322 bemühte sich nun der
Bischof von Cambrai darum, dieses Verbot für den Bereich seiner Diözese aufheben zu lassen, sofern sich herausstellen würde, daß die Beginen
seines Bereiches frei von jenen *errores* wären, die in den Bestimmungen
von Vienne verurteilt wurden. Merkwürdig also, daß d'Outreman, obwohl bestens über diese Untersuchung informiert, kein Wort über Marguerite Porète zu vermelden weiß. Ähnliches gilt für Simon Le Boucq,
den Verfasser einer Valencienner Kirchengeschichte von 1650[23], die bezüglich des Valencienner Beginenhofs sehr gut dokumentiert ist[24].

Die Tatsache stimmt doch nachdenklich, daß die Verbrennung des ‚Miroir' auf dem Marktplatz der selbstbewußten *bonne et franke ville de Valenciennes*[25] stattfand, ohne in der Geschichtsschreibung auch nur eine
Spur zu hinterlassen; vielleicht ist diese Situation für eine Ketzerin des
frühen 14. Jahrhunderts geradezu symptomatisch[26].

In der neueren Forschung begegnet der Name der Marguerite Porète
wohl erstmals in der Ketzergeschichte, genauer gesagt in der 1888 erschie-

---

[21] Vgl. d'Outreman 1639, S. 492.

[22] In den Bestimmungen von Vienne finden sich Sätze und Formulierungen, die
den Auszügen aus dem ‚Miroir' entsprechen, die der Pariser Theologenkommission
vorlagen, als sie das Buch der Marguerite Porète zu beurteilen hatte.

[23] Le Boucq 1650, S. 72–78.

[24] Dem Stadtarchivar von Valenciennes, Herrn Michel Vangheleuwe, danke ich für
den Hinweis auf die Verwicklung der Familie Le Boucqs in die religiösen Wirren in
Valenciennes 1562–79; möglicherweise vermied Simon Le Boucq jede Anspielung auf
ketzerische Vorfälle, um die orthodoxe Linie seiner Familie unter Beweis zu stellen.
1699 hielt Pierre Joseph Le Boucq es für angezeigt, die Geschichte der Wirren von
1562–1579 zu schreiben und zwar ebenfalls aus eindeutig katholischer Sicht.

[25] Zur Situation von Valenciennes vgl. Platelle u.a. 1982 als neueste Darstellung
der Stadtgeschichte.

[26] Nachdem die Ereignisse von 1296–1310 in der Geschichtsschreibung von Valenciennes keinen Niederschlag gefunden haben, wäre eine Durchsicht der Quellen zu
den beteiligten Bischöfen zu erwägen. Gerade Cambrai verfügt über einen relativ
breiten Fundus von Manuskripten.

nenen Inquisitionsgeschichte von Henry Charles Lea[27], in deren Anhang er Teile der Inquisitionsdokumente aus den Pariser Archives Nationales veröffentlichte[28]. Kurz darauf hat der Franzose Charles Victor Langlois[29] ein weiteres Dokument veröffentlicht und einige Fehler bei Lea korrigiert. Grob gesprochen ist dies der Informationsstand, den Frédéricq in seinem Corpus der Inquisitionsakten[30] zusammengestellt hat und auf dessen Basis seither Forschungen über Marguerite Porète angestellt wurden. Erst Robert E. Lerner hat 1976 gezeigt[31], daß bis heute eines der in Paris vorhandenen Quellenstücke zum Prozeß der Marguerite Porète nicht veröffentlicht worden ist; Lerner selbst hat ebenfalls darauf verzichtet, die Quelle zu edieren, die eine inoffizielle Abschrift des Urteilsspruchs der Pariser Richter über Marguerite darstellt und wohl die Grundlage der – ebenfalls inoffiziellen – Abschrift bildete, die Lea herausgegeben hatte.

Hatten die Ketzer- und Inquisitionsgeschichten Marguerite Porète im wesentlichen als eines der frühesten Beispiele beschrieben, wo eine Begine als Ketzerin verfolgt wurde[32], so hat die Zuordnung des ‚Miroir‘ zu Marguerite, die Guarnieri erhärten konnte, im Verein mit der Edition des französischen Manuskripts erst fundierte Studien zur Gedankenwelt des ‚Miroir‘ erlaubt. Außer den von Kurt Ruh[33] zusammengefaßten französischen Forschungen, deren Resultate er 1975 in einem „essai de présentation", wie er es nannte, zusammengestellt und später um einige Punkte erweitert hat[34], haben sich seither eine Reihe von Autoren mit dem ‚Miroir‘ befaßt. Dabei stellten fast alle Forscher Vergleiche mit anderen Texten der Mystik an, speziell mit Hadewijch und Mechthild von

---

[27] Lea 1888; in der deutschen Übersetzung 1909 (Neudruck 1980), S. 135–137 und 655–657.
[28] Es handelt sich um die Layette J 428, die „Dokumente zur Geschichte der Albigenser 1225–1310" enthält.
[29] Langlois 1894, S. 295–299
[30] Frédéricq 1889 und Frédéricq 1896.
[31] Lerner 1976, S. 344–346.
[32] So z.B. Frédéricq 1892/1897; hier speziell Frédéricq 1897, S. 19.
[33] Ruh 1975 mit bibliographischen Angaben.
[34] Unter dem Aspekt, daß „Marguerites theologisch ins Unreine gesprochene" Ansichten später von Meister Eckhart in seiner spekulativen Mystik verarbeitet und abgesichert worden sind: Ruh 1982, passim; eine generelle Darstellung der Beginenspiritualität in Ruh 1977.

Magdeburg[35], oder sie versuchten die erstmals von Guarnieri vorgenommene Zuordnung des ‚Miroir‘ zur Gedankenwelt der Sekte des freien Geistes näher zu untersuchen[36].

Untersuchungen zur Sprache des ‚Miroir‘, die genaueren inhaltlichen Bestimmungen vorausgehen müßten, liegen bisher nur für begrenzte Phänomene der Bildsprache[37] vor oder stellen ansatzweise Kontexte zusammen, wie es hier exemplarisch für einen weiteren, sehr beschränkten Bereich versucht werden soll[38]. Besonders hinderlich für die sprachliche Untersuchung des rund 60.000 laufende Wörter umfassenden ‚Miroir‘ ist das Fehlen eines Index, was schon Ruh bedauert hat[39].

Das große Interesse, das am Text des ‚Miroir‘ besteht, zeigt wohl am deutlichsten die Tatsache, daß 1984 in Frankreich eine Paperbackausgabe der neufranzösischen Übersetzung des Werkes erschienen ist, mit der Max Huot de Longchamp diesen bedeutsamen Text der Mystik des 13. Jahrhunderts einem breiteren heutigen Publikum zugänglich gemacht hat[40].

2. Zur Sprache und Person der Marguerite Porète

Bevor ich kurz skizziere, welche Informationen wir im einzelnen aus den Inquisitionsakten ziehen können, um die weithin ungeklärte Biographie der Marguerite Porète zu erhellen, will ich eine sprachliche Frage anschneiden, die im Zusammenhang mit dem Dunkel steht, in dem ihr Leben für uns verbleibt; ich meine die sprachliche Gestalt des ‚Miroir‘, genauer: die Frage dialektaler Einflüsse, die ich hier nur stellen kann, ohne eine Antwort geben zu können.

---

[35] So z.B. in McLaughlin 1973, Dronke 1984, Schweitzer 1985. Einen inhaltlich-stilistischen Vergleich zwischen Marguerite und den ‚Mengeldichten‘ 17–24 bringt Verdeyen 1982.

[36] So Lerner 1972 und McLaughlin 1973 (teilweise).

[37] Vgl. Lerner 1972.

[38] Kontrastiv zu Hadewijch hat dies Ruh 1975, S. 381–387, vorgeschlagen. Soweit ich sehe, bleibt Reynaert 1981 gänzlich im Rahmen von Hadewijchs Werken, so daß der von Ruh 1975 vorgeschlagene Vergleich weiterhin ein Desideratum bleibt.

[39] Ruh 1975, S. 379 ff.

[40] Huot de Longchamp 1984. Die Übersetzung in der Collection ‚Spiritualités vivantes‘ richtet sich bewußt an ein breites Publikum. – Ebenso hat Kirchberger 1927 die Zielrichtung eines Erbauungsbuchs. Vgl. dazu auch McLaughlin 1973, S. 39.

Marguerite wird in den Prozeßakten als *Margaretha de Hanonia, dicta Porete*[41] aufgeführt, und man ist zunächst geneigt, diese Information so zu verstehen, wie Daniel, der Marguerite als „native de Hainaut"[42] bezeichnet. Diese naheliegende Interpretation bietet sich um so mehr an, als die Auswertung der Quellen zur Geschichte der Beginen in Flandern, dem Hennegau und dem Artois[43] gezeigt hat, daß die für den deutschen Bereich mögliche Unterscheidung zwischen ansässigen und vagierenden Beginen[44] in dieser Form nicht unbedingt für Nordfrankreich übernommen werden kann: zwar ist für Marguerite nichts bekannt; wenn sie aber eine wandernde Begine war, so stellte sie mit Sicherheit im Norden Frankreichs eine Ausnahme dar; vagierende Beginen sind für den Zeitraum zwischen 1240 und 1350 in Nordfrankreich nicht belegt, und die Beginen des 1239 gegründeten Beginenhofs von Valenciennes wohnten mehrheitlich zu zweit oder zu dritt beieinander und hatten Verwandte in der Stadt oder in Dörfern im Umkreis von zehn bis fünfzehn Kilometern um Valenciennes; es gab zwar auch Beginen, die irgendwo in der Stadt, außerhalb des Beginenhofs, wohnten, aber wandernde Beginen werden nicht bekannt[45]. Diese Überlegungen sprechen also dafür, Marguerite als aus Valenciennes gebürtig anzusehen[46].

Stellt man sich nun die Frage, inwieweit die sprachliche Gestalt des ‚Miroir' als Indiz für eine solche Herkunft zu werten ist, so ergeben sich einige Probleme.

Der Vergleich mit gleichzeitigen Texten, deren Autoren mit Sicherheit aus derselben Gegend stammen, bietet sich als Überprüfungsmöglichkeit an; vergleicht man nun etwa mit der nahezu gleichzeitigen ‚Messe des Oiseaux' des Jean de Condé, so fällt ein deutlicher Unterschied auf: der Text von Jean de Condé weist durchweg pikardische Dialektmerkmale auf, die der Herausgeber des Textes in einer umfangreichen Liste zusammen-

---

[41] Vgl. Frédéricq 1889, Nr. 164 und 165, sowie die bei Lerner 1976, S. 359–364, veröffentlichten Dokumente zu Guiard de Cressonessart.

[42] Daniel 1722, S. 519 (Bd. 3).

[43] Vgl. dazu die Auswertung von Dokumenten der Archive in den genannten Regionen und besonders der Archives Départementales de Lille, die Delmaire 1985 vorgelegt hat und die für die Region Nord ein Stück Geschichtsschreibung der Beginen darstellen und damit eine Lücke schließen.

[44] Vgl. Delmaire 1985, S. 140.

[45] Dazu Delmaire 1985, S. 127, 128, Anm. 41 und 137.

[46] Mindestens, wenn man annimmt, daß ihr Buch in ihrer Heimatstadt oder der Stadt verbrannt wurde, der ihr Heimatdorf zugeordnet war. Jedenfalls fand die Verbrennung des Buchs nicht am Bischofssitz Cambrai statt.

stellt[47]. Selbst bei Froissart, gute 90 Jahre nach Marguerite, finden wir noch eine große Anzahl von Dialektmerkmalen[48]. Dagegen stellt sich der Text des ‚Miroir' in der Fassung des späten 15. Jahrhunderts, die Guarnieri zugänglich gemacht hat, in nahezu reinem Französisch der Ile-de-France und in einer Graphie dar, die dem humanistischen Standard der Zeit entspricht, aus der das Manuskript stammt. Neben einem lautlichen Phänomen, das den ganzen ‚Miroir' durchzieht, nämlich dem Laut /u/ statt französischem /o/ oder /œ/, finden sich nahezu keine Merkmale, die als Pikardismen zu interpretieren wären. Der Ersatz von /o/ und /œ/ durch /u/ äußert sich etwa in Wörtern wie *prouffitable, chouse, pouvreté* statt *profitable, chose, pauvreté* oder in *honnour, ardour* statt *honneur, ardeur*. Reine Dialektwörter sind im Text nicht nachzuweisen, und die fürs Altpikardische des ausgehenden 13. Jahrhunderts zu erwartende Graphie ist durchweg durch eine zentralfranzösische Graphie ersetzt; so ist etwa für den Begriff *chatel* im pikardischen Bereich mit der Graphie *catel* zu rechnen[49], während unser Text *chatel* hat; bei Froissart findet sich noch *cascun* oder *cescun* statt *chacun*[50] ebenso wie bei Jean de Condé, wogegen unser Text auch hier die Schreibweise des 15. Jahrhunderts (die die unsere ist) aufweist.

Nun erhebt sich die Frage, ob man zu Recht davon sprechen kann, daß die Schreibweise des Pikardischen durch diejenige des humanistischen Schreibers des ausgehenden 15. Jahrhunderts ersetzt ist, oder ob nicht demjenigen, der den ‚Miroir' abschrieb, ein altfranzösischer Text in der Sprache der Ile-de-France vorlag. Natürlich kann hier nur spekuliert und der Einfluß des Schreibers nicht abgeschätzt werden; aber immerhin erscheint es schwierig, den von Guarnieri edierten Text als den „altfranzö-

---

[47] Jean de Condé, La messe des oiseaux, hg. v. Ribard 1970. Zur Sprache Ribard (Hg.) 1970, S. XXII–XLI und XLII–LV.

[48] Bearbeitet und dargestellt etwa in Picoche 1964.

[49] *Chatel/catel*, vom lateinischen *capitalis* (FEW s.v.) bedeutet „Habe", „beweglicher Besitz". Huot de Longchamp 1984, S. 252 Anm. 48.1., nennt die fragliche Stelle „pratiquement incompréhensible" und übersetzt, der lateinischen Version folgend, etwas unglücklich mit neufranzösisch „profit". In den Belegen des noch nicht vollständig publizierten Dictionnaire étymologique de l'ancien français (Leitung: Baldinger), für deren Überlassung ich Dr. F. Möhren, Heidelberg, herzlich danke, findet sich der Begriff in der Graphie *catel* mehrmals in der uns interessierenden Zeit im Valencienner Raum belegt. Aus der Fülle der DEAF-Belege zitiere ich Fossier 1974, Nr. 165 und Nr. 185. Der Begriff ist jedoch keineswegs ein Regionalismus, mindestens nicht im Mittelalter.

[50] Vgl. Scheler 1877, s.v.

sischen Originaltext" zu bezeichnen: unklar bleibt, ob Marguerite aus dem Hennegau stammte und wir die mittelfranzösische Übersetzung eines altpikardischen Textes vor uns haben – oder ob Marguerite nicht aus dem nordfranzösischen Bereich stammte und der auf uns gekommene Text eine Abschrift des tatsächlichen „altfranzösischen Originals" in der humanistisch-etymologisierenden Graphie des ausgehenden 15. Jahrhunderts ist[51].

Versuchen wir nun, das Wenige zusammenzutragen, was wir über den Prozeß der Marguerite Porète aus den Unterlagen der Inquisition wissen.

Während seiner Amtszeit, 1296 bis 1306, verurteilt Gui von Colmieu (de Colle Medio) Marguerites Buch und läßt es auf der Grand'Place von Valenciennes *publice et patenter*[52] in Anwesenheit von Marguerite[53] verbrennen. *Per litteram* und *sub pena excommunicationis*[54] verbietet er, das Buch weiterhin zu besitzen oder seine Lehren an die Öffentlichkeit zu bringen[55].

Trotz des Verbots fährt Marguerite jedoch fort, das Buch zu verbreiten: vielleicht wurde sie durch positive Gutachten dazu ermuntert, die drei Theologen gegeben hatten, die in einem Widmungsbrief erwähnt werden, der zwar in der französischen Version von Marguerites Text fehlt, aber zu Beginn der englischen und zu Ende der lateinischen Fassung vorhanden ist[56].

Von seiten des Provinzialinquisitors von Hochlothringen, der für die Diözese Cambrai mitzuständig war, und vermutlich auch von seiten des Nachfolgers von Gui auf dem Bischofssitz von Cambrai, Philipps von Marigny, kam es nach 1307 zu neuerlichen Anklagen, hatte doch Marguerite ein Exemplar ihres Buches dem Bischof von Châlons-sur-Marne, Johannes de Castro Villani, *sicut bonum et licitum*[57] übergeben; sie hatte

---

[51] Ruh 1975, S. 366, spricht von der „originale(n) Fassung", der „altfranzösische(n)" und setzt sie an die Wurzel des Stemmas auf S. 368. Dies bedeutet nicht unbedingt, daß der auf uns gekommene Text tel quel an dieser Stelle gesehen werden darf; er könnte aus dem Altpikardischen oder dem Altfranzösischen übersetzt sein.

[52] Frédéricq 1889, Nr. 165; Nr. 164 hat *publice et solempniter*.

[53] Frédéricq 1889, Nr. 165: *in tua presentia*.

[54] *Per litteram:* Frédéricq 1889, Nr. 164, Nr. 165: *sub pena excommunicationis (...) tibi fuit (...) expresse inhibitum.*

[55] Frédéricq 1889, Nr. 165: *Ne de cetero talem librum componeres vel haberes aut eo vel simili utereris,* und Nr. 164: *si talia sicut ea quae continebantur in libro de coetero attemptaret verbo vel scripto.*

[56] Ediert bei Guarnieri 1965, S. 638f., für die lateinische Fassung. Von wann stammt er?

[57] Frédéricq 1889, Nr. 165.

es außerdem mehreren *personis simplicibus, Begardis et aliis*[58] zugänglich gemacht. Vermutlich war es Philipp von Marigny, der übrigens wenig später, als Erzbischof von Sens (ab 1309), eine Synode gegen die Templer berufen sollte (1310) und dessen Bruder, Enguerrand de Marigny, Berater Philipps des Schönen war[59], der Marguerite an den Generalinquisitor für das Königreich Frankreich, den Dominikaner Wilhelm von Paris, weitergab; dieser Wilhelm war seit 1307 Hauptakteur des Templerprozesses und außerdem Beichtvater des französischen Königs. Die Pariser Hauptbeteiligten des Prozesses gegen Marguerite Porète gehörten also zur direkten Umgebung Philipps des Schönen, und es ist nicht auszuschließen, daß diese Leute, die gleichzeitig mit dem Templerprozeß zu tun hatten, anhand des Falles von Marguerite Porète ihre eindeutig orthodoxe Haltung unter Beweis stellen wollten[60].

Marguerite wurde jedenfalls eingekerkert und verweigerte, wie bereits erwähnt, mehrmals Rechtfertigung und Widerruf, so daß sie als *rebellis et contumax* galt[61]. Eine Kommission von 21 Pariser Theologen sollte anhand von Auszügen aus dem Buch, die in der Form von mindestens fünfzehn Sätzen vorlagen, ein Urteil in bezug auf Häresie fällen. Das Gutachten erging einstimmig, *quod talis liber, in quo continentur dicti articuli, tamquam hereticus et erroneus et heresum et errorum contentivus exterminetur*[62].

In den veröffentlichten Dokumenten werden nur zwei Sätze zitiert, deren einer darauf Bezug nimmt, daß „die Seele die Tugenden verabschiedet", der andere darauf, „daß die Seele sich nicht um die Tröstungen noch um die Gaben Gottes sorgt, noch sorgen kann", da sie *tota intenta est circa Deum*[63]. Auf beide Punkte wird weiter unten noch einzugehen sein.

Während Marguerites Kerkerhaft versuchte ein gewisser Guiard de Cressonessart aus der Diözese Beauvais, zugunsten von Marguerite tätig zu werden. Was der Kleriker, der sich selbst, nach Apokalypse 3,7, als „Engel von Philadelphia" bezeichnete und den die Quellen mit dem seltenen Terminus *beginus* oder der Bezeichnung *pseudo religiosus* belegen[64],

---

[58] Frédéricq 1889, Nr. 164.

[59] Auf diese Zusammenhänge weist hin: Lerner 1972, S. 76.

[60] Dies ist die Erklärung von Lerner 1972, S. 77.

[61] Frédéricq 1889, Nr. 165: *in te sic rebellem et contumacem sententiam maioris excommunicationis tulimus.*

[62] Frédéricq 1896, Nr. 37. S. 63 f.

[63] Frédéricq 1896, Nr. 37, S. 64.

[64] Lerner 1976, S. 361: *beginus;* S. 363: *pseudo religiosus.*

im einzelnen *in defensione et fautoria Margarete dicte Porete de Hanonia* unternahm, ist aus den Quellen nicht ersichtlich. Wir wissen nur, daß Wilhelm von Paris ihm *defensionem, auxilium seu favorem* (. . .) *Margarethe predicte* verbot und ihn als Häretiker verurteilte, nachdem er sich widersetzt hatte[65].

Das Urteil über Marguerite Porète in der Folge des Gutachtens der Theologen erging am 31. Mai 1310: Marguerite wurde als rückfällige Ketzerin (*relapsa*) den weltlichen Behörden übergeben und am folgenden Tag auf der Place de Grève verbrannt.

3. Sprachliche Untersuchungen

Im folgenden Abschnitt sollen Kontexte zusammengestellt werden, die die Bestimmung einiger zentraler Begriffe des ‚Miroir' erlauben. Dabei werden exemplarische Textstellen zitiert und in den Fußnoten sinngemäß ins Deutsche übertragen. Zunächst zum Begriff der „vernichteten Seele" und – genauer – zum „Vernichtetsein" selbst: die Seele ist

si adnyentie dedans elle, qu'elle est morte à tous sentemens de dedans et de dehors[66].

Dieser Wegfall des inneren und äußeren Fühlens wird auch durch die Begriffe *morte au monde* („in der Welt, in bezug auf die Welt tot")[67] und *mortiffiée*[68] ausgedrückt.

Grundvoraussetzung für das *anientissement*, also die Vernichtung, das Zunichtewerden der Seele, ist die Erkenntnis des eigenen Nichts: die Seele sagt mehrmals von sich: *je suis nient*[69], und Gott selbst sagt über sie:

Je ferai mon oeuvre en elle sans elle. Car la cognoissance de son nient et la creance en moy l'ont si mise a nient, qu'elle ne peut nient faire[70].

---

[65] Zu Guiard: Lerner 1976, passim, Lerner 1972, S. 77 f.; außer den von Lerner 1976 abgedruckten Quellen auch die Fortsetzung des ‚Chronicon' des Guillaume de Nangis, bei Frédéricq 1889, Nr. 166.

[66] Guarnieri 1965 (Ed.), S. 554,16; vgl. auch S. 526,1 f. Dazu auch Ruh 1975, S. 377 Anm. 40; die Seele ist „sosehr in sich vernichtet, daß sie gegenüber allem Fühlen tot ist, von innen und außen".

[67] Guarnieri 1965 (Ed.) S. 555,19.

[68] Guarnieri 1965 (Ed.), S. 523,26; 543,24.

[69] Z.B. Guarnieri 1965 (Ed.), S. 562,11; 611,29.

[70] „Ich werde in ihr und ohne sie (ohne ihre Mitwirkung) wirken. Denn die Erkenntnis ihres Nichts und der Glaube an mich haben sie sosehr zu nichts gemacht (vernichtet), daß sie nichts zu tun vermag." – Guarnieri 1965 (Ed.), S. 558, 8–10; analog 529,5.9.17; dazu auch Ruh 1975, S. 377 und Anm. 40.

Die Vernichtung ist also eine Bewußtwerdung des Nichts, demgegenüber das Alles Gottes um so deutlicher wird, und *metre a nient* ist die erklärende Umschreibung des Terminus *anientissement*[71].

Dazu gehört auch in gewisser Weise das *anientissement de la cognoissance*, mit dem verbunden ist, daß die Seele „vergessen" wird, eine *Ame Obliee*[72]; die vernichteten Seelen werden nämlich synonymisch bezeichnet als *Obliz et Nuz adnientiz*[73], wobei die Bezeichnung *Nuz Adnientiz* das in der Mystik verbreitete Bild der Nacktheit der Seele wieder aufnimmt, die vor ihrem Nichts Gott erkennt. Dieses Bild findet sich denn auch im Zusammenhang mit dem *adnientissement*:

> *(. . .) ce (. . .) qui l'a fait nue et mise a nient*[74].

Das *anientissement* ist ein Produkt der blitzartigen Begegnung mit dem Bräutigam der Seele, dem *Loingprés*, also dem „fern-nahen Geliebten"[75]; Marguerite beschreibt diese Begegnung als eine blitzartige Öffnung und Umschließung, die — wie auch in anderen mystischen Texten der Zeit — transitorischen Charakter hat:

> *une ouverture a manière de esclar et de hastive closure ou l'en ne peut longuement demourer*[76].

Das *anientissement* der Seele, das Marguerite folglich auch als *anientissement de l'unité de divine droicture* bezeichnet[77], ist die neue Qualität, die die blitzartige Begegnung mit dem göttlichen Geliebten in der Seele hinterläßt; zwar sagt Marguerite nirgendwo ausdrücklich, daß die Beschreibung der *Ame anientie* die Darstellung eines dauerhaften Zustandes ist, aber dieser Eindruck muß unwillkürlich entstehen, beschreibt sie doch sehr detailliert die Eigenschaften der vernichteten Seele und die Unterschiede gegenüber denen, die noch nicht *anientiz* sind, Unterschiede, die eben die vernichtete Seele kennzeichnen.

---

[71] Z.B. Guarnieri 1965 (Ed.), S. 567,5.9.

[72] Guarnieri 1965 (Ed.), S. 542,32; 567,8.

[73] „Vergessene und nackte Vernichtete" — Guarnieri 1965 (Ed.), S. 594,7.

[74] „. . . was sie nackt und zunichte gemacht hat." — Guarnieri 1965 (Ed.), S. 562,8 f.

[75] Zum *Loingprés* vgl. Axters 1953, S. 210, 212 f., mit weiteren Literaturangaben, und die Diskussion bei Ruh 1975, S. 379–381. Der *Loingprés* wurde von Marguerite von Navarra weiterverwendet; dazu die von Ruh 1975, S. 368 f., resümierten Forschungen von Dagens 1961.

[76] „Eine Öffnung nach der Art eines Blitzes und mit einer kurzen Umschließung, in der man nicht lange verbleiben kann." — Guarnieri 1965 (Ed.), S. 566,8 f.

[77] Guarnieri 1965 (Ed.), S. 562,16.

Die vernichtete Seele ist zugleich eine „befreite Seele"; beide Begriffe treten regelmäßig miteinander auf, wie etwa an einer Stelle, wo davon die Rede ist, daß das rechte Verständnis der Gottesminne bei der vernichteten Seele liegt:

> *entendement de Divine Amour qui demoure et est en Ame Adnientie et qui est enfranchie*[78].

Dieser Begriff des „Freiseins", *franc*, oder – wie in der zitierten Stelle – das Resultat betonend: *enfranchi* („befreit") wird hier synonym mit *adnienti* verwendet; er definiert sich zunächst im Verhältnis zu seinem Gegenteil, der „Knechtschaft", dem *„servage"*: den *frans* stehen die *sers* gegenüber, und die Befreiung der Seele erfolgt in der Begegnung mit dem Bräutigam, der sie aus der Knechtschaft der Tugenden, speziell der Vernunft, herauslöst:

> *mon espous ne me daigneroit plus lesser en vostre servaige, ne ne celluy d'aultruy; car aussi il esconvient que l'espous afranchisse l'espouse*[79].

Der neue Zustand ist die „Freiheit aus der Minne"[80], in der sich die Seele auf den Geliebten bezieht:

> *je me tiens franche de luy*[81].

Zuvor war die Seele, wie aus dem Zitat hervorgeht, im Dienst der Tugenden, der als *servage* verstanden wird:

> *en tel servage (. . .) entre celle Ame qui croit du tout a ces deulx vertuz, c'est assavoir Raison et Crainte, et celle tonneresse Voulenté*[82].

Schon zu Beginn des Buchs, im sechsten Kapitel bereits, verabschiedet die Seele die Tugenden, deren Dienerin sie lange genug war:

---

[78] „Das Verständnis der Gottesminne ist in der vernichteten Seele und verbleibt in ihr, die auch eine befreite (Seele) ist." – Guarnieri 1965 (Ed.), S. 532,26 ff.

[79] „Mein Bräutigam würde es nicht dulden, mich länger in Eurer Knechtschaft zu lassen noch in der irgend jemandes anderen. Denn es gehört sich auch, daß der Bräutigam seine Braut frei macht." – Guarnieri 1965 (Ed.), S. 551,15 f.

[80] Guarnieri 1965, S. 571,24: *franchise d'Amour.*

[81] „Dank seiner halte ich mich für frei, bin ich frei." – Guarnieri 1965 (Ed.), S. 541,26.

[82] „In solche Knechtschaft gerät jene Seele, die nur an die(se) zwei Tugenden glaubt, d.h. an die Vernunft und an die Furcht und an diesen donnernd-beherrschenden Willen." – Guarnieri 1965 (Ed.), S. 559,28 f.

je prens congé de vous, a tousjours (. . .)
j'estoie adonc serve de vous (. . .)
oncques mais franche ne fui (. . .)[83]

Dieser Abschied von den Tugenden ist im übrigen einer der beiden
Punkte, die wir in der Niederschrift des Urteils der Pariser Theologen
fassen können, die über den ‚Miroir‘ ein Gutachten abzugeben hatten:
nahezu gleichlautend mit dem Text des ‚Miroir‘ wird als häretischer Irrtum dargestellt,

> *quod anima adnichilata dat licentiam virtutibus nec est amplius in earum servi-*
> *tute, (. . .) sed virtutes obediunt ad nutum*[84].

An mehreren Stellen im ‚Miroir‘ freut sich die Seele in der Tat darüber,
daß sie die Tugenden verabschiedet hat und nunmehr deren *maistresse*
und damit *dame des vertuz* ist[85]. So etwa, als die Vernunft sie fragt, worüber sie sich am meisten gefreut habe, und die Minne für sie die Antwort
gibt:

> *de ce qu'elle a prins congé de vous et aux oeuvres des Vertuz*[86].

Einer Seele im Zustand des *anientissement* können die Tugenden nichts
mehr beibringen, sie haben ihr nunmehr zu dienen:

> *telles vertuz sont faictes pour telles Ames servir*[87];

und wie ein Knecht, der bei seinem Herrn alles gelernt hat, was dieser
weiterzugeben weiß, wächst die Seele als *maistresse* über die Tugenden
hinaus.

Am Rande sei bemerkt, daß Marguerite diesen Gedankengang durch
ein *exemplum*, eben durch den Vergleich zwischen Knecht und Herrn,
illustriert, wie sie übrigens auch das neue Verhältnis zwischen Seele und

---

[83] „Ich nehme frei von Euch, auf immer“ – G u a r n i e r i 1965 (Ed.), S. 525,7. „Ich
war schließlich Eure Dienerin“ – S. 525, 9. „Niemals war ich frei“ – S. 525,17.

[84] „Daß die vernichtete Seele die Tugenden verabschiedet und nicht weiter in ihren
Diensten steht, (. . .) sondern die Tugenden gehorchen auf einen Wink“ – F r é d é -
r i c q 1896, Nr. 37, S. 63.

[85] Vgl. G u a r n i e r i 1965 (Ed.), S. 541,37; 580,16.

[86] „Darüber, daß sie von Euch und von den Werken der Tugenden Abschied genommen hat“ – G u a r n i e r i 1965 (Ed.), S. 571,34–36.

[87] „Die Tugenden sind (dazu) gemacht, solchen Seelen zu dienen“ – G u a r n i e r i
1965 (Ed.), S. 539,25 f.

Tugenden anhand eines Vergleichs erläutert; diesmal stammt das Beispiel aus dem höfischen Bereich: die Tugenden haben der Seele Tribut zu zollen:

> *Toutes choses me doievent treü, se ce sont oeuvres des Vertuz, conseillees de Raison*[88].

Die Benutzung der *exempla* ist insofern interessant, als Marguerite mit derartigen Beispielen, die sie mit Vorliebe aus dem Bereich des höfischen Lebens nimmt, eher sparsam ist: gleich zwei Beispiele in einem Zusammenhang anzutreffen, kann man sicherlich als Zeichen dafür nehmen, wie wichtig Marguerite dieser Gedankengang war.

Der Freiheitszustand der Seele ist ein Zustand von Frieden und Zufriedenheit: die

> *frans adnientiz, aournez de delices*[89]

sind *contents*; konstitutiv für diesen Zustand ist die Tatsache, daß die vernichtete Seele ihren eigenen Willen aufgegeben hat, denn „der, in dem ihr Wille aufgehoben ist"[90], weiß, was die Seele will und braucht. Sie hat keinen eigenen Willen:

> *telle Ame n'a point de voulenté (. . .) car ceste Ame (. . .) est enfranchie*[91],

und der Zustand der Freiheit heißt demnach auch

> *la franchise de Nient Vouloir*[92].

Franchise und *servage* als Gegensatzpaar charakterisieren sich also durch das Fehlen bzw. Vorhandensein des Willens:

> *Tant comme je vueil nient, dit ceste Ame, je suis seule en luy sans moy, et toute enfranchie; et quant je vueil aucune chose (. . .), (et aussi) ay perdu franchise*[93].

---

[88] „Alle Dinge sind mir tributpflichtig, sofern es Werke der Tugenden sind, deren Beraterin die Vernunft ist." – Guarnieri 1965 (Ed.), S. 553,30f.

[89] „(Die) freien Vernichteten, voller Wonnen" – Guarnieri 1965 (Ed.), S. 580,32; analoge Stelle z.B. S. 598,6. Vgl. dazu auch Ruh 1975, S. 377 und Anm. 40.

[90] Formulierung von Ruh 1975, S. 377.

[91] „. . . diese Seele hat keinerlei Willen, (. . .), denn diese Seele (. . .) ist befreit." – Guarnieri 1965 (Ed.), S. 559,34 ff.

[92] Z.B. Guarnieri 1965 (Ed.), S. 581,19f.

[93] „Solange ich nichts begehre, sagt diese Seele, bin ich allein in ihm, ohne mich, und zwar gänzlich befreit, und begehre ich irgendeine Sache, (so) habe ich auch schon die Freiheit verloren." – Guarnieri 1965 (Ed.), S. 561,16f. Analog S. 532,20; dazu auch Ruh 1975, S. 377.

Der Zustand des *servage* resultiert eben daraus, daß der eigene Wille nicht aufgegeben ist, wie auch das Beispiel derer zeigt, die Sklaven ihrer selbst sind, solange sie Gottes Willen um ihrer selbst willen wünschen, zur Erhöhung ihrer eigenen Ehre, falls Gottes Wille durch sie gewirkt würde[94].

Zum Abschluß dieses Überblicks über eine Reihe von Kontexten aus dem Bereich der *Ame Adnientie* noch ein Komplex, der mit dem eben erwähnten in Zusammenhang steht und gleichzeitig zu den von der Inquisition inkriminierten Sätzen gehört.

Die in Gott aufgehobene Seele hat keinen eigenen Willen und verlangt nach nichts mehr. Sie nimmt auch, wie das oben erwähnte Merkmal

> *morte à tous sentemens de dedans et de dehors*[66]

andeutet, an keiner Sache teil, die zur erschaffenen Welt gehört; sie ist

> *descombrée de toutes choses*[95],

was zunächst eine Paraphrase des Terminus *enfranchi* sein kann, dann aber die weitergehende Bedeutung des Rückzugs in sich selbst hat:

> *telle Ame n'a point de voulenté (. . .), car ceste Ame (. . .) est enfranchie et contente. Il ne luy fault ne enfer ne paradis, ne chose créee*[96].

Weitergehend bedeutet dies aber auch, daß sich die Seele um nichts und niemanden kümmert, nicht einmal um Gott:

> *ne luy chault de nient, ne d'elle, ne de ses proesmes, ne de Dieu mesmes*[97];

denn sie weiß, daß ihr Wille ganz in Gottes Willen aufgeht und nur, was Gott tut, für sie richtig ist:

> *pour ce ne luy chault il que Dieu face, mais qu'il face tousjours sa voulenté*[98].

---

[94] Vgl. G u a r n i e r i 1965 (Ed.), S. 559,13 ff.

[95] „Aller Dinge entledigt".

[96] „Diese Seele hat keinen Willen (. . .), denn diese Seele (. . .) ist befreit und zufrieden. Sie braucht weder Hölle noch Paradies, noch irgendein erschaffenes Ding". – G u a r n i e r i 1965 (Ed.), S. 559,35 ff.

[97] „Nichts bewegt sie, nicht sie selbst, nicht ihre Nächsten, nicht Gott selbst". – G u a r n i e r i 1965 (Ed.), S. 583,13 f.

[98] „Deswegen bewegt sie nicht, was Gott auch immer tut, tut er doch immer ihren Willen". – G u a r n i e r i 1965 (Ed.), S. 559,34.

Die Inquisitoren hatten nun gerade diesen Punkt aus dem ‚Miroir' gezogen und den Gutachtern vorgelegt. Uns ist Marguerites Gedankengang in einem der inkriminierten Sätze folgendermaßen überliefert:

> *quod talis anima non curat de consolationibus Dei nec de donis eius, nec debet curare nec potest*[99].

Wir wissen nicht im einzelnen, welche Auszüge darüber hinaus und in welchem Wortlaut den Gutachtern vorgelegen haben, aber der Fortsetzer der Chronik des Guillaume de Nangis zitiert einen Gedanken aus dem ‚Miroir', der sich im Wortlaut nahezu sensationell anhört und aus Marguerites Buch entnommen ist; Marguerite sagt selbst:

> (Die Seele) *ne desire ne ne despise pouvr(e)té ne tribulacion, ne messe ne sermon, ne jeune ne oraison, et donne a Nature tout ce qu'il luy fault, sans remors de conscience*[100].

Der Chronist fügt dem Zitat, das er an dieser Stelle abbricht, den Kommentar hinzu:

> *quod manifeste sonat in heresim*[101].

Allerdings ist der Satz unvollständig zitiert, setzt doch Marguerite ihren Gedankengang fort, indem sie sagt:

> *mais telle nature est si bien ordonnée par transformacion de unité d'Amour, a laquelle la voulenté de ceste Ame est conjoincte, que la nature ne demande chose qui soit deffendue*[102].

Wir kennen, wie gesagt, die Ausschnitte nicht, die den Gutachtern vorgelegen haben, aber es sieht mindestens an dieser Stelle stark danach aus, als habe die Inquisition Stellen aus dem ‚Miroir' herausgesucht, die be-

---

[99] „Daß eine solche Seele sich nicht um die Tröstungen Gottes kümmert noch um seine Gaben noch sich darum kümmern muß oder kann." – Frédéricq 1896, Nr. 37, S. 64.

[100] „(Die Seele) wünscht weder noch verachtet sie Armut und Anfechtung, Messe oder Predigt, Fasten oder Gebet, und ohne Gewissensbisse gibt sie der Natur alles, was sie braucht." – Guarnieri 1965 (Ed.), S. 527,17 ff.

[101] „... was augenscheinlich nach Häresie klingt." – Frédéricq 1889, Nr. 166, S. 160.

[102] „Aber diese Natur ist so wohlgeordnet durch die Transformation in der Einheit mit der Minne, an die diese Seele gebunden ist, daß die Natur nach nichts Verbotenem verlangt." – Guarnieri 1965 (Ed.), S. 527,19 ff.

sonders sensationell aussahen oder *manifeste* nach Häresie klangen[103].

Ich breche an dieser Stelle die Betrachtung einiger exemplarischer Kontexte ab, die dazu verwendet wurden, ein paar Facetten des Begriffs der *Ame Adnientie* zu beleuchten und so am Beispiel eines Zentralbegriffs des ‚Miroir‘ die Möglichkeiten zu zeigen, die eine Kontextsammlung für terminologische Untersuchungen im Sinne einer Vorarbeit zu inhaltlicher Interpretation des Werks bieten kann.

Einen zweiten Einsatzbereich der Kontextsammlung sehe ich in der Beschreibung der Art und Weise, wie Marguerite ihre Sprache handhabt, um mit dem Leser zu kommunizieren, aber auch, wie sie ihre eigene Sprache beurteilt und versteht. Insofern der ‚Miroir‘ zweifelsfrei eine didaktische Zielsetzung hat, mag sich diese Frage besonders anbieten.

Das Buch geschrieben oder, wie Marguerite sagt, „gemacht“ haben Minne und Seele (die ja auf der höheren Stufe der mystischen Erfahrung mit der Minne eins ist); von sich selbst spricht Marguerite im ‚Miroir‘ nicht, ihren Namen nennt sie ebenfalls nicht. Die Minne ist

maistresse de ce livre[104],

und die Seele sagt, sie habe ihre Sprache an einem geheimen Hof gelernt:

aprins es secrez de la court secrete du doulx pays, ouquel pays courtoisie est loy et amour mesure et bonté pasture[105].

Das Buch wendet sich sehr häufig in direkter Anrede an die Leser — bzw. Hörer einer „Vorleserunde“; dies nicht nur im zweiten Kapitel, in einer Art Widmung:

(entre) vous enfans de Saincte Eglise, (. . .) pour vous ay fait ce livre[106],

---

[103] Eine andere Möglichkeit wäre, daß der uns vorliegende Text im Hinblick auf eine Milderung der als häretisch empfundenen Stellen überarbeitet wurde, d.h. daß der oben, Anm. 102, zitierte Passus erst nach der Verurteilung von Marguerite eingefügt wurde. Das ist jedoch pure Spekulation.

[104] Guarnieri 1965 (Ed.), S. 531,16; ähnlich S. 614,4.

[105] „Erlernt in den Geheimnissen des geheimen Hofs jenes lieblichen Landes, wo Höfischheit Gesetz und Minne Maß ist und Güte die Nahrung.“ — Guarnieri 1965 (Ed.), S. 572,30–35.

[106] „Ihr Kinder der Heiligen Kirche, für Euch habe ich dieses Buch gemacht“ — Guarnieri 1965 (Ed.), S. 522,14.

sondern auch recht häufig im Verlauf des Textes. Meist werden die Leser/Hörer formelhaft angesprochen,

> *or, entendez, auditeurs de ce livre*[107].

Marguerite richtet sich also direkt an ihr Publikum, und zwar mit didaktischem Ziel; deutet schon der Titel ‚Miroir‘ auf ein lehrhaftes Werk hin, so unterstreichen bestimmte Gliederungsmerkmale diese Zielsetzung noch: zunächst ist da die Tatsache, daß die Seele, die Minne, die Vernunft und eine ganze Reihe weiterer Seelenkräfte und Tugenden personifiziert sind und Sprecherrollen haben. Sie sind miteinander in einer Art Debatte, die den ganzen Text dialogisch auf Sprecherrollen verteilt erscheinen läßt.

So stehen *Amour* und *Ame* auf der einen Seite, *Raison* und die von ihr geführten Tugenden auf der anderen; gelegentlich sprechen *Foy, Esperance, Charité, Verité*, aber auch Gott und der Heilige Geist treten vereinzelt auf. Die Polarität zwischen *Amour/Ame* und *Raison* setzt sich fort in der Polarität zwischen *Saincte Eglise la Grande,* der von der Minne geführten Kirche, und *Saincte Eglise la Petite,* der institutionalisierten gegenwärtigen Kirche, deren Dauer als begrenzt angesehen wird. Sie ist der *Raison* zugeordnet, und ihr gehören auch die Kleriker an, deren Verständnis des Buchs schon in dem Gedicht, das dem Prolog vorausgeht, in Abhängigkeit davon gesehen wird, wie sie sich dem Buch nähern: nur wenn sie bescheiden sind, werden sie es verstehen:

> *Theologiens ne aultres clers,*
> *Point n'en aurez l'entendement*
> *Tant aiez les engins clers*
> *Se n'y procedez humlement*
> *Et que Amour et Foy ensement*
> *Vous facent surmonter Raison,*
> *Qui dames sont de la maison*[108].

---

[107] „Nun hört, Ihr Hörer dieses Buches." – G u a r n i e r i 1965, S. 532,3; ähnlich S. 544,9 u. ö. – Zum Problem des Hörers/Lesers und zum *entendement* vgl. auch H u o t de Longchamp 1984, S. 14–19, mit weiteren Beispielen.

[108] „Theologen und andere Kleriker,/Ihr werdet es nicht verstehen,/Mögt Ihr auch klare Gedanken haben,/Wenn Ihr nicht bescheiden vorgeht;/Minne und Glaube gemeinsam/werden Euch helfen, über die Vernunft hinauszukommen,/(Minne und Glaube,) die Herren hier im Hause sind". – G u a r n i e r i 1965 (Ed.), S. 520, 8–14.

Auf die grundlegende Polarität zwischen *Amour* und *Raison* und speziell
auf die Frage nach dem *entendement*, dem Verständnis des Buches, wird
gleich nochmals zurückzukommen sein.

Zunächst aber noch ein weiteres Element, das den auf den Leser/Hörer
bezogenen Charakter der ‚Miroir' unterstreicht und seine didaktische
Zielsetzung hervorhebt: zwischen die Beschreibung der *Ame Anientie*,
die teils in der „be-sprechenden" dritten Person, teils in der „selbst-spre-
chenden" ersten Person erfolgt, werden immer wieder verallgemeinern-
de Aussagen eingeflochten, die von universeller Gültigkeit sein sollen
und sich durch eine spezielle sprachliche Form auszeichnen; meist handelt es sich um definitorische Sätze mit der Struktur *cil est . . ., qui . . .,*
die oft genug weitergeführt werden mit Begriffen wie *telle gent, telles per-
sonnes:*

> *Cil n'est mie franc qui veult aucune chose de la voulenté de son dedans*[109].

Auch die bereits erwähnten *exempla*, die an einigen wenigen, inhaltlich
besonders bedeutsamen Stellen auftreten, könnten wohl didaktische
Zielsetzung haben[110]. Ähnliches könnte für den — allerdings seltenen —
Fall von Binnenverweisen gelten, die den Leser auf vorherige Stellen zurückführen[111].

Dialogform, Sprecherrollen von Seelenkräften und Tugenden, Exempla, Verweise und allgemeine Aussagen — das ist das Inventar der sprachlichen Mittel, die Marguerite dazu verwendet, ihr Buch didaktisch wirksam werden zu lassen; sie gehört also auch zu jenen Beginen, deren Sucht,
„in ihren Konventikeln, in verborgenen Winkeln und selbst auf öffentlichen Straßen und Plätzen" ihre Lehren zu verkünden, schon den Anstoß
des Franziskaners Simon von Tournay erregt hatte[112]. Die weitere Verbreitung ihres Buches, auch an „einfache Leute, Begarden und andere"[58],
nach der Verurteilung von 1296 war ja auch der Anlaß neuerlicher Anklagen gegen Marguerite.

---

[109] „Der ist keinesfalls frei, der irgend etwas mit dem Willen seines Inneren begehrt." — G u a r n i e r i 1965 (Ed.), S. 559,11 f. — Ähnliche Stellen S. 557,24; 559,
16.21.31.

[110] Übrigens ist auch Jesu Christi Leiden dem Menschen *miroir et exemple*: G u a r -
n i e r i 1965 (Ed.), S. 570,17.

[111] *Comme il dit au neuvieme chapitre* — G u a r n i e r i 1965 (Ed.), S. 533,26; denkbar
ist auch, daß es sich um alte Glossen handelt, die in die uns vorliegende Abschrift
integriert wurden.

[112] Vgl. G r u n d m a n n 1961, S. 338 Anm. 37. Simon von Tournay berichtete dem
Konzil von Lyon 1274 über die Beginen Nordfrankreichs.

Nun scheint sich aber Marguerite, vielleicht gerade im Bemühen um solche Breitenwirkung ihres Buches, auch Sorgen darüber gemacht zu haben, falsch verstanden zu werden. Überhaupt hat das *entendement*, die richtige Auslegung des Buches, d.h. seiner *glose*, seines „verborgenen Sinns"[113], eine zentrale Bedeutung im ‚Miroir', und zwar in zweifacher Hinsicht: zum einen ist da die Sorge davor, falsch verstanden zu werden, verbunden mit dem Hinweis an den Leser, welche Stellen des Buches schwer verständlich, *forz a entendre*[114], sind, zum anderen macht sich jedoch auch eine gewisse Neigung zum Esoterischen bemerkbar.

Auch auf dieser Ebene findet die schon angesprochene Debatte zwischen *Amour* und *Raison* ihren Niederschlag, steht doch die Vernunft abwechselnd entsetzt und verständnislos dem gegenüber, was die Seele und die Minne über die vernichtete Seele sagen. In den ersten Kapiteln fragt die Vernunft immer wieder, in geradezu stereotyper Wiederholung,

Hee, pour Dieu, Amour, qu'est-ce a dire, ce que vous dictes?[115]

Später wirft ihr die Minne ein *entendement trop bas*[116] vor und schilt ihr Verständnis gar als tierisch:

Hee, brebiz, que vostre entendement est bestial, vous laissez le grain et prenez la paille.[117]

Gekoppelt ist dieser Gedanke sehr oft mit visuellen Bildern, wie dort, wo die Vernunft und ihre Zöglinge als Einäugige beschrieben werden:

Raison, toujours serez borgne, et vous et touz ceulx qui sont nourriz de vostre doctrine[118].

Schließlich entschuldigt sich gar die Seele, daß das Buch wegen der Einwürfe und der Fragen der Vernunft so umfangreich geworden sei[119], ob-

---

[113] Die Übersetzung „verborgener Sinn" stammt von Huot de Longchamp 1984, S. 250 Anm. 43.4 u.ö., der *la glose* mit „le sens caché" überträgt.

[114] Vgl. Guarnieri 1965 (Ed.), S. 575,5 u.ö.

[115] „He, um Gottes Willen, Minne, was heißt das, was Ihr da sagt?" – Guarnieri 1965 (Ed.), S. 527,24; 529,11.22.29.39, u.ö.

[116] Z.B. Guarnieri 1965 (Ed.), S. 532,25.

[117] „He, Schaf, was ist Euer Verständnis viehisch! Ihr nehmt die Spreu und laßt den Weizen!" – Guarnieri 1965 (Ed.), S. 577,32 f.

[118] „Vernunft, Ihr werdet immer einäugig sein, Ihr und alle, die nach Eurer Lehre leben". – Guarnieri 1965 (Ed.), S. 556,1 f.

[119] Guarnieri 1965 (Ed.), S. 614,8: *grant par paroles*.

wohl es doch die vernichteten Seelen ganz leicht und in wenig Worten verstehen könnten. Die Fragen der *Raison* haben das Buch verschandelt:

> *honny et gasté ce livre*[120].

Die Debatte zwischen *Amour* und *Raison*, die für den ‚Miroir‘ konstitutiv ist und überhaupt erst die Gelegenheit für die immer neuen Anläufe gibt, in denen Marguerite die *Ame Anientie* beschreibt, wird in ihrer „pädagogischen Bedeutung" thematisiert:

> *et sans faille, Amour, dit Raison, ce ne peut nul entendre, se il ne l'aprent de vous, par vostre enseignement*[121].

Die lehrhaft-dialogische Darstellungsweise des ‚Miroir‘ wird also mit dem *bas entendement* der *Raison* begründet. Daneben hat aber Marguerite durchaus Bedenken, ob sie in allem richtig ausgelegt würde; nicht nur, daß ihr vorgeworfen wird, sie irre:

> *Beguines dient que je erre,*
> *   prestres, clers et prescheurs,*
> *Augustins et carmes,*
> *   et les freres mineurs*[122],

subtiler noch ist die Sorge vor den *doubles mots*, den Wendungen mit Doppelsinn oder gegensätzlicher Bedeutung[123]: Marguerite spricht auch von *moz couverz*[124], die schwer auszulegen sind, *forz a entendre*.

Besonders gefährdet, das Buch falsch zu verstehen, sind natürlich diejenigen, die der *Raison* nachfolgen, da ihnen ihre „Rohheit" ein *vrai entendement* nicht erlaubt:

> *mais que nul n'eust domage pour sa rudesse a oïr ceste divine leçon*[125].

---

[120] Guarnieri 1965 (Ed.), S. 562,27 f.
[121] „„Und zweifellos, Minne‘, sagt die Vernunft, ‚kann das keiner verstehen, wenn er es nicht von Euch lernt, durch Eure Unterweisung.'" – Guarnieri 1965 (Ed.), S. 533, 24 f.
[122] „Beginen sagen, ich irre, Priester, Kleriker und Prediger, Augustiner, Karmeliter und Minderbrüder" – Guarnieri 1965 (Ed.), S. 618, 37 f.
[123] Z.B. Guarnieri 1965 (Ed.), S. 533,12 f.17 ff.
[124] So Guarnieri 1965 (Ed.), S. 562,25.
[125] „Aber daß keiner Schaden leide, dies göttliche Wort zu hören, wegen seiner Roheit." – Guarnieri 1965 (Ed.), S. 555,38 f.

Aber Marguerite appelliert auch generell an ihre Leser und Zuhörer, sie recht zu verstehen:

entendez, vous qui oyez, (. . .)
et ne mal entendez mie (. . .)[126].

Inhaltlich sieht Marguerite augenscheinlich die Gefahr, daß ihr Buch für ketzerisch angesehen wird, setzt sie sich doch im 56. Kapitel formell gegen den Verdacht freigeistiger Ketzerei ab, indem sie das *entendement* der Tugenden korrigiert, die für einen Ketzer halten, wer behauptet,

que ceulx qui du tout vivent de nostre conseil, perissent (. . .) nous le tendrions a bougre et a mauvais crestien[127].

Die Seele legt in diesem Zusammenhang klar, daß sie keineswegs gesagt habe, daß sterbe, wer den Tugenden nacheifere, sondern daß sie die Tugenden (im vorher angesprochenen Sinne) übersteige.

Stellenweise aber schlägt das Bemühen um die richtige Auslegung des Buches in eine eindeutig esoterische Haltung um: nicht genug, daß *Saincte Eglise la Petite* das Buch nicht verstehen würde, das mehrfach beschworene

vrai entendement de ce livre[128]

ist auch sehr subtil und edel. Die Trennung zwischen den „Eingeweihten" und den „anderen" ist sehr deutlich, besteht doch die Gefahr, daß die „anderen" zu ihrem eigenen Schaden das Buch mißverstehen[129].

Das Publikum, an das sich Marguerite Porète richtet, und soviel können wir wohl als Quintessenz der sprachlichen Betrachtungen zum Thema *entendement de la glose* festhalten, ist bei allem Verkündungseifer und allen didaktischen Elementen, die Marguerite Porète und ihr Buch kenn-

---

[126] „Hört zu, Ihr, die Ihr hört!" – Guarnieri 1965 (Ed.), S. 584,7; „und versteht nicht falsch!" – ebd., S. 584,16.

[127] „Daß die, die ganz nach unserem Rat leben, sterben. (Wer das behauptet,) den würden wir für einen Ketzer (*bougre!*) und für einen schlechten Christen halten." – Guarnieri 1965 (Ed.), S. 564,13 ff. Vgl. dazu auch Huot de Longchamp 1984, S. 28. Orthodoxe katholische Darlegungen finden sich ab und zu im ‚Miroir'. Vgl. u.a. auch S. 606,5–15.

[128] Z.B. Guarnieri 1965 (Ed.), S. 532,1.

[129] Bei dem „einfachen Verständnis der anderen Geschöpfe" besteht Gefahr, daß sie „zu ihrem Schaden mißverstehen": Guarnieri 1965 (Ed.), S. 537,36 f.

zeichnen, ein vorbereitetes Publikum, bereit, Marguerites persönliche
mystische Erfahrung zu vernehmen, also

> *touz ceulx qui vivent en estudie de vie de parfection*[130].

Abschließend ein paar skizzenhafte Bemerkungen und Fragen zum
vieldiskutierten Thema der höfischen Termini im ‚Miroir‘[131]. Hier soll
weder eine Zusammenstellung dieser Begriffe gegeben werden, noch der
Versuch unternommen, ihr Auftreten zu erklären. Vielmehr geht es darum, auf der Basis der Kontextsammlung darauf hinzuweisen, in welchem
Maße sich die höfische Terminologie im ‚Miroir‘ in formelhafte Wendungen zusammendrängt: Abgesehen von den wenigen Exempla finden
sich Audrücke wie *courtoisie* und *noblesse* im wesentlichen bei der Beschreibung Gottes, des *Loingprés*.
  Der Bereich der höfischen Begriffe ist dabei von einem Stilmerkmal
des ‚Miroir‘ nicht ausgenommen, das sehr deutlich ins Auge sticht: Marguerite bevorzugt zusammengesetzte Nominalkomplexe, die aus mehreren abstrakten Substantiven bestehen, die durch Präpositionen verbunden sind. Beispiele, die formelhaft immer wieder auftreten, sind:

> *la noblesse de la courtoisie de la pure bonté de Dieu,*
> *la pure courtoisie de sa divine noblesse,*

oder in der Anrede an Gott:

> *Sire, vostre courtoisie et vostre noblesse,*
> *vostre largesse plaine de courtoisie*[132].

Durch den Kontakt mit dem Bräutigam wird die Seele ihrerseits *souverai-*
ne, gentilement noble; auch das *entendement fort subtil* ist *tres noble*[133].
  Die höfische Terminologie, die sich im wesentlichen in einigen Formeln aus zusammengesetzten Substantiven darstellt, wird also zunächst
für die Beschreibung Gottes verwendet, davon ausgehend für die *Fine*

---

[130] „All jene, die im Streben nach einem Leben in der Vollkommenheit leben.“ –
Guarnieri 1965 (Ed.), S. 541,33 u.ö.
[131] Zu diesem Punkt und der Frage, was für die Bildung der Marguerite daraus abzuleiten sei: Ruh 1975, S. 374, 384 ff., mit Angaben zur Literatur, sowie Dronke 1984.
[132] Die Stellen sind in der Reihenfolge: Guarnieri 1965 (Ed.), S. 541,30, mit analogen Stellen S. 552,2 f., 582,26, und leicht abgewandelt S. 551,14; S. 539,27; Anreden
S. 551,31, mit analogen Formen S. 551,22 und 570,15; schließlich S. 552,2. Weitere
Belege führt Ruh 1975, S. 384 f., auf.
[133] Belege für Adjektive sind seltener als Stellen mit Substantiven. Die Zitate sind
Guarnieri 1965 (Ed.), S. 565,19; 586,32; 567,36.

Amour und dann für die Seele, die mit ihnen in Kontakt ist. — So lautet mindestens die Annahme, die sich aus einem sehr flüchtigen Eindruck ergibt, der weiter zu untermauern wäre, nicht zuletzt wohl auch im Vergleich mit anderen Texten aus der Feder von Beginen.

4. Schlußbemerkung

Im vorliegenden Artikel sollte zweierlei versucht werden: zum einen eine kurze Zusammenstellung von Fakten und Fragen zur Person Marguerite Porètes und zum ‚Miroir des simples Ames‘. Zum anderen sollte jedoch auch gezeigt werden, wie die Vorstufe einer textimmanenten Interpretation aussehen könnte, die sich auf der Basis von Kontextbeispielen um die inhaltliche Beschreibung bestimmter Termini kümmert, die für den Text von zentraler Bedeutung sind. Dabei zeigt sich, daß die Klärung von Begriffen sicherlich mit Hilfe einer Konkordanz vorangetrieben werden könnte; wie eine solche Konkordanz auszusehen hätte, sollte exemplarisch für die Begriffe der *Ame anientie* und für den Bereich des *entendement* gezeigt werden: eine bloße Liste von Belegstellen, wie sie automatisch erstellt werden kann, wird kaum mehr leisten können, als sicherzustellen, daß alle Belege verarbeitet werden; Ausgangspunkt einer terminologischen Untersuchung wird eine Liste von Kontexten sein müssen, wie sie hier exemplarisch vorgelegt worden ist.

BIBLIOGRAPHIE

Axters 1953
Stephanus Axters, Geschiedenis van de vroomheid in de Nederlanden, Antwerpen 1950—1960, Bd. 2 (1953).
Banfi 1940
F. Banfi, Specchio delle anime semplici dalla B. Margarita d'Ungheria scripto, Memorie Domenicane, Rivista di Religione, Storia, Arte 57 (1940), S. 3—10, 133—140.
Carpentier 1959
Bernadette Carpentier, Le Béguinage Ste. Elisabeth de Valenciennes de sa fondation au XVI° siècle, Mémoires du Cercle Archéologique et Historique de Valenciennes 4 (1959).
Dagens 1961
J. Dagens, Le ‚miroir des simples âmes‘ et Marguerite de Navarre, in: La mystique rhénane. Colloque de Strasbourg 16—19 mai 1961, Paris 1963, S. 281—289.

212 Ulrich Heid

Daniel 1722
Gabriel Daniel, Histoire de France, depuis l'établissement de la monarchie françoise dans les Gaules, Douai 1722, 5 Bde.; hier Bd. 3.
Delmaire 1985
Bernard Delmaire, Les béguines dans le Nord de la France au premier siècle de leur histoire (vers 1230–vers 1350), in: Les religieuses en France au XIIIe siècle, Nancy 1985, S. 121–162.
Dinzelbacher/Bauer (Hg.) 1985
Peter Dinzelbacher/Dieter R. Bauer (Hg.), Frauenmystik im Mittelalter; Wissenschaftliche Studientagung der Akademie der Diözese Rottenburg-Stuttgart, 22.–25. Februar 1984 in Weingarten, Ostfildern bei Stuttgart 1985.
Dronke 1984
Peter Dronke, Women Writers in the Middle Ages, Cambridge, U.K. 1984.
Fossier 1974
Robert Fossier, Chartes de coutumes en Picardie (11e–13e siècle), Paris 1974.
Frédéricq 1889
Paul Frédéricq, Corpus documentorum Inquisitionis haereticae pravitatis Neerlandicae, Verzameling van stukken betreffende de pauselijke en bisschoppelijke inquisitie in de Nederlanden, Bd. 1, Gent/s'Gravenhage 1889.
Frédéricq 1892
Paul Frédéricq, Geschiedenis der inquisitie in de Nederlanden tot aan hare herinrichting onder keizer Karel (1025–1520), Bd. 1, Gent/s'Gravenhage 1892, Bd. 2: 1897.
Frédéricq 1896
Wie Frédéricq 1889, Bd. 2.
Grundmann 1961
Herbert Grundmann, Religiöse Bewegungen im Mittelalter, ^21961.
Guarnieri 1965
Romana Guarnieri, Il movimento del Libero Spirito. Testi e Documenti, Archivio italiano per la storia della pietà 4 (1965), S. 357–708; Edition des Textes: S. 513–635.
Huot de Longchamp 1984
Max Huot de Longchamp, Marguerite Porete – Le Miroir des âmes simples et anéanties et qui seulement demeurent en vouloir et désir d'amour; introduction, traduction et notes (Collection ‚Spiritualités vivantes', série Christianisme), Paris 1984.
Kirchberger 1927
Clare Kirchberger, The Mirror of Simple Souls by an Unknown French Mystic of the thirteenth century translated into English (The Orchard Books XV), London/New York 1927.

Langlois 1894
Charles Victor Langlois, Marguerite Porete, Revue Historique 54 (1894), S. 295–299.

McLaughlin 1973
Eleanor McLaughlin, The Heresy of the Free Spirit and Late Medieval Mysticism, Medievalia et Humanistica, Studies in Medieval and Renaissance Culture, N.S. 4 (1973), S. 37–54.

Lea 1888
Henry Charles Lea, A History of the Inquisition of the Middle Ages, New York 1888; deutsche Übersetzung: Bonn 1909 (Reprint: Aalen 1980).

Le Boucq 1650
Simon Le Boucq, Histoire écclésiastique de la Ville et Comté de Valentienne, (o.O.) 1650, Reproduktion: Valenciennes 1854 (Reprint: Genf 1979).

Lerner 1972
Robert E. Lerner, The Heresy of the Free Spirit in the later Middle Ages, Berkeley/Los Angeles/London 1972.

Lerner 1976
Robert E. Lerner, An ‚Angel of Philadelphia‘ in the reign of Philip the Fair: The case of Guiard of Cressonessart, in: William C. Jordan/Bruce McNab/Teofilo Ruiz (Hg.), Order and Innovation in the Middle Ages. Essays in honor of Joseph R. Strayer, Princeton, N.J. 1976, S. 343–364 und 529–540.

d'Outreman 1639
Henri d'Outreman, Histoire de la Ville et Comté de Valenciennes, Douai 1639 (Reprint: Genf 1978).

Picoche 1964
J. Picoche, Quelques ‚picardismes‘ de Froissart attestés par ses rimes, Linguistique Picarde 4 (1964), S. 8–18.

Platelle u.a. 1982
Henri Platelle (Dir.) u.a., Histoire de Valenciennes (Collection ‚Histoires des Villes du Nord/Pas-de-Calais‘ III), Lille 1982.

Reynaert 1981
J. Reynaert, De Beeldspraak van Hadewijch (Studiën en tekstuitgaven van ons geestelijk erf, bezorgd door het Ruusbroecgenootschap XXI), Tielt/Bussum 1981.

Ribard (Hg.) 1970
Jacques Ribard (Hg.), Jean de Condé – La messe des oiseaux et le dit des jacobins et des fremeneurs, Genf 1970.

Ruh 1975
Kurt Ruh, ‚Le Miroir des simples âmes‘ der Marguerite Porète, in: Verbum et Signum. Festschrift für Friedrich Ohly, München 1975, Bd. 2, S. 365–387.

Ruh 1977
Kurt Ruh, Beginenmystik — Hadewijch, Mechthild von Magdeburg, Marguerite Porete, Zeitschrift für Deutsches Altertum und Deutsche Literatur 106–3 (1977), S. 265–277.
Ruh 1982
Kurt Ruh, Meister Eckhart und die Spiritualität der Beginen, Perspektiven der Philosophie 8 (1982), S. 323–334.
Scheler 1877
August Scheler, Glossaire des Chroniques de Froissart, Bruxelles 1877, 1/1874.
Schweitzer 1985
Franz-Josef Schweitzer, Von Marguerite von Porete (†1310) bis Mme. Guyon (†1717): Frauenmystik im Konflikt mit der Kirche, in: Dinzelbacher/Bauer (Hg.) 1985, S. 256–274.
Verdeyen 1982
P. Verdeyen, Over de auteur van Mengeldichten 17 tot 24, in: J. D. Janssens (Hg.), Hoofsheid en devotie in de middeleeuwse maatschappij, de Nederlanden van de 12e tot de 15e eeuw, Handelingen vant het wetenschappelijk colloquium te Brussel, 21–24 october 1981, Brussel 1982, S. 147–155.

* * *

Inzwischen ist auch eine deutsche Übersetzung des ‚Miroir' erschienen, die zwar für den vorliegenden Beitrag nicht mehr berücksichtigt werden konnte, auf die aber — mit Blick auf interessierte Leser — doch kurz hingewiesen werden soll:

Louise Gnädinger, Margareta Porete — Der Spiegel der einfachen Seelen. Wege der Frauenmystik; aus dem Altfranzösischen übertragen, mit einem Nachwort und Anmerkungen.

PROBLEME UM KLARA VON MONTEFALCO

von

Giulia Barone

Als ich im Jahr 1978 den Artikel ‚Chiara da Montefalco‘ für das ‚Dizionario Biografico degli Italiani‘[1] verfaßte, war diese Mystikerin auch unter
den italienischen Mediävisten wenig bekannt. Der wichtigste Grund dafür lag darin, daß die beste Quelle für die Rekonstruktion von Klaras Leben, das heißt: die Akten ihres Kanonisationsprozesses in den Jahren
1318–19, verloren gegangen war und den Forschern nur zwei lückenhaf-
te Abschriften des 19. Jahrhunderts und zwei alte, unkritische Editionen
ihrer von Berengarius a sancto Affricano verfaßten ‚Vita‘ zur Verfügung
standen[2]. Aber in den letzten sechs Jahren hat sich die Situation grundsätzlich verbessert: einige Stücke der alten Prozeßakten hat man im Vati-
kanischen Archiv wiedergefunden, und alles, was von diesem Prozeß
übriggeblieben ist, wurde kürzlich von Enrico Menestò veröffentlicht[3].
Außerdem hat Claudio Leonardi die Edition aller Quellen zur Geschichte Klaras geplant.

Klara wurde 1268 in Montefalco, einem kleinen Ort in der Nähe von
Spoleto, geboren. Sie stammte aus einer wohlhabenden Familie, die

---

[1] G. Barone, Chiara da Montefalco, in: Dizionario Biografico degli Italiani 24
(1980), S. 508–12.

[2] M. Faloci Pulignani, La vita di S. Chiara da Montefalco, scritta da Berengario
di Sant'Africano, Archivio Storico per le Marche e per l'Umbria 1 (1884), S. 583–625,
und 2 (1885), S. 193–266; A. Semenza, Vita sanctae Clarae de Cruce O.E.S.A., ex
codice Montefalconensi saec. XIV desumpta, Città del Vaticano 1944. In den Acta
Sanctorum (Augusti III, Antverpiae 1737, S. 664–88) wurde eine ‚Vita‘, die I. Mosco-
ni 1601 verfaßte, gedruckt.

[3] E. Menestò, Il processo di canonizzazione di Chiara da Montefalco, mit einem
Vorwort von Claudio Leonardi, Firenze 1984, wo man eine umfangreiche Bibliographie finden kann (S. 631–39).

durch eine starke Religiosität gekennzeichnet war. Klaras Bruder, Franziskus, trat in den Minoritenorden ein, und nach einem theologischen Studium wurde er Provinzialminister und *inquisitor heretice pravitatis*. Er konnte deshalb die profunde Kenntnis der heiligen Schriften seiner Schwester, obwohl diese als Frau eine *illicterata* war, richtig beurteilen. Die ältere Schwester, Johanna, gründete eine kleine Einsiedelei, wo sie mit einigen Frauen ein armes und keusches Leben führte. Wie manche anderen mittelalterlichen Heiligen war Klara ein Kind, das sich nicht wie die „normalen" Kinder benahm. Nie spielte sie mit ihren Altersgenossen, nie hörte man das kleine Mädchen schreien oder lachen. Schon mit 4–5 Jahren verbrachte Klara fast den ganzen Tag in Gebet und Einsamkeit. Dieses Bedürfnis nach einem einsamen Leben war so stark, daß sie noch in den letzten Jahren ihres Lebens oft erklärte, sie hätte gern allein in einer Eremitage gelebt, hätte sie nicht befürchtet, exkommuniziert zu werden[4].

Mit sechs Jahren erhielt sie die Erlaubnis, Johanna zu folgen. Seit diesem Moment gehörte Klara der Reklusengemeinschaft ihrer Schwester an, die „ohne Regel", wie so viele andere Frauengemeinschaften dieser Epoche, lebte. Die Reklusen hatten sich nicht nur zu Armut und Keuschheit, sondern auch zu Gehorsam, Beachtung der kanonischen Fastenzeiten und zu strengem Stillschweigen verpflichtet. In dieser ersten Phase wurde Johanna als *rectrix* bezeichnet. Das erste Reklusorium wurde vielleicht zu eng für die Schwestern: nach einigen Jahren ließen sie sich im nicht weit entfernten Reklusorium der Sancta Croce nieder, und 1290 gestattete ihnen der Bischof von Spoleto, Gerardus, die Augustinusregel anzunehmen. Trotzdem waren die Kapläne des Klosters immer Franziskaner. Diese Tatsache und Klaras persönliche Verehrung für Franz von Assisi waren der Anlaß für eine manchmal harte Auseinandersetzung zwischen den Historikern beider Orden, um den Augustinismus beziehungsweise Franziskanismus der heiligen Frau zu beweisen[5]. Johanna wurde natürlich zur ersten Äbtissin gewählt. Sie war eine gute, mitfühlende, manchmal auch strenge Superiorin, die die oft zu strenge Askese ihrer jüngeren Schwester zu mäßigen versuchte, indem sie Klaras emp-

---

[4] Ebd., S. 113–14.

[5] Über dieses Problem vgl. S. N e s s i , S. Chiara da Montefalco e il francescanesimo, Miscellanea franciscana 69 (1969), S. 369–408, und A. T r a p é , La Regola di S. Agostino e S. Chiara della Croce o chiave di lettura della spiritualità clariana, in: S. Chiara da Montefalco e il suo tempo, Montefalco 1983, S. 57–71.

findliche und komplizierte Religiosität schätzte und verstand. Nach Johannas Tod (1291) wurde Klara selbst, die sich vergeblich der Amtswürde zu entziehen versuchte, zur Äbtissin gewählt. Ihr Benehmen als Superiorin war ambivalent: sie war immer bereit, die kranken Nonnen zu pflegen, die schwersten und peinlichsten Arbeiten zu tun; gleichzeitig war sie in der Lage, ihren Mitschwestern eine ständige spirituelle Hilfe zu geben, weil sie eine erstaunliche Fähigkeit besaß, im Menschenherzen zu lesen, und nicht nur ein schuldiges Verhalten, sondern auch schuldige, geheime Gedanken streng bestrafte.

Schon während ihres Lebens wurde Klara in der ganzen weiteren Umgebung von Spoleto sehr berühmt. Es waren in erster Linie andächtige Frauen, die von ihr wunderbare Heilungen für sich selbst, ihre Kinder oder Verwandte erlangten. Es waren dagegen in erster Linie einige *viri religiosi*, Kleriker bzw. Laien, die ihre geistigen und seelischen Schwierigkeiten mit ihr besprachen. Immer war die heilige Frau in der Lage, ein tröstendes Wort zu sagen, ein kompliziertes Problem zu lösen, eine erleuchtende Antwort zu geben. Sie wurde so bekannt, daß die berühmtesten Kirchenleute dieser Zeit mit ihr in direktem Kontakt oder in Briefwechsel standen: Giacomo und Pietro Colonna, der Dominikaner Niccolò Albertini da Prato, der Franziskaner Ubertino da Casale, der Bischof von Viterbo usw.[6] Die Beziehung zu den Colonna, die ihr eine große Summe Gold als Almosen schickten, versteht man um so besser, wenn man bedenkt, daß die jüngere Schwester Giacomos nach einem Leben, das man mit dem von Klara vergleichen kann, obwohl Margarita Colonna nie in einem Kloster gelebt hatte, erst im Jahre 1280 gestorben war[7]. Der ältere Bruder, Johannes, hatte eine ‚Vita‘ seiner Schwester verfaßt, in der er die Jungfrau u.a. als Mystikerin und *vera sponsa Christi* bezeichnet hatte[8].

1307 versuchten einige Anhänger der *secta spiritus libertatis*, Klara und ihre Gefährtinnen an sich zu ziehen[9]. In den Akten des alten Kanonisationsprozesses kann man eine ausführliche Rekonstruktion der Gesprä-

---

[6] Vgl. E. Menestò, Il processo di canonizzazione (wie Anm. 3), S. 66 und 233.

[7] Über Margarita Colonna vgl. G. Barone, Margherita Colonna e le Clarisse di S. Silvestro in Capite, in: Roma Anno 1300, Roma 1983, S. 799–805.

[8] L. Oliger, B. Margherita Colonna. Le due vite scritte dal fratello Giovanni e da Stefania monaca di S. Silvestro in Capite, Lateranum, N.F. 1/2 (1935).

[9] Die *secta spiritus libertatis* ist wenig bekannt, vgl. L. Oliger, De secta spiritus libertatis in Umbria saec. XIV. Disquisitio et documenta, Roma 1943, und G. L. Potestà, Storia ed escatologia in Ubertino da Casale, Roma 1980, S. 224–51.

che zwischen Klara und Bentivegna da Gubbio, einem Franziskaner, der
die führende Persönlichkeit der Gruppe war, lesen. Die Aussagen der
Nonnen sind denn auch die beste Quelle zur Geschichte dieser Häresie
in Umbrien. Klara, die eine außerordentliche dialektische Fähigkeit besaß, spürte in den Worten Bentivegnas die Heterodoxie seiner Art zu denken und zeigte ihn den kirchlichen Autoritäten an.

Seit ihren Kinderjahren hatte Klara oft Visionen. Als Kind hatte sie den
Eindruck, mit einem schönen, glänzenden Jüngling, der Christus war,
zu spielen[10]. Als sie eine Frau geworden war, bildete die Passion den Gegenstand ihrer steten, tiefen Meditation; deshalb hatte sie einmal das Gefühl, der Verspottung und Kreuzigung Christi beizuwohnen. Sie konnte
die Juden um Christus beschreiben und alles ausführlich erzählen[11]. Natürlich bildet Klara auch in diesem Fall keine Ausnahme. Peter Dinzelbacher hat richtig bemerkt, daß Meditation und Schauungen seit dem Ende
des 12. Jahrhunderts eng verbunden sind[12]. Kürzlich hat Chiara Frugoni
dieses Phänomen in Bezug zu der Verbreitung der privaten Ikonen und
der Stundenbücher gestellt[13]. In diesen ersten Jahren waren für Klara die
Visionen ein ganz normales Ereignis, das zum Alltag gehörte. Als eine
der Mitschwestern ihr erklärte, daß nicht alle Menschen die Möglichkeit
haben, alles, was sie wollen, in einer Vision zu sehen, war die junge Frau
ganz erstaunt. Klara *aliquid se reputavit*[14] und wurde deswegen von Gott

---

[10] M. Faloci Pulignani, La vita di S. Chiara (wie Anm. 2), S. 7, u. E. Menestò,
Il processo di canonizzazione (wie Anm. 3), S. 128.

[11] E. Menestò, Il processo di canonizzazione (wie Anm. 3), S. 195: *audiverat et
viderat turbam Iudeorum, tumultuationem et plurimam adclamationem contra ipsum;
et quod vidit potari ... Christum, sicud fuit potatus in passione sua.*

[12] Vgl. P. Dinzelbacher, Körperliche und seelische Vorbedingungen religiöser
Träume und Visionen, in: I sogni nel Medioevo (Roma, 2–4 ottobre 1983), hg. v. T.
Gregory, Roma 1985, S. 84–6.

[13] Vgl. C. Frugoni, Le mistiche, le visioni, l'iconografia: rapporti ed influssi, in:
Temi e problemi nella mistica femminile trecentesca (Todi, 14–17 ottobre 1979), Todi
1983, S. 220–23.

[14] E. Menestò, Il processo di canonizzazione (wie Anm. 3), S. 164: *eam perdiderat
[gratiam consulationis passionis Christi] pro eo quod, dum loqueretur alicui sotie de passione Christi dicta Clara, ipsa revelavit de illa consulatione quam habebat et quod viderat passionem Christi, non perpendendo, tamquam iuvenis, que tunc erat. In quibus verbis dicta sancta Clara dixit quod credebat quod omnes petere volentes illam gratiam eam
haberent, et in quibus verbis tunc una ex sororibus et sotiabus ... dixit sic: „Soror, non
sum ego illa que habebam istam consulationem", de quibus verbis sibi ipsa testi non bene
habet memoriam, post que verba ipsa soror Clara dicitur fuisse possita in dicta tribulatio-
ne. Ebd., S. 259: Propter quod visum fuit sibi Clare quod esset aliquid, et reputavit se
aliquid. Post que verba cessavit visio et gratia consulationis quam habebat, et fuit ea sub-
tracta, et remansit tota dolorosa.*

bestraft. Elf Jahre lang wurde sie ihrer Visionsgabe beraubt, und diese Jahre waren die bittersten ihres Lebens. Aber in den letzten Jahren fand sie in einer Fülle von Visionen Trost; sie hatte auch Offenbarungen von ihrem oder einzelner anderer Menschen Heilszustand. Manchmal genoß sie, wie gewöhnlich in dieser Zeit, die überirdische Süßigkeit der *unio mystica*, aber sie sprach davon sehr ungern. In jedem Fall muß man mit Chiara Frugoni betonen, daß die visionäre Fähigkeit unter den Menschen, die Klara umgaben, weit verbreitet war. Man könnte von einer visionären Atmosphäre sprechen[15].

Während der Weihnachtszeit und zu den wichtigsten Kirchenfesten versank sie immer öfter in Ekstase, und diese Entzückungen dauerten manchmal auch viele Tage.

In den letzten Lebensjahren war Klara fast immer krank: durch die Übermäßigkeit ihrer Askese (stetiges Fasten, Selbstgeißelung usw.) war sie vorzeitig gealtert. Es ist wohl bekannt, daß es in Italien – und vielleicht in ganz Europa – praktisch keine Mystikerin gab, die gesund war. Ich möchte nicht behaupten, daß die visionäre Fähigkeit n u r von der Krankheit abhängt, aber Askese, Krankheit und Mystik sind offenbar eng verbunden. Trotzdem war sie immer geduldig, heiter und erwartete ohne Angst den Tod. Oft hatte sie behauptet, sie habe Christus in ihrem Herzen. Als sie daher im August 1308 starb, öffneten die Mitschwestern ihr Herz und glaubten, die Abbilder der Leidenswerkzeuge Christi (Kreuz, Nägel, Dornenkrone, Geißel usw.) erkennen zu können. Dieses unerhörte Wunder war der wichtigste Anlaß, ihre Kanonisation zu betreiben. Aber aus noch nicht völlig geklärten Gründen wurde sie erst im Jahre 1881 heiliggesprochen[16].

In einem kurzen Aufsatz ist es unmöglich, die zahlreichen Aspekte dieser vielseitigen religiösen Persönlichkeit zu besprechen.

Ich möchte nur auf drei Probleme eingehen:
(1) Klaras Augustinismus bzw. Franziskanismus;
(2) die franziskanischen Züge ihrer Spiritualität;
(3) ihr Verhältnis zu der *secta spiritus libertatis* und das Problem des freien Willens.

---

[15] C. Frugoni, „Domine, in conspectu tuo omne desiderium meum": visioni e immagini in Chiara da Montefalco, in: S. Chiara e il suo tempo (Spoleto, 28–30 dicembre 1981), hg. v. C. Leonardi u. E. Menestò, Perugia/Firenze 1984, S. 155–75.

[16] S. Nessi, I processi per la canonizzazione di santa Chiara da Montefalco (vicende e documenti), Bollettino della Deputazione di storia patria per l'Umbria 65 (1968), S. 103–60.

(1) Von einem rein formalen Gesichtspunkt aus ist die Auseinandersetzung zwischen Franziskanern und Augustinern völlig sinnlos. Nie gehörte Klara zum *Ordo S. Clarae*: die Bulle von Johannes XXII., mit der
der Papst die *Inquisitio in partibus* verordnete, ist eindeutig. In ihr heißt
es, die heilige Frau lebe nach der Augustinusregel. Aber, wie schon gesagt, alle Beichtväter Klaras[17] und alle Kapläne des Klosters waren dagegen Franziskaner. Außerdem haben die Augustiner in ihrem ersten Kanonisationsprozeß keine Rolle gespielt, im Gegensatz zu dem großen Engagement, mit dem der Augustinerorden in denselben Jahren die Heiligsprechung des Niccolò da Tolentino betrieb.

Meiner Meinung nach war die Entscheidung, eine Regel anzunehmen,
nicht ganz frei. Es war nämlich immer gefährlicher geworden, außerhalb
eines anerkannten Ordens leben zu wollen. Aber warum hat denn die
Frauengemeinschaft die Augustinusregel anstatt der des *Ordo S. Clarae*
gewählt? Man kann auf diese Frage zwei verschiedene Antworten geben.
Vielleicht war die Krise innerhalb des Franziskanerordens zwischen
Konventualen und Spiritualen so schwer und so bekannt geworden, daß
der Bischof oder die Nonnen selbst es vorzogen, nicht in diese so komplizierte Situation mithineingezogen zu werden. Aber es gibt auch eine andere Möglichkeit (und ich halte sie für wahrscheinlicher): Wenn die Frau-
en die Regel von Klara von Assisi gewählt hätten, wären sie praktisch dem
General- und Provinzialminister der Franziskaner unterstellt gewesen[18].
Und der Aufsicht der franziskanischen Hierarchie zu entgehen war in
Montefalco, wo seit vielen Jahren ein Minoritenkonvent bestand, ganz
unmöglich. Die Wahl der Augustinusregel ermöglichte ihnen vielleicht,
einen kleinen Raum ihrer vorherigen Freiheit zu bewahren, um ein Leben, das besser ihren Wünschen entsprach, weiterführen zu können.

(2) Daß Klara durch den Franziskanismus beeinflußt wurde, ist unbestritten. André Vauchez hat in seiner berühmten These über die ,Sainteté
aux derniers siècles du Moyen Age' Klara zu den Franziskanerinnen ge-

---

[17] *Thomas, canonicus eugubinus*, bildet wahrscheinlich die einzige Ausnahme, vgl.
E. Menestò, Il processo di canonizzazione (wie Anm. 3), S. 82: *multis vicibus in
anno ipsa testis videbat eandem s. Claram cum fratribus et aliquando cum dompno Tho-
masso, canonico eugubino, quando confitebatur eis pluries et pluries in anno quolibet.*
Die Kapläne des Klosters waren in jedem Fall immer Franziskaner.

[18] Über die Beziehungen der Klarissen zum Minoritenorden vgl. H. Grundmann, Religiöse Bewegungen im Mittelalter, ital. Übersetzung: Movimenti religiosi
nel Medioevo, Bologna 1974, S. 207–28, vor allem S. 226–28.

zählt[19]. Aber wenn wir über Franziskanismus sprechen, müssen wir immer voraussetzen, daß es Ende des 13. Jahrhunderts zwei verschiedene Interpretationen der religiösen Erfahrung des Franz von Assisi gab, die Interpretation der Konventualen und die der Spiritualen, und daß beide von der Lehre des Heiligen abwichen[20]. Die Spiritualen hatten Einsamkeit, strenge Armut und Askese stärker als die Nächstenliebe betont[21]. Sie verurteilten jede, auch die unbedeutendste Lebenslust als eine Schuld. Klaras Spiritualität ist durch diese asketischen Züge gekennzeichnet. Ich habe schon ihr Verlangen nach Einsamkeit erwähnt. Aber auch Armut und Krankenpflege hatten bei den Spiritualen den ursprünglichen Sinn verloren. Für Franz von Assisi war ja das Betteln nur ein Mittel, um seinen Unterhalt zu sichern, wenn er und seine Brüder mit ihrer Arbeit nicht genug verdient hatten; es war auch ein Mittel, die innere und äußere Freiheit zu bewahren[22]. Die Spiritualen hatten dem Betteln einen asketisch-spiritualen Wert zugeschrieben. Wie hat Klara das Betteln erlebt?

Im letzten Jahr, in dem die Gemeinschaft „ohne Regel" lebte, waren die Frauen sehr arm, so arm, daß sie betteln mußten für ihren Lebensunterhalt. Dieses Betteln gab Klara die Möglichkeit, ihrem inneren Verlangen nach Selbstdemütigung nachzugeben. Nach vierzig Tagen verbot ihr Johanna das Almosensammeln, weil sie in einer für die anderen Frauen so peinlichen Situation ein zu großes Vergnügen empfand. Sie war, sagte eine Schwester von ihr, wie eine *fornax ardens*[23].

Die Pflege der Aussätzigen war vielleicht die entscheidende Erfahrung im Leben des Franz von Assisi: „Denn als ich in Sünden war, kam es mir sehr bitter vor, Aussätzige zu sehen. Und der Herr selbst hat mich unter sie geführt, und ich habe ihnen Barmherzigkeit erwiesen. Und da ich fortging von ihnen, wurde mir das, was mir bitter vorkam, in Süßigkeit der Seele und des Leibes verwandelt"[24]. Um Franziskus nachzuahmen,

---

[19] A. Vauchez, La sainteté en Occident aux derniers siècles du Moyen Age d'après les procès de canonisation et les documents hagiographiques, Rome 1981, S. 308, Tafel XVI.

[20] I. Frank, Franz von Assisi. Frage auf eine Antwort, Düsseldorf 1982, S. 26–8.

[21] Über die Spiritualen vgl. Franciscains d'Oc, Les Spirituels, ca. 1280–1324 (Cahiers de Fanjeaux 10), Toulouse 1975, und Chi erano gli Spirituali? (Assisi, 16–18 ottobre 1975), Assisi 1976.

[22] I. Frank, Franz von Assisi (wie Anm. 20), S. 142–52.

[23] E. Menestò, Il processo di canonizzazione (wie Anm. 3), S. 192.

[24] Die Schriften des heiligen Franziskus von Assisi, hg. v. L. Hardick u. E. Grau, Werl ³1980, Testament, Kap. 1–3.

hat Klara Aussätzige gepflegt und auch geküßt[25]. Aber nach der Aussage
einer Nonne benahm sich Klara so, weil es ihr schrecklich vorkam, weil
es ihr zuwider war und sie diesen Abscheu bekämpfen wollte[26].

Franz von Assisi hatte in seinem ‚Lied der Kreaturen' Gott gelobt
durch die oder wegen der Schönheit der Welt. Bis zum Ende seines Lebens hatte ihn das fließende Wasser und die helle Sonne, die glänzenden
Sterne und die süße Musik entzückt und begeistert[27]. Douceline, die
Schwester Hugos von Digne, versank in Ekstase, wenn sie eine Frühlings-
blume sah oder den Gesang eines Vogels hörte[28].

Für Klara ist dagegen die Welt der Wirklichkeit farblos und stumm.
Nur in ihren Visionen strahlt die Sonne, nur in der überirdischen Welt
singen die Engel. Ein einziges Mal, während ihrer letzten Krankheit, sang
sie mit einer heiteren Stimme einen schönen Lobgesang: sie freute sich
auf den Tod, der ihr wie eine Befreiung vorkam. Nach der franziskanischen Regel sollten die Brüder außerhalb der kanonischen Fastenzeiten
alles essen, was ihnen gegeben wurde. Jahrelang hatte Klara dagegen nur
Kräuter und Blätter ohne Salz und Öl gegessen und das Brot mit Asche
bedeckt. Alles war für sie bitter wie Essig und Galle, weil sie immer an
die Leiden Christi dachte, und manchmal konnte sie nicht essen, weil sie
zu stark weinte. In den letzten Jahren war ihr der Geschmack der Speisen
völlig gleichgültig geworden. Es ist bemerkenswert, daß Jacopone da
Todi, der Minoritenbruder, der wegen seiner Beziehung zu den Colonna
und seines Rigorismus in einen Kerker eingesperrt wurde, in einer Art
von Traktat, überschrieben: ‚I detti', dasselbe Problem besprach. Er zeigte unter anderem die Mittel, um keinen Genuß beim Essen zu empfinden, und dieses Ziel konnten seiner Meinung nach nur die vollkommen-
sten Christen erreichen[29]. Auch die Überzeugung Klaras, in ihrem Herzen Christus zu haben, könnte man vielleicht auf den Einfluß des be-

---

[25] E. Menestò, Il processo di canonizzazione (wie Anm. 3), S. 134 und 209–10.

[26] ... causa vincendi corpus et affligendi illud, et quia erat nauçeativa et nature indig-
nantis de eo, voluit se ipsam vincere.

[27] I. Frank, Franz von Assisi (wie Anm. 20), S. 46–66.

[28] Vgl. La vie de sainte Douceline. Texte provençal du XIVe siècle, traduction et
notes par R. Gout, Paris 1927, S. 212.

[29] Jacopone da Todi, Laudi, Trattato e detti, hg. v. F. Ageno, Firenze 1953, S. 421:
(I rimedi contro il gusto) il quarto è referendo in Deum omnes sapores cum gratiarum
actione. Sed non est pro omnibus, sed pro illis qui sic sobrie et temperate se habent et
sic habent mentem absortam et Deo semper compunctam, quod de saporibus non curant
gulose; sed omnia in Deum student referre.

rühmten Werkes von Ubertino da Casale, der ‚Arbor Vitae crucifixae‘, zurückführen. In seinem Werk erzählt der Franziskaner unter anderem das letzte Gespräch zwischen Christus und seiner Mutter. Der Sohn verspricht Maria, daß sie die Leidenswerkzeuge in sich bewahren wird[30].

Auch die Art von Obsession der Keuschheit, die nach André Vauchez, Klaras Verhalten kennzeichnet, ist unter den Spiritualen nicht selten. Johanna konnte nämlich Klara nicht zwingen, mit ihrem Bruder ohne Schleier im Sprechraum zu sprechen[31], weil sie nicht einmal dem Bruder ins Gesicht sehen wollte. Aber auch Ludwig von Anjou, der heilige Bischof von Toulouse, vermied jede Vertraulichkeit mit den Frauen; nie küßte er eine Frau, nicht einmal seine Mutter oder die Schwestern[32]. Die schon erwähnte Douceline hatte nie einem Mann ins Gesicht gesehen[33].

Um es kurz zu fassen: zweifellos wurde Klara durch den Dolorismus und den Rigorismus der franziskanischen Spiritualen stark beeinflußt.

(3) Bentivegna da Gubbio und andere Anhänger der *secta spiritus libertatis* behaupteten, daß ein Mensch einen Vollkommenheitszustand erreichen kann, in dem er eine völlige Ruhe genießt, eine Ruhe, die nichts und niemand zerstören kann[34]. Außerdem waren sie der Meinung, daß nicht nur die tugendhaften menschlichen Werke, sondern auch die menschlichen Sünden Gott zuzuschreiben sind, weil er der Allmächtige und Allwissende ist[35]. Klara bekämpfte energisch diesen Quietismus;

---

[30] A. Alippi, Il volgarizzamento fabrianese dell'Arbor vitae di frate Ubertino da Casale, Deputazione di storia patria per le Marche, III F., 1 (1916), S. 196: *Madre dolcissima ... io te lasso le thesoro de la morte mia et del mio acerbo dolore. Io configo in te et ne la mente tua l'instrumenti de la mia passione. Mangia i chioui che col dente crudele rosero et stracciaro le mani e i pedi mei. Mangia et inghiotti le spine. Renchiudi la lancia nel secreto del tuo core... Abbraccia la croce madre dolcissima et in epsa te riposa.*

[31] E. Menestò, Il processo di canonizzazione (wie Anm. 3), S. 188: *audivit a sorore Iohanna, germana dicte sancte Clare, rectrice dicti monasterii et reclusorii, quod una vice frater suus de ordine Minorum voluit sibi Clare loqui et videre eam in vultu et ipsa noluit et dixit: „Loquaris sine videndo si vis". Et Iohanna volebat eam spingere ante ut frater videret eam et ipsa non permixit.*

[32] Vita S. Ludovici episcopi Tolosani auctore Johanne de Orte, Analecta Franciscana 7 (1951), S. 349–50.

[33] La vie de sainte Douceline (wie Anm. 28), S. 48.

[34] E. Menestò, Il processo di canonizzazione (wie Anm. 3), S. 45: *per tempus IIII^{or} annorum tantam habuit pacem secum vel intra se, quod nullam a Deo nec a mundo turbationem recipit.*

[35] Ebd., S. 288–89: *dicunt illi... quod creatura nichil agit nisi in quantum agere fecit eam Deus, ut si sit in oratione, totum est a Deo, et si sit in fornicatione vel quacumque pessima operatione, totum est a Deo, et propter hoc remorsum habere non debet.*

aber ihre eigene Einstellung zum Problem des freien Willens war nicht eindeutig. Oft hatte sie erklärt, daß sie schreckliche Sünden begangen hätte, wenn Gott sie nicht gerettet hätte[36]. In einer ihrer Visionen wird diese Abhängigkeit des menschlichen Willens von Gottes Willen noch stärker betont: *vidit unam rectitudinem divinam et essentiam divinam rectam quasi una virga rectissima, et videbat et cognoscebat se apodiatam et unitam illi rectitudini et veritati divine, quod videbat Deum in se et se in Deo, et videbat se quasi nichil in Deo . . . Et videbat et cognoscebat quod quecumque anima deviabat ab illa veritate rectitudinis divine, quantumcumque parum deviabat, etiam si deviat quantum unus capillus, quod illa separatio est maxima et contraria illi rectitudini* – und die Nonne, die diese Vision erzählte, fügte hinzu: *ipsa Klara tempore dicte visionis fuerat tantum capta et unita illi rectitudini divine, quod numquam postea fuerat separata a rectitudine predicta*[37].

In dieser Vision erscheint Klaras eigene Einstellung etwas fragwürdig: wie könnte man denn in diesem Vereinigungszustand von Freiheit, Gehorsam oder Verantwortung sprechen?

Ich bin am Ende meiner Ausführungen. Aber was sind meine Schlußfolgerungen? Meiner Meinung nach ist es ganz unmöglich, in diesem geographischen Bereich und zu dieser Zeit von einer weiblichen und einer männlichen Spiritualität zu sprechen. Die Probleme sind ähnlich, und ähnlich ist oft das Verhalten. Aber die Frauen waren zur Zeit der Scholastik weniger gebildet als die Männer. Sie konnten nicht die immer technischer gewordene Sprache der Theologie beherrschen; diesen *illicterate* standen nur die Visionen zur Verfügung, wenn sie ihre Auffassungen, Wünsche oder Ansprüche aussprechen wollten. Aber wenn schmerzhafte Empfindlichkeit und innere Unsicherheit die Abenddämmerung des Mittelalters gekennzeichnet haben, dann gehört Klara zweifellos dieser neuen Epoche an.

---

[36] Ebd., S. 36: *quod nisi Deus custodisset eam, ipsa per se non stetisset quin cecidisset in omne peccatum et in omne malum.* Ebd., S. 68: *si Deus dimisisset eam, ipsa per se . . . cecidisset in omnia mala.*
[37] Ebd., S. 67.

ANGELA VON FOLIGNO

Ein Beitrag zur franziskanischen Frauenbewegung um 1300

von

Ulrich Köpf

I Person, Werk und Wirkung

Obwohl sie gewiß bekannter ist als manche andere fromme Frau des hohen und späten Mittelalters – aus ihrer näheren Umgebung etwa Klara von Montefalco –, scheint die umbrische Mystikerin Angela von Foligno in Deutschland heute doch so gut wie vergessen. Zwar sind nach dem Zweiten Weltkrieg zwei Textausgaben in deutscher Übersetzung erschienen[1]. Auch in den großen theologischen Nachschlagewerken ist Angela behandelt: im katholischen ‚Lexikon für Theologie und Kirche‘, im protestantischen Pendant ‚Die Religion in Geschichte und Gegenwart‘ und in der neuen großen ‚Theologischen Realenzyklopädie‘[2]. Aber im Bewußtsein des Gebildeten, selbst des theologisch Gebildeten, ist sie viel weniger gegenwärtig als andere Gestalten des religiösen Lebens im Mittelalter. Das ist besonders auffällig, wenn man ihre gesamte Wirkungsgeschichte betrachtet.

Es gibt ja viele religiöse Frauen des Mittelalters, deren Leben und Werk nur in wenigen Handschriften überliefert sind und die überhaupt erst lurch moderne Editionen bekannt geworden sind oder in unserer Zeit bekannt werden. Bei Angela liegen die Dinge ganz anders. Ihre Wirkung

---

[1] Angela von Foligno, Zwischen den Abgründen, ausgew., übertr. u. eingel. v. Berthe Widmer (Sigillum 5), Einsiedeln 1955; Angela von Foligno, Gesichte und Tröstungen. Nach ihren eigenen Worten aufgezeichnet von Bruder Arnaldus O.F.M., übertr. v. Jan van den Arend, hg. v. Arnold Guillet, Stein am Rhein 1975.
[2] LThK[2] 1 (1957), Sp. 530 (Paul Doncœur); RGG[3] 1 (1957), Sp. 370 f. (Bruno Decker); TRE 2 (1978), S. 708–710 (Sophronius Clasen).

hat schon früh eingesetzt, und zwar sehr breit gestreut. Heute kennen wir noch insgesamt 27 vollständige oder unvollständige Handschriften ihres Werks: aus Italien, Spanien, Frankreich, Belgien und Deutschland. Seit 1497 sind rund fünfzig lateinische Ausgaben und vollständige Übersetzungen ins Italienische, Spanische, Französische, Deutsche, Flämische und Englische erschienen. Die erste lateinische Edition im deutschen Sprachgebiet wurde 1601 von Johann Gymnich (Gymnicus) zu Köln gedruckt, und die erste deutsche Übertragung, auf der Grundlage dieser Kölner Edition von Johann Paul Kurtz, Pfarrer von Kirchhofen im Breisgau, angefertigt, 1617 in Freiburg i.Br. veröffentlicht.

Aber die Wirkung Angelas in der Neuzeit erstreckt sich keineswegs — wie man vermuten könnte — nur auf den katholischen Bereich. Auch der nachreformatorische Protestantismus hat sich intensiv mit ihrer Hinterlassenschaft befaßt. Ein kurzer Hinweis möge dafür genügen. Die ‚Vier Bücher vom wahren Christentum‘ des lutherischen Pfarrers Johann Arndt, vollständig zuerst 1610 erschienen[3] und vielfach (mit Änderungen und Beigaben) wieder aufgelegt sowie in die verschiedensten Sprachen übersetzt, waren bis ins 19. Jahrhundert hinein eine der wichtigsten Erbauungsschriften des Protestantismus[4]. Das 2. Buch dieses in zahllosen Exemplaren verbreiteten Werks hat Angelas ‚Liber‘ in der Kölner Edition von 1601 als Hauptquelle — allerdings ohne sie zu nennen[5]. Die Zeitgenossen Arndts haben diese Quelle nicht erkannt, und erst Anfang des 18. Jahrhunderts entdeckte Gottfried Arnold den geschichtlichen Hintergrund und damit auch Angelas Namen für die protestantische Öf-

---

[3] Das erste Buch war zuerst 1605 in Frankfurt am Main, in verbesserter Auflage 1606 in Braunschweig und in endgültiger Fassung 1607 in Jena erschienen. Die Ausgabe in vier Büchern ist — obwohl schon für die Frankfurter Buchmesse 1609 angezeigt — wahrscheinlich erst 1610 auf den Markt gekommen. Vgl. Edmund Weber, Johann Arndts Vier Bücher vom Wahren Christentum, Marburg 1969 ([3]1978), S. 4 f.

[4] Die Wirkungsgeschichte Arndts „ist innerhalb der Geschichte des neuzeitlichen Protestantismus ohne Vergleich, übertrifft sicherlich diejenige Luthers (wenn man von dessen Bibelübersetzung, Katechismus und den Liedern absieht)." Johannes Wallmann, Johann Arndt und die protestantische Frömmigkeit. Zur Rezeption der mittelalterlichen Mystik im Luthertum, in: Dieter Breuer (Hg.), Frömmigkeit in der frühen Neuzeit. Studien zur religiösen Literatur des 17. Jahrhunderts in Deutschland (Chloe 2), Amsterdam 1984, S. 50–74, hier 52. Noch im 19. Jahrhundert wurde Arndt viel gelesen. So zählte zum Beispiel 1835 der Pastor der Kirchengemeinde Hude im Großherzogtum Oldenburg in 317 Familien 50 Exemplare der ‚Bücher vom wahren Christentum‘. Vgl. Rolf Schäfer, Peter Friedrich Ludwig und die evangelische Kirche in Oldenburg, in: Heinrich Schmidt (Hg.), Peter Friedrich Ludwig und das Herzogtum Oldenburg, Oldenburg 1979, S. 89 Anm. 69.

[5] Vgl. Weber, a.a.O. (wie Anm. 3), S. 63–71.

fentlichkeit[6]. 1735 bezog dann der große reformierte Mystiker Gerhard
Tersteegen unter Berufung auf Johann Arndt Angela von Foligno in seine
‚Auserlesenen Lebensbeschreibungen heiliger Seelen‘ ein[7] und verhalf
ihr durch dieses vielgelesene Buch zu weiterer Wirkung im Pietismus.

Wer diese wirkungsgeschichtlichen Tatsachen vor Augen hat, den wird
das heutige Verhältnis zu Angela in Deutschland doch etwas überra-
schen. Nicht einmal alle Editionen ihres Werks aus unserem Jahrhundert
sind in den größeren Bibliotheken vorhanden, und manche wichtige Mo-
nographie ist in Deutschland überhaupt nicht greifbar – ganz zu schweigen von den zahlreichen lokalen Publikationen über Angela. Diese Frau,
die wenigstens zeitweilig einen internationalen Einfluß auf die religiöse
Literatur ausübte und die nach ihrem religiösen Format den größten
deutschen Mystikerinnen des Mittelalters an die Seite gestellt werden
muß, ist heute vor allem noch in Italien lebendig – ganz besonders natürlich in ihrer Heimatstadt Foligno, wo sie in der Kirche S. Francesco beige-
setzt ist. In Foligno wird sie – ohne jemals offiziell kanonisiert worden
zu sein – als eine Lokalheilige verehrt, und auch der allgemein gebräuch-
liche Titel einer Seligen ist ihr ohne ein reguläres Verfahren erteilt worden. Ihre Heimatstadt hat den 700. Jahrestag ihrer *conversio* mit großem
Aufwand begangen: von einem Pilgerzug von Foligno nach Assisi auf
Angelas Spuren, der am 27. September 1984 die Feierlichkeiten eröffnete,
bis zum abschließenden Gottesdienst am 5. Januar 1986. Unter den Publikationen, die aus diesem Anlaß erscheinen, wird vor allem eine Bestand haben: die erste kritische, auf einer vollständigen Sichtung der
Überlieferung beruhende Edition von Angelas ‚Liber‘. Die alten Ausgaben, auf späten Textzeugen beruhend, waren ja für die historische Arbeit
weitgehend unbrauchbar gewesen, und erst in unserem Jahrhundert haben Paul Doncœur (1925)[8] und Martin-Jean Ferré (1927)[9] lateinische Edi-

---

[6] In seiner ‚Historia et descriptio theologiae mysticae, Seu theosophiae arcanae et
reconditae, itemque veterum et novorum mysticorum‘, Frankfurt am Main 1702, S.
351 f. Darauf hat erstmals Hans S c h n e i d e r hingewiesen: Johann Arndt und die ma-
karianischen Homilien, in: Werner S t r o t h m a n n (Hg.), Makarios-Symposium über
das Böse (Göttinger Orientforschungen I,24), Wiesbaden 1983, S. 186–222, hier 202
(mit anderer Seitenangabe).

[7] Im XI. Stück des zweiten Buchs. Mir war nur die 3. Auflage, Essen 1784–86, zugänglich, in der „Das Leben der Heiligen Angele von Foligni" in Bd. 2, 1785, S.
305–379, dargestellt ist.

[8] Le livre de la Bienheureuse Angèle de Foligno, Paris 1925. Der Herausgeber legte
auch eine französische Übersetzung vor (Paris 1926).

[9] Sainte Angèle de Foligno, Le livre de l'expérience des vrais fidèles [Latein. Text
und franz. Übersetzung], Paris 1927.

tionen auf der Grundlage des wichtigen cod. Assisi, Bibl. Comunale 342,
sowie Michele Faloci Pulignani (1932)[10] auf der Grundlage des cod. Subiaco, Bibl. del Monastero S. Scolastica 112, veröffentlicht. All diese Ausgaben sind durch die neue Edition überholt, die von den Franziskanern
Ludger Thier und Abele Calufetti, Mitgliedern des Collegio S. Bonaventura in Grottaferrata, erarbeitet wurde[11].

Aber kommen wir nun zur Person Angelas, über deren Lebenslauf wir
freilich nicht mehr viel wissen[12]. Ihr Todesdatum ist durch eine alte Notiz in den Handschriften gesichert, ihr Geburtsjahr erst durch ein Dokument der Ritenkongregation von 1701 bezeugt. Einige chronologische
Angaben in Angelas ‚Liber‘ lassen wesentliche Stufen ihres inneren Lebens, aber auch zwei ihren äußeren Lebensweg gliedernde Zäsuren mehr
oder weniger sicher erschließen.

Angela ist wohl 1248 oder 1249 in Foligno, einer Stadt in der Ebene
des Spoletotales, etwa 14 km südöstlich Assisi, geboren. Sie stammte aus
wohlhabender, vielleicht sogar adliger Familie, war verheiratet und hatte
mehrere Kinder. Mit der Zeit erlebte sie einen wachsenden inneren Konflikt: Ein geschärftes Sündenbewußtsein auf der einen und steigende
Furcht vor ewiger Verdammnis auf der andern Seite ließen sie in eine innere Krise geraten, die schließlich zu ihrer religiösen *conversio*, der Änderung ihres Sinnes und ihrer Lebensweise, führte. Angela pflegte die Kirche S. Francesco in Foligno aufzusuchen, sie wandte sich im Gebet an
den hl. Franziskus und schloß sich an franziskanische Geistliche an. Einer von ihnen, der wie sie aus Foligno stammte und mit ihr verwandt
war, ein *frater* Arnaldo, wahrscheinlich zeitweise Kaplan des Bischofs
von Foligno, wurde ihr Beichtvater und geistlicher Berater — die zentrale
Figur ihres religiösen Lebens, mit der wir uns noch ausführlich beschäftigen müssen. Angelas *conversio* dürfte 1285 stattgefunden haben. Aber

---

[10] L'autobiografia e gli scritti della B. Angela da Foligno, mit Übersetzung von Maria Castiglione Humani, Città di Castello 1932.

[11] Il libro della Beata Angela da Foligno (Edizione critica), Grottaferrata 1985. Die
1. Auflage wurde für die Cassa di Risparmio di Foligno reserviert und kam deshalb
nicht in den Buchhandel. Ich verdanke mein Exemplar der Güte des Herausgebers
P. Abele Calufetti, dem ich für seine Liebenswürdigkeit auch an dieser Stelle herzlich
danke. — Im folgenden werden nach dem Vorbild der kritischen Ausgabe das ‚Memoriale‘ nach Kapiteln und Zeilen, die ‚Instructiones‘ nach Nummern und Zeilen zitiert.

[12] Für die Chronologie ist bis heute grundlegend: Martin-Jean Ferré, Les principales dates de la vie d'Angèle de Foligno, Revue d'histoire franciscaine 2 (1925), S. 21—34.

noch war sie verheiratet, hatte Kinder und eine Mutter. Sie erzählt selbst ohne Scheu, daß sie ihre Mutter als ein großes Hindernis auf dem neu eingeschlagenen Weg betrachtete, daß sie Gott um Befreiung von ihren Angehörigen bat und daß sie es als gnädige Fügung empfand, als dann tatsächlich ihre Mutter, ihr Mann und alle ihre Söhne in kurzer Zeit nacheinander starben[13]. In den Jahren nach ihrer *conversio* und dem Verlust der Angehörigen hat Angela nach und nach ihren Besitz verschenkt und neben Wallfahrten in ihrer umbrischen Heimat auch eine Reise nach Rom unternommen. Ihr Wunsch nach einem Leben in wahrer Armut erfüllte sich, als sie 1291 in den Dritten Orden der franziskanischen Gemeinschaft aufgenommen wurde. Am 4. Januar 1309 ist sie nach verschiedenen Leiden gestorben.

Dieses Leben, von dessen äußerem Verlauf wir nur wenige sichere Daten kennen, hat nichts Außergewöhnliches an sich. Angela hat zu Lebzeiten weder durch soziale oder politische Aktivitäten noch durch großartige Wundertaten gewirkt. Ihre Bedeutung beruht ausschließlich auf ihrer geistlichen Hinterlassenschaft: auf ihren autobiographischen und spirituellen Äußerungen, die von fremder Hand in einem Buch gesammelt worden sind. Die handschriftliche Überlieferung bietet nur wenige Anhaltspunkte für einen Titel, und die verschiedenen Formulierungen der älteren Editionen können nicht befriedigen. Deshalb spreche ich im Anschluß an die neue kritische Ausgabe einfach von Angelas ‚Buch' (‚Liber').

Dieses Buch ist keine literarische Einheit, sondern eine Sammlung verschiedener Texte, die auch in der handschriftlichen Überlieferung nicht immer in derselben Reihenfolge erscheinen. Es handelt sich im wesentlichen um zwei große (dem Umfang nach etwa gleich große) Komplexe:

---

[13] Kap. 1, 86–93: *Sed erat adhuc mihi satis verecundum et poenosum, quia non sentiebam adhuc de amore. Et eram cum viro meo, unde et amarum erat mihi, quando dicebatur mihi iniuria vel quando fiebat mihi iniuria, tamen sustinebam patienter sicut poteram. Et factum est, volente Deo, quod illo tempore mortua fuit mater mea, quae erat mihi magnum impedimentum. Et postea mortuus est vir meus et omnes filii in brevi tempore. Et quia incoeperam viam praedictam et rogaveram Deum, quod morerentur, magnam consolationem inde habui scilicet de morte eorum.*
Das schließt übrigens nicht aus, daß sie auch ganz elementare Trauer über diese Todesfälle empfinden konnte, obwohl solche Gefühle immer ihrem Schmerz um die (noch) nicht erreichte Vollendung des eigenen geistlichen Lebens nachstanden. Kap. 3, 132–138: *... sentiebam unam dulcedinem pacificam tam maximam, quam nescio loqui, et erat mihi desiderium moriendi. ... Et vivere erat mihi poena super dolorem mortis matris et filiorum et super omnem dolorem, quem possem cogitare.*

1. Eine Zusammenstellung von Berichten, die so angeordnet und miteinander verbunden sind, daß sie eine Art innerer Biographie oder Auto-
biographie bilden. Nach einer Formulierung im Text[14] pflegt man diesen
ersten Teil ‚Memoriale‘ zu nennen. Er enthält nur ganz wenige Angaben
zum äußeren Lebenslauf Angelas und gibt einen stark vereinfachten Ab-
riß ihrer religiösen Entwicklung von der *conversio* 1285 bis zum Jahr
1296. Die Vorgeschichte fehlt ebenso wie die letzten von wachsendem
Leiden gekennzeichneten Jahre.

2. Eine Sammlung von insgesamt 36 Texten ganz unterschiedlichen
Umfangs und auch recht uneinheitlichen Inhalts. Wegen ihres überwiegend lehrhaften Charakters werden sie gerne als ‚Instructiones‘ bezeichnet. Vor allem diese Texte haben Angela den Ehrentitel einer „magistra
theologorum“ eingebracht[15]. Nach Form und Umfang gehen sie von kleinen, wenige Zeilen umfassenden Notizen[16] über mehr oder weniger frag-
mentarische Briefe bis zu regelrechten Abhandlungen, die auch nach ihrer äußeren Form gewissen literarischen Ansprüchen genügen können.
Unter ihnen ragen besonders zwei hervor: ein umfangreicher Traktat
über die geistliche Liebe und die Irrtümer und Gefahren, die damit verbunden sind[17], und eine dreigliedrige Abhandlung, die man mit einem
ihrer zentralen Begriffe als ‚liber vitae“ bezeichnen kann[18]. Eines der
Stücke enthält Nachrichten über Angelas Tod, vor allem ihre letzten
Worte[19]. Während dieser Text in älteren Ausgaben zusammen mit einzel-

---

[14] Kap. 2, 85 f.: *et minus plene et negligenter incoepi scribere, quasi pro quodam mihi memoriali.*

[15] Vgl. z.B. Antonio Blasucci, La B. Angela da Foligno (1248–1309) „Magistra Theologorum“, Miscellanea Francescana 48 (1948), S. 171–190.

[16] Instr. 11, 16, 24, 31, 33.

[17] Instr. 2, zugleich eine Auseinandersetzung mit der zu Beginn des 14. Jahrhunderts in Umbrien verbreiteten „Sekte des Geistes der Freiheit“ (Z. 124: *illi, qui dicuntur de spiritu libertatis*), deren Urheber Bentivenga (Bentivegna) von Gubbio, ursprünglich einer von Gherardo Segarellis „Apostelbrüdern“, später Franziskaner, 1306 von Klara von Montefalco denunziert und nach Verhör und Überführung durch Ubertino von Casale 1307 mit vielen Anhängern zu ewiger Kerkerhaft verurteilt wurde. Vgl. Romana Guarnieri, Art. Fratelli del Libero Spirito, in: Dizionario degli Istituti di perfezione IV (1977), Sp. 633–652; dies., Il movimento del Libero Spirito, Archivio Italiano per la Storia della Pietà 4 (1965), S. 351–708.

[18] Instr. 3: 1. Betrachtungen über die Bedeutung des Schmerzes im Leben Jesu; 2. Betrachtungen über die Notwendigkeit des Gebets; 3. Beispiele vollkommener Armut. Auch in diesem Traktat setzt sich Angela mit der „Sekte des Geistes der Freiheit“ auseinander: Z. 180 ff.; 386 ff.

[19] Instr. 36.

nen Briefen als dritter Teil von Angelas Buch angeordnet war, haben die
Herausgeber der jüngsten Edition mit Recht alle 36 Stücke im zweiten
Teil zusammengefaßt.

Nach diesem allerersten Überblick über Angelas Wirkungsgeschichte,
über ihre Biographie und ihr ‚Buch‘ wollen wir anhand des ‚Buches‘ ein
wenig tiefer in ihr geistliches Leben eindringen. Dabei möchte ich nicht
so sehr auf Angelas Bedeutung als Mystikerin oder als Theoretikerin der
Mystik eingehen. Zweifellos war sie eine höchst sensible Persönlichkeit,
der zahlreiche mystische Erfahrungen, Auditionen und Visionen, zuteil
geworden sind und die darüber in einer Offenheit berichtet hat, die ihre
Äußerungen zu einem Material ersten Ranges für die Frömmigkeitsge-
schichte macht. Zum andern hat sie aber auch in einer für eine Frau ihrer
Zeit ungewöhnlichen Weise Überlegungen über ihre religiösen Erfahrungen angestellt, und ihr ‚Buch‘ zeigt Ansätze zu einer theoretischen Be-
wältigung des Erlebten, die im Zusammenhang einer Theologie der Mystik hohes Interesse beanspruchen dürfen. Diesen in der Literatur bisher
immer beachteten Aspekt möchte ich aber hier in den Hintergrund treten lassen und Angela weniger als Mystikerin denn als Repräsentantin
der religiösen Frauenbewegung betrachten.

Ich werde mich deshalb im folgenden auf zwei Punkte konzentrieren:
zum einen auf die Entstehung von Angelas ‚Buch‘. Wir erhalten daraus
   nämlich weit über den literarhistorischen Aspekt hinaus Aufschluß
   über die Bedingungen, unter denen diese Frau an der Wende vom 13.
   zum 14. Jahrhundert ihr geistliches Leben geführt und ihre religiösen
   Erfahrungen überliefert hat.
zum andern auf die Frage, wie weit sich in Angelas religiösem Leben und
   Erleben spezifisch franziskanische Züge erkennen lassen.

II Die Entstehung von Angelas ‚Liber‘

Betrachten wir also zunächst einmal Angelas ‚Buch‘, und gehen wir dabei von der Überlieferung des Textes aus[20]. Ein Überblick über alle handschriftlichen Zeugen läßt Unterschiede erkennen, die weit über das hin-
ausgehen, was in der Geschichte der handschriftlichen Überlieferung eines Textes durch bewußte oder unbewußte Veränderungen an Differen-

---

[20] Grundlegend: Editio critica (wie Anm. 11), S. 51–73.

zen zu enstehen pflegt. Eine Gruppe von fünf Handschriften (vor allem die belgischen) bietet einen wesentlich kürzeren Text als die ältesten italienischen Codices, und zwar sowohl für das ‚Memoriale‘ wie für die ‚Instructiones‘, während die deutschen Handschriften zwar das ‚Memoriale‘ in längerer Fassung, die ‚Instructiones‘ aber verkürzt enthalten. Frühere wissenschaftliche Herausgeber — als erster wohl Ferré — haben diesen Sachverhalt wenigstens im groben gesehen und dementsprechend ihre Editionen auf alte Handschriften der längeren Fassung begründet, also auf die von Assisi bzw. Subiaco. Aber sie haben den Sachverhalt falsch gedeutet, indem sie die kürzere Fassung als einen späteren Auszug aus dem ursprünglich längeren Text auffaßten. Der sorgfältige Vergleich, den die Herausgeber der neuen, kritischen Ausgabe vorgenommen haben[21], zeigt, daß es sich um zwei Redaktionen handelt, die beide vom Herausgeber des ‚Buches‘ stammen, und daß von ihnen die kürzere die ältere ist, die bereits zu Angelas Lebzeiten durch zahlreiche Zusätze erweitert wurde. Bei diesen Zusätzen handelt es sich zum einen um vollständige Stücke — nämlich bei den ‚Instructiones‘, von denen dreizehn (allerdings meist kurze) Stücke sowie ein Epilog erst in der zweiten Redaktion hinzugekommen sind —, zum andern um längere oder kürzere Zusätze zu selbständigen Texten, seien es einzelne ‚Instructiones‘, seien es einzelne Kapitel des ‚Memoriale‘. Der durch seine Entstehung wie durch seine endgültige Gestalt besonders interessante Teil von Angelas ‚Buch‘, das ‚Memoriale‘, lag offenbar in seiner Grundstruktur bereits in der ersten Redaktion vollständig vor. Ich kann hier die spätere Phase in der Geschichte des Werks, also die zweite Redaktion, in der sich teilweise Angelas Wirkung in ihrem Schülerkreis sowie innerfranziskanische Auseinandersetzungen niedergeschlagen haben[22], nicht näher betrachten, sondern muß mich auf das ‚Memoriale‘ in seinem Grundbestand konzentrieren.

Auszugehen ist von der Tatsache, daß Angela das ‚Memoriale‘ nicht selbst verfaßt hat oder — wenn wir einen weiteren Begriff von Verfasserschaft gebrauchen — daß sie es nicht selbst niedergeschrieben hat. Dieses Werk ist vom Anfang bis zum Ende von Bemerkungen darüber durchzogen, daß es von einem Mann, einem *frater scriptor*, in die vorliegende Fassung gebracht wurde. (Bei den ‚Instructiones‘ gibt es entsprechende Indizien; aber nicht in jedem der Texte. Daher ist hier die Frage der Nieder-

---

[21] Editio critica, S. 108–117 und in vielen Anmerkungen zum Text.
[22] Vgl. die Überarbeitung des ‚Memoriale‘, Kap. 5, die ‚Instructiones‘ 12, 13, 15 und 17 und den Epilog (S. 740–742).

schrift viel schwieriger zu beantworten.) Der Sachverhalt beim ‚Memoriale‘ verlangt natürlich nach einer Erklärung; er läßt die Frage nach Angelas Bildung stellen.

Die Bildung der Frau im Mittelalter ist eines der wichtigsten Probleme jeder Beschäftigung mit den religiösen Frauen und ihrer Literatur – ein Problem, das noch nicht umfassend untersucht worden ist und für dessen Erforschung die Quellenlage auch ziemlich ungünstig ist. Über Angelas Bildung können wir nur Vermutungen anstellen. Sicher konnte sie lesen; aber über ihre Fähigkeit zu schreiben läßt sich nichts ausmachen. In mehreren ‚Instructiones‘, Briefen an ihre Schüler und Verehrer, nimmt sie Bezug auf Schreiben, die sie empfangen hat, und redet von solchen, die sie versendet; doch es bleibt im dunkeln, wer nun die Briefe schreibt[23]. Gewiß ist, daß Angela das ‚Memoriale‘ nicht aufgezeichnet, sondern daß sie einem Schreiber die einzelnen Texte mitgeteilt, vielleicht sogar diktiert hat, die dann zu einem Ganzen zusammengefügt wurden. Dieser Schreiber ist ihr Beichtvater und geistlicher Berater, der Franziskaner Arnaldo aus Foligno, der zeitweise auch Mitglied des Sacro Convento di S. Francesco in Assisi war[24]. Diesem Mann hat Angela jahrelang von ihren persönlichen Erlebnissen, ihrem Umgang mit Gott und ihren daraus erwachsenen Überlegungen mitgeteilt, und Arnaldo hat diese Mitteilungen meist sofort, selten später niedergeschrieben und danach, in einem weiteren Arbeitsgang, in eine gewisse Reihenfolge und einen lockeren Zusammenhang gebracht. Die beiden in der handschriftlichen Überlieferung erkennbaren Redaktionen bieten noch Zeugnisse dafür, in welcher Weise Arnaldo sein Material benützte.

Besonders aufschlußreich für seine Zusammenarbeit mit Angela ist, daß er in die Wiedergabe ihrer Äußerungen immer wieder kürzere oder längere Zwischenbemerkungen einschiebt: Nachrichten über Angelas Verhalten, über seinen Umgang mit ihr und vor allem über seine eigene redaktionelle Arbeit. Wir machen uns an Hand seiner Mitteilungen drei Sachverhalte klar: zuerst, wie der Kontakt und Austausch zwischen An-

---

[23] Vgl. z.B. Instr. 7, 11 f.: *Non me delectat modo scribere; sed propter multas litteras, quas mittitis, cogor vobis scribere*. Instr. 14, 5–7: *Non miremini, filii mei carissimi, si non rescripsi vobis ad plures litteras, quas mihi misistis, quia taliter sum ligata, quod nec vobis nec aliis litteras mittere possum*.

[24] Vgl. besonders Kap. 2, 98–101: *praedicta persona fidelis Christi* [sc. Angela] *quadam vice venerat Assisium ad Sanctum Franciscum, ubi ego morabar conventualis . . . ego, qui eram suus confessor et consanguineus et etiam consiliarius praecipuus et singularis . . .*

gela und ihrem Beichtvater bzw. Sekretär verläuft; sodann, wie dieser *frater* Arnaldo im einzelnen arbeitet; schließlich, nach welchen Gesichtspunkten das ‚Memoriale' im ganzen gestaltet ist. Was wir hier erfahren, ist natürlich nichts Singuläres. Im Gegenteil — es ist typisch für die Situation der frommen Frauen im hohen und späten Mittelalter. Doch darin liegt gerade der Wert solcher Nachrichten, die wir nicht häufig so ausführlich und so aussagekräftig vorfinden.

Zunächst zum Kontakt zwischen Angela und Arnaldo. Wie kommt dieser Mann überhaupt dazu, Angelas Äußerungen schriftlich festzuhalten? Das entscheidende Geschehen spielte sich 1291, bald nach Angelas Eintritt in den Dritten Orden, auf einer Wallfahrt nach Assisi und in Assisi ab. Arnaldo hat es so eindrucksvoll empfunden, daß er es im ‚Memoriale' gleich an drei Stellen, in drei Berichten, festhält[25]. Angela hatte ihre Reise von Foligno nach Assisi natürlich zu Fuß unternommen: eine Wanderung von wenigen Stunden. Dabei hatte sie zum hl. Franziskus gebetet und ihn um Fürsprache bei Gott gebeten: er möge ihr Erfahrungen im Umgang mit Christus verleihen, möge ihr die Gnade gewähren, mit der sie die jüngst eingegangene Verpflichtung auf die Franziskusregel einhalten könne, und möge sie wahrhaft arm machen[26]. Als sie schon die kleine Stadt Spello hinter sich gelassen hatte, die sie wenige Kilometer hinter Foligno berührte, und gegen Assisi anstieg[27], da hatte sie eine Audition von seiten des Heiligen Geistes, der sie mit unbeschreiblicher Freude erfüllte und ihr seine ständige Begleitung bis zur Grabeskirche des hl. Franziskus und seinen Beistand darüber hinaus versprach. Angela erreichte Assisi in einer Begeisterung, die bei ihrem ersten Besuch in S. Francesco anhielt und auch durch die Einnahme einer Mahlzeit nicht ge-

---

[25] Kap. 1, 292 ff.; 2, 97 ff.; 3, 5 ff.

[26] Kap. 3, 17–21: [Angela] *veniebat per viam orando. Et inter alia rogaverat beatum Franciscum, quod ipse rogaret Deum pro ea, ut ipsa sentiret de Christo, et quod gratiam sibi acquireret beatus Franciscus a Deo, qua ipsa servaret bene regulam beati Francisci, quam noviter promiserat, et maxime pro hoc scilicet, quod faceret eam esse et finire vere pauperem.* Es schließt sich (22–29) ein kurzer Rückblick auf die Romreise an, deren einziger Zweck Angelas Gebet zum hl. Petrus gewesen war, ihr zu vollkommener Armut zu verhelfen. (Dieser Bericht war in der ursprünglichen Fassung Bestandteil des 19. Schrittes gewesen und wurde in der 2. Redaktion mit einer zusätzlichen Mitteilung in die Erzählung von Angelas Wallfahrt nach Assisi eingeschoben — wohl, um die Dringlichkeit ihres Verlangens nach Armut zu unterstreichen.)

[27] Angela kann das Erlebnis genau lokalisieren; Kap. 3, 33–35: *Et quando ipsa pervenit intus Spellum et viam arctam, quae est ultra Spellum, et ascendit adversus Assisium, ibi in trivio dictum est ei ita ...*

dämpft wurde. Als sie anschließend die Kirche erneut betrat, hatte sie
vor dem Bild des Heiligen an der Brust Christi ein Erlebnis, auf dessen
Umstände und Inhalt ich später noch genauer eingehen werde. So sehr
sie durch diese Vision und Audition in Entzücken versetzt wurde, so
schmerzhaft mußte ihre Enttäuschung sein, als danach der Geist von ihr
wich. Sie setzte sich in den Eingang der Kirche, kreischte (*stridere*) und
schrie (*vociferari*, *clamare*) unverständliche Worte und meinte, vor
Schmerz sterben zu müssen. Ihre Begleiter bei der Wallfahrt lagerten sich
voll Ehrfurcht um sie herum, während mehrere Franziskaner aus dem
angrenzenden Konvent herbeiliefen, um die Schreiende zu sehen[28].

Unter ihnen war Arnaldo, der sich damals im Konvent von S. Francesco aufhielt und nun Angelas Auftritt mit Schrecken und Entrüstung mit-
erlebte. Als er bald darauf wieder nach Foligno zurückkehrte und als Angelas geistlicher Berater vertrauten Umgang mit ihr hatte, da begann er
sie mit aller Macht zu bedrängen und nach jenem unvergeßlichen Ereignis in S. Francesco zu fragen. Schließlich konnte Angela seinem Drängen
nicht länger widerstehen, und als sie sich seiner Verschwiegenheit versichert hatte, begann sie sich ihm zu eröffnen[29].

Natürlich handelte es sich bei ihren Mitteilungen nicht nur um die üblichen Inhalte eines Beichtgesprächs, nicht nur um die Verfehlungen, die
das Beichtkind seinem Beichtvater bekennt, sondern vor allem um die
Erlebnisse und Gnadenerweise, die Angela zuteil wurden und die normalerweise nicht unbedingt den Gegenstand der sakramentalen Beichte bilden. Im Laufe der Zeit hat sich Arnaldo von Angela sowohl die Geschichte ihrer religiösen Entwicklung seit der *conversio* als auch — und zwar
viel ausführlicher als jene länger zurückliegenden Vorgänge — ihre Erlebnisse seit dem spektakulären Auftritt in Assisi erzählen lassen. Manchmal kann er sich auf Augen- und Ohrenzeugenschaft berufen: *ego frater
scriptor vidi et audivi*[30]; aber häufiger berichtet er davon, daß er Angela

---

[28] Zu Angelas Erregbarkeit vgl. auch z.B. Kap. 1, 256 f.: *Postea veni ad tantum maio-
rem ignem, quod, si audiebam loqui de Deo, stridebam* . . .

[29] Vgl. Kap. 2, 115–121: *Et postea post modicum tempus reversus fui de Assisio ad ter-
ram nostram, de qua eramus ipsa et ego. Et volens scire causam clamoris praedicti coepi
cogere eam omni modo, quo potui, quod ipsa indicaret mihi, quare sic et tantum striderat
vel clamaverat, quando venerat Assisium. Et illa, recepta prius a me firma promissione,
quod nulli viventi panderem, qui eam posset cognoscere, coepit mihi narrare aliquantu-
lum de historia, quae admodum post praesentem narrationem scribitur.* Parallele: Kap.
3, 10–16.

[30] Kap. 9, 126.

ausdrücklich befragte. Ein Beispiel: „Einmal reichte ich, der Bruder Schreiber, ihr die Kommunion. Und weil die Gläubige Christi in jeder Kommunion eine neue Gnade zu empfangen pflegte, habe ich, der Bruder, so wie ich es öfter machte, sie gefragt, ob sie mit der erwähnten Kommunion zufrieden sei." Darauf antwortet Angela nicht nur mit Ja und Nein, sondern beschreibt, was sie erfahren hat[31]. Immer wieder fragt Arnaldo Angela nach ihren Erlebnissen und läßt sie sich möglichst genau erklären. Dabei spielt von Anfang an das Bedenken eine große Rolle, ob sich Angela bei ihrem Erleben nicht täuschte oder besser: ob sie nicht von einem bösen Geist durch falsche Einflüsterungen getäuscht wurde[32]. Dahinter steckt nicht nur die allgemeine Furcht vor dem Einfluß der Dämonen, sondern die konkrete Sorge, Angela könnte unter solchem Einfluß zur Häretikerin werden. Deshalb fragt Arnaldo Angela auch beständig, ob sie sich ihrer Sache wirklich sicher sei, und berichtet ausführlich von jenen Offenbarungen, die gerade die Zuverlässigkeit von Angelas Erlebnissen zum Inhalt haben. Gott läßt ihr ja nicht nur Visionen und Auditionen verschiedenen Inhalts zuteil werden, sondern beglaubigt auf ihre Bitte hin auch immer wieder seine Mitteilungen[33].

Man kann fragen, welche Motive Arnaldo überhaupt dazu bewogen haben, Angela so intensiv zu befragen und über Jahre hin mit beträchtlicher Mühe ihre Berichte so ausführlich aufzuzeichnen. Die bloße Sorge um ihre Rechtgläubigkeit hätte ihn eher veranlassen müssen, ihren rasch erwachten Mitteilungsdrang wieder zu dämpfen. Ob er selbst schon die Absicht hatte, Angelas Äußerungen in den innerfranziskanischen Streitigkeiten zu verwenden, ist mir fraglich. Anfangs bewegte ihn wohl nur die Neugierde nach den Gründen für den spektakulären Auftritt seiner Verwandten in S. Francesco. Seine Bemerkungen lassen jedoch auch erkennen, daß er bald ein inneres Interesse an Angelas Mitteilungen gewann und sie geradezu als göttliche Offenbarungen betrachtete, von denen kein

---

[31] Kap. 9, 217 ff.
[32] Vgl. z.B. Kap. 2, 121 ff.
[33] Vgl. z.B. Kap. 4, 206–224, v.a. 213–218: *dum fieret mihi conscientia ne forte totum esset verum, quod ego de me dixi et quod tu scripsisti, statim responsio facta fuit mihi ita dicens: Omnia, quae ibi scripta sunt, vera sunt, et non est ibi unum aliquid mendaciter dictum, sed erant magis plena multum vel magis plene multum; et defectuose est dictum et quod scriptor scripserat diminute vel cum defectu. 220: Et dixit: Deus est praesens in omnibus istis, quae scribitis, et stat ibi vobiscum.* Gott fordert Angela auch ausdrücklich zu Mitteilungen an den *frater scriptor* auf, z.B. Kap. 5, 158–161: *pluries dictum est ei, quod praedicta verba et exemplum diceret mihi. Et dicebatur ei: Dicas ei!*

Wort verlorengehen durfte. Aber er war andererseits selbst kein Mystiker, ja überhaupt kein Mensch, dem außergewöhnliche religiöse Erfahrungen zuteil wurden. Deshalb ließ er nicht nur den allgemeinen Verdacht laut werden, Angela könnte in ihren Erlebnissen von einem bösen
Geist getäuscht sein, sondern war er ganz grundsätzlich gegen allzu über-
schwengliche Eindrücke mißtrauisch. Mehrfach erzählt er, wie er Angelas Ausführungen widersprach. So etwa, als sie von einer Audition berichtete, in der ihr Gott offenbarte, daß seine Kinder aus einer Schüssel
mit Christus essen, aus einem Kelch mit ihm trinken und dabei das Bitte-
re des Leidens als angenehm empfinden. Arnaldo schreibt: „Ich, der Bruder Schreiber, begann zu widersprechen und sagte, daß es hart genug sei",
worauf Angela eine Geschichte erzählte, die das Gegenteil beweisen sollte[34]. Oder als Angela das Dunkel, den Geheimnischarakter ihres Erlebens hervorhob, widersprach Arnaldo mit dem Hinweis darauf, daß er
es nicht begreifen könne[35]. Arnaldo berichtet auch davon, daß er wegen
Angelas Äußerungen einen Erfahreneren um Rat fragte[36].

Damit stoßen wir auf einen weiteren wichtigen Sachverhalt in den Beziehungen zwischen Angela und ihrem geistlichen Berater: Arnaldos Ar-
beitskraft, aber auch sein Verständnis und sein Einfühlungsvermögen,
haben deutliche Grenzen, die ihm selbst durchaus bewußt sind und die
er nicht zu verschleiern sucht. Immer wieder weist er darauf hin, daß seine Wiedergabe von Angelas Mitteilungen fragmentarisch und fehlerhaft
sei – nicht, weil er etwas hinzugefügt hätte, sondern weil er nicht alles
festhalten konnte: teils, weil er in Eile war und nur zu einer verkürzenden
Niederschrift Zeit hatte, teils, weil er nicht alles aufnehmen und verstehen konnte, was Angela sagte[37]. Angela ist mit seinen Aufzeichnungen

---

[34] Kap. 5, 116–121.
[35] Kap. 9, 39 f.
[36] Von Anfang an zieht Arnaldo (unter voller Wahrung der Diskretion) Kundigere
zu Rate. Vgl. z.B. Kap. 2, 123–125: *Et consului et coegi eam, quod totum diceret mihi
et quod ego volebam illud scribere omnino, ut possem consulere super illo aliquem sapien-
tem et spiritualem virum, qui nunquam eam cognosceret.*
[37] Vgl. z.B. Kap. 2, 168–173: *Dolor tamen mihi et sollicitudo non modica remanebat,
eo quod multa, quae intelligebam esse digna scribi, omittebam tunc, quando scribebam
propter festinantiam meam et insufficientiam mei scribentis et propter timorem fratrum
contradicentium et quia multum murmurantes fratres fecerunt mihi a guardiano et
etiam cum reprehensione a ministro firmiter prohiberi, nescientes tamen quid ego scribe-
rem et quae bona. Kap. 4, 197–199: Ego frater scriptor hic valde diminute et detruncate
scripsi propter festinationem. De pulcherrimis rationibus de mundo decerpsi aliqua verba
abbreviando, scilicet scribendo aliqua et non omnia, quae dicebat. Kap. 5, 195–197:*

oft unzufrieden und macht ihm deswegen einmal den Vorwurf: „Das, was geringeren und gar keinen Wert hat, das hast du aufgeschrieben; aber von dem Kostbaren, was meine Seele wahrgenommen hat, hast du nichts geschrieben"[38]. Trotz dieser offenkundigen Grenzen, die Arnaldo selbst mehrfach aufdeckt, hat Angelas Beichtvater eine wichtige Aufgabe in ihrem Leben. Er ist nicht nur der Schreiber, der das festhält, was Angela ihm zu erzählen beliebt, sondern er übt gleichsam eine mäeutische Funktion aus: Er hilft Angela durch seine Fragen und auch durch sein Mißtrauen gegen manches, was sie sagt, sich über ihre Erfahrungen klarer Rechenschaft zu geben und ihre Mitteilungen verständlicher zu formulieren.

Dabei kann es sich nur vorteilhaft auswirken, daß Arnaldo selbst keine außerordentlichen Erfahrungen macht, die er unter der Hand in Angelas Berichte einfließen lassen könnte, sondern daß er das, was er mitteilt, sehr nüchtern und zurückhaltend wiedergibt.

Wenn Arnaldo etwas Eigenes hinzugefügt hat, dann wohl am ehesten Elemente theologischer Reflexion. Was solche Bestandteile der Theoriebildung anbetrifft, ist es sehr schwer, ein Urteil über Angelas eigenen Beitrag zu gewinnen, d.h. zwischen ihren eigenen theologischen Formulierungen und den Interpretamenten ihres theologisch sicherlich viel besser gebildeten Beichtvaters zu unterscheiden. Immerhin ist das theologische Niveau ihrer Aussagen ganz beträchtlich, und man fragt sich, woher sie,

---

Hanc pulcherrimam praedicationem et utilissimam et longam ego frater scriptor non potui scribere propter horam, quia oportebat eam et me recedere de ecclesia et quia curando de aliis scribendis non curavi eam scribere postea.

[38] Kap. 2, 143–158: *Et hic potest aliqualiter patere, quod ego non poteram capere de verbis divinis nisi magis grossa, quia aliquando, dum ego scribebam recte sicut a suo ore capere poteram, relegenti sibi illa, quae scripseram, ut ipsa alia diceret ad scribendum, dixit mihi admirando, quod non recognoscebat illa. Et alia vice, quando ego relegebam ei, ut ipsa videret, si ego bene scripseram, et ipsa respondit, quod ego sicce et sine omni sapore loquebar, et admirabatur de hoc. Et alia vice exposuit ita dicens: Per ista verba recordor illorum, quae dixi tibi, sed est obscurissima scriptura, quia haec verba, quae legis, mihi non explicant illa, quae portant, ideo est obscura scriptura. Item alia vice dixit ita: Illud, quod deterius est et quod nihil est, scripsisti, sed de pretioso, quod sentit anima, nihil scripsisti. Et sine dubio hoc erat propter defectum meum, non quia aliquid ego adderem, sed quia in veritate non poteram omnia capere, quae dicebat. Et ipsa dicebat, quod ego vere scribebam, sed detruncate et diminute. Et ego, quia sciebam multum tarde scribere et quia, propter timorem fratrum, qui murmurabant, quod sedebam cum ea in ecclesia ad scribendum, multum festinabam scribere, divinum miraculum existimo fuisse illa, quae scripsi, scribere ordinate.* — Eine überaus anschauliche Schilderung von Arnaldos Sekretärsdienst!

die ja nicht im Kloster, sondern in der Welt aufgewachsen ist, solche
Kenntnisse hatte. Das ‚Memoriale' berichtet immer wieder von ihren
Antworten auf gezielte Anfragen, von ihrer Stellungnahme zu theologischen Kontroversen, um die sie von Arnaldo und anderen gebeten wurde.
So erzählt Arnaldo einmal, er habe Angela eine Frage vorgelegt, die ihm
bei der Lektüre von Augustins Werk ‚De civitate Dei' begegnet sei, nämlich an welcher Stelle im Himmel die Heiligen stehen, wobei er auf die
Vision des Protomärtyrers Stephanus verweist, der Christus zur Rechten
Gottes stehen sah (Apg 7,56)[39]. Das ist eine Frage, die man mit den üblichen theologischen Mitteln nur schwer beantworten kann und die man
am besten einem Visionär vorlegt. Arnaldo berichtet auch ganze Reihen
von Fragen, die er und andere Angela vorgetragen haben: etwa nach der
Möglichkeit einer Gotteserkenntis aus den Geschöpfen, nach der Ubi-
quität des eucharistischen Leibes Christi, nach der richtigen Beurteilung
geistlicher Dinge und Menschen[40] oder – an anderer Stelle und ohne die
theologischen Termini technici – nach dem Verhältnis von „potentia ab-
soluta" und „potentia ordinata", einem wichtigen Aspekt der franziskanischen Gottes- und Gnadenlehre[41]. Es sind noch gründliche Untersuchungen nötig, um festzustellen, wie weit Angela in fachtheologischen
Problemen bewandert war oder wie weit *frater* Arnaldo (und andere)
theologische Elemente in ihre Äußerungen hineingetragen haben. Denn
mit der Begründung unseres Textes, Angela habe diese zum Teil recht
schwierigen Fragen mit Hilfe oder auf Grund göttlicher Offenbarung beantwortet, werden wir uns auf keinen Fall zufrieden geben. Immerhin
hat die Tatsache einiges Gewicht, daß sich Arnaldo und andere, offenbar
theologisch gebildete Männer als eine Art Schülerkreis um Angela ver-
sammelten und ihr derartige Fragen vorlegten. Auch die ‚Instructiones'
stellen zum Teil Antworten auf solche Schülerfragen dar[42]. Man hat von
Angela ein Wissen über bestimmte Sachverhalte erwartet und auch erhalten – allerdings nicht in schulmäßiger Form. Bezeichnenderweise fehlen
weitgehend die theologischen Fachbegriffe und ganz die üblichen Methoden; es werden keine *quaestiones* diskutiert und keine Argumente *pro*
und *contra* gesammelt.

---

[39] Kap. 9, 19 ff.

[40] Kap. 5, 200–273.

[41] Kap. 6, 275–345: *Quadam vice . . ., postquam ego frater reversus fui de Lombardia,
ego frater scriptor quaesivi ab ista fideli Christi de una quaestione, quam ego et socius
meus tractaveramus in reversione per viam.*

[42] Vgl. die kurzen Zitate o. Anm. 23.

Nachdem wir uns die Art der Beziehungen zwischen Angela und ihrem geistlichen Betreuer vergegenwärtigt haben — eine sicherlich typische Konstellation, an der nur Angelas theologische Kompetenz erstaunlich ist —, fragen wir nun, wie Arnaldo Angelas Mitteilungen festhielt und verarbeitete. Auch darüber besitzen wir sehr exakte Angaben. Der Franziskaner berichtet, er habe zunächst eine Schilderung von Angelas spektakulärem Auftritt in Assisi niedergeschrieben, und zwar nicht eben vollständig, sondern recht nachlässig, gleichsam als Gedächtnisstütze (*memoriale*), auf ein kleines Blättchen als Merkzettel, weil er der Meinung war, er brauche nur wenig aufzuschreiben. Aber kurze Zeit, nachdem er Angela veranlaßt hatte, sich ihm ganz zu eröffnen, ergriff diese selbst die Initiative und forderte ihn unter Berufung auf eine Offenbarung auf, einen großen Quaternus (ein Heft mit vier Doppelblättern) zu beschreiben. Da Arnaldo noch immer Zweifel hegte, ob er genügend aus Angela herausholen könne, machte er seine Aufzeichnungen auf zwei oder drei leere Seiten eines Buches, und erst als er merkte, daß auch diese nicht ausreichten, griff er zu einem ganzen Heft[43]. Es ist klar, daß die Niederschrift, die unter solchen äußeren Umständen zustande kommt, nicht allzu zuverlässig sein kann — vor allem in den ersten Partien, wo der Schreiber besonders viel gekürzt bzw. komprimiert hat.

Noch unsicherer wird der Bericht, wenn er nicht einmal von Arnaldo aufgezeichnet ist, sondern wenn dieser, weil er gerade keine Zeit hatte, einen Helfer zu Angela schickte, der an seiner Stelle ihre Mitteilungen festhalten sollte. Arnaldo redet einmal von einem *puer parvulus*, der dieses Geschäft für ihn besorgte, als er gerade verhindert war[44]. Allerdings hat er bei weitem das meiste selbst gehört und geschrieben, und er betont ausdrücklich, daß er fast alles in Angelas Gegenwart sogleich festhielt und nicht erst später aus der Erinnerung niederschrieb[45]. Natürlich berichtete Angela in italienischer Sprache, und Arnaldo übertrug ihre Aus-

---

[43] Kap. 2, 85–91: *minus plene et negligenter incoepi scribere, quasi pro quodam mihi memoriali, in una carta parvuncula, quia parvum debere scribere me putabam; et illi fideli Christi revelatum fuit et dictum, post parvum tempus postquam ego illam coegeram ad dicendum, quod ego non unam cartam parvunculam, sed quaternum magnum acciperem ad scribendum, sed quia ego non credidi bene, scripsi in duabus vel tribus cartulis, quas in libello meo potui vacuas reperire; postea vero coactus feci quaternum de bambicino.*

[44] Kap. 7, 8–11.

[45] Vgl. Kap. 9, 517–519: *Et a principio usque ad finem vix aliquid scripsi nisi quando ipsa praesens loquebatur.*

sagen unmittelbar ins Latein. Wo ein Dritter Angelas Bericht wörtlich, d.h. in der Volkssprache, aufzeichnete, da wird es ausdrücklich vermerkt[46]. Hier hat Arnaldo schriftliche Aufzeichnungen in der „lingua volgare" nachträglich ins Lateinische übersetzt[47].

Dieses Latein von Angelas ‚Liber' ist — nebenbei gesagt — ein philologisch hochinteressantes Phänomen, das eine gründliche Untersuchung verdiente: nicht nur als Beispiel für eine einfache, derbe, zugleich sehr bildhafte, anschauliche Sprachform, sondern auch als Material für den Übergang vom Lateinischen ins Italienische. In der lateinischen Fassung des Arnaldo finden sich zahlreiche Wörter, die in keinem lateinischen, wohl aber im italienischen Lexikon enthalten sind, wie *imboccare* (ital. „imboccare") „in den Mund stecken" oder *infocari* (ital. „infocarsi") „sich erwärmen". Es wäre auch einer sorgfältigen Überprüfung wert, inwiefern sich die Übertragung aus der Volkssprache ins Latein auf die Ausbildung der religiösen Sprache in Angelas ‚Buch' oder gar auf die Darbietung der Inhalte auswirkt. Aber das sind Gesichtspunkte, die hier nur erwähnt werden können.

Im übrigen wiederholte sich bei der schriftlichen Fixierung, was schon im mündlichen Verkehr zwischen Arnaldo und Angela eine so wichtige Rolle spielte: Der Schreiber befürchtete ständig, Irrtümern und Täuschungen zum Opfer zu fallen, und suchte nach Gegenmitteln.

Zum einen hütete er sich ängstlich davor (wenigstens behauptet er das mit Nachdruck), irgend etwas zu Angelas Mitteilungen hinzuzufügen. Er kann es zwar nicht vermeiden, gelegentlich in der dritten Person wiederzugeben, was Angela in der ersten Person gesagt hat. Aber er betont immer wieder, daß er nichts von seinen eigenen Gedanken einträgt, sondern eher aus Eile oder mangelndem Verständnis etwas wegläßt[48].

---

[46] So Kap. 7, 9 f.: *mea procuratione factum fuit, ut primo scriberetur a quodam puero parvulo vulgariter.* Der Abschnitt endet mit der Bemerkung Z. 95: *Usque huc inveni scriptum vulgariter.*

[47] Kap. 7, 14–17: *Sed quia et ego frater non habui spatium corrigendi eam [sc. revelationem vulgariter scriptam] cum praedicta Christi fideli, rescripsi eam latine sicut rep[p]eri, nihil addens, immo sicut pictor pingens, quia non intelligebam eam. Quod sequitur ergo amodo, inveni scriptum vulgariter.*

[48] Vgl. z.B. Kap. 9, 516 f., 522–527: *Et ipsa loquebatur de se in prima persona; sed accidebat aliquando, quod ego scribebam in tertia persona propter festinationem, quod et ego non correxi. ... Sed et ego conabar et propria verba sua ponebam, quae ego poteram capere, nolens ea scribere postquam recedebam ab ea et nesciens ea postea scribere pro timore et zelo, ne forte accideret, quod ego aliquid vel unum tantum verbum ponerem, quod ipsa propria non dixisset. Unde et quae scripseram semper sibi relegi et iteravi pluries, ut tantummodo ponerem propria verba sua.*

Zum andern ließ er sich durch Angelas Vermittlung von Gott, d.h. durch Offenbarung, die Richtigkeit und Zuverlässigkeit seiner Niederschrift bestätigen[49].

Schließlich legte er seine Aufzeichnungen wiederholt anderen Minderbrüdern zur Durchsicht und Beurteilung vor[50]. Ja, es scheinen sich mehrfach kleine Kommissionen franziskanischer Theologen zusammengetan zu haben, um das ‚Memoriale‘ zu untersuchen, und sie billigten es ebenso wie Kardinal Giacomo Colonna, ein Förderer der Spiritualen, der es vor Mai 1297 – dem Zeitpunkt seiner Absetzung und Exkommunikation durch Papst Bonifaz VIII. – geprüft hat[51].

Haben wir einen Eindruck von Arnaldos Arbeit als Sekretär, als Schreiber und Übersetzer, gewonnen, so bleibt zuletzt die Frage nach seiner Tätigkeit als Redaktor: nach seiner Anordnung des Materials zu einem Buch. Das ‚Memoriale‘ ist nach einem deutlich erkennbaren Plan aufgebaut, der nach Arnaldos Angaben auf Angela selbst zurückgeht[52]. Gleich zu Beginn teilt sie mit, daß die Seele auf ihrem Weg der Buße zu Gott dreißig Schritte (*passus*) zurücklege bzw. Veränderungen durchmache, deren erste zwanzig sie relativ knapp im 1. Kapitel des ‚Memoriale‘ aufzählt. In dieses allgemeine Schema hat Angela nach Arnaldo ihre eigene Entwicklung eingezeichnet; seine Stufen sind Abschnitte ihres persönlichen Wegs zu Gott. Da der 20. Schritt – Arnaldos erste Aufzeichnung[53] – das spektakuläre Ereignis in der Kirche S. Francesco zu Assisi vom Jahre 1291 enthält, stellen die zwanzig Schritte einen sehr kompri-

---

[49] Vgl. z.B. Kap. 9, 506–509: *Et etiam dixit mihi ipse Deus ita dicens: Totum illud, quod scriptum est, totum scriptum est secundum voluntatem meam et a me venit, idest a me processit. Et postea dixit: Ego sigillabo illud.*

[50] Vgl. besonders den Schluß des ‚Memoriale‘, Kap. 9, 528–532: *Et etiam, Domino procurante, factum est, ut duo alii fratres Minores, familiares praedictae fidelis Christi et vere digni fide, omnia, quae scripta sunt, viderent et audirent ab ore eius et omnia examinarent cum ea et pluries cum ea tractarent; et etiam, quod plus est, certi divina gratia redderentur a Domino, quod et verbo et opere fideliter attestantur.*

[51] In drei Handschriften ist dem Prolog des ‚Memoriale‘ eine Bestätigung vorangestellt, die sich auf die Prüfung durch Kardinal Giacomo Colonna und acht *famosi lectores*, drei weitere gelehrte Brüder und schließlich mehrere andere glaubwürdige Brüder beruft: Editio critica (wie Anm. 11), S. 127 f.

[52] Kap. 1, 4–6: *Dixit quaedam fidelis Christi* [sc. Angela], *quod colloquendo de Deo cum socia assignaverat triginta passus vel mutationes, quas facit anima, quae proficiscitur per viam paenitentiae, quas inveniebat in se.*

[53] Vgl. Kap. 1, 304 f.: *Iste passus, qui hic scribitur vicesimus, est prima scriptura, quam ego frater, qui indignus scripsi, habui et audivi ab ore ipsius fidelis Christi referentis*; 2, 82–85.

mierten Rückblick auf Angelas religiösen Entwicklungsgang von der *conversio* 1285 bis zu dem Vorfall dar, an den Arnaldo mit seinen Erkundungen anknüpfte. Ziemlich unschematisch folgen einander Sündenerkenntnis, Beichte, Bußleistung, Erkenntnis des göttlichen Erbarmens, Selbsterkenntnis, gnadenhafte Erleuchtung zu vertiefter Sündenerkenntnis, Blick auf das Kreuz und erweiterte Einsicht in das göttliche Heilswerk, Verschärfung der Buße, Befreiung vom Besitz, Versenkung in das Leiden des Gekreuzigten und in das Leid von Maria und Johannes unter dem Kreuz, endlich Gotteserfahrungen bis zur Ekstase. Viel ausführlicher als das zwanzig Stufen zusammenfassende erste Kapitel des ‚Memoriale' sind die folgenden Kapitel, deren einzelne Schritte Arnaldo selbst aus nächster Nähe miterlebt hat. Sonderbar ist daran, daß der Schreiber einerseits nur noch sieben Schritte anfügt, die er *passus supplentes* („ergänzende Schritte") nennt, und andererseits den ersten *passus supplens* mit dem 20. Schritt gleichsetzt, wodurch er insgesamt nur auf 26 Schritte kommt und nicht auf die eingangs in Aussicht gestellten dreißig. Der Grund für diese Abweichung vom ursprünglichen Plan bleibt rätselhaft; durch Textverlust läßt er sich nicht erklären, da das ‚Memoriale' inhaltlich in sich abgeschlossen ist. Allerdings bedeutet abgeschlossen nicht wohlabgerundet. Die vorliegenden 26 *passus* bilden keinesfalls das Schema eines stetigen Aufstiegs, kein durchdachtes System von Schritten, die mit sachlicher Notwendigkeit auseinander folgen, auch wenn sie Elemente sachlich folgerichtiger Entwicklung enthalten. Angela hat die wichtigsten Stationen ihres religiösen Wegs einfach aneinandergereiht. Der Anteil Arnaldos an ihrer Verbindung und reflektierenden Durchdringung bleibt noch zu bestimmen.

III Franziskanische Züge in Angelas ‚Liber'

Inwiefern lassen sich in Angelas ‚Buch' Äußerungen einer spezifisch franziskanischen Frömmigkeit erkennen?

Bevor wir diese Frage zu beantworten suchen, müssen wir uns wenigstens flüchtig klarmachen, was wir in der zweiten Hälfte des 13. Jahrhunderts – zumal in der Welt der Laien – an franziskanischer Geistigkeit, ja an elementarster Kenntnis des hl. Franziskus und seiner Gedanken überhaupt erwarten können. Ohne eine solche Besinnung machen wir uns falsche Vorstellungen von Angelas Voraussetzungen. Es gibt heute wohl nur wenige mittelalterliche Quellenkomplexe, die so gut erschlossen und so leicht zugänglich sind wie die Schriften des Franz von Assisi und die Zeugnisse über sein Leben[54]. Deshalb können wir uns ganz problemlos über alle Einzelheiten seines Lebens und Denkens unterrichten und haben höchstens Schwierigkeiten, uns zwischen divergierenden Auffassungen des Heiligen und seiner Ideale in der Sekundärliteratur zurechtzufinden. Angelas Situation war völlig anders. Sie konnte nicht wie wir in den Bücherschrank greifen und eine Ausgabe der franziskanischen Quellen zu Rate ziehen. Es ist ganz offen, ob sie überhaupt eine Schrift des Heiligen oder eine seiner Biographien gelesen hat. Standen ihr die Viten des Thomas von Celano — noch — zur Verfügung, oder war sie — ausschließlich — auf die offizielle Legende Bonaventuras angewiesen?[55] Wahrscheinlich wußte sie über Franziskus vor allem vom Hörensagen, durch Erzählungen, aus der Predigt und dem seelsorgerlichen Gespräch, d.h. aber nur sehr fragmentarisch.

Auch den Einfluß bildlicher Darstellungen dürfen wir nicht unterschätzen. Angela selbst berichtet von dem überwältigenden Eindruck, den eines der Glasfenster in der Oberkirche von S. Francesco in Assisi bei jener bereits geschilderten Wallfahrt 1291 auf sie gemacht hat. Es handelt sich um das „Engelsfenster" in der Südwand des Eingangsjochs, und zwar um die unterste Zone der linken Bildbahn[56]. Wie auf der rechten Bahn Maria ihren kindlichen Sohn vorzeigt, so weist auf der linken Christus den vor ihm stehenden, wesentlich kleiner dargestellten Franziskus vor. Dieses Bild faßte Angela ins Auge, als sie nach der Mahlzeit zum zweitenmal die Kirche betrat und ihre Knie beugte, wobei sie es freilich nicht im Sinne des Bildprogramms deutete, sondern — ihrem eigenen Verlangen nach der Berührung mit Gott entsprechend — Christus darin sah, der den vor ihm stehenden Franziskus mit beiden Armen umfängt und an seine Brust drückt[57]. Vor diesem Bild wurde Angela neben einer unbe-

[54] Für den deutschen Sprachraum sei auf die von den deutschen Franziskanern herausgegebene Reihe ‚Franziskanische Quellenschriften', bisher 9 Bände mit vorzüglichen Übersetzungen, Einleitungen und Erläuterungen, für Italien auf die umfangreiche und doch handliche Ausgabe der ‚Fonti Francescane' (seit 1977 in mehreren Auflagen) hingewiesen.

[55] Wahrscheinlich kennt sie nur Bonaventura. Vgl. u. Anm. 66.

[56] Farbige Abbildung des ganzen Eingangsjochs z.B. bei Gerhard Ruf, Franziskus und Bonaventura, Assisi 1974, S. 193; Hans Belting, Die Oberkirche von San Francesco in Assisi, Berlin 1977, Tafel VI nach S. 136. Vgl. Jérôme Poulenc, Saint François dans le ‚vitrail des anges' de l'église supérieure de la basilique d'Assise, Archivum Franciscanum Historicum 76 (1983), S. 701–713, mit Abb. der untersten Fensterzonen.

[57] Das hat schon Belting, a.a.O., S. 47f., erkannt.

schreiblichen Vision eine Audition zuteil. Franziskus sagte zu ihr: „So werde ich dich festhalten und noch viel mehr, als man mit den leiblichen Augen wahrnehmen kann"[58]. Die überaus enge Beziehung zwischen Franziskus und Christus war offenbar für Angela ein grundlegender Eindruck, und in diese so anschaulich dargestellte Verbundenheit fühlte sie sich mit einbezogen. Ich halte das Erlebnis vor dem „Engelsfenster" von S. Francesco für den erfahrungsmäßigen Kern dessen, was man den „Christozentrismus" Angelas[59] genannt hat: eine typisch franziskanische, durch die Person des Heiligen vermittelte affektive Konzentration auf Christus. Aber damit sind wir schon über den quellenkundlichen Aspekt hinaus zu einem zentralen inhaltlichen Moment in Angelas Frömmigkeit gekommen. Wir halten hier noch einmal die Bedeutung der bildlichen Quelle fest, für die es ja aus anderen Gebieten zahlreiche Parallelen gibt: etwa das Jesuskind in der Wiege oder auf dem harten Stroh der Krippe oder der Gekreuzigte, der sich liebevoll zu Bernhard von Clairvaux herabneigt oder zu dessen Füßen der trauernde Franziskus steht — lauter Bilder, die die Phantasie der frommen Frauen ungemein beschäftigt haben[60].

Wir fragen nun noch etwas breiter nach der Rolle des Franz von Assisi und seiner Spiritualität im Leben Angelas[61]. Die Bedeutung gerade dieses Heiligen für Angela ist aus ihrer Lebenssituation in Foligno verständlich, wenn auch nicht hinreichend begründet. In ihrer Heimatstadt waren

---

[58] Kap. 3, 96—98: *statim quando ego genuflexi in introitu ecclesiae et vidi sanctum Franciscum pictum in sinu Christi, dixit mihi: Ita te astrictam tenebo et multo plus quam possit considerari cum oculis corporis.*

[59] Vgl. Antonio Blasucci, Il Cristocentrismo nella vita spirituale secondo la B. Angela da Foligno, Miscellanea Francescana 39 (1939), S. 79—108, 287—317, 495—528, 593—634. Die enge Beziehung zu Christus beginnt auf der siebten Stufe, auf der Angela den für uns (*pro nobis*) am Kreuz Gestorbenen betrachtet (Kap. 1, 59—61), und erreicht ihren ersten Höhepunkt auf der achten Stufe, der *conversio* vor dem Gekreuzigten 1285 (Kap. 1, 62—75). Doch ist diese Beziehung von Anfang an vor dem Hintergrund der franziskanischen Frömmigkeit zu verstehen, die sich auch in Angelas Entblößung vor dem Kreuz (Kap. 1, 68 f.) ausdrückt.

[60] Eine Anspielung auf Franziskus, der am Fuße des Kreuzes steht, findet sich Kap. 7, 173.

[61] Vgl. dazu auch Antonio Blasucci, S. Francesco visto dalla B. Angela da Foligno, Miscellanea Francescana 82 (1982), S. 569—599.

starke Erinnerungen an Franziskus lebendig[62], und hier waren auch immer Minderbrüder ansässig[63]. Trotzdem vermute ich, daß sich Angelas intensive Hinwendung zu Franziskus nur aus ihrer Familientradition erklären läßt, die sich ja auch darin ausdrückt, daß ihr Verwandter (*consanguineus*) Arnaldo Franziskaner war.

Vom Beginn ihres Weges zu Gott an sieht sich Angela in enger Beziehung zu Franziskus. Als sie ihre Situation in der Sünde erkannt hat, wendet sie sich sofort im Gebet zu ihm und bittet ihn um einen geeigneten Beichtvater[64]. Sie pflegt die Kirche S. Francesco in Foligno aufzusuchen und pilgert wiederholt zur Grabeskirche des Heiligen in Assisi. Interessanterweise scheint die hl. Klara in ihrem Denken keine erkennbare Rolle zu spielen; in Angelas ‚Buch‘ ist sie kein einziges Mal erwähnt, ebensowenig wie ihre Kirche in Assisi. Angelas Pilgerziele sind stets S. Francesco und die Portiunkula unterhalb der Stadt. Hier hat sie zahlreiche Visionen und Auditionen bei der Beichte und bei der Messe bzw. Kommunion, und natürlich macht sie auch auf der Wanderung zu den heiligen Stätten andauernd religiöse Erfahrungen.

So begleitet Franziskus Angela vom Beginn bis zum Ende ihres religiösen Weges, und es ist nicht verwunderlich, daß Christus ihr in einer Vision einmal den Heiligen mit den Worten zeigt: „Hier ist der, den du nach mir so sehr geliebt hast; ich will, daß er dir dient"[65]. Franziskus ist für Angela in der Tat der eigentliche Vermittler göttlicher Zuwendung und Gnade; in seiner Liebe und im vertrauten Umgang mit ihm erfährt sie die verzeihende und lebenspendende Selbsterschließung Gottes.

Nun stellt sich aber die Frage, wieweit Angela über diese allgemeine Beziehung hinaus an Franziskus anknüpft. Inwiefern sind bei ihr auch inhaltlich spezifisch franziskanische Motive greifbar? Allein dieses Thema könnte uns lange beschäftigen, und eine vollständige Antwort auf die

---

[62] In der Franziskus-Biographie lebt Foligno v.a. als der Ort fort, an dem der Heilige Tuchballen aus dem Laden seines Vaters samt seinem Reitpferd verkaufte, um mit dem Erlös die Kirche S. Damiano bei Assisi wiederherzustellen (1 Celano 8; Bonaventura, Legenda maior 2,1).

[63] 1256 war die Kirche S. Francesco in Foligno geweiht worden, die inzwischen einem Bau des 18. Jahrhunderts Platz gemacht hat.

[64] Kap. 1, 13–16.

[65] Instr. 21, 29–34: *ostendit mihi beatum Franciscum et dixit: Ecce quem post me tantum amasti; volo quod serviat tibi. Et tunc ipse beatus Franciscus ostendit tantam familiaritatem et amorem intimum, quod totum fuit valde maximum, et delectabar multum in illa tanta familiaritate et amore, quem ostendebat mihi beatus Franciscus. Et tunc dixit mihi verba secretissima et altissima. Et postea dixit: Tu es sola nata de me.*

gestellte Frage erfordert noch sehr gründliche Untersuchungen, da Angela ja nirgends ausdrücklich auf franziskanische Texte Bezug nimmt[66]. Ich beschränke mich wieder auf weniges, aber — wie ich meine — Zentrales. Die Frage nach spezifisch franziskanischen Zügen bei Angela wird im übrigen dadurch erschwert, daß das spezifisch Franziskanische ja schon in der frühen franziskanischen Gemeinschaft nicht unumstritten ist. Vieles an der Lebensform und den Idealen des Franziskus findet sich in der älteren asketischen Tradition und in den gleichzeitigen religiösen Bewegungen.

Bei Franziskus wie bei Angela können wir den erfahrungsmäßigen Hintergrund der Frömmigkeit noch deutlich fassen. Ein typisch franziskanisches Schlüsselerlebnis berichtet Angela von einem Gründonnerstag (vermutlich dem des Jahres 1292). Sie sagte ihrer Vertrauten: „Wir wollen Christus finden!" und: „Gehen wir ins Spital, vielleicht werden wir dort unter jenen Armen und Geplagten und Kranken Christus finden." Und sie verkauften Kopftücher, den letzten Rest ihrer Kleidung, und kauften vom Erlös Essen für die Bewohner des Spitals. Dann gingen sie hin und wuschen den Frauen die Füße und den Männern — natürlich aus Gründen der Schicklichkeit — die Hände, darunter einem Aussätzigen. Zum Schluß tranken sie vom Waschwasser. Dabei — so berichtet Angela — empfanden sie so große Süße, daß sie für ihr ganzes Leben in eine angenehme Empfindung gerieten, als ob sie kommuniziert hätten[67]. Bei diesem Vorgang handelt es sich um eine typisch franziskanische Erfahrung, um die für Franziskus grundlegende Umkehrung der natürlichen Empfindungsqualitäten, die auch in der Biographie des Heiligen an die frühe Begegnung mit Aussätzigen geknüpft ist. Es handelt sich primär nicht um eine Verschiebung der Werteskala, nicht um eine Wende im Bewußtsein, sondern zunächst um ein elementares Erfahrungsdatum. Der Poverello hat die Erinnerung an seine *conversio* am Anfang seines Testaments

---

[66] Eine der wenigen Bezugnahmen Angelas auf die franziskanische Überlieferung, die in der kritischen Edition nachgewiesen werden, findet sich Instr. 2, 136 f.: *Fratres, incipiamus facere paenitentiam, quia usque modo parum profecimus.* Die Herausgeber verweisen (S. 425 Anm. 14) auf 1 Celano 103 (Analecta Franciscana X [1926–41], S. 80): *Incipiamus, fratres, servire Domino Deo, quia hucusque vix vel parum in nullo profecimus.* Angelas Formulierung steht aber näher bei Bonaventura, Legenda maior 14,1 (Analecta Franciscana X, S. 621): *Incipiamus, fratres, servire Domino Deo nostro, quia usque nunc parum profecimus.*

[67] Kap. 5, 122–141.

festgehalten: „So hat der Herr mir, dem Bruder Franziskus, gegeben, ein
Leben der Buße zu beginnen; denn als ich in Sünden lebte, kam es mir
sehr bitter vor, Aussätzige zu sehen. Und der Herr selbst hat mich unter
sie geführt, und ich habe ihnen Barmherzigkeit erwiesen. Und als ich
von ihnen fortging, wurde mir das, was mir bitter vorkam, in Süße der
Seele und des Leibes verwandelt. Und danach hielt ich eine Weile inne
und verließ die Welt (*exivi de saeculo*)"[68]. Hier spricht Franziskus seine
religiöse Grunderfahrung aus, die sich in den verschiedensten Situationen und Abwandlungen durch sein ganzes Leben hindurchzieht: Alle
Arten der Askese, Ausschluß aus der menschlichen Gemeinschaft, kari-
tatives und apostolisches Wirken stehen unter diesem Vorzeichen, daß
die natürlichen Empfindungen in ihr Gegenteil verkehrt sind. Parallelen
dazu mag es in der Geschichte der christlichen Askese zur Genüge geben
– bis hin zum Trinken des Wassers, mit dem Kranke gewaschen worden
sind –; für Franziskus und seine Gemeinschaft ist diese Erfahrung besonders kennzeichnend. Angela hat zusammen mit ihrer Gefährtin, über die
wir nicht viel wissen, dieses typisch franziskanische Erlebnis nachvollzo-
gen. Verständlicherweise steht es bei ihr nicht, wie bei Franziskus, am
Anfang des Weges zu Gott, sondern ist – durch Beschäftigung mit der
franziskanischen Tradition angeregt – bereits das Ergebnis einer mehr-
jährigen Entwicklung.

Die Umkehrung der Empfindungsqualitäten führt bei Angela wie bei
Franziskus dann sekundär zu einer Verschiebung der Wertmaßstäbe und
zu ganz konkreten Auswirkungen auf Lebensformen und Lebensziele.
Für Angela steht – gut franziskanisch – das Ideal vollkommener Armut
im Mittelpunkt, das sie allerdings nicht wie Franz und seine Gefährten,
aber auch die Klarissen, in einer schlagartigen, einmaligen Trennung von
allem Besitz verwirklicht. Sie hat ja nicht ihre Familie verlassen, sondern
zunächst den Tod ihrer Angehörigen abgewartet und dann im 12. Schritt
ihres Weges mit der Hergabe ihrer Habe begonnen[69]. Auf ihrer Romreise
und nach dem Eintritt in den Dritten Orden bittet sie eindringlich um
die Gnade, wahrhaft arm sein zu dürfen[70]; aber erst im 5. *passus supplens*

---

[68] Testamentum 1–3. Vgl. 1 Celano 17; 2 Celano 9; Bonaventura, Legenda maior 1, 5 f.

[69] Kap. 1, 120 ff.: *Duodecimo, cum non videretur mihi, quod possem cum rebus saeculi
facere sufficientem paenitentiam, deliberavi relinquere omnia omnino, ut possem facere
paenitentiam et venire ad crucem, sicut mihi a Deo fuerat inspiratum.*

[70] Kap. 3, 22–25: *Tantum enim ipsa desiderabat habere perfectam paupertatem, quod
propter hanc tantum, ut beatus Petrus apostolus acquireret ei a Christo, ut fieret vere pau-
per, Romam iverat ad rogandum beatum Petrum pro im[pe]tranda praedicta gratia verae
paupertatis.*

(also im 24. Schritt der ganzen Reihe) geht ihr die tiefere Bedeutung der Armut als Grundlage der Demut und alles Guten auf[71]. Doch dieses Armutsideal, das sie aus äußeren Gründen – da sie keinem Konvent angehört – nur Schritt für Schritt und nicht radikal verwirklichen kann, bildet immer den Rahmen ihres Lebens.

Typisch franziskanisch ist an Angelas Spiritualität zweifellos die ständige Bezugnahme auf die Person des Franziskus, der ja im Denken seiner Gemeinschaft eine Rolle spielt wie kein anderer Mönchsvater oder Ordensgründer in der Frömmigkeit seiner Schüler und Nachfolger. Die wichtigste der ‚Instructiones‘, der ‚Liber vitae‘, gipfelt in der Darstellung des Franziskus als *perfectum exemplum*, das auf einzigartige Weise den Weg zu wahrem Leben weist: nämlich zum Leben nach dem Vorbild des menschgewordenen Gottessohnes[72]. Interessanterweise findet sich hier auch die einzige Anspielung auf die Stigmatisierung des Heiligen als körperliches Mitleiden mit Christus[73]. Im übrigen legt Angela den ganzen Nachdruck auf die Feststellung, daß Franziskus einen zweifachen Weg – oder vielleicht sogar besser: zwei Aspekte des Weges zu Gott – aufzeigt: zum einen die Sammlung und Einigung mit Gott durch die Vermittlung des Heiligen Geistes, also den innerlichen, mystischen Weg; zum andern die Lebensweise in Armut, Schmerz, Niedrigkeit und wahrem Gehorsam, wobei dem Ideal der Armut die zentrale Stellung zukommt, um die sich alle anderen Momente versammeln[74].

---

[71] Kap. 7, 498–531. Vgl. besonders 508 f.: *humilitas est in illis solum, qui sunt ita pauperes, quod vident se nihil habere*; 529–531: *Et ideo intelligo, quod paupertas est mater omnium virtutum et est documentum divinae sapientiae.*

[72] Instr. 3, 339–345: *O quam perfectum exemplum habemus a glorioso patre nostro beato Francisco, qui huius verissimae paupertatis ineffabile lumen habuit et ita de isto lumine plenus fuit et superplenus, ut nobis singularem viam faceret et ostenderet! Non enim ego possum respicere ad alium sanctum, qui magis singulariter ostendat mihi viam libri vitae, scilicet exemplar vitae Dei et hominis Jesu Christi, nec video aliquem, qui tantum singulariter figeret se in eo.*

[73] Instr. 3, 345 f.: *Et tantum singulariter fixit se ibi, ut nunquam oculos animae suae amoveret ab illo, quod etiam in carne patuit.*

[74] Instr. 3, 349–385.

IV Ausblick

Dieser äußerst knappe Überblick, der aus der Fülle von Aufzeichnungen über Angelas religiöse Erfahrungen und Überlegungen nur weniges zur Sprache kommen ließ, hat sich auf zwei für das Verständnis der religiösen Frauenbewegung wesentliche Fragen konzentriert.

Das eine ist die Problematik unserer Quellen, die daraus erwächst, daß die Nachrichten über das Erleben und Denken der frommen Frauen weitgehend von Männern (meist von den Beichtvätern) aufgezeichnet und überliefert worden sind. Da stellt sich natürlich die Frage nach der Zuverlässigkeit des Materials. Handelt es sich wirklich um die Empfindungen und Gedanken der Frauen und nicht vielmehr um Vorstellungen, die Männer von den Empfindungen und Gedanken der Frauen haben und weitergeben? Man wird diese Frage für jede einzelne Quelle aufs neue sehr sorgfältig prüfen müssen und nicht aus einem oder mehreren Fällen auf alle schließen dürfen. Die zahlreichen ausführlichen und offenherzigen Zwischenbemerkungen des Schreibers von Angelas ‚Buch‘ gewährleisten eine relativ hohe Zuverlässigkeit seiner Mitteilungen. Eine genaue Analyse der Inhalte, die im vorgegebenen Rahmen nicht geleistet werden konnte, dürfte diesen Eindruck bestätigen. Dadurch wird Angelas ‚Buch‘ zu einem wichtigen Zeugnis für die Erfahrungen und Überlegungen einer frommen Frau an der Wende vom 13. zum 14. Jahrhundert.

Das andere ist die Frage nach der Zugehörigkeit zu einer bestimmten Gruppe, einem Typus, innerhalb der religiösen Frauenbewegung. Häufig wird diese Frage auf die rechtliche Stellung und organisatorische Einbindung einer Frau begrenzt: Handelt es sich um die Angehörige einer streng klausurierten Gemeinschaft oder um eine Terziarin, um das Mitglied eines Beginenkonvents oder um eine „vagierende oder privatisierende Begine" (Peter Dinzelbacher)? Genauso wichtig ist aber die Frage nach der inhaltlichen Bestimmung religiösen Frauenlebens durch die Befolgung einer gewissen Regel oder die Verehrung eines Vorbildes. Auch wenn wir bei manchem Konvent raschen Wechsel in der Zugehörigkeit zu einem Orden bzw. in der Wahl der geistlichen Betreuer beobachten können (etwa von den Zisterziensern zu den Dominikanern), scheint die frei gewählte oder aufgezwungene Regel bzw. das Vorbild keineswegs gleichgültig. Angelas Beispiel zeigt, wie wichtig es ist, auch bei der religiösen Frauenbewegung die einzelnen geistlichen Richtungen und Gruppierungen herauszuarbeiten – eine Aufgabe, die bisher nur ganz unzureichend gelöst worden ist.

MYSTIKERINNENVITEN AUS MÄNNLICHER UND WEIBLICHER SICHT: EIN VERGLEICH ZWISCHEN THOMAS VON CANTIMPRÉ UND KATHERINA VON UNTERLINDEN*

von

Karen Glente

Mit dem Titel des Referats habe ich als Ausgangspunkt angeben wollen, daß man, wenn der Gegenstand eines Berichts das Leben und die Erlebnisse einer religiös begabten und religiös ergriffenen Frau ist, sich denken kann, daß dieser Bericht verschieden ausfallen wird, je nachdem ob ein Mann oder eine Frau ihn geschrieben hat.

Grundsätzlich kann man behaupten, daß die Geschichte, die ein Mensch von einem anderen erzählt, immer das Interesse des Erzählers widerspiegeln wird und daß solche Erzählungen folglich dem Leser den Gegenstand nur so erscheinen lassen, wie es vom Seh-Raster des Erzählers bestimmt ist. Von dieser Regel bin ich bzw. sind meine Ausführungen natürlich keine Ausnahme.

Ich möchte hier gern betonen, daß ich mit den folgenden Textkommentaren eine Herauskristallisierung der Begriffswelt des Verfassers bezwecke, indem ich die Inszenierung gewisser Begebenheiten der Erzählung untersuche, und daß mein Gegenstand die literarische Wirklichkeit der Texte ist, nicht die real-existierenden Frauen, von denen erzählt wird. Da diese Texte, besonders die von den Männern verfaßten, für unsere Auffassung der religiösen Frauenbewegung und der weiblichen Mystik im Mittelalter von so großer Bedeutung sind, scheint es mir wichtig, sich mit dem Interesse des Verfassers auseinanderzusetzen.

Als Einleitung möchte ich Jacob von Vitrys Biographie der Marie von Oignes erwähnen, weil sie in vieler Hinsicht für das zeitlich darauf fol-

---

* Der Beitrag basiert auf meinem in Dänisch verfaßten Buch: Hellige Kvinder, Kopenhagen 1985.

gende Biographieschreiben und jedenfalls für Thomas von Cantimpré
Vorbild wurde, und weiterhin, weil im Prolog dieser Biographie Abschnitte vorhanden sind, die den Stellenwert authentischer Beschreibung
heiliger Frauen erhalten haben[1].

Übrigens ist es mir beim Lesen dieses Textes zum ersten Mal aufgefallen: Was hier gesehen wird, hängt davon ab, wer es sieht! Jacob sieht
Ekstasen und Absencen, Frauen, in die man ein Messer stechen kann,
ohne daß sie es merken, Frauen, die nur körperlich anwesend sind, die
sozusagen von der Seele verlassen sind. Jacob stellt sich selbst als Zuschauer dar, und ein Zuschauer legt das Schwergewicht auf die Quantität:
je tiefer und langwieriger eine Absence, desto mächtiger das, was vor sich
geht. Als Zuschauer interessiert ihn das Zählen und Messen: Wie lange
dauert eine Absence, und wie oft kommt sie vor? Und in allem, was er
sieht, sieht er das Werk Gottes. Was die Frauen selbst erleben, ist möglicherweise unsagbar, aber Jacob von Vitry weiß, was geschieht — in den
Termini des Hohen Liedes: „Der König liegt bei seiner Braut". Dies ist
nicht die Formulierung der Frauen; was sie sagen, ist nicht wesentlich
für die Deutung Jacobs, an und für sich könnten sie stumm sein. Jacob
schreibt: Aus Schamhaftigkeit sagen sie etwas anderes (*licet aliud præ vere-
cundia ore dissimularent*). Vergleichbar sind die delphischen Priester, die
die in Trance ausgesprochenen Worte der Pythia aus einem größeren
Wissen um die Sachverhalte deuten. Jacob von Vitry liest die physischen
Reaktionen ab und deutet sie innerhalb seiner Vorstellungswelt, einer
Vorstellungswelt, die eng damit zusammenhängt, daß diese Reaktionen
in einer Frau vorgehen, und weiterhin mit seinen Vorstellungen davon,
was in einer Frau vorgehen kann. „Der König liegt bei seiner Braut": Die
Liebesbande zwischen Gott und der Frau faszinieren Jacob als Zuschauer, weil dies eine Nähe im Gottesverhältnis bedeutet, eine Erscheinung
Gottes in der Frau, die mit deren Geschlecht zu tun hat und die ihm unerreichbar ist, die aber der Frau als der von Gott zur Vertraulichkeit Er-
wählten Bedeutung und Autorität verleiht.

Die durch diesen Zugang zum göttlichen Wissen besondere Autorität
der Frauen nützt Jacob aus, wenn er sie Glaubenswahrheiten über
Abendmahl und Fegefeuer aussprechen läßt; zu dem Extremen und An-
dersartigen, dem in besonderem Maße Heiligen in ihrer Entfaltung verhält er sich mit Verwunderung und Bewunderung, welches eben die Gefühle sind, die auszudrücken er mit seiner Biographie bezweckt. Die Er-

---

[1] AA SS Juni IV, S. 636 ff.

lebnisse, die den Frauen gehören, und die Heftigkeit, mit der sie von ihnen angestrebt werden, sind den ganz wenigen *ex familiari consilio Spiritus sancti* vorbehalten, und die sollen wir bewundern, nicht nachahmen,
admiremur potius quam imitemur.

Die Haltung gegenüber den religiös ergriffenen Frauen schließt viel
mehr Aspekte ein; ich habe nur andeuten wollen, was die Grundlage des
Interesses sein mag, von dem sie umgeben werden, ein Interesse, das für
unser Wissen ausschlaggebend ist, das aber auch in hohem Maße geprägt
hat, was und wie man von ihnen berichtet.

Wenn ich jetzt zu Thomas von Cantimpré und seinen Heiligenbiographien komme, werde ich mich auch fernerhin auf die Züge konzentrieren, die besonders die Inanspruchnahme der Frau als Frau im Verhältnis
zu Gott als Mann zeigen sowie auch die Auffassung von der Frau als Gottes Werkzeug und Sprachrohr.

Bei der Biographie der Margareta von Ypres[2] hat Thomas von Cantimpré sich darauf gestützt, was ihr geistiger Vater, Bruder Siger aus Lille,
ihm erzählt hat, sowie auch auf das, was er während seines Aufenthaltes
in Ypres 1240 von der Mutter und den Schwestern der verstorbenen Margareta selbst erfahren hat. Die Sicht des Buches ist die des Bruders Siger
mit Thomas als solidarischem Kommentator.

Thomas von Cantimpré leitet mit einer Beschreibung von Margaretas
Verdiensten ein. Diese Beschreibung folgt einem traditionellen Schema,
dessen Hauptzweck ist, zu zeigen, daß schon das Kind auserwählt ist und
daß es von sich aus ohne fremde Beeinflussung als die werdende Braut
Christi handelt. So ist Margareta noch nicht fünf Jahre alt, als sie eines
Tages von einem herrlichen Duft angezogen wird, der ihr von der Hostie
entgegenkommt. Obwohl sie sich Gottes und dessen, was Göttlich ist,
nicht bewußt war, schreibt Thomas, verstand sie doch durch innere göttliche Kraft, daß der Erlöser Jesus auf dem Altar anwesend war, und sie
flehte unter Tränen, den Leib Christi empfangen zu dürfen, den sie nicht
entbehren könne. Mit sieben Jahren fängt Margareta an, Brennesseln und
Dornen zwischen die Kleider und die Haut zu stecken, mit neun Jahren
fastet und wacht sie im Übermaß und versagt sich selbst jeden Genuß.
Sie ist — mit den Worten des Verfassers — schon in voller Blüte, *ante mes-
sem tota prorsus floruit.*

Dem fast schlafwandlerisch zielgerichteten Auftakt zum Trotze be-

---

[2] G. Meerssemann (Hg.), Vita Margarete de Ypris, Archivum Praedicatorum 18
(1948), S. 106–130.

trachtet die Biographie Margareta doch vor allem als das Werk des Bruders Siger. Der Ausgangspunkt ist eine Begegnung zwischen den beiden,
die – wie Thomas erzählt – stattfand, als Margareta achtzehn Jahre alt
war. Siger war nach Ypres gekommen, um in der Kirche zu predigen, und
als er Margareta unter den anderen jungen Mädchen erblickte, sah er sofort „durch göttliche Eingebung", daß sie zu einer besonderen Gnade
auserwählt war. Er rief sie herbei und forderte sie auf, auf das weltliche
Leben zu verzichten, wozu sie sofort bereit war. An dieser Stelle unterstreicht der Verfasser den unermeßlichen Abstand zwischen dem bisherigen Leben des Mädchens und dem, zu dem sie sich jetzt kehrte. Jetzt wurde sie um so näher an Christus gebunden, als sie vorher weit weg von
ihm gewesen war. Also eine wirkliche Bekehrung und keine voraussehba-
re Fortsetzung ihres früheren Lebens. Es geht auch alles nicht so leicht.
Als Margaretas Mutter vom neuen Entschluß hört, ruft sie aus: „Das hält
nicht bis morgen!" Und am folgenden Tag begegnet ihr auf der Straße
ein junger Mann, in den sie verliebt ist und der ihr als möglicher Ehemann zugedacht ist. Der Anblick des schönen jungen Mannes erschüttert Margareta, sie flieht in die Kirche, wo sie sich weinend vor das Kruzifix wirft. Hier wiederholt sie ihr Keuschheitsgelübde und erlebt eine un-
ermeßliche Freude daran, Christus geweiht zu sein, der ihr in einer Vision erscheint. Den Inhalt dieser Vision erfahren wir erst in Verbindung
mit der folgenden Szene, wo Margareta den Bruder Siger aufsucht, der
sie von der Welt abgerufen hat. Das Gespräch zwischen den beiden, das
Thomas von Cantimpré wiedergibt, zeigt ein unwissendes, unschuldiges
Mädchen, das sich selber nicht bewußt ist, daß es von seinem eigentlichen Bräutigam, Christus, Besuch gehabt hat. Margareta erzählt, es sei
gewesen, als habe sie in der Kirche „geschlafen", und der Verfasser schaltet ein, daß sie so sprach, weil sie Gott noch nicht kannte (*illa hoc dicens
necdum cognoverat Dominum, nec umquam ei fuerat revelatum*). Ihr geistiger Vater lächelt besserwissend, und als Margareta – näher befragt –
berichtet, wie Christus ihr für das Keuschheitsgelübde eine goldene Kro-
ne gab, da erfreut sich Bruder Siger inbrünstig der Gnade, die dem jungen
Mädchen begegnet ist, und weiterhin, daß die Pflanze, die e r mit seinen
Worten begossen hat, schon Früchte getragen hat. Die Szene wirkt weniger wie eine Parallele zu einem geistigen Vater und seiner Tochter als vielmehr zu einem älteren, erfahrenen Ehemann, der an seiner jungen, un-
schuldigen Braut, deren Liebe er zu erwecken vermocht hat, Freude hat;
Siger übernimmt also hier die Rolle Gottes. Diese Stelle ist durchaus
nicht die einzige, die den Stolz des Beichtvaters an s e i n e m Werk erschei-

nen läßt. Es gehört zur Beschreibung der Rolle Margaretas als einer in
der Welt lebenden Braut Christi, daß sie jeden Anblick eines Mannes ver-
abscheut – sogar ein zwölfjähriger Knecht muß entlassen werden –; aber
an den Lippen des Bruders Siger hängt sie, seine Worte sind ihr eine un-
entbehrliche geistige Nahrung, und nur ihm erzählt sie von ihren Erlebnissen.

Es gibt in der Erzählung von Margareta von Ypres einen Gegensatz
zwischen der Darstellung von ihr als einer Auserwählten, die sich mit
der Sicherheit des Instinkts ihrer Bestimmung als Christi Braut nähert,
und als einem ganz gewöhnlichen Mädchen, das verliebt ist und sowohl
in der eigenen Erwartung als auch in der der Familie vor einer weltlichen
Heirat steht. Dieser Gegensatz mag der Gegensatz zwischen Ideal und
Wirklickeit im Text sein. Margareta ist dann wie alle anderen Mädchen
gewesen und ist erst von Bruder Siger zu einem anderen Leben erweckt
worden, und die Beschreibung ihres unbewußten Strebens nach dem religiösen Leben wurde nur entsprechend der literarischen Gattung hinzugefügt. Aber dadurch, daß Thomas von Cantimpré den schönen jungen
Mann, den Margareta – auch – liebt, einführt, gelingt es ihm, ein Thema
zu veranschaulichen, das ihn offenbar beschäftigt hat, und zwar die Riva-
lisierung zwischen dem irdischen und himmlischen Bewerber oder Bräutigam.

In ihren Spekulationen über die Frau als Braut Christi hängen die
Mönche an der Auffassung der Frau als von ihrem Geschlecht bestimmt
fest, und es ist deshalb wichtig für die Vorstellung von ihrem Verhältnis
zum himmlischen Bräutigam, daß unterstrichen wird, wie sie als Ge-
schlechtswesen von dieser Welt abgekehrt und zu Christus statt zu einem
irdischen Mann gewandt wird. In diesem Zusammenhang ist die Forderung nicht, daß die Frau ihr Geschlecht besiege, sondern ihr Gottesverhältnis ist von ihrem Geschlecht bestimmt.

Eigentlich geht der Kampf um die Frau nicht zwischen Gott und dem
irdischen Bewerber, sondern zwischen Gott und dem Teufel. Wie Thomas
von Cantimpré es darstellt, ist es das Werk des Teufels, daß Margareta überhaupt einen Mann trifft und zu ihm innige Zuneigung empfindet. Es ist
auch indirekt das Werk des Teufels, daß Margareta sehr krank wird: eine
Krankheit, die ihre Treue erproben soll. Ein Arzt behauptet, daß sie nur
genesen kann, wenn sie heiratet. Margareta hält daran fest, daß sie Gott
geweiht sei, und wird sofort durch ein Wunder „gegen das Urteil des Arztes und gegen die Natur" geheilt. Der Text sagt damit aus, daß eine Frau
einen Mann haben muß, daß dieser Mann aber Christus sein kann.

In seiner Biographie über Lutgard von Aywières[3] erzählt Thomas von
Cantimpré, wie Lutgards Vater zwanzig Mark Silber so angelegt hatte,
daß er glaubte, ein gutes Geschäft machen zu können; dieses Geld sollte
wachsen und der Tochter eine Mitgift werden. Das Geschäft scheiterte
indessen. Es war aber stets die Absicht des Vaters – und Lutgards –, daß
sie trotz der verringerten Aussichten heiraten sollte. Hier schaltet sich
die Mutter – und Gott – mit der Forderung vom Klosterleben ein. Immer wieder wiederholt die Mutter Folgendes: „Wenn du Christus heiraten willst, werde ich dich ins beste Kloster schicken. Willst du aber einen
sterblichen Ehemann, bekommst du nur einen einfachen Viehhirten".
Ob nun diese Aussage historisch ist oder nicht, sie stimmt gut mit der
Vorliebe Thomas' für eine Parallelisierung von Christus und dem irdischen Mann als Bewerber um die Gunst des Mädchens überein. „Die
Mutter beugte sowohl das Versprechen des Mannes als auch den Willen
der Tochter", schreibt Thomas, und danach kreuzt sich seine Erzählung
von einem Mädchen, das ins Kloster kam, weil seine Mitgift verlorenge-
gangen war und weil seine Mutter es wollte, mit einem anderen Thema,
nämlich der von Gott schon als Kind auserwählten Braut. Dieses Thema
ist jedoch sozusagen die ganze Zeit dagewesen; wenn Lutgards Mitgift
verschwendet wird, geschieht es wegen Gottes andersgerichteter Absicht
mit ihr, aber nun kommt die typische Darstellung von Christi kindlicher
Braut: Solange sie im Haus ihres Vaters wohnte, hatte sie schöne Kleider.
Sie nahm aber an herabwürdigenden Spielen nicht teil, sie hörte sich keine Reden von Liebe an und wollte am Spaß der Mädchen keinen Anteil
nehmen. Und obwohl sie den Herrn nicht kannte, denn er hatte sich ihr
damals in keiner Weise offenbart, so fühlte sie doch auf wunderbare Weise etwas Göttliches zuinnerst in ihrem Herzen, wenn sie allein war. Kennen, *cognoscere*, ist, wie bekannt, das biblische Wort für Geschlechtsver-
kehr. Obwohl Gott das Mädchen Lutgard noch nicht zur Frau gemacht
hat – dadurch, daß er sich ihm offenbart, so daß es ihn kennt –, weiß
das Mädchen, wohin es gehört. Lutgard wählt nicht, sie ist erwählt, ob
sie es will oder nicht; sie fügt sich und demütigt sich.
    Thomas von Cantimpré führt auch einen reichen und edlen jungen
Mann als Lutgards Bewerber ein, aber der Bräutigam Christus legt sich
dazwischen. Das ist die stärkste Darstellung des Motivs von Christus als
Nebenbuhler. Lutgard sitzt unschuldig (*simplex*) im Gespräch mit dem

---

[3] AA SS Juni III, S. 234 ff.

jungen Mann, als Christus ihr in seiner irdischen Gestalt erscheint, ihr seine Wunden zeigt und von der Liebe spricht, mit der sie sie umfassen sollte, und von der reinen Freude, zu der sie geweiht ist. Und wenig später heißt es von Lutgard, die von der Erscheinung ergriffen ist, daß sie erbleichte „wie jede Liebende" (*vultu palluit, ut omnis amans*).

Thomas bezieht in diese Verbindung die Vorstellung und das literarische Vorbild der heiligen Agnes mit ein, der Jungfraumärtyrerin, die, ihrem himmlischen Bräutigam treu, ihren irdischen Bewerber ablehnt. Aber die Anwendung dieses Themas bei dem Dominikaner des 13. Jahrhunderts ist mehr als bloß eine Wiederholung. Es ist zwar ein Topos, ist aber aus einem lebhaften Interesse für das besondere Verhältnis zwischen einer Frau und dem Mann Christus neu geschaffen. Es ist nicht länger das Mädchen, das für ihren christlichen Glauben kämpft, sondern Gott kämpft, um das von ihm auserwählte Mädchen zu gewinnen.

Thomas von Cantimpré drückt in Verbindung mit Lutgard ganz genau seine Auffassung von der besonderen Art des weiblichen Wissens aus. Im weiteren Bericht von Lutgards besonderen Heilfähigkeiten erzählt Thomas, daß jene mirakulöse Eigenschaft so viele kranke Menschen anzog, daß Lutgard für ihr Gebet nicht viel Zeit blieb, und sie wünschte deshalb, von dieser Gabe befreit zu werden, doch so, daß sie zu etwas Besserem konvertiert würde. Dies ist eine von den vielen Stellen in der Biographie, wo Lutgards Kontakt mit Gott als Dialog — mit dem Verfasserkommentar abwechselnd — wiedergegeben wird. Gott sagt zu Lutgard: Was ziehst du statt dieser Gabe vor? Und sie antwortet: Ich möchte das Psalterium verstehen können, das ich lese, damit ich mich mit größerer Hingabe am Lesen beteiligen kann. Und Lutgard erreichte leuchtende Klarheit und Einsicht ins Psalterium, aber sie fühlte keinen Fortschritt in der Frömmigkeit und Hingabe dabei — und hier schaltet Thomas ein: „Demut vor dem verhüllten Mysterium ist die Mutter der Frömmigkeit, und das Verborgene wird am eifrigsten gesucht und das Unbekannte mit größtem Respekt betrachtet. — Lutgard sagt dann zu Gott: „Was soll ich *idiota et rustica et laica monialis* mit Kenntnissen von den Heimlichkeiten der Schrift?"

Die drei Adjektive bezeichnen in drei verschiedenen Weisen fehlendes theoretisches Wissen, dies unterstreicht, daß Lutgard unstudiert, nicht professionell ist, was allein auch ihr Verlangen ist — oder sein soll! Der Sinn ist, hervorzuheben, daß das, was Lutgard will und braucht, kein intellektuelles, sondern ein gefühlsmäßiges Wissen ist. Was Lutgard braucht ist „Gottes Herz". Daß diese Gemeinsamkeit des Herzens mit

Gott mit der Keuschheit eng verbunden ist, zeigt Thomas, wenn er sagt, daß Christus, nachdem bei Lutgard Verständnis und Einsicht durch Gefühl ausgetauscht war, immer bei der Tür ihres Herzens Wache stand, so daß keine Verlockung des Fleisches, nicht einmal ein schandbarer Gedanke, sie je stören konnte.

Ein weiterer Zug in der Biographie Lutgards wird am besten in diesem Zusammenhang verstanden. Nach 12 Jahren im St.-Katharina-Kloster in St. Trond zog Lutgard in ein Zisterzienserinnenkloster um. Aufgefordert dazu wurde sie von einem Priester Johannes von Liro, und sein Vorschlag war, sie ins Kloster Aywières zu schicken. Hier wurde aber Französisch gesprochen, während Lutgard nur Flämisch sprach. Sie war deshalb dazu geneigt, ein anderes Zisterzienserkloster zu wählen, wurde indessen unter anderem von Christina Mirabilis überredet, sich Gottes Willen zu fügen und ins französischsprechende Kloster zu ziehen. Thomas von Cantimpré bleibt lange dabei, daß Lutgard nie lernte, Französisch zu sprechen. Damit bekommt er eine Möglichkeit, die Darstellung der heiligen Frau auszubauen als einer von der Beeinflussung durch die Umgebung Unabhängigen, allein mit Gott und ihrem Beichtvater in Kontakt.

Mit diesem Element in Lutgards Leben kann Thomas auch zeigen, daß ihre Bedeutung für andere nichts mit dem unmittelbar verständlichen Inhalt ihres Redens zu tun hat, was ja zum Beispiel für ihn selbst als Prediger das Wesentliche sein würde. Dies wird mit folgender Geschichte veranschaulicht: Eine unglückliche und nach eigener Auffassung verlorene Frau kam eines Tages zum Kloster. Die Schwestern versuchten, sie zu trösten, aber vergeblich, und sie wollte wieder gehen. Man schlug dann vor, daß Lutgard geholt werden solle; miteinander sprechen konnten sie zwar nicht, denn die Frau sprach nur Französisch, aber für sie beten konnte Lutgard jedenfalls. Lutgard führte die Frau abseits, und die Schwestern hatten Spaß daran, sich vorzustellen, welches Gespräch sie denn in je ihrer Sprache führen könnten. Die Frau kam indessen froh und getröstet zurück und hatte ausgezeichnetes Französisch gehört — mit dem Trost, den sie brauchte. Thomas selbst ist es, der den Gedanken des Lesers auf das Pfingstwunder führt. Der Geist, der durch Lutgard spricht, ist der Heilige Geist, der alle Sprachen spricht oder, wenn man will, die Sprache der Lauschenden. Ein besserer Ausdruck dafür, daß die Deutung der Frauen beim Betrachter liegt, der bei ihnen das findet, was er braucht, kann man kaum bekommen.

Zum Bild der heiligen Frau gehört, daß sie nicht ihre eigenen Worte spricht, sondern Gott spricht durch sie. Was die heilige Frau gelernt hat,

hat sie von Gott gelernt. Während ein Thomas von Cantimpré als Dominikaner die scholastische Theologie studiert hat und weiß, wie Menschen über Gott denken, soll die heilige Frau „unschuldig" sein und ganz ohne Verbindung mit menschlichem Wissen nur Gottes Wissen aussagen. Dieses Thema hat Thomas in der Biographie der Christina Mirabilis weiter ausgearbeitet und hier das auch sehr wesentliche Thema von der Frau als Erlöserin – oder mindestens Vermittlerin der Erlösung – behandelt. Die Frau als Erlöserin ist aber eine andere Geschichte, die zu lang und zu kompliziert ist, um hier – und von mir – erzählt zu werden.

Ich versuche nun, den Unterschied zwischen männlicher und weiblicher Inszenierung der Ereignisse beispielhaft darzustellen, indem ich einen Vergleich anstelle zwischen Thomas von Cantimpré, Dominikanermönch, und Katherina von Unterlinden, Dominikanerschwester. Ich bin mir bewußt, daß dieser Vergleich etwas hinken mag, vor allem wegen des Abstandes in der Zeit: Katherina hat wohl im ersten Viertel des 14. Jahrhunderts geschrieben, Thomas zwischen 1232 und 1248. Unsere Quellen sind aber nicht so reichhaltig, daß man äquivalente Größen beliebig wählen kann.

Wenden wir uns also dem Schwesternbuch des Klosters Unterlinden zu[4], so lesen wir schon im Prolog, was der Zweck des Buches war: das vorbildlich heilige Leben und Werk der ersten Schwestern vor der Vergessenheit zu retten und, wie es auch aus vielen anderen Stellen im Buch hervorgeht, den ursprünglichen Eifer und die Beharrlichkeit den stumpfen Zeitgenossen als Beispiel entgegenzuhalten. Katherina schreibt, wie so viele Legendenautoren vor ihr, *ad edificationem modernorum*.

Während die männlichen Autoren ihre heiligen Frauen auf Kosten der weltlichen Frauen rühmen und sie als etwas ganz anderes und Besonderes betrachten, geht es für Katherina darum, Gradunterschiede innerhalb derselben Lebensform hervorzuheben, was einen grundsätzlichen Unterschied in der Haltung bei der Beschreibung des Hervorragenden bewirkt. Katherina will zur Nachahmung, *imitatio*, anregen. Die Autorin, die Beschriebenen und die potentiellen Leser befinden sich innerhalb derselben Sphäre – des Lebens in einem Dominikanerinnenkloster. Ihre Fähigkeiten und Vermögen sind nicht dieselben, das Ziel und der Weg dahin sind aber gemeinsam.

---

[4] Jeanne Ancelet-Hustache, Les „Vitae Sororum" d'Unterlinden. Edition critique du Manuscrit 508 de la bibliothèque de Colmar, Archives d'histoire doctrinale et littéraire du Moyen Age 5 (1930), S. 417–513.

Schon auf Grund der Darstellung von den Tugenden der Schwestern —
im allgemeinen betrachtet — kann man zwischen den Beschreibungen der
Mönche von heiligen Frauen und einer Frauenklostertradition, wie der
Katherinas, einen wesentlichen Unterschied spüren. Was die Frauen in ih-
rer Begegnung mit Gott erleben und empfangen, wird natürlich immer
als eine Gnade und Gabe betrachtet, zu der man sich nur in äußerster
Dankbarkeit verhalten kann. Während die Männer aber hauptsächlich
Gott als den Initiator und die Frau als die von ihm Auserwählte sehen,
wählen die Frauen selbst Gott. Was sie zum Ziel bringt, ist das Bedürfnis
und Verlangen der Schwestern, ihre Beharrlichkeit und ihre gebrachten
Opfer. Am besten sieht man das, wenn Katherina die Geschichte einiger
Schwestern erzählt, bevor sie zum Kloster kamen. Um ins Kloster zu kommen, haben manche gekämpft — mit der Familie, der Gesellschaft, mit
Männern, Bewerbern, Ehemännern, Behörden. Die Männer sind in diesen Geschichten nicht böse, oft sind sie sehr gute Menschen. Einige helfen,
einige hindern, aber von einem „Dreiecksverhältnis" wie bei Thomas ist
keine Spur. Weder der Teufel noch Christus treten als Akteure in diesen
Erzählungen auf. Hinter allem, was geschieht, steht natürlich Gott, alles
geschieht *Domino auxiliante, Dei providentia*; die Frauen handeln *divini-
tus inspiratae*, aber die Ereignisse spielen sich unter sehr irdischen Umständen mit viel Zeit- und Lokalkolorit ab. Damit will ich nicht sagen, daß
diese Berichte auch wahrer sind, sondern nur, daß, was vorgeht, konkreter
beschrieben und die Frau als Subjekt dargestellt wird.

Während die Männer in ihren Beschreibungen das Einzigartige der die
heiligen Frauen betreffenden Ereignisse betonen, indem sie Distanz wahren und die Frauen zum Gegenstand der Anbetung machen (*admiratio*),
ist das Stichwort in Katherinas Schilderung Nachahmung (*imitatio*).
Darin ist nichts Überraschendes, es zeigt den Unterschied in der Sicht:
ein Phänomen von innen zu kennen oder von außen zu betrachten, sich
identifizieren zu können oder nicht.

Es gibt deshalb auch Unterschiede in der Auffassung der Wunder bei
den männlichen Verfassern und bei Katherina. Ein Thomas von Cantimpré zählt Wunder auf Wunder innerhalb des Wunders, das die Frauen
ausmacht, auf, und die Wunder scheinen oft die Beweiskraft in seiner
Aussage zu haben, nämlich daß Gott etwas Besonderes mit diesen Frauen
vor hat. Die Frauen brauchen in diesem Sinne keine Beweise, sie haben
ihre Erlebnisse. Katherina bemüht sich sehr, wie Thomas von Cantimpré, die Glaubwürdigkeit ihres Wissens und ihrer Zeugen nachzuweisen
— aber Wunder braucht sie in dem Maße nicht.

Der Unterschied kommt durch einen Vergleich zwischen der Anwendung desselben Topos durch Thomas und Katherina am besten zum Vorschein. An der Stelle in der Lutgardbiographie, wo Thomas ihre ersten Jahre im St.-Katharina-Kloster beschreibt, deutet er an, daß die anderen Nonnen sie mit Skepsis und Neid betrachten, daß sie aber von ihrer besonderen Vorzüglichkeit unter anderem durch folgendes *miraculum glorissimum* überzeugt wurden:

Als die Nonnen am Pfingstsonntag *Veni Creator Spiritus* im Chor sangen, sahen sie ganz greifbar, wie Lutgard beinahe zwei Ellen vom Boden erhoben wurde. Und, so Thomas, natürlich mußte d e r Körper von der Erde in den Himmel erhoben werden, dessen Seele schon über die Welt erhöht ist und den Himmel durch göttliche Verheißung besitzt. Danach bringt Thomas ein Zitat aus der Bibel, Josua 1,3: „Alle Stätten, darauf eure Fußsohlen treten werden, habe ich Euch gegeben", und er führt es mit sinnreichen metaphorischen Darlegungen von den Füßen des Gefühls und dem himmlischen Gemüt weiter aus, um dann schließlich Lutgard zu preisen, sie, die Trägerin des Wunders. Thomas von Cantimpré läßt indirekt den besonderen Festtag des Heiligen Geistes und die Hymne mit der Anrufung die aktuelle Ursache zur physischen Erhebung sein, er unterstreicht das Mirakulöse, wenn er den Abstand mißt (fast zwei Ellen), und er nützt die Gelegenheit aus, das Ereignis mit einem Bibelzitat zu schmücken, das ihm zusätzliche Bedeutung und Glanz gibt.

Gegen Ende des Prologs, wo Katherina die Beharrlichkeit der ersten Schwestern sowohl beim gemeinsamen Lobgesang als auch im individuellen Gebet aufzählt, beschreibt sie dasselbe Phänomen: die Fähigkeit, schweben zu können: „Und indem sie sich in diesen vielen und verschiedenen Weisen dem Herrn näherten, erleuchteten sich ihre Herzen, reinigten sich ihre Gedanken, entflammte das Gefühl, wurde ihr Gewissen rein, erhoben sich ihre Seelen zu Gott. Deshalb wurden einige gesehen, die sich im Gebet erhoben und eine Weile zwischen Himmel und Erde schwebten, indem der schwere irdische Körper sich durch den Geist der Hingabe und der Gnade erhob, *devotionis et gratiae spiritu sursum agente*. Katherina fügt die sichtbare, körperliche Erhebung in einen ihr folgerichtigen Zusammenhang ein und ordnet sie einer unbestimmten Anzahl der Schwestern zu – nicht allen, sondern e i n i g e n. Sie legt sich weniger fest im Hinblick darauf, wie hoch sie schwebten, macht sich aber die Ursache des Schwebens klar. Aus dem im Text unmittelbar Vorhergehenden kann man schließen, daß es die Schwestern selbst sind, die sich mit ihrem Gebet gegen den Himmel strecken, und in der Formulierung *devotionis et gratia spiritu sursum agente* sieht man das Zusammenwirken von Frömmigkeit und Gnade, das für die Auffassung der Nonnen von ihrer eigenen Rolle im Gottesverhältnis zentral ist.

Auch die Erzählung des Thomas von Cantimpré über die kleine Margareta, die vom Duft der Hostie angezogen wird und wie die Erwachsenen daran teilhaben will, hat eine Parallele im Schwesternbuch, wo die Geschichte doch eher den Charakter der Anekdote als den des Wunders hat. Als Adelheid von Torolsheim sieben oder acht Jahre alt war, sah sie eines Tages einen Priester im vollen Ornat mit der Hostie auf dem Weg zu einem Kranken. Eine große Menge Menschen folgte ihm, darunter auch Adelheid, indem sie ihm ganz nahe trat. Als sich nun der Priester auf das Bett des Kranken gesetzt hatte und den Schrein der Hostie öffnete, guckte das Mädchen neugierig hinein und erblickte einen wunderschönen kleinen Jungen mit lockigem Haar, das wie Gold leuchtete. Sofort heulte sie auf und wollte unbedingt den schönen kleinen Jungen haben, und sie versuchte, dem Priester den Schrein aus den Händen zu reißen. Der Priester jagte sie weg, aber sie weinte und heulte weiterhin, und erst als sie gesehen hatte, wie der schöne kleine Junge dem Kranken in den Mund gelegt wurde, beruhigte sie sich, obwohl sie lange untröstlich blieb. Adelheid pflegte dieses den Schwestern im Kloster selbst zu erzählen.

Es ist leicht erkennbar, daß die Stimmung in dieser Geschichte eine ganz andere ist als in der von Thomas von Cantimpré, aber sonst ist das Wesentlichste folgendes: Während er in der kleinen Margareta die Frau, Christi Braut, sah, wodurch er die Trennung zwischen Kind und Erwachsener auslöschte, so ist Adelheids Geschichte die Geschichte von der Reaktion eines Kindes; sie soll im Zusammenhang nichts beweisen, oder jedenfalls nur, daß im Mädchen gute Anlagen für eine Klosterschwester vorhanden waren.

Die Bedeutung des visionären Wissens im Verhältnis zu einem auf Gedanken beruhenden Wissen behandelt das Nonnenbuch am deutlichsten in der Biographie der Agnes von Ochsenstein. Es wird von Agnes erzählt, daß Gott, obwohl sie in allen Tugenden wuchs, doch erlaubte, daß sie eine Zeitlang in bezug auf Leib und Blut des Herrn im Abendmahl unsicher war. Dadurch wurde ihre Seele in geringerem Grade von der Wahrheit des Sakraments erleuchtet. Da sie an dem Glauben festhalten wollte, der mit der kirchlichen Tradition in Übereinstimmung war, mied sie sorgfältig jedes Gespräch über das Sakrament des Abendmahls aus Furcht, weiterhin in Zweifel zu geraten. Nach einiger Zeit erbarmte sich Gott ihrer auf folgende Weise: Als sie eines Tages mit Inbrunst ihre Augen auf den Altar richtete, sah sie plötzlich die Hostie in den Händen des Priesters von einem blendenden Licht vom Himmel umgeben, und da war sie von den Nebeln ihres Gemüts befreit und konnte wieder vollauf die Süße des himmlischen Mannas genießen und sich der Rede darüber erfreuen.

Zweifel und wiedergewonnener Glaube durch eine Vision ist das Thema. Was besonders bemerkenswert erscheint, ist die ruhige und im Verhältnis zu den Beschreibungen der Mönche fast sachliche Weise, in der Katherina den Vorgang wiedergibt. Agnes – oder eher Katherina, die Autorin – behandelt ihr Problem mit Bedacht und Vorsicht.

Gott schickte Agnes eine andere ähnliche Prüfung, denn sie zweifelt lange Zeit daran, ob die Worte der Propheten diesen vom Heiligen Geist eingegeben waren oder ob sie eher Menschenwerk waren, da sie ihr unverständlich und widersinnig vorkamen. Wieder erbarmte sich Gott ihrer; in ihrem Gebet wurde sie zur Beschauung der ewigen Wahrheit erhoben, und sie verstand, daß die Propheten in jedem Wort vom Heiligen Geist inspiriert sprechen, sowohl was sie vom unfaßbaren Wesen Gottes sagen als auch von der Inkarnation. Hier werden Überlegungen widergespiegelt, die vom Lesen und Bedenken der Schrift herrühren und die mit Glaubensfragen zu tun haben, wie sie in der Geschichte des Christentums überall bekannt sind. Die Klärung bedeutet keine Ablehnung des Denkens als Werkzeug des Glaubens, ist aber eine Ergänzung, wo Denken nicht ausreicht.

Darin scheinen die Schwestern in Unterlinden dem klassischen Mönchtum näher zu stehen, als die Mönche, die die Heiligenbiographien geschrieben haben, sich vorstellten oder vorstellen wollten. Die Mönche sahen in der heiligen Frau das Geschlecht, die Schwestern sahen den Menschen, den weiblichen Menschen, und eigentlich war vielleicht die Situation der Frauen der der Männer ähnlicher, als man an den von Männern verfaßten Biographien sehen kann.

Wenn man nun die religiöse Frauenbewegung im Hochmittelalter in einem ideengeschichtlichen Kontext sehen will, könnte man sich vorstellen, daß mit der scholastischen Theologie und der neuen Bedeutung des Predigeramts im 12. und 13. Jahrhundert eine Art religiöser Arbeitsteilung aufgekommen ist und es die Männer waren, die die Arbeit geleitet und verteilt haben. (Diese Arbeitsteilung war wohl immer da, nun aber viel deutlicher, weil so viel in der kulturellen Welt der Männer geschah, woran die Frauen nicht teilnehmen durften.) Positiv gesehen, glaube ich, man sollte die Frauenmystik im Hochmittelalter nicht oder nicht nur als Gegenstück zu männlicher Priesterschaft sehen (auch, weil dieses Amt immer das der Männer war), sondern eher als Gegenstück zu scholastischer Theologie und Wissenschaft.

Zwei Wege zum Wissen oder zwei Wege, das Wissen zu formulieren. Schade nur, daß der Weg der Scholastik nicht für die Frauen offen war wie der Weg der Mystik für die Männer!

So viel kann man natürlich nicht aus den wenigen Textstellen, die ich hier vorgelegt habe, folgern. Ich habe sozusagen Froschperspektive und Vogelperspektive nebeneinandergestellt und damit nicht die Schlußfolgerung aus einer Reihe von Argumenten gegeben, sondern den Rahmen, worin ich diese Texte gelesen habe, also eben mein Seh-Raster.

DAS POLITISCHE WIRKEN DER MYSTIKERINNEN IN KIRCHE UND STAAT: HILDEGARD, BIRGITTA, KATHARINA

von

Peter Dinzelbacher

Mit der religiösen Frauenbewegung des späten 12. und des 13. Jahrhunderts trat in der Spiritualität gläubiger Frauen des Mittelalters erstmals das bis dahin wohl kaum bekannte Phänomen der Erlebnismystik als lebensbestimmendes Moment auf[1]. Das Hauptziel jener Frauen war die Selbstheiligung durch die mystische Christusvereinigung einerseits („vita contemplativa"), durch die karitative Christusnachfolge andererseits („vita activa"). Ein direktes Eingreifen in die Geschicke der Kirche oder die Politik der Reiche lag in den meisten Fällen nicht im Bereich ihres Interesses oder, wo doch, deutlich an der Peripherie ihrer Bestrebungen[2].

Doch gibt es eine ganze Anzahl von (meist spätmittelalterlichen) Mystikerinnen, die auch in das Leben der sie umgebenden Gesellschaft aktiv eingegriffen haben, wobei die Bereiche ihres Wirkens von den kleinräumigsten, etwa ihrer Klostergemeinschaft, bis zum großräumigsten, der Christenheit insgesamt, reichen konnten. Man vermag die historische Größe dieser Leistungen nur dann recht einzuschätzen, wenn man sie vor dem Hintergrund der allgemeinen Stellung der Frau in einer betont patriarchalischen Kultur betrachtet, wie sie das christliche Mittelalter un-

---

[1] S. o. S. 1 ff.
Die im Folgenden verwendeten Abkürzungen sind S. 299 ff. aufgelöst.

[2] Lutgard v. Tongeren fastete sieben Jahre, um den Zorn Gottes wegen der albigensischen Ketzerei zu besänftigen (Vita 2,1,2, hg. v. G. Hendrix, Primitive Versions of Thomas of Cantimpré's Vita Lutgardis, Cîteaux 29 [1978], S. 153–206, hier: 165 f.); Christiana Mirabilis v. St. Truiden wurde fast eine geistliche Beraterin des Grafen Ludwig v. Loen (Vita 4,41 ff., AASS Juli V, 1868, S. 657 f.).

bedingt verkörperte. Zahlreiche Publikationen haben inzwischen gezeigt, daß in der Communis opinio der Männer jener Epoche das andere Geschlecht durchgehend als physisch, moralisch und intellektuell inferiore Spezies galt[3], so daß es in diesem Rahmen nicht nötig ist, die Situation eingehender zu beschreiben. Es genüge nur, als symptomatische Streiflichter an Worte des größten und anerkanntesten mittelalterlichen Theologen zu erinnern, an das, was der hl. Thomas von Aquin in seiner ‚Summa Theologica‘, die zum verbindlichen Basiswerk katholischen Denkens werden sollte, über den Wert der Frau äußerte: Ihre Existenzberechtigung findet sie einzig als „Gehilfin des Mannes beim Werke der Zeugung", da er „zu jedem sonstigen Werke eine bessere Hilfe im anderen Mann findet als im Weibe"[4]. Dieses ist dem Manne von Natur aus unterworfen, „denn im Manne überwiegt von Natur aus die Unterscheidungskraft des Verstandes"[5]. Thomas reflektiert hier freilich nur die allgemeinen Ansichten seiner Zeit, jedoch darf man nicht vergessen, daß diese ja in der Lebenspraxis zu Handlungskonsequenzen führten – z.B. der, daß nach der Vorschrift hochmittelalterlicher Hochzeitsordines die Braut ihren künftigen Gatten bei der Übergabe an ihn mit Fußfall zu verehren hatte[6], wodurch das zu erwartende und erwartete Verhältnis der Ehegatten zueinander ein für alle Mal klar genug auch vor der Öffentlichkeit demonstriert war, oder, um in den rein religiösen Bereich zurückzukehren, es der Frau, auch der gottgeweihten und jungfräulichen Braut Christi, nach kirchlichem Recht verboten war, sich während der Messe auch nur dem Altare zu nähern, geschweige denn, die heiligen Gegenstände zu berühren oder gar dem Priester zu ministrieren[7].

---

[3] Vgl. die Bibliographie bei Peter Ketsch, Frauen im Mittelalter, Bd. 2, Düsseldorf 1984, S. 396ff. Zu ergänzen: F. L. Utley, The crooked rib, Columbus 1944. – Idee sulla donna nel Medioevo, hg. v Maria Consiglia De Matteis, Bologna 1981. – Middeleeuwers over vrouwen, hg. v. R. E. V. Stuip/C. Vellekoop, Utrecht 1985f. Allgemeine bibliographische Hinweise zu neuerer Literatur über die Frau im Mittelalter habe ich in dem Sammelband ‚Frauenmystik‘, S. 22, gegeben. Zu ergänzen: L. u. M. Frey/J. Schneider, Women in Western European History, Brighton 1982, S. 215–351 (Bibliographie). – Women of the Medieval World, hg. v. J. Kirshner/S. Wemple, London 1985.
[4] S.T. I,92,1, zit. Ketsch (wie Anm. 3), S. 75.
[5] Ebd., zit. S. 75. Vgl. dazu K. E. Børresen, Natura e ruolo della donna nel Agostino e nel Tomaso, La Citadella 1979, S. 144ff.
[6] Jean-Baptiste Molin/Protais Mutembe, Le ritual du marriage en France du XIIᵉ au XVIᵉ siècle, Paris 1974, S. 288, 290.
[7] R. Metz, Le statut de la femme en droit canonique médiéval, Recueils de la Société Jean Bodin 1962, S. 59–113, 105ff. – Heinrich Fichtenau, Lebensordnungen des 10. Jahrhunderts, Stuttgart 1984, Bd. 1, S. 145f.

Wollte man die historischen Bedingungen analysieren, in denen mystisch begabte Frauen im Mittelalter die ihrem Geschlecht sonst fast stets
gesetzten Schranken zu überwinden vermochten, wollte man weiterhin
untersuchen, inwieweit sie möglicherweise dazu gleichen Verhaltensweisen und Vorgangsmustern folgten, worin sie Erfolg hatten und worin sie,
vielleicht häufiger, scheiterten, so müßten Leben und Taten einer nicht
ganz kleinen Zahl von Mystikerinnen ausgebreitet werden: ich denke
z.B. an die hl. Margareta von Cortona (1247–1297), die als Friedens- und
Kreuzzugspredigerin in der Toskana Berühmtheit erlangte[8], an die hl.
Clara von Montefalco (1268–1308), die die Sekte der Brüder vom freien
Geist bekämpfte[9], an die sel. Ursulina Venerii von Parma (1375–1408),
die nach Rom und Avignon pilgerte, um Papst und Gegenpapst zur Been-
digung des Schismas zu bestimmen[10], an die sel. Johanna-Maria von
Maillé (†1414), die mehrfach versuchte, den französischen König
Karl VI. zu beeinflussen[11], an die hl. Coletta von Corbie (1381–1447),
die als Generaläbtissin des 2. Ordens der Minoriten mit Unterstützung
der weltlichen Gewalten wenigstens 17 Frauen- und 7 Männerklöster reformierte sowie sich um ein Ende der Kirchenspaltung bemühte[12].

Danach wäre ein Vergleich zum kirchen- und zivilpolitischen Wirken
der zeitgenössischen Mystiker durchzuführen, um eventuelle frauen-
und männerspezifische Verhaltensweisen zu erkennen, also etwa zur Tätigkeit eines Johannes von Rupescissa (†1362)[13], eines sel. Peter von Ara-
gón (1305–1381)[14], eines hl. Nikolaus von Flüe (1417–1487)[15], eines Gi-
rolamo Savonarola (1452–1498)[16].

[8] F. Cardini, Agiografia e politica: Margherita da Cartona e le vicende di una città
inquieta, Studi francescani 76 (1979), S. 127–136. – A. Benvenuti Papi, „Margarita
filia Jerusalem", in: Toscana e Terrasanta nel Medioevo, hg. v. F. Cardini, Firenze
1982, S. 117–137.
[9] Vgl. G. Barone, Clara v. Montefalco, Lexikon d. Mittelalters II/10, 1983, Sp.
2124f. – Dies. in ihrem Beitrag zum vorliegenden Band.
[10] Vgl. I. Manocci, Orsolina, Bibliotheca Sanctorum 9 (1967), Sp. 1271–1273.
[11] A. Vauchez, Influences franciscaines... Autour de la bhse. Jeanne-Marie de
Maillé, Revue d'histoire ecclesiastique de France 70 (1984), S. 95–105.
[12] P. Dinzelbacher, Colet(t)a, Lexikon d. Mittelalters III/1, 1984, Sp. 30.
[13] Jeanne Bignami-Odier, Etudes sur Jean de Roquetaillade, Paris 1952.
[14] J. M. Pou y Marti, Visionarios, Beguinos y Fraticelos Catalanes, Vich 1930,
S. 308ff.
[15] Alois M. Haas, Geistliches Mittelalter, Freiburg i.Ü. 1984, S. 459–475.
[16] D. Weinstein, Savonarola and Florence, Princeton 1970. – R. De Maio, Rifor-
me e Mite nella Chiesa del Cinquecento, Napoli 1973, S. 33ff.

Dies kann im hier gegebenen Rahmen freilich nicht geleistet werden. Nur die drei Frauen werden im Mittelpunkt des folgenden Beitrages stehen, deren Privatoffenbarungen und deren öffentliche Aktivitäten sie zu den berühmtesten Mystikerinnen des Mittelalters gemacht haben: Hildegard von Bermersheim, die hl. Hildegard von Bingen (Bermersheim in der Pfalz 1098 – Rupertsberg bei Bingen 1179); Birgitta Birgersdotter, die hl. Birgitta von Schweden (1302/03 – Rom 1373); Caterina di Iacopo di Benincasa, die hl. Katharina von Siena (Siena 1347 – Rom 1380). Sie haben nicht nur selbst ein umfangreiches schriftliches Werk hinterlassen, sondern es existieren auch zahlreiche Quellen aus anderer Hand, die uns über ihr Leben, Denken und Wirken Aufschluß geben. Daraus können hier selbstverständlich immer nur einzelne Beispiele zur Illustration unserer Darstellung herausgegriffen werden, die sich jedoch in der Regel vervielfältigen ließen.

Die Mystikerinnen und die Kirche

Wir gehen von einer Stelle der Heiligen Schrift aus, nämlich dem furchtbaren Wort des 1. Korintherbriefes, 14,34, das, mag es nach der Ansicht heutiger Bibelwissenschaftler vielleicht auch eine frühe Interpolation sein[17], dem Mittelalter jedenfalls als die Verba ipsissima des Apostels Paulus galt: αἱ γυναῖκεσ ἐν ταῖσ ἐκκλησίαισ σιγάτωσαν· οὐ γὰρ ἐπιτρέπεται αὐταῖσ λαλεῖν, ἀλλὰ ὑποτασσέσθωσαν, καθὼσ καὶ ὁ νόμοσ λέγει[18]. In der für das Mittelalter maßgebenden lateinischen Vulgataübersetzung verwandelte sich das Verb λαλεῖν (neutestamentlich: „lehren"), welches sich auf eine spezielle Situation in den Einzelgemeinden, nämlich die Ausübung des prophetischen Charismas, bezog, in das viel allgemeinere *loqui*, „sprechen" überhaupt. Paradoxerweise wurde es im Mittelalter genau diese, und nur diese Situation, in der Frauen, wenn schon nicht i n der Kirche als Institution, so doch z u r Kirche als Institution und Glaubensgemeinschaft sprechen sollten[19], und das, wiewohl

---

[17] J.-M. Aubert, La femme. Antiféminisme et christianisme, Paris 1975, S. 41 ff.

[18] Nach der Einheitsübersetzung: „die Frauen sollen in der Versammlung schweigen; es ist ihnen nicht gestattet zu reden. Sie sollen sich unterordnen, wie auch das Gesetz es fordert." – Anspielung auf Gen 3,16.

[19] Freilich gab es auch eine religiös-didaktische Literatur, die von Frauen, die nicht Charismatikerinnen waren, stammte und die im weitesten Sinn des Wortes zur Katechetik (für einzelne Mitglieder oder Stände der Kirche) gerechnet werden kann, wie

der Satz *Mulier, quamvis docta et sancta, viros in conventu docere non prae-sumat*[20], „eine Frau, wie gelehrt und heilig sie auch immer sei, soll sich nicht herausnehmen, Männer in der Gemeinschaft zu belehren", wenigstens seit dem 6. Jahrhundert Kirchenrecht war[21].

Dieses Pauluswort ist allerdings eine der Grundlagen, aus denen heraus das charismatische und öffentliche Reden der Mystikerinnen zum Ziel männlicher Kritik wurde. Unter ausdrücklicher Berufung darauf predigte es ein Dominikaner von der Kanzel, daß Birgittas Schauungen auf Täuschung, Träumerei, Einbildung als Inspirationsquellen beruhten. An die Visionen einer Frau zu glauben erschien ihm als Absurdität[22]. Man riet der Visionärin unter dem Anschein der Bonhomie, sie solle besser essen und trinken und mehr schlafen, statt sich törichten Träumen zu ergeben: *O domina, nimis somnias, nimis vigilas, expedit tibi bibere, & plus dormi-re. Numquid deus reliquit religiosos, & cum superbis mundi loquitur? Va-num est verbis tuis dare fidem*[23]. Wenn Gott sich offenbaren wolle, hat er dann nicht genug Priester und Mönche, zu denen er eher reden würde? Eher, so ist zu ergänzen, als zu einer Frau, die nicht einmal Jungfrau war, sondern verheiratet und eine Dame des königlichen Hofes, also durchaus von dieser Welt. Sie solle zu Hause bleiben, meinte ein anderer, statt Unfrieden zu stiften[24] – so wie alle anderen braven Frauen es tun, ist zu ergänzen. Birgittas Sohn Birger bezeugt nach ihrem Tode: „Ich erinnere mich, wie ich oft betrübt und gesenkten Hauptes vor meinem Herrn, dem König Magnus, stand, wenn er oft zu mir sagte: ‚Was mag unsere Verwandte, deine Mutter, wohl heute Nacht wieder geträumt haben?' "[25]

---

etwa die Dichtungen Frau Avas, der ‚Hortus Deliciarum' der Herrard von Landsberg, ‚Le Purgatoire de S. Patritz' von Marie de France u.a., doch ist die Wirkung wesentlich beschränkter als bei den genannten Mystikerinnen und nicht mit einer in der Öffentlichkeit aktiven Lebensführung verbunden.

[20] Zit. G. Gonnet, La donna nei movimenti pauperistico-evangelici, in: Movimento religioso femminile e francescanesimo nel secolo XIII, Assisi 1980 (recte 1981), S. 101–129, 110. – Alle Übersetzungen stammen vom Verfasser.

[21] Er entstammt den ‚Statuta Ecclesiae antiqua', auch unter dem (falschen) Titel ‚Kanones des IV. Konzils v. Karthago' bekannt; vgl. H. Moureau, Carthage, in: DThC 2/2, 1923, Sp. 1806–1810.

[22] Es handelt sich um Prior Kettilmund von Skänninge, Rev. 6, 90; 3, 18; 6, 30; Acta, S. 503, 628.

[23] Rev. 4, 113 (ed. S. 346H); Acta, S. 493.

[24] Rev. 6,9 (ed. S. 450L).

[25] Fogelklou, Birgitta, S. 129. Es handelt sich um König Magnus II. von Schweden, dem wir noch begegnen werden; s. u. S. 277, 287.

Noch ein Jahr vor ihrem Tode, als Birgitta längst eine Berühmtheit geworden war, urteilte ein königlich-zypriotischer Hofbeichtiger aus dem Dominikanerorden schlicht: *Ista est una mente capta*, „das ist eine Irrsinnige"[26] — nicht anders hatte sich viele Jahre zuvor ein Mönch des Klosters Alvastra ausgedrückt, der meinte, *eam non habere cerebrum sanum sed esse fantasticam*[27], sie habe kein gesundes Gehirn, sondern sei eine Phantastin. Wieviel Streit die Beurteilung ihrer Offenbarungen nach ihrem Tode unter Konzilsvätern und Theologen auslöste, weiß man[28], und schließlich hat es dreier Kanonisationen bedurft, bis ihre Heiligkeit unangefochten blieb[29].

Hildegard mußte sich bei Papst Eugen III. beklagen, daß viele ihre Revelationen verwarfen, nur weil sie von einer armen, ungelehrten Frau stammten[30].

Auch Katharina blieb nicht unangefochten; solche Warnungen konnten durchaus auch von freundlicher Seite kommen. So schrieb der Einsiedler Bianco di Santi ein ausführliches Gedicht für Katharina unter dem Titel: *Or ti guarda, suor mia, ché non caggi in gran ruina*, „jetzt hüte dich aber, meine Schwester, daß du dich nicht in großes Verderben stürzt!" Sie möge sich doch bitte in acht nehmen, nicht zur Lügnerin zu werden, wenn sie eine prophetische Sprache gebrauche, und die Phantastereien eitler Weissagungen möge sie doch ablegen[31].

Man muß sich aber dessen bewußt sein, daß die generell negative Beurteilung der Frau im Mittelalter nur e i n e r der Faktoren war, die den Mystikerinnen, wenn sie öffentlich tätig sein wollten, entgegenstanden. Ein zweiter war das Mißtrauen der Kirche vor den falschen Propheten, besonders aktuell in der Spätzeit des Mittelalters, als die — in jener Epoche stets existenten — Vorstellungen vom Anbrechen der Endzeit, des Millenniums, des Jüngsten Gerichtes, einen Höhepunkt an Intensität erreichten. Wenn sich politische Gegner der Zeit seit dem Investiturstreit andau-

---

[26] Acta, S. 429 ff. Vgl. weiter Rev. 4, 124. — Losman, Birgitta S. 87, kommt bezüglich der an der Heiligen geübten Kritik allerdings zu dem Schluß: „Hennes kön nämns ju då ockspå men tycks inte markeras som exstra belastande."
[27] Acta, S. 488.
[28] S. z. B. Colledge, Epistola, S. 40 ff.
[29] Holböck, Nordlicht, S. 178 ff. — Vauchez, Brigitte, S. 241 ff.
[30] PL 197, Sp. 146A.
[31] Zit. Doornik, Katharina, S. 68 f.

ernd gegenseitig als Antichristi[32] verteufelten und wenn zahlreiche so-
zialreligiöse Umsturzbewegungen bis zu den Wiedertäufern hin von chi-
liastischen Argumenten ausgingen[33], so lag dem eine sehr konkrete
eschatologische Erwartung zugrunde. Dasselbe gilt für die große Beliebtheit der Weltgerichtsspiele und -darstellungen oder von in den einzelnen
Vulgärsprachen verbreiteten Texten über die 15 Vorzeichen des Endge-
richts[34]. Da Christus auf die Frage nach Zeichen für das kommende Welt-
ende die falschen Propheten genannt hatte[35], war nichts selbstverständ-
licher, als daß jeder gebildete Gläubige zunächst einmal neuen Propheten
und Prophetinnen gegenüber mißtrauisch sein mußte. Man sieht es deutlich beim sel. Raymund von Capua, dem Seelenführer, Freund und Bio-
graphen der hl. Katharina, wie seine Einstellung ihr gegenüber eine Zeitlang aufgrund der doppelten Bedenken bezüglich ihres Geschlechtes und
ihrer Prophetengabe schwankte. Einerseits, so schreibt er selbst, war jetzt
die Zeit des dritten Untiers, die Zeit des Leoparden[36] (seit Rabanus Mau-
rus Symboltier des Antichrist[37]), womit allegorisch die Heuchler bezeichnet sind, andererseits hatte er selbst schon solche Menschen ken-
nengelernt, und zwar in der Mehrzahl Frauen (*et potissime in feminis*),
die sich vom bösen Feind hatten verführen lassen wie Eva[38]. Neben anderen Zeichen versicherte ihn besonders ein eigenartiges Erlebnis, wobei
sich das Antlitz der Charismatikerin in das bärtige des Heilands verwandelte, des göttlichen Ursprungs ihrer Worte[39].

Auch der Beichtvater und Aufzeichner der birgittinischen Offenbarungen, Petrus Olavsson von Alvastra, hatte anfänglich ähnliche Bedenken. Er nahm erst von ihnen Abstand, als er einen plötzlichen Schlagan-
fall erlitt, den er als göttlichen Backenstreich beschreibt und von dem
ihn nur das Gelübde gesunden ließ, alles gläubig niederzuschreiben, was
ihm die Seherin berichten würde[40].

---

[32] Vgl. Lexikon d. Mittelalters I, 1979, Sp. 703–708. – Richard K. Emmerson,
Antichrist in the Middle Ages, Manchester 1981.

[33] Norman Cohn, The Pursuit of the Millennium, London ³1970 – Walter Nigg,
Das ewige Reich, München 1967. – ‚Chiliasmus‘, in: Lexikon d. Mittelalters II, 1983,
Sp. 1820–1824.

[34] Vgl. Lexikon d. christl. Ikonographie IV, 1972, Sp. 510–523.

[35] Mt 24,4 f.24; Apg 5,36 f. Vgl. Mt 7,15, Apg 20, 29.

[36] Vgl. Dan 7,6.

[37] Beryl Rowland, Animals with Human Faces. A Guide to Animal Symbolism,
Knoxville ²1975, S. 117. Vgl. Offb 13,2.

[38] Vita 87.

[39] Vita 90.

[40] Extrav. 48.

Vor dem Hintergrund der generellen Skepsis dem weiblichen Geschlecht gegenüber einerseits, der gegenüber den Privatoffenbarungen in
der letzten Epoche der Menschheitsgeschichte andererseits[41] ist es hinreichend verständlich, daß die Kirche kraft ihres Amtes die Verkünderinnen
neuer Offenbarungen auf Herz und Nieren prüfte — wie sie es genauso
mit männlichen Propheten tat[42]. Dieser Prüfung wurde schon die hl.
Hildegard unterzogen. Nachdem der Beichtvater Volmar und der Abt
Kuno die Schrift der Seherin gelesen und gebilligt hatten, machten sie
den Erzbischof Heinrich von Mainz darauf aufmerksam. Als dann Papst
Eugen III. Ende 1147 in Begleitung des hl. Bernhard von Clairvaux nach
Trier kam, hielten es der Bischof von Mainz und die höhere Geistlichkeit
für gut, die Angelegenheit Hildegards dem Papst zu unterbreiten, um
durch seine Autorität zu erfahren, „was anzunehmen und was zu verwer-
fen sei"[43]. „Wie zu erwarten stand, verhielt sich Eugen reserviert. Als
Mönch und Theologe wußte er, daß derartige Erscheinungen im Bereich
des Möglichen liegen, aber als Papst sah er sich genötigt, der Sache auf
den Grund zu gehen"[44]. Dies besorgte eine Abordnung von Theologen
unter Bischof Albero von Verdun, die die Visionärin und ihre Mitschwestern „in Demut" befragten und sich den noch unfertigen ‚Liber Scivias‘
aushändigen ließen; man kennt das überaus günstige Resultat dieser Untersuchung. Eine schon bald nach Hildegards Tod aufgekommene Legende will auch, daß ihre Werke in der damaligen Hauptstadt der Theologie
examiniert worden seien: *per omnes magistros Parisienses et in theologia
legentes sunt diligenter examinati*[45]. Dies weist jedenfalls darauf hin, daß
man das Bedürfnis empfand, sich auch durch die Stellungnahme der immer wichtiger werdenden Pariser Universität abzusichern.

Bei Birgitta war es so, daß ihre Offenbarungen in ihrem Heimatland
von dem Spitzentheologen Schwedens in der 1. Hälfte des 14. Jahrhun-

---

[41] Daß die Menschheit unmittelbar vor der zweiten Parusie, d.h. dem Untergang
dieser Welt, lebe, war die Lehre Christi (die Stellen bei J. Chaine, Parousie, DThC
9/2, 1932, Sp. 2043—2054); die Parusieverzögerung bewirkte, daß man sich dauernd
im letzten Weltzeitalter glaubte; s. J. H. J van der Pot, De periodisering der geschiedenis, ’s-Gravenhage 1951, S. 38 ff.

[42] Vgl. z.B. Pou y Marti, Visionarios (wie Anm. 14). Übrigens hielten sich auch
bisweilen weltliche Große für dafür zuständig, z.B. die Königin Johanna v. Neapel:
Acta, S. 562.

[43] Gottfried u. Theoderich, Vita 1,4 (PL 197, Sp. 94D).

[44] May, Hildegard, S. 70.

[45] Acta H., S. 128 (Zusatz nach 1233).

derts geprüft und an verschiedene Bischöfe versandt wurden, von Magister Matthias von Linköping[46]. In ihrer italienischen Zeit erzählte die Seherin ihre Visionen sofort (*statim*) ihren beiden Beichtvätern und stellte sie gänzlich ihrem Urteil anheim, *et omnes illas subiciebat eorum judicio et discretioni*[47]. Was sie in schwedischer Sprache selbst niederschrieb, wurde bei der Übertragung ins Lateinische sicher nicht immer tel quel übernommen, worauf ein Vergleich der wenigen Seiten ihres Originaltextes mit der lateinischen Version verweist[48]. Als sich Birgitta auf ihrer Pilgerfahrt ins Heilige Land befand, empfing sie in Famagusta den Befehl des Herrn, alle ihre Offenbarungsbücher Bischof Alfons von Jaén zu übergeben, der sie erklären und ihre Katholizität herausarbeiten solle: *omnes Libros Revelationum . . . elucidet, & catholicum sensum spiritus mei teneat*[49].

Katharina wurde mindestens fünfmal von Theologen geprüft und einem hervorragenden Seelenführer, nämlich dem sel. Raymund von Capua OP, anvertraut, einem Gottesgelehrten und Literaten, der in Rom und Bologna Lektor gewesen war, in Rom auch Prior, in Siena Studienregens, päpstlicher Diplomat, und der nach Katharinas Tod noch zum Ordensgeneral avancieren sollte. Die Heilige und der Selige begegneten einander im Mai 1374 auf dem Generalkapitel in Sta. Maria Novella zu Florenz, wohin auch die Seherin geladen worden war, um sie, wie zu vermuten steht[50], betreffs ihrer Orthodoxie zu examinieren. Aber ihre entscheidende Beurteilung durch die Kirche fand zweifelsohne in der damaligen päpstlichen Residenz in Avignon statt. Zuvorkommend stellte Gregor XI. ihr als Gesandter der mit ihm verfeindeten Stadt Florenz ein hübsches Haus mit einer prächtigen Kapelle zur Verfügung und bezahlte die Kosten ihres Aufenthaltes. Doch bereits am ersten Tag bekam sie Besuch von drei Prälaten, darunter einem Erzbischof, die sie gründlich über ihre Schauungen und ihr Vermögen zur „Unterscheidung der Geister" ausfragten. Wiewohl die Herren äußerst arrogant auftraten — sie sprachen Katharina unter anderem als *vilis femella* an, *ipsam irritando morda-*

---

[46] Rev. 8, Prol. 3; 4,78; Reg., Prol. Es ist unklar, ob die spätere Verstimmung zwischen Birgitta und ihm damit etwas zu tun hat; vgl. Morris, monk, S. 101 ff.

[47] Acta, S. 370. Discretio ist der Fachausdruck für die Unterscheidung der guten und bösen Geistern; vgl. ‚Discernement des esprits', DS 3, 1957, S. 1222–1291.

[48] Originaltexter, S. 57 ff.

[49] Extrav. 49 (ed. S. 770E). Zur redaktionellen Tätigkeit Alphons' vgl. Colledge, Epistola S. 28 ff.

[50] Die Quellen dazu sind verloren, doch vgl. Fawtier/Canet, expérience, S. 95 f.

cibus verbis –, konnten sie kein Fehl an der Italienerin finden und zogen
wieder ab. Es ist klar, daß bei einem anderen Ergebnis die Inquisition
eingeschaltet worden wäre, denn, wie ein Leibarzt des Papstes es formu-
lierte, dann „hätte Katharina niemals (in ihrem Leben) eine schlimmere
Reise (*ita pessimum iter*) unternommen"[51].

Die vorangehenden Ausführungen sollten etwas von den Schwierigkeiten und Widerständen bewußt machen, denen Charismatikerinnen im
Mittelalter sowohl aufgrund ihres Geschlechtes als – mehr noch – aufgrund ihrer Privatoffenbarungen gegenüberstehen konnten, sobald sie ihren engsten Umkreis verließen, und sollten gleichzeitig an die Kontrolle
durch die Amtskirche erinnern, der diese Frauen stets unterworfen waren. Sie sollten aber keinesfalls zu einer einseitigen Beurteilung führen.
Denn es war eben dieselbe Kirche, die den orthodoxen Frauen ihre Revelationen bestätigte und deren Kleriker diese verbreiteten, die ihnen die
Möglichkeit zu wirken einräumte, obschon sie aus theologischen und so-
ziologischen Gründen von starker Skepsis diesem Teil der Menschheit
gegenüber, namentlich wenn er prophetisch auftrat, geprägt war. Mystisch begabten Frauen boten sich in der westlichen Christenheit Möglichkeiten, die weit über das hinausgingen, was allen anderen Frauen in
Hinsicht auf einen Einfluß in Kirche und Staat offenstand, vielleicht mit
Ausnahme einiger regierenden Königinnen und Fürstinnen. Das bedeutet, daß sich auch hier die Kennzeichnung des Mittelalters als „Zeitalter
des Glaubens" als richtig erweist, denn nur aus religiösen – vielleicht
sollte man sagen: aus ontologischen – Motiven heraus öffnete sich eine
zutiefst machistische Gesellschaft der Stimme der Prophetinnen. Voraussetzung dafür war allerdings unbedingt ein Verbleib innerhalb der Rechtgläubigkeit, wie sie damals verstanden wurde. Die Art des Vorgehens
gegen Häretikerinnen unterschied sich nicht von der gegen Häretiker
angewandten, war also weder frauen- noch männerspezifisch, sondern
religions- und epochentypisch[52]. Die Mystikerinnen waren in der Tat
Frauen, die in und gegenüber der Kirche nicht schwiegen, die sich jedoch
– ungeachtet aller Kritik, die sie selbst übten – in sie einordneten.

Am deutlichsten wird dies bei Katharina; man könnte vermuten: aufgrund ihrer sozialen Herkunft aus eher kleinen Verhältnissen[53]. *La Chie-*

---

[51] Processo, S. 269 f.

[52] Vgl. Ernst Benz, Beschreibung des Christentums, München, 1975, S. 159 ff.

[53] „Nacque . . . in una numerosa e modesta, ma non povera, famiglia del ‚popolo
minuto'", sagt Dupré-Theseider, Caterina, Sp. 361. Gelegentlich liest man (unver-
ständlicherweise sogar bei Fawtier/Canet, expérience, S. 96, vgl. dagegen S. 47 f.),
„Catherine est une aristocrate".

sa non è altro che esso Christo[54] — „die Kirche ist nichts anderes als Christus", schrieb Katharina einmal, und ein moderner Kommentator sagt von ihr: „La chiesa è il più grande amore di Caterina"[55]. Der Papst ist ihr *dolce babbo mio* (kaum übersetzbare Koseform), ihr *dolcissimo* usw.[56] Ihm gebührt absoluter Gehorsam: *chi sarà inebediento a Cristo in terra, el quale è in vece di Cristo in cielo, non participarà el sangue del Figliulo di Dio*[57], „wer dem Christus auf Erden ungehorsam ist, der den himmlischen Christus vertritt, wird nicht des Blutes des Gottessohnes teilhaftig werden". Die weltliche Gewalt darf unwürdige Kleriker nicht bestrafen, nur der Papst und Gott[58].

Den oben zitierten Beispielen von Kritik an den Mystikerinnen von seiten ihrer Zeitgenossen könnte man eine noch wesentlich umfangreichere Liste von Zeugnissen der Zustimmung und Verehrung entgegenstellen. Die Wertschätzung der Visionen Hildegards durch Papst Eugen III. wird sogar von Autoren im fernen England vermerkt[59]. Man lese den ehrerbietigen Ton, in dem Kirchenfürsten und Äbte an sie schrieben! Birgittas Anhänger gingen so weit zu sagen, daß, wenn die gesamte Heilige Schrift verloren ginge, ihr Offenbarungswerk genüge, um die ganze katholische Welt zu reformieren[60]. Wie die beiden anderen Frauen wurde auch Katharina schon zu Lebzeiten als Heilige verehrt[61], welcher auch hohe Herren mit Demut gegenüberstanden und um deren Anwesenheit man sich geradezu riß: so wandte sich z.B. der Erzbischof von Pisa an ihren Ordensgeneral mit der Bitte, daß die charismatische Färberstochter doch noch länger in seiner Stadt verweilen dürfe[62].

Aber das Wesentlichste ist doch, daß die Schriften und Viten dieser Frauen von Männern aufgezeichnet, verbreitet und verteidigt wurden und daß diese Frauen von Männern heiliggesprochen wurden — obschon letztere so viele Vorurteile gegen das andere Geschlecht hegten. Wodurch machten diese Heiligen solchen Eindruck auf ihre Zeitgenossen, was waren die Grundlagen ihres Wirkens in Kirche und Welt?

---

[54] Ep. 60 (171) (F, S. 246).
[55] Tincani, Caterina, S. 48. Vgl. M. Castellano, La chiesa e il potere temporale secondo S. Caterina da Siena, Nuovi Studi Cateriniani 2 (1985), S. 74–82.
[56] Samoré, Caterina, S. 13 ff.
[57] Ep. 68 (F, S. 284).
[58] Castellano, rapporto, S. 26 f.
[59] Johannes v. Salisbury, PL 199, Sp. 220.
[60] Colledge, Epistola, S. 46, Anm. 144.
[61] S. z.B. Cardini, idea, S. 66 Anm. 33.
[62] Seckendorf, Tätigkeit, S. 52 ff.

Grundlagen des Wirkens

Die Persönlichkeit

Es gab im Mittelalter nicht wenige Mystikerinnen, die genauso zahlreicher göttlicher Offenbarungen teilhaftig wurden wie jene drei berühmten Frauen, ohne daß sie deswegen eine kirchen- und staatspolitische Aktivität entwickelt hätten. Alpais von Cudot, Agnes Blannbekin, Mechthild von Magdeburg und ihre visionären Mitschwestern in Helfta z.B. lebten gänzlich oder doch fast gänzlich ihren Schauungen. So müssen wir die Bedingungen für Hildegards, Birgittas und Katharinas Wirken nicht nur in ihren Offenbarungserlebnissen, sondern auch unabhängig davon in ihrer jeweiligen Persönlichkeit suchen. In der Tat fallen bei ihnen ähnliche Charakterelemente auf: Tatkraft und Bereitschaft zur Initiative, Aktivität, Hartnäckigkeit, überdurchschnittlicher Intellekt und hohe Bildung. Dazu kam die Gabe, faszinieren zu können, sei es durch Festigkeit wie Birgitta oder durch Charme wie Katharina. Einige Episoden mögen dies illustrieren:

Als Hildegard beabsichtigte, ihren Konvent vom Disibodenberg auf den Rupertsberg zu verlegen, traf sie auf die Weigerung ihres Abtes, ihrer Mitschwestern und der Umwohner. Sie wandte sich kurzweg und ohne sich um den Widerspruch ihres geistlichen Vorgesetzten zu kümmern über Vermittlung einer adeligen Bekannten an den Mainzer Erzbischof, um den Widerstand der Disibodenberger Mönche zu brechen. Sie kaufte den Grund und ließ sofort mit den Bauarbeiten beginnen, wobei immer noch das Verbot ihres Abtes Kuno galt. Als sie dieser besuchte, lag sie unbeweglich „wie Fels" (*tamquam saxea rupes*[63]) in ihrem Bett. Man versuchte, sie oder wenigstens ihren Kopf zu heben – vergebens. Kuno gab schließlich nach. „Schneller als das Wort des Abtes verklang, erhob sie sich von ihrem Bette und fühlte sich vollkommen gesund"[64]. Ähnliche Zähigkeit bewies sie des öfteren. Noch im Alter von 80 Jahren widerstand sie dem Mainzer Klerus hartnäckig, als es um die Frage ging, ob ein Exkommunizierter, der in ihrem Kloster in geweihter Erde bestattet worden war, dort belassen werden dürfe. Eher als dem Befehl, den Toten auszugraben, Folge zu leisten, wollte sie die Exkommunikation ihrer ei-

---

[63] Gottfried u. Theoderich, Vita 1,2,7 (PL 197, Sp. 96B).
[64] May, Hildegard, S. 84.

genen Gemeinschaft auf sich nehmen[65]. Dabei war sie kein kraftstrotzender Mensch wie etwa Birgitta, sondern erlebte kaum je einen Tag, an dem sie sich gesund fühlen konnte[66].

Die schwedische Seherin war nicht weniger resolut: Als König Magnus eine ungerechte Steuererhöhung wegen seiner verschuldeten Hofhaltung verfügte, bot sie ihm kurzentschlossen ihre beiden Söhne als Geiseln an, bis er werde bezahlen können[67]. Eine ganze Reihe von Passagen in den Revelationen zeigt, daß Birgitta einen starken Eigenwillen besaß, der sie sich nur schwer etwa den Weisungen ihres Beichtigers unterordnen ließ[68]. Freilich waren sie und ihre Umwelt sich immer ihrer Herkunft aus dem schwedischen Hochadel bewußt.

Ein Beispiel für die Faszination, die Katharina auf andere Menschen auszuüben vermochte, sind ihre Bekehrungen verstockter Sünder und Spötter. Nur ein Fall aus zahlreichen: Gabriele da Volterra OFM, Dr. theol., Ordensprovinzial, berühmter Prediger – und Inquisitor –, lebte sein Leben durchaus anders als sich sein Ordensvater das vorgestellt hatte. Sein Appartement war mit solchem Luxus ausgestattet, daß es selbst für einen Kardinal noch zu üppig gewesen wäre, so berichtet einer der Zeugen beim Heiligsprechungsprozeß. Er hatte sich vorgenommen, der Heiligen, die er abschätzig als *ista ignorans feminulla* bezeichnete, einige Theologumena vorzulegen, und sich dazu der Verstärkung eines Oxforder Theologen versichert. Die Herren begannen, „wie zwei wütende Löwen" ihre Fragen zu stellen. Das Ergebnis war, daß der Mönch seine Wohnungsschlüssel zwei anwesenden Männern mit der Bitte übergab, alles bis auf sein Brevier zu verschenken, und sein Leben als Diener im Refektorium seiner Ordensbrüder in Florenz weiterführte[69]. Es fehlte dieser jun-

---

[65] D r o n k e, Women, S. 196 ff.

[66] So eine Zeugenaussage in ihrem Heiligsprechungsprozeß, Acta H., S. 122.

[67] Rev. 8, Prol 3 (ed. S. 629I). Die Heilige zeigte überhaupt generell ein eher kühles und strenges Verhalten zu ihren Kindern, mag sie persönlich auch überzeugt gewesen sein, dadurch ihren Seelen zu nützen.: Cäcilia steckte sie ins Kloster, obwohl diese keine Berufung zeigte und später daraus entfloh (Jørgensen, Bridget, Bd. 1, S. 131; Bd. 2, S. 75); Katharina formte sie zur Heiligen, aber vermittels Haft und Prügel (ebd., Bd. 2, S. 69 ff.); als Karl in ihrer Gegenwart einen Blutsturz erlitt, drehte sie ihm als Sünder den Rücken zu und kümmerte sich nicht weiter um ihn (Acta, S. 436). Auch sein Tod ließ Birgitta unbewegt, vielmehr dankte sie zur Verwunderung der Umstehenden Gott dafür (ebd., S. 370 f.). Vgl. S t o l p e, Birgitta, S. 368 ff. – S u n d e n, Birgitta, S. 158 ff.

[68] Zusammengestellt bei M o r r i s, monk, S. 101 f.

[69] Processo, S. 368 ff.

gen Frau auch nicht an persönlichem Mut, wie z.B. ihre unerschrockene
Äußerung am Papsthof in Avignon zeigt, wo sie dem Heiligen Vater ins
Gesicht sagte, daß es an seinem Hof nicht paradiesisch, sondern inferna-
lisch rieche[70] — man kann sich den Schock Raymunds vorstellen, der die-
se kardignostische Aufdeckung der Korruption unter den Höflingen und
Kardinälen zu übersetzen hatte. Auch die Ereignisse des Jahres 1378 be-
wiesen Katharinas *virilità* (um ihr eigenes Lieblingswort zu gebrauchen[71]), als nämlich in Rom der Kampf zwischen den Anhängern der
Päpste Urban VI. und Clemens VII. tobte. In einem vorausgehenden
Brief hatte sie Urban angeboten, gemeinsam mit ihm auf dem Schlacht-
feld zu stehen und bis zum Tod für die Wahrheit zu kämpfen[72]. So ließ
Urban sie aus Siena zu sich kommen, und sie kam — ungeachtet des Bela-
gerungszustandes der Stadt. Katharina hätte es auch nicht erschreckt, in
eigener Person mit ihren Getreuen auf den Kreuzzug zu ziehen — *è dopo
la pace andiamo tutti di bella brigada sopra gl'Infedeli*[73], es war dies vielmehr eine ihrer Lieblingsideen[74].

Das Charisma

Die persönliche Stärke dieser Frauen hätte freilich nie ausgereicht, sie
zu dem Einfluß zu bringen, den sie tatsächlich ausübten. Hildegard und
Birgitta begründeten ihre Aktivitäten fast immer mit ihren Offenbarungen, und auch Katharina berief sich immer wieder darauf. Hierfür ließe
sich Beleg auf Beleg häufen, einige Andeutungen müssen genügen:
Die Seherin vom Rupertsberg beginnt ihre ermahnenden Briefe oft mit
Formeln wie „Der da ist, spricht", „Der Wasserquell ruft Euch zu", „Der
das Leben den Lebenden gibt, spricht", „Das lebendige Licht gab mir folgende Worte an Dich"[75]. Damit liegt die Verantwortung für den oft ausgesprochen kritischen Inhalt dieser Schreiben ausdrücklich nicht mehr
bei der Visionärin, sondern bei der höchsten Instanz, gegen die es keinen

---

[70] Raymund, Leg. 152.
[71] S. u. S. 294.
[72] Van Doornik, Katharina, S. 196 ff.
[73] Lett. 191 (III, S. 178). Möglicherweise ist hier nur eine Pilgerfahrt gemeint.
[74] S. u. S. 281, 289.
[75] PL 197, Sp. 157A. — Analecta, S. 520. — Schrader/Führkötter, Echtheit, S.
120. — PL 197, Sp. 157C.

Widerspruch gibt. Besonders deutlich wird dies in einem Brief an Bischof Eberhard von Bamberg, der eine ausführliche theologische Belehrung enthält und in der Arenga lautet: „O Vater, ich Armselige habe nun auf das wahre Licht meinen Blick gerichtet. Und gemäß dem, was ich in der wahren Schau sah und hörte und was mir dargelegt wurde . . . übersende ich dir hiermit: aber nicht mit meinen Worten, sondern mit denen des wahren Lichtes, das niemals versagt", *non verbis meis, sed veri luminis, cui nunquam ullus defectus est*[76].

Aus Birgittas Leben ist immer wieder ersichtlich, daß ihre kirchenpolitische und politische Tätigkeit untrennbar mit dem Empfang von Offenbarungen verbunden ist. Als sie z.B. bereits ein Jahr zurückgezogen in Alvastra verbracht hatte, erhielt sie plötzlich vom Herrn den Befehl, sich an den königlichen Hof zu begeben. Was sie dort zu tun habe, sagte ihr die Stimme jedoch nicht, sondern vielmehr: „Sei nicht bekümmert, Birgitta, was du in Stockholm tun und reden sollst, denn wenn du vor dem König stehst, werde ich meine Worte auf deine Lippen legen und dir eingeben, was du sagen sollst." In Begleitung ihrer Söhne betrat sie das Schloß, betrat sie die Räume des Königs, immer noch ohne zu wissen, was sie dort sollte. Dann brach aber die Prophezeiung des göttlichen Strafgerichts über die Schweden aus ihr heraus: „mit Schwert und Lanze in seinem Zorn" werde Christus dieses Volk heimsuchen, wenn es sich nicht in Bescheidenheit üben wolle[77]. Auch der Befehl, die Heimat zu verlassen, die sie nicht wiedersehen sollte, und nach Rom zu ziehen, kam ihr in einer Audition[78].

Die Briefe der sienesischen Mystikerin lassen sich diesbezüglich mit denen Hildegards vergleichen, wiewohl sie auch bisweilen ohne unmittelbaren visionären Auftrag zu diktieren schien. Aber sie antwortet etwa dem Papst *da parte di Cristo crucifisso*[79], im Namen des Gekreuzigten, und schreibt ihm: „verzeiht meiner Anmaßung das, was ich Euch gesagt habe und sage, – von der süßen ersten Wahrheit bin ich gezwungen, es zu sagen, sein süßer Wille ist es, er heißt Euch nach Rom zu kommen"[80]. Auch ihre Zuwendung zu den Problemen der Welt erfolgte auf ausdrück-

---

[76] PL 197, Sp. 167D.
[77] Extrav. 73 f. – Acta S. 485 f.
[78] Extrav. 8.
[79] Ep. 69 (F, S. 289).
[80] Ep. 71 (F, S. 294 f.).

lichen Befehl des Herrn, der ihr offenbarte, sie *ad publicum* schicken zu wollen[81].

Mittel des Wirkens

Gebet

Hätten wir die Möglichkeit, jene drei Frauen selbst zu befragen, welches sie als ihr vorzüglichstes Mittel der Wirkung auf andere Menschen bezeichneten, so würde ihre Antwort wahrscheinlich übereinstimmend lauten: das Gebet. Darum wurden sie ja andauernd von anderen ersucht, und das begehrten sie selbst von anderen.

Kaiser Friedrich Barbarossa versprach sich von Hildegards Gebetshilfe so viel, daß er sie und ihre Mitschwestern bat, „wenn wir uns in irdischen Geschäften abmühen", dann sollten sie für ihn zum Himmel flehen[82]. Diese archaische Funktionsteilung, bei der Nonnen und Mönche nicht nur für die, sondern in der Praxis meist anstelle der Weltleute beten sollten, war ja eine der primären Voraussetzungen der Entwicklung des Klosterwesens im Mittelalter[83].

An Birgitta trug man auch das Ersuchen heran, selbst Gebete abzufassen, so z.B. — ein Zeichen der sich verbreitenden Laienfrömmigkeit — der spätere Herzog von Spolet, Gomez Albornoz[84].

Katharina wurde etwa 1374 von Papst Gregor XI. durch den früheren Beichtvater Birgittas, Alphons von Jaén, um ihre *specialis oratio*, ihr besonderes Gebet, ersucht, wofür sie seinen Ablaß erhielt[85].

Direkter Kontakt

Das Fascinosum dieser Persönlichkeiten hat sich verständlicherweise zunächst in der Begegnung mit ihren Mitmenschen entfaltet. Nach Hildegards Biographie strömten aus Deutschland und Frankreich ganze Völ-

---

[81] Leg. 122.
[82] Schrader/Führkötter, Echtheit, S. 127 f.
[83] Vgl. P. Riché, Monachisme V, A, DS 10, Sp. 1571–1575.
[84] Jørgensen, Bridget, Bd. 2, S. 232.
[85] Dupré-Theseider, Caterina, S. 363. Vgl. Seckendorf, Tätigkeit, S. 39, 144.

kerscharen um Rat und Heilung zu ihr, darunter auch mehrfach Juden[86]. Aber nicht nur im privaten Gespräch, sondern – unerhört für eine Benediktinerin des 12. Jahrhunderts – auch in der öffentlichen Ansprache, in der Predigt, wandte sich die Heilige an ihre Mitchristen. Nicht nur vor Mönchen und Nonnen, auch vor dem Klerus und vor Laien trat Hildegard so auf, unter anderem in Mainz, Würzburg, Bamberg, Trier, Metz, Köln, Maulbronn, Kirchheim u. T., Hirsau und Zwiefalten[87]. In einem Brief an den Klerus von Köln bekennt sie bezüglich ihrer Mahnreden: „Ich Furchtsame und Armselige bin zwei Jahre hindurch sehr dazu gedrängt worden, dies vor Magistern, Doktoren und anderen Gelehrten an bedeutenden Orten, wo sie zu Hause sind, persönlich vorzutragen"[88].

Desgleichen war es Birgitta gewohnt, nicht nur einzelnen Rat zu geben, sondern auch coram publico zu predigen. Sie scheint ihrer adeligen Abkunft gemäß vor allem vor den Großen der Welt gesprochen zu haben. Auf Zypern prophezeite sie selbst die drohenden Strafgerichte Gottes[89]. In Neapel ließ sie in ihrer Anwesenheit ihre Offenbarungen für diese Stadt vor bedeutenden Klerikern und vornehmen Bürgern von ihrem Beichtiger verlesen[90]. Ihre Worte waren zumeist Drohung: „Elle terrorise quand elle parle du jugement dernier. Ses descriptions du purgatoire font trembler même les plus saints parmi les fidèles"[91].

Katharina scheint vor allem im Gespräch in der kleinen Gruppe gewirkt zu haben. Dafür sind zahlreiche Beispiele überliefert[92]. Doch gab es auf ihren Reisen auch Gelegenheiten, wo Tausende zu ihr strömten, um ihr Wort zu hören und bei den sie begleitenden Priestern, denen der Papst dazu besondere Vollmachten gegeben hatte, zu beichten[93]. Zweifelsohne hat auch der Ruf, die Sieneserin könne Wunder vollbringen, zu diesem Zulauf beigetragen. Daß sie auch predigte, und zwar den Kreuzzug, bestätigt ihr etwa Johann von Celle: *la Caterina santa predica, che si vada oltre a mare*[94] – schließlich war es schon

---

[86] May, Hildegard, S. 246 ff.
[87] Ebd., Reg. s.v. „Predigten", S. 561. – Gössmann, Hildegard, S. 226.
[88] PL 197, Sp. 253B.
[89] Acta, S. 429 f.; Rev. 7,16.
[90] Acta, S. 563.
[91] P. Pourrat, La Spiritualité Chrétienne II, Paris ²1951, S. 142.
[92] Vgl. van Doornik, Katharina, S. 47 ff.
[93] Leg. 239.
[94] Cardini, idea, S. 66, Anm. 33.

als junges Mädchen ihr Plan gewesen, sich als Mann zu verkleiden, um in den Predigerorden eintreten zu können[95].

Die Gemeinschaft

Ein begeistertes und sich selbst zur Verfügung stellendes Instrument der Einwirkung auf Kirche und Staat waren die Gruppen, die sich um die Charismatikerinnen bildeten, anderen von ihr erzählten und ihre Schriften aufzeichneten bzw. vervielfältigten. Am meisten treten die Mitarbeiter der hl. Hildegard zurück, Richardis, Volmar, Gottfried, Ludwig und Wibert; sie scheinen auf die Rolle von Sekretären beschränkt geblieben zu sein[96], und Hildegards Mitschwestern werden kaum in ihren Werken und ihrer Vita erwähnt.

Birgitta war nach dem Tode ihres Gatten, speziell in der italienischen Periode, dauernd von ihren Beichtvätern, anderen Anhängern und Verwandten umgeben. Zu ihnen gehörte ein Bischof, der später die ‚Revelationes‘ redigieren sollte, Alfons von Pecha von Jaén[97]. Wir wissen, wie eindrucksvoll Birgittas Beichtvater Matthias ihr erstes großes Gesicht in der Volkssprache verlautbart hat, ihre Revelation durch seine gelehrte Autorität stützend: *Jak mathias kanunker aff linkøpunge kwnnughar allum mannum maeth thaenna skript with guz sanninth, that jak a skriptamale hørthe af Enne guthleko maenniskio*[98], „ich Matthias, Kanoniker von Linköping, teile allen Menschen mit diesem Schriftstück Gottes Wahrheit mit, die ich in der Beichte von einem Gottesfreund [d.h. Birgitta] hörte".

Katharinas *bella brigada*, die *famiglia*, von der die Heilige ungeachtet ihrer Jugend respekt- und liebevoll als *madre* angesprochen wurde, war berühmt und bestand keineswegs nur aus Frauen, etwa anderen Mantellaten. Nach Avignon z.B. wurde sie von neun Männern und drei Frauen begleitet, nach Rom gingen 16 Männer und 8 Frauen mit ihr[99].

[95] Raymund, Vita 121.
[96] Vgl. Herwegen, collaborateurs, pass.
[97] Vgl. Colledge, Epistola. – Jimenez Duqué, Brigida, und oben S. 273.
[98] Hg. v. Liedgren, Magister, S. 111 (die Thorn-Runen wurden durch th wiedergegeben, die Ergänzungsklammern getilgt).
[99] Seckendorff, Tätigkeit, S. 102ff. – J. M. Perrin, Catherine de Sienne, Saint-Cenre 1980, S. 42.

„... riuscî a creare rapidamente intorno a sè quell'atmosfera di simpatia spirituale, ove furono attirate le anime più generose e sincere dei suoi concittadini che costituirono il suo famoso cenacolo. Ella vi accolse poeti, artisti, uomini politici, magistrati, religiosi ...", oft aus bedeutenden Familien ihrer Heimatstadt. Zu diesem Kreis, in dem man nicht nur betete, sondern etwa auch Dante las, zählten z.B. der Maler und Politiker Andrea Vanni oder der Dichter Neri di Landoccio dei Pagliaresi[100]. Gewiß bekam sie aus dieser Umgebung zahlreiche Informationen über die politischen Ereignisse, zu denen sie Stellung nahm.

Konventgründungen

Auch die Gründung von neuen klösterlichen Gemeinschaften konnte jedenfalls die spirituellen Leitbilder, die diese Frauen darboten, bewahren und verbreiten. Hildegard war freilich schon als Kind in eine bereits bestehende Adelsklause, die bald zum Konvent werden sollte, hineingekommen. Aber wir haben bereits darauf hingewiesen, wie eigenständig sie dessen Verpflanzung betrieb[101]. Außerdem hat sie 1165 in Eibingen bei Rüdesheim noch eine Dépendance ihres für die vielen Bewerberinnen zu kleinen Klosters gegründet[102].

Birgitta hat gleich einen neuen Klosterorden, den „Ordo sanctissimi Salvatoris", geschaffen. Genaue Details über die Anlage der Gebäude, die Tracht und Zahl der Mitglieder, den Tagesablauf und die Organisation bekam sie dazu in der Vision mitgeteilt. Vadstena, die Stammburg der Folkunger, wurde der Ausgangspunkt der sich in Europa weit ausbreitenden Birgittiner[103].

Weniger bekannt ist, daß auch Katharina für ihre Anhängerinnen ein Kloster gegründet hat, Sta. Maria degli Angeli zu Belcaro[104], das Papst und Stadt unterstützten.

Briefe

Rat, Trost, Mahnungen, Kritik und Prophezeiungen sind der Inhalt der Briefe, die diese Charismatikerinnen so zahlreich verfaßten. Diese

---

[100] Piero Miscatelli, Mistici Senesi, Siena [7]1914, S. 140.
[101] S. o. S. 276.
[102] May, Hildegard, S. 349 ff.
[103] Lexikon d. Mittelalters II, 1981, Sp. 218–220.
[104] Fawtier/Canet, expérience, S. 159 ff. – Levasti, Katharina, S. 228 ff.

Schreiben richteten sich an einzelne oder bestimmte Gruppen, wie etwa die Kleriker einer Diözese, waren aber wohl, wie Briefe im Mittelalter generell sehr oft[105], schon a priori mit einem Blick auf ihre Veröffentlichung geschrieben. Von Hildegard haben wir noch über dreihundert Briefe[106], wahrscheinlich sogar wesentlich mehr[107]. Sie sind an Päpste, Kirchenfürsten, Nonnen und Mönche, den Kaiser, Könige, einen Herzog und andere Laien adressiert.

Auch die schwedische Seherin ließ ihre Mahnworte an verschiedene Stände der Christenheit ergehen, doch sind uns von ihr nur mehr einige wenige Schreiben erhalten[108].

Am umfangreichsten ist das Epistolarium der Heiligen aus der oberitalienischen Stadt − ca. 360 ihrer Briefe liegen heute noch vor, ein Ausschnitt freilich nur des einstmals Existierenden. Wiewohl sie oft von sich aus briefliche Kontakte anknüpfte[109], bevorzugte sie doch das persönliche Wirken[110].

Offenbarungsschriften

Wenn auch die Briefe der Mystikerinnen immer wieder Offenbarungen enthalten, so sind diese doch vor allem in ihren großen Revelationsbüchern[111] niedergelegt. In den kosmischen Schauungen des ‚Scivias‘ deutet Hildegard die Heilgeschichte, im ‚Liber vitae meritorum‘ die Sittenlehre, in ‚De operatione Dei‘ die Geheimnisse der Natur.

Birgittas ‚Revelationes‘ fassen zusammen, was sie über Gott und die Welt wußte und dieser von jenem zu übermitteln hatte. Manche Bücher sind besonderen Themen gewidmet, wie z.B. das III. (1−34), das über die rechte Lebens- und Amtsführung des Klerus handelt, oder das VIII., welches einen Fürstenspiegel beinhaltet.

---

[105] F.-J. Schmale, in: Lexikon des Mittelalters II, 1982, Sp. 653 ff.

[106] Hildegard v. Bingen, Briefwechsel, übers. v. A. Führkötter, Salzburg 1965, S. 9. Die Angaben schwanken in der Sekundärliteratur.

[107] Dronke, Women, S. 183 ff.

[108] Jørgensen, Bridget, Bd. 1, S. 299 f.

[109] Seckendorff, Tätigkeit, S. 27.

[110] Ebd., S. 95 f., 140.

[111] Vgl. zum literarischen Genus: Peter Dinzelbacher, Mittelalterliche Visionsliteratur, Darmstadt 1988. − Ders., Revelationes (Typologie des sources du Moyen Age occidental), Turnhout (i. Vorb.).

Katharinas ‚Libro della divina Providenza' enthält die Einsprachen des Herrn an die Seele und lehrt, wie sie von der Gottesfurcht zur Gottesliebe über die Brücke gelangt, die der Herr Jesus bildet.

Diese ziemlich umfangreichen Schriften waren ja zu ihrer Zeit nicht nur vielgelesene und -diskutierte Werke mystischer Theologie, sondern wurden auch in Tischlesungen und Predigten verbreitet. Hildegards ‚Liber vitae meritorum' gehörte noch zu ihren Lebzeiten in manchen Klöstern der Benediktinermönche zum Vortragsstoff im Refektorium[112], währenddem ihre Bücher im weiteren Verlauf des Mittelalters weitgehend unbekannt bleiben sollten. Das Gegenteil gilt von denen Birgittas und Katharinas, wie allein die handschriftliche Überlieferung und die Übersetzungen zeigen. Wir haben bereits das Urteil begeisterter Birgittaleser zitiert, ihre Schriften könnten die Bibel ersetzen[113], und schon 1350 wurde der Inhalt ihrer Offenbarungen über die bevorstehenden Heimsuchungen der unbußfertigen Schweden in vielen Kirchen von der Kanzel verkündet, *predicabatur coram populo in multis parrochialibus ecclesijs...*, *quod beata Brigida prophetauerat et predixerat magnas tribulaciones*[114].

Der Wirkkreis

In welchen Umkreis reichte die Tätigkeit dieser Mystikerinnen? Man kann verschiedene Spannweiten unterscheiden: zuerst der nächste und engste Aktionsradius der eigenen Gruppe, des eigenen Klosters. In Hildegards Vita finden wir eine Passage, die einen Hinweis darauf gibt, daß auch am Rupertsberg nicht alles Harmonie und Solidarität war, was bei einer so willensstarken Meisterin, wie es diese Charismatikerin war, auch erstaunen müßte: Hildegard wird dort selbst zitiert und berichtet, wie die bösen Geister „einige meiner adeligen Töchter durch verschiedene Eitelkeiten wie mit einem Netz verstrickt hatten. Ich aber machte sie aufgrund einer Weisung Gottes darauf aufmerksam, umgab und festigte sie mit den Worten der Hl. Schrift und der Disziplin der Regel sowie gutem Lebenswandel – jedoch manche von ihnen hechelten mich insgeheim mit ihren Worten durch und sahen scheel auf mich, behaupteten gar, das unausstehliche Gekläff von Disziplin und Regel, womit ich sie binden

---

[112] Analecta, S. 397.
[113] S. o. S. 275.
[114] Acta, S. 460, 466.

286   Peter Dinzelbacher

wollte, nicht aushalten zu können"[115]. Trost bekam sie jedoch von ihren „guten und weisen Schwestern", obschon die Opposition des öftern zu spüren war. Hier also sehen wir die Mystikerin beim Versuch, die Regel durchzusetzen, in ihrem engsten Umkreis. Sie scheint aber, anders als Birgitta, dazu nicht ihr Wissen um den künftigen Heilszustand der Nonnen eingesetzt zu haben[116].

Von dieser und Katharina gilt hinsichtlich ihrer jeweiligen Gemeinschaften ein Gleiches. Die schwedische Fürstin kümmerte sich besonders um die aus Skandinavien kommenden Rompilger. Darunter war eines Tages auch ihre Tochter Katharina, die sie in ihre Gruppe einzugliedern versuchte, was nicht ohne Härte geschah[117], da das Mädchen viel lieber in ihre Heimat und zu ihrem Mann zurück wollte – und auch darüber empfing Birgitta Offenbarungen[118]. Die sienesische Katharina als Mitglied und bald Leiterin der Mantellaten ihrer Kommune hat zahllose karitative Werke an Mitschwestern und anderen Bürgerinnen vollbracht. Bekannt ist etwa ihre hingebungsvolle Pflege einiger alter Damen, die sie zum Dank beleidigten und verleumdeten[119].

Ein weiterer Kreis charismatischer Aktionen ließe sich anhand der Reise-Itinerarien beschreiben. Eine Verbreitungskarte von Hildegards persönlichem Wirken würde eine Nord-Süd-Achse von Utrecht bis Straßburg umfassen und eine west-östliche von Mainz bis Bamberg und Regensburg. Freilich lag das Zentrum ihrer Tätigkeit deutlich im Rheintal. Dies gilt auch für das Wirken vermittels ihrer Sendbriefe[120], doch greift sie mit diesem Medium weiter aus: sie wechselt Schreiben mit dem Bischof Heinrich von Beauvais, dem Bischof Daniel von Prag, dem Bischof Eberhard von Salzburg, schreibt an die Königin Bertha von Griechenland, die Königin Eleonore von England, den König Heinrich von England, den Herzog Matthäus von Lothringen usf.

Birgitta ist wesentlich weiter in der Welt herumgekommen, von Schweden nach Rom, von Rom nach Neapel, Zypern, ins Heilige Land. Überall hat sie durch die Verkündigung ihrer Revelationen gewirkt. Ihrer Herkunft aus dem höchsten Adel entsprechend hat sie kraft ihres Charismas auch auf ihre Standesgenossen in manchen Ländern Europas Einfluß zu

---

[115] Gottfried u. Theoderich, Vita 2,12, hg. v. Dronke, Women, S. 235.
[116] Gottfried u. Theoderich, Vita 2,1,20 (PL 197, Sp. 1050).
[117] S. oben Anm. 67.
[118] Z.B. Rev. 6, 118.
[119] Raymund, Leg. 154 ff.
[120] Vgl. den Kartenanhang in: Hildegard, Briefwechsel (wie Anm. 106).

nehmen versucht. So sandte sie einen schwedischen Bischof, den sel. Hemming von Abo, zur Vermittlung zwischen Frankreich und England im Hundertjährigen Krieg[121], den sie durch eine Eheschließung beenden wollte. Aber sie hatte auch weniger friedliche Pläne, vor allem in ihrer Heimat: von Rom aus bemühte sich die *principissa Nericiae*, ihren Verwandten, den König Magnus, bei dem sie einst Hofmeisterin gewesen war, vom Thron zu stürzen[122]. Sie scheint sich dabei ihren Sohn und ihren Schwiegersohn als Anführer gegen den in der Tat problematischen Herrscher vorgestellt und einen Dynastiewechsel zugunsten des ersteren geplant zu haben[123]. Ihr Umsturzprogramm von 1361 gehört zu den wenigen Fragmenten, welche in ihrer eigenhändigen Aufzeichnung bewahrt geblieben sind, und „varit avsedd att omedelbart användas som agitationsskrift"[124]. Der Text, der als „en hensynlös agitationsskrift, som under sitt religiösa hölje kännetecknas av partisinne, personlig animosietet, en god portion härsklystnad och i det hela krasst jordbundna motiv"[125] charakterisiert wurde, ist nichtsdestoweniger keine bewußte Erfindung der Seherin, sondern eine Rede der Himmelskönigin an sie! Es geht, so Maria, *til idar rikis styrkilse mote guzs o vinum aendelekum oc likamelekum*[126], um die Stärkung des schwedischen Reiches gegen Gottes seelische und leibliche Feinde. Dazu sollen die Empfänger der Botschaft Geld sammeln[127]. Vieles aus diesem Pamphlet scheint von den aufständischen schwedischen Adeligen tatsächlich übernommen worden zu sein[128]; jedenfalls wurde Magnus abgesetzt und gefangengenommen. Man darf bei einer so offensichtlich von einem nicht nur religiösen Interesse getragenen Offenbarung vielleicht an ein Wort Karl Rahners SJ erinnern, der feststellt, daß „das göttliche Einwirken keine Garantie dafür bietet, daß der imaginäre Inhalt auch einer ‚echten' Vision nicht von der Eigenart des Visionärs so mitbestimmt ist, daß historisch Unrichtiges,

---

[121] Rev. 6, 63; vgl. Stolpe, Birgitta, S. 363 ff.
[122] Carlsson, Birgitta, pass. – Wessén, konungen, S. 135 ff.
[123] Carlsson, Birgitta, S. 93 f., 96. – Aufgrund ihrer Verwandtschaft „da kunde Birgittas söner Karl och Birger med full rätt räknas som dem, som stod tronen närmast, atminstone i hennes ögon" (Wessén, Konungen, S. 136).
[124] Ebd., S. 95.
[125] Ebd., S. 99.
[126] Originaltexter, S. 79.
[127] Ebd., S. 82.
[128] Ingvar Andersson, Källstudier til Sveriges Historia (1230–1436), Lund 1928, S. 160.

288 Peter Dinzelbacher

theologisch Schiefes und Falsches, Einseitiges, Geschmackloses mit in diesen Inhalt einfließen"[129].

Auch Katharina hat weit über den Umkreis ihrer Tertiarinnen oder den der Heimatstadt hinaus gewirkt, wenn sich ihr Itinerarium auch nur zwischen Siena, Avignon und Rom ausspannt. Sie hat den Regierenden in Pisa, Lucca, Mailand und Florenz geschrieben, an König Karl V. von Frankreich und an Königin Johanna von Neapel. Sie versuchte sogar, den gefürchtetsten der Condottieri ihrer Zeit, John Hawkwood alias Giovanni Aguto, im Namen des gekreuzigten Jesus Christus dazu zu bewegen, nicht die umliegenden Kommunen zu bedrängen, sondern als Sühne für seine Untaten ins Heilige Land zu fahren und es für die Christenheit zurückzugewinnen. Hawkwood versprach es ihr mit Brief und Siegel und fuhr ungerührt fort, Italien zu verwüsten[130].

Der weiteste Aktionsradius aber, in dem zu wirken sich diese Frauen vorgenommen hatten, war die ganze Christenheit. Alle wandten sie sich daher immer wieder an ihren irdischen Repräsentanten, den Papst. Es ging ihnen vor allem anderen um die Kirchenreform, die Annäherung der streitenden Kirche auf Erden an die triumphierende des Himmels. „Du also, großer, nach Christus benannter Hirte, gewähre Licht den Bergen, die Zuchtrute den Tälern. Gib den Vorstehern Gebote, die Untergebenen bringe in Zucht ... Das armselige Gebilde zittert, daß es mit tönenden Worten zu einem so großen Lehrer spricht. Doch, oh milder Vater, der Hochbetagte, der herrliche Streiter ist es, der dies spricht. Deshalb höre: Vom höchsten Richter ergeht an dich der Auftrag, die ... gottlosen Tyrannen zu entwurzeln und abzuweisen"[131]. So eines unter vielen Beispielen aus Hildegards Briefwechsel. Eines ihrer Schreiben geht *ad saeculares homines*, an die Laien in der ganzen katholischen Kirche, und umschreibt das Gesamt ihrer Pflichten[132].

Birgitta empfängt ihre Schauungen ausdrücklich nicht ihretwegen allein, „sondern zum Heile aller Christen"[133]. Ihr hauptsächliches Wirken für diese war die für sie damit notwendig verknüpfte Bemühung um die Rückkehr des Papstes nach Rom, derentwegen sie sich nicht scheute, dem Oberhaupt der Christenheit furchtbare Drohworte zu schreiben: sollte

---

[129] Visionen und Prophezeiungen, Innsbruck 1952, S. 72.
[130] Van Doornik. Katharina, S. 84 ff.
[131] PL 197, Sp. 147.
[132] Analecta, S. 341 ff.
[133] Extrav. 47 (ed., S. 769E).

er nicht kommen, verkündete sie etwa Gregor XI., „dann wird er den Stab der Gerechtigkeit spüren, seine Tage werden gekürzt werden, und er wird zu Gericht gerufen werden. Nicht werden ihm dann die weltlichen Herren helfen können, nicht die Ärzte, auch die gute Luft seiner Heimat wird sein Leben nicht verlängern"[134]. Birgittas nächste Offenbarung[135] enthielt dann sogar einen genauen Termin, bis zu dem der Papst in Rom zu sein habe, allein auch dies vergebens. Der sel. Urban V. war ihren Ermahnungen noch gefolgt, hatte aber die Ewige Stadt wieder verlassen, weswegen er, wie Birgitta schon in ihrer Ekstase erfahren hatte, bald das Leben verlor[136].

Darin sind sich die skandinavische und die italienische Heilige[137] freilich ähnlich, daß sie so hartnäckig das Papsttum aus Avignon zu lösen und an seinen Ursprungsort zurückzubringen versuchten. Vier Jahre nach Birgittas Tod zog Gregor in Rom ein, wobei Katharinas Drängen ihm jedenfalls moralische Unterstützung bedeutete. Aber desgleichen bewegte sie die Verbesserung der Hierarchie: der Papst solle die „stinkenden Blumen" aus dem Garten der heiligen Kirche werfen[138]. „Meine Seele sehnt sich danach, daß Gott Euch in einen anderen Menschen verwandle (*riformivi uno altro uomo*), d.h. von einem glühenden Verlangen nach Reform beseele"[139], schrieb Katharina dem Papst. Etwas anderes begehrte sie nicht zu sehen als die Ehre Gottes, den Frieden und die Reform der Kirche – und das Leben der Gnade in jeder vernunftbegabten Kreatur[140]. Doch gab es noch einen anderen Gedanken, der die gesamte Christenheit betraf und von dem sie zutiefst fasziniert war: den Kreuzzug[141]. Ihn, *il santo e dolce passaggio*, betrachtete die Heilige (wie seinerzeit Bernhard von Clairvaux[142]) *sopratutto come un mezzo per la pacificazione della Cristianità*[143]. – *Fate fate fate pace, e tutta la guerra mandate sopra gl'infi-*

---

[134] Rev. 4, 139 (ed., S. 380A).
[135] Rev. 4, 140 (ed., S. 380M).
[136] Rev. 4, 138 (ed., S. 379G).
[137] Vgl. Samoré, Caterina, pass.
[138] Ep. 63 (F, S. 265).
[139] Ep. 71 (F, S. 294).
[140] Lett. 209 (III., S. 260).
[141] Auch Birgitta hatte ihn eine Zeitlang verfochten, und zwar gegen das heidnische Karelien, später die Kreuzzugsidee jedoch verworfen; vgl. Wessén, Konungen, S. 122 f.
[142] Vgl. seinen Kreuzzugsbrief an die Deutschen von 1146, Ep. 363.
[143] Cardini, idea, S. 57–88, 61 Anm 13; vgl. 64 f., 82 ff.

deli[144] („schließt, schließt, schließt Frieden, und bringt den ganzen Krieg über die Ungläubigen") lautete ihr leidenschaftlicher Rat. Dazu dachte sie an die Möglichkeit, die Heiden zu missionieren, und, wo nicht, das Martyrium zu erleiden. Gerne wäre sie selbst losgezogen[145].

Zum Selbstverständnis der Mystikerinnen

Wenn diese Frauen in einer Welt politisch tätig sein konnten, in der solches ihrem Geschlecht normalerweise verwehrt war, so wird man sich fragen, inwieweit ihr Verhalten möglicherweise auch auf einem besonderen Selbstverständnis von Frausein beruhte, oder eher, inwieweit ihre charismatische Auszeichnung zu einem solchen führte. Wie sehen Thematisierungen der eigenen Weiblichkeit bei Hildegard, Birgitta und Katharina aus?

Hier besteht kein eindeutiger Befund. Einerseits haben die Mystikerinnen in ihren bewußten Aussagen über sich als Frauen die patriarchalische Ideologie ihrer Epoche von der prinzipiellen Minderwertigkeit der Frau nicht in Frage gestellt, sondern weitestgehend internalisiert.

Über Hildegard schreibt Schwester Maura Böckeler OSB in diesem Sinn, in ihren dauernden Selbstbezeichnungen wie „einfältiger Mensch", *simplex homo*, oder „armseliges Weibsbild", *paupercula muliebris forma*, liege „die Scheu vor Überschreitung der Grenzen, die der Frau im Mittelalter gezogen waren"[146]. Elisabeth Gössmann bemerkt dazu, die Mystikerin bediene sich bei diesen Epitheta „des Frauenbildes ihres patriarchalischen Zeitalters, um es umzupolen im Sinne der biblischen Wahrheit, daß Gott gerade nicht die Starken und in der Welt Geachteten, sondern die Schwachen erwählt, um durch sie zu den Menschen zu sprechen"[147]. In der Tat mag dieses Bibelwort der Heiligen Sicherheit gebracht haben, wenn sie erfahren mußte, daß ihre Visionen nicht angenommen wurden, eben „weil sie von einem armen und ungelehrten Gebilde stammen, das aus der Rippe geschaffen ist"[148], aber auch diese Interpretation setzt vor-

---

[144] Ep. 78 (F, S. 319).

[145] S. o. S. 281, 289.

[146] Hildegard v. Bingen, Wisse die Wege, übertr. v. M. Böckeler, Salzburg [7]1981, S. 403 Anm. 3. – Noch nicht zugänglich war mir: Barbara Newman, Sister of Wisdom. St. Hildegard's Theology of the Feminine, Berkeley 1987.

[147] Hildegard, S. 226; ähnlich: Menschenbild, S. 25.

[148] PL 197, Sp. 146A.

aus, daß sie die Konzeption von den Frauen als schwächerem Geschlecht duchaus für richtig hielt. Es wäre zu einfach, diese Formeln als belanglose Bescheidenheitstopoi abzutun. Sie zu ironischer Sprechweise zu erklären geht nicht an, da die *humilitas* doch eine Haupttugend monastischen Strebens[149] war, um die sich auch Hildegard bemühte, die sie als „süßestes Gut in der Höhe Gottes"[150] bezeichnet. Worte wie *Ego, misera et plus quam misera in nomine femineo*[151], „ich, erbärmlich und mehr als erbärmlich in meinem Sein als Frau", in ihrem Brief an den hl. Bernhard können nicht gerade als Zeugnisse eines ihre Epoche überschreitenden Frauenverständnisses bewertet werden. Auch ist nicht darum herumzukommen, daß Hildegard das Adjektiv *muliebris*, „frauenhaft", oft und oft eindeutig pejorativ verwendet. So spricht sie von einer widerlichen Zeit weiblicher Prägung, *squalidum tempus muliebris formae*[152], ihre Gegenwart ist ihr „leichtfertig wie eine Frau", *tempora... velut in muliebri persona, levia*[153], ein Mensch, der als treu befunden werden will, werfe die weibische Schwäche ab und greife eifrig suchend nach mannhafter, doch zurückhaltender Stärke: *Homo, qui fidelis esse desiderat, muliebrem levitatem abjiciat, atque virilem fortitudinem in specie mansuetudinis studiose quaerendo arripiat*[154], usw.

Desgleichen bleibt die Hierarchie zwischen Mann und Frau unangetastet: voll Schwäche blickt sie zu ihm auf[155], um von ihm versorgt zu werden, wie der Mond von der Sonne seine Stärke empfängt, und sie ist daher dem Manne unterworfen und stets zu seinem Dienst bereit, *mulier debilis est, et ad virum aspicit, ut per eum procuretur, quemadmodum luna fortitudinem suam a sole recipit, ideoque et viro subdita, et ad serviendum*

---

[149] Vgl. P. Adnés, Humilité, DS 7 (1969), bes. Sp. 1162 ff.

[150] Scivias 1,4,7 (CCCM 43, S. 71).

[151] Schrader/Führkötter, Echtheit, S. 105.

[152] PL 197, Sp. 167A.

[153] Ebd., Sp. 185C.

[154] Liber vitae meritorum 4,28,36 (Analecta, S. 160).

[155] Die Kritik Gössmanns, Menschenbild, S. 46 Anm. 36, an dieser Übertragung von *adspicere* ist unbegründet, da dies eine gängige (mittel)lateinische Bedeutung dieses Verbes ist, die hier noch dazu durch das Sonne-Mond-Gleichnis nahegelegt wird, da auch nach mittelalterlicher Kosmologie die Mondsphäre unter der Sonnensphäre liegt. Hildegard hat dies doch im ‚Scivias' 1,3, selbst deutlich gesagt und noch deutlicher auf der zugehörigen Miniatur darstellen lassen! Von einem „auf gleicher Ebene" Stehen (Gössmann, Menschenbild, S. 36) von Mann und Frau ist in diesem Text keine Rede.

parata semper esse debet[156]. Dieses *debilis* kann man kaum deswegen als
Positivum interpretieren, weil auch Christi Fleisch, mit dem er die Welt
erlöste, schwach war[157], da Hildegard ja gerade in dieser Eigenschaft den
Grund für die leichtere Verführbarkeit der Frau durch den Teufel
sieht[158]. Weiters parallelisiert und rechtfertigt die Charismatikerin die
Ehrfurcht der Frau vor Gott mit der vor dem Mann: *Deus feminam ita
constituit, ut timorem ad ipsum, timorem etiam ad virum suum habeat.
Unde justum est quod mulier semper timida sit*[159]. — Auf die Fortsetzung
dieser Stellen werden wir gleich zurückkommen.

Das Priesteramt angehend hält Hildegard ausdrücklich fest, daß Frauen
keinen Zutritt zu ihm haben, denn Gott offenbart ihr, *etiam nec feminae
ad idem officium altaris mei debent accedere, quoniam ipsae infirmum et
debile habitaculum sint, ad hoc positae ut filios pariant*, „denn sie sind eine
unfeste, schwache Behausung, dazu geschaffen, daß sie Kinder gebären".
Und die Jungfrauen und Witwen haben ja ohnehin durch Christus am
Altardienst teil. Nachdem sich die Geschlechter unbedingt (außer in To-
desgefahr) durch ihre jeweilige geschlechtsspezifische Kleidung unterscheiden müssen, „damit nämlich der Mann seine männliche Stärke zeige
und damit die Frau ihre weibliche Schwäche erweise, da ich dies von Anbeginn des Menschengeschlechtes so verfügt habe", *scilicet ut uir uirilem
fortitudinem in se demonstret et ut femina femineam infirmitatem in se
ostendat, quoniam hoc ab initio humani generis ita in dispositione mea est*,
„deshalb darf sie auch nicht meinen Altardienst ausüben, denn weder im
Haar noch in der Kleidung zeigt sie sich als männliche Person", *ideo
etiam ad officium altaris mei non accedet, quia uirilem personam nec in
capillis nec in uestitu suo demonstrabit*[160].

Was Birgitta und Katharina betrifft, so war nicht nur ihre männliche
Umgebung, sondern waren sie selbst erstaunt und verunsichert, daß gerade sie — obwohl Frauen — als Offenbarungsträgerinnen von Gott gewählt
worden waren. Als Papst Gregor XI. ein Zeichen verlangte, daß es wirklich Gott sei, der ihn durch Birgittas Botschaften nach Rom zurückrufe,

---

[156] De operatione Dei 1,4,65, PL 197, Sp. 851; vgl. noch eindeutiger Liber vitae meritorum 5,31,39: *omnis creatura ... ad Deum respicit, ..., velut etiam mulier ad virum
aspicit, ut jussa ipsius compleat, et quomodo illi placeat.* (Analecta, S. 197).

[157] So Gössmann, Menschenbild, S. 32f.

[158] Scivias 1,2,10: *[Diabolus] sciebat mulieris mollitiem facilius vincendam quam viri
fortitudinem* (CCCM 43, S. 19).

[159] Liber vitae mer. 1,83,96 (Analecta, S. 44).

[160] Scivias 2, 6,76f. (CCCM 43, S. 290f.).

da sollte nach einer ihrer Schauungen eben das als Zeichen gelten, daß es eine Frau war, zu der der Herr wunderbarerweise sprach[161]. In einer an den Kaiser gerichteten Offenbarung sagt Christus: „Wenn mir das gefällt, dann spreche ich meine Worte der Zurechtweisung und der Barmherzigkeit sogar durch eine Frau aus"[162]. Ungeachtet der empfangenen Revelationen zeigt Birgitta aber bisweilen eine gewisse Unsicherheit und Angst, von den Klerikern verspottet zu werden[163]. Freilich scheint die Heilige selbst ihre eigene Sündhaftigkeit und ihr Verhaftetsein in der Welt als hinderlicher angesehen zu haben als ihre Geschlechtszugehörigkeit[164].

Die hl. Katharina hatte sich in einer frühen Phase ihres Gnadenlebens aus der Welt zurückgezogen, um sich ganz auf ihre Schauungen zu konzentrieren; Christus machte sie auf sein Gebot der Nächstenliebe aufmerksam und hieß sie, in der Welt zu wirken. Katharina beugte sich selbstverständlich mit den tiefen Worten: „Nicht mein Wille geschehe, Herr, sondern in allem deiner, denn ich bin die Finsternis und du das Licht, ich bin nicht, aber du bist der, der du bist . . . Aber trotzdem bitte ich, Herr, wenn ich nicht zuviel verlange — wie kann das geschehen, was du eben sagtest, daß ich Armselige und ganz und gar Zerbrechliche Seelen nützen kann?" — *Sexus enim contradicit, ut nosti, ex pluribus causis: tum quia contemptibilis est coram hominibus, tum etiam quia honestate cogente, non decet talem sexum cum sexu alio conversari*[165]: „Das ist, wie du weißt, vom Geschlecht her aus mehreren Gründen kaum möglich: einerseits weil es verachtet ist bei den Menschen[166], andererseits weil es sich aus Ehrbarkeit nicht geziemt, daß dieses Geschlecht mit dem anderen Umgang hat". Katharina gibt hier völlig das kulturtypische Stereotyp von den beschränkten Aktionsmöglichkeiten für Frauen wieder, das auch Italien in der Frührenaissance prägte. Christus sollte ihre Bedenken allerdings mit einem Pauluszitat zerstreuen![167] Während Hildegard das

---

[161] Rev. 4, 143 (ed., S. 383I).

[162] Rev. 8, 51 (ed., S. 684D, mit Änderung der Interpunktion).

[163] Rev. 4, 78 (ed., S. 312G).

[164] Losman, Birgitta, S. 85f. Diese „ur konsekvent kvinnoperspektiv" (S. 82) geschriebene Studie ist als Führer zu den „kvinnosaken" in Birgittas Riesenwerk empfehlenswert.

[165] Raymund, Leg. 121.

[166] Oder sollte man *homines* hier schon wie italienisch „uomini" mit „Männer" übersetzen?

[167] S. u. S. 296f.

Adjektiv „weiblich" negativ gebraucht, so verwendet umgekehrt Katharina das Adjektiv „männlich" als Positivum; *virile!* ist ihr beliebtester Zuspruch, er kommt in ihren Briefen 381mal vor[168]. Der von ihr getadelten Königin von Neapel wirft die Visionärin vor, sie habe kein männliches Herz (*cuore virile*), sondern ein weibliches ohne Festigkeit oder Beständigkeit, sie sei wie ein Blatt, das sich im Winde bewegt (*non condizione d'uomo con cuore virile, ma di femmina senza nessuna fermeza o stabilità, siccome femina che si volle come la foglia al vento*[169]). Dieses nicht eben frauenfreundliche Sprichwort wirkt für uns erstaunlich – gerade bei einer Frau, die die Ausnahme von dieser Regel gewesen ist, zeigt jedoch abermals die Internalisierung der männlichen Stereotypen, denen sich auch eine Heilige und Visionärin im Mittelalter nicht entziehen konnte und wollte. Auch eine Frau sollte sich nach ihrer Idealvorstellung dem „männlichen Wesen" anformen, „Männlichkeit" zeigen.

Andererseits sehen wir doch einzelne Züge im Vorstellungsbild und Wirken dieser Charismatikerinnen, die davon zeugen, daß das eigene Geschlecht auch positiver gesehen werden konnte. Michaela Pereira scheint mir hier Hildegard richtig zu beurteilen: „Ildegarda non fa del ‚femminismo'[170]: non rivendica ad esempio alcun cambiamento nella condizione femminile, . . . ma sottolinea l'importanza che la donna viene ad assumere come membro della coppia congiugale, e afferma nel contempo la pari dignità di uomo e donna". – „All'interno del tradizionale ruolo gerarchico, che Ildegarda non arriva mai a mettere in discussione esplicitamente, lo spazio della donna acquista un rilievo essenziale per la vita della coppia"[171]. Wirklich ist es gerade die Zeugungs- und Ehelehre der Rupertsberger Nonne, die, aus unserer Gegenwart betrachtet, am fortschrittlichsten wirkt; man hat bereits von „a wholly positive theology of sex"[172] gesprochen. Jedenfalls beschreibt die Seherin die weiblichen Empfindungen in puncto puncti mit im Mittelalter sonst unbekannter Einfühlsamkeit[173]. Für ein Bild von der Ehegemeinschaft, das ein Miteinander von

---

[168] U. Mattioli, La tipologia virile nella biografia e nella letteratura cateriniana, in: Congresso, S. 209.

[169] Lett. 317 (V, S. 62).

[170] So urteilt auch Marie-Thérèse d'Alverny, Come vedono la donna i teologi ed i filosofi, in: Idee (wie Anm. 3), S. 259–303, 293: „. . . la monaca è sostenitrice dei diritti della donna? No di certo."

[171] Maternità, S. 566, 568.

[172] Dronke, Women, S. 176.

[173] Pereira, maternità, pass. – Dronke, Women, S. 175 ff.

Mann und Frau betont (ohne die Führungsrolle des ersteren zu leugnen), möge nur folgende schöne Passage aus ihrem ‚Buch der Gotteswerke' stehen, eine Reflexion von und über 1 Kor 11,11: „Mann und Frau sind so miteinander vereinigt, daß das Werk des einen durch den anderen geschieht, da der Mann ohne Frau nicht Mann genannt werden kann, und die Frau ohne Mann nicht Frau. Sie bedarf ja des Mannes, und der Mann ist ein tröstlicher Anblick für die Frau, und keines von ihnen kann ohne das andere sein. Und der Mann bezeichnet die Gottheit, die Frau aber die Menschheit des Sohnes Gottes"[174]. Gerade der letzte Satz macht die unauflösliche und notwendige Gemeinsamkeit bei gleichzeitiger Hierarchie deutlich, die der Visionärin vorschwebt.

In dem oben zitierten Abschnitt mit dem Gestirne-Gleichnis[175] heißt es weiter, der Mann blicke in seiner Nacktheit auf die Frau, um von ihrer *scientia* bedeckt zu werden, also jedenfalls von etwas Positivem, dessen er bedarf[176]; die andere Stelle[177] geht über in einen Preis der keuschen Frauen[178].

Birgitta manifestiert eine Tendenz zur Gleichstellung des weiblichen Geschlechts in ihrer Klosterregel. In der Tat handelt es sich bei den Birgitten um eine Gemeinschaft von Nonnen und Priestern unter der Leitung einer Äbtissin (man erinnert sich an Robert von Abrissel[179]), allerdings hatte ihre Wahl gemäß des Rates des Diözesanbischofs zu erfolgen[180]. Trotzdem bangte die Heilige sehr, ob sich überhaupt Männer finden würden, die bereit wären, sich einer Äbtissin zu fügen[181]. Der Orden zur Ehre der Gottesmutter bestand aus 60 Schwestern, 4 Diakonen und 8 Laienbrüdern, symbolisch für die 72 Jünger Jesu figurierend, und 13 Priestern, entsprechend den 13 Aposteln, wobei die Äbtissin „zeichenhaft Maria vertrat . . . Christi Stelle nahm am ehesten der zuständige Bischof

---

[174] De op. div. 1, 4, 99 (PL 197. Sp. 885C).

[175] S. o. Anm. 155.

[176] Gössmann, Menschenbild, S. 36, denkt an Textilien.

[177] S. o. Anm. 159.

[178] Weitere Passagen, die als positive Züge in Hildegards Frauenbild verstanden werden können, die hier zu diskutieren aber unmöglich ist, da sie einen eigenen Aufsatz erfordern würden, hat Gössmann, Menschenbild, pass., zusammengestellt. Da sie allerdings die Stellen vernachlässigt, in denen Hildegard klar mit der patriarchalischen Sehweise übereinstimmt, erscheint das von ihr gezeichnete Bild einseitig.

[179] S. o. S. 24.

[180] Reg. 14 (ed., S. 704B).

[181] Extrav. 19 (ed., S. 758A).

als ‚conservator' und ‚visitator' ein"[182]. Besonderes Gewicht kam dem
Marienoffizium zu, wodurch (nach der Interpretation von Emilia Fogelklou[183]) für die Nonnen ein Zusammengehörigkeitsgefühl mit der Jungfrau entstand, das in der Geschlechtszugehörigkeit begründeten Minder-
wertigkeitsgefühlen entgegentrat. Auch über das Verhältnis der Geschlechter in der Ehe hat sich die schwedische Mystikerin Gedanken gemacht und kommt zu Schlüssen, die denen Hildegards teilweise nicht un-
ähnlich sind. Einerseits wird mit verschiedenen Beispielen aus der Bibel
die Unterordnung der Frau begründet[184], andererseits wird auch hier ein
gegenseitiges Einander-Bedürfen (freilich zwischen Braut und Bräutigam
als Allegorien für die Seele und Gott) geschildert[185] und (in Übereinstimmung mit dem Kirchenrecht) betont, daß die Einwilligung des Mädchens
für die Vermählung vonnöten sei[186]; „det gar inte att säga vilken av dessa
motstridiga tankegänger som ligger Birgitta närmast om hjärta"[187]. Für
Birgitta dürften sie allerdings genausowenig widersprechend gewesen
sein wie für Hildegard.

Kehren wir nochmals zu Katharinas Selbstzweifeln zurück, die wir
oben zitiert haben[188]. Auf sie folgt nämlich eine Grundsatzerklärung des
Herrn zur Frage des weiblichen Charismas: „Beide Geschlechter habe
ich geschaffen, und bei mir gibt es nicht männlich oder weiblich, alles
ist gleich vor mir . . . Aber heutzutage triefen die Gelehrten so von Überheblichkeit, daß ich ihnen zur Verblüffung von Natur aus unwissende
und zerbrechliche Frauen geben werde, die ich mit Tugend und Weisheit
beschenkte. Wenn sie meine Lehre, die durch diese zerbrechlichen, aber
erlesenen Gefäße vermittelt wird, mit gebührender Ehrfurcht aufnehmen, werde ich mit ihnen barmherzig sein. Verschmähen sie dagegen diese heilsame Verblüffung, dann werde ich sie in Verachtung stürzen"[189].
Gesetzt, man versteht diese Worte nicht als tatsächliche göttliche Ein-
sprache, sondern als Manifestation von Katharinas eigenen Vorstellungen, so hätte sie hier ihre erste, „kulturkonforme" Position überwunden,

---

[182] Holböck, Nordlicht, S. 187.
[183] Birgitta, S. 139 ff.
[184] Rev. 4, 84, 123; 6, 66.
[185] Rev. 4, 83.
[186] Rev. 1,6; 4, 71, 107; 6, 13.
[187] Losman, Birgitta, S. 101.
[188] Siehe S. 293.
[189] Raymund, Vita 122. Die Übersetzung zieht den lateinischen Text etwas ver-
einfachend zusammen.

indem sie auf die Bibel zurückgeht: die Begründung ist nämlich das berühmte Wort des hl. Paulus aus dem Galaterbrief (3,28) von der Einheit in Christus. „Diese Sendung zum Dienst", urteilt ein moderner Kommentator, „soll zeichenhaften Charakter haben für die Kirche ihrer Zeit und hat es heute noch. Sie widerspricht dem Hochmut der Männer und der Machtbesessenheit einer männischen Kirche"[190].

Abschließend muß man jedoch betonen — was auch Beata Losman richtig gesehen hat[191] —, daß das Verhältnis der Geschlechter zueinander für die mittelalterlichen Charismatikerinnen überhaupt kein Problem darstellte, das ihnen richtiggehend zu Bewußtsein gekommen wäre, da dieses Verhältnis bereits durch die Lehre der katholischen Kirche praktisch definiert war und sie weder diese Kirche noch deren Katechese in Frage stellten. Es geht ihnen nie um Systemveränderungen, sondern um Reformen bei denen, die innerhalb des Systems übel handeln. Womit sie den Rahmen sprengten, der ihrem „Stand" im Mittelalter vorgegeben war, war ihr Auftreten in einer sonst ganz von Männern gestalteten politischen Welt, nicht mit dem Ziel, diese durch eine neue zu ersetzen, sondern mit dem Ziel, sie in ihren eigentlichen, von Gott als gut geplanten Zustand zurückzuversetzen.

Nachbemerkung

Wenn in den vorangehenden Ausführungen die Gemeinsamkeiten zwischen drei Mystikerinnen betont wurden, so um einen Ansatz zu einer Phänomenologie der Art ihres Wirkens zu versuchen. Es liegt in der Natur der phänomenologischen Fragestellung, daß sie die gleichzeitig bestehenden Differenzen vernachlässigen muß. Deshalb sei hier doch angemerkt, daß selbstverständlich sowohl unter den einzelnen Persönlichkeiten als auch unter ihren jeweiligen Epochen zahlreiche Unterschiede existierten. Einmal war die soziale Herkunft verschieden: Hildegard war von edler Geburt und hat die damit verbundenen Beziehungen genutzt (etwa bei der Übersiedlung auf den Rupertsberg); sie hat in ihre Gemeinschaft auch nur ebenbürtige Nonnen zugelassen[192]. Für Birgitta spielte ihre hochadelige Herkunft eine große Rolle, wie sowohl ihre politischen Ziele und Verbindungen als auch viele Einzelheiten in ihrer Sehweise der

---

[190] Gertz, Mehr, S. 139.
[191] Losman, Birgitta, S. 101.
[192] Zu Tengswindis diesbezüglichem Brief s. Dronke, Women, S. 165 ff.

Dinge zeigen[193]. Katharina erscheint dagegen von ihrem Leben in der Stadtwelt Norditaliens geprägt, ohne daß allerdings ihre bürgerliche Abkunft ihr irgendwelche Schwierigkeiten bei denjenigen der Großen in Kirche und Welt gemacht zu haben scheint, mit denen sie verkehrte.

Was die Bildung dieser Frauen betrifft, so dürfte Hildegard trotz gegenteiliger Versicherungen (die sich offenbar nur auf ihre nicht institutionelle Rezeption der Theologie sowie ihre anfangs geringen Lateinkenntnisse beziehen) über das weitgefächertste Wissen verfügt haben. Birgitta bleibt in ihren Beispielen eher im Konkreten, ihre Gleichnisse stammen aus der Welt des Handwerks, des Rittertums, des Hofes ... Sie entwirft keine symbolischen Gebäude von der Großartigkeit und Originalität der ihr als Prophetin nicht so ganz unähnlichen Hildegard. Trotz der starken Präsenz von Allegorie und Allegorese finden sich Birgittas Hauptanliegen im Bereich der praktischen Ethik, nicht in dem einer ontologischen Gesamtschau (die bei Hildegard selbstverständlich ebenfalls von moralischer Didaxe geprägt ist). Von Katharina würde man vielleicht die am wenigsten durchreflektierte Theologie erwarten, doch hat gerade sie einen umfangreichen, dialektisch aufgebauten Traktat hinterlassen, der als „eine Komposition aus einem Guß"[194] bezeichnet werden darf.

Schließlich ist der persönliche Charakter der drei Mystikerinnen – ungeachtet der oben genannten Analogien[195] – auch unterschiedlich; Hildegard und Birgitta gleichen einander noch eher als ihnen beiden Katharina. Die beiden Prophetinnen sind von tiefem Ernst durchdrungen, sie schauen die Strafgerichte des Herrn und sind in ihrer Verkündung schrecklich. Katharina fehlt weder dieser Ernst noch das Wissen um den jenseitigen Richter, aber sie kann auch lächeln.

Es ist klar, daß sowohl die Denkinhalte als gleicherweise die Denkarten auch eines „homo spiritualis" von der jeweiligen Epoche geprägt sind, in der er lebt. Hildegards „plakatives Denken"[196] erinnert an die Welt der Symboliker, an Honorius Augustodunensis z.B. Ihre politischen Anliegen sind meist weniger auf einzelne Erscheinungen gerichtet (wie z.B. die Katharer) als auf generelle Heilsthemen. Im 14. Jahrhundert war in Hinblick auf den Inhalt ein Hauptthema die Frage der päpstlichen Prä-

---

[193] Vgl. Losman, Birgitta, S. 88 f. – Wessén, Konungen, pass. – Stolpe, Birgitta, pass.
[194] Levasti, Katharina, S. 278.
[195] S. o. S. 276 ff.
[196] Bernd Thum, Aufbruch und Verweigerung, Waldkirch 1980, S. 314 ff.

senz in Rom, war formal die allegorische Bildsprache, deren sich die My-
tikerinnen bedienten, eine wesentlich verbreitetere Ausdrucksform auch
in den Vulgärsprachen. Der rational-scholastische Diskurs prägt diese
jüngere Bildhaftigkeit schon viel stärker als die des 12. Jahrhunderts. Im
Rahmen der Geistesgeschichte dürfte man vielleicht die Stilbegriffe Ro-
manik mit ihrer Monumentalität einerseits, Gotik mit ihrer durchkon-
struierten Kleinteiligkeit andererseits auch im Bereich des Visionären an-
wenden, um die jeweiligen Eigenheiten zu charakterisieren[197].

LITERATURVERZEICHNIS

Das hier behandelte Thema ist, soweit ich sehe, noch nicht Gegenstand einer zu-
sammenfassenden Untersuchung gewesen; man vergleiche aber immerhin:

V. Lagorio, Social Responsibility and the Medieval Women Mystics on the Continent, Analecta Cartusiana 35 (1983), S. 95–104.
A. Vauchez, Saint Brigitte de Suède et sainte Catherine de Sienne: la mystique et
l'eglise aux derniers siècles du moyen âge, in: Temi e problemi nella mistica femminile trecentesca (Convegni del centro di studi sulla spiritualità medievale 20), Todi
1983, S. 227–248.
Ders., Les laïcs au Moyen Age, Paris 1987 [mir noch nicht zugänglich].

Die phänomenologisch-vergleichende Betrachtung der drei Mystikerinnen Hildegard, Birgitta und Katharina müßte im Idealfall von der vollkommenen Kenntnis sowohl der schon so zahlreich erhaltenen zeitgenössischen Quellen als auch der umfangreichen Sekundärliteratur seit dem 19. Jahrhundert ausgehen, was hier freilich
nicht möglich war, schon, da dazu Studienaufenthalte in Schweden und Italien erfor-
derlich wären, sind doch skandinavische und italienische Publikationen in deutschen
Bibliotheken recht unvollständig vorhanden. So ist im folgenden nur eine Auswahl
der für das behandelte Thema relevanten Quellen und der Literatur zusammengestellt, die nicht erschöpfend sein kann, und sind vor allem die Titel zitiert, die bei
der Abfassung des vorangehenden Beitrags von mir herangezogen werden konnten.

HILDEGARD V. BINGEN

BIBLIOGRAPHIE:
Gertrud Jaron-Lewis, Bibliographie zur deutschen Frauenmystik im Mittelalter,
Berlin (i.Dr.).

---

[197] Vgl. Peter Dinzelbacher, Vision und Visionsliteratur im Mittelalter, Stuttgart 1981, S. 233 ff.

QUELLENPUBLIKATIONEN:

Acta Inquisitionis . . . S. Hildegardis, hg. v. P. B r u d e r, Analecta Bollandiana 2 (1883), S. 118–129 (abgek.: Acta H.).

Gottfried u. Theoderich, Vita, in: Opera, PL 197 (s.u.)

Opera, in: Analecta Sacra 8, hg. v. J. B. P i t r a, Paris 1882 (abgek.: Analecta).

Scivias, in: Corpus Christianorum, continuatio mediaevalis 43, 43A, hg. v. A. F ü h r-kötter, Turnholt 1978 (abgek.: CCCM).

Opera, in: Patrologiae latinae cursus completus 197, hg. v. J. P. M i g n e, Paris 1882 (abgek.: PL 197).

SEKUNDÄRLITERATUR:

L. B e r g, Die Mainzer Kirche und die heilige Hildegard, Archiv f. mittelrhein. Kirchengeschichte 27 (1975), S. 49–70.

H. B ü t t n e r, Die Beziehungen der hl. Hildegard v. Bingen zu Kurie, Erzbischof und Kaiser, in: Universitas, Festschrift f. Albert Stohr, hg. v. L. L e n h a r t, Mainz 1960, Bd. 2, S. 60–68.

Peter D r o n k e, Medieval Women Writers, Cambridge 1984.

B. G e r t z, Töndend vom lebendigen Wort. Hildegard v. Bingen und das Problem der Prophetie in der Kirche, Erbe und Auftrag 49 (1973), S. 171–189.

E. G ö s s m a n n, Hildegard v. Bingen, in: Gestalten der Kirchengeschichte III, hg. v. M. G r e s c h a t, Stuttgart 1983, S. 224–237.

D i e s., Das Menschenbild der Hildegard von Bingen und Elisabeth von Schönau vor dem Hintergrund der frühscholastischen Anthropologie, in: Frauenmystik (s.u.), S. 24–47.

I. H e r w e g e n, Les collaborateurs de s. Hildegarde, Revue Bénédictine 21 (1904), S. 192–204, 302–311, 381–403.

Gisbert K r a n z, Herausgefordert von ihrer Zeit, Regensburg 1976, S. 9–35.

J. M a y, Die hl. Hildegard von Bingen, Kempten 1911.

B. N e w m a n, Hildegard of Bingen: Visions and Validation, Church History 54 (1985), S. 163–175.

M. P e r e i r a, Maternità e Sessualità femminile in Ildegarda di Bingen, Quaderni storici 44 (1980), S. 564–579.

F. R o t h, Beiträge zur Biographie der Hildegard von Bingen O.S.B. sowie zur Beurteilung ihrer Visionen, Zeitschr. f. kirchliche Wissenschaft u. kirchliches Leben 9 (1888), S. 453–471.

D e r s., Studien zur Lebensbeschreibung der hl. Hildegard, Studien u. Mitteilungen z. Geschichte d. Benediktiner-Ordens 39 (NF 6) (1918), S. 68–118.

M. S c h r a d e r / A. F ü h r k ö t t e r, Die Echtheit des Schrifttums der hl. Hildegard v. Bingen, Köln 1956.

BIRGITTA VON SCHWEDEN

BIBLIOGRAPHIE:

Lexikon d. Mittelalters II/1, Sp. 217.

Theologische Realenzyklopädie VI, 1980, s.v.

QUELLENPUBLIKATIONEN:
Acta et processus canonizacionis beate Birgitte, hg. v. J. Collijn, Uppsala 1924–1931.
Heliga Birgittas originaltexter, hg. v. B. Högman, Uppsala 1951.
Petrus & Petrus, Vita, in: Scriptores rerum Sveciacarum III/2, hg. v. C. Annerstedt, Uppsala 1876, S. 185–208.
Revelationes Caelestes, hg. v. S. Hörmann, München 1680*.

SEKUNDÄRLITERATUR:
C. Bergendoff, A Critic of the fourteenth Century: St. Birgitta of Sveden, in: Medieval and Historiographical Essays in Honor of J. W. Thompson, hg. v. J. Cate/E. Anderson, Washington 1938, S. 3–18.
G. Carlsson, Heliga Birgittas upprorsprogram, in: Archivistica et mediaevistica Ernesto Nygren oblata, Stockholm 1965, S. 86–102.
E. Colledge, Epistola solitarii ad regem: Alphonse of Pecha as Organizer of Birgittine and Urbanist Propaganda, Medieval Studies 17 (1956), S. 19–49.
Ferdinand Holböck, Gottes Nordlicht, Aschaffenburg 1983.
Johanes Jørgensen, S. Bridget of Sweden, London 1954.
B. Jimenez Duque, Santa Brígida de Suecia (†1373) y los jerónimos espanoles, Yermo 12 (1974), S. 3–14.
J. Liedgren, Magister Matthias' svenska kungörelse om Birgittas första stora uppenbarelse, Meddelanden från Svenska Riksarkivet NF Ser. 3 (1958 – ersch. 1961), S. 101–115.
B. Losman, Den h. Birgitta och kvinnosaken, Meddelanden från Historiska Institutionen i Göteborg 6 (1974), S. 57–78.
Dies., Birgitta, en kvinnlig väckelsepredikant, in: Förändingar i kvinnors villkor under medeltiden, hg. v. S. Adalsteinsdóttir/H. Thorláksson, Rekjavík 1983, S. 82–104.
B. Morris, The monk-on-the-ladder in Book V of St. Birgitta's Revelaciones, Kyrkohistorisk Årsskrift 82 (1982), S. 95–107.
S. Stolpe, Birgitta och politiken, in: Opuscula Ecclesiastica, Festschrift f. G. Rosendal, Uppsala 1972, S. 359–373.
Hjalmar Sundén, Den heliga Birgitta, Stockholm 1973.
E. Wessén, Kongungen och helgonet, Nordisk tidskrift för vetenskap, konst och industri 44 (1968), S. 117–144.

KATHARINA VON SIENA

BIBLIOGRAPHIE:
Massimo Pettrocchi, Storia della spiritualità italiana I, Roma 1978, S. 67 ff.
Lina Zanini, Bibliografia analitica di S. Caterina da Siena, Roma 1980.

---

* Diese Ausgabe, die auf der von Turrecremata herausgegebenen basiert, dürfte von allen älteren die beste sein; eine kritische Neuausgabe erscheint zwar seit 1956 in der Reihe ‚Samlingar utg. av Svenska Fornskriftsällskapet' in Uppsala, doch liegt hier bisher noch nicht einmal die Hälfte der ‚Revelationes' vor.

QUELLENPUBLIKATIONEN:

Lettere, hg. v. P. Misciatelli, Siena 1913–1923 (abgek.: Lett. + römische Bandzahl).
Epistolario, hg. v. E. Dupré-Theseider, Fonti per la storia d'Italia 82, Roma 1940 (abgek.: F).
Il libro (I dialoghi), hg. v. U. Meattini, s.l. 1975.
Il processo castellano, hg. M.-H. Laurent, Siena 1942.
Raymund v. Capua, Legenda maior, Acta Sanctorum Apr. III, Paris 1866, S. 862 ff. (zitiert nach §§).

SEKUNDÄRLITERATUR:

Atti del simposio internazionale cateriniano-bernardiniano, hg. v D. Maffei/P. Nardi, Siena 1982.
S. Bosch Gajano/O. Redon, La Legenda Maior di Raimondo da Capua, construzione di una santa, in: Atti, S. 15–35.
F. Cardini, L'idea di crociata in Santa Caterina, in: Atti, S. 57–88.
Mario I. Castellano, Il rapporto Chiesa-Stato secondo S. Caterina da Siena (Quaderni Cateriniani 31–32), Siena 1982.
[Atti del] Congresso internazionale di Studi Cateriniani, Roma 1981.
N. G. van Doornik, Katharina von Siena, Freiburg i.Br. 1980.
E. Dupré-Theseider, Caterina da Siena, in: Dizionario biografico degli Italiani 22, 1979, S. 361–378.
R. Fawtier/L. Canet, La double expérience de Catherine Benincasa, Paris 1948.
B. Gertz, Mehr sage ich nicht: Die prophetische Kirchenkritik der Caterina von Siena. Communio: Internationale Katholische Zeitschrift 3 (1974), S. 132–148.
G. Gonella, La politica secondo S. Caterina da Siena, Memorie Domenicane 44 (1958), S. 169–183.
Arrigo Levasti, Katharina von Siena, Regensburg 1952.
G. Petrocchi, La Pace in Santa Caterina da Siena, Quaderni Cateriniani (Roma) 9 (1975), S. 31–48.
Antonio Samoré, Caterina da Siena e il ritorno dal Papa da Avignone, Siena 1976.
Eleonore v. Seckendorff, Die kirchenpolitische Tätigkeit der hl. Katharina v. Siena unter Papst Gregor IX. (1371–1378), Berlin 1917.
Luigia Tincani, S. Caterina da Siena per la Chiesa e per il papa (Quaderni Cateriniani 2), Roma ²1977.
R. Watkins, Two women visionaries and death, Catherine of Siena and Julian of Norwich, Numen 30 (1983), S. 174–198.

SONSTIGE ABGEKÜRZTE TITEL

AASS: Acta Sanctorum, hg. v. J. Bollandus u.a. (Auflage u. Druckort je nach Erscheinungsjahr).
DS: Dictionnaire de spiritualité ascétique et mystique, Paris 1932 ff.
Frauenmystik: Frauenmystik im Mittelalter, hg. v. P. Dinzelbacher u. D. R. Bauer, Ostfildern 1985.

„dein got redender munt machet mich redenlosz . . ."

MARGARETA EBNER UND HEINRICH VON NÖRDLINGEN

von

Manfred Weitlauff

Margareta Ebner ist für die Geschichte der spätmittelalterlichen Frauen- oder Nonnenmystik und für das Verständnis ihrer Wirklichkeit schon deshalb von besonderer Bedeutung, weil sie — erstens — unter den vielen nach mystischer Einung sich Sehnenden eine der wenigen ist, von welchen sich (zumindest im wesentlichen) ganz persönliche (also nicht von einem Beichtvater oder Seelenführer redigierte oder gefilterte bzw. „klosterpädagogisch" zurechtgerückte) Aufzeichnungen über ihre mystischen Erlebnisse und Erfahrungen, ihren „mystischen Weg", erhalten haben, und weil — zweitens — auch der Priester, der auf sie nach ihrem eigenen Zeugnis den tiefsten Einfluß ausgeübt, sie unter den „Gottesfreunden" bekannt gemacht und zur Niederschrift ihrer ‚Offenbarungen' bewogen hat, in einem Bündel an sie gerichteter, ebenfalls ganz persönlicher Briefe sich uns erschließt: Heinrich von Nördlingen[1].

---

[1] Philipp Strauch, Margaretha Ebner und Heinrich von Nördlingen. Ein Beitrag zur Geschichte der deutschen Mystik, Freiburg i. Br. 1882 (unveränd. Nachdruck: Amsterdam 1966) (Edition der ‚Offenbarungen' und der Briefe mit vorzüglicher Einleitung und ebenso vorzüglich erläuternden Anmerkungen). — Übertragung der ‚Offenbarungen' und einiger Briefe in neuhochdeutsche Sprache: Hieronymus Wilms, Der seligen Margareta Ebner Offenbarungen und Briefe (Dominikanisches Geistesleben 5), Vechta i. Oldenburg 1928 (der zweite Teil der ‚Offenbarungen' wird hier — sehr absichtsvoll! — nur noch verkürzt wiedergegeben).
Neueste Literatur zur mittelalterlichen Mystik und Frauenmystik: P. Dinzelbacher/D. R. Bauer (Hg.), Frauenmystik im Mittelalter, Ostfildern b. Stuttgart 1985; K. Ruh (Hg.), Abendländische Mystik im Mittelalter. Symposion Kloster Engelberg 1984 (Germanistische Symposien. Berichtsbände VII), Stuttgart 1986; M. Schmidt/D. R. Bauer (Hg.), „Eine Höhe, über die nichts geht." Spezielle Glaubenserfahrung in der Frauenmystik? (Mystik in Geschichte und Gegenwart. Texte und Untersuchungen, Abt. I: Christliche Mystik, Bd. 4), Stuttgart-Bad Cannstatt 1986; M. Schmidt/D. R. Bauer (Hg.), Grundfragen christlicher Mystik. Wissenschaftliche Studientagung Theologia mystica in Weingarten vom 7.–10. November 1985 (Mystik in Geschichte und Gegenwart. Texte und Untersuchungen, Abt. I: Christliche Mystik, Bd. 5), Stuttgart-Bad Cannstatt 1987.

Item ich wart gebeten von dem warhaften friund gotez, den er mir ze gros-
sem trost geben hatt allem minen leben, daz ich ime scribe, waz mir got gebe.
do was min mainunge, daz er selber der scriber wer, daz maht nit gesin.
do sprach er, daz ich ez an fieng und scribe, waz mir got gebe. daz was mir
swer, und fieng ez ungern an. do ich ez do an fahen wolt, do het ich forht
und schrekken da zuo. do ruoft ich an die barmherzigen helfe gocz und sines
gemintes scribers mins herren sant Johans, daz er mir hülfe scriben uzze der
warhet, die er trank uz dem süezzen herzen Jhesu Cristi. ich fieng ez an in
der zit des advencz vor der zuokunft unsers lieben herren Jhesu Cristi, wan
mir diu genade unsers herren süezzeklich verlihen wirt me denn durch daz
gancz jar. nu was min wille und min begirde, daz ich volbreht den liebsten
willen gotes und sin ere und auch dem dar inn gehorsam sin, der mich es
bat ze der ere gotez[2].

Freilich, von einer völlig selbständigen Niederschrift der ‚Offenbarun-
gen‘ durch Margareta kann nicht gesprochen werden, noch hat sich die
Original-Handschrift erhalten. Als Margareta im Advent 1344 mit der
Niederschrift begann, stand ihr Elsbeth Schepach bei, eine ihr vertraute
Mitschwester, die auch in Heinrichs Briefen häufig Erwähnung fand und
1345 zur Priorin gewählt wurde[3], und es ist außerdem mit stilistischen

---

[2] Strauch, S. 83 f.

[3] *ich beger auch, als ich dich gebeten han, das du mir in dem willen gotz die wandlung,*
die got mit dir gethan hat, ordenlichen schribest, und wolt uns got ichtz mer durch dich
geben, des beraub uns nit, die wil wir so gar ain geträwe helferin und schriberin haben
an unserm lieben kind in got Elszbet Schepach – so Heinrich in einem Brief an Margareta
(vor Fastnacht 1345). Ebd., S. 237 f. (Brief XL). – *do kom zuo mir dar nach kurczlichen*
diu swöster, diu mir haimlich ist und mir daz gescriben hat – so Margareta in ihren
‚Offenbarungen‘ zum Jahr 1344. Ebd., S. 90. Mit dieser Bemerkung Margaretas (die
in ihren ‚Offenbarungen‘ fast nie Namen nennt, auch nicht den Heinrichs) ist ebenfalls Elsbeth Schepach gemeint, die aus einem in den Diensten des Bischofs von Augsburg stehenden Ministerialengeschlecht stammte, im Jahr 1338 das Amt der Kloster-
schaffnerin bekleidete und seit 1345 Priorin des Medinger Konvents war. Siehe ebd.,
S. 321 (hier sind auch die Briefe aufgezählt, in denen Heinrich Elsbeth Schepach grüßen läßt oder erwähnt; die Briefe LVII und LXV sind an sie persönlich gerichtet).
– Freilich, wenn eine Klosteroberin oder ein Beichtvater sich einer mystisch begabten
(oder begabt scheinenden) Nonne besonders anzunehmen beginnt und für Verbreitung ihrer mystischen Erlebnisse und Eingebungen sorgt, ist immer auch Gefahr
in Verzug und ebendeshalb Vorsicht am Platz. Zumindest manche Nonnenmystike-
rin der Barockzeit, über deren Leben die Quellen kräftiger „sprudeln", bietet diesbezüglich bedenkenswerte Aufschlüsse. Ob sich mittelalterliche Gegebenheiten hiervon sehr unterschieden haben, bleibt wohl eine offene Frage, weil für diese Zeit die
Quellen zu spärlich fließen. Für die Barockzeit s. z. B.: M. Weitlauff, Die selige
Crescentia Höß von Kaufbeuren, in: G. Schwaiger (Hg.), Bavaria Sancta. Zeugen
christlichen Glaubens in Bayern, Bd. 2, Regensburg 1971, S. 242–282 (und die anderen in den Bänden 2 und 3 dieses Werkes dargestellten Mystikerinnen).

Glättungen von der Hand Heinrichs (für den persönlich Margareta ihre ‚Offenbarungen‘ aufzeichnete) zu rechnen, zumindest hat er ihm schon früher übersandte Mitteilungen Margaretas über ihre mystischen Erlebnisse – ihrer Bitte entsprechend – durchgesehen. Auf solche, wohl unter dem unmittelbaren Eindruck des Erlebten entstandene, briefliche Mitteilungen (vielleicht nach Art eines – die Vorgänge minuziös festhaltenden – geistlichen Tagebuchs) aber – Heinrich nannte sie voll der Begeisterung ihre *minenbrieff, heilige schrift, haillig brief*[4] – griff Margareta bei der Abfassung ihrer ‚Offenbarungen‘ zurück[5]. Überliefert sind diese ‚Offenbarungen‘ jedoch lediglich in Abschrift. Die älteste, jedenfalls als originalnah zu bezeichnende Abschrift, eine bis heute im Kloster Maria Medingen verwahrte Pergamenthandschrift, wurde 1353, zwei Jahre nach Margaretas Tod, vollendet. Die Briefe Heinrichs von Nördlingen dagegen – 58 an der Zahl, 56 davon an Margareta gerichtet – haben sich nur in einer auf das 16. Jahrhundert zurückgehenden Handschrift erhalten[6]. ‚Offenbarungen‘ und Briefe wurden 1882 von Philipp Strauch mustergültig ediert[7].

***

Margareta entstammte dem seit 1239 urkundlich nachweisbaren Donauwörther Patriziergeschlecht der Ebner[8]. Um 1291 geboren, wurde sie

---

[4] Strauch, S. 186 f., 189, 194, 196, 198, 253.

[5] Das ist z. B. deutlich folgender Notiz Heinrichs zu entnehmen: *an deinen minenbrieff han ich ietz etwan lang geschriben begirlich und willigklich; die sient nun schir berait. so wil ich dirs dan senden* – Heinrich an Margareta (Mai 1334?). Ebd., S. 186 (Brief XI).

[6] Zur Textüberlieferung s. ebd., S. XIII–XXX; M. Weitlauff, Ebner, Margareta, in: K. Ruh (Hg.), Die deutsche Literatur des Mittelalters. Verfasserlexikon, Bd. 2, Berlin/New York ²1979, S. 303–306; ders., Heinrich von Nördlingen, ebd., Bd. 3, Berlin/New York ²1981, S. 845–852; ders., Ebner, Margareta (ca. 1291–1351), in: Theologische Realenzyklopädie, Bd. 9, Berlin/New York 1982, S. 245–247; M. Schmidt, Das Ries als eines der Mystik-Zentren im Mittelalter, in: Rieser Kulturtage. Eine Landschaft stellt sich vor. Dokumentation, Bd. VI/1, Nördlingen 1986, S. 473–493.

[7] S. Anm. 1.

[8] A. M. Seitz, Verwandtschaft, Stammbaum und Wappen der Mystikerin Margareta Ebner von Kloster Maria Medingen. Beitrag zur Genealogie des Stadt- und Landadels im nördlichen Ostschwaben, in: Jahrbuch des Historischen Vereins Dillingen/Do. 72 (1970), S. 91–109; M. Weitlauff, Margareta Ebner, in: Schwaiger, Bavaria Sancta, Bd. 3, Regensburg 1973, S. 231–267 (Lit.); dazu die in Anm. 6 genannten Artikel.

schon in jungen Jahren dem unweit von Lauingen und Dillingen an der
Donau gelegenen Dominikanerinnenkloster Medingen übergeben[9], das
vor allem Töchtern aus den gehobenen Ständen – aus dem Adel, Stadtpatriziat und wohlhabenden Bürgertum – Aufnahme bot. Eine verwitwete
Tante Margaretas, Katharina Höchstetter, Schwester ihres Vaters (wohl
Heinrich Ebner junior, der von 1292 bis 1298 in Urkunden genannt
wird), gehörte dem Konvent bereits an, weitere Verwandte folgten: nämlich Katharina Höchstetters Tochter Elsbeth (Priorin von 1364 bis 1370),
Agnes die Münzmeisterin, wahrscheinlich eine Schwägerin Margaretas
(die in ihrem Todesjahr 1351 Priorin war), und (nach Ausweis eines Kauf-
briefs von 1358) Margareta Ebner, wohl eine Tochter ihres Bruders (Hartmann?)[10]. Überhaupt scheinen die Verbindungen des Klosters zum Donauwörther Stadtpatriziat besonders ausgeprägt gewesen zu sein. Der
Konvent selber, 1239 erstmals urkundlich erwähnt, war aus der religiösen Frauenbewegung (um diesen zweifellos problematischen Begriff zu
gebrauchen) im schwäbisch-alemannischen Raum hervorgegangen und
hatte seiner Lebensordnung wohl von Anfang an die Regel des heiligen
Augustinus, also dominikanischen Brauch, zugrunde gelegt. Im Jahr
1246 war er von Papst Innozenz IV. (1243–1254) der geistlichen Leitung
der Predigerbrüder überantwortet worden, wie zahlreiche andere Frauenkonvente auch, und Graf Hartmann IV. von Dillingen (†1258) hatte
dem Kloster im nämlichen Jahr durch großzügige Schenkungen die wirtschaftliche Sicherung gegeben, die unerläßliche Voraussetzung war, um
den Konvent in strenger Observanz halten zu können[11]. Beide Maßnah-
men sind allerdings nicht als Erweise besonderer Gunst zu werten, sondern im Rahmen der damaligen kirchlichen Bemühungen zu sehen, die
ebenso mächtig wie (aus kirchlicher Sicht) gefährlich aufgebrochene
Frauenbewegung mit ihren teils enthusiastisch-schwärmerischen, teils
auch exzessiven Erscheinungen unter Kontrolle zu bringen durch Überführung in traditionell erprobte (klösterliche) Gemeinschaftsformen,

---

[9] A. Steichele, Das Bistum Augsburg historisch und statistisch beschrieben, Bd.
3, Augsburg 1872, S. 159–175; F. Zoepfl, Maria Medingen. Die Geschichte einer
Kulturstätte im schwäbischen Donautal (Sonderdruck aus: Jahrbuch des Historischen Vereins Dillingen/Do. 59/60 [1957/58]), Dillingen/Do. 1960; W. Meyer,
Landkreis Dillingen an der Donau (Die Kunstdenkmäler von Bayern. Regierungsbe-
zirk Schwaben VII), München 1972, S. 690–754.
[10] Möglicherweise handelte es sich um das Kind ihres Bruders, das dieser im Jahr
1335 dem Kloster Medingen zur Erziehung übergeben hatte. Strauch, S. 40.
[11] Steichele, S. 159–175; Zoepfl.

mit deren Hilfe man unter kluger geistlicher Direktion das religiöse Streben der vielen einzelnen disziplinieren und kirchlich „domestizieren" zu können hoffte. Für diese drängende und zugleich höchst delikate Aufgabe schienen die Predigerbrüder, die nicht ohne Grund im Ruf ausgezeichneter Bildung und Gelehrtheit standen, mit am vorzüglichsten gerüstet zu sein, weshalb man ihnen − anfänglich sehr gegen ihren (bzw. ihrer Ordensleitung) Willen − nach und nach die Hauptlast der *cura monialium* aufbürdete, neben den Zisterziensern und den Franziskanern. Die päpstliche Weisung kam dem Wunsch nicht weniger Frauengemeinschaften, die längst aus eigenem Antrieb bei den Dominikanern Anschluß suchten, durchaus entgegen[12].

Dies galt zumal für den südwestdeutschen Raum, auf den 1303 die Provinz Teutonia − durch Ausgliederung ihrer nordöstlichen Teile und deren Erhebung zu einer selbständigen Provinz, der Saxonia − eingegrenzt wurde, und hier hauptsächlich für den schwäbisch-alemannischen Teil, in welchem eine geregelte (und religiöse Erregung dämpfende) Nonnenbetreuung am dringlichsten schien. Im Jahr 1303 waren der Obsorge der Predigerbrüder in Deutschland über 74 zahlenmäßig meist starke Frau-

---

[12] S. hierzu: H. G r u n d m a n n , Religiöse Bewegungen im Mittelalter. Untersuchungen über die geschichtlichen Zusammenhänge zwischen der Ketzerei, den Bettelorden und der religiösen Frauenbewegung im 12. und 13. Jahrhundert und über die geschichtlichen Grundlagen der deutschen Mystik (Historische Studien 267), Berlin 1935 (unveränd. Nachdruck: Darmstadt 1970, mit dem Anhang: Neue Beiträge zur Geschichte der religiösen Bewegungen im Mittelalter), insbes. S. 208−252, 284−303, 312−318; O. L a n g e r , Zur dominikanischen Frauenmystik im spätmittelalterlichen Deutschland, in: P. D i n z e l b a c h e r /D. R. B a u e r (Hg.), Frauenmystik im Mittelalter, S. 341−346; K. R u h , Meister Eckhart. Theologe, Prediger, Mystiker, München 1985, insbes. S. 95−114. − B. D e g l e r - S p e n g l e r , Die Zisterzienserinnen in der Schweiz, in: Helvetia Sacra, Abt. III: Die Orden mit Benediktinerregel, Bd. 3/II, Bern 1982, S. 507−574; d i e s ., „Zahlreich wie die Sterne des Himmels." Zisterzienser, Dominikaner und Franziskaner vor dem Problem der Inkorporation von Frauenklöstern, Rottenburger Jahrbuch für Kirchengeschichte 4 (1985), S. 37−50. Diese das immer noch grundlegende Werk von H. Grundmann ergänzenden Beiträge arbeiten besonders den bislang zu wenig gewürdigten Anteil der Zisterzienser an der spätmittelalterlichen Nonnenbetreuung heraus. Danach existierten um 1250 im deutschen Raum 220 zisterziensische Frauenkonvente gegenüber nur 15 im 12. Jahrhundert (S. 44). − Weniger stark als Dominikaner und Zisterzienser wurden im deutschen Raum die Franziskaner mit der Nonnenseelsorge belastet. Hier betrug die Zahl der den Franziskanern unterstellten Frauenkonvente im Jahr 1316 40 (in Italien dagegen zur nämlichen Zeit 198). G r u n d m a n n , Religiöse Bewegungen, S. 303−318; D e g l e r - S p e n g l e r , S. 45; K. R u h , Zur Grundlegung einer Geschichte der franziskanischen Mystik, Vita seraphica 61 (1980), S. 1−24.

enkonvente unterstellt. Davon entfielen mehr als 65 auf die neu um-
schriebene Teutonia und 9 auf die eben errichtete Saxonia, während den
übrigen 16 Ordensprovinzen zusammen lediglich 76 Frauenkonvente angeschlossen waren. Somit kam auf die Teutonia allein (mit ihren damals
46 bzw. 48 Männerkonventen) annähernd die Hälfte aller dominikanischen Frauenklöster[13]. Da eine aus den achtziger Jahren des 13. Jahrhunderts datierende Verordnung des Provinzials der (damals noch ganz
Deutschland umfassenden) Teutonia, Hermanns von Minden, ausdrücklich vorschrieb, daß die der Ordensprovinz übertragene Nonnenseelsorge *per fratres doctos* (also doch wohl durch „gelehrte", nicht einfach durch
„tüchtige, erfahrene Brüder"[14]) zu erfolgen habe und diese den des gelehrten Lateins zumeist unkundigen, aber nichtsdestoweniger geistlicher
Lehre bedürftigen Schwestern des öfteren (*sepius*) zu predigen hätten, und
zwar entsprechend dem Maß ihres Verständnisses (*sicut erudicioni ipsa-
rum convenit*) und natürlich in der ihnen geläufigen Volkssprache[15],
mußte sich die Begegnung von gelehrter dominikanischer Spiritualität
und religiöser Erlebniswelt der Nonnen gerade in der klösterlichen Dichte des schwäbisch-alemannischen Raumes intensiv und fruchtbar gestalten wie nirgendwo sonst[16]. Andererseits ist eine im Sinne obiger Verordnung qualitativ gleichmäßige Betreuung sämtlicher über 65 der Teutonia
zugehörigen Frauenkonvente schwerlich vorstellbar, weil die Provinz
über die hierfür erforderliche große Zahl an geeigneten Brüdern (bei denen sich Gelehrsamkeit, Predigttalent, spirituelle Erfahrung verbinden
mußten mit einem behutsam „lenkenden" Einfühlungsvermögen in die
auf mystisches Erleben und visionäre Begnadung angelegte Mentalität
dieser Nonnen und mit einem erheblichen Maß an Geduld) kaum ver-

---

[13] Grundmann, Religiöse Bewegungen, S. 312–318, 533; ders., Die geschichtlichen Grundlagen der deutschen Mystik, in: K. Ruh (Hg.), Altdeutsche und altniederländische Mystik (Wege der Forschung XIII), Darmstadt 1964, S. 72–99, hier: 83.
[14] H. Ch. Scheeben, Über die Predigtweise der deutschen Mystiker, in: Ruh,
Altdeutsche und altniederländische Mystik, S. 100–112, hier: 101–104; Ruh, Meister
Eckhart, S. 109.
[15] Scheeben, S. 102; Ruh, Meister Eckhart, S. 111 f.
[16] Ebd., S. 109; W. Muschg, Die Mystik in der Schweiz 1200–1500, Frauenfeld/
Leipzig 1935, insbes. S. 123–309; W. Blank, Die Nonnenviten des 14. Jahrhunderts.
Eine Studie zur hagiographischen Literatur des Mittelalters unter besonderer Berück-
sichtigung der Visionen und ihrer Lichtphänomene, Freiburg i. Br. (phil. Diss.) 1962;
F.-W. Wentzlaff-Eggebert, Deutsche Mystik zwischen Mittelalter und Neuzeit.
Einheit und Wandlung ihrer Erscheinungsformen, Berlin ³1969, insbes. S. 12–129;
H. Tüchle, Kirchengeschichte Schwabens, Bd. 2, Stuttgart 1954, S. 89–168.

fügte und die verworrenen kirchenpolitischen Verhältnisse des Reiches in der ersten Hälfte des 14. Jahrhunderts, bedingt durch die erbitterten Kämpfe zwischen Ludwig dem Bayern (1314 deutscher König, 1328–1347 Kaiser) und den avignonesischen Päpsten, eine geregelte (und regelmäßige) spirituelle Leitung der Klöster des „Zweiten Ordens" zusätzlich behinderte[17]. Im übrigen kannte die Teutonia das Institut des im Schwesternkloster als Spiritual residierenden und dieses „ex professo" geistlich leitenden Predigerbruders nicht[18]. Möglicherweise war man angesichts des Übermaßes der Nonnenseelsorge in der Teutonia auch gezwungen, auf die Unterstützung der mit dieser Aufgabe weit weniger belasteten (Tochter-)Provinz Saxonia zurückzugreifen. Der Umstand, daß Meister Eckhart 1313, nach Abschluß seiner zweiten Pariser Lehrtätigkeit (1311–1313) nicht wieder in seiner Heimatprovinz Saxonia, deren erster Provinzial er gewesen war (1303–1311), eingesetzt, sondern als Generalvikar des Ordensleiters mit der (teilweisen?) Oberaufsicht über die Frauenklöster der Teutonia betraut wurde[19], könnte ein Indiz dafür sein. Ein volles Jahrzehnt währte diese seine Tätigkeit, die freilich nur in wenigen Spuren noch erkennbar ist. Aber in diesen Jahren entstanden sein ‚Liber benedictus' (mit der Predigt ‚Vom edlen Menschen') für die ungarische Königinwitwe Agnes (1281–1364) im Klarissenkloster Königsfelden und seine unvergleichlichen späten deutschen Predigten, in denen er dem asketisch-mystischen Vollkommenheitsstreben der Nonnen unentwegt korrigierend seine Position des Freiwerdens von allem Eigenen entgegen-

---

[17] Zur Nonnenseelsorge der Predigerbrüder einige bedenkenswerte Hinweise und Überlegungen bei S c h e e b e n. – Zu Kaiser Ludwig dem Bayern und zum Kampf zwischen ihm und den avignonesischen Päpsten s.: S. von R i e z l e r, Geschichte Baierns, Bd. 2, Gotha 1880 (unveränd. Nachdruck: Aalen 1964), S. 259–507; F. X. S e p p e l t, Geschichte der Päpste, Bd. 3, neu bearb. von G. S c h w a i g e r, München ²1957, S. 89–141; H. J e d i n (Hg.), Handbuch der Kirchengeschichte, Bd. 3/2, Freiburg/Basel/Wien 1968, S. 384–402; G e b h a r d t, Handbuch der Deutschen Geschichte, hg. von H. G r u n d m a n n, Bd. 1, Stuttgart ⁹1970, S. 518–554; A. K r a u s, Geschichte Bayerns. Von den Anfängen bis zur Gegenwart, München 1983, S. 145–161, 749 (Lit.); K. H a u s b e r g e r/B. Hubensteiner, Bayerische Kirchengeschichte, München 1985, S. 148–155; F. P r i n z, Kaiser Ludwig der Bayer (1314–1347), in: G. S c h w a i g e r (Hg.), Christenleben im Wandel der Zeit, 1. Bd.: Lebensbilder aus der Geschichte des Bistums Freising, München 1987, S. 80–91 (Lit.).

[18] S c h e e b e n, S. 106 f.

[19] R u h, Meister Eckhart, S. 108 f.

setzte[20]. Ob der Ruf des berühmten Predigers, dessen hohe Rede eifrig
mit- und nachgeschrieben, aber doch nur selten wirklich verstanden
wurde, auch bis zu den Schwestern von Medingen drang? Ob Meister
Eckhart als Generalvikar mit dem Medinger Konvent je in Berührung
kam? Ob in diesem zu jener Zeit und später überhaupt Predigerbrüder
seelsorgerlich tätig waren? Wir wissen es nicht – und Margaretas ‚Offenbarungen' schweigen sich darüber aus. Jedenfalls gehörte das Kloster Medingen zu den über 65 Frauenkonventen der Teutonia, und bereits im
Jahr 1260 war sein Mitgliederstand auf über 70 Nonnen angewachsen,
so daß man sich wegen Überfüllung zur Gründung einer Filiation im
nahen Obermedlingen entschlossen hatte[21].

Wie die übrigen Klöster des „Zweiten Ordens" setzte sich auch der Medinger Konvent zusammen aus den Chorfrauen, deren Hauptaufgabe der
Chordienst (das *opus dei*) war, und aus den sogenannten Laien- oder Kon-
versschwestern, denen die Verrichtung der häuslichen Arbeiten oblag.
Lebensziel der Nonnen war die restlose Hingabe an Gott. Völliger Verzicht auf persönliche Habe, strikter Gehorsam gegenüber der vom Konvent gewählten und vom Provinzialoberen bestätigten Priorin und rigo-
rose Abtötung des Leibes sollten sie für dieses Ziel bereiten, getreuliche
Verrichtung des kirchlichen – lateinischen – Stundengebets bei Tag und
Nacht sowie privates Beten und Betrachten ihm näherbringen. Beschäftigung mit irdischen Dingen sollte auf das Notwendigste beschränkt bleiben. Die Verpflichtung zu strenger Klausur diente dem Zweck, die Nonnen weltlichen Einflüssen zu entziehen, damit sie sich ungestört dem be-
schaulichen Leben widmen konnten. Eine hohe Mauer umfriedete deshalb das Kloster. Der Verkehr mit Weltleuten und Geistlichen unterlag

---

[20] Ebd., S. 95–167. – S. beispielsweise Meister Eckharts Predigt zu Lk 10,38 (‚Intra-
vit Jesus in quoddam castellum'). Meister Eckhart, Die deutschen Werke, hg. von J.
Quint, Bd. 1, Stuttgart 1958, S. 24,1–31,8 und 38,6–43,3 (entsprechend der Redaktion dieser Predigt durch Max Pahncke); dazu: Ruh, Meister Eckhart, S. 142–149.
– Außerdem Meister Eckharts unvergleichliche – und zugleich ungemein „kritische" – Predigt zu Mt 5,3 (‚Beati pauperes spiritu'), in der er den als einen wahrhaft
vor Gott armen Menschen bezeichnet, *der niht enwil und niht enweiz und niht enhât*.
Meister Eckhart, Die deutschen Werke, Bd. 2, Stuttgart 1971, S. 486–506 (hier 488,6);
dazu: Ruh, Meister Eckhart, S. 157–165. – S. auch: O. Langer, Zum Begriff der
Innerlichkeit bei Meister Eckhart, in: Ruh, Abendländische Mystik, S. 17–32;
ders., Meister Eckharts Lehre von der Gottesgeburt und vom Durchbruch in die
Gottheit und seine Kritik mystischer Erfahrung, in: Schmidt/Bauer, „Eine
Höhe, über die nichts geht.", S. 135–161; ders., Meister Eckharts Lehre vom Seelengrund, in: Schmidt/Bauer, Grundfragen christlicher Mystik, S. 173–191.
[21] Steichele, S. 167; Grundmann, Religiöse Bewegungen, S. 315f.

scharfer Beschränkung und erfolgte durch Sprechgitter und „Winde". Die
Klausur zu betreten war ausschließlich dem Beichtiger und dem Visitator gestattet.

Über das innere Leben des Medinger Konvents haben sich keine Nachrichten erhalten, es sei denn Margaretas ‚Offenbarungen‘, die sich darüber
auch nur andeutungsweise äußern. Doch hat sich die religiöse Welt der
Medinger Nonnen von jener der anderen Frauenkonvente in der Teutonia, über die uns die zahlreich erhaltenen „Schwesternbücher" Aufschluß geben[22], sicher nicht unterschieden. Armut galt dieser Spiritualität als hohe Tugend, als Mittel zur Vollkommenheit. Sie wurde deshalb
in der Regel radikal gelebt, wobei — nach Ausweis zum Beispiel der Predigten Meister Eckharts oder Johannes Taulers, die freilich Höchstfor-
men mystischer Unterweisung darstellen — die Prediger offensichtlich
immerfort um eine radikale Vergeistigung des Armutsgedankens bemüht
waren[23]. Dazu kam die Praxis einer in der Regel ebenso radikalen Askese
zur Brechung des Eigenwillens und zur Zerstörung des Leibes. Sie sollte
für den Empfang der göttlichen Gnade (von der man meist sehr handfe-
ste Begriffe hatte) disponieren; häufig erblickte man in solcher Askese
religiöse Leistung schlechthin. Daß man auch im Medinger Konvent die
„Disziplin" als Gott wohlgefälliges Werk betrachtete und sich bis zum
Exzeß kasteite, ist wohl Margaretas (unüberhörbar bedauernder) Bemerkung zu entnehmen: *und haun grosser üebung mit disciplinen und mit andern grossen dingen niht gehebt wan als ez mir got von siner güet gab mit
grossem siechtagen*[24]. Ertöten des Leibes durch Fasten, Schlafentzug, hefti-
ger Gebrauch der „Disziplin" („daß es zum Grausen vor dem Kapitel-

---

[22] S. hierzu im einzelnen ausführlich: Muschg; Blank; H. Wilms, Das Beten
der Mystikerinnen, dargestellt nach den Chroniken der Dominikanerinnenklöster
zu Adelhausen, Dießenhofen, Engelthal, Kirchberg, Ötenbach, Töß, Unterlinden
und Weiler, Freiburg i. Br. ²1923.
[23] Wentzlaff-Eggebert, S. 86–129; J. Bernhart, Die philosophische Mystik
des Mittelalters von ihren antiken Ursprüngen bis zur Renaissance (Geschichte der
Philosophie in Einzeldarstellungen. Abt. III. Die christliche Philosophie 14), München 1922 (unveränd. Nachdruck: Darmstadt 1967), S. 165–207; H. Piesch, Meister
Eckharts Ethik, Luzern 1935; U. M. Nix/R. Öchslin (Hg.), Meister Eckhart der
Prediger. Festschrift zum Eckhart-Gedenkjahr, Freiburg/Basel/Wien 1960; Ruh,
Meister Eckhart, S. 95–114.
[24] Strauch, S. 5.

haus war", wie Elsbeth Stagel im Tößener Schwesternbuch schreibt[25])
und stunden-, ja nächtelanges, bis zur physischen und psychischen Er-
schöpfung getriebenes Beten und Betrachten bewirkten bei den nach der
„unio mystica" verlangenden Nonnen vielfach, um nicht zu sagen: zumeist, die Disposition für Visionen, Auditionen, Ekstasen, die sich vorzüglich im Zusammenhang mit dem Kommunionempfang, mit der Vergegenwärtigung des Leidens Christi oder des Geheimnisses seiner Geburt
und Kindheit ereigneten, in denen mystisches Sehnen und Begehren immer neue, immer noch tiefer empfundene Erfüllung fanden[26].

Margaretas ‚Offenbarungen' zeigen durchgängig, wie sehr ihre Frömmigkeit und ihr mystisches Vollkommenheitsstreben von der in den
„Schwesternbüchern" sich spiegelnden religiösen Vorstellungs- und Erlebniswelt der frühen Dominikanerinnen geprägt waren — von einer
Vorstellungs- und Erlebniswelt, deren spirituelle Läuterung (wie bereits
erwähnt) mit das Hauptmotiv der den Predigerbrüdern auferlegten *cura
monialium* war. Doch zunächst deutete nach Margaretas (rückblicken-
der) Schilderung in ihrem Leben nichts darauf hin, daß sie — im Sinne
jener Vorstellungs- und Erlebniswelt — besonderer Begnadigungen gewürdigt würde, obwohl sie natürlich bereits in ihren frühen Klosterjah-

---

[25] *Sy nament och als vil starker disciplin, und schlugent denn als gar fast, dass ain grus-
seliche vor dem capitelhuss was. Etlich schlugent sich mit yssenen kettinen, etlich mit ainer gaislan, etlich mit recoltren.* Zit. bei B l a n k , S. 23. — Zur Askese in den Nonnenklöstern s.: ebd., S. 16–33; M u s c h g , S. 205–241.

[26] Als ich mich vor Jahren erstmals eingehend mit Margareta Ebner und den Phänomenen mittelalterlicher und barocker Frauenmystik beschäftigte, sagte mir eine
sehr fromme und in einem langen Leben der Askese und Beschaulichkeit abgeklärt
und weise gewordene Priorin eines Klosters strengster Observanz auf meine Frage,
ob es solche Phänomene in Frauenklöstern wohl heute noch gebe, einigermaßen
nachdenklich — und erleichtert: Seitdem man in ihrem Kloster dank den durch das
Zweite Vatikanum angestoßenen Reformen begonnen habe, normal zu essen und ein
wenig mehr zu schlafen, seien Visionen ausgeblieben. — Andererseits ist es in diesem
Zusammenhang vielleicht instruktiv zu wissen, daß z.B. Ignatius von Loyola — durchaus mit Rückgriff auf niederländische Vorbilder (Gerhard Zerbolt von Zütphen und
Jean Momboir von Brüssel) — im Rahmen seiner *Exercitia spiritualia* eine eigene Methode zur Schulung der Phantasie entwickelt hat, damit diese es fertigbringe, bei der
Betrachtung auch ohne äußere Anschauungsmittel ganz bestimmte Bilder — von der
Hölle, von der „Landschaft" des Himmels, vom Leiden und von der Auferstehung
des Herrn usw. — in sich zu erzeugen, zu sehen, zu hören, zu riechen, zu schmecken
(etwa die Schrecken der Hölle), mit dem Ziel, im Übenden ganz bestimmte Affekte
zu wecken. H. B o e h m e r , Die Jesuiten, neu hg. von K. D. S c h m i d t , Stuttgart 1957,
S. 14–39, 267 (Lit.).

ren strengste Askese übte, schon durch die Ordensregel dazu verpflichtet war. (Ohnehin können wir uns die Härte klösterlichen Lebens im Spätmittelalter, das sich zudem unablässig in Gemeinschaft abspielte, bei Tag und Nacht, somit unablässig unter Beobachtung und Aufsicht, kaum vorstellen, von den selbstauferlegten zusätzlichen Abbrüchen am Lebensnotwendigsten, Züchtigungen, Mortifikationen, mit denen man häufig die Regelforderung noch zu überbieten trachtete, ganz zu schweigen.) Da wurde Margareta im Jahr 1312, am Tag der Heiligen Vedastus und Amandus — wie sie ausdrücklich festhielt —, am 12. Februar also, unversehens von einer schweren, rätselhaften Krankheit niedergeworfen, nachdem sie im Jahr zuvor schon eine innere Unruhe umgetrieben hatte (*aber daz jar da vor, da het ich alle zit inner manung von got, daz ich mich in sinen willen rihte an allem minem leben*)[27]. War es die Folge übermäßiger Kasteiung, der sich die möglicherweise zarte Konstitution der damals wohl Zwanzigjährigen auf Dauer nicht gewachsen zeigte, waren die Ursachen psychischer Art? Jedenfalls erlitt Margareta einen totalen Zusammenbruch. Lähmungserscheinungen traten auf, die schließlich auf den ganzen Körper übergriffen, ausgenommen nur das Gehör. Drei Jahre lag sie ihrer selbst nicht mächtig da, *und wen ez mir in daz haupt gieng, so lachet ich oder wainet vier tag oder mer emslichen*[28]. Wohl begehrte sie, wieder gesund zu werden, und nahm auch *mensclich ertzni*[29]. Aber von Mal zu Mal verschlimmerte sich ihr Zustand nur. Dazu kam, daß Schwestern, die mit ihr bislang vertrauten Umgang gepflegt hatten, sich von ihr zurückzogen und man sie so fühlen ließ, wie sehr sie der Klostergemeinschaft eine Last zu werden begann. Lediglich eine Mitschwester — *ain seligiu frau in dem closter, diu mir sunderlich liep und haimlich was* — hielt ihr die Treue, und diese riet ihr, die Krankheit als Fügung Gottes zu erkennen: *ich sölt mich got ergeben und beten wann ich möhte; wan grosser siechtag um got ze liden, daz wär der lengesten leben ains daz uf ertrich wer*[30]. Margareta beherzigte den Rat und klammerte sich fortan in ihrer Verlassenheit an Gott, der *allain diu war triwe wer*[31]. So gelang es ihr allmählich, sich in ihre Krankheit zu fügen und innere Ruhe zu finden. Schreckliche Monate des Leidens mußte sie noch durchstehen. Dreizehn

---

[27] Strauch, S. 1.
[28] Ebd., S. 2.
[29] Ebd.
[30] Ebd.
[31] Ebd.

Wochen lag sie da, *als ich tod wär*, unfähig, Nahrung aufzunehmen. Danach wurde sie zwanzig Wochen von fürchterlichen Schweißausbrüchen
bei Tag und Nacht gequält: *man schapft in uz mir mit gohsennen grozziu
beckin vol*[32]. Endlich erfuhr sie Linderung, so daß sie wenigstens zeitweise Krankenlager und Siechenhaus verlassen und an der Messe teilnehmen
konnte. Aber die Umstände der Krankheit, die mit wechselnder Heftigkeit noch weitere dreizehn Jahre andauerte, sie über die Hälfte der Zeit
an das Bett fesselte und wiederholt in Todesnöte brachte[33], hatten ihr Wesen offensichtlich stark erschüttert und verändert und vor allem ihre Sen-
sibilität bis zum äußersten gesteigert. Schon leiseste Unstimmigkeiten im
Konvent legten sich schwer auf ihr Gemüt, und es verursachte ihr *grozzen
jamer*, wenn die Mägde des Klosters gescholten wurden: *„ir sint unsers
dienst niht wirdig"*, oder wenn sie hörte, wie man das Vieh schlug. Weinend erwog sie dann bei sich: *nun hat mich got von sinem dienst nie getri-
ben und gesprach nie, daz ich sines dienst unwirdig wer*, und nie habe Gott
sie geschlagen *umb alle min mistat*[34].

Mitsamt der sie betreuenden Schwester *etwe vil jar* — wie sie andeutet
— *von unsern usern friunden und von dem covent . . . aun helf und aun
trost* gelassen[35], verschloß sie sich in ihrer (teilweise durchaus selbstberei-
teten) Einsamkeit[36], in schier endloser Folge Vigilien, Psalter und ihre
Paternoster betend, wohl eine Mischung von Vaterunsern, Betrachtungen des Lebens Jesu nach Schrift und Legende und frei formulierten Gebeten[37]. Aus ihnen schöpfte sie Trost in ihrer Betrübnis darüber, *daz ich*

---

[32] Ebd., S. 3.

[33] *ich was dicke in des totes nöten, daz ich selber wand, ich züge. und die swestern,
die bi mir waren, die wanden dicke, mir weren die augen gebrosten und ich zuge.* Ebd.,
S. 4.

[34] Ebd., S. 10.

[35] Ebd.

[36] So schreibt sie: *ich was ungeminnet gen allen liuten. ich maht niemans red geliden
noch zuogange dann miner swester. ich hort kain red gern dann diu von got was.* Ebd.,
S. 4.

[37] S. z.B. Strauch, S. 67–69. Hier klagt Margareta, daß sie ihre Paternoster verloren
habe: *nu het ich daz gröst lait umb daz paternoster, daz ich daz verlorn het, daz mir
der tot vil lieber gewesen wer, wan ich west nit, wie ich min zit vertriben solt tag und
naht. und brachen an mir us die aller grösten zeher und ain unmessiges wainen. sunderlichen wenn ez naht was und ich gedaht, daz ich min paternoster nit gesprechen moht,
so kom mir daz aller gröst lait und [i]amer mit emssigem wainen.* Erst Tage später wurden ihr ihre *paternoster wider geben, aber si warn mir as tunkel und as frömde. ich het
die manunge nit alle, do het ich auch der begirde nit, as ich si vor gehebet het. daz het
ich biz ze der uffart unsers herren* [1343, seit dem Weißen Sonntag]. *und was die selben*

mich got mit als inner begirde nit kund zuo füegen als billich wer und *sunderlichen zuo dem fronlichnam unsers herren ... die minne und die begird ... niht het als ich solt*[38]; mit ihnen erreichte sie auch eine Besserung ihres Zustandes (*und da mit was mir gar wol und überwant vil kranchait da mit*)[39]. Tröstlich empfand sie überdies den Andrang Armer Seelen, der sie (wohl wenn sie des Nachts schlaflos lag) – wie viele mystisch begabte, leiderfahrene Menschen vor und nach ihr – überkam: Sie *ofenten mir diu ding diu ich gern west von mir selber und auch von den selen*, deren sie betend gedachte[40]. Arme Seelen bestätigten ihr nicht nur, daß sie *vil selen geholfen het*, sondern auch, daß Gott an ihrem Leben Gefallen habe, *und sunderlich waz im aller liepst an mir wer, und daz was min groz diemüetikait*[41]. Ein anderes Mal, als sie die Nähe des Todes zu fühlen meinte, wurde ihr durch eine Stimme die Gewißheit, daß sie noch lange nicht sterben werde, sondern *ellend werden* müsse *hie uf ertrich*, um bei ihrem Tod *aun underlauzz gen himel* zu fahren – *do fraget ich, wie der hiezze, der mir daz sete. do sprach er: „ich bin Ananias Azarias Misahel"*[42] So lernte sie ihre Krankheit und deren drückende Konsequenzen mehr und mehr als ihren Weg der Reinigung und Läuterung zu begreifen, und im Licht dieser Erkenntnis wurde ihr klar, daß es gelte, *crefteclich ... von allen liplichen dingen* Abschied zu nehmen[43], noch rückhaltloser als bisher sich in Gottes Willen zu schicken, mit einem Wort: sich selber zu

---

zit liplichen as gar krank, daz ich dik gedaht, ich wölt sterben. aber an dem uffertag wart ez mir geringert. und do da nach an dem phingstag, do wart mir min paternoster volleklichen wider geben mit manungen und mit begirden und mit süessen genaden. – Ob *der Ebnerin paternoster*, wie es in der Medinger Handschrift überliefert ist (Strauch, S. 161–166), wirklich auf Margareta zurückgeht, muß wohl dahingestellt bleiben. Über ihre sechs Betrachtungspunkte (*sehs manungstunde*) berichtet sie zum Jahr 1344. Ebd., S. 81.

[38] Ebd., S. 5.

[39] Ebd., S. 4.

[40] Ebd., S. 6. – Zu den Armen Seelen in der mittelalterlichen Frömmigkeit s.: S. Ringler, Viten- und Offenbarungsliteratur in Frauenklöstern des Mittelalters. Quellen und Studien (Münchener Texte und Untersuchungen zur deutschen Literatur des Mittelalters 72), Zürich/München 1980, S. 219–221; P. Dinzelbacher, Vision und Visionsliteratur im Mittelalter (Monographien zur Geschichte des Mittelalters 23), Stuttgart 1981, S. 101–105 (Fegefeuer).

[41] Strauch, S. 6.

[42] Ebd., S. 10.

[43] Ebd., S. 5.

lâzen, wie es Meister Eckhart auszudrücken pflegte[44]. Doch der innere
Umbruch, der sich in ihr vollzog, ging — wie sie bekennt — nicht ohne
äußere Reibungen ab, im Konvent und während eines durch Kriegsgefahr
erzwungenen Aufenthalts bei ihrer Mutter, vermutlich um 1324/25, als
Ludwig der Bayer gegen Burgau anrückte[45]: *ich was in der welt noch unge-
minner dann in dem closter, daz es min muoter und miniu geswistertig an
mich zurnetent, und sach niemant gern noch ret mit niemant gern*[46].

Dem Entschluß, jegliche Bindung an Vergängliches zu lösen, folgten,
gleich als ob er erprobt werden sollte, neue harte Prüfungen. Im Abstand
zweier Jahre (1332 und 1334) wurden Margareta zwei Mitschwestern
durch den Tod entrissen, die ihr nacheinander als Pflegerinnen gedient
hatten und in schweren Stunden Stütze gewesen waren[47]. Beider Verlust
erschütterte sie so sehr, daß sie ihrer lange Zeit nur laut weinend und kla-
gend gedenken konnte und solche Traurigkeit sie übermannte, *daz ich
niemans geahten moht, und die mir vor liep waren, die maht ich nit gesehen*[48]. Der Tod der ersten Schwester, der ihr schier das Herz zerbrach —
obwohl sie von ihr sichere Kunde empfangen haben wollte, *daz siu ze himel wär*, und im Traum auch den offenen Himmel gezeigt bekam und
darin *ainen stuol bi got, der wer mir beraitet und sas nieman dar uf*[49] —,
wurde ihr Anlaß zu dem Vorsatz, künftig in noch größerer Verlassenheit
zu leben, auch das Notdürftigste nicht mehr zu fordern, sondern zu nehmen, was ihr gegeben, und zu essen, was ihr vorgesetzt würde[50]. Und sie
machte es sich fortan zur Gewohnheit, jeweils von Donnerstag abends

---

[44] S. z.B. Meister Eckharts ‚Reden der Unterweisung‘ oder seine Predigt ‚Vom edlen
Menschen‘. Ruh, Meister Eckhart, S. 31–46; H. Piesch, Der Aufstieg des Menschen
zu Gott nach der Predigt „Vom edlen Menschen“, in: Nix/Öchslin, S. 167–199.

[45] *Ze der selben zit was alles lant in arbaiten und sunderlich unser closter von unfride,
und taten wir grozziu gebet dar umb... und do von urliug und von des closters gebresten
muost ich zuo miner muoter varen usse dem closter.* Strauch, S. 7. – Zur Belagerung
Burgaus im Winter 1324/25 s. Riezler, Bd. 2, S. 357f.

[46] Strauch, S. 7.

[47] Ebd., S. 11–25.

[48] Ebd., S. 13.

[49] Ebd., S. 14. – Bei den hier geschilderten nächtlichen Gesprächen fragte Margareta die verstorbene Schwester u.a. auch *von der menschait unsers lieben herren. siu
sprach: „als sich diu hailig driveltikait derluchet, so siht man ainen so gar lutern menschen dar inne“. do siu daz gesprochen het, do enphant ich ainer so starken craft mit so
grosser genaud, daz ich sprach: „ist daz du noch ain wort sprichest, so mag min sel bi
minem lib nimer beliben“.* – S. auch Dinzelbacher, Vision, S. 161, 178, 189f.

[50] Strauch, S. 12f.

bis Sonntag sowie im Advent und in der Fastenzeit (*und von dem daz man alleluia let biz ostern*) strenges Stillschweigen zu beobachten[51]. Die Erfahrung eigener Unzulänglichkeit, *daz ich got minen willen niht gab, und im niht lepte an gedanken, an worten, an werken und an aller abgeschaidenhait*[52], im sie aufwühlenden Schmerz über den Tod der genannten Schwester ihr erneut bitterlich zu Bewußtsein dringend, gab ihr diesen (dann konsequent durchgehaltenen) Vorsatz ein – einen Akt der „Torheit des Kreuzes", mit welchem sie ein weiteres Stück sich loszureißen suchte aus der Verstrickung des Alten: Mit dem Ertragen der Krankheit war es nicht genug, auch persönlicher, freundschaftlicher Beziehungen mußte sie ledig werden. Die nämliche Erfahrung bewirkte in ihr aber auch nachsichtiges Verständnis mit den Gebrechen ihrer Mitmenschen, zuvörderst ihrer Mitschwestern, und Mitleid mit deren Nöten. Zwar vermochte sie sich keineswegs damit abzufinden, daß im Konvent nicht alles zum besten stand, daß Wahrheit, Friede, Liebe verletzt wurden oder *sich ains des andern ungelük fraut*[53]. Doch hatte sie sich zuvor, in der „Zweisamkeit" mit ihrer erstverstorbenen Mitschwester, solcher Vorkommnisse, *die ain unrihtung in dem closter mahten*, eher überhoben[54], so begann sie jetzt allmählich ihr eigenes Verhältnis zum Konvent zu überdenken, sich eingestehend, daß auch sie *dem selben fride, warhait, minne nie gelebt het als sölt*[55].

Nun läßt uns Margareta über ihren äußeren Lebenslauf ziemlich im unklaren. Ihre ‚Offenbarungen', so detaillierte Selbstbeobachtungen und präzise Informationen sie auch enthalten, zeichnen im wesentlichen eben doch ihre innere Biographie. Es läßt sich deshalb nicht sicher ausmachen, ob ihr Streben nach Einsamkeit in den Jahren ihrer Krankheit mehr ein innerliches Sichzurückziehen war oder ob sie sich damals auch von ihrem Konvent distanzierte, aus Gram darüber, daß er sie (jedenfalls nach ihrem Empfinden) im Stiche ließ. Ihre Bemerkung beispielsweise (und es ist nicht die einzige): *und alles, daz in dem closter geschach, des ahtet ich als lützel, als ob ez in ainem andern closter wer*[56], könnte in letzterem Sinne verstanden werden; allerdings betrifft sie jenen Zeitpunkt, da

[51] Ebd., S. 19.
[52] Ebd., S. 9.
[53] Ebd., S. 17.
[54] Ebd., S. 15.
[55] Ebd., S. 17.
[56] Ebd., S. 15 f.

Margareta gänzlich unter dem Eindruck des Verlustes ihrer erstverstorbenen Pflegerin und anhebender (ihr jedoch noch undeutlicher) „mystischer" Begebnisse stand. Daß Margareta zeitweise, in vermehrtem Maß
seit ihrer Bekanntschaft mit Heinrich von Nördlingen, Verbindung hatte mit „Gottesfreunden" und mit Menschen, die um ihr Gebet nachsuch-
ten, belegen ihre Aufzeichnungen und Heinrichs Briefe. Aber inwieweit
sie sich am Leben ihres Konvents und dessen Geschäften beteiligte, ob
sie wirklich, wie eine Anspielung in Heinrichs Briefen vermuten lassen
könnte, in späteren Jahren das Amt der Baumeisterin innehatte und den
Bau eines neuen, gotischen Refektoriums leitete (zu dem durch Heinrichs Vermittlung auch die ungarische Königinwitwe Agnes in Königsfelden einen Zuschuß leistete)[57]: darüber geben die Quellen keine sichere
Auskunft. Andererseits steht außer Zweifel, daß mit den Jahren ihr Ansehen im Konvent beträchtlich stieg, dank der Hochschätzung, die Heinrich und durch ihn viele „Gottesfreunde" von nah und fern, auch Abt
Ulrich III. Niblung (1340–1360) von der Zisterzienserabtei Kaisheim
(der schon als Prior auch mit der Engelthaler Mystikerin Adelheid Langmann korrespondiert hatte[58]) und Johannes Tauler, der sie zweimal besucht zu haben scheint[59], ihr entgegenbrachten. Und im Maße ihres Be-
kanntwerdens über den näheren Umkreis des Klosters hinaus und der
Berühmtheit, welche dadurch das Kloster selbst gewann, mag auch ihr

---

[57] Ebd., S. 259 (Brief XLIX vom März 1347). – *ich send zu dir den schatz unsers heren Jhesu Christi, unsern lieben fründ in got, die Frickin; ... si sol dir geben zehen guldin, die hat dir gesant mein frau die küngin und begert gröszlich mit allem ernst, das du und auch der convent gemeinklich fur si bitest. und las nit, du danckest ir geträwlich an deinem brief, das si innen werd, das si dir an deinen bu worden sint.* Heinrich an Margareta, nach März 1347. Ebd., S. 260 (Brief L).
[58] Ebd., S. 392. – Zu Adelheid Langmann (†1375) s.: Ringler, Viten- und Offenbarungsliteratur, S. 64–82 und öfter; M. Weitlauff, Langmann, Adelheid, in: Neue Deutsche Biographie, Bd. 13, Berlin 1982, S. 608f. (QQ u. Lit.).
[59] *dar nach kam ich gen Baszel zu meinem und auch deinem lieben getruwen vatter dem Tauler, der mit mir bi dir was.* Heinrich an Margareta, Fastenzeit 1339. Strauch, S. 217 (Brief XXXII). – *für die bit got und für unsern lieben vatter den Tauller, der dein getrüwer bot was.* Heinrich an Margareta, Ende 1347 oder Anfang 1348. Ebd., S. 263 (Brief LI). – S. auch Taulers Brief an Elsbeth Schepach und Margareta, vor Fastnacht 1346. Ebd., S. 270f. (Brief LVII). – Zu Johannes Tauler (†1361) s.: Muschg, S. 280–290; Wentzlaff-Eggebert, S. 102–118; P. Wyser, Taulers Terminologie vom Seelengrund, in: Ruh, Altdeutsche und altniederländische Mystik, S. 324–352; L. Gnädinger, Johannes Tauler von Straßburg, in: M. Greschat (Hg.), Mittelalter, Bd. 2 (Gestalten der Kirchengeschichte 4), Stuttgart/Berlin/Köln/Mainz 1983, S. 176–198 (QQ u. Lit.).

persönlicher Einfluß auf ihre Mitschwestern gewachsen sein. Daß die Nonnen zum Beispiel, als Margareta am Sankt-Nikolaustag 1341 nach längerer Krankheit unerwartet im Chor erschien, spontan das Te Deum anstimmten *von rehter fröd, daz er mich in wider geben het*[60], zeigt immerhin, wie sehr sich ihre Stellung im Konvent gewandelt hatte. Wenn sie dann allerdings zum Jahr 1344 die Bemerkung niederschreibt, sie wünschte sich an einen Ort, den niemand wüßte außer Gott und ihrem Beichtvater, um abgeschieden zu sein von allen Dingen, doch wolle sie bei ihrem Kloster begraben sein, *wan min herr wol waiz, daz ich gern bi minem covent bin, wan si mir kain irrung sint*[61], so schwingt unverkennbar ein leiser kritischer Unterton in diesen Worten (immer noch) mit.

Dennoch: Margaretas aufkeimendes Verstehen menschlicher Begrenztheit seit dem Tod ihrer beiden Pflegerinnen mündete in der Folge wohl kaum in jene selbstvergessene tätige Hinkehr zu ihren Mitmenschen, wie etwa Meister Eckhart sie empfahl, um einer allzu weit getriebenen Innerlichkeit vorzubeugen[62]. Zwar scheint sich Margareta den Sorgen ihres Konvents wieder mehr geöffnet zu haben[63]. Zuweilen besuchte sie (im Siechenhaus) die eine oder andere kranke oder sterbende Schwester und gab geistlichen Zuspruch[64]. Einer in tödlicher Krankheit darniederliegenden Konversschwester pflegte sie jeweils nach Tisch zu bringen, was dieser wohltat, *in der mainnunge alle zit ..., as ob ez got selber wer*[65], und sie betete, *daz ir got gebe daz ewige leben nach disem leben und si in kain fegfuir nimer liesse komen*. Als diese Schwester nach langem Leiden verschied, *do wart mir mit grossen fröden geben under minen paternoster, siu wer ze den ewigen fröden, und wer daz gesehen von minen begirden*[66]. Aber mehr denn je richtete Margareta ihr ganzes Sinnen auf Gottversunkenheit, und wenn sie einer Mitschwester ein Zeichen der Liebe gab, so liebte

---

[60] Strauch, S. 61.

[61] Ebd., S. 77.

[62] Bernhart, Die philosophische Mystik, S. 197.

[63] *mir lag auch an grözlich, so ez unserm covent niht wol gieng an gaischlichen und an liplichen sachen.* Strauch, S. 17.

[64] Ebd., S. 39, 116.

[65] Ebd., S. 39. – Unverkennbar klingt hier Mt 25,40 an: „Wahrlich, ich sage euch: Was ihr dem Geringsten meiner Brüder getan habt, das habt ihr mir getan." Nur darf nicht übersehen werden, daß im biblischen Gerichtsgleichnis, in dessen Rahmen dieses Herrenwort gesprochen ist und von dessen Zusammenhang her es verstanden werden muß, neben der selbstlosen guten Tat zuallererst deren „Absichtslosigkeit" gepriesen wird.

[66] Strauch, S. 39.

sie auch darin in Wirklichkeit nur Gott – wie nicht wenige Mystikerinnen, die, wo sie liebten, Gott fühlten. Und mit dem regelmäßigen Stillschweigen, das sie übte, schuf sie sich ganz bewußt den Raum, der sie von allem, was ihr als Weltverhaftung erschien, abschirmte[67]. Stundenlang verweilte sie vor dem Tabernakel, betend und betrachtend vertiefte sie sich in die Passion des Herrn. Indem sie Christi Leiden und Tod auf ihr empfindsames Gemüt wirken ließ, jede Einzelheit der biblischen Berichte und wohl auch ausmalender Legende (ganz entsprechend spätmittelalterlichem Frömmigkeitsempfinden) mit Inbrunst sich vergegenwärtigend, entschwand ihr das eigene Leid fast zur Bedeutungslosigkeit. Nicht mehr quälte sie die frühere Frage: *„herre, war umb hast du ez getaun?"* – im Lichte der Passion des Herrn nahm sie nunmehr Krankheit und seelisches Leid hin *für ain getriu gab gotes, daz mich der im selber wolt beraiten*[68], glücklich, wenigstens in geringem Maße an seinem Leiden teilhaben und mittragen zu dürfen. Ihren ganzen Körper wünschte sie sich von den *zaichen . . . des hailigen criuczes* versehrt zu sehen, *und daz mir ieglichs mit allem sinem liden und smertzn geben würd*[69]. Das Kreuz wurde zum Mittelpunkt ihrer Verehrung, der Gekreuzigte zum Inbegriff ihrer mystischen *minne, lust* und *begird*.

Die in dieser Entwicklung sich abzeichnende eigentlich mystische „Phase" in Margaretas Leben, zunächst ganz auf die Passion konzentriert, scheint unter dem Eindruck des Todes ihrer ersten Pflegerin eingesetzt zu haben. Sie war gewiß durch Margaretas eigentümliche Krankheit und deren innere und äußere Begleiterscheinungen seit langem vorbereitet und hatte sich auch wiederholt, allerdings als etwas noch durchaus Unbestimmtes, angekündigt: in verschiedenen Träumen, die Ausfluß gewisser seelischer Erregungen oder Gestimmtheiten waren, zum Beispiel bedingt durch den bevorstehenden (in der Regel wöchentlichen) Kommunionempfang, der bei ihr auch später immer wieder eine lang anhaltende innere Spannung erzeugte[70], oder im Vernehmen einer inneren Stimme[71], wohl auch schon in einem Hinübergleiten vom mündlichen

---

[67] *nu ist mir as wol mit der swige, und han as grosse genade und ruowe dar inne – die ich in der vasten tuon und auch in dem jar –, daz ich grosse unmine gewinne gen allen menschen, as ich reden sol, wan mir ist mit der innern ruowe as wol, daz ich usserr rede nit geliden mag, sunderlichen nach ostern.* Ebd., S. 44. – S. dazu Blank, S. 132.

[68] Ebd., S. 13.

[69] Ebd., S. 19.

[70] Ebd., S. 41, 61 f., 71 f. und öfter.

[71] Ebd., S. 9, 11.

Gebet zum innerlichen Beten[72] — bis sie eines Freitags nachts auf dem Weg vom Klosterfriedhof zum Chor der Klosterkirche plötzlich süßer Wohlgeruch umfing und ihr *der nam Jhesus Cristus wart... da so kreftlich geben*[73]. Dabei ist es für Margaretas erwartungsvoll gespannte Selbstbeobachtung, die solche Phänomene offensichtlich vermehren und verdichten half, und zugleich für ihre Selbstunsicherheit bezeichnend, wie sie darum rang, diesen Erlebnissen den Charakter göttlicher Gnadenerweise zuzusprechen, und im Grunde doch im dunkeln tastete. Als sie ihre neue Pflegerin (*ain seligiu swester, hiez Adelhait, die mir got gab nach miner* [ersten] *swester*) durch Zeichen — denn es war ein Freitag, an dem sie nicht redete — fragte, *ob siu den schmag iht markti*, der ihr selber, wie sie vermeinte, durch Herz und alle Glieder drang, diese sie aber nicht zu verstehen vermochte, *do erschrak ich und verstuond wol, daz sius niht markt*. Und trotzdem gab sie einem Zweifel nicht Raum: *des schmakes enphant ich biz an den tritten tag in dem cor*[74].

Da trat *umb sant Narcissen tag* (29. Oktober) desselben Jahres (1332), in welchem sie ihre erstverstorbene Pflegerin verloren hatte, Heinrich von Nördlingen in ihr Leben, ein aus Nördlingen im schwäbischen Ries stammender Weltgeistlicher (vermutlich reichsministerialer Herkunft)[75], dem wohl damals schon der Ruf eines Frauen- und Nonnenseelsorgers von außerordentlicher Spiritualität und Einfühlsamkeit vorauseilte. Er besuchte das Medinger Kloster zum erstenmal, von den Schwestern, wie es scheint, erwartungsvoll begrüßt. Hatte man ihn gar herbeigerufen in der Hoffnung, er vermöge vielleicht mit Margareta, die *zuo niemen gieng noch wandel het*[76], auch von *den friunden unsers herren* sich fernhielt[77], ins Gespräch zu kommen und ihr über ihre Trauer hinwegzu-

---

[72] *min paternoster die wurden an mir zuo niement und min begird. aber lengiu gebet, die ich vor het getaun, diu wurden an mir ab niement.* Ebd., S. 21.

[73] Ebd., S. 15.

[74] Ebd. — Zu den in spätmittelalterlichen Nonnenklöstern erlebten „Arten" der Begnadung s. Blank, S. 114–123.

[75] Zu Heinrich von Nördlingen s.: Strauch, S. XXXIX–LXXVI; Muschg, S. 290–304 (mit vernichtendem Urteil); R. Schultz, Heinrich von Nördlingen. Seine Zeit, sein Leben und seine Stellung innerhalb der Deutschen Mystik, Jahrbuch des Vereins für Augsburger Bistumsgeschichte 10 (1976), S. 114–164; Weitlauff, Heinrich von Nördlingen; Schmidt, Das Ries als eines der Mystik-Zentren.

[76] Strauch, S. 16.

[77] Ebd., S. 5. — *und so ich hort von den friunden gocz, daz got grosiu dink mit in tät, da het ich nit begird zuo da von, daz iemant weste die gnaud und werk, diu got mit mir tät.* Ebd., S. 9.

helfen? Jedenfalls konnte man sie durch Bitten endlich dazu bewegen, den *warhaften friund* Gottes wenigstens anzuhören; denn: *lützel ret ich mit im noch mit niemant. . .*[78]. Heinrich indes wußte offenbar sogleich den rechten Ton anzuschlagen: *gebent mir iwer swester*, bat er Margareta schließlich, um ihr zu bedeuten, daß alles darauf ankomme, den erlittenen Verlust der ihr liebgewordenen Pflegerin nicht nur hinzunehmen, sondern sich auch in willigem Gehorsam Gottes Ratschluß zu beugen. *„wend ir die sel dar zuo haun* [mit der sie nachts immer wieder Zwiesprache hielt]*?"* − fragte sie, und er gab ihr die bündige Antwort: *„waz sol mir ain lib aun sel?"* Heinrichs gute Worte flößten ihr Trost ein, aber seiner Mahnung nachzugeben, wurde ihr nicht leicht. Von neuem fiel sie in Krankheit, *und was als bitter, daz mich duht, ich wölt gerner alle tag den tod geliten haun.* Doch *nach ostern* [1333] *wart ich als gesunt, daz ich dem covent maht gevolgen ze cor und an allen steten; und daz tet ich mit lust und fräuden. und wart mir auch benomen umb min swester, daz ich sie wol got maht laun*[79]. Nie mehr kehrte sie in Margaretas Träumen wieder . . .

In ihren Aufzeichnungen kommentierte Margareta jene erste Begegnung mit Heinrich mit den knappen Worten: *do ich aber dar kom, do hort ich sin warhaft ler gar gern*[80]. Tatsächlich kommt darin schon zum Ausdruck, welche Bedeutung sie dieser Begegnung beimaß. In Heinrich hatte sie den geistlichen Gesprächspartner gefunden, von dem sie sich in der Tiefe verstanden fühlte, *von des worten und leben ich alle zit creftigen trost enphieng* − wie sie später schrieb[81] −, der ihr der von Gott gesandte *liebe engel in dem lieht der warhait*, der *getriwe warhafte lerer unsers herren*[82] war. Aus der Begegnung erwuchs sozusagen im Augenblick eine lebenslange Seelenfreundschaft, die in Margareta zwar gewiß nicht den *ker* oder *durchbruch* − um in Taulers Terminologie zu reden − bewirkte, ihr aber das Selbstvertrauen gab, um diesen *ker* durchzustehen. Sie war, als sie Heinrich kennenlernte, gut vierzig Jahre alt und hatte somit eben den Zeitpunkt erreicht, von dem ab es nach Tauler erst gelingen könne, *zu worem friden* zu gelangen und *ein wesenlich himmelsch mensche* zu wer-

---

78 Ebd., S. 16.
79 Ebd., S. 16 f.
80 Ebd., S. 16.
81 Ebd., S. 45.
82 Ebd., S. 24, 76. − S. auch die Zusammenstellung der Bezeichnungen Margaretas für Heinrich ebd., S. 290.

den[83] — die dafür notwendige Bereitung der personalen Grundschichten durch positive Meisterung der Krise der Lebenswende vorausgesetzt[84].

Allerdings war es nicht so, daß Heinrich Margareta fortan zu regelmäßiger geistlicher Aussprache zur Verfügung stand. Seine Besuche im Kloster Medingen waren selten, zumal seit Ende 1335 (als er zu einer Reise nach Avignon aufbrach[85]). Seinen Grund hatte dies nicht zuletzt in den politischen Wirren der Zeit. Das Zerwürfnis zwischen Kaiser Ludwig dem Bayern und den Päpsten in Avignon, das in der Kirche des Reiches zu schweren Konflikten führte und den zwischen Gehorsam gegenüber dem Papst und Gehorsam gegenüber dem Kaiser schwankenden Klerus spaltete, wurde Heinrich zum Schicksal. Als unerschütterlicher Anhänger der avignonesischen Päpste — im Gegensatz zu Margareta, die nicht weniger unerschütterlich (und unbeeindruckt von den päpstlichen Absetzungs- und Exkommunikationssentenzen) zum Kaiser stand[86] — vermochte er in seinem Heimatbistum Augsburg keine feste Anstellung zu finden. Weil er dem kaiserlichen Gebot, das über das Reich verhängte päpstliche Interdikt zu mißachten, nicht Folge leistete, mußte er 1338 fliehen. Für rund zehn Jahre verschlug es ihn ins Exil nach Basel, einer Stadt, die zwar dem gebannten Kaiser gehuldigt und den mit Strafsanktionen dagegen einschreitenden päpstlichen Legaten von der Pfalz in den Rhein gestürzt hatte, auch in der Folge zum Kaiser hielt, jedoch päpstlich gesinnten Priestern, die sonst fast überall verjagt wurden, Asyl gewährte[87]. In Basel wirkte er — nach eigener Aussage — als vielumworbener Prediger und Beichtvater[88], was ihm auch — wiederum nach eigener Aussage

---

[83] Gnädinger, S. 180. — Zum mystischen *ker* s. Ringler, Viten- und Offenbarungsliteratur, S. 189 f.

[84] Gnädinger, S. 180.

[85] Zum Februar 1336 schreibt Margareta: *nu lag mir creftlichen an, daz ich gern geret het von der genade unsers herren, do het ich nieman, wan der friunt unsers herren, der mir von siner güet geben was zem creftigen trost, der was ze Aviaun.* Strauch, S. 42. — Zu den Gründen dieser Reise s. ebd., S. XLI f.

[86] S. u. S. 348 f.

[87] Muschg, S. 280. — Das Verbot, das päpstliche Interdikt zu beachten, erging am 4. August 1338 auf dem Frankfurter Reichstag durch das Gesetz ‚Licet iuris'. K. Zeumer, Quellensammlung zur Geschichte der deutschen Reichsverfassung in Mittelalter und Neuzeit, Tübingen ²1913, S. 184 (Text); Gebhardt, Bd. 1, S. 541.

[88] S. insbes. Heinrichs Brief an Margareta, Fastenzeit 1339. Strauch, S. 216–219 (Brief XXXII).

– von seiten mancher Amtskollegen *vil giftiger stösz* eintrug[89] (wenn freilich aus der Diktion seiner Briefe an Margareta Schlüsse auf seine Predigtweise gezogen werden können, so ist darunter vielleicht nicht nur klerikale Mißgunst zu verstehen, sondern auch berechtigte Kritik, die er nur nicht ertrug[90]). Bei den Deutschherren, bei denen er täglich zelebrierte, genoß er einen Herrentisch, und solcher Beliebtheit erfreute er sich, daß er sich – wie er schreibt – vor Angeboten *an pfar, capeln, pfründ und orden und vil dinges, des vil ander fro werint,* kaum zu retten wisse, *also das ich nit waisz, was ich nemen sol*[91]. Hier knüpfte er Verbindungen zu dem mit seinem Konvent aus Straßburg geflüchteten Johannes Tauler (einem Anhänger des Kaisers), der ihm offenbar zur Bleibe in Basel verhalf[92], zu Heinrich Seuse, von dem er sich jedoch bald wieder distanzierte[93], zu den Nonnenklöstern Unterlinden und Klingenthal, zur Königinwitwe Agnes in Königsfelden, hier scharte sich um ihn ein Kreis mystisch gestimmter Seelen, meist Frauen, wie es überhaupt seine Gabe gewesen zu sein scheint, vor allem frauliche Gemüter anzusprechen[94]. Allein, Mystiker war Heinrich nicht; er war Seelsorger, fromm und überaus eifrig, dabei ein glühender Reliquienverehrer (was den ihm eigenen Zug zum „Handfesten", der aber wiederum auch ganz allgemein Merkmal spätmittelalterlicher Frömmigkeit war, genugsam veranschaulicht). Und

---

[89] *das volck gemainencklichen ist mir günstig, aber von den geistlichen personen leid ich vil giftiger stösz umb das, das ich dick predigen und die leut mein gnad hand: das hilf mir tragen.* Heinrich an Margareta, vor Herbst 1339. Ebd., S. 225 (Brief XXXIV).

[90] Seine Briefe sind jedenfalls der Klagen über sein bitteres Schicksal voll.

[91] Heinrich an Margareta, Fastenzeit 1339. Ebd., S. 217 (Brief XXXII).

[92] *und wiss auch, das ich nach dem obersten kum von Constenz und kam zu meiner frawen der kinngin von Ungern* [Agnes] *und schuf da nit. dar nach kam ich gen Baszel zu meinem und auch deinem lieben getruwen vatter dem Tauler, der mit mir bi dir was, und der half mir mit ganzen träwen, als vil er mocht.* Ebd. – S. auch Gnädinger, S. 177 f.

[93] *mein hertz haltet nit mer zu dem Süsen, als es etwan tet; bit got für unsz beid.* Heinrich an Margareta, Ende 1347 oder Anfang 1348. Strauch, S. 263 (Brief LI). – Zum möglichen Grund dieser Entfremdung s. ebd., S. 388. – Zu Heinrich Seuse s.: Heinrich Seuse, Deutsche mystische Schriften. Aus dem Mittelhochdeutschen übertragen und hg. von G. Hofmann, Düsseldorf (Darmstadt) 1966; Wentzlaff-Eggebert, S. 118–129; Muschg, S. 242–279; H. Stirnimann, Mystik und Metaphorik. Zu Seuses Dialog, Freiburger Zeitschrift für Philosophie und Theologie 25 (1978), S. 233–303; U. Joeressen, Die Terminologie der Innerlichkeit in den deutschen Werken Heinrich Seuses. Ein Beitrag zur Sprache der deutschen Mystik (Deutsche Sprache und Literatur 704), Frankfurt am Main/Bern/New York 1983.

[94] S. z.B. den Brief Margaretas zum goldenen Ring. Strauch, S. 275 f. (Brief LXIII).

er besaß Sprachgewandtheit. Auch um Vertiefung seiner theologischen Bildung war er — nach Ausweis seiner Briefe — redlich, aber doch wohl nicht allzu erfolgreich bemüht. Als Prediger eignete er sich ein „Instrumentarium" an mystischer Begrifflichkeit an, mit dem er ebenso trefflich wie freizügig zu hantieren und zu variieren verstand. Aber die Probleme, mit denen sich die theologischen Vertreter der Mystik abmühten, berührten ihn nicht, traten gar nicht in seinen Gesichtskreis. Was er suchte und auf seine Art predigte (aber selber in seiner Ruhelosigkeit nie zu „ergreifen" vermochte), war Innerlichkeit: Der Ruf des Herrn müsse in der Seele Widerhall finden, das innere Auge müsse für Gott aufgeschlossen sein; dann offenbare sich Gott in der Seele und weise sie *in seinem liecht ... in sich selben, in das abgrund seiner ewiger klarheit*[95]. Dieser Gedanke bildete (jedenfalls aus seinen Briefen zu schließen) ungefähr die Quintessenz seiner „Lehre", und mit den mannigfaltigen Bildern, in die er sie kleidete — von denen seine Phantasie überströmte —, fand er bei jenen Kreisen, in denen er verkehrte, und darüber hinaus bei vielen um ein persönliches Gottesverhältnis Ringenden begeisterten Anklang und bei Margareta, aber auch bei der sie geistig zweifellos überragenden Engelthaler Mystikerin Christina Ebner (mit der er spätestens 1338 Verbindung aufnahm[96]) dankbares Gehör.

In Basel entstand wohl unter Heinrichs Mitarbeit (um 1345) eine Umschrift des *gar in fremdem tützsch* gefaßten ‚Fließenden Lichts der Gottheit' Mechthilds von Magdeburg in alemannische Sprachform. Eine Abschrift davon übersandte er sogleich Margareta — mit Ehrfurcht heischenden Ermahnungen und mit der Auflage, vor dem Öffnen des Buches zu beten[97]. Daß er auch sonst um fromme Lektüre für sie besorgt

---

[95] Heinrich an Margareta, vor 1338. Ebd., S. 176 (Brief V). — S. des weiteren die Briefe IX, XIII, XXXVI, XLIII, XLVI, XLVIII, LI.

[96] S. Strauch, S. LIX–LXII. — Zu Christina Ebner s.: S. Ringler, Ebner, Christine, in: Ruh, Die deutsche Literatur, Bd. 2, S. 297–302; ders., Die Rezeption mittelalterlicher Frauenmystik als wissenschaftliches Problem, dargestellt am Werk der Christine Ebner, in: Dinzelbacher/Bauer, S. 178–200; U. Peters, Das ‚Leben' der Christine Ebner: Textanalyse und kulturhistorischer Kommentar, in: Ruh, Abendländische Mystik, S. 402–422.

[97] *Ich send euch ain buch das haisst Das liecht der gothait. dar zu zwinget mich das lebend liecht der hitzigen mine Christi, wan es mir das lustigizt tützsch ist und das innerlichst rürend minenschosz, das ich in tützscher sprach ie gelas. eia! ich man euch als des gutz, das got in im selber ist und in diszem buch bewiszt hat. lesent es begirlich mit ainem innern gemerck ewers hertzen und ee irs an vahint ze lesent, so beger ich und gebüit euch in dem heiligen geist, das ir im vii Veni sancte Spiritus mit vii venien vor dem altar*

war, ist seiner Empfehlung zu entnehmen, sie möge sich vom Kaisheimer Prior *das buch das man nent Orologium Sapientiae ze latin* ausleihen – es handelte sich um Taulers Exemplar, das er Ulrich Niblung zum Kopieren geschickt hatte – und es (für den Konvent) abschreiben, *das es allzeit bei euch belib*[98] (aber ob Margareta des Lateinischen mächtig war?). Margareta mag solche Lektüre, zumal Mechthilds Werk, wiederum zu den in ihre ,Offenbarungen' gelegentlich eingeflochtenen Reimen angeregt haben (sofern diese nicht auf Heinrich selbst zurückgehen, wofür einiges sprechen könnte)[99]. Auch kleine Geschenke wurden ausgetauscht: Heinrich bedankte sich für Beutel, Kerzen, Lebzelten, die Margareta ihm hatte zukommen lassen[100]; er selber schickte ihr kleine Messer, einen silbernen Löffel, ein Töpflein mit Senf, heilkräftiges Pulver (das er selber gebrauche), ein Säcklein mit Gewürzen, zuweilen auch ein wenig Geld[101], einmal eine Aderlaßbinde[102]; ein andermal bat er um den Tausch ihrer

---

sprechent und unserm heren und seiner megdlichen mutter Maria auch vii paternoster und Ave Maria sprechent auch mit vii venien, und der junckfroulicher himelscher orgelkunigin [Mechthild von Magdeburg], *durch die got ditz himelschs gesang hat usz gesprochen, und allen heiligen mit ir auch vii paternoster und Ave Maria mit vii venien sprechint. und ee brechent das versigelt buch nit uf, ee ir desse gebet tuwend und nemen dar zu alle, die gnad dar zu habint mit ernst, und dar nach vahent an ze lesend sitlichen und nit ze vil und wolchiü wort ir nit verstandint, die zeichend und schribentz mir, so betützsch ichs euch, wan es ward uns gar in fremdem tützsch gelichen, das wir wol zwai jar flisz und arbeit hetint, ee wirs ain wenig in unser tützsch brachtint. uberlesent es dri stund, es stat dran ix. ich getrüwe, es sulle ewer sel gnaden vil mer ernst sein. ich wolt es auch gen Engeltal lichen. o Margaretha, hör, tochter, und siche, versich und schawe, wie susz dein lieb ist Christus. Jhesus Christus –. amen.* Heinrich an Margareta, 1345. Strauch, S. 246 f. (Brief XLIII).
[98] Heinrich an Margareta, 21. September 1339. Ebd., S. 229 (Brief XXXV). – Ob es sich dabei um Heinrich Seuses gleichnamige Schrift gehandelt hat, ist mit Sicherheit nicht zu sagen. S. ebd., S. 363 f.
[99] S. ebd., S. 69 f., 76 f., 113, 119, 135, 147.
[100] Ebd., S. 222 (Brief XXXIII).
[101] Ebd., S. 182, 218, 229, 253, 259. – Aus Avignon brachte er ihr *uf deinen altar zwai gar zartü bild von allabaster . . . Maria mit irem kind und Katharina mit irem rad, die musz man schon halten.* Ebd., S. 214; s. auch S. 215.
[102] *ich send dir auch ain binden, da mit du verbinden solt die audern deins kusches blutz luters, von minen brait und grosz. die sol gemain sein dir und unsern lieben kinden, so sie lassendt, wan ich getrau, das si von dir in sie hailsam gnad tragen sul. ich send dir auch ain kleins tocklin, dar in du enpfahen solt die hitzigen treher deins minenden hertzen, und solt mirs beidü ze letz lan, ob du vor mir zu deinem hertzenlieb schiedest.* Ebd., S. 253 (Brief XLVI).

beider Schlafröcke[103] (eine Bitte, die ihm erfüllt wurde; denn er bestätigte Margareta, daß er ihren Schlafrock trage[104]). Doch zu persönlichem Zusammentreffen mit Margareta in Medingen ergab sich in diesen langen Jahren des Exils für Heinrich (soweit nachzuweisen) nur viermal Gelegenheit (um den 1. November 1341, um den 9. Oktober 1344, in der zweiten Julihälfte 1347 und um den 11. Oktober 1347)[105]. Und als er Ende der vierziger Jahre (1348 oder 1349) das Basler Exil verließ und nach langem Umherirren als Wanderprediger in den ersten Monaten des Jahres 1350 endlich wieder heimatlichen Boden betrat, Margareta und Elsbeth Schepach seinen baldigen Besuch ankündigend und die Überbringung kostbarer Reliquien, für deren andächtigen Empfang er sie sich bereiten hieß[106], da wütete im ganzen Land die Pest (und raffte allein im Kloster Kaisheim binnen weniger Tage den Prior, 13 Priester, 2 Novizen und 6 Konversen dahin[107]). Daß er Margareta nochmals wiedersah, daran ist nicht zu zweifeln[108]; doch bereits im darauffolgenden Jahr – am 20. Juni 1351 – starb sie im Alter von etwa sechzig Jahren[109]. Heinrich, der sein Wanderleben wieder aufgenommen zu haben scheint, fand sich am 9. November desselben Jahres im Kloster Engelthal ein. Drei Wochen hielt es ihn hier bei Christina Ebner, deren Eingebungen und Visionen

[103] *send mir auch deiner schlafrock ainen umb den meinen, den dir mein mutter antworten sol.* Ebd., S. 225 f. (Brief XXXIV).

[104] *ich trag den rock.* Ebd., S. 260 (Brief L).

[105] Zu den Besuchen Heinrichs in Medingen s. ebd., S. 290.

[106] Heinrich an Margareta, vor April/Mai 1350. Ebd., S. 268 (Brief LIV).

[107] Abt Ulrich an Margareta, April/Mai 1350. Ebd., S. 274 f. (Brief LXII). – Die Schuld am Wüten des Schwarzen Todes schob man damals nicht selten den Juden zu, was zu schlimmen Verfolgungsaktionen gegen sie führte. Daß auch Margareta dieses Glaubens war, zeigt ihre Bemerkung zum 1. November 1348: ... *und het begirde umb tot und umb lebent und sunderlich umb den gebresten, der der cristenhait an lit von dem gemainen sterben der menschen, und ob die juden dar an schuldig wern. do wart mir geantwurt, ez wer war, aber ez het got verhenget von den grossen gebresten der cristenhait und sünden.* Ebd., S. 157 f. – W. P. E c k e r t, Die Juden im Zeitalter Karls IV., in: F. S e i b t (Hg.), Kaiser Karl IV. Staatsmann und Mäzen (Ausstellungskatalog Nürnberg), München 1978, S. 123–130.

[108] S. Abt Ulrich an Margareta, April/Mai 1350. S t r a u c h, S. 274 (Brief LXII).

[109] Sie wurde im Kapitelsaal ihres Klosters bestattet, der alsbald in eine Kapelle umgewandelt wurde (was auf ihre schon zu Lebzeiten einsetzende Verehrung schließen läßt). Die Inschrift auf der noch aus dem 14. Jahrhundert stammenden Grabplatte – aus rotem Sandstein mit dem streng wirkenden Relief Margaretas in Lebensgröße – lautet: + *ANNO DOMINI MCCCLI – PROXIMA DIE POST FESTUM SANCTORUM GERVASII ET PROTHASII – BEATA MARGARETA EBNERIN OBIIT.* W e i t l a u f f, Margareta Ebner, S. 264.

damals merkwürdig um ihn (und um Tauler, von dem er ihr berichtete) kreisten[110]. Dann zog er weiter seines Wegs – und es verliert sich seine Spur[111].

So blieb als Mittel des Gedankenaustausches zwischen Margareta und Heinrich auf weite Strecken nur die schriftliche Korrespondenz, von der sich jedoch – mit Ausnahme eines einzigen Briefes Margaretas – lediglich Heinrichs Anteil (und dieser vermutlich auch nur unvollständig) erhalten hat, als Frucht dieser Korrespondenz allerdings die Niederschrift von Margaretas ‚Offenbarungen'. Man hat diese geistliche Korrespondenz, die sich auch von Heinrich Seuses Briefen (die eher briefliche Predigten und Traktate sind) unterscheidet, als „die älteste uns erhaltene Briefsammlung in deutscher Sprache" bezeichnet, „das Wort Briefe im modernen Sinne genommen, in denen der Schreibende über seine äusseren und inneren Erlebnisse berichtet"[112]. Und in der Tat eröffnet sie „die reiche Literatur der Bekenntnisse, Selbstbiographien, Privatdokumente, die in den Zirkeln der spätmittelalterlichen Laienmystik aufkam"[113]. Andererseits ist man mit Heinrich von Nördlingen wegen seiner „nur noch in einer modischen Färbung der Sprache" bestehenden Mystik, wegen seiner „verblasenen Geschwätzigkeit, die besonders Seuses Floskeln liebt" und in der „etwas von der süßlichen, friedfertigen Schwärmerei der Dulcedo dei" sei, allzu herb ins Gericht gegangen, ja hat ihn gar als einen „Windbeutel, der sich in die ausgetretenen Bahnen der mystischen Frömmigkeit verirrt hat", als „weibisch verweichlicht", als die „Verkörperung der literatenhaften Dekadenz" apostrophiert, die „einen vollen Begriff von den Niederungen" gebe, „in denen die deutsche Mystik versandete"[114]. Indes bedürfte ein solches Urteil, um in dieser Pointiertheit Geltung beanspruchen zu können, der Abstützung durch Vergleichbares; doch ähnliche Briefsammlungen aus der nämlichen Zeit, die allein für den Vergleich in Frage kämen, sind nicht verfügbar, auch von Heinrich von Nördlingen hat sich nur diese eine zufällig (und in später Überlieferung)

---

[110] S. Strauch, S. LXIf.

[111] Die Annahme H. Gürschings – der sich auch S. Ringler anschließt –, daß sich Heinrich bis 1379 im Kloster Pillenreuth bei Nürnberg aufgehalten habe, erscheint als wenig begründet. H. Gürsching, Neue urkundliche Nachrichten über den Mystiker Heinrich von Nördlingen?, in: Festgabe für K. Schornbaum, Neustadt/Aisch 1950, S. 42–57; Ringler, Viten- und Offenbarungsliteratur, S. 50.

[112] Strauch, S. LXII.

[113] Muschg, S. 292.

[114] Ebd., S. 291–293.

erhalten. Gewiß, Heinrichs Sprache ist überladen mit Metaphern, aus-
schmückenden Epitheta, farbigen Bildern; der Einsatz zahlreicher Stil-
mittel wie Lautmalereien, Wortspiele etc. verleiht ihr rhythmischen
Klang, läßt sie streckenweise auch gekünstelt wirken, etwa wenn die Anrede in einem Weihnachtsbrief (1341) lautet: *Der ich und die mir in got
enpfolhen send, der geb got einen diemutigen druck under sich, einen andechtigen zuck usz ir selber und einen minenden flug uber sich selber und
alle creatur in ir einigs lieb Jhesu Christum! ich wunsch dir usz der minenden gunst der us flieszenden barmhertzigkeit des kleinen neugeborn kindz
in im klein und grosz ze sein, arm und rich ze sein, ellend und doch heim
zu sin, nider und doch hoch zu sein, verborgen und doch bekant in im ze
sein, kranck und starck ze sein, verlorn und funden, pleich und doch schön,
finster und doch lüchtent, in im blind und doch gesehend, hungrich und
doch satt, trurend und doch freuden vol und mit anander teglich sterben
und doch dar inen vor smecken ewigs leben*[115]. Oder wenn Margareta mit
Worten wie diesen begrüßt wird: *Der aller liebsten in dem liebsten lieb,
unserm heren Jhesu Christo*[116] — *Dich, meines hertzens sunder trost in got,
grüszet der, den du minest durch got in aller minen, in der dein hertzlichs
lieb Jhesus Christus geminet hat und geminet ist*[117] — *Dir meinem aller liebsten lieb in unszerm heren Jhesu Christo enbuit ich dein armer unwirdiger
freint aller der träwe hailsam ertznie, die der war samaritanus, dein lieb
Jhesus Christus, in der buchsen seiner hailigen menscheit bracht hat dem ver-
wundten, der in den boszen gewalt der schacher gevallen was*[118]. Diese und
ähnliche (nicht selten biblisch „inspirierte") Wendungen, die sich in un-
erschöpflicher Variation durch sämtliche Briefe Heinrichs an Margareta
ziehen, empfindet der heutige Leser leicht als schwülstig und platt und
zumal für einen geistlichen Briefwechsel als unerträglich[119]. Dennoch
kann man nicht sagen, daß Heinrichs Sprache sich nicht mehr in der literarischen Tradition des Mittelalters, wie sie auch in Predigt und geistliche
Prosa Eingang fand, bewegt hätte. Für Heinrich scheint vielmehr der affektive Stil Heinrich Seuses[120] in gewisser Weise Vorbild gewesen zu sein.

---

[115] Heinrich an Margareta, Weihnachten 1341. Strauch, S. 233 (Brief XXXVIII).
[116] Ebd., S. 173 (Brief IV) und öfter.
[117] Ebd., S. 235 (Brief XXXIX).
[118] Ebd., S. 210 f. (Brief XXVII) und öfter.
[119] Man vergleiche demgegenüber z.B. den Brief Taulers oder die Briefe des Abtes
Ulrich III. Niblung von Kaisheim. Ebd., S. 270–275 (Briefe LVII–LXII).
[120] Am leichtesten greifbar, allerdings eben in neuhochdeutscher Übertragung:
Heinrich Seuse, Deutsche mystische Schriften.

Und dann kommt noch ein Umstand hinzu, der den Briefen ihren Akzent gibt: Es sind zu einem beträchtlichen Teil Briefe eines Heimatlosen, Briefe aus dem Exil. Selbstvorwürfe und Klagen, Stimmungsschwankungen, Trost- und Anlehnungsbedürfnis, mit einem Wort: die ganze Unrast eines Herzens, die aus ihnen spricht – all dies muß wohl zuerst aus der Situation des in die Fremde Verbannten, unter seiner Heimatlosigkeit Leidenden verstanden werden, ebenso zu einem guten Teil seine mitunter einigermaßen exaltiert anmutende Verehrung, die er Margareta aus der Ferne zollt, und seine Sehnsucht, von ihr – die ihm eben Inbegriff der Heimat war – eine Botschaft zu empfangen[121]. *Hoch geborne tochter des himelschen chunigs*[122] nennt er sie, *uss erwelte tochter gotz in der mine seins eingebornen suns*[123], *aller getruisti nothelferin meiner sel uf erdrich*[124], *du geträwe artzättin mines verwunden hertzen*[125], *geträwe sundentragerin der welt*[126], sich selber aber *armes kuchenbueblin . . . ein verworfens würmlin*[127], *ain armes wirmlin, krichendes leider uf der erden mit seinem ungenemen leib, der mit seiner schedlicher schwärhait mit im züicht und mindert die gaub gotz*[128]. Wiederholt beteuert er ihr auch – die unter der Trennung von ihm nicht weniger litt als er unter der Trennung von ihr –, daß er ihrer weit mehr bedürfe als sie seiner und seines Zuspruchs[129]: *was sol ich blinder schriben dir erluchten cristallinen vasz in deinem liecht Christus Jhesus, was sol ich blinder schriben dir wol beregniten befloszen wurtzgarten . . . ?*[130] – *wen ich von dir lisz oder so ich dir schrib mit gesamloten hertzen, da enspringet gewonlichen ain senft flieszender brunen in meinem hertzen, der mit lustigen trehern zen augen usz fluiszet, und werden mir die treher trostlich und kurtzlich. wa ich dich rure, da enpfind ich gotz*

---

[121] Weitlauff, Heinrich von Nördlingen, S. 851f.
[122] Strauch, S. 215 (223).
[123] Ebd., S. 236.
[124] Ebd., S. 235.
[125] Ebd., S. 254.
[126] Ebd., S. 237. – S. auch ebd., S. LXXIII f.
[127] Ebd., S. 226 (s. auch S. 362).
[128] Ebd., S. 256. – S. auch ebd., S. LXXIV f.
[129] Ebd., S. 189. – *wan so ichs in der warheit an sich, so bekenn ich, das ich dein tusenstunt, mer bedarf dan du mein.* Ebd., S. 230. – *aber dein betrübtz antlütz, das ich sach da ich von dir schied, das hat betrübt mein hertz, wan als vil mir got ze hilf kumt etc.* Heinrich an Margareta (1332–1338). Ebd., S. 180 (Brief VIII); s. auch ebd., S. 185 (Brief XI).
[130] Ebd., S. 243.

etc., lieszent mich mein sünd...[131]. Diese Briefe und (was schwerer wiegt)
die Weise, wie Heinrich in ihnen auf Margareta und ihr Verhältnis zu
ihm und den „Gottesfreunden", also auf den Bereich zwischenmenschli-
cher Beziehung, unbedenklich Metaphernkomplexe anwendet, die allein
für die Umschreibung der unmittelbaren Begegnung von Gott und Seele
in der „unio mystica" oder des allgemeinen Bezugs zwischen der (göttliche Lehre überliefernden) Kirche und den Gläubigen reserviert waren
(beispielsweise den Komplex des Kusses als des Symbols der „unio mystica", des Weins und der Trunkenheit als Ausdrucks der Ekstase oder die
Metapher der „vollen Brüste", das Motiv des Säugens usw.), und dazu die
Bildhaftigkeit der überkommenen Symbolik noch übersteigert, waren
sichtlich auf affektive Wirkung angelegt, verfolgten das Ziel, Margaretas
Phantasie und Erlebnisfähigkeit immerfort zu erregen, in ihr immer
noch tiefere mystische Schau zu erzeugen. Heinrich verherrlichte seine
Seelenfreundin, die *kostliche gime gotz*[132], mit Bildern des alttestamentli-
chen Hohenlieds, das seit Jahrhunderten eine Quelle der mystischen
Sprache war[133], und er forderte sie auf, im Weinkeller des Königs[134] *den
lustlichen most des hailigen geistes in reicher genuglicheit baide dir selber
und auch den andern zu trinken, das du uns usz deinen mutterlichen vollen
megdlichen brusten weizlich und freintlich gesögen kanst, uns armen dur-
stigen, die vor der cellen deiner widerkunft mit groszem jamer wartent
seint. dar umb mugen wir sprechen: wir uf springent und frewent uns in
dir, so wir gedenckent deiner brüste, wan dis ist in der warhait also, das
niemant den andern gesögen kan wan der vor gesöiget ist in diszem weinkeller, daz ist in dem minenfliessenden hertzen Jhesu Christi, in dem alle schät-*

---

[131] Ebd., S. 236 f.

[132] Ebd., S. 176.

[133] Zur Geschichte der Hohelied-Auslegung s.: F. O h l y, Hohelied-Studien. Grundzüge einer Geschichte der Hoheliedauslegung des Abendlandes bis um 1200 (Schriften der Wissenschaftlichen Gesellschaft an der Johann Wolfgang Goethe-Universität
Frankfurt a. M. Geisteswissenschaftliche Reihe 1), Wiesbaden 1958; G. L ü e r s, Die
Sprache der deutschen Mystik des Mittelalters im Werke der Mechthild von Magdeburg, München 1926 (unveränd. Nachdruck: Darmstadt 1966), S. 87; R i n g l e r,
Viten- und Offenbarungsliteratur, S. 273 f.; U. K ö p f, Hoheliedauslegung als Quelle
einer Theologie der Mystik, in: S c h m i d t / B a u e r, Grundfragen christlicher Mystik, S. 50–72.

[134] In Anlehnung an Hoheslied 2,4. – Es ist freilich auch daran zu erinnern, daß
seit dem 12. Jahrhundert in der bildenden Kunst, wohl angeregt durch Jes 63,3, zur
Versinnbildlichung der Passion Christi – in eucharistischer Ausdeutung – das Kelter-
bild auftaucht („Christus in der Kelter", „Christus der Keltertreter"). LThK VI
(²1961), Sp. 111 f. (Lit.).

ze ewiger weiszhait und kunst gottes sint[135]. Mit rückhaltloser Bewunderung blickte Heinrich zu Margareta auf — *eia! frau gar hoche und aller erwirdigü, wie wirt ewer mund so nahen gefügt zu dem mund gotz! owe! gotlicher küsse, owe! gotliche ainiung mit aller menschlicher natur, mach dir ains mit dir deins lieben, plugen kindes sel und hertz, Margrethen!*[136] —, und indem er ihre Erlebnisse vorbehaltlos als mystische Erfahrungen deutete, ihre Träume in Gesichte umdeutete und einen als gottgewirkt zu verstehenden Zusammenhang zwischen ihren Erlebnissen und den Erscheinungen ihrer Krankheit aufzeigte, festigte er in ihr die Überzeugung, daß ihre Widerfahrnisse aus Gott seien. Und entschlossen beschritt Margareta ihren mystischen Weg. *ich hab enpfangen mit fröd mines hertzen din brief und ander din geschrift, die uns got durch dich geoffenbaret hat, ... was sol ich dir schreiben? dein got redender munt machet mich redenlosz. dar umb für alles reden danck ich got mit im selber umb den himlischen schatz, den er uns durch dich entschlossen hatt und noch mer entschliessen sol, als ich siner guttin wol getrau*[137] — so Heinrichs Worte, als er (1345) den ersten Teil der ,Offenbarungen' Margaretas in Händen hielt.

Margaretas Passionsmystik, von ihr als Brautmystik erlebt und in deren Sprache beschrieben — allerdings diskreter, als Heinrich diese Sprache handhabe —, stellt sich als Variation dessen dar, was nach Ausweis der Überlieferung damals und bis in die Barockzeit (in zum Teil kräftigen „Nachklängen" bis in das 19. und 20. Jahrhundert) herein in Nonnenkreisen vielfältig erlebt wurde[138]: *und ze der zit* — schreibt sie zum Jahr 1343 — *wart mir daz von got geben mit creftiger genade: „du bist der warhait ain begrifferin, miner süessen genad ain enphinderin, mines götlichen lustes ain versuecherin und miner minne ain minnerin. ich bin ain gemahel diner sel, daz ist mir ain lust ze miner ere. ich han ain mineklichez werck*

---

[135] Strauch, S. 241 f. – Im übrigen bediente sich z.B. auch Bernhard von Clairvaux einer diesbezüglich recht „plastischen" Ausdrucksweise. Siehe U. Köpf, Bernhard von Clairvaux in der Frauenmystik, in: Dinzelbacher/Bauer, S. 48–77, hier: 56 f.

[136] Strauch, S. 174. – Zum „mystischen Kuß" s.: Lüers, S. 211–213; Ringler, Viten- und Offenbarungsliteratur, S. 276 (Lit.).

[137] Strauch, S. 240.

[138] S. z.B.: Weitlauff, Die selige Crescentia Höß, sowie die anderen bei Schwaiger, Bavaria Sancta, Bd. 2 u. 3, dargestellten Mystikerinnen; M. Weitlauff, Lindmayr (Lindtmair), Maria Anna Josepha a Jesu, Karmelitin, Mystikerin (†1726), in: Neue Deutsche Biographie, Bd. 14, Berlin 1985, S. 607 f. – Blank; Dinzelbacher, Vision.

in dir, daz ist mir ain süesses spil. des zwinget mich din minne, daz ich mich lauz finden, daz ez der sel as genuoch ist, daz es der lip nit liden wil. din süezzer lust mich findet, din inderiu begirde mich zwinget, din brinnendiu minn mich bindet, din luteriu warhet mich behaltet, din ungestüemiu lieb mich bewart. ich wil dich frölich enphahen und minneklich umvahen in daz aiuige aine, daz ich bin. daz ist miner güetkait nit ze vil. da wil ich dir geben den minnenkus, der diner sel ist ain lust, ain süesses inners berüeren, ein minnekliches zuofüegen [139]. Dabei pflegte sie einen Kreuzeskult, dem man einen exzentrischen Zug kaum absprechen kann. Stets trug sie *ain herren an der kelen, der gieng mir uf daz hercz* [140], dazu *ain büechlin, da was auch ain herre an dem criucz. daz schob ich haimlich in den buosen also offenz, und wa ich gieng, so drukt ich ez an min hercz mit grosser fräude und mit unmessiger gnaud. und as ich dann schlauffen wolt, so nam ich den herren, den an dem büechlin, und let in under min antlücz* [141]. An keinem Kreuz vermochte sie vorüberzugehen, ohne es mit aller Kraft zu umfangen und zu küssen, *und daz tet ich emslichen, daz mich dick duht, ich möht lebent da von nimmer geschaiden von als grosser gnaud und übercreftiger süezkait, diu mir so starclichen in drang in daz hertz und alliu miniu lider, daz ich niena kund komen* [142]. (Um sich in diese Texte hineinfinden zu können, muß man sich an diesen Kreuzen den Corpus in der ganzen Realistik des zu Tode Gemarterten dargestellt vorstellen.) Zu wiederholten Malen — so berichtet sie — habe sie ein großes Kreuz mit sich geschleppt *(so stal ich ain groz criucz)* und es inbrünstig an sich gepreßt, bis sie eingeschlafen sei *in grozzer gnad* [143] und einmal *mir totmal werdent an minem herzen und an minem libe*, so daß der Herr ihr habe Einhalt gebieten müssen: „*schone din selbes und lauz uns sunst bi anander sin...*" [144] Besonders zog sie ein großer Kruzifixus im Chor der Klosterkirche in seinen Bann. Heiße Begierde ergriff sie, ihn zu küssen, aber sie konnte ihn nicht erreichen. Da träumte sie nachts, sie stünde von *begird* erfüllt vor diesem Kreuz und es neigte sich der Gekreuzigte zu ihr herab *und liezz mich küzzen in sin offen hercz und trankt mich mit sinem bluot dar usse, und enphieng ich da als grozze creftig gnaud und süezkait, diu an mir lang wert* [145].

---

[139] Strauch, S. 69 f.
[140] Ebd., S. 21.
[141] Ebd., S. 20 f.
[142] Ebd.
[143] Ebd., S. 21.
[144] Ebd., S. 88.
[145] Ebd., S. 21.

Das im Traum Erlebte übermannte ihre Sinne, so daß sie sich in das Verlangen hineinsteigerte, *mit minem herren sant Bernhart* den Kuß des Gekreuzigten und die Umarmung seiner Minne zu empfangen, *und daz er mir ain grif in daz hertz tät.* Erneut folgte dem Verlangen ein nächtliches Traumerlebnis: *do wart mir geben, daz ez got an mir volbringen wolt. do sprach ich: „ich mag und wil ez niht anders dann uz allem dinem liden." do wart mir der grif als crefteclichen, daz ich ez wachent und schlauffent vil zit enphant*[146]. Margareta, in äußerster Erwartung, wähnte sich bereits an der Schwelle des Endgültigen – bis ihr in der Fastenzeit des Jahres 1335, als sie eines Tages nach der Mette, allein im Chor, vor dem Altar kniete, *geschach ain grif von ainer indern götlichen kraft gottes, daz mir min menschlich hertz benommen wart, . . . daz mich duht, ez möht min sel von minem lib geschaiden sin. und der aller süezzest nam Jhesus Cristus wart mir da geben mit ainer so grozzen minne siner lieb, daz ich nihtz gebetten moht wan emsigiu red, diu mir inwendig geben wart von der götlichen craft gottes und der ich niht widerstaun moht, der ich niht geschriben kan, wan daz der nam Jhesus Cristus emseclich dar inne was*[147]. Die „unio mystica", die mystische Einung mit ihrem leidenden und gekreuzigten Herrn, hatte sich für sie wunderbar erfüllt.

Noch spielten sich solche Vorgänge im geheimen ab. Der Konvent hatte von Margaretas einsamem Sehnen und Empfangen höchstens eine unbestimmte Ahnung; denn sie hütete sich ängstlich, ihre anhebenden inneren Erlebnisse preiszugeben. Einblick in sie hatte nur *ain warhafter friund gottes* (Heinrich)[148]. Auch nahm sie, soweit sie durch ihre Krankheit daran nicht gehindert wurde, an Chorgebet, Konventsmesse, Predigt und gemeinsamen Mahlzeiten teil, obwohl sie kaum etwas aß, sich des Genusses von Fleisch, Fisch, Wein und Obst völlig enthielt (und – wie es strenger klösterlicher Observanz entsprach – weder badete noch sonst zur körperlichen Reinigung Wasser und Lauge gebrauchte)[148a]. Doch *die*

---

[146] Ebd., S. 21 f. – Zum Einfluß Bernhards von Clairvaux (1090–1153) und zumal seiner Hohelied-Predigten auf die spätmittelalterliche Frauenmystik s. Köpf, Bernhard von Clairvaux in der Frauenmystik (Lit.); ders., Mystik im Denken Bernhards von Clairvaux. Eine Hinführung zu ausgewählten Texten, in: Schmidt/Bauer, „Eine Höhe, über die nichts geht.", S. 19–69.
[147] Strauch, S. 27. – S. auch Lüers, S. 218–224.
[148] Ebd., S. 26.
[148a] *sunderlichen han ich lust und begirde dar in, daz ich durch mins liebes willen Jhesus Cristus gelauzzen han allez, daz da von der welt lust komen mag. ich bin gewesen wol xxx jar, daz ich nit wins getrunken han und auch in kain bat nie komen bin und wasser noch laug an minen lip noch an min haup nie komen ist in den selben xxx jaren. und hat*

gnaud und werk, diu got mit mir tät, konnten (und durften) auf Dauer nicht verborgen bleiben, zumal Margaretas Gebetsleben mit dem eben geschilderten Begebnis, *do mir der minnegrif in daz hertz geschach*[149], ekstatische Formen annahm, die nun mitsamt ihren Folgeerscheinungen als „Kennzeichen" echter Mystik nach außen gleichsam dokumentiert werden mußten. Schon vor dem Erleben des *minnegrifs*, als Margareta *crefteclich* von *begird* ergriffen ward, *daz ich innan würd, waz rehtiu lieb gen got wer, und bat unser frawen vil, daz siu mir hulf got bitten, daz er erfulte min begird,* war ihr *under minen paternoster... innewendeclich geantwurt* worden *von der güet gottes, daz er mich wolt erhörn, also daz ez alliu gegend müest innan werden* – mit großem Schrecken habe sie dies vernommen[149a].

Nun war Margareta in dieser Ekstase nicht eine Vision zuteil geworden, sondern eine innere göttliche Rede, die noch in den nächsten Tagen ihr Herz derart durchbebte, daß sie schier glaubte, es müsse davon zerspringen, und ihr *von der gegenwertikait gottes* die mahnend-besänftigenden Worte kamen: *„ich bin niht ain berober der sinne, ich bin ain erliuhter der sinne"*[150]. Ob sich hierin und in einigen anderen Ansätzen ein Moment kritischen Reflektierens artikulierte? Jedenfalls schreibt sie, sie habe *da von der innern güet gottes grozze gaub* empfangen, nämlich *daz lieht der warhait der götlichen verstantnüz,* und es seien ihr auch die Sinne *vernünftiger* geworden, *daz ich in aller miner rede die gnaud het, daz ich sie baz ze worten kund bringen und auch alle red nach der warhait baz verstuond*[151]. Man wird – mit anderen Worten – das, was Margareta als ihr Erlebnis des *minnegrifs* schildert, als ein „Schlüsselerlebnis" bezeichnen müssen. Es ist auch bemerkenswert, daß sie im Augenblick, als sie spürte, *daz ez an mir niht verborgen moht sin,* daß sie die *red* in den Schranken der Inwendigkeit nicht mehr zu halten vermochte, nach Heinrich rief. Doch ehe er in Medingen eintraf, brach während einer Mette die Rede

---

daz mir as wol gezomen mit der helf gocz, daz ich kain gebresten nie gewan. ich han auch gelaun fisch und fleisch. sunder het ich lust ze allem obez: do wart mir geben mit grossen fräuden: „ich wil ez lauzzen durch mines liebes willen". und alles daz suoz ist, daz han ich begird ze lauzzent durch die süessiket, der ich uz got enphunden han. So schreibt Margareta zum Jahr 1344; unmittelbar vorher stellt sie fest: *aber unsuberket an gewand oder an essen oder an trinken, daz waiz min herr wol, daz ich daz nit wol geliden mag.* Ebd., S. 79 f.

[149] Ebd., S. 28.
[149a] Ebd., S. 26.
[150] Ebd., S. 28.
[151] Ebd.

(*daz got Jhesus Cristus min ainigs liep wer*) aus ihr heraus. Man mußte sie
aus dem Chor führen und zu Bett bringen, *und diu red brach an mir als*
creftlich uz tag und naht, daz man mich hört vor der stuben in dem criucz-
gang[152]. Die Zwiesprache mit Heinrich, dem *warhaft[en] friund unsers*
herrn, der mir von got geben was und sach – wie sie ausdrücklich betont
– *diu barmherczigen werk gottes an mir,* wirkte vorübergehend beruhi-
gend – und bestätigte sie von neuem[153]. Von jetzt an geriet Margareta
immer wieder unvermutet in ekstatische Zustände, die von ohnmacht-
ähnlichen Anfällen bis zu deutlicher Entrückung reichten: *do kom mir*
diu red so crefteclich und in der red der gröst wetag, daz man min anhtzen
hört verre von der stuben. aber diu götliche gnaud und süezzekait wart mir
nie benomen[154]. Solche Zustände verdichteten sich in den Zeiten, die sie
schweigend verbrachte, insbesondere in der Advents- und Fastenzeit.
Wenn sie *den namen Jhesus Cristus hört singen oder lesen, so kom diu red.*
aber wenn diu kom und kumpt, so han ich nun selbes kainen gewalt nihtz
ze reden anders denn daz diu creftige genade unsers herren in süzzem lust
us mir ret[155]. Vor allem die Liturgie der Karwoche und die Verlesung der
Passion erschütterten sie zutiefst. Bald wußte sie nicht mehr an sich zu
halten, wenn sie nur vom Leiden des Herrn hörte (zum Beispiel im Credo
oder wenn der Name eines Peinigers des Herrn genannt wurde[156]). Ihrer
selbst nicht mehr mächtig, brach sie *mit clegelicher wainender stimme*
und mit den worten „owe owe! min herre Jhesus Cristus, owe owe! min her-
zecliches liep Jhesus Cristus" in lautes, manchmal Stunden währendes Weh-
klagen aus[157], oder es überkam sie – wieder in der Fastenzeit – *diu aller*
gröst fröd, der sie mit lautem Lachen und Jauchzen Ausdruck gab, so daß
sie den Chor verlassen oder man sie hinausführen oder -tragen mußte[158].
Danach legte sich *diu gebunden swige* (wie sie es nannte) auf sie, nur zeit-

---

[152] Ebd., S. 29.
[153] Ebd., S. 29 f.
[154] Ebd.
[155] Ebd., S. 32.
[156] Ebd., S. 65.
[157] Ebd., S. 51.
[158] Ebd., S. 65. – Es ist immerhin bemerkenswert, daß Mechthild von Magdeburg
gegenüber solchen lauten Äußerungen innerer Verzücktheit überaus skeptisch war:
Bistu denne grel [laut]*, so ist da grossú angest ane, das dich der túfel gesalbet hat.* M.
S c h m i d t, Elemente der Schau bei Mechthild von Magdeburg und Mechthild von
Hackeborn, in: D i n z e l b a c h e r / B a u e r, S. 123–151, hier: 138 (Zit. 149). – Zum
sog. Jubilus s.: L ü e r s, S. 202 f.; R i n g l e r, Viten- und Offenbarungsliteratur, S. 160 f.

weise abgelöst von *grozzem rüeffen und schrien*, daß sie heiser wurde[159], oder von Anrufungen (wohl einem Stammeln oder Lallen) des Namens Jesu *mit süezzem herzenlust, me denn ze tusent malen*, wie die umstehenden Mitschwestern einmal gezählt haben wollten, *und des het ich auch kainen gewalt ab ze brechent biz daz ez der wille gotes was*[160]. Am Karfreitag des Jahres 1340 bat sie nach der (durchgehend lateinischen) Liturgie eine Mitschwester, ihr die Passion nochmals deutsch vorzulesen. Nur widerstrebend gab diese ihrem Wunsch schließlich nach, *und do siu in an fienk, do wart ich aber gebunden mit der swige, und diu wart gemert da mit, daz ich lut schrient wart, und daz was mir vor nie geschehen*[161]. Gewöhnlich schlugen diese Zustände alsbald in schwere Krankheit oder in Erstarrung des Körpers um, so daß man um ihr Leben bangen mußte[162]. Aber wenn sie dann im Ostervigilamt (in der Frühe des Karsamstags, und zwar von der Stube aus, *da ich gewonlichen inne bin*) das Gloria anstimmen hörte, konnten im Augenblick alle Körperkrämpfe weichen, und Margareta war in der Lage, sich zu erheben und in den Chor zu gehen[163].

Margaretas ekstatische Zustände äußerten sich im Gegensatz zu denen anderer zeitgenössischer Mystikerinnen vornehmlich in der Spannung von *red* und *swige*; doch kam es auch zu einigen Visionen und sonstigen Widerfahrnissen, bei denen aber offenbleiben muß, ob es sich nicht lediglich um Träume handelte. In gewisser Weise mag diesbezüglich auch für Margareta gelten, was Albert Hauck mit Blick auf die Visionen

---

[159] Strauch, S. 54 f., 108 f.

[160] Ebd., S. 34. − *ze gelicher wise as da ain hus inwendig brinnet, so ist daz fuir gar ungestüem, so ez aber durch daz dach brichet und uz flammet, so ist ez sitiger und gestüemer in dem huse. und so der most verslossen ist in dem vasse, so tobet und wöt der win, so im aber der spunt uf getan wirt, daz er mag uz riechen, so wirt er gesessener und sitiger in dem vasse: azo geschiht mir, so die rüef inne stand in dem herzen und so si sich uz schrient. wan ich sprich in der warhet, daz entweders in minem gewalt ist.* Ebd., S. 122.

[161] Ebd., S. 54.

[162] Ebd., S. 55. − S. dazu die eindrucksvolle Predigt Johannes Taulers zu Lk 5,3 (,Ascendit Jhesus in naviculam quae erat Symonis'). F. Vetter (Hg.), Die Predigten Taulers. Aus der Engelberger und der Freiburger Handschrift sowie aus Schmidts Abschriften der ehemaligen Straßburger Handschriften (Deutsche Texte des Mittelalters XI), Berlin 1910 (unveränd. Nachdruck: Dublin/Zürich 1968), S. 170−176; ferner: J. Bernhart, Heiligkeit und Krankheit, in: ders., Gestalten und Gewalten. Aufsätze, Vorträge, Würzburg 1962, S. 257−293.

[163] Strauch, S. 56 f. − Man hatte ihr offensichtlich eine Zelle beim Chor der Klosterkirche (mit Altarblick) zugewiesen, in die man sie brachte oder in der sie sich aufhielt, wenn sie ihre Zustände hatte. Ebd., S. 56, 66 und öfter.

Mechthilds und Gertruds von Helfta festgestellt hat: „Diese Gesichte sind nicht alle gesehen worden; viele von ihnen sind geradezu unschaubar. Indem sie Gedanken, nicht Bilder darbieten, stehen sie auf der Grenze, wo das Gesicht zum erdachten Gleichnis wird"[164]. Nicht nur den *minnegrif* Gottes in ihr Herz erlebte Margareta, nicht nur wurde ihr *ze iiii malen ... der nam Jhesus Cristus crefteklichen* in das Herz gedrückt *mit niwer genade und mit ainem übersüezzen enphinden siner gegenwertket, diu sich offenbart in disem namen*[165], sondern ihr wurde auch *vil antwurt da geben aller der dinge, der ich beger*[166]. Nicht nur wurde ihrer bräutlichen Liebe die Antwort ihres himmlischen Bräutigams: *„ich bin ain gemahel diner sel"*[167], nicht nur wurde ihr *von siner barmherzeket zuo gesprochen, daz ich ime der liebsten menschen ainez wer, daz er uf ertrich het, und des er von rehter minne mins lidens nit geraten meht, und auch mit sinen hailigen minnewerken diu grösten werk an mir wörht, die er uf ertrich mit ieman wörhti*[168], sondern er *gelopt* ihr schließlich auch (als sie mit der Niederschrift ihrer ‚Offenbarungen' begann), *mir sunder genade ze geben, der er mir vor nit geben het*[169]. Margareta glaubte Gott zuzeiten *as gegenwertig und as begriffenlich in der sel und in dem herczen ..., as ob ich ez mit minen liplichen augen sähe*[170]; *der aller süessest und der aller clüegest binder Jhesus Cristus, der bant* sie (während ihrer *swige*) *as creftiklichen, daz mir die hende geswullen und daz mir totmal dar an wurden*[171]. In ihren Ohren klangen himmlisch schöne Stimmen[172]; sie nahm angeblich überirdische Lichtphänomene wahr[173], ja *von der innern sües-*

---

[164] A. Hauck, Kirchengeschichte Deutschlands, Bd. 5, Leipzig [3-4]1929, S. 391.
[165] Strauch, S. 128–130.
[166] Ebd., S. 152; s. auch S. 99, 160.
[167] Ebd., S. 69.
[168] Ebd., S. 93.
[169] Ebd., S. 91 (84).
[170] Ebd., S. 32.
[171] Ebd., S. 73.
[172] *und do ich do ze cor stund an dem mentag nach dem phiengstag* [1343] *und do wir sungen Veni creator, do hört ich die aller süessosten stimme in dem selben done, von dem ich nit gescriben kan. und wart ich do mit der selben gegenwertikait der genade gocz durchgossen und wart mir dar inne geben, daz ez die engel unsers herren wern, und die hohzit vertraib ich alle mit grosser genade.* Ebd., S. 69. – *mir wart auch geben von der güet gotes ze ostern* [1345], *do man Regina celi sank in dem cor, daz ich wunderber süezze stimme hört under dem covent, die ich mit grosser fröde und genade enphieng.* Ebd., S. 96. – Margareta erlebte sozusagen den Klang der „himmlischen Liturgie". – S. auch Blank, S. 117f.
[173] Strauch, S. 43f. – Zu den Lichtphänomenen s. auch Blank, S. 187–239.

sen genade strahlte *ain lieht* auch aus ihren Augen *mit ainem claren schin und daz wart denne gossen durch älliu miniu lider*[174]. Sie fühlte ihren Körper die Berührung mit der Erde verlieren[175]; als sie von *begirde* übermannt wurde, *daz ich mit sant Thoman griffen solt in daz offen verwundet hercz mins herren Jhesu Cristi und mich dar ine druken solt und dar uss trinken sölt und ich mit sinen liden versert würde as kreftiklichen, as ez kain sin friunde ie enphant, und daz ich ruowen solt mit minem lieben herren sant Johansen uf dem geminten herczen Jhesu Cristi und dar uz trinken sölti,* da wurde ihr *in der genade geben und in gesprochen, daz mich got wolt ziehen zuo cerubin und seraphin*[176]. Beim Kommunizieren empfand sie die Hostie im Mund *as daz aller süezzest dinge, von dem ich nit gescriben kan, daz ich der materi nit enphant*[177]. In Erwartung des Kommunionempfangs erblickte sie ein andermal *den aller lutersten claren lip aines mannes, und der lag blozzer vor mir*; da empfing sie *die aller grösten genade und süesseket von dem libe,* den man — wie sie zu ihrer größten Verwunderung vernahm — *tailen und essen solt*; schließlich wurde ihr *geben, daz ez der zarte fronlichnam wer unsers herren*[178] (was wohl als eine Art himmlischer Bestätigung der eucharistischen Realpräsenz zu verstehen ist). In der Heiligen Nacht des Jahres 1344 wurde ihr *ze ainem mal . . . ain so creftigiu grossiu süessiu genade* eingegossen (*diu durchdrank mir elliu miniu lider*) und der Zeitpunkt geoffenbart, *do unser herre geborn wer*[179]. Und wenn sie während ihrer Paternoster zur Betrachtung des *uf dem süezzen herzen mins herren Jhesu Cristi* ruhenden Lieblingsjüngers Johannes kam und *ze der manunge des süezzen tranches, daz er trank und sok us den süezzen brüsten Jhesu Cristi . . . azo gant mir an min hertze die aller süssosten stösse mit der aller creftigosten genade und die aller süesseste berüerde, daz mich dunket, von siner [Jesu] ungestüemen minne sich meht min hercze zerspalten und von siner süezzen genade min hertze zerfliezzen;* doch der Herr *as ain kluoger wol wissender minner* entziehe ihr dann *die ungestüemikait,* und es wiederhole sich die Antwort: „*ich bin nit ain berauber der sinne, ich bin ain derliuhter der sinne*"[180].

---

[174] Strauch, S. 47.
[175] *etwenn wart ich erhebet, daz ich die erde nit rüeret.* Ebd., S. 48. – S. auch Blank, S. 120 f.
[176] Strauch, S. 33.
[177] Ebd., S. 61 f.
[178] Ebd., S. 50 (vgl. S. 110 f.).
[179] Ebd., S. 77 f.
[180] Ebd., S. 74–76.

In den Kartagen des Jahres 1347, zwölf Jahre nach dem ersten Erleben
der „unio mystica", erreichte Margareta endlich die Höhe Golgothas
nach einem die ganze Fastenzeit dauernden Aufstieg in stetig anschwel-
lendem Leiden, unter dem sich der Körper krümmte[181], unter *luten rüeffe[n] mit grossem jamer und mit grossem wainen und mit bitterm liden von
dem so gar grossen ellenden liden mins herren, . . . daz min covent, der ob
mir stuond, verzaget und verzwifelt het an minem leben*[182], im Hineinge-
stoßenwerden *in ain ungesprochenlich ellende gelazzenhet, as ob ich alle
min tag der genade unsers herren nie enphunden het*, im plötzlichen Ent-
schwinden ihres Vertrauens auf Gottes Barmherzigkeit[183]. Das Nach-Lei-
den wurde zum Mit-Leiden, zur Identifikation mit dem Herrenleiden
aus Gnade. Am Gründonnerstag nach dem Kommunionempfang hörten
die rüefe plötzlich auf, *und huob sich da in mir an ain niwiu wise ze reden
mit beschlossem munde und mit innern worten, die nieman verstuonde
noch markt denn ich*. Wie *ain süezzez saitenspil von ainem maisterlichen
spildon* war ihr diese *inner rede*. In der darauffolgenden Nacht aber wurde
Margareta — so erlebte sie es — durch *daz minneklich liden mins herren
mit ainem geswinden schucz (sagitta acuta) siner minnstral in min herze
mit ainem grozzen smerzen* aus dem Schlaf geschreckt. Da verstand sie
*wisseklichen und enphindenlichen von sinan genaden, daz ez diu stunde
was, do sich mins aller liebsten herren liden an fieng uf dem berg in dem
gebet, do er swiczet den bluotigen swaizze*[184]. Während der Liturgie des
Karfreitags meinte sie mit ihren Augen den Schmerzensmann leibhaftig
zu schauen in seinem *marterlichen anblik*. Der nahm sie so gefangen, daß
sie auch der Gedanke an den verklärten Zustand des Auferstandenen und
Erhöhten, mit dem ihr die Mitschwestern gern Trost spendeten, nicht
mehr trösten mochte[185]. Sie schrie auf, und ein innerer Schmerz durch-

---

[181] Ebd., S. 118 f.
[182] Ebd., S. 124 f.
[183] Ebd., S. 125.
[184] Ebd., S. 130 f.
[185] *Item nach metin an dem carfritag do komen die luten rüefe und auch diu rede ze
drin malen biz zem ampt. und do under dem ampt do komen mir aber die luten rüef
mit ainer jemerlichen clag dar nach, daz ich dik sprach mit bitterm laide und mit ainem
grossen wainen: „owe, min herre Jhesu Cristus" (gar dik), und bin denne as vol herzeklichs
laidez und senliches jamers, daz mich nihtz getrösten mag von dem enphindelichen an-
blich alles sins smerzeliches lidens, daz er uf den tag umb uns enphangen hat, daz mir
denne as gegenwertig ist, as ob ichz vor minen ougen sehe. und von dem marterlichen
anblik, des ich denne ze mal vol bin, mag ich sine ewigen ere, schön und clarhet, die
er in dem himel hat, nihtz geahten noch da von getröst werden, as mich denne die swö-
stern, die bi mir sind, gern trostint. Ebd., S. 132.*

schnitt ihre Glieder, gleich einem Zerzerren und Durchbrechen ihrer
Hände und einem Durchstechen ihres Kopfes. Todesnot ergriff sie, und
sie verlangte, mit dem Gekreuzigten zu sterben[186]. Lange nach Ostern
noch empfand sie *des selben smerzlichen brechens* in ihren Gliedern, besonders in Seite, Rücken, Armen und Beinen[187]. Freilich, auch in diesem
als Höhepunkt erfahrenen Erlebnis, das nur noch der Besiegelung im
größeren des Todes harren konnte, blieb Margareta die Erfüllung ihrer
stets gehegten Sehnsucht, die *hailigen fünf minnzaichen* zu empfangen –
als „Beweis" ihrer letztgültigen Einung mit dem gekreuzigten Herrn –
versagt. Seit über zehn Jahren mehrte sich in ihr *diu begirde, daß sin hailiges liden* sie *durchserti* und in sie *getrucket wurde*, wie es einst *mit dem
hochgelopten herren sant Francissen* geschehen war[188]. Zwar wurde ihr
dann in der Fastenzeit des Jahres 1339 *geben aines nahtes, daz ich an mir
sach die hailigen fünf minnzaichen in henden, an füezzen und in hertzen,
und da gewan ich die aller grösten genade von, wenn ich dar an gedaht*[189].
Inständig flehte sie zu *unser lieben frowen, daz sie mir hülf, daz mir diu
fünf minnezaichen in gedrukt wurden mit der enphindung, as si dem grossen herren sant Francissen in gedrukt wurden*[190]; wieder und wieder ver-
senkte sie sich betrachtend in die fünf Wundmale des Herrn, betete *fünf
Miserere den fünf minnzaichen und zuo iedem Miserere Anima Cristi sanctifica me*[191]. Doch es blieb beim Traum; Stigmata wurden an Margareta
nicht sichtbar. Und sie fügte sich demütig in diese Enttäuschung – anders
als manche mystischen „Leidensgenossinnen" (und „-genossen"), die in
wilder Sucht, es dem Herrn gleichzutun, ihr Fleisch zerschnitten oder
ihrem Begehren auf andere Weise kräftig nachhalfen[192].

Um die Mitte ihres sechsten Lebensjahrzehnts – *sider ich an fieng ze
scriben daz büechlin* (ihrer ‚Offenbarungen') [193] – verband sich mit Margaretas Passionsmystik eine ausgeprägte Verehrung der Geburt und Kind-

---

[186] Ebd., S. 132 f.

[187] Ebd.

[188] Ebd., S. 46.

[189] Ebd., S. 50.

[190] Ebd., S. 78.

[191] Ebd., S. 83. – In den ‚Offenbarungen' Margaretas wird übrigens erstmals das
Gebet ‚Anima Christi sanctifica me' genannt als eines ihrer Lieblingsgebete, dessen
Autorschaft man somit fälschlicherweise Ignatius von Loyola zugewiesen hat.

[192] In den Schwesternbüchern finden sich hierfür zahlreiche Beispiele. S.:
Muschg; Blank, S. 121; Dinzelbacher, Vision, S. 198.

[193] Strauch, S. 87.

heit Jesu, möglicherweise ausgelöst durch ein ihr aus Wien übersandtes
Christkind in der Wiege, *dem dienten vier guldin engel.* Sie empfing dieses
Geschenk am 26. Dezember 1344[194]. Von einem solchen Christkind in
der Wiege, mit dem sie mütterlichen Umgang pflegte, ist in ihren ‚Offenbarungen‘ zum selben Jahr schon einmal die Rede[195]; es muß wohl offenbleiben, ob es sich um ein anderes oder beide Male um dasselbe Bild handelte. Nun könnte man in den Schilderungen ihres Umgangs mit diesem
kintlich[en] bilde[196] betrachtende Zwiesprachen oder Traumerlebnisse sehen — was immerhin auch Licht würfe auf den Grad der Erregtheit ihrer
Phantasie —, wenn nicht die allzu „realistische" Art ihres Kreuzeskultes
dagegen spräche. Ebendiese läßt jedoch keinen Zweifel, daß auch hier die
Vorstellungsbilder, die in Margareta lebendig waren und wurden, den
Gegenstand ihrer Andacht „überkleideten", so daß dieser unvermittelt
selber „verlebendigt" wurde. Die *getrüwe nachfolgerin der menschait Jhesu Christi* (wie Margareta sich in ihrem einzigen erhaltenen Brief an Heinrich von Nördlingen bezeichnete[197]) wuchs im Umgang mit dem Christkind in die Rolle einer Nachfolgerin Marias, einer „geistigen Gottesmutter", hinein, durchaus mit der Tendenz, diese „Gottesmutterschaft" auch
leiblich zu erfahren. So hielt Margareta mit ihrem Christkind nicht nur
innige Zwiesprache, sondern alsbald fühlte sie sich von ihm auch aufgefordert, es an ihre Brust zu nehmen und zu stillen: *so nim ich daz bilde
uzze der wiegen und leg ez an min blozzes herze mit grossem lust und süessi-*

---

[194] Ebd., S. 90 f.

[195] Ebd., S. 87. — Im Kloster Maria Medingen wird bis heute ein „Jesuskind der Margareta Ebner" verwahrt — eine Liegefigur aus Holz —, außerdem im Bayerischen Na-
tionalmuseum München eine Wiege mit Engeldarstellungen, die aus stilistischen
Gründen nach Wien weisen könnte. Ob beide Gegenstände, die allerdings in den Maßen nicht zusammenpassen und folglich auch ursprünglich nicht zusammengehör-
ten, auf Margareta zurückgehen, muß offenbleiben. E. Va v r a, Bildmotiv und Frauenmystik — Funktion und Rezeption, in: D i n z e l b a c h e r / B a u e r, S. 201–230, hier:
211–214 (mit Abbildungen). Daß das Wiener Christkind mit Wiege ein Geschenk
Heinrichs gewesen sei, wie die Verfasserin voraussetzt, geht allerdings aus den ‚Offenbarungen‘ nicht hervor. Hier heißt es lediglich: *An sant Stephans tag gab mir min herre
ain minneklich gaube minen begirden, daz mir wart gesendet von Wiene ain minnekli-
chez bilde, daz was ain Jhesus in ainer wiegen, und dem dienten vier guldin engel.*
S t r a u c h, S. 90 (*min herre* = Gott bzw. Christus).

[196] Ebd., S. 89.

[197] Ebd., S. 281 (Brief LXVII von 1346). — Aber auch über Heinrich wurde ihr *geben:* . . . „*er ist ain warer lust miner hailigen gothait und ain sicherre nachvolger miner
hailigen menschet. er sol mich niezzen mit cerubin und sol mich schawen mit seraphin.*"
Ebd., S. 76 (zum Jahr 1344).

ket und enphinde denne der aller creftigosten genade mit der gegenwertikeit gotz, daz ich da nach wunderun, wie unser liebiu frowe die emssigen gegenwertket gocz ie erliden meht[198]. Lange schon hatte sie gerade über Letzteres nachgegrübelt und *unser liebiu frowe* gebeten, ihr doch zu helfen, *daz ich innan wurdi, waz götlichiu fröde wer mit irem lieben kinde.* Damals war ihr *so minneklich geantwurt* worden *von ir: „du bitest mich so ungelicher dinge, daz ich nit waiz, wie ich dir tuon sol".* Und Margareta hatte diese verlegen-ausweichende Antwort (Ausdruck ihrer eigenen Verlegenheit?) – wie so vieles – empfangen *mit süesser genade und mit grosser fröde*[199]. Jetzt, beim Stillen ihres Christkinds, wurde ihr *geantwurt mit den warhaften worten des engeles Gabrieles „Spiritus sanctus supervenit in te"*[200]. Aber als wollte sie in ihrem Tun und Begehren sich selber beschwichtigen, fuhr sie fort: *aber min begirde und min lust ist in dem säugen, daz ich uz siner lutern menschet gerainiget werde*[201]. Als sie *daz kintlich bilde* ein andermal wieder an ihr *blozzes herze* drückte *von aller miner craft* und dabei gar *ainer menschlichen berüerde sines mundez an minem blossen herzen* zu verspüren wähnte, *do enphieng ich ainen as grossen götlichen schreken, daz ich ain wile saz, daz ich nihtz getuon maht*[202]. Eines Nachts vermeinte sie sich von ihrem Christkind in der Wiege aufgeweckt und gebeten, es zu sich zu holen. Da hob sie es *mit begirden und mit fröden uz der wiegen,* wo sie es spielen sah, stellte es auf ihren Schoß und sprach: *„küsse mich, so wil ich lazzen varn, das du mich geunruowet hast".* *do fiel ez umb mich mit sinen armen und hiels mich und küsset mich*[203].

---

[198] Ebd., S. 87.

[199] Ebd., S. 78.

[200] Ebd., S. 87 (und nochmals S. 99).

[201] Ebd., S. 87.

[202] Ebd., S. 89. – Hier bemerkenswert die nachfolgende Notiz: *nu het ich kainen geturst, daz ich ez kainem menschen immer gesagen törst denn dem friunde unsers herren, der mir von got geben ist. do kom zuo mir dar nach kurczlichen diu swöster, diu mir haimlich ist und mir daz gescriben hat* [Elsbeth Schepach]. *diu sprach zuo mir: „ich bot dir hint in diser naht in einem traum din kint, und daz was ain lebentz kint, und daz nem du von mir mit grosser begirde und letost ez an din herze und woltost ez saugen, und des wundert mich, as bliuge diu bist, daz du dich nit schemtest".* *und den trom enphieng ich mit rehten fräden von ir und gedaht, daz er mir von willen gotz geben wer, und gewan da ainen geturst mit fräden und gedaht, ich wölt si ez lauzzen wissen und an scriben die selbe sache, diu as crefteklichen mir enmitten an lag.* Ebd., S. 90.

[203] Ebd., S. 91. – Es ist schon sehr bezeichnend für die Tendenz, wenn in der neuhochdeutschen Übertragung der ‚Offenbarungen' Margaretas durch Hieronymus Wilms OP (s. Anm. 1) solche Passagen unterschlagen sind. Ab S. 173 heißt es – so Anm. 56 –: „Von jetzt an werden in den Offenbarungen Kürzungen vorgenommen."

Bei diesen Erlebnissen indes bewegte Margareta merkwürdig intensiv der Gedanke *siner aller süezzesten besnidunge, daz ich dar uz niezzen sölt sin aller creftigostes minnenwallendez hailigez bluot*[204]. Tag und Nacht ließ sie dieser Gedanke nicht los, er war ihr Anlaß zu allen möglichen detaillierten Fragen; nachts raubte er ihr den Schlaf *von rehtem götlichen lust und begirde — daz ich dar umb min leben gern geben wölt*[205]. Tritt hier nicht eine Mystik zutage, in der sinnliche Vorstellung und Nachahmung mütterlichen Tuns und Sorgens zum Gotteserlebnis wurden? Ganz abgesehen davon, daß die Jesuskind-Verehrung und -Mystik, sosehr sie mittelalterlichem Frömmigkeitsempfinden entsprachen und auch von großen Mystikerinnen gepflegt wurden — wenngleich verhaltener und das Unaussprechliche, den Horizont des Sinnenhaften Sprengende der mystischen Gotteserfahrung nie außer acht lassend —, die Gefahr einer Verniedlichung Gottes, eines allzu vertrauten Umgangs mit Gott, in sich barg: die Gefahr, die streng geistige Sphäre der Mystik zu verfehlen und in ungezügeltem Überschwang aufzugehen. Margareta stand mit diesen ihren Erlebnissen nicht allein. Manche Klosterchronik ihrer Zeit (und manche Mystikerinnen-„Vita" späterer Zeit) weiß von Ähnlichem zu berichten[206], und Gleiches ist zum Beispiel auch überliefert von schwärmerischen Ketzerinnen im schwäbischen Ries (aus der zweiten Hälfte des 13. Jahrhunderts)[207].

Spiritus sanctus supervenit in te — die Verheißung, die Margareta im biblischen Wort vernommen hatte, drängte ungestüm zur Erfüllung, zum „physischen" Nachvollzug der Gottesgeburt, wie er sich in den — im wahrsten Sinne des Wortes — spektakulären Vorgängen ereignete, die Margareta zum 14. März 1347 ausführlich beschreibt (ohne sie allerdings in ihrer zuletzt doch diskreten Art als solche zu bezeichnen — und natürlich wußte sie, gemäß der theologischen Tradition, von ihrem Jesuskind, daß Maria es getragen habe *mit grosser fröde aun alle swer* und es geboren

---

[204] Strauch, S. 87.

[205] Ebd., S. 87 f.; s. auch ebd., S. 99—102. — Immerhin trieb die Phantasie Margareta doch nicht soweit, daß sie wie die Wiener Begine Agnes Blannbekin das „praeputium Christi" auf ihrer Zunge fühlte — „mit der Empfindung übergroßer Süße" — und es schließlich gut hundertmal verschluckte, ohne es allerdings „halten" zu können. Köpf, Bernhard von Clairvaux in der Frauenmystik, S. 69.

[206] S. z.B.: H. Wilms, Das Beten der Mystikerinnen, dargestellt nach den Chroniken der Dominikanerinnenklöster zu Adelhausen, Dießenhofen, Engelthal, Kirchberg, Ötenbach, Töß, Unterlinden und Weiler, Freiburg i. Br. ²1923; Muschg; Blank, S. 138—141.

[207] Grundmann, Religiöse Bewegungen, S. 402—438.

worden sei *in ganzer rainket aun allen smerzen*[208]). An jenem 14. März,
einem Mittwoch – es war im selben Jahr, da sie auf die Höhe Golgothas
gelangte –, begab sich Margareta, als es zur Mette läutete (an der sie aber,
weil seit längerem von *wetagen* heimgesucht, nicht teilnehmen konnte),
in ihre beim Chor gelegene *stuben*, um die Mette für sich zu beten. *do
komen die luten rüeffe und werten die lange, und die rüef mit luter stime
„owe" und „owe" die sint as groz, daz man si über al in dem closter und
uf dem hof hörn mag, und möht sunst in aigener craft as lut nit gescrien,
ob man mich halt töten welt. und die komen mir biz naht ze siben malen,
und von den starken stössen, die mir so gar ungestüemklichen in daz herze
koment, so müezzent mich creftiklichen dri frawen haben, ainiu under dem
herzen zer lingen siten und diu ander hinderwertige da engegen auch an
der selben siten, und die sprechent, daz si müezzent gen ainander mit aller
craft druken, und denne enphindent sie under irn henden, as sich etwaz le-
bendigez umb ker inwendik und niendert anderswa. und diu drit frawe hebt
mir etwen daz haupt. etwenn mag ich ez nit geliden, und dar inne koment
mir die starken stösse, die mich inwendiklich erbrechent, daz ich grösselich
geswollen wirde und sunderlich für mich, als ain frawe diu groz mit ainem
kinde gaut. und diu geswulst kumpt mir under daz antlütz und in die hend,
daz ich ir ungewaltig wirde und daz ich si nit zuo kan tuon.* Zu hundert
und zweihundert und mehr Malen seien ihr die *rüef* gekommen, danach
*ain lengiu rede . . . mit ainem so gar süezzen lust in dem süezzen namen
Jhesus Cristus, daz ich denne nit enphinde, ob ich wetagen ie gewan*[209]. Man
hat neuestens – mit Verweis auf Christina Ebner und Bernhard von
Clairvaux – argumentiert, hier habe trotz des unzweifelhaften Primats
des Geistigen und Geistlichen das so tief Erlebte eben endlich auch psy-
chosomatische Auswirkung gezeigt, „entsprechend der weiblichen

---

[208] Strauch, S. 99 f.

[209] Ebd., S. 119 f. (auch diese Passage ist bei W i l m s, Der seligen Margareta Ebner
Offenbarungen, unterschlagen!). – Das Erlebnis ist in die Fastenzeit 1347 zu datieren.
Hierzu folgender Text: *Ich han sider gewonhait, wenne ich mich gesecze, daz ich min
paternoster wil sprechen, so wirde ich so creftiklich bezwungen mit ainer so starken minne, daz ich in* [offenbar ihr Jesuskind] *an min herze truken muoz, und da wirt mir
denne geben diu aller gröst genade und süezzeket, daz ich da nihtz geahten mag denn
daz er ist. in dem süezzen lust belibe ich denne biz daz ich kum da hin, da sich an faht
daz minnenkliche liden mins herren. so wirt mir denne der lust und diu genade verwan-
delot von der kinthet in daz hailig liden mins geminten herren und wirt mir da geben,
mit ainem so creftigen minnenden lust meht ich mich in ainem ieglichen liden got da
geben han, also daz ich min leben ze der zit bi im gelauzzen han.* Ebd., S. 88.

Mentalität", zumal immerhin zugegeben werden müsse, „daß Verleibli-
chung, Inkarnation, ja überhaupt das Weihnachtsgeheimnis in die urei-
genste Domäne der Frau gehören, was früheren Zeiten so ganz selbstverständlich war"[210]. Aber läßt sich an diesem Beispiel – und es ist in der
Tat weder das einzige noch das grellste in der Geschichte der christlichen
Frauenmystik – nicht eher ablesen, welche Wirkung die von Mystikern,
Predigern, Nonnenseelsorgern und „Gottesfreunden" allenthalben gebrauchte metaphorische Rede vom „conubium spirituale" und von der
„Gottesgeburt in der Seele" – mit ihrer gewiß weit zurückreichenden
Tradition – bei einfacheren frommen Gemütern hervorrufen konnte, denen die Gabe der Unterscheidung nur in beschränktem Maße zu eigen
war? Bei den schwärmerischen Ketzerinnen im schwäbischen Ries, die
(wie bereits erwähnt) ähnliches erlebt haben wollten, erkannte man ohne
Umschweife auf Aftermystik, und Albertus Magnus, mit ihrer Untersuchung beauftragt, bemerkte zur Aussage einer dieser Ketzerinnen, sie
habe das Jesuskind gesäugt, nüchtern, es handle sich hier um keine Ketzerei, die man widerlegen, sondern um eine Albernheit, die man mit Prü-
geln bestrafen müsse (*fatuitas est verberibus potius quam verbis corrigenda*)[211].

Margaretas ‚Offenbarungen', zur Hälfte des Umfangs ihren Erlebnissen
seit Beginn der Niederschrift im Advent 1344 gewidmet, in ziemlich mo-
notoner Schilderung der im Grunde immer gleichen Vorgänge, Empfindungen, *wetagen, begirden, grozzen genaden* und daraus fließenden *götlicher süessiket, sunder fröd, trost und lust, von der ich nit gescriben kan* –
wie sie des öfteren beteuert[212] –, enden mit dem Jahr 1348. Damals war
sie des herannahenden Todes innegeworden, und Sehnsucht nach ihm erfüllte sie: *Item mir wirt dik geben ain stime, diu schrit in mir und sprichet
dik uf anander: „ich wil hain. – wa hin? – in daz ewige leben". und der*

---

[210] M. R. Schneider OP, Die selige Margareta Ebner. Dominikanerin des Klosters
Maria Medingen, Mystikerin des 14. Jahrhunderts, St. Ottilien 1985, S. 65–67 (eine
Schrift im übrigen, die durch die am 24. Februar 1979 erfolgte Anerkennung des Kultes der Ebnerin – „canonizatio per viam cultus" – veranlaßt zu sein scheint, aber
wohl besser nicht gedruckt worden wäre).
[211] *Dicere quod aliqua lactet puerum Jesum cum matre usque ad lassitudinem et defectum, fatuitas est verberibus potius quam verbis corrigenda.* Zit. bei Grundmann, Religiöse Bewegungen, S. 414.
[212] Strauch, S. 18, 27, 28, 47, 51, 61, 62, 69 und öfter. – Zum „Ineffabile" mystischen Erlebens s.: Lüers, S. 1–8; Blank, S. 111–114; Ringler, Viten- und Offenbarungsliteratur, S. 194 f.

mag ich nit widerstan von der grozzen genade, die mir da mit geben wirt[213]. Diese ‚Offenbarungen' sind Aufzeichnungen einer schlichten, von lauterer Frömmigkeit und dem ganzen Ernst der Kreuzesnachfolge durchdrungenen Persönlichkeit. Jede Seite ihres *büechlin* gibt Zeugnis davon, *daz ich in allem minen leben beger des liebsten willen gotes; waz gaube er mir gebe, daz ich die gern wil han, und alle zit beger, daz ich sterbe in siner minne*[214]. Äußerlich gesehen war ihr Leben ein einziger Leidensweg; dennoch ist der prägende Gesamteindruck — zumindest seit Margareta dank der genau zum „rechten" Zeitpunkt erfolgten Begegnung mit Heinrich von Nördlingen ihre Lebensrichtung gefunden zu haben glaubte — innere Freude, innerer Friede. Deshalb erblickte Margareta auch aus der Rückschau in Heinrich den ihr von Gott gesandten *warhaften friund* und *lieben engel in dem lieht der warhait*[215]. Es war letztlich Ausdruck ihres Dankes, daß sie sich auf seine drängenden Bitten hin mit *forht und schrekken*[216] dazu verstand, für ihn ihre ‚Offenbarungen' niederzuschreiben. Zwar bekannte sie sich *der genade unsers herren unwirdik*, und *alle zit* war sie *in reht grosser forht gen unserm herren, daz ich der genade gotes nit lebe und in rehter minne nit enphahe, noch si in der warhait nit handel as ich solt*. Aber trotz des Bewußtseins ihrer Unvollkommenheit litt sie keine Sündenangst, sondern barg ihr Leben zuversichtlich *in diu minneclichen creftigen minnenwerk mins herren Jhesu Cristi, daz diu ez an mir volbringen*[217]. Es ist des weiteren bemerkenswert und geradezu atypisch für ihre Zeit, daß Margareta nie von Versuchungen des Teufels oder — im Umgang mit ihren *selen* — von den Schrecken des Fegfeuers (von denen sie wie von der Hölle durchaus ihre drastischen Vorstellungen gehabt zu haben scheint) spricht, auch nie von der Strafgerechtigkeit Gottes[218], die im

---

[213] Strauch, S. 151.

[214] Ebd., S. 49.

[215] Ebd., S. 24. – Die Feststellung Siegfried R i n g l e r s (Die Rezeption mittelalterlicher Frauenmystik, S. 189): „Bei aller Askese und bei allem tiefgreifenden Sündenbewußtsein ist doch bei Christine Ebner der prägende Gesamteindruck die Freude", gilt im wesentlichen auch für Margareta Ebner.

[216] Strauch, S. 84.

[217] Ebd., S. 45.

[218] Ein einziges Mal wird ihr beim Gebet für eine verstorbene Mitschwester *geantwurt: „lazze mich min gerehteit an ir volbringen".* Als diese dann *aines nahtes* zu ihr kam und Margareta sie fragte, *waz diu barmherczkait gotes an ir gewürket het*, sprach sie: *„ich maht vor der gerehtket der barmherzkait nie innan werden". dar nach kom siu aber zuo mir und set mir, ez wer weger worden, aber siu wer in grossen arbaiten gewesen. ich sprach: „war umb aller maist?" siu antwurt: „umb alles daz ich wider got han getan", und danket mir do umb alles, daz ich ir ze guot getan het.* Ebd., S. 39 f.

spätmittelalterlichen Frömmigkeitsleben eine so bedrückende und fol-
genschwere Rolle gespielt hat. Stets ist nur die Rede von Gottes Liebe,
Güte, Barmherzigkeit, von denen sie sich und alle, die ihr lieb waren oder
für deren Seelenheil sie betete und opferte, umschlossen und getragen
wußte[219]. Nicht weniger bemerkenswert ist die geistige Freiheit, zu der
diese schlichte (aber eben von der *gegenwertket gotz in sel und in herze*[220]
ergriffene) Nonne nach Ausweis ihrer Aufzeichnungen fand und in der
sie sich durch nichts und niemanden beirren ließ. So vermochten weder
das päpstliche Interdikt (das die Dominikanerinnen allerdings an Gottesdienst und Sakramentenempfang nicht hinderte, sofern beides im stillen
geschah[221]) ihre Überzeugung zu beeinträchtigen, daß es ausschließlich
Sache des persönlichen Gewissens sei, die Kommunion zu empfangen
oder ihr fernzubleiben, wenn man dabei nur *von rehter minne und forht
götlicher liebe* geleitet sei[222], noch der über Kaiser Ludwig verhängte
päpstliche Bann sie in ihrer Treue zu ihm je wankend zu machen. In diesem einen Punkt schied sie sich auch von Heinrich, der den Kaiser ver-
ächtlich den *Paier* nannte[223], und verwies ihm jede Einrede. 1330 hatte
Ludwig Grund und Boden ihres Klosters in seinen kaiserlichen Schutz
genommen und zur Hofmark erhoben[224]. Vielleicht war es Dankbarkeit
gegenüber dem Wohltäter des Konvents, die Margareta bewog, so innig
am Schicksal des vom Papst mit schrecklichen Flüchen bis in den Tod
hinein verfolgten Kaisers Anteil zu nehmen: *ich het in als er mir geben
von got wer* – schreibt sie – *und da tet ich gross gebet* um ihn, den sie einmal im Traume sah, wie *im unser herr under sinen armen gieng und gen
im sprach, er wölt in nimmer verlaun hie noch dort*[225]. Unentwegt gedachte sie seiner (und auch *der irsalin der cristenhet*, über deren Ursache ihr
freilich *wirt . . . nit anders geantwurt denne daz ez machtin die gebresten
und sünde der menschen*[226]), und als sie vom plötzlichen Tod ihres Kaisers

---

[219] S. z.B. bezüglich Heinrichs ebd., S. 76.
[220] Ebd., S. 93.
[221] S. ebd., S. 295.
[222] Ebd., S. 102 f. (vgl. dazu ebd., S. 36).
[223] Ebd., S. 201 (Brief XVIII von 1335).
[224] Steichele, S. 164.
[225] Strauch, S. 6.
[226] Ebd., S. 102 f.

(am 11. Oktober 1347[227]) hörte, da betete sie mit der ganzen Inbrunst ihres Herzens, Gott möge ihr *ainen rehten ernst geben, ze bitten umb sin sel, biz daz er mir benomen wurde in daz ewige leben*[228]. . . . *und lag mir an daz barmherzig werk, daz got gewürket hat mit kaiser Ludwig. do wart mir* [auf den Tag genau einen Monat nach seinem Tod] *geantwurt: „er hat mich getragen in sinem herzen, so han ich in umgeben mit miner barmherziket und wil in nimer dar uz gelazzen, biz daz ich in berait in daz ewige leben"*[229].

Innere Freude, innerer Friede als „Grundton" im Leben Margareta Ebners — müßte es sich von daher nicht nahelegen, bei ihr von einem geglückten Versuch fraulicher Selbstverwirklichung zu sprechen? Ja, erscheint ihr in Beschauung versunkenes, zu den Höhen mystischer Erfahrung emporgetragenes Leben nicht geradezu wie ein bestätigender Kommentar zu Meister Eckharts Wort: *Wan als vil bis dû in gote, als vil du bist in vride*[230]? Indes ist es eben höchst zweifelhaft, ob der heute so viel gebrauchte und mißbrauchte Begriff „Selbstverwirklichung" mit seinen mannigfachen — und keineswegs auf einen Nenner zu bringenden — psychologischen Bedeutungsinhalten legitimerweise überhaupt auf eine Nonne des 14. Jahrhunderts angewendet werden kann. Und jedenfalls würden weder Margareta noch Hildegard von Bingen und Mechthild von Magdeburg vor ihr oder Teresa von Avila nach ihr — um nur einige große Namen der Geschichte der christlichen Frauenmystik zu nennen — das Wort verstanden, geschweige denn für sich persönlich seinen inneren Sinn akzeptiert haben. Doch gesetzt den Fall, der Begriff könnte tatsächlich auf Margareta „zurückprojiziert" werden, ihr religiöses Begehren und Streben wäre tatsächlich ein — als solcher dann aber gänzlich unre-

---

[227] Ludwig der Bayer war auf einer Bärenjagd bei Kloster Fürstenfeld plötzlich einem Herzschlag erlegen. Bei seinem Hinscheiden — so wird überliefert — sprach er noch die Worte: *Süezze künigin, unser fraue, bis pei meiner schidung.* Riezler, Bd. 2, S. 500f.; Hausberger/Hubensteiner, S. 154.
[228] Strauch, S. 148f. — Heinrich, der damals gerade bei ihr weilte, *der begert mit grossem ernst, daz ich got für in bet, und het ernst dar umb, waz got mit im gewürket het in ainer so kurzen frist, die er het an sinem tod. do begert ich von Jhesu minem kinde, wie ez ime ergangen wer. ez antwurt: „ich han ime sicherhait geben des ewigen lebens"* (ebd.). Dennoch mußte Heinrich sie nach Ludwig des Bayern Tod mahnen, Karl IV. als den rechtmäßigen König anzuerkennen: *du solt den neuwen künig nit haiszen mein künig mer den cristenlichen künig.* Ebd., S. 263 (Brief LI, Ende 1347 oder Anfang 1348).
[229] Ebd., S. 150f.
[230] Meister Eckhart, Die deutschen Werke, Bd. 5, Stuttgart 1963, S. 308,4.

flektierter – Versuch gewesen, sich selbst zu „verwirklichen"[231], so bliebe immer noch die Frage nach dem Wesen einer Mystik, wie sie Margareta lebte und erlebte und im Maße ihres Vermögens *baz ze worten* brachte[232]. Diese Frage allerdings wirft eine Fülle von Problemen auf. Letztlich aber geht es um die eine entscheidende Frage nach dem Wesen christlicher Mystik überhaupt – und inwieweit ihre „Wahrheit" gemessen werden muß an Forderung und Verheißung des Evangeliums, an dem Herrenwort: „Gott ist Geist, und die ihn anbeten, müssen ihn im Geist und
in der Wahrheit anbeten" (Joh 4,24).

Um es deutlicher zu sagen: Natürlich kann man sich an der Originalität der literarischen „Hervorbringungen" einer Mystik, wie sie Margareta gelebt und beschrieben, Heinrich von Nördlingen gefördert und gepriesen hat, „germanistisch" begeistern; man kann die „Inszenierung"
solcher Texte und der in ihnen geschilderten Begebnisse untersuchen,
ohne auch nur einen einzigen Gedanken an ihren Inhalt zu verschwen-
den; man kann „Spielarten" der Mystik wie diese als religiöse Phänomene unter anderen betrachten, an ihnen vergleichende Studien betreiben,
ohne sich um ihren religiösen Gehalt zu kümmern; man kann an diese
Texte als (Literatur-)Historiker herangehen und sie als Ausdrucksweisen
religiösen Empfindens einer bestimmten Epoche nehmen, um mittels ihrer Untersuchung zu einem tieferen Verständnis jener Epoche und ihrer
„Mentalität" zu gelangen usw. Und man kann im übrigen „die Unterscheidung von ,echter' und ,krankhafter' Mystik ... denjenigen Theologen und Psychologen" überlassen, „die sich für solche Urteile tatsächlich
kompetent erachten"[233] – was mit Blick auf die sich hier für kompetent
erachtenden Theologen wohl heißt: mit der Frage nach der „Wahrheit"
dieser oder jener Mystik bzw. mystischen Erscheinung mögen diese sich
beschäftigen; „seriöse Wissenschaft" hat von diesbezüglichen in den Bereich „personaler Erfahrung" (= subjektiver Erfahrung) eingreifenden
Fragen zu abstrahieren. Indes erhebt solche Mystik den Anspruch, ge-
nuin christliche Mystik zu sein, und stellt damit für sich selber den
„Maßstab" auf, an dem sie gemessen sein will. Die gängige Definition

---

[231] Siegfried Ringler (Die Rezeption mittelalterlicher Frauenmystik, S. 197) zumindest versucht eine solche Deutung, speziell in bezug auf Christina Ebner.
[232] Strauch, S. 28.
[233] P. Dinzelbacher, Kleiner Exkurs zur feministischen Diskussion, in: Dinzel-
bacher/Bauer, S. 391–393, hier: 391.

christlicher Mystik ist „cognitio dei experimentalis"[234]. Sollte nicht doch wenigstens zu f r a g e n erlaubt sein, worin bei Margareta solche „experientia" bestanden habe, welche erfahrene „Wirklichkeit" sich nun tatsächlich hinter ihren Worten verberge? — wobei selbstverständlich die notwendige Distanz (und Diskrepanz) zwischen der „Erfahrung als solcher" und ihrer Artikulation im geschriebenen Wort nicht außer acht gelassen werden darf, und außerdem zu berücksichtigen ist, daß „Erkenntnis" immer nur nach der Weise und dem „Fassungsvermögen" des Erkennenden sich vollzieht, von Margaretas subjektiver Ehrlichkeit und der Redlichkeit ihrer Gottsuche ganz zu schweigen[235]. Aber vielleicht sollte man auch einmal nach den (vermutlich) vielen anderen fragen, die sich damals wie Margareta oder Christina Ebner oder Adelheid Langmann ebenfalls aufgemacht haben, um in (oft mißverstandener) Nachahmung mystischer „Vorbilder" für sich die „unio" (oder was sie dafür hielten) zu erringen, und dabei auf der Strecke geblieben und zerbrochen sind — deren Namen kein Schwesternbuch verzeichnet! Möglicherweise ergäbe sich unter dem Aspekt letzterer Frage — die als solche gewiß ohne Antwort bleibt — eine differenziertere Sicht der Erlebnismystik jener de facto in Nachahmung sich übenden (wohl nicht selten in diese Nachahmung getriebenen) spätmittelalterlichen Nonnen.

Das Alte Testament überliefert in Exodus 33,17—23 eine höchst eindrucksvolle Szene, vielleicht eines der aussagekräftigsten Bilder der ganzen Heiligen Schrift: Mose — ein von Gott „herausgerufener" Mensch

---

[234] Genauer: Das Ziel mystischer Frömmigkeit, zumal einer Erlebnismystik, wie sie im Spätmittelalter blühte, ist „cognitio dei experimentalis". S. hierzu z.B.: Der Frankfurter. Eine Deutsche Theologie, übertragen und eingeleitet von J. Bernhart, München o. J., S. 5—126 (Einleitung).

[235] Aufschlußreich scheint folgende Bemerkung zu sein: *Item ich het grosse begirde, daz ez* [nämlich ihr Jesuskind] *mit menschlichen liplichen worten mit mir reti, do wart mir geantwurt: „ist dir nit süezzer und enphindenlicher, daz in diner sel und herzen ist und warlichen bekennest denne daz dir in daz ore geret wird?"* Strauch, S. 104 f. — Und wenn ihr *lustlich kint Jhesus* ihr über *sin hailiges liden . . . as warlichen set da von, as ez diu hailig schrift hat,* oder ihr auf ihre Frage über *sant Bernhart, da er da scribet von dem got schawen der sele nach disem leben und nach disem ellende,* die Antwort erteilt: *„waz Bernhardus gescriben hat, daz hat er in rehter minne gescriben, und was in ainem as grossen süezzen lust in mich verzogen, daz er maint, ez sölten elliu menschen in der warhet verstan, as ez het, wan ich diu luter warhet bin, diu durch in gescriben und geret hat"*: so ist dies nochmals aufschlußreich für die bei Margareta „ablaufenden" seelischen Erlebnisvorgänge.

– begehrt, die „Herrlichkeit", das „Angesicht", Gottes zu schauen – „ihn verlangt es nach der vollen Erfahrung, nach der unmittelbaren Wahrnahme der Wirklichkeit Gottes . . .

Es bleibt ihm versagt; er wird in die Felsenkluft versetzt, Gott legt ihm seine Hand über die Augen, während des Vorübergangs seiner ‚Herrlichkeit', ‚und dann ziehe ich meine Hand weg und du schaust meinen Rücken, mein Angesicht aber ist nicht zu schauen' –

und das ist das Höchste, das Äußerste, das Letzte, das aller Theologie, aller Philosophie wie auch aller – aus ihrer innersten Intention verstandener – Wissenschaft zu schauen vergönnt ist: die ‚Rückseite' (Gottes) – vorausgesetzt, daß sie begehren, das ‚Angesicht' zu schauen" – so der verstorbene Tübinger Alttestamentler Fridolin Stier in seinen höchst lesenswerten Tagebuchaufzeichnungen[236]. – Sollte mystischem Sehnen und Streben (und mochte es sich in seiner Inbrunst auch göttlicher Umarmung gewürdigt wähnen) – wenn überhaupt – jemals mehr zu „erfahren", „innezuwerden", zu „schauen" vergönnt gewesen sein?

---

[236] F. Stier, Vielleicht ist irgendwo Tag. Aufzeichnungen, Freiburg/Heidelberg 1981, S. 205 f. – S. zur Problematik z.B.: A. M. Haas, Was ist Mystik?, in: Ruh, Abendländische Mystik, S. 319–341.

LEIDENSMYSTIK IN DOMINIKANISCHEN FRAUEN-KLÖSTERN DES 14. JAHRHUNDERTS AM BEISPIEL DER ELSBETH VON OYE

von

Peter Ochsenbein

Im sogenannten ‚Leben Seuses‘, der ersten Selbstbiographie in deutscher Sprache, gibt Christus dem jungen Dominikanermönch Heinrich Seuse unmittelbar vor dessen Bekehrung zu einem harten asketischen Leben folgenden Rat: *Du mûst den durpruch nemen dur min gelitnen menscheit, solt du warlich komen zů miner blossen gotheit*[1]. Und im ‚Büchlein der Ewigen Weisheit‘ desselben Autors verkündet die Ewige Weisheit dem Diener: *Es mag nieman komen zu gôtlicher hocheit noch ze ungewonlicher sûzikeit, er werde denn vor gezogen dur das bilde miner menschlichen bitterkeit [. . .] Min menscheit ist der weg, den man gat, min liden ist daz tor, durch daz man gan mûz, der zů dem wil komen, daz du da sůchest*[2]. Mit dieser Aufforderung des menschgewordenen Gottessohnes ist nicht nur die vertiefende Betrachtung seiner Passion, nicht nur die möglichst realistische Vergegenwärtigung seiner Marterstationen gemeint (also das, was man heute gemeinhin als spätmittelalterliche Passionsfrömmigkeit bezeichnet), sondern darin eingeschlossen ist auch der Hinweis und Rat, der Mensch solle selber Leiden auf sich nehmen, solle selber leidend die Passion Christi nachvollziehen. Denn in Kapitel 13 des ‚Büchleins der Ewigen Weisheit‘, überschrieben mit *Von unmessiger edli zitliches lidennes*, spricht die Ewige Weisheit: *Liden machet mir den menschen minneklich, wan der lidende mensch ist mir anlich. [. . . Liden] ist der sicherste weg und ist der kúrzest und der nehste weg*[3].

---

[1] Heinrich Seuse, Deutsche Schriften, hg. v. K. Bihlmeyer, Stuttgart 1907, S. 34, 11 ff.

[2] Ebd., S. 205, 1 ff.

[3] Ebd., S. 250, 25 f. und 251, 6 f.

354 Peter Ochsenbein

Heinrich Seuse beschreibt denn auch in den Kapiteln 15 bis 18 seiner Selbstbiographie sehr ausführlich, welche Peinigungen er sich selber in aller Heimlichkeit zugefügt habe, um dem Rat der Ewigen Weisheit Folge zu leisten. Sechzehn Jahre lang schläft er in einem mit Nägeln besetzten Unterkleid, die Hände in Lederhandschuhen mit Messingspitzen. Acht Jahre trägt er ein mit Nadeln und Nägeln beschlagenes Kreuz unter dem Tageskleid auf dem Rücken, das ihn bei jeder Bewegung verwundet. Mit einer die Haut schwer verletzenden Geißel peinigt er sich täglich; jahrelang schläft er nicht in seinem Bett, sondern auf einer alten Tür oder sitzend in einem engen Stuhl, ohne rechte Decke im Winter. Lange Zeit meidet er das Bad, wäscht sich nicht, enthält sich der Fischspeise, der Eier, des Obstes, des Weins.. Alle diese asketischen Übungen verwüsten seinen Körper, machen ihn krank, bis ihm Christus als Jüngling erscheint und ihn auffordert, von solchen Kasteiungen abzulassen und in die vernünftige Schule Eckhartscher Gelassenheit überzuwechseln (Kap. 19: *Wie er ward gewiset in die vernúnftigen schúle zú der kunst rechter gelassenheit*).

Was Heinrich Seuse über die *kestgung des libes* (Kap. 15) wortreich berichtet und was seine Ewige Weisheit von ihrem Diener an Leidensbereitschaft fordert, war um 1330 in Klöstern, insbesondere in dominikanischen Frauenkonventen, keine Neuigkeit, sondern gang und gäbe. Seuse nimmt hier nur eine alte asketische Tradition auf, wie sie für uns, wenigstens in einzelnen Zügen, faßbar wird in Heiligenviten und – seit dem späten 13. Jahrhundert – in einzelpersönlichen Viten von Mystikerinnen und in den sogenannten „Schwesternbüchern", jenen stark von der Legende her geprägten Chroniken aus (vornehmlich dominikanischen) Frauenklöstern, besonderen Chroniken also, die zur Erbauung und vor allem zum Ansporn späterer Schwesterngenerationen über das heiligmäßige Leben einzelner Frauen erzählen[4]. In den Schwesternbüchern von Unterlinden, Katharinental (bei Diessenhofen), Töß, Adelhausen begegnen immer wieder Berichte, daß einzelne Nonnen härene Stricke oder eiserne Ketten am bloßen Leib tragen, daß sie sich täglich selber geißeln

---

[4] Vgl. die vorzügliche Übersicht bei W. B l a n k, Die Nonnenviten des 14. Jahrhunderts, Diss. Freiburg i. Br. 1962, S. 45–81, und den Forschungsbericht von S. R i n g - l e r, Viten- und Offenbarungsliteratur in Frauenklöstern des Mittelalters (MTU 72), München 1980, S. 3–15; O. L a n g e r, „We ist ein gut wort, we ist ein genadenrichez wort". Zur Spiritualität der Dominikanerinnen im Spätmittelalter, in: Lerne leiden. Leidensbewältigung in der Mystik, hg. v. W. B ö h m e (Herrenalber Texte 67), Karlsruhe 1985, S. 21–34 u. 78 f.

(sogenannte *disciplinen* nehmen), daß sie zwischen Mette und Laudes auf den Schlaf verzichten und in der dunklen Kirche lange Reihengebete vor dem Kruzifix oder einem Passionsbild verrichten. Unter diesen fast stereotyp wirkenden asketischen Praktiken fallen einem bei ausgedehnter Lektüre eigentlich nur die besonders drastischen auf, etwa in einer noch unveröffentlichten Fassung des Schwesternlebens von Katharinental – die Handschrift liegt in der Stiftsbibliothek St. Gallen – eine Stelle, wo über Schwester Elsbeth von Villingen berichtet wird: *Sy nam als emseeklich alle nåcht und tag dysyplin nach der mety und nach der complet, daz ir daz blůt dik über den rugen ran, recht als von ainer ader, daz ettlich schwestern, die nebend ir knüwetend, als fast besprenget wurdent mit blůt von ir disciplin, daz sy ir gewand weschen můstent*[5].

Ich will und kann hier nicht die gesamte frühere Tradition solcher Leidensaskese vorführen. Nur soviel: innerhalb des Christentums beginnt sie bekanntlich bei den Wüstenvätern in Ägypten und Syrien. Als nämlich nach dem Edikt von Mailand 313 das Martyrium für Christus nicht mehr möglich war, bringen sich einzelne Einsiedler selber Marter bei und verrichten Praktiken, die bereits Priester des Baal oder der phrygischen Kybele pflegten[6]. Wichtig ist die Feststellung, daß zur Pflichtlektüre eines Dominikanernovizen im 14. Jahrhundert die ‚Altväterleben‘, die ‚Vitaspatrum‘, gehörten, und auch in Dominikanerinnenklöstern wurden deutsche Übersetzungen dieser frühen Mönchsviten als Tischlektüre vorgelesen[7]. Auch im ‚Leben Seuses‘ spielen Dicta einzelner Altväter eine wichtige Rolle. In Kapitel 35 führt Seuse über 30 Sprüche zum Tugendleben und vor allem zum geduldigen Leiden an, die ihm, weil sie in einer Kapelle an der Wand angebracht sind, zu Leitsprüchen werden.

Ein besonderes und in mehrfacher Hinsicht singuläres Dokument solcher in Frauenklöstern geübten Leidensaskese, die zur Leidensmystik hinführen kann, sind die bislang unbekannten, weil unedierten Texte der Zürcher Dominikanerin Elsbeth von Oye. Bevor ich ihre Offenbarung inhaltlich etwas zu analysieren versuche, zunächst einiges wenige zu ihrer Person und zur Überlieferung ihrer Texte.

Auch wenn uns in einer Handschrift der Zürcher Zentralbibliothek (Cod. Rh 159) mit größter Wahrscheinlichkeit ein Autograph ihrer Of-

---

[5] Cod. Sang. 603, S. 472.

[6] Vgl. W. Muschg, Die Mystik in der Schweiz, Frauenfeld 1935, S. 27ff.

[7] Vgl. P. Künzle (Hg.), Heinrich Seuses Horologium sapientiae (Spicilegium Friburgense 23), Freiburg (Schweiz) 1977, S. 87.

fenbarungen vorliegt, wissen wir über das Leben der Elsbeth von Oye
(oder von Eiken, wie sie in einzelnen Handbüchern genannt wird) herzlich wenig. Das ‚Schwesternbuch von Ötenbach‘ berichtet, Elsbeth sei
mit sechs Jahren ins Zürcher Dominikanerinnenkloster eingetreten und
dort heiligmäßig im einundfünfzigsten Lebensjahr gestorben[8]. Als ihre
Zeitgefährtinnen nennt das Schwesternbuch Mechthild von Opfikon
(sie ist seit 1291 belegt) und Subpriorin Elsbeth von Beggenhofen
(1281–1340), letztere in geistlichen Dingen angeblich von Meister Eckhart beraten, der in seiner Straßburger Zeit (von 1313 bis 1323/24) vermutlich auch im Ötenbacher Kloster gepredigt hat[9]. Über die Herkunft
Elsbeths von Oye ist bis jetzt nichts Gesichertes auszumachen. Die Zu-
weisung nach Eiken (im schweizerischen Fricktal) stammt erst aus dem
17. Jahrhundert[10]. Vielleicht war Elsbeth eine gebürtige Zürcherin aus
der Familie von Ouw[11]. Der bekannte Ordenschronist Johannes Meyer
(1422–1485) erwähnt Elsbeth in seinem ‚Liber de viris illustribus ordinis
Praedicatorum‘ (1466) als vorbildliche, die Ordensregel streng beobach-
tende Schwester, vermittelt aber keine weiteren Lebensdaten[12]. Conrad
Zittard folgt in seiner deutschsprachigen Ordenschronik (von 1596) den
Angaben Meyers und fügt am Schluß hinzu: *Hat gelebt umb daz Jar
1324*[13]. Die Lebenszeit Elsbeths läßt sich somit nur sehr vage zwischen
1280 und 1350 eingrenzen. Da ihre Offenbarungen – völlig ichbezogen
– ausschließlich um ihre persönlichen Leiden kreisen, die Gemeinschaft
der Mitschwestern im Ötenbacher Kloster oder gar äußere politische Ereignisse mit keinem einzigen Wort erwähnt werden, bleibt der Text ohne
jeden direkten Bezug zur Zeit und zur Gesellschaft, in der er entstanden
ist. Diese völlige Introvertiertheit ist, wenn ich recht sehe, innerhalb der
mystischen Offenbarungsliteratur im deutschsprachigen Raum ziemlich

---

[8] H. Zeller-Werdmüller/J. Bächtold (Hg.), Die Stiftung des Klosters Ötenbach und das Leben der seligen Schwestern daselbst, Zürcher Taschenbuch, NF 12
(1889), S. 274–276.
   [9] Vgl. ebd., S. 273 (Mechthild von Opfikon) und 262 f. (Elsbeth von Beggenhofen
und Meister Eckhart); vgl. u. S. 365.
   [10] Erstmals in der um 1635 geschriebenen Einsiedler Hs. 470, fol. 484ʳ.
   [11] Vgl. A. Halter, Geschichte des Dominikanerinnen-Klosters Ötenbach in Zürich (1234–1525), Diss. Zürich 1956, S. 58–60.
   [12] F. Paulus von Loë (Hg.), Johannes Meyer O.P., Liber de Viris Illustribus OP
(Quellen u. Forschungen zur Gesch. des Dominikanerordens in Deutschland 12),
Leipzig 1918, S. 67 (Nr. 12).
   [13] Conrad Zittard, Historische beschreibung (neben andern mercklichen Punc-
ten) der General Maister Prediger Ordens, Dillingen 1596, S. 137.

einzigartig. Denn eine Mechthild von Magdeburg, eine Christine und
Margarethe Ebner, eine Adelheid Langmann spielen in ihren Offenbarungen immer wieder auf Situationen im Kloster, zuweilen auch auf politische Ereignisse der Zeit an. Für einen Historiker bietet Elsbeth somit
zunächst wenig verarbeitbares Material. Es ist deshalb nicht zufällig, daß
sich nur gerade Germanisten mit Elsbeth von Oye beschäftigt haben.

Walter Muschg kommt das Verdienst zu, die Zürcher Schwester eigentlich entdeckt zu haben. In seinem noch heute lesenswerten Buch ‚Mystik
in der Schweiz‘ machte er 1935 erstmals auf die Zürcher Handschrift und
auf eine erst um 1630 entstandene lateinische Übersetzung in einem Einsiedler Kodex aufmerksam. Mit plastischer Anschaulichkeit gibt Muschg
am Schluß seines Kapitels ‚Meister Eckhart‘ eine insgesamt treffende
Kurzbeschreibung ihrer Offenbarungen und apostrophiert das Werk abschließend als „das ergreifende Mißverständnis mit der Genialität seiner
[nämlich Meister Eckharts] Verkündigung“[14]. Klaus Haenel untersucht
in seiner (leider ungedruckt gebliebenen) Göttinger Dissertation von
1958 die Überlieferungsgeschichte, soweit sie damals in der Zürcher
Handschrift und im Einsiedler Kodex bekannt war[15]. Auf Grund von
zahlreichen paläographischen und textlichen Kriterien kann er erstmals
die Haupthand in der Zürcher Handschrift zum Autograph erklären.
Schon Haenel stellte fest, daß die lateinische Übersetzung weit mehr Text
enthält als das Zürcher Autograph. Elsbeth muß also neben dem Zürcher
Bändchen noch weitere Offenbarungen niedergeschrieben haben, die
aber, wie Haenel glaubte, in der mittelhochdeutschen Originalsprache
verloren gegangen seien.

Seit einigen Jahren war ich – in Auswertung der editorischen Vorarbei-
ten Haenels – mit der Erstedition der Zürcher Handschrift und der lateinischen Übersetzung beschäftigt. Kurz vor Abschluß des Editionstypo-
skripts entdeckte ich – fast zufällig – in einer Karlsruher Mystikerhand-
schrift aus dem Basler Dominikanerinnenkloster einen bislang unbekannten längeren Text, der völlig anonym, ohne jeden Hinweis auf die

[14] Muschg, Mystik (wie Anm. 6), S. 204.
[15] Textgeschichtliche Untersuchungen zum sogenannten ‚Puchlein des Lebens und
der Offenbarungen Swester Elsbethen von Oye‘, Masch. Diss. Göttingen 1958. – Eine
kurze Zusammenfassung seiner wichtigen Ergebnisse gibt Hans Neumann in seinem
Forschungsbericht: Texte und Handschriften zur älteren deutschen Frauenmystik,
Forschungen und Fortschritte 41 (1967), S. 46 f.; vgl. seinen Artikel in: Die deutsche
Literatur des Mittelalters – Verfasserlexikon, 2., völlig neu bearb. Aufl., hg. v. K.
Ruh, Bd. 2, Berlin/New York 1980, Sp. 511–514.

Zürcher Schwester, überliefert ist, aber durch den lateinischen Parallel-
text eindeutig als Text Elsbeths von Oye identifiziert werden kann[16].
Denselben Text fand ich in zwei Münchner Kodizes[17]. Teile dieses längeren,
bislang unbekannten Elsbeth-Textes, nämlich einzelne Sätze, Abschnitte oder größere Passagen, sind nun — wiederum völlig anonym —
als sogenannte Streuüberlieferung in zahlreichen Mystikerhandschriften
im Verbund mit Texten Meister Eckharts, Seuses und Taulers nachweisbar. Bis jetzt kenne ich über dreißig Handschriften mit solcher Streuüberlieferung[18]. Der Eckhart-Herausgeber Josef Quint und andere Spe-
zialisten für deutsche Mystik konnten diese anonymen Elsbeth-Texte
nicht identifizieren. In den Handschriftenbeschreibungen wurden sie zumeist als „Traktat vom Leiden aus dem Umkreis der Schule Meister Eckharts" charakterisiert.

Fazit meiner folgenschweren Entdeckungen: Die gesamte Überlieferungsgeschichte mußte neu untersucht werden[19]. Die nun viel kompli-
ziertere Textgeschichte läßt sich — stark vereinfacht — wie folgt skizzie-
ren:

1. Elsbeth von Oye hat mehrere Büchlein tagebuchartiger Aufzeichnungen hinterlassen, nur die Zürcher Handschrift Rh 159 ist als Autograph erhalten.

2. Wahrscheinlich kurz nach Elsbeths Tod fand eine erste mittelhochdeutsche Bearbeitung statt, die aus der Zürcher Handschrift und aus weiteren, heute verlorenen (aber in der lateinischen Übersetzung bezeugten)
Texten Elsbeths einen Mosaik-Traktat über geduldiges, gottgewolltes Leiden schuf. Diese K*-Redaktion, wie ich den Traktat nach der erwähnten
Karlsruher Handschrift nenne, verleiht dem Lehrhaften in Elsbeths Aufzeichnungen dadurch stärkere Konturen, daß er alles Persönliche möglichst meidet und die Fragerin in einen anonymen *mönschen* transpo-
niert.

3. Die K*-Redaktion war schon frühzeitig, wie das für viele mittelhochdeutsche Predigten und Traktate zutrifft, der „Zersetzung" und

---

[16] Karlsruhe, Bad. Landesbibl., Cod. St. Peter pap. 16, fol. 192^r–205^r (v. J. 1458/60).

[17] München, Bayer. Staatsbibl., Cgm 419, fol. 218^r–226^r (v. J. 1454/55) und Cgm
8120, fol. 61^r–81^r (1. Hälfte 15. Jh.).

[18] Die neuen Textzeugen sind zusammengestellt in meiner Studie: Die Offenbarun-
gen Elsbeths von Oye als Dokument leidensfixierter Mystik, in: Abendländische
Mystik im Mittelalter. Symposion Kloster Engelberg 1984, hg. v. K. R u h (Germanist.
Symposien, Berichtsbände 7), Stuttgart 1986, S. 425.

[19] Ebd., S. 425–430.

Neubindung ausgeliefert. Überlieferungsort dieses durch Ad-hoc-Gebrauch geprägten Streuguts sind Mystikerhandschriften (zumeist im Verbund mit Meister-Eckhart-Predigten), asketische Andachtsbücher und Spruchsammlungen mystischer Provenienz. Wie gesagt, kenne ich bis jetzt über 30 solche Handschriften mit größerem und kleinerem Streugut Elsbeths. Die Funde sind mehr zufällig. Mit Sicherheit lassen sich weitere 30 bis 50 Handschriften mit Elsbeth-Texten eruieren.

4. Das heißt aber: Keine der deutschen Mystikerinnen, auch Mechthild von Magdeburg nicht, hat auch nur annähernd eine solche — freilich völlig anonyme — Verbreitung gefunden wie Elsbeths Aufzeichnungen in der K*-Redaktion. Ihre Leidensoffenbarungen erfüllten — vorwiegend in Frauenklöstern, von wo fast sämtliche Handschriften herkommen — offensichtlich ein Bedürfnis des 14. und 15. Jahrhunderts.

5. Schließlich ist im 15. Jahrhundert eine aus allen Elsbeth-Schriften wie auch aus der K*-Redaktion umgeformte mittelhochdeutsche Redaktion in 35 Kapiteln entstanden. Sie ist heute verloren, aber noch in der um 1630 durch den Kartäuser Matthias Thanner hergestellten lateinischen Übersetzung faßbar [20].

Bevor ich nun auf den Inhalt von Elsbeths Offenbarungen eingehe, möchte ich ganz kurz die Zürcher Handschrift Rh 159, vermutlich ein Autograph Elsbeths, vorstellen. Das kleine Pergamentbändchen bietet fast einzigartige Einblicke paläographischer wie inhaltlicher Art für die Entstehungsgeschichte eines mittelalterlichen Textes. Der erste größere Teil (S. 1–125) ist vermutlich Abschrift eines Konzepts, der Rest (S. 125–160) wohl unmittelbare Niederschrift der Offenbarungen, streckenweise mit starken Abkürzungen rasch aufs Pergament geworfen, mit zahlreichen deutlich erkennbaren Schreibabschnitten. Sowohl von paläographischen wie formalen Kriterien her drängt sich der Eindruck von tagebuchartigen Aufzeichnungen auf. Diese unmittelbare, ursprüngliche Überlieferung ist bekanntlich noch im 14. Jahrhundert selten, innerhalb der deutschsprachigen mystischen Literatur jener Zeit jedenfalls absolut singulär. Von keiner anderen deutschen Mystikerin des Mittelalters besitzen wir einen derartigen originalen Text.

Die Zürcher Pergamenthandschrift ist aber noch in einer anderen Hinsicht außerordentlich interessant. Sie weist auf zahlreichen Seiten Text-

---

[20] Überliefert in zwei Hss.: Einsiedeln, Stiftsbibl., Cod. 470, fol. 484ᵛ–509ʳ, und Melk, Stiftsbibl., Cod. 1920, fol. 1ʳ–28ᵛ. – Zu Matthias Thanner (um 1595–um 1648) vgl. Ochsenbein, Offenbarungen (wie Anm. 18), S. 438 Anm. 16.

rasuren auf, die eine Aufsichtsperson wohl noch zu Lebzeiten Elsbeths vorgenommen hat. Die radierten Stellen sind mit Hilfe von Lupe und Quarzlampe weitgehend noch lesbar. Zwei oder drei Hände haben die Zerstörung der Textpartien wenigstens teilweise wieder rückgängig zu machen versucht. Eine der restaurierenden Hände scheint mit der Haupthand identisch zu sein. Sollte dies tatsächlich zutreffen, so hätte also Elsbeth die Zensuren nicht hinnehmen wollen. Eine wohl kurz vor 1400 schreibende Nachtragshand verurteilt am Schluß des Zürcher Bändchens die vorgenommenen Rasuren und verteidigt in scholastischer Manier die inkriminierten Offenbarungsworte mit Zitaten der Bibel und aus Kirchenlehrern als durchaus in der kirchlichen Tradition stehende Wahrheiten: *der in* [den durch Elsbeth sprechenden Geist Gottes] *verstat reht, der erget sich niht noh tilget dich*[21]. Die Rasuren wie auch die spätere Apologie bieten damit aufschlußreiches, noch nie untersuchtes Material für die Geschichte der Häresie im 14. Jahrhundert.

Die von Elsbeth selbst verfaßten und im Zürcher Bändchen überlieferten Offenbarungen zeichnen sich inhaltlich durch ein wirres Durcheinander aus. Das ist durchaus verständlich, wenn man bedenkt, daß sie in Schüben wohl unmittelbar niedergeschrieben und auch bei der Abschrift des ersten Teils (S. 1–125) nie in eine gedankliche oder gar theologisch-systematische Ordnung gebracht wurden. Zu ihrem Verständnis versuche ich deshalb die autographischen Texte in eine gewisse logische Abfolge zu bringen. Der Wortlaut des Originals soll dabei, weil bis jetzt eine Textausgabe fehlt, gebührend miteinbezogen werden[22].

Die tagebuchartig wirkenden Aufzeichnungen der Ötenbacher Schwester kreisen – wie schon gesagt: völlig egozentrisch – um ein einziges Thema: Elsbeth erstrebt und begehrt die möglichst vollkommene Compassio mit dem leidenden Heiland. Dieses Mitleiden, das zur *glichsten glicheit* (z.B. 107,3 f.) hinführen soll, schafft die Voraussetzung für eine ausschließlich im Leiden erfahrbare mystische Einigung mit Gott. Elsbeths Schmerz-Praktiken gleichen in auffälliger Weise jenen Peinigun-

---

[21] Zürich, Zentralbibl., Cod. Rh 159, S. 176.

[22] Die folgende Analyse basiert gedanklich weitgehend auf meiner (in Anm. 18) zitierten Studie, wobei hier teilweise ausführlicher zitiert, teilweise wiederum andere, jedoch inhaltlich weitgehend sich deckende Originalstellen aus der Zürcher Handschrift herangezogen werden. Die Stellenzitate beziehen sich auf Seitenzahl und Zeile des Autographs.

gen, die im ‚Leben Seuses‘ wortreich beschrieben werden. Schon in jungen Jahren kasteit sich die Schwester mit einer selbst verfertigten Geißel, deren metallene Nadeln ihr tief ins Fleisch eindringen, daß sie sie kaum wieder herauszuziehen vermag: *ich was gar jung, do ich mir selber machte ein geisil mit nadeln, unt ich ville [geißle] mich damit also, daz si mir gar dike alz tieffe gestekt in dem fleische, daz ich si kum herwider uzgeziche* (77,13 ff.). Hauptinstrument ihrer blutigen Selbstmarterung ist jedoch ein mit spitzen Nägeln angefertigtes Kreuz, das sie mit einem ebenfalls mit Nägeln versehenen Gürtel so fest an ihrem Körper befestigt, daß sie kaum atmen kann und die Nägel tief ins Fleisch eindringen: *Ich han min krúze dike alz pinlich geslozen umbe minen lib, daz ich wenig dekein atenzug nam, es krachte als ser, alz es von einander wolti springen; unt waren mir denne die nagel als grimeklich ingedruket, daz ich gedachte, weder* [welche von beiden Möglichkeiten] *mir lidiger were, daz su mir in dem flesche stektin oder daz ich su heruz zuge* [73,1 ff.).

Dieses Nagelkreuz, dem Fleisch *eingedruket [. . .] alz ein ingesigel in ein wachs* (61,7 ff.), trägt Elsbeth mehrere Jahre. Weit mehr Schmerzen bereiten ihr der zum Kreuz gehörige Gürtel und physisch-psychische Begleiterscheinungen. Sie trägt etwa ihr Gewand so lange, bis es am Körper zu verfaulen beginnt und Würmer daraus hervorquellen, die nun Tag und Nacht an ihrer Haut nagen, so daß es sie dünkt, als säße sie in einem Ameisenhaufen (61,9 ff.). Das blutsaugende Ungeziefer läßt sie wehrlos an sich wirken, weil das auf Christus bezogene Psalmwort *Ego sum vermis, non homo* (Ps 22,7) auch bei ihr in Erfüllung gehen soll. So wie Christus vor dem Gericht gefesselt war, bindet sie sich nun ihre Hände mit einem Seil, um jeder Regung ihrer Natur widerstehen zu können (63, 2 ff.). Äußerliche Schmerzen verbinden sich mit inneren: Elsbeth fühlt, wie ein Schwert in ihre Seite eindringt, wie ein Mühlrad unabläßig in ihrem Herzen umgedreht wird (37,10 ff.).

Solche Leiden vermag Elsbeth, wie sie immer wieder beteuert, kaum zu ertragen; öfters will sie das blutige Nagelkreuz ablegen. Aber immer wieder wird sie durch Auditionen Gottvaters, Christi, des heiligen Geistes, Johannes des Evangelisten und der Gottesmutter Maria zum geduldigen Ausharren ermuntert und aufgefordert. In kürzeren oder längeren Dialogen mit der Schwester bestärken die genannten himmlischen Personen diese in ihrer Blutaskese, ja sie rechtfertigen geradezu ihre vorgenommenen Peinigungen.

Versucht man diese öfters wiederkehrenden Rechtfertigungen gedanklich etwas zu ordnen, so basieren sie auf folgenden Voraussetzungen:

Gottvater ist nichts wohlgefälliger als sein Sohn, der ihm mit seinem freiwillig erlittenen Kreuzestod das größte Liebeswerk dargebracht hat.
Denn der Vater empfand am Leiden seines Sohnes unendliche *herzelust*.
Dessen blutende Wunden erfreuten ihn so sehr, daß sie ihn seine gerechte
Rache an der gefallenen Menschheit vergessen machen ließen: *Sie hant
mir vergezzinlich gemachet unt in mir vernichtet den val menschen kunnes
und die verdiente rache miner gerechtikeit* (13,7 ff.). Ein Mensch kann deshalb Gottvater keinen höheren Liebeserweis darbringen, als wenn er das
Leiden des Gottessohnes so blutig nachvollzieht, daß *glicheit* im Schmerz
zustande kommen kann. So spricht Gottvater zu Elsbeth: „In wessen
Gleichheit kannst du mir im Anblick liebevoller sein als eben in der
Gleichheit meines gekreuzigten Sohnes?" (*In wes glichnusse macht du mir
minneklicher gesin anzusehinne denne in der glicheit mins krúzgeten suns?*
[21,14 ff.]). Und er versichert der leidenden Schwester: *Du solt bi minem
sun hangen an dem krúze und in siner glicheit soltu mir gevallen, unt in
siner glicheit sol ich dich minnonde werden* (14,2 ff.). Ebenso erfreut sich
der Sohn an Elsbeths blutiger Askese. Ihre Marter mit dem Nagelkreuz
hält er mit einem ewigen Verlangen vor seinen Augen (8,13 ff.). In ihren
Schmerzen findet er – wie ein Kind bei der Mutter – Zuflucht und Ruhe:
*Alz daz kint rûwe sûchet bi siner mûter herzen, also habe ich widerflucht
und rûwe an dem pinlichen ser dins kruzes* (52,4 ff.).

Mitleiden als Mitgekreuzigtsein führt so zu einer erneuerten Passion,
die sich, wie der Erlöser ihr verheißt, erneut an anderen Menschen auswirken kann: *Du bist mit mir gekruzeget also, daz din krúze min krúze
wider grûnende und blûgende machen sol in der lute herzen, dien* [denen]
ez gar tôdmig unt vergezzinlich worden was (81,12 ff.). Die im Text wiederkehrenden Metaphern des Grünens und Blühens intendieren die Vorstellung, daß Christi blutige Passion von Elsbeth mittels ihres Nagelkreuzes nochmals und immer wieder vollzogen wird. Gottvater bestätigt ihr
diesen Wunsch: *Ich wil, daz din krúze alle zit engrûne unt uzblûginde ma-
che die blûtinde wunde mins suns vor dien ougen miner maginkraft* [Maje-
stät] (42,14 ff.). Was Elsbeth metaphorisch umschreibt, läßt sich theologisch so zusammenfassen: Die „passio" Christi wird zur „repassio" Elsbeths, der für die Menschen auf Golgatha verblutete Erlöser findet in der
Ötenbacher Schwester seine Miterlöserin.

Mehrmals berichtet Elsbeth, wie sie aus übergroßem Schmerz ihr Nagelkreuz nicht mehr tragen kann und es für kurze Zeit ablegen muß.
Doch sogleich befällt sie Trostlosigkeit und Vereinsamung. Diese seelischen Qualen verschwinden alsbald, wenn sie sich wiederum mit ihrem

Marterinstrument umgürtet. Denn Gott will nicht, daß sie sich ihrer Peinigung entledigt, wird doch ihr Schmerz von ihm getragen. Was sie erleidet, hat zuvor bereits der Gottessohn erlitten. So ist es nicht ihr, sondern sein Schmerz. Als Elsbeth einmal die *unsaglichin pin* kaum ertragen kann und den Herrn nach der Messe fragt: *Owe herre, weistu nit, was ich geliten han?*, gibt ihr dieser zur Antwort: *E daz du ez irlitest, do was ez von mir gevlozzin an minem krúze, unt darumbe hastu ez nicht geliten, du maginkraft mines blûtez hat ez geliten* (137,5 ff.).

Immer wieder erhebt Gott in seinen Offenbarungen den Wunsch, Elsbeth möge in ihrer blutigen Nachfolge dem leidenden Gottessohn gleich werden. Die *glichste glicheit* meint hier nichts anderes als die *allerblûtigste glicheit* (94,12 f.). Aus dem Text der Zürcher Handschrift läßt sich allerdings nicht eindeutig erkennen, ob Elsbeth als sichtbares Zeichen dieser blutigsten Gleichheit auch die Stigmata empfangen hat. So verheißt ihr der Herr auf mehrfache Bitte hin die *blûtinden minnzeichen* seines Kreuzes (109,13), insbesondere die Herzwunde mit dem *minneklichen sper, daz mir ufgeslozzen hat min herze* (110,5 ff.). Ihr sehnliches Begehren nach den Wunden *(blûtinde minnezeichin)* bringt ihr neuen Schmerz in ihrem Herzen und *ouch an henden unt an fûssin* (158, 16 ff.).

Die von Gott gewollte und von Elsbeth angestrebte *allerblûtigiste glicheit* befähigt nun die Dulderin, sich gleichsam in den innergöttlichen Kreislauf einzubeziehen, der mehrmals als ein Hin- und Herfließen zwischen Vater und Sohn umschrieben wird. Indem Elsbeth gleichzeitig in ihrer „repassio" die Stelle des leidenden Gottessohnes einnimmt und mit ihrem Schmerz den Vater aufs höchste erfreut, kann sie sich in die stets dynamische Beziehung zwischen Vater und Sohn einschleusen. Wie der Sohn ein ewiges Zurückfließen hat in den Vater, so hat Elsbeths durch die „repassio" gewürdigtes Blut die Fähigkeit erlangt, in den tiefsten Grund des Vaters zurückzufließen: *Alz ich ewiklich ein naturlich widervliezzin habe in mins vater herzin*, so offenbart ihr Christus, *also hat din blût enphangin ein nuborne widervliezzin in den tiefstin grunt mins vater* (115,3 ff.). Ebenso strömt vom Vater eine Gegenbewegung aus. Mit der Ausgießung von Elsbeths Blut durch ihr Nagelkreuz wird dieser so sehr gesättigt, daß er sein göttliches Wesen und seine Natur, die er stets in seinem Sohn einfließen läßt, nun auch in ihren innersten Seelengrund eingießt: *Ich habe alle zit mit spilnden herzelust an dem pinlichen ser dins kruzes. Du hast mich alz gar sunder gemerget mit der uzgiezzunge dinz marges, daz ich ez nit vermag, ich mûsse mich waglich irgiezzin in den inresten grunt diner sele* (27,1 ff.).

Das Instrument, welches das Hin- und Herströmen möglich macht, ist das *krúz* Christi und das diesem gleichförmig gewordene *krúz* Elsbeths, also wohl ihr Nagelkreuz. Dieses *krúz* heißt in der metaphorischen Sprache des Fließens *kenel* (56,14), *blútgiessinde ader* (97,6), *runsader* (98,4). Wie sehr der durch das Nagelkreuz hervorgerufene „Blutfluß" Elsbeths eine Einheit mit dem Erlöser und Gottvater eingehen kann, offenbart ihr etwa Christus: *Du blútig runsader mins krúzes und du blútinde runsader dins krúzes hant alle zit ein stetes infliezin in den tiefsten grunt mins vater* (99,12 ff.). Und der Vater bestätigt ihr: *Din krúze ist ein núborne runsader, dur die daz minnewallende blút mins kruzgeten suns invliezzinde und inklingende ist in den tiefsten grunt mins veterlichen herzen* (59,5 ff.).

Der metaphorischen Ausdrucksweise Elsbeths entsprechend, wird die Annäherung und Verbindung zwischen Gott und der menschlichen Seele als Blut- und Markaustausch vorgestellt. Gott saugt von der *runsader* ihres Nagelkreuzes: *Alz minneklich dem kinde ist zi suginne von siner múter herzin, als minneklich ist mir alle zit ze sugenne di runsader dines kruzis* (121,13 ff.). Aber auch Elsbeths Nagelkreuz hat — wie Gott — Zugang zum väterlichen Herzen. So verheißt ihr Gottvater: *Din krúze hat ein sunlich ingan in min veterlich herze mit dem blúte mins suns unt suget da von mir die tiefsten verborginheit, die ein luter creature enphahen mag* (52,10 ff.). Gegenseitige Labung zwischen Mensch und Gott erfolgt ebenso durch das Ausgießen und Saugen des Markes. Mit dem antonymischen Wortspiel *entmergen — mergen* (Mark entziehen — mit Mark sättigen) sagt der Sohn zu Elsbeth: *Entmerget dich din krúze, so merget ez aber mich unt ist mir ein gúnlich herzelust vor allem himelschen her* (26,8 ff.). Indem Elsbeth ihr menschliches Mark verliert, wird ihr gleichzeitig die Feistheit des göttlichen Markes eingegoßen: *In der uzgiezzunge diz marges wirt geborn ein herzelust, mit dem ich dir ingiezzin múz die veissi mis marges* (71,1 ff.). Die Trockenheit ihres menschlichen Markes wird ihr so durch das Mark Gottes als eine Wiedersättigung vergolten: *Ich bin alz gar margrich, ich widersatte wol die turri dines marges* (54,4 ff.).

Mit dem Blut- und Markaustausch wird der leidenden Schwester göttliche Kraft zuteil, ohne die sie ihre Kreuzmarter nicht vollbringen könnte. Gottvater belehrt sie: *Du bidarft ze diner krúzgunge dekeiner naturlicher kraft nit wan alleine der lebindun maginkraft miner gotlicher natur* (18,3 ff.). So wie die göttliche Natur in der Person des Sohnes vermenschlicht wurde, so wird nun Elsbeths menschliche Natur vergöttlicht im Schmerz ihres Nagelkreuzes. Christus zu ihr: *Alz min gotlich nature ge-*

menschet wart in der persone mins suns, also wirt din menschelich nature vergŏttet in dem pinlichen sere dines krúzes. Ihr blutiges *krúze* bindet und zwingt die Gottheit an sie (23,10 ff.). Gottvater: *Din krúze ingŏttit, innaturet mich alle zit in den inresten grunt diner sele* (89,11 ff.).

So wird Elsbeth zur Spielgefährtin der Dreifaltigkeit, wie ihr Gott selber in einem Dialog bezeugt: *Dur daz blŭtinde ser dins krúzes bin ich alle zit spilinde mit dir in der verborgen tristkamer* [Schatzkammer] *miner gotlicher drivaltikeit* (85,1 ff.). Und Elsbeths daran anschließende Frage: *Herre, zeige mir, wielich ist daz spil?* beantwortet der Gottessohn: *Min herzespil ist mit dir alle zit also, daz ich dich mit spilinder minneklicheit mit mir senke in den tiefsten grunt mins vater, alz vil ez muglich ist luter creature* (85,4 ff.). Gott verwundet die leidensbereite Schwester *mit der ewigen minne mis veterlichen herzen* (39aʳ,5 ff.), er hat sie *alle zit gegenwertig vor dien ougin miner maginkraft in dien ufwallenden, blŭtinden wunden mis suns, und da sich ich dich an mit der minneklichsten veterlichsten herziklicheit, alz ich ie angeblikte dekein creature* (68,7 ff.). Der liebesmystische Wortschatz aus dem Mund des Vaters und des Sohns deutet an, daß Gott „die gekreuzigte Minnerin" als Braut angenommen hat.

Damit kann sich die „unio mystica" vollziehen. In den Grund der durch das Leiden vergöttlichten Seele Elsbeths erfolgte der ständige *widerfluz* des Sohnes: *Din blŭtgiezzinde krúze hat mir ingnaturet alle zit ein stetiu widerfluz in den inresten grunt diner sele* (123,4 ff.). Der innerste Seelengrund wird zur Geburtsstätte Christi: *Dur daz pinlich ser dins krúzes wil ich weslich wirkunge han in dir unt in der weslichun wirkunge sol ich giborn werden in dem inresten grunt diner sele, alz ich alle zit giborn wirde in dem herzen mins vater* (88,13 ff.). Und der Vater bestätigt seinem Sohn: *Mir ist an ir gelungen also, daz ich dich in dem blŭtinden ser ir krúzes mit spilinder vrŏde alle zit gebir in dem grunt mins veterlichen herzen* (26,3 ff.).

Die blutige Leidensaskese, wie sie in spätmittelalterlichen Frauenklöstern teilweise geübt wurde, gewinnt in Elsbeths autographischen Aufzeichnungen unmittelbare, ja geradezu drastische Gestalt. Daß Elsbeth im Zürcher Dominikanerinnenkonvent nicht die einzige war, die solche Selbstmarterungen auf sich nahm, bezeugt ein Passus aus dem Ötenbacher Schwesternbuch, der aus dem Leben der Elsbeth von Beggenhofen folgendes berichtet: Diese *het sich etwen mit der seligen andechtigen swester Elsbeth von Oye und andern heiligen swestern erpoten in etwas kestigung des leibes, als si inen selber uf leiten durch got und so si dar inen gottes willen suchten.* Aber Gott will diese Peinigung nicht. Da ihr Beichtvater und andere Geistliche Elsbeth von Beggenhofen nicht helfen können, sucht sie Rat bei Meister Eckhart. Er sagt: *do gehört kein zeitlich weisheit zu, es ist ein lauter gottes werk; do hilfet nichts für, denn daß man sich in einer freien gelassenheit gottes treuen befehle*[23].

Eckharts *gelâzenheit* oder *abgescheidenheit* meint bekanntlich ein Freiwerden von sich selber und allen Dingen, aber auch und insbesondere ein Freikommen von allen Arten, „wie man Gott fassen und erfassen, erfahren und kennen lernen will"[24]. Zwar anerkennt Eckhart das Leiden als beste Hilfe, die zur Abgeschiedenheit anspornt[25], aber in seinen ‚Reden der Unterweisung' warnt er eindringlich vor einseitiger leiblicher Nachfolge Christi: *Vil liute dünket, daz sie grôsziu werk süln tuon von ûzern dingen, als vasten, barvuoz gân und ander dinc des glîche, daz pênitencie heizet [...] Kristus der hât vil werke getân, dâ mite er meinte, daz wir im geistlîchen süln nâchvolgen und niht lîplichen. Und dar umbe sol man sich vlîzen, daz man vernünfticlîchen künne nâchvolgen*[26]. Wenn man innerlich ganz gelassen ist, dann wird man sich auch allen süßen Gottgefühls mit Willen entschlagen[27]. *Wan waerlîche, swer gotes mê waenet bekomen in innerkeit, in andâht, in süezichheit und in sunderlîcher zuovüegunge dan bî dem viure oder in dem stalle, sô tuost dû niht anders dan ob dû got naemest und wündest im einen mantel umbe daz huobet und stiezest in under eine bank. Wen swer got suochet in wîse, der nimet die wîse und lât got, der in der wîse verborgen ist*[28].

Eckhart verurteilt in seinen erhaltenen Schriften, wenn ich recht sehe, nirgends direkt und konkret die blutige Askese, wie er sie zweifellos in Frauenkonventen öfters angetroffen hat und wie sie von anderen Mystagogen – vornehmlich aus dem dominikanischen Orden – immer wieder kritisiert wurde[29]. Aber er warnt – das belegen die hier zitierten Stellen

---

[23] Schwesternbuch (wie Anm. 8), S. 262 f.; vgl. Muschg (wie Anm. 6), S. 194.

[24] A. M. Haas, Meister Eckharts geistliches Predigtprogramm, Freiburger Zs. für Philosophie u. Theologie 29 (1982), S. 163 f. (auch in: A. M. Haas, Geistliches Mittelalter [Dokimion 8], Freiburg [Schweiz] 1984, S. 320 f.).

[25] Meister Eckhart, Die deutschen Werke, hg. v. J. Quint, Stuttgart 1936 ff.; Bd. 1 (1958), 2 (1971), 3 (1976), 5 (1963) [im folgenden: DW]; zur Stelle vgl. DW V, S. 433,1 ff.

[26] DW V, S. 244,5 ff.

[27] DW V, S. 283,5 ff.

[28] DW I, S. 91,3 ff.

[29] Belege zur Stellungnahme gegen zu harte Askese bei Ringler, Viten- und Offenbarungsliteratur (wie Anm. 4), S. 163 f.

und der Traktat ‚Von abegescheidenheit'[30] — vor einer allzu bildhaften
Erscheinung des Gottessohnes und vor dem einseitigen Versuch leiblicher Nachfolge Christi[31]. Ob Elsbeth von Oye Eckharts leise Vorwürfe
verstanden oder wenigstens die dominikanische Forderung nach Maß in
der Askese gekannt hat? Jedenfalls versucht sie — im Gegensatz zu älteren
Schwesterngenerationen, denen die blutige Kasteiung selbstverständlich
war — ihre anhaltend schweren Züchtigungen durch himmlische Offenbarungen zu rechtfertigen. Und sie tut dies mit Spekulationen, die vermutlich der mystischen Lehre Meister Eckharts entnommen sind.

Eine Wortschatzanalyse könnte zeigen, wie zwei verschiedene Bereiche mystischer Ausdrucksweise in Elsbeths Aufzeichnungen zu einer
seltsamen, formelhaften Sprache verbunden sind. Emphatische Ausdrücke, vielfach dem Bereich des liebesmystischen Wortschatzes entnommen (*dú blůtinden minnezeichin mins kruzes; in der brinnenden
brunst siner minnebiwegunge; in einem sůzzen meigentouwe*), sind ge-
paart mit ebenfalls immer wiederkehrenden Formeln einer spekulativen
Abstraktsprache (*glichste glicheit, tiefster grunt, weslich wirkunge*). Die erst-
genannte Ausdrucksweise — wie überhaupt das gesamte beschriebene
Umfeld der blutigen Peinigung — entstammt jener weitverbreiteten
Vorstellungs- und „Erfahrungs"Welt, wie sie im Rahmen der Nonnen-
spiritualität und asketischer Forderungen ausgebildet wurde und wie sie
für uns in älteren Textpartien der Schwesternbücher, in einzelpersönlichen Viten, aber auch in wenigen deutschen Gebeten und gebetsähnli-
chen Texten des 14. Jahrhunderts greifbar wird, aber bisher von der Forschung noch kaum im größeren Zusammenhang untersucht worden ist.

In diesen breiten Strom aus dem Bereich der Minne- und Blutmystik
schießen Elemente einer theologischen Abstraktsprache ein. Ob Elsbeth
tatsächlich dafür auf Formulierungen von Meister Eckhart (und seiner
Schüler) zurückgreift, müßte eine genauere Untersuchung erst erweisen.
Immerhin lassen sich aus Eckharts geistlichem Predigtprogramm[32] drei
der dort angesprochenen vier Themata in Elsbeths autographischen Auf-

[30] DW V, S. 430,12 ff. und 432,3 ff
[31] Vgl. O. Langer, Enteignete Existenz und mystische Erfahrung. Zu Meister Eckharts Auseinandersetzung mit der Frauenmystik seiner Zeit, in: Sô predigent etelîche.
Beiträge zur deutschen und niederländischen Predigt im Mittelalter, hg. v. K. O. Seidel (Göppinger Arbeiten zur Germanistik 378), Göppingen 1982, S. 49—96, bes.
70 ff.; A. M. Haas, „Trage Leiden geduldiglich". Die Einstellung der deutschen Mystik zum Leiden, in: Lerne Leiden (wie Anm. 4), S. 35—55 u. 80—89, bes. 39 ff.
[32] DW II, S. 528,5—529,2; vgl. Haas, Predigtprogramm (wie Anm. 24), S. 192 ff.

zeichnungen nachweisen — freilich in sehr einseitigen Ansätzen: 1. die
Sohnesgeburt in der Seele des Menschen, 2. der von Gott in die menschliche Seele gelegte Adel und 3. die Lauterkeit göttlicher Natur. Das vierte
Thema, *von abegescheidenheit und daz der mensche ledic werde sîn selbes
und aller dinge*[33], erscheint in Elsbeths Aufzeichnungen nur am Rande.

Wie einseitig und nur eben zur Rechtfertigung ihrer Blutaskese Elsbeth von Oye Eckhartsche Elemente heran- und in ihre traditionelle
Blutmystik einbezieht, kann hier nicht im einzelnen dargelegt werden.
Wir beschränken uns auf wenige grundsätzliche Beobachtungen: Der
Vorstellungskomplex der Gottesgeburt ist nur teilweise und sehr verengt
erfaßt; es fehlt etwa der dogmatische Aspekt von der Geburt des Logos
(der Sohn wird nie „Wort" genannt) durch den Vater ebenso wie der ethi-
sche von der Wiederholung dieser Geburt in der Entfaltung des Tugend-
lebens. Die Gottesgeburt ist bei Elsbeth ausschließlich an *daz pinlich ser*
ihres Nagelkreuzes gebunden. Und ebenso ist der Adel der Seele eine Folge des Leidens; vom Seelenfünklein ist nirgends die Rede. Die *lûterkeit*
(der Begriff fehlt!) göttlicher Natur kommt gar nicht zur Sprache; statt
dessen steht im Zentrum die *luter(st) creature*, die mit Gott im Leiden *die
luterst vereinung* erfahren darf.

Elsbeths Aufzeichnungen wird der Literaturwissenschaftler und Historiker nicht gerecht, wollte er sie lediglich als „Rechtfertigungsschrift"
mit dem Hinweis abstempeln, wie schlecht die Ötenbacher Schwester
Meister Eckharts mystische Lehre verstanden und wie einseitig sie daraus
spekulative Elemente für die Verteidigung ihrer Blutaskese herangezogen
hätte. Elsbeths zunächst tagebuchartig wirkenden Aufzeichnungen sind
nicht bloß Verteidigung, sondern weit mehr: sie sind Lehre und Unterweisung für andere. Ihre Offenbarungsniederschriften waren vermutlich
von Anfang an für andere Leser bestimmt. Mehrmals betont Elsbeth, daß
sie von Gott zur Niederschrift ihrer Offenbarungen gezwungen werde.
Der Topos des Schreibbefehls steht in der literarischen Tradition der Vi-
tenschreibung, die Verkündigung anstrebt[34]. Und meine Funde in der
Streuüberlieferung belegen deutlich, daß Elsbeths Offenbarungen über
das Leiden tatsächlich geschätzt und gelesen wurden. Diese Leser — wie
gesagt: meistens geistliche Frauen — haben zwischen echten Predigten
Meister Eckharts oder Taulers und solchen anonymen Elsbeth-Passagen
nicht unterschieden. Alle diese Texte, mit Dicta von Altvätern und Kir-

[33] DW II, S. 528,5 f.
[34] Vgl. Ringler, Viten- und Offenbarungsliteratur (wie Anm. 4), S. 175 ff.

chenlehrern, mit Gebeten, allegorischen Auslegungen und anderem
mehr bunt gemischt, dienten nur dem einen Zweck: der geistlichen Erbauung und Festigung der Leser und Hörer.

Elsbeth ist in ihren Aufzeichnungen – das hat meine kurze Inhaltsana-
lyse zeigen wollen – ausschließlich auf das Leiden fixiert als einziges Mittel, um zur mystischen Einigung mit Gott zu gelangen. Man könnte das
ich-süchtige Leidensbereitschaft, ja Leidensbesessenheit, nennen. Aber
solche Bezeichnungen enthalten bereits negative Bewertungen, die das
Phänomen mehr verdecken als in seiner Zeit und von der besonderen
Situation der Klosterfrau her zu verstehen suchen. Nur mit größter Zurückhaltung und Vorsicht würde ich Elsbeths Texte der Analyse eines
Psychologen oder Psychoanalytikers anvertrauen. Die Psychoanalyse
würde nämlich Elsbeths Verhalten und ihre Offenbarungen vor allem
mit modernen Kriterien untersuchen, die den historischen Bedingungen
und dem besonderen Kontext zu wenig gerecht würden. Viele religiöse
Menschen des Mittelalters und auch der Neuzeit haben das körperliche
Leiden gesucht, um Christus in der Passion nachzufolgen. Wer kennt
nicht aus dem Leben des heiligen Franziskus den Beginn seiner Beke-
rung: Vor Assisi reitend, begegnet er einem Aussätzigen; Franz steigt vom
Pferd und küßt den unheilbar Kranken. Die selige Ivetta von Huy, Witwe, dann Begine und schließlich Reklusin bei Lüttich, dient jahrelang im
Aussätzigenspital von Huy. Wie Franz von Assisi und Elisabeth von
Thüringen glaubt sie im einzelnen Kranken Christus zu erkennen. Sie
bittet Gott um die Gnade der Ansteckung, um die Krankheit selber mit-
erleiden zu dürfen. Ihr aktives Leben, durch den Martha-Dienst im Evangelium präfiguriert, will die Krankheit, um so – vollkommener – später
zum kontemplativen Leben der Maria zu gelangen[35]. Und die zahlreichen stigmatisierten Heiligen? Wollten nicht auch sie wie Elsbeth von
Oye den blutigen Nachvollzug der Passion Christi?

Elsbeths einseitige, uns heutige Menschen vielleicht gar abstoßende
blutige Leidensaskese muß man von den historischen und sozialen Gegebenheiten eines Dominikanerinnenkonvents um 1320 zu verstehen suchen[36]. Das Ötenbacher Kloster in der Stadt Zürich, seit 1285 auf dem

---

[35] Vgl. M. Wehrli-Johns, Aktion und Kontemplation in der Mystik. Über Maria
und Martha, in: Lerne leiden (wie Anm. 4), S. 9–20, bes. 11 f., und dies., Maria und
Martha in der religiösen Frauenbewegung, in: Abendländische Mystik (wie Anm.
18), S. 354–367.

[36] Eine einfühlende Darstellung in die Atmosphäre spätmittelalterlicher Dominikanerinnenklöster gibt A. Borst, Mönche am Bodensee (610–1525), Sigmaringen
1978, S. 284–301 (Die ungenannte Dominikanerin in St. Katharinenthal).

Sihlbühl, wo heute der Uraniahof steht, gelegen, erlebte zur Zeit Elsbeths eine große Blüte. Der Andrang ins Kloster war außerordentlich stark, so daß der Provinzial des Dominikanerordens 1310 die Höchstzahl der Nonnen auf 60 festlegen mußte und der Konvent eine hohe Einkaufsgebühr fordern konnte, was dem Kloster zusätzlich zu den vielen Schenkungen einen wirtschaftlichen Aufstieg brachte[37]. Ötenbach besaß ein eigenes Skriptorium von hohem Rang, wie die noch erhaltenen Handschriften und Urkunden zeigen. Aber es war auch – und das ist hier entscheidend – ein Kloster mit strenger, ja strengster Klausur. Elsbeth von Oye dürfte, seit sie mit fünf Jahren ins Kloster eintrat, bis zu ihrem Tod nichts mehr vom Alltag und Leben in der Stadt Zürich wahrgenommen haben. Ihr Dasein, ihr Erfahrungsbereich, war auf engsten Raum ausschließlich in der Gemeinschaft dieser Ötenbacher Schwestern eingeschränkt. Gemeinsames Chorgebet (bis zu acht Stunden am Tag), persönliches, stilles Beten und Meditieren, ein wenig Handarbeit, viel Schweigen: das waren die Pflichten und der unveränderliche Tagesablauf einer Dominikanerin. Schwere Arbeit zum Unterhalt des Klosters verrichteten lediglich die Laienschwestern, die zum Chorgebet nicht zugelassen waren. Und die zum Teil recht gebildeten Chorfrauen lasen im Evangelium: „Was ihr für einen meiner geringsten Brüder getan habt, das habt ihr mir getan" (Mt 25,40). Wie sollten sie, völlig eingeschlossen, diese Forderung Christi erfüllen? Da hatten es gewiß die Beginen in ihren offenen Samnungen leichter, sie konnten wirklich karitativ nach außen wirken, die Armen und Kranken in der Stadt des Tags pflegen. Das war den klausurierten Dominikanerinnen verwehrt, ja von ihren geistigen Führern, den Dominikanern, verboten worden, die sich selber gerade dadurch auszeichneten, daß sie mit Seelsorge und Predigt im städtischen Alltag gegenwärtig waren[38]. Also nahmen die geistlichen Frauen, die keine Priester werden konnten, aber auch keine Laien bleiben wollten, ihre Zuflucht in die geistlichen Werke und Übungen. Die karitative Forderung des Christentums verwandelte sich bei ihnen immer mehr in eine rein spirituelle Tätigkeit. Einzelne Frauen beteten in ihrer freien Zeit täglich Hunderte von „Ave Maria" und „Pater noster". Es herrschte in sol-

---

[37] Vgl. Halter, Geschichte (wie Anm. 11), u. S. Widmer, Zürich – eine Kulturgeschichte, Bd. 3: Arme Schwestern – adelige Herren, Zürich 1976, S. 44–52.
[38] Vgl. M. Wehrli-Johns, Geschichte des Zürcher Predigerkonvents (1230–1524). Mendikantentum zwischen Kirche, Adel und Stadt, Zürich 1980, bes. S. 100 ff. u. 148 ff.

chen zusätzlichen geistlichen Werken, das kann man aus den überlieferten Schwesternviten immer wieder herauslesen, eine Konkurrenz in Verschwiegenheit, als ob der Gnadenstand der einzelnen Schwester vom Kontostand der täglich geleisteten Gebete abhing. Auch wenn man miteinander auf engstem Raum zusammenleben mußte und sich zuweilen auf die Nerven ging: viele dieser Nonnen waren selbst beim gemeinsamen Chorgebet für sich allein, auf sich angewiesen, in sich zurückgezogen. Geißelungen, asketische Übungen, aber auch Offenbarungen und Gnadenerweise fanden vielfach in aller Heimlichkeit statt, ohne daß die Mitschwestern davon wußten, und viele nahmen ihre höheren Erfahrungen verschwiegen mit ins Grab.

Eine solche Atmosphäre, solche Bedingungen förderten in besonderem Maße den religiösen Individualismus. Da konnte es leicht geschehen, daß einzelne wie Elsbeth von Oye in bezug auf die üblichen kirchlichen Vorstellungen über Leiden, Erlösung und Vergöttlichung einen eigenen Weg beschritten. Die Vereinzelung und Verinnerlichung führt bei Elsbeth zur Egozentrik, die — so jedenfalls nach ihren erhaltenen Niederschriften — keinen Blick auf die Mitmenschen mehr gestattet. Während etwa viele Schwestern tagtäglich für arme Seelen, etwa für die ärmste Seele in Ninive, beteten und ihnen für dieses geistliche Werk auch von Verstorbenen in einer Vision gedankt wurde, konzentrieren sich Elsbeths Aufzeichnungen ausschließlich auf das persönlich erfahrene Leiden und die Auszeichnung durch Gott. Ihr eigentliches geistliches Werk ist die sich selber zugefügte Peinigung, und dank dieses Leidens nimmt sie Anteil an der Erlösung Christi am Kreuz. So wie Maria, die Mutter Christi, damals bereits als Miterlöserin gefeiert wurde, so hat auch Elsbeth versucht, es ihr gleichzutun. Imitatio Christi wird hier blutig ernst. „Wer mein Jünger sein will, der verleugne sich selbst, nehme täglich sein Kreuz auf sich und folge mir nach" (Lk 9,23): Dieses Christuswort hat Elsbeth wortwörtlich genommen. Wir wissen, welche Auswüchse die spätmittelalterliche Werkfrömmigkeit (gegen die Luther dann angetreten ist) mit sich gebracht hat. Elsbeths Werkfrömmigkeit, ihre Leidensaskese, wird, wenn man so will, in einer gewissen Weise zur Leidensmagie. Denn die Ötenbacher Schwester versucht durch ihre freiwillige, heimliche Peinigung Gott dazu zu zwingen, daß er sich ihr offenbart, daß sie als seine Braut die „unio mystica" erfahren darf.

Als ich im Herbst 1984 Mystik-Spezialisten erstmals Elsbeths Offenbarungen vorstellte, löste ihr Text ganz verschiedene Reaktionen aus. Der eine Gelehrte verwarf mit Entschiedenheit Elsbeths Leidensrechtferti-

gung als abscheuliche Aberratio einer bemitleidenswerten naiven Schwester, der andere sprach dem Text eine außerordentliche mystische Qualität zu; der Leser würde durch die formelhafte, fast litaneiartige Sprache
mit immer derselben Thematik gleichsam selber in den Sog echter Leidensbereitschaft gezogen[39]. Elsbeths Offenbarungen sind offensichtlich
ein Grenztext mystischer Literatur, jedenfalls ein Dokument, das unmittelbar zur Diskussion herausfordert.

---

[39] Vgl. die Diskussion zu meiner Studie: Offenbarungen (wie Anm. 18), S.
473–475.

DOROTHEA VON MONTAU: WAHRNEHMUNGSWEISEN VON KINDHEIT UND EHELEBEN EINER SPÄTMITTELALTERLICHEN HEILIGEN[*]

von

Elisabeth Schraut

Dorothea von Montau, eine im Preußen des 14. Jahrhunderts lebende religiös bewegte Frau, wurde erst 1976, fast 600 Jahre nach ihrem Tod von der römischen Kirche heiliggesprochen[1].

Die Bemühungen um ihre Kanonisation gingen dabei von drei aus den deutschen Ostgebieten vertriebenen Persönlichkeiten aus, die auch die Dorotheenforschung nach dem 2. Weltkrieg im wesentlichen betrieben und sich durch Quelleneditionen und zahlreiche Publikationen Verdienste erwarben. Dies sind: Richard Stachnik, Hans Westpfahl und Anneliese Triller.

Einem breiteren Publikum bekannt wurde Dorothea von Montau darüberhinaus durch die literarische Verarbeitung in Günther Grass' Roman ‚Der Butt‘, wo sie eine zentrale Rolle spielt. Grass stellt dabei in einem fiktiven Disput mit seinem früheren Lateinlehrer Richard Stachnik — eben jenem, der den Kanonisationsprozeß maßgebend betrieben hat — zwei Sichtweisen heraus: eine katholische, die Dorothea als Heilige betrachtet, und eine feministische, die in Dorothea die Vorkämpferin der

---

[*] Der folgende Beitrag wurde als Vortrag konzipiert und für die Drucklegung nur geringfügig überarbeitet. Die Übersetzungen fremdsprachiger Zitate sind nur als Verständnishilfen zu verstehen.

[1] Dorothea von Montau. Eine preußische Heilige des 14. Jahrhunderts. Anläßlich ihrer Heiligsprechung im Auftrag des Historischen Vereins für Ermland e.V. hg. v. Richard Stachnik u. Anneliese Triller, Münster 1976. Dort auch ein Verzeichnis der bis 1976 erschienenen Literatur zu Dorothea. Zuletzt: Art. Johannes Marienwerder, in: Die deutsche Literatur des Mittelalters. Verfasserlexikon, 2. Aufl., hg. von Kurt Ruh, Bd. 6, 1985, Sp. 56–61 (Anneliese Triller).

Frauenbefreiung sieht; eine Hexe in deren Verständnis, also positiv. Gegen beide Wahrnehmungsweisen und Vereinnahmungsversuche in eine Tradition wendet sich Grass, indem er die Alternative Hexe oder Heilige nicht akzeptiert und einen Kompromiß vorschlägt[2]. – Ich werde darauf zurückkommen.

In den folgenden Ausführungen sollen nicht das „innere" Leben oder die Mystik Dorotheas im Vordergrund stehen, sondern ihr „äußeres" Leben bis zu ihrem Eintritt in die Klause, d.h. Kindheit und Ehe, sowie die Reaktionen ihrer Umwelt darauf. Dabei soll zugleich exemplarisch vorgeführt werden, welche Möglichkeiten und Schwierigkeiten eine – von ihrem sozialen Status vergleichsweise durchschnittliche – Frau hatte, ihre religiösen Bedürfnisse zu realisieren.

Die Quellen

Die Quellenlage über Dorothea von Montau ist, verglichen mit anderen Quellen, die Aussagen über Handwerkerfrauen des 14. Jahrhunderts erlauben, gut. Selten existieren in diesem Zeitraum Quellen, die so ausführlich über eine einzelne Frau berichten; meist werden allenfalls Schlüsse über eine bestimmte Personengruppe möglich – wie etwa bei der Auswertung von Testamenten oder Inventaren –, wobei die einzelne Person aber im Hintergrund bleibt. Andere Quellengattungen – normativer Art – wie Stadtrechte oder Zunftsatzungen informieren schließlich „nur" über rechtliche Voraussetzungen, Rahmenbedingungen, nicht aber über reale Geschehnisse.

Vor allem über Alltag, über Kindheit und Eheleben sind aus dem 14. Jahrhundert nur wenige Quellen überliefert – und schon gar nicht über eine Frau aus den nicht-führenden Schichten, wie es Dorothea von Montau war.

Die Quellen über Dorothea von Montau, die Aufschluß über ihr „reales" Leben ermöglichen, sind einmal verschiedene lateinische Viten sowie eine deutsche Lebensbeschreibung, die alle von Dorotheas letztem Beichtvater, dem gelehrten Theologen und Deutschordenspriester Johannes Marienwerder (1343–1417), verfaßt wurden[3]. Diese Texte sind

---

[2] Günter Grass, Der Butt, Frankfurt a. Main 1979 (Taschenbuchausgabe).
[3] Vita Dorotheae Montoviensis Johannis Marienwerder, hg. v. Hans Westpfahl unter Mitwirkung v. Anneliese Triller (Forschungen und Quellen zur Kirchen- und

sukzessive unmittelbar nach Dorotheas Tod (1394) entstanden; ihr Verfasser konnte sich auf seinen langjährigen Kontakt mit Dorothea berufen und auch seine bereits zu ihren Lebzeiten niedergelegten Aufzeichnungen benutzen.

Nun haben Heiligenviten bekanntlich nicht die Aufgabe, „reale" historische Ereignisse im Sinne einer Chronik oder gar einer modernen Biographie zu beschreiben. Die Intention solcher hagiographischen Texte besteht vielmehr in der Propagierung, Etablierung und Stabilisierung eines Kultes. Gerade Heiligenviten gehören zudem zu denjenigen Literaturgattungen, die in besonderem Maße funktionsgebunden sind[4].

Während die lateinischen Viten Dorotheas in erster Linie zur Führung des Heiligsprechungsprozesses verfaßt wurden, richtet sich die deutsche Lebensbeschreibung an ein nicht-lateinisch gebildetes Laienpublikum und fand sicherlich auch bei den Lesungen während der Mahlzeiten in den Deutschordenshäusern Verwendung. Die erbauliche Absicht wird auch explizit ausgesprochen: *Nemet zcu herczen, ir andachtigen getruwen cristen, gotis ere, uwer besserunge und des gloubin bestetigunge an dirre seligen mutir Dorothee* („Nehmet zu Herzen, ihr andächtigen, treuen Christen, Gottes Ehre, eure Besserung und des Glaubens Bestätigung von dieser seligen Mutter Dorothea")[5].

Auf den dezidiert literarischen Charakter der Schwesternviten aus dem dominikanischen Frauenkloster Engelthal bzw. der Aufzeichnungen der Christine Ebner haben jüngst Siegfried Ringler — mit weitreichenden Konsequenzen: nicht mystische Erfahrung ungebildeter hysterischer Betschwestern, sondern mystische Lehre in der Form eines Gnadenlebens und legendarischer Struktur — sowie Ursula Peters aufmerksam gemacht[6].

Kulturgeschichte Ostdeutschlands, Bd. 1), Köln/Graz 1964; Des Leben der zeligen Frawen Dorothee clewsnerynne in der thumkyrchen czu Marienwerdir Johann Marienwerders, hg. v. Max Toeppen, in: Sciptores Rerum Prussicarum. Die Geschichtsquellen der Preussischen Vorzeit, hg. v. Th. Hirsch, Max Toeppen u. E. Strehlke, 2. Bd., Leipzig 1863 (Unveränderter Nachdruck: Frankfurt a. Main 1965), S. 197–350; im folgenden zitiert als VG.
Für die vorliegenden Ausführungen wurde die deutsche Vita zugrunde gelegt, da sie gegenüber der lateinischen — von wenigen Ausnahmen abgesehen — dieselben Informationen über Dorotheas „reales" Leben enthält.
[4] Friedrich Lotter, Methodisches zur Gewinnung historiographischer Erkenntnisse aus hagiographischen Quellen, Historische Zeitschrift 229 (1979), S. 298–356.
[5] VG, S. 198.
[6] Siegfried Ringler, Viten- und Offenbarungsliteratur in Frauenklöstern des Mittelalters, München 1980; Ursula Peters, Frauenmystik im 14. Jahrhundert, in: Weiblichkeit oder Feminismus?, hg. v. Claudia Opitz, Weingarten 1984, S. 213–227.

Gleichwohl lassen sich selbstverständlich auch literarische Quellen sozialhistorisch auswerten — beachtet man die genannten Implikationen,
achtet man auf gattungsspezifische Elemente und Topoi. Die bislang vorliegenden methodischen Arbeiten oder Methodisches reflektierenden
Arbeiten haben sich meist auf das Früh- und Hochmittelalter beschränkt.

Im Falle der Dorothea von Montau gibt es allerdings noch eine weitere,
vielversprechende Methode: die Überprüfung der Fakten an einer Parallelüberlieferung — eine Chance, die sich bei früh- und hochmittelalterlichen Viten mangels geeigneter Quellen meist nicht bietet. Dabei handelt
es sich hier um die Kanonisationsakten[7], die im Zuge des eingeleiteten
Heiligsprechungsverfahrens in den Jahren 1394—1521 entstanden sind.
Mehr als 250 Zeugen wurden dabei nach bestimmten Artikeln zu Leben
und Wunderwerken Dorotheas vernommen.

Nun sind natürlich auch bei der Quellengattung „Kanonisationsakten" einige quellenkritische Überlegungen angebracht. Vor allem ist die
Situation der Zeugen bei ihrer Aussage zu reflektieren. Die überwiegend
sozial wesentlich niedriger stehenden und dementsprechend ungebildeten Zeugen standen — offenbar einzeln — vor einer Kommission gelehrter
Theologen und Juristen, die ihnen einen Fragenkatalog vorlegten, der
von Johannes Marienwerder und einigen anderen Deutschordenspriestern erstellt worden war. Natürlich wurde erwartet, daß die geladenen
Zeugen und Zeuginnen die Aussagen bestätigen würden; zudem hatten
sie sich großenteils selbst gemeldet. Man könnte diese Art des Fragens
auch als das Stellen von Suggestivfragen bezeichnen. Eine offen ablehnende Antwort war wohl nicht möglich — und kommt auch nicht vor.
Wohl aber konnten die Zeugen sich auf echtes oder vorgegebenes Nicht-
Wissen zurückziehen. Woher aber beziehen die Zeugen ihr Wissen?

Da ist einmal *publica vox et fama*, salopp übersetzt mit „allgemeine Gerüchteküche"; viele Zeugen geben auf die Frage, woher sie ihr Wissen
bezögen, aber auch *de ambone ecclesie Pomesanie* an — in Predigten wurden Leben und Wunderwerke der Dorothea von Montau verbreitet. Die
Informationen der Zeugen sind also häufig direkt abhängig von deren
Verbreitung durch den Klerus. Dieser ist entweder identisch mit den

---

[7] Die Akten des Kanonisationsprozesses Dorotheas von Montau von 1394—1521,
hg. v. Richard Stachnik in Zusammenarbeit mit Anneliese Triller geb. Birch-
Hirschfeld und Hans Westpfahl (Forschungen und Quellen zur Kirchen- und Kulturgeschichte Ostdeutschlands, Bd. 15), Köln/Wien 1978, im folgenden zitiert als
KA.

beim Kanonisationsprozeß federführenden Deutschordensherren oder von diesen beeinflußt. Schließlich gibt es Zeugen, die sich auf eigenes Erleben berufen können, sei es, daß sie bei dem Wunder anwesend waren, oder, daß sogar ihnen selbst das Wunder geschah. Daneben gibt es natürlich auch noch die, deren Verwandte oder Bekannte ein Wunder erlebt haben.

Die überwiegende Zahl der Zeugen wird nur zu den Wundern vernommen (nach den Artikeln III), nur ein Teil auch ausführlich zu Dorotheas Leben. Unter letzteren findet sich aber eine Anzahl von Personen, Kleriker und Laien, die Dorothea zu deren Lebzeiten persönlich gekannt haben. Die Kleriker allerdings bilden – mit einer Ausnahme – eine in sich weitgehend homogene Gruppe. Es sind wiederum die Deutschordenspriester um Johannes Marienwerder, die den Heiligsprechungsprozeß betreiben. Innerhalb dieser Gruppe findet eine intensive Kommunikation statt, der Bischof Johannes Mönch gibt sogar zu Protokoll, er habe die Vita Dorotheas gelesen. Über die Schriften Johannes Marienwerders hinausgehende Informationen über Dorotheas Leben sind von dieser Seite also kaum zu erwarten. Ganz anders sieht es mit Dorotheas Bekannten und Verwandten aus Montau und Danzig – den Stationen ihrer Kindheit und ihres Ehelebens, die im Vordergrund der folgenden Ausführungen stehen sollen – aus. Dabei handelt es sich einmal um Otto, den Pfarrer von Montau, der als einfacher Landgeistlicher nicht zu der oben genannten Gruppe der Kleriker gehört und auch nicht in deren Kommunikation einbezogen ist; dann um Gertrud, die Schwägerin Dorotheas aus Montau. Aus Danzig sind es fünf Frauen, die Dorothea persönlich kannten, vier davon gleichaltrig wie sie, eine erheblich jünger[8].

Zwar sind auch diese Zeugen von der allgemeinen Meinung und der des Klerus beeinflußt. Wie die anderen Zeugen auch, sind sie der oben beschriebenen Verhör-Situation ausgesetzt. Dennoch zeigt sich deutlich, daß sie ihre Antworten bedacht geben und ihre eigenen Erlebnisse und Erfahrungen recht hoch einschätzen. Wenn auch eine direkte Verneinung der gestellten Fragen nicht möglich war, so gab es doch Ausweichmög-

---

[8] Die Aussagen der Zeugen aus Montau: *Otto, plebanus de villa Montaw Pomezaniensis diocesis*, KA, S. 346–349; *Gertrudis relicta Wilhelmi Swarcz*, KA, S. 354–358; und die der Danziger Bekannten Dorotheas: *Margaretha Creuczeburgische, vidua*, KA, S. 95–101; *Helwigis relicta Henrici Repschlager*, KA, S. 101–105; *Metza Hugische*, KA, S. 105–111; *Katharina Seveldische*, KA, S. 114–121; und der jüngeren: *Lucia Petri Glogaw, soror beguta*, KA, S. 162–169.

lichkeiten, die Skepsis andeuten. Besonders wichtig aber sind von den Zeugen berichtete Zusätze zu den gestellten Fragen, Dinge also, die sie freiwillig und von sich aus erzählen. Gerade die über die gestellten Fragen hinaus berichteten Ereignisse und Beobachtungen versprechen am ehesten weitgehende und im Vergleich zu den Viten neue Aufschlüsse über Dorotheas Leben.

Die fromme Kindheit

Die einleitend erwähnte Überprüfung der Darstellung der Viten mit den Berichten anderer Quellengattungen läßt sich für Dorotheas Kindheit allerdings nicht durchführen: Keiner der Zeugen des Kanonisationsprozesses hat sie als Kind und Jugendliche gekannt – auch nicht die beiden aus Montau stammenden Zeugen, die erst nach Dorotheas Wegzug in dieses Dorf kamen.

Die Absicht des Hagiographen bei der Abfassung einer spätmittelalterlichen Heiligenvita besteht – im Gegensatz etwa zu dem im Frühmittelalter gängigen Heiligentypus des Märtyrers – darin, die Tugendhaftigkeit des Helden oder der Heldin bereits von Kindesbeinen an aufzuzeigen[9]. Dabei gehört es zum gängigen Repertoire, daß der oder die zukünftige Heilige bereits bei der Geburt als besonders auserwählt gezeigt wird. Häufig geschieht dies etwa dadurch, daß der Mutter bereits während der Schwangerschaft ein Zeichen gegeben wird. So wird etwa die Mutter Birgittas von Schweden von einem Schiffbruch errettet – einzig wegen des Gutes, das sie in ihrem Schoß trägt, wie ihr eine nächtliche Erscheinung wenig später erläutert[10].

Bei Dorothea, die 1347 als siebtes von neun Kindern ihrer Eltern Agatha und Wilhelm Swarze geboren wurde, bietet die Siebenzahl den Ansatzpunkt für Johannes Marienwerder: *Undir den vorgenantin kindern was Dorothea das sibende an der zcal der gebort zcu wyssagunge und bedutnis der begnadunge der siben gaben des heyligen geistis und volkomenheit alle ires lebins, daz sie anhub ym sibenden jore, zcu dem sie geeyniget wart in der toufe* („Unter den genannten Kindern war Dorothea das siebte, was Prophezeiung und Zeichen der Begnadung mit den sieben Gaben des

[9] Ortrud Reber, Die Gestaltung des Kultes weiblicher Heiliger im Spätmittelalter (Phil. Diss. Würzburg 1963), Hersbruck 1963; André Vauchez, La sainteté en Occident aux derniers siècles du moyen âge, Rom 1981.
[10] Ortrud Reber (wie Anm. 9), S. 159.

Heiligen Geistes und der Vollkommenheit ihrer gesamten Lebensführung ist, die sie im Alter von sieben begann . . .")[11].

Dorotheas Eltern werden als wohlhabende Bauern des Weichseldorfes
Montau beschrieben, die Land und Vieh besaßen und ihren Hof mit Hilfe von Gesinde bewirtschafteten. Sie werden als ehrbar und von gutem
Ruf, als rechtgläubig und gottesfürchtig beschrieben[12]. Individuelle Züge
erfahren wir aus den Viten nicht. Im Kanonisationsprozeß berichtet allerdings Otto, der Pfarrer von Montau, von dem besonders engen Verhältnis, das Dorotheas Mutter Agatha — ähnlich wie später ihre Tochter
— zu ihrem Beichtvater pflegte: und das ging so weit, daß die beiden ver-
abredeten, gemeinsam zu sterben. Sie erreichten ihr Ziel — wenn auch
im Abstand von drei Tagen — und wurden gemeinsam beerdigt[13].

Überhaupt wird die Frömmigkeit der Mutter besonders herausgestellt.
Durch ihr Vorbild lernt Dorothea, die seit ihrem siebten (!), vor allem
aber seit ihrem 10. Lebensjahr — in dieses Jahr fällt auch der Tod ihres
Vaters — als frommes Kind gezeigt wird, das seine älteren Schwestern und
die Mägde mit seinen asketischen Übungen — mehr und länger fasten z.B.
— übertreffen will[14]. Einmal wird Dorothea aus Unachtsamkeit mit hei-
ßem Wasser verbrüht — ein Unfall, wie er jedem Bauernkind leicht pas-
sieren konnte. Johannes Marienwerder aber deutet diese an sich profane
Begebenheit um in den Beginn von Dorotheas Kasteiungen — gemäß seiner Intention zu zeigen: *Dorothea die selige bewyste in der kintheit, was
sie worde syn in dem aldir* („Dorothea zeigte schon in ihrer Kindheit, was
sie im Alter sein würde")[15]. So zeigt sie — parallel zu ihren asketischen
Interessen, mit denen sie sich an den älteren Schwestern und allgemeiner
an den Erwachsenen orientiert — wenig Lust, sich mit Gleichaltrigen zu
beschäftigen, zu spielen und zu tanzen — auch dies ein häufig benutzter
Topos in Heiligenviten. Diese „heiligen" Kinder haben häufig etwas Alt-
kluges an sich.

Durch eines allerdings unterschied sich Dorothea erheblich von ihren
Altersgenossinnen: während ihrer ganzen Jugendzeit, vom 9. bis zum 17.
Lebensjahr, hatte Dorothea eine große Wunde an einem Rückgratskno-

---

[11] VG, S. 203.
[12] Art. III, 12, KA, S. 19, von den Zeugen allgemein bestätigt, vor allem auch den
beiden Zeugen aus Montau, die die Eltern kannten.
[13] KA, S. 349 (die Aussage Ottos, des Pfarrers von Montau, der die Geschichte überliefert hat).
[14] VG, S. 204, 206; Verbrühung: S. 209.
[15] VG, S. 206.

chen, die sie so sehr behinderte, daß sie gebückt gehen mußte und die Leute glaubten, sie werde ihr Leben lang ein Krüppel bleiben[16]. Diese Behinderung erklärt möglicherweise auf ganz simple Weise Dorotheas Vorlieben und Neigungen in ihrer Jugend.

In den Viten unterscheiden sich Kinder – so auch Dorothea – von den Erwachsenen in erster Linie durch ihre kindliche Schwäche: derentwegen können sie nicht so lange aufbleiben, nicht so hart fasten usw. Und das sollen sie auch gar nicht, weil es ihnen schaden würde. Kindheit wird also auch in mittelalterlichen Heiligenviten – und in den Augen der Theologen, deren Produkte jene ja meist sind – als eigene Lebensphase betrachtet[17].

Wie andere Dorfkinder dieser Zeit – und Mädchen überhaupt – besucht auch Dorothea keine Schule und genießt keinerlei theoretische Ausbildung. Was sie können und wissen muß, lernt sie durch die unmittelbare Anschauung im Haushalt der Eltern; und nachdem die älteren Schwestern verheiratet und aus dem Haus sind, erfüllt sie einen großen Teil der häuslichen Arbeit und wächst so allmählich in ihre Rolle als Hausfrau hinein – nach dem Modell der „apprentissage", wie es Philippe Ariès beschrieben hat.

Was an Dorotheas Kindheit besonders auffällt, ist, daß sie ganz offensichtlich in einer von Frauen geprägten Familie aufwuchs. Selbstverständlich sind weibliche Personen ihr Vorbild: sie eifert der Mutter, den Schwestern und Mägden nach – ihre vier Brüder hingegen werden niemals als Vorbild erwähnt. Das ist nun zwar – wegen der geschlechtsspezifischen Arbeitsteilung – auch anderswo so; Le Roy Ladurie hat dies etwa für Montaillou gezeigt[18]. Doch seit Dorotheas 10. Lebensjahr existiert keine väterliche Autorität mehr; auch einen Stiefvater gibt es nicht. Ihre

---

[16] VG, S. 213.

[17] Anders: Philipp A r i è s, L'enfant et la vie familiale sous l'ancien régime, Paris 1960, dt.: Geschichte der Kindheit, Frankfurt a. Main 1975; Klaus A r n o l d, Kind und Gesellschaft in Mittelalter und Renaissance, Paderborn 1980; Herbert Z i e l i n s k i, Elisabeth von Thüringen und die Kinder. Zur Geschichte der Kindheit im Mittelalter, in: Elisabeth, der Deutsche Orden und ihre Kirche. Festschrift zur 700jährigen Wiederkehr der Weihe der Elisabethkirche Marburg 1983. Hg. im Auftrag der Philipps-Universität Marburg v. Udo A r n o l d u. Heinz L i e b i g, Marburg 1983, S. 27–38 (dort auch einleitend der Forschungsstand zum Thema „Kindheit im Mittelalter"); Claudia O p i t z, Frauenalltag im Mittelalter, Weinheim 1985.

[18] Emmanuel Le Roy L a d u r i e, Montaillou, village occitan de 1294 à 1324, Paris 1975, S. 318.

Mutter zieht es offenbar vor, 40 Jahre lang Witwe zu bleiben und die Entscheidungen selbst zu treffen.

Dorotheas Leben als Ehefrau

Die Eheschließung

Im Alter von 17 Jahren wurde Dorothea von ihrem ältesten Bruder,
der nach dem früh verstorbenen Vater dessen rechtliche Position ein-
nahm, mit Adalbert, einem schon etwas älteren, anscheinend in finan-
ziell gesicherten Verhältnissen lebenden Schwertfeger aus Danzig, ver-
lobt[19]. Die Vita berichtet natürlich — wie es nicht anders zu erwarten
ist —, daß Dorothea eigentlich nicht heiraten wollte und nur dem Drängen ihrer Verwandten nachgegeben habe[20]. Nun die Frage: Topos oder
historische Realität? Glücklicherweise wird die Schilderung Johannes
Marienwerders in diesem Punkt aber noch von anderer Seite bestätigt.
Zeugin im Kanonisationsprozeß ist nämlich auch eine langjährige Bekannte Dorotheas: die mit Dorothea etwa gleichaltrige und zur Zeit der
Vernehmung (1404) ungefähr 60 Jahre alte Metza Hugische aus Danzig.
Der Heiratsvermittler Claus Schönfeld, der die Ehe Dorotheas mit Adalbert zustande brachte, erzählte ihr nämlich ebenfalls, daß Dorotheas Zustimmung nur sehr schwer zu bekommen war. Dieselbe Zeugin will allerdings auf die Frage, ob Dorothea mehr als 3 Tage nach der Eheschließung unberührt blieb, aus irgendeinem Grund nichts sagen — deutliches
Zeichen ihrer Skepsis[21].
Letztlich hat Dorothea allerdings offensichtlich ja gesagt; und ihre Einwilligung war — hier zeigt sich die Entwicklung des Eherechts im Mittelalter — auch nötig. Eine Frau konnte nicht mehr allein und ungefragt von
ihren Eltern verheiratet werden. Dieses von der Kirche geförderte Prinzip der Konsens-Ehe hatte sich hier offenbar durchgesetzt — wenngleich
Eltern oder Vormund natürlich nach wie vor Druck ausüben konnten
und im konkreten Fall Dorotheas Entscheidung ja auch maßgeblich be-

---

[19] VG, S. 219.
[20] VG, S. 219.
[21] KA, S. 107.

einflußt haben[22]. Hätte es Alternativen für sie gegeben? Man könnte natürlich an den Eintritt in ein Kloster denken – obgleich es Frauenklöster
im mittelalterlichen Preußen nicht gerade reichlich gab[23], dann an ein
Leben als Begine[24] und schließlich an eine Existenz als unverheiratete
Frau im mütterlichen oder brüderlichen Haushalt oder als Magd in einem fremden. Die letzten beiden Möglichkeiten unterscheiden sich allerdings nur unwesentlich und sind gewiß keine Alternative mit besonderem Sozialprestige. Eine selbständige Existenz als berufs- und erwerbstä-
tige Frau auf dem Dorf ist kaum denkbar – es sei denn eben als Magd[25].
In ein Kloster einzutreten hätte im allgemeinen eine Mitgift erfordert –
und damit indirekt auch wieder die Zustimmung der Eltern oder des Vor-
munds der Frau; gerade mit materiellen Sanktionen wie z.B. Enterbung
unterlaufen viele Eltern das von der Kirche geforderte Prinzip der Konsens-Ehe und setzen dann doch ihren Willen durch. Beginen wiederum
werden in den Quellen in Preußen erst spät erwähnt – sieht man einmal
von Elbing ab. Andererseits muß man aber auch konstatieren, daß Dorotheas Entschlossenheit, nicht zu heiraten, auch nicht so weit ging, daß
sie sich Mutter und/oder Bruder unbeirrt widersetzte – wie dies etwa
Clara von Assisi tat, die von zu Hause ausriß, um ihre Vorstellungen zu
verwirklichen, und ins Kloster ging. Letztere lebte allerdings im religiös
„voll erschlossenen" Oberitalien und hatte zudem noch das Beispiel der
älteren Schwester vor sich[26].

Leben als Ehefrau

Dorothea, von Marienwerder als demütig, wahrhaft, bei der Arbeit
fröhlich und unverdrossen, als fleißig, geduldig ohne Klage und Wider-

[22] Zahlreiche Beispiele bei: Ferdinand Frensdorff, Verlöbnis und Eheschließung
nach hansischen Rechts- und Geschichtsquellen, Hansische Geschichtsblätter 23
(1917), S. 291–350, und 24 (1918), S. 1–26. S. auch die Kapitel ‚Hochzeit und Ehe'
und ‚Haushalt und Familie' in: Stadt im Wandel. Kunst und Kultur des Bürgertums
in Norddeutschland 1150–1650. Ausstellungskatalog, hg. v. Cord Meckseper,
Stuttgart-Bad Cannstatt 1985, S. 346–370.
[23] Hans Niedermeier, Die Franziskaner in Preußen, Livland und Litauen im
Mittelalter, Zeitschrift für Ostforschung 27 (1978), S. 1–31.
[24] Ernst Wermter, Die Beginen im mittelalterlichen Preußenlande, Zeitschrift für
Geschichte und Altertumskunde Ermlands 33 (1969), S. 41–52.
[25] Edith Ennen, Frauen im Mittelalter, München 1984; Peter Ketsch, Frauen im
Mittelalter, Bd. 1 u. 2, Düsseldorf 1983 u. 1984.
[26] C. Opitz, Frauenalltag (wie Anm. 17), S. 57.

rede, voll Mitleid gegenüber den Armen und in Not Geratenen und natürlich den Eltern gegenüber gehorsam geschildert — das Idealbild einer Frau also —, „willigt als gehorsame Magd in die Verlobung ein"[27]. Die Hochzeit wird 1363 in Montau gefeiert, danach zieht Dorothea mit ihrem Ehegatten nach Danzig, das sich damals in vollem wirtschaftlichem Aufschwung befindet. Was wird nun von ihr als Ehefrau erwartet? Johannes Marienwerder zitiert dazu das augustinische Eheideal: *proles, fides, sacramentum* — also: Kinder, Treue und der Charakter der Ehe als Sakrament; das bedeutet auch die Unauflöslichkeit[28]. Und wie sieht das Eheleben Dorotheas nun konkret aus, unter welchen Bedingungen spielt es sich ab?

Wie bereits erwähnt, war Adalbert ein wohlsituierter hochspezialisierter Handwerker, der ein eigenes Haus besaß und Gesinde beschäftigte — Genaueres über seine Werkstatt und seine Arbeitsbedingungen geben die hagiographischen Quellen allerdings nicht her. Doch wird deutlich, daß er wohl zur städtischen Mittelschicht gehörte[29]. Zu Dorotheas Aufgaben zählte die Führung des Haushalts; so wird z.B. erwähnt, daß sie viel Mühe mit dem Gesinde hatte. Sie kaufte also ein, kochte und backte, sorgte für Vorräte, putzte, wusch die Wäsche — und bekam neun Kinder, die sie wohl gut auf Trab hielten. In ihrer Freizeit wollte ihr Mann mit ihr Tanzen gehen und an den Zunftfeiern teilnehmen, vielleicht in die Trinkstube gehen — und was derlei Vergnügungen mehr sind. Von einer Berufs- oder Erwerbstätigkeit Dorotheas ist in den Quellen niemals die Rede, denkbar ist allenfalls, daß sie Hilfeleistungen in der Werkstatt verrichtete (wenngleich das bei einem so spezialisierten und „männlichen", d.h. männlich dominierten Gewerbe wie dem eines Schmieds sehr unwahrscheinlich ist); möglich ist eher, daß sie Waren verkauft hat — eine häufige Aufgabe von Handwerkersfrauen[30].

Ausführlich wird Dorotheas Vorbildlichkeit als Ehefrau beschrieben.

---

[27] VG, S. 219.

[28] VG, S. 219.

[29] Die Problematik der schichtenspezifischen Zuordnung soll hier nicht weiter erörtert werden.

[30] Beate B r o d m e i e r, Die Frau im Handwerk in historischer und moderner Sicht (Forschungsberichte aus dem Handwerk, Bd. 9), Münster 1963. Die Erwerbstätigkeit der Frauen in den mittelalterlichen Städten darf nicht überschätzt werden. S. dazu z.B. Hans-Dieter L o o s e, Erwerbstätigkeit der Frau im Spiegel Lübecker und Hamburger Testamente des 14. Jahrhunderts, Zeitschrift für Lübeckische Geschichte und Altertumskunde 60 (1980), S. 9–20.

Sie ist also fromm, gottesfürchtig und gehorsam, unterwirft sich den
Wünschen ihres Ehemannes. Auf ihr Eheleben wirkt sich das vor allem
auf dem Gebiet der Sexualität aus: sie fordert ihr Eherecht niemals von
ihrem Mann, gewährt es ihm aber, wenn er es fordert, nach dem Motto
dem keysir, was dem keysir gebort, und gote, was gote gebort („dem Kaiser,
was des Kaisers, Gott, was Gottes")[31]. Dorotheas Ehe ist weiterhin durch
Kinderreichtum gesegnet, und die Kinder sind die Freude ihrer Eltern.
Besonders hervorgehoben wird dabei Dorotheas Vorbildlichkeit als Mutter: ausführlich beschreibt die Vita, wie Dorothea ihre neun Kinder —
im Gegensatz zu den bösen, weltlichen Müttern, die ihre Kinder zu weltlichen Freuden, als da sind Spiel, Tanz und natürlich, wenn auch nicht
explizit gesagt, Sexualität, anhalten — in erster Linie geistlich erzieht, zu
Demut und Gottesfurcht etwa[32]. Der Ehegatte, Adalbert, wird zunächst
recht positiv beschrieben: auch er ist fromm und gottesfürchtig; er geht
auch ohne Dorothea auf Wallfahrten, und er unterstützt seine Ehefrau
sogar bei der Ausübung ihrer religiösen Bedürfnisse, indem er die Aufsicht über die Kinder übernimmt, wenn Dorothea in die Kirche gehen
will: *Diwile sine ewirtynne, di selige Dorothea, sines willen romen mochte,
so gonde her ir wol, daz sy vor essenzcit gote dinte mit vlize, als sy wolde
und mochte, und daz sy doran der kinder pfloge nicht hinderte, so bleib her
selbe zcu huse di zcit und vorwesete ire stat mit flyse* („Solange seine Ehefrau, die selige Dorothea, ihm zu Willen war, gönnte er ihr sehr wohl,
daß sie vor der Essenszeit eifrig Gott diente, und damit sie die Versorgung
der Kinder nicht daran hinderte, blieb er selbst zu Hause und vertrat
sie")[33].
    Doch dieses Familienglück ist nicht von Dauer.

Ehekonflikte

    In dem Maße, wie Dorotheas Frömmigkeit zunimmt, tauchen auch in
der Ehe immer mehr und stärkere Konflikte auf, die sich aus der Unver-
einbarkeit einer „vita religiosa" und einem „normalen" Eheleben ergeben.
    Hatte Dorothea nämlich anfangs die Ausübung ihrer Frömmigkeit
noch auf häufigen Kirchgang und besonders strenges Fasten beschränkt

[31] VG, S. 221.
[32] VG, S. 220.
[33] VG, S. 226.

und ihre verschiedenen sonstigen Formen der Askese geheimgehalten und vor allem dann ausgeübt, wenn ihr Ehemann abwesend war[34], so gibt sie ihre diesbezügliche Zurückhaltung und Rücksicht im Laufe der Zeit auf. Wenn sich auch die einzelnen Methoden ihrer Kasteiungen nicht exakt datieren lassen, so kann man doch von einer Zunahme ausgehen.

Zu ihren Gewohnheiten gehörte etwa, daß sie ihren Körper mit Ruten, Peitschen, mit Disteln, Dornzweigen und harten stachligen Geißeln schlug und sich auf diese Art zahlreiche Wunden zufügte. Um diese offen zu halten, steckte sie Nesseln, harte Besenruten, spitze Nußschalen und schmerzende Kräuter in ihre Wunden oder trug ein härenes Gewand auf bloßer Haut[35], das sie gewöhnlich unter ihrem Bett zu verstecken pflegte – ihre Freundin Metza Hugische hat es dort einmal gesehen[36]. Um ihre Leiden zu verschlimmern, legte sie sich mit ihren Wunden in Fleisch- oder Heringslake oder stellte sich im Winter so lange in eiskaltes Wasser, bis dieses gefroren war und sie sich nur noch mit Mühe daraus befreien konnte.

Daß zu diesen frommen Ambitionen weltliche Vergnügen wie Tanzen und Festlichkeiten sonstiger Art nicht besonders gut paßten, läßt sich leicht vorstellen. Und so weigert sich Dorothea auch schon bald, ihren Ehegatten zu derartigen Vergnügungen zu begleiten – mal mit mehr, mal mit weniger Erfolg. Einfach „nein" zu sagen, genügt jedoch offensichtlich nicht. Schließlich ist sie ihrem Ehemann unterworfen und zu Gehorsam verpflichtet. Nur mit Hilfe von allerlei Tricks erreicht sie ihr Ziel: *do sy zcur e quam, und gebunden was zcu den geboten irs ewirtis, so sie dirfur zcukumftige witschafte der hochzeiten, und sich des besorgete, sie worde dozen geladen, so zcustach und zcuswelte sie ire vuze mit einer nolden als merklichin, das sy mit offen zceichin ir unmacht bewisen mochte, das sy dorzcu nicht enqueme und redeliche entschuldunge hette kegin erim emanne und ouch kegin den hochzeitluten, di wenten, is were von vroste odir andirn sachen zcukomen* („als sie verheiratet war und an die Befehle ihres Ehemannes gebunden war und sie von zukünftigen Festlichkeiten erfuhr und sich Sorgen machte, sie würde dazu eingeladen, da zerstach sie sich ihre Füße so sehr mit einer Nadel, daß sie furchtbar anschwollen, damit sie ganz augenscheinlich ihre Unfähigkeit, dorthin zu gehen, beweisen

---

[34] VG, S. 219.
[35] VG, S. 210 f.
[36] KA, S. 106.

konnte und eine wirkliche Entschuldigung hätte sowohl ihrem Ehemann gegenüber als auch gegenüber den Gastgebern, die glaubten, ihre
Verletzungen stammten vom Frost oder sonstwoher")[37].

Im Laufe der Zeit wurde auch ihr Wunsch und Bedürfnis, das Sakrament der Eucharistie möglichst häufig zu empfangen, immer größer. Im
Deutschordensstaat war damals für Laien nur der siebenmalige Empfang
der heiligen Kommunion im Jahr üblich[38] — Dorothea jedoch wäre am
liebsten jede Woche gegangen, wie eine andere ihrer Freundinnen, Margaretha Creuzburgische, bei der Befragung im Kanonisationsprozeß berichtete[39]. Ihre Beichtväter aber verweigerten Dorothea die Erfüllung ihrer Bitte — worüber sich Dorothea bei ihrer Freundin heftig beklagt: *Nescio, quare denegant michi sacramentum Eukaristie, cum tamen non petam
nec desidero aliud quam Dominum nostrum Jhesum cristum, consolatorem
et protectorem meum!* (Ich weiß nicht, warum sie mir das verweigern, ich
verlange doch nur unseren Herrn Jesus Christus . . .).

Den Empfang der heiligen Kommunion hat Dorothea sehr sinnlich
empfunden. Die Schwägerin Dorotheas, Gertrud, berichtet im Kanonisationsprozeß von einem Gespräch zwischen Dorothea und ihrer Mutter
Agatha. Dorothea fragte nämlich ihre Mutter, ob sie einen geistlichen
Trost verspüre, nachdem sie bei der Kommunion gewesen sei. Diese antwortete, daß sie sich danach nicht anders als zuvor fühle. Darauf erwiderte Dorothea: *Deberetis utique sentire spiritualem consolationem in ore, corde, et in toto corpore et in omnibus membris!* („Du sollst geistigen Trost
im Mund, im Herzen, im ganzen Körper und in allen Gliedern spüren!")[40].

Die Weigerung der beiden Beichtväter, Dorothea häufiger die hl.
Kommunion auszuteilen, hatte, wie Dorotheas Freundin berichtete, einen einfachen Grund: sie sagten, das ginge nicht, weil Dorothea verheiratet sei.

Ob Ursache oder Wirkung, dies sei dahingestellt: jedenfalls leistete Dorothea den sexuellen Wünschen ihres Ehemannes keineswegs immer be-
reitwillig Folge — wie Marienwerder bei der Schilderung Dorotheas in
ihrer Rolle als Ehefrau hervorhob[41]. Schildert er sie nämlich in der Ab-

---

[37] VG, S. 208.
[38] Anneliese Triller, Die heilige Dorothea von Montau vor dem Hintergrund ihrer Zeit und Umwelt, in: Dorothea von Montau (s. Anm. 1), S. 30.
[39] KA, S. 100.
[40] KA, S. 355.
[41] VG, S. 221.

sicht, ihre Heiligkeit zu betonen, so berichtet er von zahlreichen Versuchen Dorotheas, sich zu verweigern. So wiegte sie ihr Kind die ganze
Nacht, um nicht in das Bett ihres Ehegatten zu müssen; aus demselben
Grund war sie sehr bekümmert, wenn die sechswöchige Schonfrist nach
der Geburt eines Kindes zu Ende war[42]. An anderer Stelle wird berichtet,
daß sie sich immer stärker vom ehelichen Bett zurückzog[43], „wenn auch
mit Vernunft"; daß sie dabei insgesamt nicht sonderlich erfolgreich war,
zeigt ihre neunköpfige Kinderschar ja mehr als deutlich.

In der Folgezeit – bis hin zum Jahr 1385, als, Zeichen ihrer neuen Stufe
von Frömmigkeit, der „Austausch ihres Herzens" stattfindet – verstärkt
sich ihre Frömmigkeit und bekommt eine neue Qualität[44]. Seit dieser
Zeit – so berichtet die Vita – hat Gott mit ihr gesprochen. Das berichtet
auch die Aufzeichnung eines Gespräches mit ihrer Mutter, wiederum
von ihrer Schwägerin Gertrud überliefert. Dorothea fragte nämlich ihre
Mutter, ob der Herr denn niemals mit ihr gesprochen habe. Darauf erwi-
dert Agatha: *Quomodo posset hoc esse, quod Dominus mecum loqueretur,
cum sum peccatrix!* („Wie könnte das sein, daß der Herr mit mir spricht,
wo ich doch nur eine arme Sünderin bin!") – und stellt Dorothea die
Gegenfrage; woraufhin Dorothea den Finger auf den Mund legt und bedeutet, daß sie nicht darüber sprechen dürfe[45].

Spätestens seit dieser Zeit war Dorothea häufig „verzückt". Äußerlich
machte sie dabei den Eindruck, als ob sie betrunken wäre; sie konnte ihre
Sinne nicht gebrauchen, verlor die Kontrolle über ihre Körperfunktio-
nen, lag da wie ohnmächtig oder in tiefem Schlaf. In diesem Zustand
kannte sie selbst die einfachsten Dinge nicht. Einmal hielt sie Gänseeier
in den Händen, sah sie, erkannte aber nicht, daß es Gänseeier waren. Die
umstehenden Frauen lachten sie deshalb aus. Doch sie war nicht ohnmächtig, sondern „verzückt", also, wie Marienwerder hervorhebt, in einem Zustand besonderer Gnade, denn gleichzeitig war sie von einer
überschwenglichen Freude erfüllt, der sie Luft machen mußte, indem sie

---

[42] VG, S. 222.

[43] VG, S. 226.

[44] VG, S. 231 ff. Ein Austausch des Herzens wird auch von Katharina von Siena
berichtet. S. Roswitha Schneider, Katharina von Siena als Mystikerin, in: Frauenmystik im Mittelalter, hg. v. Peter Dinzelbacher u. Dieter R. Bauer, Ostfildern
1985, S. 290–313, bes. 301 f.

[45] KA, S. 355.

388

388   Elisabeth Schraut

ihre Empfindungen und Gedanken den Umstehenden mitteilte. Doch
diese hielten sie für geistesabwesend[46].

Nun war sie auch nicht mehr fähig und willens, ihren Haushalt zu versorgen. Aufträge Adalberts, bestimmte Dinge einzukaufen, vergißt sie.
Statt Fisch kauft sie Fleisch oder Eier. Fische kocht sie ungeschuppt oder
unausgenommen[47].

Reaktionen des Ehemannes

Adalbert reagiert auf die Verweigerungsformen seiner Frau heftig. Er
macht ihr Vorwürfe und droht ihr, sie einzusperren, wenn sie ihre gesellschaftlichen, sexuellen und häuslichen Pflichten nicht sorgfältiger erfül-
le. Er schlägt sie blutig und droht ihr, sie in Ketten zu legen: *Lest du nicht
din ummeloufen, und wartis dines huses mit groserm flise, wen du noch host
getan, ich wil dich zcemen mit banden und ketin!* („Wenn du nicht dein
Herumstrolchen aufgibst und dich mit größerem Fleiß als bisher um deinen Haushalt kümmerst, werde ich dich mit Banden und Ketten zäh-
men!")[48].

War Adalbert nun ein besonders jähzorniger Mann, wie Johannes Marienwerder meint? Le Roy Ladurie hat gezeigt, daß Schläge für Ehefrauen
aller Schichten an der Tagesordnung waren: „jede Frau, die sich widersetzt, muß früher oder später mit einer beträchtlichen Tracht Prügel
rechnen"[49]. Dorothea reagiert mit Schweigen — auch keine der Frauen
in Montaillou hat je zurückgeschlagen. Schweigen scheint ohnedies die
charakteristische Kommunikationsform zwischen Eheleuten zu sein —
jedenfalls in Montaillou. Adalbert faßt ihr Schweigen als Trotz und Bosheit auf; Marienwerder interpretiert es als „heilige Geduld"[50].

Reaktionen der Umwelt
auf Dorotheas außergewöhnliche Form der Frömmigkeit

Bei der Frage, wie denn die Umwelt auf diese außergewöhnliche Fröm-
migkeitsform reagierte, lassen sich zunächst zwei Gruppen unterschei-

---

[46] VG, S. 225.
[47] VG, S. 248 f.
[48] VG, S. 226.
[49] E. Le Roy Ladurie, Montaillou (wie Anm. 18), S. 279.
[50] VG, S. 226.

den: einmal der Klerus, d.h. vor allem Dorotheas Beichtväter, zum anderen ihre Danziger Bekannten, Laien also. Beiden ist gemeinsam, daß sie Dorotheas Verhalten als außergewöhnlich werteten. Der Klerus verdächtigte Dorothea erst einmal als Ketzerin. Neben der Vita berichtet darüber wieder Dorotheas Freundin Metza Hugische im Kanonisationsprozeß. Und zwar glaubten Henricus de Lapide, Offizial des Bischofs, und Ludike, ein Priester, daß Dorothea sich im rechten Glauben irre. Die Zeugin weiß auch den Grund dieses Ketzereiverdachts zu berichten. Man habe Dorothea der Häresie verdächtigt, weil sie den beiden in der Beichte Dinge erzählt habe, die ihnen unbekannt waren, zudem auch wegen der exzessiven Hingabe bei heiligen Pflichten und den guten Werken, die sie über das normale Maß hinaus vollbrachte. Aus diesen Gründen hielten sie sie für geistesgestört – für sie offenbar gleichbedeutend mit Ketzerei[51]. (Später allerdings waren es gerade diese Dinge, die sie zur Heiligen prädestinierten; Rechtgläubigkeit und Ketzerei trennte nur ein schmaler Grat – ein Phänomen, das schon Herbert Grundmann herausgestellt hat[52].)

Für geistesgestört oder verrückt hielten Dorothea allerdings auch ihre Bekannten und überhaupt die Leute, die sie sahen – wie etwa aus der schon erwähnten Episode mit dem Gänseei deutlich wird. An „Heiligkeit" dachte niemand. Im Gegenteil: Die schon mehrfach zitierte Freundin Dorotheas, Metza Hugische, berichtet nämlich über folgenden Vorfall, der ihr selbst passierte, als sie zur Zeugenaussage zum Kanonisationsprozeß Dorotheas geladen wurde. Bis zu diesem Zeitpunkt, so führt sie aus, habe sie nicht so recht an die Taten und Wunder Dorotheas geglaubt. Erst als sie von den Kommissaren aufgefordert wurde, über die Wahrheit Zeugnis abzulegen, ergriff sie eine große Freude, die ihr nach wie vor noch unbeschreiblich sei, und eine Eingebung schien ihr zu sagen: „Schau an, sie sprechen Mutter Dorothea heilig!" Weil sie so fassungslos vor Staunen war, brach sie in Lachen aus. Den Kommissaren aber mißfiel diese Reaktion; sie legten es als Boshaftigkeit aus, und glaubten, Metza wolle die ihr übertragenen Aufgaben (der Zeugenaussage) mißachten. Diesen Vorgang aber deutet die Zeugin später als Wunder; ihr Lachen als Lachen der Freude. Denn später glaubte sie an die „Heiligkeit" Dorotheas, obgleich sie das zu Dorotheas Lebzeiten, als sie mit ihr bekannt war, nicht so sah[53]. – Die Reaktion der Zeugin zeigt überdeutlich, daß ihr

---

[51] KA, S. 108 f.
[52] Herbert Grundmann, Religiöse Bewegungen im Mittelalter, Darmstadt [4]1970.
[53] KA, S. 109.

Dorotheas Verhalten alles andere als heiligmäßig vorkam; sie kann ihr
Erstaunen – vielleicht auch mehr – über die beabsichtigte Kanonisation
Dorotheas nicht unterdrücken, beugt sich in ihren Ansichten schließlich
jedoch den kirchlichen Autoritäten.

Soweit feststellbar – exakte Zeitangaben liegen nicht im Interesse des
Verfassers der Viten – sind bei der Entwicklung von Dorotheas Frömmigkeit zwei Phasen unterscheidbar: eine deutliche Zunahme bis und
vor allem nach 1378 und eine nach 1384[54]. Diese Steigerungen lassen sich
in Beziehung setzen zum Schicksal ihrer Kinder – 1378 sind bereits drei
bis vier gestorben, 1384 weitere vier. Nur die jüngste, erst um 1381 gebo-
rene Tochter Gertrud, die später in ein Benediktinerinnenkloster eintritt, ist[55] noch am Leben. Dorotheas immer stärkere Hinwendung zu
Gott wäre also – sogar zeitlich – in Beziehung zu sehen mit dem Tod
ihrer Kinder[56].

Nach dem Tod der acht Kinder begibt sich die Restfamilie – zuerst
ohne, dann mit Tochter – auf Pilgerfahrt nach Aachen und nach Finsterwald[57]. Dort bleiben sie eineinhalb Jahre – doch Krieg und Teuerung
machen das Leben schwer. Dorothea allerdings stört das nicht; sie lernt
Menschen kennen, die sie wegen ihrer Tugend – also ihrer harten Askese,
ihrer Ausdauer usw. – sehr schätzen[58].

Ihrem Ehegatten gefällt jedoch das karge Leben – oft gibt es kaum etwas zu essen – nicht sehr, und er überlegt daher öfters, sich von Dorothea
zu trennen. Im entscheidenden Augenblick – sie warten nur noch auf
den Pfarrer, der ihnen die einvernehmliche Trennung bescheinigen soll;
Dorothea ist restlos glücklich und träumt davon, endlich als Bettlerin
mit dem Ruf „Brot um unseres lieben Herren willen", also als Begine,
durch die Lande ziehen zu können – da überlegt es sich Adalbert aber

---

[54] VG, S. 231 ff.

[55] VG, S. 221.

[56] Siegfried Ringler, Die Rezeption mittelalterlicher Frauenmystik als wissenschaftliches Problem, dargestellt am Werk der Christine Ebner, in: Frauenmystik im
Mittelalter (wie Anm. 44), S. 178–200, hier: 196 f.

[57] Finsterwald ist wohl nicht, wie von der bisherigen Forschung angenommen, mit
dem berühmten Wallfahrtsort Einsiedeln in der Schweiz identisch. Die überlieferten
Quellenstellen bezeichnen den Ort als *Vinsterwalde of dem Reyne* (VG, S. 244). Einsiedeln liegt aber nicht am Rhein. Es dürfte sich wohl eher um eine (ehemalige) Einsiedelei in der Nähe von Aachen handeln. S. auch VG, S. 240. – VG, S. 228.

[58] VG, S. 244.

nochmals anders[59]. Jetzt will er nach Danzig zurück; Dorothea will nicht. Es bleibt ihr aber nichts anderes übrig – noch immer ist sie gegenüber ihrem Ehemann zu Gehorsam verpflichtet.

Nach Danzig zurückgekehrt, baute man ihnen ein kleines Häuschen an der Katharinenkirche. Dorothea ist jetzt meistens verzückt – und der Ehekrieg nimmt neue Formen an. Zwar ist die Sexualität jetzt kein Streitpunkt mehr, denn nach der letzten Geburt konnte Dorothea ihren Adalbert endlich von einem keuschen Leben überzeugen[60] – zu dem Zeitpunkt ist er allerdings bereits ein alter Mann. Aber jetzt wirft Adalbert ihr vor, sie habe sein Vermögen verschleudert und alles an die Armen verschenkt. Er nimmt ihr die Schlüssel ab und kümmert sich selbst um den Haushalt, d.h. er nimmt Dorothea auch den rechtlichen Spielraum und die Handlungsbefugnis für den Haushalt; doch Dorothea kümmert sich um solch äußere Dinge schon lange nicht mehr. Und Adalbert mißhandelt sie schwer. Daraufhin kommen die Beichtväter der beiden – wie die Vita überliefert – und weisen Adalbert zurecht. Dieser muß daraufhin von seinen Forderungen und seinem Standpunkt Abstand nehmen – und fällt in eine schwere Krankheit[61]. In der Folgezeit kann Dorothea ihren religiösen Bedürfnissen uneingeschränkt nachgehen.

Doch das ist wiederum den Ehemännern der Nachbarschaft nicht recht. Die Zeugin Barbara Nicolai Heyen berichtet nämlich im Kanonisationsprozeß, *se audivisse ab ipsa Dorothea, quod una dierum vice vicini sui induxerunt maritum suum, quod non deberet tollerare, quod Dorothea, uxor sua, ita frequentaret ecclesias, quia esset occasio, quod uxores eorum similiter facerent et fierent rebelles et non obedirent suis viris* („sie selbst hörte von Dorothea, daß eines Tages die Nachbarn auf ihren Ehemann einwirkten in dem Sinne, daß er es nicht zulassen dürfe, daß seine Frau Dorothea so oft die Kirchen besuche … weil ihre Ehefrauen das dann genauso machen wollten und ihren Ehemännern nicht mehr gehorchten")[62]. – Dorotheas Lebensweise übt ganz augenscheinlich eine große Faszination auf andere Frauen aus.

Gehorsam gegenüber dem Ehemann ist allerdings auch Gott selbst ein großes Anliegen. Davon zeugt auch folgende Begebenheit: bei einer Wallfahrt nach Köslin bekommt Dorothea Streit mit ihrem Ehegatten. Sie

---

[59] VG, S. 245 f.
[60] VG, S. 221.
[61] VG, S. 249.
[62] KA, S. 188.

sitzt auf dem Wagen und ist wieder einmal „verzückt". Adalbert fordert
sie auf herunterzukommen. Dorothea aber will sich in ihrem vertrauli-
chen Kosen mit Gott nicht stören lassen. Schließlich fragt sie Gott um
Rat, ob sie jetzt ihm oder ihrem Mann gehorchen solle – und der ent-
scheidet zugunsten Adalberts[63]. Offenbar sind sich also die patriarchalische Männerwelt einerseits und Gott andererseits völlig darin einig, daß
man aufmüpfige Frauen, die sich ihrem Ehemann widersetzen, keinesfalls ermuntern darf – und das Ganze verweist natürlich wieder auf die
didaktische und erbauliche Funktion der Viten und die Vorstellungen ihres – männlichen – Verfassers.

Ich will es damit genug sein lassen. – Wenig später stirbt Adalbert –
Dorothea befindet sich zu dieser Zeit auf einer Rom-Wallfahrt –, und einige Zeit später begibt sich Dorothea nach Marienwerder zu Johannes
Marienwerder, ihrem letzten Beichtvater, dem Verfasser der Viten und
Betreiber des Kanonisationsprozesses. Nach eingehender Prüfung wird
sie dort schließlich in eine Klause eingeschlossen und kann nun endlich
– von äußeren Dingen ungestört – eine „vita religiosa" führen.

Dorothea von Montau – Heilige oder Hexe?

Wie wir gesehen haben, unterscheiden sich nicht nur die Sichtweisen
der Gegenwart, wie sie Grass im ‚Butt' vorführt, diametral voneinander:
vielmehr haben auch Dorotheas Zeitgenossen sie erst recht unterschiedlich wahrgenommen.

Da ist einmal der Hagiograph, Johannes Marienwerder, der Dorothea
als Vorbild zeigt, als eine Frau, deren Frömmigkeit beispielhaft ist, deren
Leben und Erfahrungen sie zudem als „moderne" Heilige vom Typus der
Mystikerin vorführen[64]. Sie besitzt die gefragten Tugenden; ihre harten
Kasteiungen, ihr starkes Verlangen nach der Eucharistie, ihre Offenba-
rungen sind einige Merkmale. Schon zuvor hatte sich der Klerus für die
Formen von Dorotheas Frömmigkeit besonders interessiert – sie aller-
dings entgegengesetzt gedeutet und Dorothea als Ketzerin verdächtigt.

---

[63] VG, S. 251.

[64] André Vauchez, Dévotion eucharistique et union mystique chez les saintes de
la fin du Moyen Age, in: Atti del simposio internationale Cateriniano-Bernardiniano,
Siena 1982, S. 295–300.

Also: Heilige oder Ketzerin? – dies war für den zeitgenössischen Klerus offenbar die Frage.

Dorotheas Alltag, ihr Eheleben etwa, ist erst in zweiter Linie für den Klerus von Belang. Oberstes Interesse von Marienwerder ist es, sie in jeder Hinsicht als vorbildlich zu beschreiben. Das führt in unseren Augen zu Widersprüchen, denn nach Marienwerder dient Dorothea zwei Herren gleichzeitig: sowohl Gott als auch der Welt (sprich: ihrem Ehemann). Unvereinbar scheint uns Marienwerders Darstellung: War Dorothea nun eine vorbildliche Ehefrau, die ihrem Adalbert alle seine Wünsche gehorsamst erfüllte, oder verweigerte sie sich, wann immer sie konnte? Vielleicht sind diese einander widersprechenden Aussagen auch für Dorotheas Beichtvater nur schwer zu harmonisieren gewesen – darauf könnten Formeln wie „dem Kaiser, was des Kaisers, und Gott, was Gottes" hindeuten.

Oder sollte ihm Dorotheas – für eine zukünftige Heilige ohnedies eher schwieriger – Status als (unverstandene) Ehefrau nur als Folie gedient haben, um ihr Licht angesichts ihres gewalttätigen Ehemanns um so heller erstrahlen zu lassen? Denn auch dann, wenn diese Konflikte – wie wir berechtigt annehmen dürfen – tatsächlich stattgefunden haben, so bleibt doch die Frage nach ihrer Bewertung.

Die im Kanonisationsprozeß vernommenen Zeugen sind in der Beantwortung der Frage, ob Dorothea eine gute Ehe geführt habe, jedenfalls sehr einmütig und bejahen diese ausdrücklich. Welcher Schluß ist daraus zu ziehen? Anscheinend führte Dorothea eine Ehe, die im großen und ganzen nicht viel besser oder schlechter war als die ihrer Danziger Mitbewohner. Zwar wertet ihr Ehemann Adalbert Dorotheas Verhalten als Trotz und Bosheit, Marienwerder aber als heilige Geduld. Und gewiß war Dorothea kein frommes Lamm. Sie setzt sich – je länger, je mehr – gegenüber ihrem Ehemann durch. Ebendas stört die Männer der Nachbarschaft; denn Dorotheas extensive Frömmigkeit findet bei deren Frauen Nachahmung: sie sind also ungehorsam und setzen ebenfalls ihren Willen durch. – Den Frauen Vorbild, den Männern Ärgernis.

. . . das Mittelalter und wir

Wir finden Kontinuität der Wahrnehmungsweisen in der katholischen Kirche. Wie Johannes Marienwerder, so ist auch 600 Jahre später Richard Stachnik von der Heiligkeit Dorotheas überzeugt. Und beide haben recht behalten: schließlich wurde Dorothea 1976 offiziell von der katholischen Kirche heiliggesprochen. Und ein anderes Kriterium für Heiligkeit gibt es nun mal nicht.

Dorothea eine Ketzerin? Diese Frage ist entschieden. Eine Hexe? Nun sicherlich nicht im Sinne eines historischen Hexenbegriffs. – Eine Hexe im feministischen Verständnis? Dafür gibt es einige Ansatzpunkte: Dorothea widersetzt sich ihrem Ehemann; ihre Frömmigkeit wird nur als „Mäntelchen" für ihre „eigentlichen" Interessen gedeutet. Mit moderner Selbstverwirklichung haben Dorotheas Bestrebungen aber nur äußerlich betrachtet zu tun. Vielleicht sind ihre Ziele von denen der Frauenbewegung doch zu verschieden, ihre Verhaltensweisen zu fremd; denn schließlich ist die feministische Position, wie Grass sie beschreibt, im Gegensatz zur katholischen nur Fiktion: die Frauenbewegung hat Dorothea (bis jetzt) noch nicht entdeckt.

Und was sollen wir von dem Grassschen Kompromißvorschlag halten? „Ich sage nie wieder – obgleich ich Beweise hätte – Dorothea sei eine Hexe gewesen; Sie (Herr Stachnik – d.V.) bestehen nicht mehr – obgleich sie das Zeug zur Heiligen hatte – auf der bevorstehenden Kanonisierung. Beide sind wir uns einig, daß Dorothea Swarze eine arme, an den Zwängen ihrer Zeit leidende Frau gewesen ist: eher töricht als klug, von Schlaflosigkeit geplagt und an Migräne leidend, schlampig im Haushalt, doch planerisch begabt, wenn es galt, die Umzüge der Flagellanten zu organisieren . . . faul im Bett und fleißig einzig beim Geißeln, gut zu Fuß und deshalb gern unterwegs, lustig nur im Umgang mit streunenden Büßern und anderen Ausgeflippten"[65].

Dennoch – auch wenn Dorothea sicher eine, wie Grass bzw. sein Ich-Erzähler formuliert, an den Zwängen ihrer (patriarchalischen) Zeit leidende Frau gewesen ist: Warum soll sie eher töricht als klug gewesen sein? Ist es nicht häufig so, daß die besonders Intelligenten auch besonders sensibel sind und folglich an den Zwängen ihrer Zeit in besonderem Maße leiden? Läßt sich Dorotheas religiöses Engagement denn wirklich auf die Formel „faul im Bett und fleißig einzig beim Geißeln" reduzieren? Oder sollte sich an der chauvinistischen Position der Männer damals wie heute nicht allzuviel geändert haben?

---

[65] Grass, Der Butt (wie Anm. 2), S. 171.

LIEDWY VON SCHIEDAM:
MYSTICA ODER HYSTERICA?

von

Hans van Oerle

Die heilige Liedwy von Schiedam ist geboren zwischen 1380 und 1386 in Schiedam, einer kleinen unbedeutenden Hafenstadt in der Grafschaft Holland, nicht weit vom damals ebenso unbedeutenden Rotterdam[1]. Sie war das fünfte Kind und die einzige Tochter aus der Ehe von Petronella und Peter Janssohn; nach ihr sind noch vier weitere Söhne geboren. Ihr Vater war einer der Nachtwächter der Stadt Schiedam.

Über die Jugend von Liedwy ist fast nichts bekannt. Wahrscheinlich hat sie nie eine Schule besucht[2]. Als sie ungefähr 15 Jahre alt war, ist sie beim Schlittschuhfahren gefallen und hat sich eine Rippe gebrochen.

Hier beginnt die Geschichte von Liedwys Heiligwerdung. Das Krankenbett hat sie nicht mehr lebendig verlassen. Mehr als 35 Jahre hat sie krank, sehr krank, in einem dunklen Zimmer verbracht: eine unfreiwillige Klausnerin. Ihre Krankheiten sind uns sehr gut bekannt. Im Jahre 1421 hat der Stadtmagistrat von Schiedam in einer Urkunde alle ihre Krankheiten beschrieben[3]. Die Urkunde fängt an mit der Behauptung: *redene bewijst ende recht begeert dat men wairechtige dingen ende saken or-*

---

[1] H. van Oerle, Eenre maget genoemt Lydewy Peterdochter, Proeve van een historisch verantwoorde levensbeschrijving van Liedwy van Schiedam, Ons Geestelijk Erf 58 (1984), S. 322–349.

[2] Jan Gerlachszoon, Tleven van Liedwy die maghet van Scyedam, Delft 1490, F. 2 recto; R. R. Post, Scholen en onderwijs in Nederland gedurende de middeleeuwen, Utrecht/Antwerpen 1954, S. 39–40.

[3] Algemeen Rijks Archief 's-Gravenhage, derde afdeling, archief leenkamer van Holland: Memoriale XII a.D. XXI in Beyeren Cas.N., inv.nr. 314, F. 24 verso – 25 recto; herausgegeben in: H. van Oerle, Tleven van Liedwy die maghet van Scyedam. De bronnen voor een nieuwe Liedwybiografie, Ons Geestelijk Erf 54 (1980), S. 241–266.

konden mach ende billiken orkonden ende tuygen salle ende sonderlingen
dair die loff ende eere ende werken goide in gelegen mogen wesen. Man muß
also besonders dasjenige urkunden, worin sich die Arbeit Gottes offenbart. Diese Urkunde zeigt, daß der Stadtmagistrat es für unerklärlich
hielt, daß jemand so lange so krank sein konnte, fast ohne zu trinken
oder zu essen – ausgenommen zweiwöchentlich die Eucharistie –, und
doch am Leben blieb. Die einzige Erklärung, die für den Magistrat von
Schiedam übrig blieb, war, daß diese Jungfrau durch die Hand Gottes geschützt wurde.

Laut der Urkunde hatte Liedwy mehrere große, offene Wunden (verursacht durch das ständige Liegen). Fliegenlarven krochen aus diesen Wunden. Ihre Beine und der rechte Arm waren gelähmt. Sie litt an Karies,
an Malaria quartana, Skorbut und Darmentzündung. Sie war fast blind.
Vor vierzig Jahren hat man das Skelett Liedwys vollständig wiedergefunden[4]. Wissenschaftliche Untersuchungen bestätigen die Tatsachen so,
wie sie uns aus der Schiedamer Urkunde bekannt sind[5]. Kein Wunder,
daß der Stadtmagistrat des 15. Jahrhunderts im Am-Leben-Bleiben Liedwys die Hand Gottes spürte. Der Stadtmagistrat gab hiermit wahrscheinlich die Meinung der Mehrheit der Mitbürger Liedwys wieder. Die
Urkunde hat Liedwy mit Ruhm bedeckt: nachweisbar ist, daß noch während ihres Lebens Abschriften bis nach Münster und London gelangten[6].

Die Urkunde wurde z.B. durch Thomas Netter von Walden, einem
englischen Karmeliten, Beichtvater König Heinrichs V., verwendet für
sein ‚Doctrinale antiquitatum fidei ecclesiae catholicae adversus Wiclefitas et Hussitas‘, das er im Jahre 1425 Papst Martin V. offeriert hat. Im 2.
Teil dieses ‚Doctrinale‘, ‚De Sacramentis‘, nennt Thomas Netter Liedwy
als ein Beispiel für die kräftigende Wirkung der Eucharistie. Die zweiwö-
chentliche Eucharistie ist für ihn scheinbar die Erklärung der Tatsache,
daß Liedwy trotz ihrer Abstinenz und ihrer Krankheiten am Leben
blieb. So wie er werden auch andere Zeitgenossen Liedwys die Urkunde

---

[4] A. van der Poest Clement, Het graf van St. Liduina, die maghet van Scyedam,
Schiedam 1955.

[5] A. G. de Wilde, Étude de l'identification d'un squelette du XVe siècle, in:
Comptes Rendus de l'Association des Anatomistes 1958.

[6] Thomas Netter a Walden, Doctrinale antiquitatum fidei ecclesiae catholicae adversus Wiclefitas et Hussitas, II: De Sacramentis, Venedig 1758 (Reprint: Farnbo-
rough 1967), Sp. 377–378; Die Münsterschen Chroniken des Mittelalters, hg. v. J.
Ficker (Die Geschichtsquellen des Bistums Münster I), Münster 1851, S. 89.

interpretiert haben. Sie war ein lebendes Wunder, ein lebendes Beispiel der Gnade Gottes.

Sehr merkwürdig ist es, daß die Urkunde die Visionen und Schauungen, die Liedwy gehabt haben soll, nicht erwähnt. Möglicherweise hat es der Schiedamer Stadtmagistrat vermeiden wollen, Stellung zu nehmen zu der gesellschaftlichen Auseinandersetzung über den Wahrheitsgehalt der Visionen. Eine solche Neutralität wäre verständlich, weil auch Anfang des 15. Jahrhunderts Visionäre nicht unumstritten waren.

Liedwy war gegen Ende des Jahres 1412 infolge einer Christusvision Mittelpunkt großer gesellschaftlicher Unruhe in Schiedam gewesen. Sie war damals schon sehr krank und sehr fromm. Wenn immer Liedwy das Herannahen eines Malariafieberanfalles spürte, begann sie das Leiden Christi zu überdenken; so linderte sie ihre Schmerzen und erhielt zugleich auch Tröstung. Sie wurde *uut haer selven getoghen*: die Seele verließ also den Körper, der bewegungslos zurückblieb[7]. So sollen ab 1408 ihre himmlischen Schauungen angefangen haben. Ihr damaliger Beichtvater, der Pfarrer Andries, stand diesem allem mißtrauisch gegenüber; er befürchtete Irrsinn. Liedwy stritt sich mit diesem Pfarrer, weil er ihre Visionsgeschichten, die sie ihm in der Beichte erzählte, nicht glaubte und weil er ihr verweigerte, öfter zu kommunizieren als die damals üblichen viermal im Jahr[8].

Ende 1412 hatte Liedwy eine außergewöhnliche Vision. Sie sah ein gekreuzigtes Kind durch ihr Zimmer schweben. Nach einer Weile veränderte sich das Kind in eine Hostie mit fünf blutenden Wunden. Diese Hostie legte sich auf das Bett von Liedwy. Die blutende Hostie soll auch von Liedwys Vater, von einem ihrer Brüder und von vier weiteren Zeugen gesehen worden sein. Pfarrer Andries wurde gebeten, Liedwy mit dieser Hostie zu versehen. Widerstrebend willigte er in die Bitte ein; er weigerte sich aber, die Hostie zu konsekrieren. Am nächsten Tag forderte Andries in seiner Predigt die Bevölkerung von Schiedam auf, für Liedwy zu beten, weil sie vom Teufel besessen und irrsinnig sei. Die Mehrzahl der Gläubigen nahm aber Partei für Liedwy, und Andries wurde ernsthaft bedroht. Vermutlich war Pfarrer Andries ein wenig beliebter Mann, und einige seiner Pfarrangehörigen versuchten wohl die Gelegen-

---

[7] Jan Gerlachssohn, 1490, F. 11 verso.
[8] P. Browe SJ, Die häufige Kommunion im Mittelalter, Münster 1938, S. 117–131; ders., Die eucharistischen Wunder des Mittelalters (Breslauer Studien zur historischen Theologie, Neue Folge IV), Breslau 1939, S. 36–53.

heit zu nützen, ihn los zu werden. Um die Ruhe in der Stadt wiederherzustellen, erbat der Schiedamer Stadtmagistrat die Hilfe der kirchlichen
Behörde. Es folgte eine genaue Untersuchung unter der Leitung des
Weihbischofs des Bistums Utrecht, Matthias von Buduane, der sich nach
einer Woche für Liedwy entschied. Pfarrer Andries aber durfte sein Amt
weiter bekleiden. Ein salomonisches Urteil.

Es gab Anfang des 15. Jahrhunderts mehrere eucharistische Wunder
in den Niederlanden. Immer betraf es blutende Hostien. Noch heute gibt
es in Amsterdam jedes Jahr eine Prozession einer solchen Hostie zu Ehren. Die kirchliche Behörde lehnte diese Wunder ab, und Nikolaus von
Kues, der als päpstlicher Gesandter 1452 Holland besuchte, verbot nachdrücklich jede weitere Publizität bezüglich mirakulöser Hostien[9].

Weihbischof Matthias von Buduane war also wahrscheinlich nur bemüht, die Ruhe wiederherzustellen. Diese Ereignisse bildeten immerhin
einen Wendepunkt im Leben Liedwys. Bisher war sie eine anonyme
Kranke. Ab 1413 aber wurde sie mehr und mehr eine bekannte Kranke
und Mystikerin, die mit der Hilfe Gottes am Leben blieb, um durch ihr
Leiden die Seelen der Sünder aus dem Fegefeuer zu befreien.

Ihr Haus wurde ein Wallfahrtsort. Viele Leute besuchten Liedwy, um
sie um Rat zu fragen, oder in der Hoffnung, daß sie vielleicht etwas mit-
teilen könnte über das Schicksal geliebter Verstorbener, oder auch nur
um des Vergnügens willen, einmal mit einer Heiligen zu sprechen. Man
könnte sagen, daß Liedwy ein Orakel war.

Unter den Besuchern waren auch einige wichtige Personen. Nennenswert ist z.B. Wermbold von Boskoop, genannt der Apostel von Holland.
Er war ein bekannter Volksredner und reformierte in diesen Jahren viele
Häuser von Schwestern vom gemeinsamen Leben zu Tertiarinnenklö-
stern[10]. Er besuchte schon 1413 Liedwy. Es gibt Hinweise, daß Wermbold von Boskoop dafür sorgte, daß auch Liedwy Tertiarin wurde. Es gab
in Schiedam ein Tertiarinnenkloster, St. Ursula genannt. Liedwy wurde
in den Kleidern einer Tertiarin beerdigt. Nennenswert sind auch die Besuche der Gräfin Margaretha von Holland und ihres Arztes Govert Son-
derdanck, der Liedwy untersuchte, aber keine Heilung bewerkstelligen

---

[9] Stephanus Axters OP, Geschiedenis van de vroomheid in de Nederlanden, III:
De Moderne Devotie 1380–1550, Antwerpen 1956, S. 400–402.

[10] Dalmatius van Heel OFM, De tertiarissen van het Utrechtsche Kapittel,
Utrecht 1939, passim.

konnte[11]. Graf Wilhelm VI. schenkte 1414 Liedwys Vater eine Jahresrente, womit die Armut der Familie endgültig vorüber war[12]. Ich nenne
noch den Besuch des Herzogs Johann von Bayern, „Prinz-elect" von Lüttich, der 1423 der Urkunde des Stadtmagistrats sein „Vidimus" gab, und
– zwei Jahre vor Liedwys Tod – den Besuch des Windesheimer Klosterre-
formators Johann Busch, der ihr ein Büchlein zum Geschenk gab, geschrieben von seinem Ordensgenossen Hendrik Mande, selber ein bekannter Visionär[13].

Liedwy empfing viele Almosen. Viel von diesem Geld hat sie den Armen der Stadt Schiedam weitergeschenkt, meistens durch Austeilen von
Lebensmitteln. Dies hat ihre Popularität sicher noch verstärkt.

Es gab auch während der späteren Jahre noch einige Leute, die Liedwys
Heiligkeit bezweifelten. So wurde sie im Jahre 1426 eine Woche lang
überwacht von Soldaten aus dem Heere des burgundischen Herzogs Philipps des Guten, um zu kontrollieren, ob sie wirklich nichts aß – außerhalb der Eucharistie[14]. Liedwy bestand diese Probe. Ein Jahr später empfing sie einen Inquisitor aus dem Dominikanerorden, der sich von ihrer
Rechtgläubigkeit überzeugen wollte. Diese Ereignisse hatten nur zur Folge, daß noch mehr Zeitgenossen an die Heiligkeit Liedwys glaubten[15].

Als sie 1433 an den Folgen eines schweren Nierensteinanfalls starb –
klare Folge ihrer Abstinenz –, war sie zweifellos für fast alle ihre Zeitgenossen eine Heilige. Wahrscheinlich war sie auch selber dieser Meinung
zugetan. Gekleidet als Tertiarin wurde sie begraben. Auf ihr Grab wurde

---

[11] Jan Gerlachssohn, 1490, F. 6 recto; J. H. W. U n g e r, Regestenlijst voor Rotterdam
en Schieland tot in 1425 (Bronnen voor de Geschiedenis van Rotterdam IV), Rotterdam 1907, reg.nrs. 1401 & 1408.

[12] Jan Gerlachssohn, 1490, F. 9 verso.

[13] Johannes Busch, Chronicon Windeshemense und Liber de reformatione mona-
sterium, hg. v. K. G r u b e, Halle 1886, S. 133–134; V. B e c k e r, Eene onbekende kro-
nijk van het klooster te Windesheim, Bijdragen en Mededeelingen van het Historisch
Genootschap 10 (1887), S. 376–445, bes. 428–429; H. v a n O e r l e, Hugo van Rugge,
Hugo Groenendaal en de Heilige Liedwy van Schiedam, Ons Geestelijk Erf 55 (1981),
S. 7–19, bes. 16–18; Th. M e r t e n s, Hendrik Mande (1360–1431). Een geannoteerde
bibliografie van de werken over hem en van de uitgaven van zijn geschriften, Ons
Geestelijk Erf 52 (1978), S. 363–396.

[14] Jan Gerlachssohn, 1490, F. 27 verso – 28 recto; A. G. J o n g k e e s, Staat en kerk
in Holland en Zeeland onder de Bourgondische hertogen 1425–1477, Groningen/Ba-
tavia 1942, S. 44, 55, 68.

[15] Wahrscheinlich der Utrechter Prior Willem Brunairt, Inquisitor ab 1427. A. G.
J o n g k e e s (wie Anm. 14), S. 55; G. A. M e i j e r OP, De paters dominicanen te
Utrecht, Zwolle 1916, S. 25; P. B r o w e, Die eucharistischen Wunder, S. 53–55.

innerhalb eines Jahres eine Kapelle gebaut: Wallfahrtsort für die Kranken.

Aus der hagiographischen Überlieferung kennen wir Liedwy als eine Visionärin. Außer der Christusvision soll sie noch viele andere Visionen und Schauungen gehabt haben. Laut ihren Hagiographen besuchte sie öfters das Jenseits.

Mehrere Wissenschaftler, u.a. auch Psychiater und Ärzte, haben auf den möglichen Zusammenhang zwischen Liedwys Krankheit und ihren Visionen, Traumvisionen meistens, hingewiesen. Obwohl einige dieser Wissenschaftler sehr deutlich anti-katholische Beweggründe für ihre Liedwy-Studien gehabt haben, kann man an den Folgerungen nicht vorbeigehen.

1979 publizierte der Arzt Medaer eine Studie, in der er zu dem Schluß kommt, daß Liedwy wahrscheinlich die Krankheit Multiple Sklerose hatte. Diese Krankheit wird gekennzeichnet durch die langsame Verschlimmerung. Der Patient bekommt Lähmungen, Blindheit und gerät schließlich auch in geistigen Verfall[16]. Persönlich denke ich nicht, daß diese Hypothese zutrifft; M.S. wird ja auch gekennzeichnet durch die Tatsache, daß die Krankheit immer nach einer Anfangsphase geheilt scheint und nach einigen Jahren plötzlich wieder zurückkehrt. Liedwy ist aber nach ihrem Sturz ständig krank gewesen.

Der Psychiater Stolk publizierte 1980 eine „kritische" Liedwy-Biographie[17]. Er betont ihre Abstinenz. Dauerhafter Nahrungsmangel — dazu noch im Zusammenhang mit Malaria — verursache fast immer Ohnmachtsanfälle und Halluzinationen. Wahrscheinlich hat Stolk recht. Dauerhaftes Fasten — kombiniert mit Meditation — war ja ein ganz übliches Mittel für die spätmittelalterlichen Devoten, um Visionen zu bekommen. Liedwys Biograph Jan Gerlachssohn betont, daß sie ihre Visionen während der Malariafieberanfälle erlebte.

Stolk geht aber weiter und kommt zu dem Schluß, daß Liedwy an „anorexia nervosa" gelitten habe[18]. Er erklärt ihre Abstinenz durch die Hypothese, daß Liedwy als junges Mädchen unbewußt psychischen Widerstand geleistet habe gegen ihre frauliche körperliche Entwicklung — aus Abscheu vor bestimmten Körperteilen erwachsener Frauen und aus

---

[16] R. Medaer, Does the history of multiple sclerosis go back as far as the 14th century?, Acta Neurologica Scandinavica 60 (1979), S. 189—201.
[17] P. J. Stolk, De maagd van Schiedam. Een kritische hagiografie, Amsterdam 1980.
[18] Ebd., S. 109—121.

Furcht vor einer Ehe. Er vermutet dazu noch einen sogenannten Vater-komplex, verursacht durch die Tatsachen, daß ihre Mutter schon 1403 gestorben war und daß sie acht Brüder und keine Schwester gehabt hat. Seine Schlußfolgerung lautet, daß Liedwy eine Hysterica gewesen sei. Ihre Visionen und Schauungen sollen nicht mehr gewesen sein als die Träume einer psychisch gestörten Frau mit einem sehr theatralischen Verhalten.

Stolk macht den Fehler, die Ursache von Liedwys Krankheiten nicht zu berücksichtigen: die gebrochene Rippe infolge eines Sturzes auf dem Eis. Daß Liedwys Krankheit sich nur noch verschlimmert hat, ist ganz normal, wenn man die ärztliche Versorgung im Spätmittelalter, die Ar-mut der Familie und die unhygienischen Umstände im damaligen Rhein-delta im Auge behält. Auch die Tatsache, daß Liedwy immer weniger Ap-petit hatte und schließlich fast nichts mehr aß oder trank, ist normal für eine so schwer kranke Frau. „Anorexia nervosa" und allerhand psychi-sche Probleme sind als Erklärung für ihre Abstinenz nicht nötig und un-wahrscheinlich.

Im übrigen kann man sich doch einfach vorstellen, daß eine Frau, die jahrzehntelang schwer krank zu Bett liegt und ihr dunkles Zimmer in all diesen Jahren nicht verlassen hat, weltfremd werden muß. Das heißt aber nicht, daß sie eine Irrsinnige oder eine Hysterica gewesen ist.

Wenn man versucht, die Spiritualität Liedwys näher zu beschreiben, wird man mit noch einem Problem konfrontiert. Liedwy ist wahrschein-lich eine Analphabetin gewesen, und außerdem haben ihre Lähmungen und ihr schlechtes Sehvermögen ein Autograph unmöglich gemacht. Al-les, was wir über diese Heilige wissen, stammt also aus zweiter und im-mer männlicher Hand. Es gibt zwei erstklassige Quellen: Erstens die Ur-kunde des Schiedamer Stadtmagistrats. Zweitens die erste, älteste Liedwy-Vita: ‚Tleven van Liedwy die maghet van Scyedamme‘; sie erschien ein Jahr nach dem Tod der Heiligen[19]. Der Verfasser war ihr Neffe, Jan Ger-lachssohn, der Liedwy persönlich gut gekannt hat. Er wohnte sogar eini-ge Jahre in ihrem Hause. Ein Augenzeuge also mit ausgezeichneten Bezie-hungen zur Familie, zu ihren Freunden und zum letzten Beichtvater, Jan Wouterssohn.

---

[19] Jan Gerlachssohn, Tleven van Liedwy die maghet van Scyedam: MS 71 H 9, Ko-ninklijke Bibliotheek ’s-Gravenhage; MS 1080, Universiteitsbibliotheek Gent; MS 9295, Bibliotheek Katholieke Theologische Hogeschool Amsterdam; in Druck gege-ben 1487 Delft und 1490 zu Homberch Delft (K.B. ’s-Gravenhage), 1496 Collacie-broeders Gouda (Koninklijke Bibliotheek Brüssel); H. van Oerle, Tleven (wie Anm. 3), S. 253–256.

Während der ersten fünfundzwanzig Jahre nach dem Tod Liedwys sind zumindest sieben Liedwy-Viten erschienen. Fünf sind noch erhalten, vier in Latein, eine, die älteste, in der Volkssprache. Alle lateinischen Liedwy-Viten – auch die von Thomas Hemerken von Kempen (1448) und die von Jan Brugman (1456) – basieren auf der Liedwy-Vita von Jan Gerlachssohn. Sie haben seine Arbeit nur verschönert – und damit sind viele Unwahrheiten auf die Welt gekommen[20]. Die Hagiographie hat ja nie die Absicht, die historische Wirklichkeit wiederzugeben, sondern will nur den Leser unterrichten. Im Falle Liedwys muß man damit rechnen, daß ihre Lebensgeschichte ausschließlich durch Anhänger der Devotio Moderna beschrieben ist. Für diese Devoten war Liedwy ein Muster eines Lebens im Zeichen der Imitatio Christi.

Ich habe versucht, die Arbeit von Jan Gerlachssohn zu analysieren in bezug auf Liedwys Visionen. Jan Gerlachssohn verfügte über eine schriftliche Quelle: den Bericht des Weihbischofs Matthias von Buduane über die Ereignisse am Ende des Jahres 1412, die Christusvision. Alle anderen Meldungen seiner Hand stammen aus mündlicher Überlieferung. Sehr wichtig waren für ihn die Mitteilungen von Jan Wouterssohn, dem letzten Beichtvater Liedwys (ab 1426).

Der Unterschied zwischen der schriftlichen und den mündlichen Quellen des Verfassers hat sich als sehr wichtig erwiesen. Im Falle der Christusvision aus dem Jahre 1412 erlebt Liedwy in ihrer eigenen Umgebung eine Erscheinung, die sie sich durch ihr Leiden und durch ihre Meditation verdiente. Eine Vision also, die typisch ist für die spätmittelalterliche Frauenmystik in Nordwest-Europa[21]. Die Visionsgeschichten, die Jan Gerlachssohn aus der mündlichen Überlieferung aufgezeichnet hat, beziehen sich ohne Ausnahme auf das Jenseits. Liedwy soll Paradies, Fegefeuer und Hölle besucht haben, begleitet von einem Schutzengel, und soll sich unterhalten haben mit Maria und anderen Heiligen und mit den

---

[20] Thomas Hemerken a Kempis, Opera Omnia VI: Vita Lidewigis, hg. v. M. Pohl, Freiburg i. Br. 1905, S. 315–453; Iohannis Brugman OFM, Vita alme virginis Liidwine, hg. v. A. de Meijer OESA (Teksten en Documenten II), Groningen 1963; H. van Oerle, Tleven, S. 252–261; Amideus van Dijk OFM, Jan Brugman als biograaf van de Heilige Lidwina, Bijdragen voor de Geschiedenis van de Provincie der Minderbroeders in de Nederlanden 5 (1948), S. 273–305.

[21] Peter Dinzelbacher, Die Visionen des Mittelalters. Ein geschichtlicher Umriß, Zeitschrift für Religions- und Geistesgeschichte 30 (1978), S. 116–128; H. van Oerle, Eenre maget (wie Anm. 1), S. 343–348.

Seelen von bekannten Verstorbenen. Manchmal war sie imstande, eine Seele aus dem Fegefeuer zu retten.

Einige dieser Geschichten sind sehr unwahrscheinlich, zum Beispiel die folgende Visionsgeschichte: Im Paradies bekam Liedwy einmal von Maria eine Mütze zum Abschied geschenkt; es war ja kalt unterwegs zurück nach Schiedam. Wieder zu Hause, übergab sie die Mütze ihrem Beichtvater, Jan Wouterssohn, und bat ihn, die Mütze in die Kirche zur Marienstatue zu bringen, aber ohne es jemandem zu sagen. So geschah es – und am nächsten Tag war die Mütze verschwunden. Jan Gerlachssohn hat diese Geschichte nach Liedwys Tod von Jan Wouterssohn vernommen. Dieser Jan Wouterssohn war meiner Meinung nach ein Phantast.

Überhaupt sind Jenseitsvisionen – wie P. Dinzelbacher feststellt – exemplarisch für die früh- und hochmittelalterliche Mystik. Es könnte sich hier also auch um Topoi handeln[22]. Damit ist nicht gesagt, daß Liedwy keine Visionen erlebt hat. Man muß nur feststellen, daß sich über den Inhalt oder über die Frequenz der Visionen nichts mit Sicherheit sagen läßt. Ein Zusammenhang mit ihren Krankheiten ist anzunehmen, wird aber den Inhalt der Visionen nicht bestimmt haben.

Laut Jan Gerlachssohn hatte Liedwy auch einige Visionen, in denen sie informiert wurde über das Schicksal bestimmter Verstorbener. Hendrik Mande, ein Zeitgenosse Liedwys, hatte auch öfter solche Visionen. Die Mehrzahl seiner Mitbrüder kritisierte ihn, weil sie ihm nicht glaubten oder weil sie meinten, daß er unbescheiden und eitel sei. Im Jahre 1431 besuchte der Windesheimer Klosterreformator Johann Busch Liedwy und fragte, ob sie die Visionen von Hendrik Mande für von Gott erhalten halte. Liedwy antwortete – laut Busch –, daß sie sicher wisse, daß Mandes Visionen echt seien. Sie war aber der Meinung, daß Mande zuviel über seine Visionen rede[23].

Hugo, Subprior des Windesheimer Klosters zu Rugge in Seeland, der 1436 eine lateinische Liedwy-Vita schrieb, erzählt noch eine Geschichte in bezug auf Mande[24]. Liedwy wurde um 1431 besucht von einer Frau,

[22] Peter Dinzelbacher, Die Visionen, S. 123; ders., Vision und Visionsliteratur im Mittelalter (Monographien zur Geschichte des Mittelalters 23), Stuttgart 1981.
[23] Johannes Busch (wie Anm. 13), S. 132–135; V. Becker (wie Anm. 13), S. 428–429; H. van Oerle, Hugo (wie Anm. 13), S. 16–18.
[24] (Subprior Hugo), Inc. Venite & videte, in: Acta Sanctorum Aprilis II, Antverpiae 1675, S. 270–302; MS 8763–74, Koninklijke Bibliotheek Brüssel; MS 311–6 (Fideikomiss 9364), Österreichische Nationalbibliothek Wien; MS GB 4° 214, Historisches Archiv Köln; Codex A VIII 26, Universitätsbibliothek Basel; H van Oerle, Hugo, passim.

die um Informationen über das Schicksal ihres verstorbenen Mannes bat. Liedwy weigerte sich, sich dazu zu äußern. Die Frau erwiderte empört, daß Pater Hendrik Mande immer solchen Bitten entspreche. Liedwy soll geantwortet haben, daß sie gesehen habe, wie Mande für seine Eitelkeit im Fegefeuer büße. Falls Liedwy wirklich der Meinung war, daß sie über ihre Visionen und Schauungen nicht sprechen dürfe, und alles also nur ihrem Beichtvater, dem Phantasten Jan Wouterssohn, erzählte, dann ist auch mit Sicherheit Jan Gerlachssohns Liedwy-Vita keine zuverlässige Quelle, und wir müssen feststellen, daß wir über den Inhalt der Visionen Liedwys nichts sagen können.

Zusammenfassend: War Liedwy eine Hysterica? Nein, sie war weder hysterisch noch irrsinnig. – War Liedwy eine Visionärin? Es wäre schon möglich. – War Liedwy eine Mystica? Nein. Sie war eine ungebildete, sehr kranke und sehr fromme, etwas weltfremde Frau. Sie war zu Lebzeiten schon eine Volksheilige. Sie war arm und keusch. Sie betonte im Leben die Askese und die Nächstenliebe. Die Nachfolge Christi war ihr Lebensideal und das Leiden Christi ihre Inspiration.

PERSONEN- UND SACHREGISTER

redigiert von Peter Dinzelbacher und Rüdiger Kröger